中国社会科学院
老年学者文库

燕地古城考

曲英杰 著

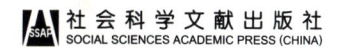

社会科学文献出版社
SOCIAL SCIENCES ACADEMIC PRESS (CHINA)

目 录
CONTENTS

序　言 ··· 1

广阳国诸县城 ··· 1

　广阳国都及蓟县城 ··· 1

　　（一）蓟城规制及其演变 ·· 1

　　（二）官市布局 ·· 10

　方城县城 ·· 15

　广阳县城 ·· 22

　阴乡县城 ·· 29

涿郡诸县城 ·· 37

　涿郡及涿县城 ·· 37

　　（一）涿城与涿水 ··· 37

　　（二）北城与南城 ··· 47

　遒县城 ·· 57

　　（一）遒城 ··· 57

　　（二）古燕地 ·· 61

　谷邱县城 ··· 69

　故安县城 ··· 70

南深泽县城 …………………………………………………… 73
　　（一）南深泽城 ………………………………………… 73
　　（二）深泽城 …………………………………………… 81
范阳县城 ……………………………………………………… 84
蠡吾县城 ……………………………………………………… 90
容城县城 ……………………………………………………… 97
易县城 ………………………………………………………… 101
广望县城 ……………………………………………………… 106
鄚县城 ………………………………………………………… 110
高阳县城 ……………………………………………………… 113
州乡县城 ……………………………………………………… 117
安平县城 ……………………………………………………… 118
樊舆县城 ……………………………………………………… 121
　　（一）樊舆城 …………………………………………… 121
　　（二）滱水与易水 ……………………………………… 130
成县城 ………………………………………………………… 138
良乡县城 ……………………………………………………… 142
利乡县城 ……………………………………………………… 145
临乡县城 ……………………………………………………… 146
益昌县城 ……………………………………………………… 148
阳乡县城 ……………………………………………………… 153
西乡县城 ……………………………………………………… 157
饶阳县城 ……………………………………………………… 162
中水县城 ……………………………………………………… 167
垣县城（附武垣县城）……………………………………… 170
　　（一）垣县城 …………………………………………… 170
　　（二）武垣县城 ………………………………………… 172
阿陵县城 ……………………………………………………… 178
阿武县城 ……………………………………………………… 180

高郭县城 ·· 181

新昌县城 ·· 182

勃海郡诸县城 ·· 184

勃海郡及浮阳县城 ··· 184

阳信县城 ·· 187

东光县城 ·· 191

阜城县城 ·· 194

千童县城 ·· 196

重合县城 ·· 199

南皮县城 ·· 201

定县城 ·· 205

章武县城 ·· 206

中邑县城 ·· 217

高成县城 ·· 218

高乐县城 ·· 222

参户县城 ·· 224

成平县城 ·· 229

柳县城 ·· 236

临乐县城 ·· 237

东平舒县城 ··· 238

重平县城 ·· 245

安次县城 ·· 246

脩市县城 ·· 253

文安县城 ·· 256

景成县城 ·· 260

束州县城 ·· 266

建成县城 ·· 269

章乡县城 ·· 271

蒲领县城 ……………………………………………………… 272

上谷郡诸县城 ……………………………………………………… 274
　　上谷郡及沮阳县城 ……………………………………………… 274
　　泉上县城 ………………………………………………………… 280
　　潘县城 …………………………………………………………… 281
　　军都县城 ………………………………………………………… 283
　　　（一）温余水 ………………………………………………… 284
　　　（二）军都城 ………………………………………………… 287
　　居庸县城 ………………………………………………………… 294
　　　（一）清夷水 ………………………………………………… 294
　　　（二）居庸城 ………………………………………………… 301
　　雊瞀县城 ………………………………………………………… 309
　　夷舆县城 ………………………………………………………… 315
　　宁县城 …………………………………………………………… 318
　　昌平县城 ………………………………………………………… 323
　　　（一）昌平城及其迁移 ……………………………………… 323
　　　（二）易荆水 ………………………………………………… 332
　　广宁县城 ………………………………………………………… 337
　　涿鹿县城 ………………………………………………………… 342
　　且居县城 ………………………………………………………… 348
　　茹县城 …………………………………………………………… 350
　　女祁县城 ………………………………………………………… 352
　　下落县城 ………………………………………………………… 356

渔阳郡诸县城 ……………………………………………………… 358
　　渔阳郡及渔阳县城 ……………………………………………… 358
　　狐奴县城 ………………………………………………………… 364
　　路县城 …………………………………………………………… 373

（一）路城 ··· 373
　　（二）通州城 ·· 379
雍奴县城 ··· 383
泉州县城 ··· 391
平谷县城 ··· 397
　　（一）平谷城及絊城 ··· 397
　　（二）临泃城 ·· 404
安乐县城 ··· 408
犀奚县城 ··· 415
犷平县城 ··· 420
要阳县城 ··· 427
白檀县城 ··· 430
　　（一）汉代白檀城 ·· 430
　　（二）北魏安州城 ·· 435
滑盐县城 ··· 438

右北平郡诸县城 ··· 442
右北平郡及平刚县城 ·· 442
　　（一）卢龙塞及凡城 ··· 442
　　（二）平刚城 ·· 447
无终县城 ··· 452
　　（一）无终城 ·· 452
　　（二）右北平郡城 ·· 464
石成县城 ··· 472
廷陵县城 ··· 474
俊靡县城 ··· 475
薋县城 ··· 478
徐无县城 ··· 480
字县城 ··· 487

土垠县城……488

白狼县城……493

夕阳县城……497

昌城县城……498

骊成县城……499

广成县城……505

聚阳县城……507

平明县城……508

辽西郡诸县城……511

辽西郡及且虑县城……511

海阳县城……517

新安平县城……521

柳城县城……524

令支县城……530

（一）令支城……530

（二）孤竹城……534

肥如县城……538

宾徒县城……544

交黎县城……545

阳乐县城……552

狐苏县城……555

徒河县城……556

文成县城……560

临渝县城……562

（一）碣石山……563

（二）临渝城……566

絫县城……569

辽东郡诸县城···574
辽东郡及襄平县城···574
（一）小辽水及大梁水···576
（二）襄平城与辽阳城···579
新昌县城···585
无虑县城···587
望平县城···591
房县城···593
候城县城···594
辽队县城···598
辽阳县城···601
险渎县城···602
居就县城···606
高显县城···607
安市县城···609
武次县城···613
平郭县城···615
西安平县城···618
文县城···621
番汗县城···623
沓氏县城···627

序 言

燕地大体指今北京、天津及河北北部、辽宁西南部地区。《汉书·地理志下》："燕地,尾、箕分野也。武王定殷,封召公于燕,其后三十六世与六国俱称王。东有渔阳、右北平、辽西、辽东,西有上谷、代郡、雁门,南得涿郡之易、容城、范阳、北新城、故安、涿县、良乡、新昌,及渤海之安次,皆燕分也。乐浪、玄菟亦宜属焉。燕称王十世,秦欲灭六国,燕王太子丹遣勇士荆轲西刺秦王,不成而诛,秦遂举兵灭燕。"又:赵地"又得涿郡之高阳、鄚、州乡","渤海郡之东平舒、中邑、文安、束州、成平、章武,河以北也"。"定襄、云中、五原,本戎狄地,颇有赵、齐、卫、楚之徙。其民鄙朴,少礼文,好射猎。雁门亦同俗,于天文别属燕。"齐地有"勃海之高乐、高城、重合、阳信"。其区划依天文分野。另据《史记·匈奴列传》:"而赵武灵王亦变俗胡服,习骑射,北破林胡、楼烦。筑长城,自代并阴山下,至高阙为塞。而置云中、雁门、代郡。"则雁门郡及代郡原当属赵国。而乐浪郡及玄菟郡置于汉武帝征服朝鲜之际,其地原亦不属燕国。战国时期,燕国当占有西汉时期广阳国(燕国)、上谷郡、渔阳郡、右北平郡、辽西郡、辽东郡全部及涿郡之易县、容城、范阳以北诸县,渤海郡安次县以北之地,史称"全燕"。

燕地很早即得以开发。于商周之际,居存有蓟(黄帝后裔)、燕(北燕)、亳、肃慎及独鹿(涿鹿)、孤竹、令支、屠何(徒河)、且略(且虑)、东胡、山戎等族系。周武王克商,封召公于匽,建匽(秦汉以后改作燕)国,与之并立。而后八九百年间,诸国互有迁徙、消长,匽国亦先后迁都临易、蓟城,成为战国七雄之一,版图空前扩大。在匽国境内,有众多由古国演变而来的属邑，亦有许多匽君设置的郡县（都）城，星罗棋布，相间交错，成为巩固匽国疆域的有力支撑和加强诸族系交会融合的重要平台。秦汉时期，原匽国被分割为数个郡、国，而境内大部分郡县城被沿用下来，并陆续增置一些新的郡县城邑，极大地促进了这一地区社会经济和文化的发展，为中华共同体的稳固及宋元明清时期政治中心的形成奠定了基础，对后世影响深远。研究此一时期燕地的古国、古城，有助于深度解读燕文化及中华文明。

因历时久远，史志记载缺失，有关燕地的古国、古城的数目及分布范围等已不能理清。相比之下，《汉书·地理志》的记述较为系统完整，其中有许多拟音字地名尚保留有古老信息，可以从整体上把握其基本格局，故本书在选择上即以《汉书·地理志》为准，包括广阳国4县、涿郡29县（其中侯国13县）、渤海郡26县（其中侯国8县）、上谷郡15县、渔阳郡12县、右北平郡16县、辽西郡14县、辽东郡18县，合计134县（其中侯国21县），约占西汉末期全部郡国（103个）及县侯国（1555个）的十二分之一。为求完整，涿郡及渤海郡均包括其全境县城，而不限于原属燕地者。依《汉书·地理志》所述，此八郡、国均属十三部州中之幽州。另代郡下亦标注"属幽州"。而据《后汉书·郡国志五》代郡下刘昭注引《古今注》曰："建武二十七年七月属幽州。"则其划属幽州当在东汉初年。东汉时期，因疆域内缩，侯国省废，县邑合并，县城数目减至77个，隶属关系亦有所调整。魏晋以后古城进一步减少，同时又有新的州、郡、县城不断置建，体现了兴废交替之道。时至今日，其沿用原址连续传承者唯有蓟城、涿城及安平城等，而一度中断后又沿用原址重建者如居庸城、襄平城、候城等亦不多见。那些被废弃的古城面目全非，其相关遗迹大多从地面上消失，成为需重加索解的历史难题。

对燕地古国、古城的辨识可上溯至汉魏时期。如班固在《汉书·地理志》中所述辽西郡令支县下自注"有孤竹城"，应劭在《地理风俗记》中记有"修县西北二十里有修市城，故县也"。北魏郦道元所著《水经注》，于诸水下记有燕地古城九十余座，详实可信，可使后世探求者目标明确；然并有以河连城"疑是临渝县之故城"之惑，可见辨识之难。隋唐以后，《太平寰宇记》等史志亦重视对古国、故城的记述，而多陈陈相因，且不乏后世附会误传之说，难以指实。又有许多学者撰文予以考辨，如元代王恽作《涿州移置考》、清代刘锡信作《通州潞县故城考》等。近世考古学兴起，经多年实地考察与发掘，发现大量燕地古城址及其相关遗迹遗物，许多城址的属性得以确认，并有上谷郡治沮阳城、右北平郡治平刚城及广阳国属广阳县城、涿郡属良乡县城、勃海郡属东平舒县城、辽东郡属西安平县城等的全貌得以揭示。此外，还在内蒙古和林格尔县新店子东汉墓室内壁画中发现一幅《宁城图》，以写实笔法绘出汉代上谷郡属宁县城的四面城墙、城门及城内官府、兵营、仓库、坊市等，生动地展现了此一时期的城市风貌。本人长期以来一直关注此项工作的进展，深受鼓舞。经反复考虑，拟作《燕地古城考》一书，力求在系统梳理文献资料的基础上结合考古资料，就燕地古城及其相关问题做一番全面深入的探讨，对已有的研究成果加以补充，并对仍存争议的问题重加推考，对古今皆无考者亦谈出自己的看法，尽量合于历史实际。依据所见资料，少部分古城可大体推测复原其初始风貌，而大多数古城则只能以考订其所在地理方位等为限。因古城址多依临山川，而古今水道流势多有变迁，为使古城址属性判定准确，其相关水道亦须加考辨，由此而又涉及其他古城。如此，本书所考述古城达二百余座。其内容以汉代为主，上溯至秦以前，下限一般截止于南北朝。部分城址附有考古勘探实测图及其他地图，以供参考。遵于惯例，书中引用较多的书名、篇名一律用简称，如《汉书·地理志》简为《汉志》、《太平寰宇记》简为《寰宇记》、《嘉庆重修一统志》简为《清统志》等。

在过去相当长的年代，城市的最重要的标识物就是城墙。现已无法确知其最初出现的时间，但其最后结束于我们所处的时代是确定无疑的。差不多从二十世纪五十年代起，不再有新的城墙修筑（不包括为保护而修缮旧的城墙）。城市不再需要城墙，这是一个翻天覆地的变化。与那些在不知不觉中消失的事物不同，城墙停止建造是人类自主的抉择，因而其时间是明确的。值此交替之际，面对着不会再增多的城墙，每个人都会自然想到应该为保护这份遗产尽一点责任。而寻根溯源，以加深对古城的历史记忆，实不可或缺。本书即为此而作，以作为对此一历史时刻的纪念。

广阳国诸县城

广阳国之地于商周之际存有蓟侯等，与燕、亳等土著族系并存。周初又有召公就封于匽。战国时期，匽人北上，以蓟城为国都。秦统一后，置广阳郡。秦末，韩广自立为燕王。汉初又有臧荼、卢绾、刘建、刘泽先后为燕王。汉景帝削藩后，燕国仅占一郡之地，后有汉武帝封刘旦为燕王，至汉昭帝时改为广阳郡，汉宣帝时复为广阳国。汉武帝时削良乡、安次、文安三县，至西汉末，广阳国唯领蓟、方城、广阳、阴乡四县。东汉初年省广阳郡入上谷郡，汉和帝时复置广阳郡，将方城县划入涿郡，而将安次、良乡、军都、昌平县划归广阳郡，另有阴乡县省废。晋时改称燕国，后赵置幽州燕郡，前燕慕容儁一度迁都蓟城，前秦、后燕相继占领此地，后归北魏。

广阳国都及蓟县城

（一）蓟城规制及其演变

蓟县，西汉时期为广阳国都。《汉志下》："广阳国，高帝燕国，昭帝元凤元年为广阳郡，宣帝本始元年更为国。莽曰广有。户二万七百四十，口七万六百五十八。县四：蓟，故燕国，召公所封。莽曰伐戎。"另有方城、广阳、阴乡三县属之。所谓"故燕国，召公所封"，当是指此蓟城曾为召公所封燕（匽）国之都。而蓟城原为蓟国之都。今传本《史记·周本纪》：周武王克商后,"武王追思先圣王,乃褒封神农之后于焦,黄帝之后于祝,帝尧之后于蓟"。而《乐书》记孔子曰:"武王克殷,反商,未及下车,而封黄帝之后于蓟,封帝尧之后于祝。"其文并见于《礼记·乐记》。郑玄注:"反,当为及字之误也。及商,谓至纣都也。"孔颖达疏引《周本纪》作:"武王追思先圣,乃褒封神农之后于焦,及封黄帝之后于蓟,封帝尧之后于祝。"又,《韩诗外传》卷三:"封黄帝之后于蓟,封帝尧之后于祝。"《说文解字》:"鄚,周封黄帝之后于鄚也。从邑,契声,读若蓟。上谷有鄚县。"段玉裁注:"按鄚、蓟,古今字也,蓟行而鄚废矣。汉《地理志》、《郡国志》皆作蓟,则其字假借久矣。"则今传本《周本纪》所记封"黄帝之后于祝",当属后世抄误或误改,原文当依孔颖达所引作封"黄帝之后于蓟",同于《乐书》等。蓟侯当在商代以前已居存于此,周武王是就其原有国土重为褒封。而后蓟国灭绝。战国时期,燕国迁都于此。《韩非子·有度》:"燕襄王以河为境,以蓟为国,袭涿、方城,残齐,平中山。有燕者重,无燕者轻。"顾广圻《韩非子识误》:"襄当作昭。……或一谥襄也。"则其"燕襄王"当即"燕昭王",为双字谥,称燕昭襄王,而简写为昭王或襄王。而"以蓟为国"即以蓟城为国都。《史记·燕召公世家》:秦王政二十一年(前226年),"秦攻拔我蓟,燕王亡,徙居辽东"。《秦本纪》作:"取燕蓟城。"后四年灭燕,秦于此置广阳郡。秦二世元年(前209年),韩广为赵略地至蓟城,自立为燕王。汉高祖元年(前206年),项羽立臧荼为燕王,都蓟。汉高祖五年,更立卢绾为燕王。汉高祖十二年又立其子刘建为燕王。吕后死前又曾封吕通为燕王。汉文帝元年(前179年),徙琅邪王刘泽为燕王,后传刘嘉、刘定国。至汉武帝元朔元年(前128年),国除。元狩六年(前117年),封其子刘旦为燕王。至汉昭帝元凤元年(前80年),国除,改为广阳郡。汉宣帝本始元年(前73年),复以刘旦子刘建为广阳王。至王莽时封后嗣者刘嘉为扶美侯①。东汉建武十三年(37年),省入上谷郡。永元八年(96年),复置广阳郡,为幽州刺史治,见于《后汉志五》。魏晋时期复为燕国,见于《晋志上》。后赵石勒置幽州燕郡。永和

---

① 据《史记·秦楚之际月表》《汉兴以来诸侯王年表》《吕太后本纪》《陈涉世家》《荆燕世家》《三王世家》及《汉书·武五子传》等。

六年（350年），前燕慕容儁迁都于此，升平元年（357年）徙都邺城①。前秦苻坚、后燕慕容垂相继有其地，后归北魏。

《魏志上》："幽州，治蓟城。领郡三，县十八。户三万九千五百八十，口一十四万五百三十六。燕郡，故燕，汉高帝为燕国，昭帝改为广阳郡，宣帝更为国，后汉光武并上谷，和帝永元六年复为广阳郡，晋改为国，后改。领县五，户五千七百四十八，口二万二千五百五十九。蓟，二汉属广阳，晋属。有燕昭王陵、燕惠王陵、狼山神、戾陵陂。"另有广阳、良乡、军都、安城诸县。《水经注·灅水》："（灅水）过广阳蓟县北（经文）。灅水又东迳广阳县故城北。谢承《后汉书》曰：世祖与铫期出蓟，至广阳，欲南行。即此城也。谓之小广阳。灅水又东北迳蓟县故城南。《魏土地记》曰：蓟城南七里有清泉河，而不迳其北，盖经误证矣。昔周武王封尧后于蓟。今城内西北隅有蓟邱，因邱以名邑也，犹鲁之曲阜、齐之营邱矣。武王封召公之故国也。秦始皇二十一年灭燕，以为广阳郡，汉高帝以封卢绾为燕王，更名燕国，王莽改曰广有，县曰伐戎。城有万载宫、光明殿，东掖门下，旧慕容儁立铜马像处。昔慕容廆有骏马赭白，有奇相逸力。至儁光寿元年，齿四十九矣，而骏逸不亏，儁奇之，比鲍氏骢，命铸铜以图其像，亲为铭赞，镌颂其旁，像成而马死矣。大城东门内道左有魏征北将军建成乡景侯刘靖碑，晋司隶校尉王密表靖功加于民，宜在祀典，以元康四年九月二十日刊石建碑，扬于后叶矣。灅水又东与洗马沟水合。水上承蓟水，西注大湖②。湖有二源，水俱出县西北，平地导泉，流结西湖。湖东西二里，南北三里，盖燕之旧池也。绿水澄澹，川亭望远，亦为游瞩之胜所也。湖水东流为洗马沟，侧城南门东注，昔铫期奋戟处也。其水又东入灅水，灅水又东迳燕王陵南。陵有伏道，西北出蓟城中。景明中造浮图建刹，穿泉掘得此道，王府所禁，莫有寻者，通城西北大陵，而是二坟基址磐固，犹自高壮，竟不知何王陵也。灅水又东南，高梁之水注焉。水出蓟城西北平地泉，东注，迳燕王陵北。又东迳蓟城北，又东南流。《魏土地记》曰：蓟东一十里有高梁之水者也。其水又东南入灅水。"其灅水即今永定河。今已探

---

① 《晋书·慕容儁载记》。
② 此二句从《永乐大典》本及明朱谋㙔笺本。

明此水自晚更新世以来至汉代之故道为从石景山、衙门口一带东流，至八宝山北折至田村，又东流紫竹院、德胜门，再东南折向什刹海、北海、中南海、石碑胡同、高碑胡同、正阳门、鲜鱼口、长巷三条、芦草园、红桥、跳伞塔，经龙潭湖西部，在贾家花园流出城外，流向马驹桥①。汉魏以后灅水改道，经今衙门口，东南流向小井，至马家堡南下②，即《魏土地记》所称清泉河者。而旧河道又为高梁之水所流经。如此，汉时灅水当流经蓟城北，如《水经》所记；而郦道元所记为汉魏以后改道之灅水，流经蓟城南，其以"经误证"，不确。蓟城西之大湖即今莲花池，又东流出，为洗马沟，"侧城南门东注"，入于灅水。

隋时于蓟县改置涿郡，唐代又改称幽州，置都督府，并析置幽都县。辽为南京，改幽都县为宛平县，改蓟县为析津县。金为中都，改析津县为大兴县。此一时期蓟城规制屡有变迁。元代另在蓟城东北营建大都城，明清北京城相沿③。经考古勘测得知，金中都外郭城东南角在今北京南站西南四路通，东北角在宣武门内翠花街，西北角在军事博物馆南皇亭子，西南角在凤凰嘴。北垣长约4486米，东垣长约4325米，南垣长约4065米，西垣长约4087米。其东、南、西三面包围唐蓟城及辽南京城；而二者北垣大体重合，在今白云观稍北、受水河及头发胡同一线。宫城在今广安门南滨河路一带④。唐蓟城及辽南京城之东垣一般推定在今烂缦胡同（其东侧明清时期存有护城河遗迹）一线，南垣当在今白纸坊东、西街一线，西垣则可能在今小马厂、甘石桥、双贝子坟一线⑤。另据1974年发掘资料，在白云观以西土丘遗址（原京包铁路西20米，今白云路西侧）发现有残城墙遗迹，城墙略有破坏，但夯土层次清楚。其南北向略长，北端向东转，应是城的西北转角。在转角处北墙正中夯土之下压有东汉中晚期砖室墓，在北

---

① 参见孙秀萍《北京城区全新世埋藏河湖沟坑的分布及演变》，《北京史苑》第二辑，1985年。
② 参见苏天钧《试论北京古代都邑的形成和发展》，《中国古都研究》第三辑，1987年。
③ 参见《清统志》卷六。
④ 阎文儒：《金中都》，《文物》1959年第9期。北京市文物研究所编《北京考古四十年》第四编第二章，北京燕山出版社，1990年。北京市文物研究所：《北京市考古五十年》，《新中国考古五十年》，文物出版社，1999年。
⑤ 参见于杰、于光度《金中都》，北京出版社，1989。

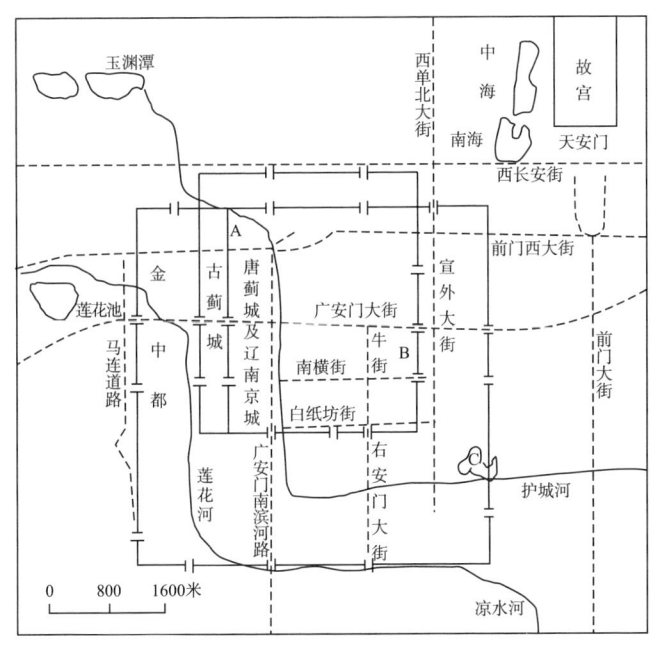

蓟城演变示意图

A：白云观　B：法源寺　C：陶然亭
------ 街道　～～ 河流湖泊　⊢⊣ 城墙城门

墙北侧亦有两座东汉砖室墓被压于残墙夯土之下。结合1965年在八宝山南侧所发现的西晋王浚妻华芳墓志记载其于永嘉元年（307年）"假葬于燕国蓟城西二十里"，可以认定其当属西晋以后所重修的蓟城，而一直沿用至辽南京城①。而依华芳墓中所出晋尺一尺合今24.2厘米推计，二十里合今8712米，此墓以东二十里当在今会城门附近②，东距白云观以西城角尚有一里余，则此城角似不太可能属晋时蓟城，而更可能属其后的唐蓟城及辽南京城，即唐蓟城及辽南京城之西垣当在今白云路和手帕口南街以东一线。依唐小里一里合今约442.5米推计，今白云路至烂缦胡同之间距离约为2500米，合唐五里余；今头发胡同至白纸坊东、西街一线距离约为3300米，合唐七里余；此范围周长约11600米，合唐二十六里左右。在其四面均

---

① 赵其昌：《蓟城的探索》，北京市社会科学院历史所编《北京史研究》（一），北京燕山出版社，1986。
② 北京市文物工作队：《北京西郊西晋王浚妻华芳墓清理简报》，《文物》1965年第12期。

发现唐代墓志，亦可表明唐代蓟城即在此范围之内①。后为辽南京城沿用。《辽志四》：南京析津府，"城方三十六里，崇三丈，衡广一丈五尺。敌楼、战橹具。八门：东曰安东、迎春，南曰开阳、丹凤，西曰显西、清晋，北曰通天、拱辰。大内在西南隅。皇城内有景宗、圣宗御容殿二。东曰宣和，南曰大内。内门曰宣教，改元和。外三门曰南端、左掖、右掖。左掖改万春，右掖改千秋。门有楼阁，毬场在其南，东为永平馆。皇城西门曰显西，设而不开。北曰子北。西城巅有凉殿，东北隅有燕角楼"。另据宋使臣路振所撰《乘轺录》，其于大中祥符元年（1008 年）十二月八日至幽州，"是夕，宿于永和馆。馆在城南。……幽州幅员二十五里②。东南曰水窗门，南曰开阳门，西曰清音门，北曰北安门。内城幅员五里，东曰宣和门，南曰丹凤门，西曰显西门，北曰衙北门。内城三门不开，止从宣和门出入"。又，宋使臣王曾所撰《王沂公行程录》，其于大中祥符五年五月至燕京，"子城就罗郭西南为之，正南曰启夏门，内有元和殿、洪政殿，东门曰宣和。城中坊门皆有楼。有悯忠寺，本唐太宗为征辽阵亡将士所造。又有开泰寺，魏王耶律汉宁造。皆邀朝士游观。城南门外③有于越王廨，为宴集之所。门外永平馆，旧名碣石馆，请和后易之。南即桑乾河"④。宋使臣许亢宗所撰《宣和乙巳奉使金国行程录》，其于宣和七年（1125 年）至燕山府，"城周围二十七里，楼壁共四十丈⑤，楼计九百一十座，地堑三重，城开八门"⑥。时金国尚

---

① 参见孔繁云、王大城：《北京市文物局资料信息中心藏北京地区出土墓志拓片目录》，《北京文博》1996 年第 1 期。其早者如作君墓志，属咸亨元年（670 年），记为"城东北五里之平原"，而出土地为西城区二龙路教育部院内。比照原西安门内所出、属贞元十五年（799 年）的卞氏墓志记为"幽州幽都东北五里礼贤乡之平原"，显然有误。又，同出于东城区东单御河桥、属元和三年（808 年）的任紫宸墓志记为"幽州城东北七里余"；而属元和八年的桑氏墓志记为"幽州城东北五里夏海王村"，则后者显然有误。晚者如出于海淀区紫竹院三虎桥、属文德元年（888 年）的赵氏墓志记为"府城西北十里樊村"等。除个别墓志（如以上二者，或事出有因）外，大多数墓志相互比对，其所记距蓟城方位里程均与出土地至上所推考的蓟城范围的距离大体相符，可表明至迟在唐代中期蓟城规制已是如此。

② 《续谈助》本作"幽州城周二十五里"。

③ 外，《续资治通鉴长编》及《文献通考》作"内"。

④ 据叶隆礼撰《契丹国志》卷二十四引。参见贾敬颜《路振王曾所记之燕京城》，《北京文物与考古》第一辑，1983。

⑤ 《大金国志》卷四十引作"楼壁高四十尺"。

⑥ 据確庵、耐庵编《靖康稗史笺证》引，中华书局，2010。

未迁都，仍沿用辽时旧城。所述可互为印证和补充。路振所述外郭城之水窗门当即《辽志》之迎春门，清音门当即《辽志》之清晋门，北安门当即《辽志》之通天门或拱辰门，开阳门二者相同。而其所述内城之丹凤门同于《辽志》之外郭城南门，显西门同于《辽志》之外郭城及皇城西门，则内城之西垣当沿用外郭城西垣南段，南垣当沿用外郭城南垣西段。内城东北隅有燕角楼，当在今广安门内大街与南线阁大街北口相交处，北垣即大致在此一线，东西长近二里，中有衙北门；而东垣大致在南线阁大街一线，南与白纸坊西街相接，南北长三里余，中有宣和门，并见于王曾所述。其所述"内城幅员五里"，当指内垣北垣及东垣之长，而未计沿用外郭城城墙部分。如此，二者所述城垣规制相同。依唐小里合今约442.5米推计，路振所述幽州城周二十五里，合今约11062.5米，与上所推考的蓟城范围相近，当大体合于史实，而《辽志》所述"城方三十六里"当为"二十六里"之误。而后王曾所述又增加启夏门及于越王廨。其于越王廨为于越议政之所①，当增建于路振来后不久。其位于内城之南，以示尊崇。并增筑皇城环绕之，当分别由内城东南角及西南角向南延伸约半里或一里，南垣正中设启夏门（当即《辽志》所述外三门之南端门），以与迎春门相应。王曾所述当以"城南门内有于越王廨"为确。《辽志》虽未述及，然附引王曾撰文，可为补之。于越王廨当在外三门内西侧，东侧为辽景宗、圣宗御容殿。而许亢宗所述"城周围二十七里"，当将所增筑部分包括在内。"城开八门"，当包括启夏门，而无丹凤门。"地堑三重"，当指内城北垣及东垣外，外郭城四面城墙外及丹凤门南所增筑城墙外所设三道城隍。又据洪茂沟（月坛北街南）所出辽济阴董府君夫人王氏墓志："咸雍五年八月三日卜葬于析津府宛平县仁寿乡南刘里之南原。……铭曰：蓟丘之北，高梁之阴，平岗后隐，广陌西临。"② 可表明此一时期蓟丘已被分割在城外，直与此墓地南北相对。而汉晋时蓟城西垣当在今会城门稍东即莲花池水（洗马沟）之南北

---

① 《辽史·国语解》："于越，贵官，无所职。其位居北、南大王上，非有大功德者不授。"《百官志一》："大于越府，无职掌，班百僚之上，非有大功德者不授，辽国尊宠，犹南面之有三公。太祖以遥辇氏于越受禅。终辽之世，以于越得重名者三人：耶律曷鲁、屋质、仁先，谓之三于越。大于越。"

② 齐心：《董氏三方墓志考》，《辽金契丹女真史论文集》第一集。

流向河道以东，北垣当在古蓟丘北，将蓟丘包围在城内，至北魏时犹是"城内西北隅有蓟丘"。而莲花池水于大红庙村以南处分为二支，一支东流，经青年湖（南河泡子）之南。又从民国初年地图上可以看到今白纸坊东、西街一线有一条河沟，正好与此东流的莲花池水相直。《水经注》所述洗马沟"侧城南门东注"，当即指此一河道。而后东南流经燕王陵南，注㶟水（清泉河），当大致循行今凉水河马家堡以下河道。今所见莲花池水于大红庙村一带又有一分支南流至菜户营入凉水河及于青年湖一带南折又东折入凉水河道，均为辽金及明清时期所开。自水头庄至马家堡一段凉水河亦形成较晚。依《魏土地记》，"蓟城南七里有清泉河"，自清泉河所流经之马家堡向北七里，正大致在今白纸坊东、西街一线。又，"蓟东一十里有高粱之水"，自高粱河所流经之龙潭湖向西十里，正大致在今烂缦胡同一线。如此，北魏以前蓟城之南垣和东垣当与唐蓟城及辽南京城互为重合①。《寰宇记》卷六十九引《郡国志》："蓟城，南北九里，东西七里，开十门。"此当为汉魏之制。依晋尺折算，东西七里合今约3049.2米，正略合于今莲花池水之南北流向河道以东与烂缦胡同以西之间的距离；而南北九里合今约3920.4米，则北垣当大致在今复兴门内、外大街以南一线，从清乾隆十五年绘制的《京城全图》中可以见到在察院胡同南、保安寺街北有一条东西向河沟，流注宣武门内西沟（今佟麟阁路），长千余米②，或即属原蓟城北垣外护城河，与唐蓟城及辽

---

① 《寰宇记》卷六十九：幽州蓟县，"高粱河，在县东四里，南流合桑乾水。桑乾水，西北自昌平县界来，南流经府西，又东流经府南，又东南与高粱河合。《州郡图》云：蓟县北有雁上里。又，《水经注》云：桑乾水东与洗马沟水合。㶟水，按《隋图经》云即桑乾河也，至马陉山为落马河，出山谓之清泉河，亦曰千泉，非也。至雍奴入笥沟，俗谓之合口"。其㶟水当为㶟水之讹。所述当本于《元和志》，为隋唐之际此一地区诸水流势。其㶟水（桑乾河）循流《水经注》所述清泉河道，流经今马家堡。高粱河当循流汉魏以前㶟水故道，流经今中南海、石碑胡同、高碑胡同，又东南流经龙潭湖西。自唐蓟城东垣北段校场三条至高碑胡同约1500米，大致合唐时四里。则此记高粱河"在县东四里"，与《魏土地记》所述"蓟东一十里有高粱之水"，其东垣当在同一线上。而桑乾水"南流经府西，又东流经府南"。流势与《水经注》所述洗马沟相合。其"南流经府西"者或为汉晋蓟城西垣外之护城河。其水来自西北，当出于戾陵堰。《水经注·鲍邱水》记魏晋之际刘靖等造戾陵遏，分㶟水入高粱河以溉田，《魏志》作戾陵陂。后有裴延俊等重修，见于《魏书·裴延俊传》，作戾陵堰。很可能于隋唐以后失修，㶟水在戾陵堰一带乱流，与原洗马沟相接。其"雁上里"，当由"堰上里"演变而来，因临近戾陵堰而得名。

② 据徐苹芳等编著《明清北京城图》，地图出版社，1986年。

南京城北垣相距约500米。此当为战国时期燕人以蓟城为都时经扩筑所达到的规制，而相沿至秦汉以后。在此范围内的会城门、白云观、象来街、牛街、白纸坊、北线阁等地已发现战国至汉代的陶井数百座，在广安门外桥南约700米处亦曾发现战国及战国以前遗迹①，均可表明此一点。

《战国策·燕策二》载乐毅报燕惠王书："蓟丘之植植于汶皇（篁）。"鲍彪本注："蓟，幽州国。植，旗帜之属。"其并见于《史记·乐毅列传》。《集解》："徐广曰：竹田曰篁。谓燕之疆界移于齐之汶水。"《索隐》："蓟丘，燕所都之地也。言燕之蓟丘所植，皆植齐王汶上之竹也。徐注非也。"《正义》："幽州蓟地西北隅有蓟丘。"其"蓟地"当为"蓟城"之误，而当指汉晋时期故城，当本于《括地志》。"蓟丘之植"，以为"旗帜之属"，似不确；而当为植物之属，指蓟草及各种花草树木。此蓟丘所在具体方位旧无确指。或以为在今白云观西琴台遗址②，然考古发掘揭示，其当属唐时蓟城之西北城角（见上所述）。则古蓟丘当在此城角之西至汉晋故城西垣之间。上引王氏墓志所述其与此墓地南北大致在同一直线上，亦可表明这一点。《水经注·淄水》："今临淄城中有丘，在小城内，周回三百步，高九丈，北降丈五。淄水出其前，迳其左，故有营丘之名，与《尔雅》相符。"其周长三百步，依一步合六尺计，合一千八百尺。蓟丘或与之相类，在方圆百米左右，高当十余米，四面呈缓坡状，以适于植物生长。其当向西与八宝山、老山、石景山等山丘断续相连，为此一西山支脉之东端，大致在今木樨地一带。辽时犹存，而金以后

---

① 赵正之：《北京广安门外发现战国和战国前的遗址》，《文物参考资料》1959年第7期。苏天钧：《十年来北京市所发现的重要古代墓葬和遗址》，《考古》1959年第3期。北京市文物工作队：《北京西郊白云观遗址》，《考古》1963年第3期。北京市文物管理处写作小组：《北京地区的古瓦井》，《文物》1972年第2期。北京文物考古研究所编《北京考古四十年》，北京燕山出版社，1990。

② 参见侯仁之《关于古代北京的几个问题》，《历史地理学的理论与实践》，上海人民出版社，1979。其琴台之称起于金元之际。白云观西原有长春宫，为长春真人邱处机所居。《日下旧闻考》卷九十四引《甘水仙源录》："长春邱公来自海上，应太祖皇帝之聘，越金山而入西域。弟子从行者十八人，各有科品，隶琴书科则真人冲和潘公也。及南归燕，岁壬辰，广阳坊居人有货其居者，潘公贸之以为长春别馆，建正殿，翼以左右室，筑琴台于殿之阴。金有名琴二，曰春雷，曰玉振，皆在承华殿。贞祐之变，玉振为长春所得，命公蓄之，故以名其台。观成以清逸名之。潘公自号九峰老人。"又引《倚晴阁杂抄》："白云观西土阜高丈余，周围百步，疑即潘尊师琴台故址。"并按："白云观西今尚有土阜一，第未识为琴台遗址否也。清逸观亦久废无考。"

不再见于记载，很可能是在金人扩筑中都城时被夷平。又，《析津志》记无名桥，"会城门西一，门外一。崇智门外一。光泰门外一。长春宫水门外一"①。其会城门、崇智门、光泰门均属金中都城北垣城门。会城门在今会城门村附近，其门外桥梁当跨越护城河，而门西一桥当跨越城内河道。而长春宫水门当在其所临近之北垣，水流自北向南与护城河交汇，又循其故道穿过水门流入城内，并流向西南②，会城门西之桥当即跨越此河道。其水门外桥梁当跨越北垣外河道。此水当即《水经注》所述之蓟水，源自今玉渊潭一带蓄水，原穿越汉晋蓟城西北部，流经蓟丘北部及西部，"西注大湖"，至南北朝时期犹存，相沿至金元时期。而商周之际所存蓟国，很可能即筑城于此蓟丘之南，西临蓟水。至战国时期燕人扩筑蓟城，将古蓟城包围在内。而汉晋蓟城内缩至唐蓟城及辽南京城规制很可能是在北齐、北周之际。

（二）宫市布局

依上引《郡国志》，蓟城"开十门"。其与唐蓟城及辽南京城、金中都城城垣沿革关系既明，则城门所在具体方位亦可大致求得。其东垣、南垣城门当在唐蓟城及辽南京城相应地点，而北垣城门当在唐蓟城及辽南京城、金中都城北垣以北相应之地，西垣城门则当在唐蓟城及辽南京城西垣以西、金中都城西垣以东相应之地。经考古勘测和相关研究，金中都城四面城垣及城门均已明确。《金志上》：中都路，"城门十三：东曰施仁、曰宣曜、曰阳春，南曰景风、曰丰宜、曰端礼，西曰丽泽、曰颢华、曰彰义，北曰会城、曰通玄、曰崇智、曰光泰"。其施仁门为东垣北门，当在今广安门内大街与魏染胡同南口相交处，则唐蓟城及辽南京城东垣北门安东门当在其以西广安门内大街与烂缦胡同北口相交处，而汉晋蓟城东垣北门当亦在此，即《水经注》所述之"大城东门"。宣曜门为东垣中门，当在今南横街东口与贾家胡同南口相交处，则唐蓟城及辽南京城东垣南门迎春门当在其以西南横街与烂缦胡同南口相交处，而汉晋蓟城东垣南门当亦在此。因晋时慕容儁铸铜马于宫城东掖门下，

---

① 据北京图书馆善本组辑《析津志辑佚》河闸桥梁，北京古籍出版社，1983。
② 《析津志辑佚》宛平县："长春宫水碾，自古金水河流入燕城，即御沟水也，入南葫芦套，盛裱莲花，复流转入周桥。"其周桥在今广安门南鸭子桥附近。

通向此门,后世亦称铜马门。景风门为南垣东门,当在今右安门外大街与凉水河交汇处,则唐蓟城及辽南京城南垣东门开阳门当在今右安门内大街与白纸坊东街相交处,而汉晋蓟城南垣东门当亦在此。丰宜门为南垣中门,当在今祖家庄南、石门村北,则唐蓟城及辽南京城南垣西门丹凤门当在今广安门滨河南路与白纸坊西街西向延伸线相交处,而汉晋蓟城南垣西门当亦在此。通玄门为北垣中门,在今广安门滨河北路北端附近,唐蓟城及辽南京城北垣西门通天门当亦在此,而汉晋蓟城北垣西门则当在广安门外滨河北路向北延伸线与北垣相交处。崇智门为北垣东门,在今南闹市口内东太平街西口和西太平街东口交会处偏南,唐蓟城及辽南京城北垣东门拱辰门当亦在此,而汉晋蓟城北垣东门则当在南闹市口街与北垣相交处。颢华门为西垣中门,在蝎子门遗址,则唐蓟城及辽南京城西垣南门显西门当在其东手帕口南街南向延伸线与枣林前街西向延伸线相交处,而汉晋蓟城西垣南门当在此二者连线与莲花池水相交处之东。彰义门为西垣北门,在今广安门外大街湾子处,则唐蓟城及辽南京城西垣北门清晋门当在广安门外大街与手帕口北街南口相交处,而汉晋蓟城西垣北门当在广安门外大街甘石桥附近。《晋书·王浚传》:和演欲谋杀王浚,"于是与浚期游蓟城南清泉水上。蓟城内西行有二道,演、浚各从一道。演与浚欲合卤簿,因而图之。值天暴雨,兵器沾湿,不果而还"。其"西行有二道",当即此西垣二门。另有阳春门、端礼门、丽泽门、会城门及光泰门在汉晋蓟城之外。而上所推考的城门两两相对,所连通的街道相互交叉,形成井字形。依古制,其中央当建有宫城。《史记·燕召公世家》:燕王哙以国让于相子之。"太子因要党聚众,将军市被围公宫,攻子之,不克。"燕国大乱,齐人攻之,"士卒不战,城门不闭,燕君哙死,齐大胜。燕子之亡二年,而燕人共立太子平,是为燕昭王"。其"公宫"当即在此,当北临广安门内大街,东临牛街,南临枣林前街,西临南线阁街,东西长约800米,南北长约700米,与临易城内宫城规制相当①。其当营建于燕人迁此之初,时燕君称公,故称"公宫"。

《汉书·武五子传》:汉昭帝即位,燕王刘旦谋反。"是时天雨,虹下属宫中饮井水,井水竭。厕中豕群出,坏大官灶。乌鹊斗死。鼠舞殿端门中。

---

① 参见本书易县城。

殿上户自闭，不可开。天火烧城门。大风坏宫城楼，折拔树木。……王忧懑，置酒万载宫，令宾客群臣妃妾坐饮。……有赦令到，王读之，曰：'嗟乎！独赦吏民，不赦我。'因迎后姬诸夫人之明光殿。"得天子赐燕王玺书，遂自杀。《五行志上》："昭帝元凤元年，燕城南门灾。刘向以为时燕王使邪臣通于汉，为馋贼，谋逆乱。南门者，通汉道也。"所谓"天火烧城门"，当即指"燕城南门灾"。其万载宫当即燕王宫城，当相沿于原"公宫"。而明光殿（今本《水经注》作光明殿，似误）当为宫中正殿。其端门即王宫正门①，北对正殿，南对外郭城南门即南垣中门，当大致在今白广路与枣林前街相交处。《后汉书·光武帝纪》：更始年间，刘秀攻占蓟城，王郎于邯郸称王。"而故广阳王子刘接起兵蓟中以应郎，城内扰乱，转相惊恐，言邯郸使者方到，二千石以下皆出迎。"《铫期传》："光武趋驾出，百姓聚观，喧呼满道，遮路不得行。（铫）期骑马奋戟，瞋目大呼左右曰跸，众皆披靡。及至城门，门已闭，攻之得出。"《汉书·武五子传》："王莽时，皆废汉藩王为家人，（刘）嘉独以献符命封扶美侯。"则刘嘉之子刘接当仍居于王宫中，置二千石以下诸官。经铫期奋戟开道，刘秀得以由南门出城。《晋书·王浚传》：东晋初年，王浚为大司马，都督幽冀诸军事。"浚日以强盛，乃设坛告类，建立皇太子，备置众官。浚自领尚书令，以枣嵩、裴宪并为尚书，使其子居王宫，持节，领护匈奴中郎将，以妻舅崔毖为东夷校尉。"其王宫，当在汉万载宫址。《晋书·慕容儁载记》：慕容儁即燕王位后迁都蓟城。"是时鹊巢于儁正阳殿之西椒，生三雏，项上有竖毛；凡城献异鸟，五色成章。"以为祥兆，遂进称皇帝。其正阳殿当沿用汉时明光殿址。《慕容儁载记》："初，（慕容）廆有骏马曰赭白，有奇相逸力……至是，四十九岁矣，而骏逸不亏，儁比之于鲍氏骢，命铸铜以图其象，亲为铭赞，镌勒其旁，置之蓟城东掖门。是岁，象成而马死。"其东掖门，当在王宫端门之东。《资治通鉴》卷二百二十二：安史之乱，史思明称大燕皇帝，以少子史朝清（兴）留守燕京（范阳）。上元二年（761年）长子史朝义杀史思明，即皇帝位。"密使人至范阳，敕散骑常侍张通儒等杀朝清及朝清母辛氏并不

---

① 《汉书·五行志中》："昭帝元凤元年九月，燕有黄鼠衔其尾舞王宫端门中。"颜师古曰："宫之正门。"

附已者数十人。其党自相攻击,战城中数月,死者数千人,范阳乃定。朝义以其将柳城李怀仙为范阳尹、燕京留守。"《考异》引《蓟门纪乱》:张通儒等攻杀史朝兴于"子城",又被高鞫仁等所攻杀。"朝义以鞫仁为燕京都知兵马使。五月甲戌,朝义以伪太常卿李怀仙为御史大夫、范阳节度使。燕州颇有兵甲,故委腹心,鞫仁闻之,意不快也。无何,怀仙至,从羸马数千,自蓟城南门入。鞫仁不出,迎之于日华门。"其"蓟城南门"当即《汉书》所述之"燕城南门",而"日华门"当为子城正门,与外郭城南门相对,子城即相沿于原宫城①。又,《资治通鉴》卷二百六十八,刘守光称

---

① 《日下旧闻考》卷六十引采师伦书《重藏舍利记》:"舍利本大隋仁寿四年甲子岁幽州刺史陈国公窦抗于智泉寺创木浮图五级,安舍利其下,即子城东门东百余步大衢之北面也。原寺后魏元象元年戊午岁幽州刺史尉迟命造,遂号尉使君寺,后改为智泉寺。至大唐则天时改为大云寺,开元中又改为龙兴寺。太和甲寅岁八月二十日夜,忽风雨暴至,灾火延寺,浮图灵庙,飒为烟尽。洎会昌乙丑岁,大法沦坠,佛事废毁,时节制司空清河张公准敕于封管八州内寺留一所,僧限十人。越明年,有制再崇释教,僧添二十;置胜果寺,度尼三十人。秋八月二十一日,因板筑,于废寺火烧浮图下得石函宝瓶舍利六粒,及异香玉环银钏等物。伏遇司空固护释门,殷诚修敬,仍送悯忠寺供养,俾士庶瞻礼。至九月二十八日藏之多宝塔下。会昌六年九月。"其"子城"所指方位相同,智泉寺在子城东门东百余步,合今约150米,当临近今教子胡同。会昌六年(846年)节度使张仲武重修此寺,当仍在旧址,而舍利石函移藏于悯忠寺(法源寺)中多宝塔。又引《景福重藏舍利记》:"(舍利石函)迁藏于悯忠寺多宝塔下,复经三十三载。中和二年岁在壬寅,又值火灾,延悯忠寺,楼台俱烬。"陇西大王李匡威于悯忠寺内造观音阁,以迁舍利石函。"由是撤其盖,发其缄,舍利光芒,异香郁烈。诣子东门上献旌幢,中校后营,皆澡浴瞻礼,亲施重香,复还本寺。……记曰:大燕城内,地东南隅,有悯忠寺,门临康衢。中有宝阁,横云业虚。阁有巨像,观音圣躯。当像之前,缄于舍利。外石函封,内金函阅。填以异香,杂以珍器。用记岁年,景福壬子。"其"子东门"即子城东门。景福壬子即景福元年(892年),迁舍利石函于悯忠寺内观音阁。"大燕城内,地东南隅,有悯忠寺,门临康衢。"所指地理方位与今所存法源寺相同。又引《元一统志》:"大延寿寺在旧城悯忠阁之东。起自东魏元象,幽州刺史尉长命为大云,后为智泉,毁于后周,隋复之,刺史窦抗浮图五层,改名普觉,唐为龙兴,灾于太和,又灾于大中。节度使张信伸奏立精舍并东西浮图曰殊胜,曰永昌,赐寺额曰延寿。至辽保宁中建殿九间,复阁衡丽,穷极伟丽。复灾于崇熙,又复兴修。金皇统二年留守邓王益加完葺。四年又灾。海陵天德三年为宫,世宗大定二十一年会有司别锡地重建此寺。泰和二年工甫就,六年八月立石,翰林待制路铎撰记。"并按:"尉使君寺,《春明梦余录》谓则天时改为大云。据《元一统志》,则自东魏元象年间初建已名大云,非则天时矣。隋塔及唐时所立精舍并东、西浮图与辽时所建殿,其遗址今俱无考。"则大中年间(847~860年),智泉寺(龙兴寺)再次被毁,后由节度使张信伸(张允伸)再次重建。此次重建当未相沿于旧址,而是移建于悯忠寺之东,并改称延寿寺。辽金时期相沿,后又他迁。如此,似不能依采师伦书《重藏舍利记》所述智泉寺在"子城东门东百余步"推定唐子城东临悯忠寺及延寿寺。而于辽南京城子城址营建宫城当在唐末五代刘仁恭、刘守光父子据守蓟城时期(895~913年),或属离宫性质,刘守光称大燕皇帝后用为皇宫,后为辽南京城子城沿用。

大燕皇帝,后梁乾化三年(913年),"晋周德威进军逼幽州南门。壬辰,燕主守光遣使致书于德威以请和,语甚卑而哀"。其"幽州南门"当亦指此城门,则此"南门"至五代时犹存。其废塞当在辽代。《资治通鉴》卷二百二十二:史朝义兵败,"东奔广阳,广阳不受。欲北入奚、契丹,至温泉栅,李怀仙遣兵追及之,朝义穷蹙,缢于林中,怀仙取其首以献,仆固怀恩与诸军皆还。甲辰,朝义首至京师"。《考异》:"《河洛春秋》曰:朝义东投广阳郡,不受。北取潞县、渔阳,拟投两蕃。至榆关,李怀仙使使招回,却至渔阳过,从潞县至幽州城东阿婆门外,于巫间神庙中,兄弟同被绞缢而死,乃授首与骆奉仙。经一日,诸军方知,归莫州城下。"隋唐时期以医巫闾山(在今辽宁北镇市境)为北镇,其巫闾神庙为遥祀医巫闾山而置,当偏向东北,则此阿婆门当位于东垣北部、上所推考东垣北门之北、唐蓟城及辽南京城东北城角以南。其当开于战国时期蓟城扩筑之际,为蓟城东垣北门(上所推考之东垣北门当属东垣中门),至蓟城内缩后犹存,而阿婆门或属后世俗称。其废塞当在五代以后。如此可得汉晋蓟城"十门"之数。

《史记·货殖列传》:"夫燕亦勃、碣之间一都会也,南通齐、赵,东、北边胡。"《汉志下》:"蓟,南通齐、赵,勃、碣之间一都会也。"作为一方都会,蓟城内设有市。《史记·刺客列传》:"荆轲既至燕,爱燕之狗屠及善击筑者高渐离。荆轲嗜酒,日与狗屠及高渐离饮于燕市,酒酣以往,高渐离击筑,荆轲和而歌于市中,相乐也,已而相泣,旁若无人者。"依古时面朝后市之制,"燕市"当设于宫城之北。秦汉以后相沿。在房山唐代石经中发现许多"幽州市诸行"题记,其中包括米行、屠行、油行、炭行、磨行、布行、绢行、丝帛行等①。《契丹国志》卷二十二:"自晋割弃,建为南京,又为燕京析津府,户口三十万。大内壮丽,城北有市,陆海百货聚于其中。"② 其"幽州市"及城北之市当均沿用原"燕市"旧址。后世设市之地或有增加,然蓟城内中心市场当仍在此。

---

① 参见曾毅公《北京石刻中所保存的重要史料》,《文物》1959年第9期。
② 许亢宗《宣和乙巳奉使金国行程录》记为"州宅用契丹旧内,壮丽复绝。城北有三市,陆海百货萃于其中"。《大金国志》卷四十引为"州宅用契丹旧大内,壮丽复绝。城北有市,陆海百货萃于其中"。

《战国策·燕策二》载乐毅报燕惠王书:"大吕陈于元英,故鼎反于厤室,齐器设于宁台。"鲍彪本作"燕台"。高诱注:"大吕,律名。元英,燕乐名。"又注:"故鼎,齐所得燕鼎。凡鼎以占休咎,故归之律厤之室。"其并见于《史记·乐毅列传》,"厤室"作"磨室"。《集解》:"徐广曰:厤,历也。"《索隐》解"宁台"为"燕台也"。又:"大吕,齐锺名。元英,燕宫殿名也。"又:"燕鼎前输于齐,今反入于厤室。厤室亦宫名。"《正义》:"《括地志》云:燕元英、磨室二宫,皆燕宫,在幽州蓟县西四里宁台之下。"依唐一里合今约442.5米推计,四里合今约1770米,自唐蓟城西垣即今手帕口北街一线向西测得此数,当在今莲花池以东,南临今广安门外大街。辽张俭墓志铭曰:"燕台、蓟门兮对峙,其处在兮其人亡。"① 其蓟门当置于唐蓟城西垣与今广安门外大街相交处(即辽南京城清晋门)②,西与宁台(燕台)对峙。而元英、磨室二宫即建于此宁台之下,当属离宫性质。《史记·孟子荀卿列传》:驺衍"如燕,昭王拥彗先驱,请列弟子之座而受业,筑碣石宫,身亲往师之"。《正义》:"碣石宫在幽州蓟县西三十里宁台之东。"既在宁台之东,则不可能在蓟县西三十里,"十"字当衍,而原当作蓟县西三里。今甘石桥西北原北京钢厂院内发现的唐大中九年涿州范阳县主簿兰陵肖公夫人侯氏墓志记其"殡于幽州幽都县西三里仵原"。原碣石宫当即修筑于此一带,临近燕都城西垣城门。

方城县城

方城县,西汉时期属广阳国,见于《汉志下》。《韩非子·有度》:"燕襄王以河为境,以蓟为国,袭涿、方城。"王先谦曰:"袭谓重绕在外,谓

---

① 参见黄秀纯《辽代张俭墓志考》,《考古》1980年第5期。《析津志辑佚》古迹:"燕台,在南城奉先坊元福寺内。十五年前木庵英长老有诗'於期已死不复返,空有层台壮古燕'之句。此台乃后人创置,以惑于时者,不过慕名而已。"其所谓燕台,当修筑于金元之际,而非古燕台。
② 《析津志辑佚》古迹:"蓟门,在古燕城中。今大悲阁南行约一里,基枕其街,盖古迹尔。堙废久矣。"此蓟门当因临近蓟丘而得名。

燕都在蓟，涿、方城在外，犹《左传》言表里也。"则方城在战国时期先属燕国，传世燕系玺印有"方城都司徒"①。而后属赵。《史记·赵世家》，赵悼襄王二年（前243年），"李牧将，攻燕，拔武遂、方城"。《正义》引《括地志》云："方城故（城）在幽州固安县南十七里。"《廉颇蔺相如列传》："赵乃以李牧为将而攻燕，拔武遂、方城。"《正义》："方城，幽州固安县南十里。"其当本于《括地志》，而"南十里"与"南十七里"相异。其并见于《燕召公世家》。《集解》引徐广曰："（方城），属涿，有督亢亭。"《后汉志五》：涿郡属县"方城，故属广阳。有临乡，有督亢亭"。刘昭注："（临乡），故县，后省。惠文王与燕临乐。"又注："刘向《别录》曰：督亢，膏腴之地。《史记》：荆轲奉督亢图入秦。"《三国志·魏书·刘放传》：魏明帝景初二年（238年）封刘放为方城侯。晋时改属范阳国，见于《晋志上》。《魏志上》：范阳郡领县"方城，前汉属广阳，后汉属涿，晋属。有临乡城、方城、韩侯城"。《水经注·圣水》："圣水又东迳长兴城南，又东迳方城县故城北。李牧伐燕，取方城。是也。魏封刘放为侯国。圣水又东，左会白祀沟。沟水出广阳县之娄城东，东南流，左合娄城水。水出平地，导源东南流，右注白祀水，乱流，东南迳常道城西，故乡亭也。西去长乡城四十里。魏少帝璜，甘露三年所封也。又东南入圣水。圣水又东南迳韩城东。《诗·韩奕》章曰：溥彼韩城，燕师所完。王锡韩侯，其追其貊，奄受北国。郑玄曰：周封韩侯，属韩城，为侯伯，言为猃夷所逼，稍稍东迁也。王肃曰：今涿郡方城县有韩侯城。世谓之寒号城，非也。圣水又东南流，右会清淀水。水发西淀，东流注圣水，谓之刘公口也。"《巨马水》："（巨马河）又东迳容城县故城北。又东，督亢沟水注之。水上承涞水于涞谷，引之则长津委注，遏之则微川辍流，水德含和，变通在我。东南流迳遒县北，又东迳涿县郦亭楼桑里南，即刘备之旧里也。又东迳督亢泽。泽苞方城县，县故属广阳，后隶于涿。《郡国志》曰：县有督亢亭。孙畅之《述画》，有督亢地图，言燕太子丹使荆轲赍入秦，秦王杀轲，图亦绝灭。地理书《上古圣贤冢地记》曰：督亢地在涿郡。今故安县南有督亢陌，幽

---

① 参见后晓荣《战国政区地理》第七章《燕国政区地理》，文物出版社，2013。其"都"，当为燕国所置县级行政机构名称。

州南界也。《风俗通》曰：沆，漭也。言乎淫淫漭漭无崖际也。沆，泽之无水，斥卤之谓也。其水自泽枝分，东迳涿县故城南，又东迳汉侍中卢植墓南，又东散为泽渚，督亢泽也。北屈注于桃水。督亢水又南，谓之白沟水，南迳广阳亭西，而南合枝沟。沟水西受巨马河，东出为枝沟，又东注白沟。白沟又南入于巨马河。巨马河又东南迳益昌县，护澱水右注之。水上承护陂于临乡县故城西，东南迳临乡城南。汉封广阳顷王子云为侯国。《地理风俗记》曰：方城南十里有临乡城，故县也，城南十里。淀水又东南迳益昌县故城西，南入巨马水。巨马水东迳益昌县故城南。汉封广阳顷王子婴为侯国，王莽之有秩也。《地理风俗记》曰：方城县东八十里有益昌城，故县也。又东，八丈沟水注之。"其临乡城下"城南十里"四字从《永乐大典》本及明朱谋㙔笺本，清代以来校刊本多删之①。其圣水即今琉璃河；巨马河即涞水，今称南拒马河。后世二水流势多有变迁。古时有督亢沟水自巨马河引出，东南流经遒县（今河北涞水县）北，涿县（今涿州市）南，进入督亢泽，分为二水，一支东北流，注于桃水（今称北拒马河）；一支南流，注于巨马河。其故安县在今易县东南。《史记·秦本纪》：商鞅变法，"为田开阡陌"。《索隐》："《风俗通》曰：南北曰阡，东西曰陌。河东以东西为阡，南北为陌。"又，《广雅·释宫》解"陌"为"道也"。则此"督亢陌"，当指起自故安城南的东西向通道，向东至督亢泽一带。

《隋志中》：涿郡统县"固安，旧曰故安，开皇六年改焉"。《通典》卷一百七十八：幽州领县"固安，汉方城县也"。《旧唐志二》：涿州领县"固安，汉县，属涿郡。武德四年属北义州，移治章信城。贞观元年省义州，以县属幽州，乃移于今治。今治城，汉方城县地，属广阳国"。《寰宇记》卷七十：涿州固安县，"巨马河在今理西一百一十里。圣水在县北五十步"。又："故方城，《郡国志》云：在今县南十五里故方城，即六国时燕之旧邑也。汉改为［属］涿郡，高齐天保七年省入涿县。此城尚存。"可知方城县省废于北齐天保年间。至唐初又置固安县于今河北固安市址。上引《括地志》等记方城在固安县"南十七里"，或"南十里"。另据《史记·赵世

---

① 参见杨守敬、熊会贞撰《水经注疏》卷十二，江苏古籍出版社，1989。

家》正义引《括地志》："临乡故城在幽州固安南十七里也。"与前者所记方城所在方位里程相同，当有误。《读史方舆纪要》卷十一固安县下记方城旧城引《括地志》："在今县东南十七里。"改"南十七里"为"东南十七里"，并无证据。而比照《地理风俗记》所述"方城南十里有临乡城"，则《括地志》所记方城县方位里程似当以"南十里"为确，《通典》等径记唐固安县为汉方城县，亦可表明其二者所在地相近。如此，古方城县址当在今固安市区南约十里之地；其南约十里为临乡县城，即"固安南十七里也"。而《寰宇记》所引《郡国志》原文当同于《括地志》，作"今县南十里"。其"此城尚存"当属《郡国志》文，谓方城遗迹在隋唐之际犹存。《日下旧闻考》卷一百二十四：固安县，"方城旧城，在今县东南十七里（《括地志》）。臣等谨按：方城旧址不可考。今有方城村"。光绪十五年刊《顺天府志》卷二十七：固安县西南"十五里四里铺、方城邨。《水经注》：圣水东迳方城县故城，李牧伐燕，取方城，即此。汉旧县，魏侯国，齐废，隋开皇九年移固安县治此，唐徙章信堡。（周梦棠辑《元和郡县志》逸文：方城故城在县南十七里，南（周）燕旧邑。《寰宇记》：故方城在今县南十五里。《方舆纪要》：方城旧城，《括地志》：在今县东南十七里。赵悼襄王初，李牧伐齐（燕），取方城。《韩非子》：燕以河为境，袭涿、方城是也。汉因置固安县，刘昫曰：汉固安县，今易州，隋开皇元（九）年置于故方城县，改故曰固。唐武德四年徙治章信城，贞观二年又移今治。《日知录》：今固安县方城邨，即汉方城县。《一统志》：方城故城在固安县南，隋移固安县于此，唐移理归义县界章信堡。《旧闻考》：方城旧地不可考。今有方城邨。章信堡今无考。《三国疆域志》：方城，汉旧县，魏侯国。《新斠注汉志》：方城在固安县西南。按：《寰宇记》：方城之北城，宋时尚存。诸说方隅里数各异，今按《图册》，实在今治西南十五里。）"其方城邨晚出，以此方城邨为古方城之所在，当亦属附会。且其地迄今未发现相关遗迹，有关古方城遗址当在今固安市区南十里范围内搜寻。《寰宇记》所述"此城尚存"，此引为"北城"，或原文如此。则古方城当建有南、北二城，相互连接，如古涿城。至南北朝时期南城废弃，仅用北城，《魏志》记方城县有方城，当即指其时南城已空出。

方城县临督亢泽。《史记·燕召公世家》："太子丹阴养壮士二十人，使荆轲献督亢地图于秦，因袭刺秦王。"《索隐》："徐广云：涿有督亢亭。《地理志》属广阳。然督亢之田在燕东，其良沃，欲献秦，故画其图而献焉。"《刺客列传》并载此事。《集解》："徐广曰：方城县有督亢亭。骃案：刘向《别录》曰：督亢，膏腴之地。"《索隐》："《地理志》：广阳国有蓟县。司马彪《郡国志》曰：方城有督亢亭。"《正义》："督亢坡（陂）在幽州范阳县东南十里。今固安县南有督亢陌，幽州南界。"其固安县当即指隋唐时期所置者，其南有督亢陌，当与《水经注》所述之古故安县南督亢陌连通。《寰宇记》卷七十：涿州范阳县，"督亢陂，在县东南十里。刘向《别录》：督亢，燕膏腴之地。孙畅之《述书（画）》曰：燕太子丹使荆轲赍督亢地图入秦谋刺秦王，寻为秦灭也。《郡国志》云：陂见有海龙王神祠在焉"。另据《魏书·裴延俊传》：魏肃宗初年，裴延俊为幽州刺史。"范阳郡有旧督亢渠，径五十里。渔阳、燕郡有故戾陵诸堰，广袤三十里。皆废毁多时，莫能修复。时水旱不调，民多饥馁，延俊谓疏通旧迹，势必可成，乃表求营造。遂躬自履行，相度水形，随力分督，溉田百万余亩，未几而就，为利十倍，百姓至今赖之。"《北齐书·卢文纬传》："年三十八始举秀才，除本州平北府长流参军，说刺史裴俊按旧迹修督亢陂，溉田万余顷，民赖其利。修立之功，多以委文纬。"又，《资治通鉴》卷一百六十八：北齐时期，"肃宗即位，平州刺史稽晔建议开督亢陂，置屯田，岁收稻粟数十万石，北境周赡"①。胡三省注："督亢陂，在唐涿州新城县界。燕荆轲献图于秦，即此地。"则北魏后期、北齐时期曾按旧迹修复督亢陂，故在唐宋时期犹可辨识。依《寰宇记》所述，唐宋时期巨马河在固安县西一百一十里，圣水在固安县北五十步，当与《水经注》所述略同，则古督亢泽之北界当在今固安市一带。而在临乡城西又有濩陂，则古督亢泽之南界当在其以北。胡三省以其在新城县界，不确。如此，古督亢泽南北之长当不超过二十里。而所谓"径五十里"，当指其东西之度。依《史记正义》等所述，古督亢泽之西界在范阳县（今涿州）东南十里，则古督亢泽之东

---

① 胡三省注："此是《五代志》序齐济南王至孝昭时军饷，《通鉴》取之，附见于此。"其建议"开幽州督亢旧陂"事并见于《隋书·食货志》。

界当即在今固安县一带。而古方城当西、北、东三面临泽水。《寰宇记》所述"曲洛沟源自督亢陂，经县南，东注方城东"①，当循行古水道，由古方城西南督亢泽引出，流经方城南，再流至方城东南注入督亢泽，由此而形成"泽苞方城县"之势。其督亢亭当临近督亢泽，属乡亭一类建置，汉魏时期属方城县，所在具体方位不见于唐宋以前典籍。《明统志》卷一："督亢亭，在涿州城东南一十五里，遗址高丈余，周七十步。"恐不确。

依《水经注》所述，方城之东有韩侯城，并引《诗经·大雅·韩奕》等以为即古韩城。《韩奕》云："溥彼韩城，燕师所完。以先祖受命，因时百蛮。王锡韩侯，其追其貊，奄受北国，因以其伯。"《毛传》："师，众也。"又："韩侯之先祖，武王之子也。因时百蛮长，是蛮服之百国也。追、貊，戎狄国也。奄，抚也。"郑玄笺："溥，大也。燕，安也。大矣，彼韩国之城，乃古平安时众民之所筑完。"又："韩侯先祖有功德者受先王之命封为韩侯，居韩城，为侯伯。其州界外接蛮服，因见使时节百蛮贡献之往来。后君微弱，用失其业。今王以韩侯先祖之事如是而韩侯贤，故于入觐，使复其先祖之旧职，赐之蛮服追、貊之戎狄，令抚柔其所受王畿北面之国，因以其先祖侯伯之事尽予之，皆美其为人子孙能兴复先祖之功。其后追也、貊也，为玁狁所逼，稍稍东迁。"陆德明《音义》："溥音普。燕，於见反，注同。徐云：郑於显反。王肃、孙毓并乌贤反。云北燕国。完音桓。"孔颖达疏："溥，大。《释诂》文。《燕礼》所以安宾，故燕为安也。此言溥，犹《生民》之言诞，故云大矣。为叹美之辞。韩城之言为下而发，则韩侯先祖亦居此城，故知燕师所完是古昔平安之时众民共筑而完之，据于时尚不毁坏，故言完也。"而其引王肃注文，今已佚。杨守敬按："郑笺云：其后追也、貊也，为玁狁所逼，稍稍东迁。非谓韩也。"又："《地形志》：方城有韩侯城，与王说同。今名韩寨营，在固安县东南十八里。"又："《日知录》引王符《潜夫论》：昔周宣王时有韩侯，其国近燕，故《诗》云：溥彼韩城，燕师所完。其后韩西亦姓韩，为卫满所伐，迁居海中。汉时去古未远，当有传授。遂以《水经注》为定。然观俞正燮《癸巳类稿》，则知郦说未足

---

① 《日下旧闻考》卷一百二十四引作"东注方城泉"。并按："今县西南三十五里有曲沟镇，距督亢陂二十五里，接新城县界。"以为曲洛沟水当流经此曲沟镇，似不确。

据也。其言曰：《诗》云'禹甸梁山'，必当为《禹贡》之梁山，在今韩城。郑康成时，所谓燕，去《禹贡》梁山甚远，故以完韩燕师为古平安时民众。王肃则以召公蓟燕，因谓方城之韩侯城即此韩城。《水经·鲍邱水注》引晋元康时碑，魏嘉平时，潞已有梁山名。《圣水注》误引郑笺追、貊为獯狁所逼稍稍东迁为韩东迁，于是禹甸梁山之名改。今按：燕乃蹶父国也。周之燕有二。《左传·隐五年》正义云：《世本》燕国姞姓。《汉志》东郡南燕县云：南燕国，姞姓，黄帝后。今卫辉之封邱地。《左传·宣三年》有燕姞，此《诗》云韩姞，则蹶父本燕支庶。其在蓟之燕则召公所封也。《诗》言韩姞，汾王之甥，蹶父之子，则蹶父姞姓，为厉王婿，以燕公族人为卿士。《诗》言韩侯迎止，于蹶之里。知蹶父不在燕，久居周，已有族里。《诗》言溥彼韩城，燕师所完，奄受北国。韩城在河西，居镐东北，得受王命为北诸侯长，蹶父亦得假王靈（玺），用其国人为韩筑城，如晋人城杞，亦戚好赴役，燕、韩事同也。郑未思南燕姞姓，故疑之。王符谓韩国近燕，亦不知燕、韩之地何在。王肃乃以寒号城为韩侯城，后人多喜其说，于《诗》之燕与姞，不能通也。"① 所辨有理。则此韩城不可能属周代韩侯所封之地。且古时无以爵号称都城之例，所谓"韩侯城"，当由"寒号城"演变而来。而"寒号"当属拟音字，为商周时期土著族系称谓。王肃及《魏志》均记为"韩侯城"，当属本称；而《水经注》记为"韩城"，或为简称，或亦有可能为郦道元所改。依《水经注》所述，此城当在古圣水以西，北与白祀沟水（流经常道城西，常道城在今廊坊市西）入圣水口相应，南临清淀水。《寰宇记》卷六十九引《郡国志》："（良乡县）又有清定水出固安界，东注圣水，谓之刘公口。"其清定水即清淀水，可表明唐宋时期此一地区景观与南北朝时期略同，然无有关韩侯城的记载。《读史方舆纪要》卷十一：顺天府固安县，"韩寨营，在县南。或以为古韩城也"。《日下旧闻考》卷一百二十四引《名胜志》："韩侯城，今县南名韩砦营者是。"并按："县志：韩寨营在县东南十八里，即古韩侯城。"卷一百二十五引《永清县志》："韩淮阴侯城在县西八里。韩信下燕，筑城于此。遗址未湮，又

---

① 《水经注疏》卷十二。

称为韩侯乡。"并按："《通鉴》：汉高祖三年，韩信用李左车策，发使使燕，燕从风而靡，遣使报汉，且请以张耳王赵。未几，楚击赵，张耳、韩信往来救赵。据此则信当日未尝至燕。旧志相传有汉淮阴城，又称为韩侯乡，似属后人附托之辞，谨附识以俟考。"光绪十五年刊《顺天府志》卷二十七：固安县东南"二十五里贺家营、宋邨、韩寨，或曰《诗》之韩城，魏《地形志》之韩侯城，《方舆纪要》之韩寨营，即此。韩侯城亦谓寒号城，非也……（《畿辅唐志》：金韩常驻军于此）"。又，永清县西南"八里白庙、大营、韩城，亦曰韩侯乡。（《旧闻考》：《通鉴》：汉高祖三年，韩信用李左车策，发使使燕，燕从风而靡，遣使报汉，且请以张耳王燕。未几，楚击赵，张耳、韩信往来救赵。据此，则信当日未尝至燕。旧志：汉淮阴城。似属后人附会。《永清周志》：旧志称县西八里，韩信平燕，筑城于此，又称韩侯乡。按：固安县东南十八里有韩侯城，适在永清之西。唐置永清以前，永清即固安东境，得毋因韩侯城，附会为韩淮阴城与?）"其二地相距约10公里，均与《水经注》所述地理方位大体相当，迄今皆未发现相关遗迹。而二者见于记载又均在明清之际，虽有可能是承传于古，但掺入后世附会成分似在所难免。其韩寨曾有金代韩常驻军，而寨与常古音相近，则不排除其原称韩常营，而后演为韩寨营、韩寨的可能性，并由此而附会为古韩城。而永清县西南韩城，又称韩侯乡，极有可能本于古韩侯城，亦缘于此而被附会为汉淮阴侯城。如此，以此韩城属古韩侯城当更近于史实。

广阳县城

广阳县，西汉时期属广阳国，见于《汉志下》。东汉时期属广阳郡，见于《后汉志五》。《后汉书·耿弇传》：更始三年（25年），耿弇等随光武帝北征，"从追至容城、小广阳、安次，连战破之，光武还蓟"。李贤注："广阳国有广阳县，故曰小广阳。"晋时属燕国，见于《晋志上》。《魏志上》：燕郡领县"广阳，二汉属广阳，晋属。有广阳城"。依文例，北魏时期广阳县城当另迁置，而"有广阳城"当指秦汉时期广阳城已空出，仍属之。《水经注·圣水》:"圣水又东,广阳水注之。水出小广阳西山,东迳广阳县故城北。又东,福禄水注焉。水出西山,东南迳广阳县故城南,东入广阳水,乱流,东南至阳乡县,右注圣水。"《瀑水》:"瀑水又东迳广阳县故城北。谢承《后汉书》曰:世祖与铫期出蓟,至广阳,欲南行。即此城也,谓之小广阳。"《明统志》卷一:"盐沟水,在良乡县南。源自龙门口,东南流与广阳水合。广阳水,出房山县北公村,经良乡东广阳故城下,南流与盐沟水合,入桑乾河。"清光绪十五年刊《顺天府志》卷三十九:琉璃河入涿州境,迳马头镇西,"又半里迳郎家庄西。水出桥下,迳南卢邨,又二里迳保安庄东,又一里迳塔西廊西,与巨马河会。巨马河又东南二里受牤牛支河,又里余迳佟邨东,任邨西。水出桥下,又二里余,牤牛正河注之(按:正河在支河东四里许,并北来)。水出宛平县西南五十里董公庵,泉涌,南流里许出通济桥,入房山县东北境,又曰顺水河(据《义仓图》),又曰顺河(据房山知县梅宗望光绪七年详册),又曰莽牛河(《会典·事例》七百一),亦曰蟒流河(《霸州周志》),南流里许迳云冈邨东,又里许迳佃子庄北,又里余迳北公邨东,亦曰公邨河(按:公邨河见《畿辅舆图》)。又里余迳王家庄东,出界(《房山册》:顺河在境二里余)。入良乡县境,在治北十余里,东南流二里分为二:一少北,分东南四里出永安桥,又二里迳篱笆邨南,又三里出长阳邨之安阳桥,迳黄管营东,与南支合。陈崏《良乡志》所谓黄管屯河沟即此。一少南,亦东南流,四里迳篱笆房北,出长安桥。《良乡志》所谓篱笆房河沟即此(按《陈志》云:入雅河。则源流莫辨矣)。又二里迳长杨铺西,又三里与北支合,又二里受雅河北支,又四里迳广阳城东,牤牛河之名广阳河以此。今良乡即汉广阳也。小清河注之。水出宛平境西南,流入牤牛河。牤牛河又南四里迳葫芦垡东,又三里迳鱼贯营东,受雅河南支。雅河旧名盐沟河,即《水经注》福禄水也(据《良乡陈志》。余详故道)。今考其水出房山县东北三十余里之小儿营东,又东南流四里迳河西邨,又三里余迳南公邨西,又三里余迳老庄窝西,又三里余迳东西石铺东,又三里余迳河两邨东,出界。入良乡县境,在治北十五里(按:公邨河、广阳河即牤牛河也。详上。《房山王志》谓雅河入良乡为广阳河,非)。东南流二里迳王家庄西,又一里迳铁匠营东,又二里迳米家庄场西，又二里迳后庄东，又一里迳安庄东，又里许迳鱼儿沟东北，分为二：一南一北。其北支东流三里出雅河桥，又分二小支，一东北，一东南。其东北一支东流四里出安阳桥，又二里迳长阳邨南，又二里入牤牛河。其东南一支，东南流四里出仙安桥，又四里迳大西庄桥，与南支合。其南支，东南流三里迳雅河邨南，又分二小支，一少北而东，四里出广阳桥，又四里亦至大西庄场西。一少南而东，四里出济阳店桥下，亦至大西庄场西（按：此在小西庄场东北）。三支合流，又东南五里迳水碾屯西，又里许迳徐庄东，又里许迳葫芦垡西，又里许迳梨园邨东，又二里迳鱼贯营西，入牤牛河。牤牛河又南十里，茨尾河注之。"因后世河道变迁，诸水流势与《水经注》所述不尽相同，在水流辨识上亦有差异。原广阳水与福禄水汇合后注入圣水（今琉璃河），至明代已改注桑乾河（灅水），至清代又改注巨马河，今再注入小清河。其牤牛河即广阳河流经广阳城址东北，与《水经注》所述大体相合，判属古广阳水当无疑义，而雅河（或称哑叭河）除北支之东北小支流经广阳城址北外，其余三支均流经广阳城址南，与《水经注》所述福禄水流势相符，当即属之。其水在唐代犹称福禄水[①]。而以此称名很可能是在魏晋以后。由古时命名通例推之，广阳城当因在广水之北而得名，则此水当原称广水。广有宽阔之义，其雅河在长阳村一带（广阳城西南）分为四支，相隔之地为古河床，因地势平缓而水面开阔，故称广水。《资治通鉴》卷二百七十八：后唐长兴三年（932年），赵德钧为幽州节度使，"城阎沟而戍之，为良乡县"。其阎沟，或作盐沟，当如《明统志》所记，"在良乡县南"。

广阳县于北齐时省废。隋唐时期地属良乡县。《括地志》："广阳故城在幽州良乡县东北三十七里。"《寰宇记》卷六十九：幽州良乡县，"广阳故城在今县东北三十七里。汉为县，高齐天保七年省入蓟县"。五代后唐时期良乡县城移至今房山区址。《明统志》卷一："广阳城，在良乡县东。汉旧县，齐省入蓟县。"

[①] 光绪十五年刊《顺天府志》卷二十六：良乡县，"云麾将军李秀墓，在县境。据李邕撰碑。按碑云葬范阳福禄乡，今无考。《水经注·圣水篇》：圣水又东，福禄水注焉。福禄水当由福禄乡得名"。

《读史方舆纪要》卷十一：顺天府良乡县，"旧治在涿州北四十里，五代唐长兴三年移治于此。今城周二里，编户二十五里。广阳城，县东八里"。《清统志》卷八："广阳故城在良乡县东北十里。"其城址位于今北京房山区良乡镇东4.5公里广阳城村，平面略呈方形，原残存有西北城角，长约40米，高约4米。地势为西南高而东北低，现地面上已见不到城墙遗迹。经勘测得知，夯土城墙基底距现地表5.3~6米，墙基底宽37米，西、北两面城墙保存相对较好，东、南部城墙因受小清河冲击破坏严重，四面城墙基本为正方向，复原长度在690~696米之间，每面城墙各开一门，西城门保留较完整，东、北两面城门损坏严重。西城门洞分为三部分，其中外侧宽18米、长26.5米，中部宽8米、长9米，内侧宽12米、长14米，于城门外部两侧对称位置各建一马面，均向外侧凸出12米。南、北城门之间有一条贯穿全城的主要道路；四门入城的道路均在直行一段后分别向两侧引出一条岔路，相交构成城内的环道。入城干道宽8~10米，较环道路宽。干道与环路交互联结，形成城内的主要道路框架，而内干道及环路上向旁引出数条小路构成城内的其他道路体系。其城内遗迹堆积分属汉代、辽金及明清时期[1]。据《水经注·灢水》："灢水又东北迳蓟县故城南。……秦始皇二十一年灭燕，以为广阳郡。汉高帝以封卢绾为燕王，更名燕国。"至汉昭帝时又改为广阳郡。则秦置广阳郡在前，其范围当包括原燕都蓟城及南部涿县等[2]。依此一时期通例，其郡名当与所治县城相同，即以此广阳县城为广阳郡治所，而广阳县城当至迟在战国晚期已建成。其广阳水当因临近广阳城而得名。依《水经注》所述，原当流经广阳城北，又东流与流经广阳城南的福禄水汇合，又东南注入圣水。在广阳水之北有灢水。

唐代于良乡县境内曾置羁縻州县，如慎州逢龙县、黎州新黎县并寄治于良乡县之故都乡城（今长沟城址），师州阳师县寄治于良乡县之故东闾城（今芦城村址）等。又，《旧唐志二》："威州，武德二年置辽州总管，自燕支城徙寄治营州城内。七年废总管府。贞观元年改为威州，隶幽州大都督。

---

① 北京市文物工作队：《北京房山县考古调查简报》，《考古》1963年第3期。程利：《房山汉广阳城》，中国考古学会编《中国考古学年鉴（1996）》，文物出版社，1998。
② 参见《水经注疏》卷十二。

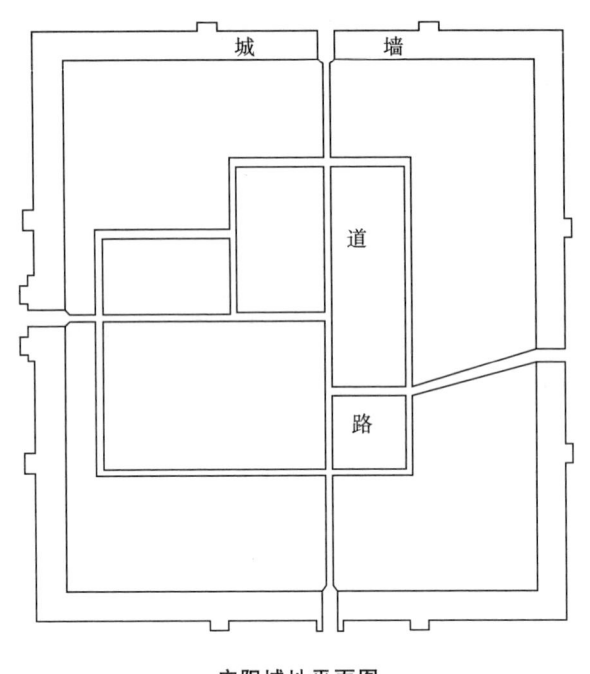

广阳城址平面图
（据《图说北京史》附图）

所领户，契州内稽部落。旧领县一，户七百二十九，口四千二百二十二。天宝户六百一十一，口一千八百六十九。两京道里与涿州同。威化，后契州陷营州乃南迁，寄治于良乡县石窟堡，为威化县，州治也。""夷宾州，乾封中于营州界内置，处靺鞨愁思岭部落，隶营州都督。万岁通天二年迁于徐州，神龙初还隶幽州都督。领县一，户一百三十，口六百四十八。来苏，自徐州还寄于良乡县之古广阳城，为县。""归义州，总章中置，处海外新罗，隶幽州都督。旧领县一，户一百九十五，口六百二十四。归义，在良乡县之古广阳城，州所治也。瑞州，贞观十年置于营州界，隶营州都督，处突厥乌汗达干部落。咸亨中改为瑞州，万岁通天二年迁于宋州安置，神龙初还，隶幽州都督。旧领县一，户六十五，口三百六十五。天宝户一百九十五，口六百二十四。来远，旧县在营州界。州陷契州，移治于良乡县之故广阳城。"《新唐志七》：瑞州来远县，"后侨治良乡之广阳城"。"归义州归德郡，总章中以新罗户置，侨治良乡之广阳城。县一：归义。后废。开元中信安王祎降契丹李诗部落五千帐，以其众复置。"夷宾州来苏县，

"侨治良乡之古广阳城"。威州威化县，"后治良乡之石窟堡"。《寰宇记》卷七十一：威州，"威化县，后契州陷营州，乃南迁寄治于良乡县石窟堡，为威化县，州治也"。夷宾州，"来苏县，自徐州还寄治于良乡县之古广阳城，为县"。归义州，"归义县，在良乡县之故广阳城，州所理也"。瑞州，"来远县，旧县在营州界。州陷契丹，移治于良乡县之故广阳城"。三者所述互有异同。《旧唐志》成书较早，所据资料当更接近于史实。其以夷宾州来苏县、归义州归义县均寄治于"古广阳城"，当即指今广阳城村址，因省废时间较早，故称"古广阳城"。而以瑞州来远县寄治于"故广阳城"，当即指北魏时期所移置广阳县城，因省废时间较晚，故称"故广阳城"。《寰宇记》所述大体本于此，而以归义州归义县在"故广阳城"，似为抄误。《新唐志》以夷宾州来苏县侨治"古广阳城"，同于《旧唐志》及《寰宇记》；以端州来远县、归义州归义县均侨治于"广阳城"，未能进一步加以辨识，似不能据此否定《旧唐志》所述。《新唐书·史思明传》：安史之乱，史思明子史朝义至范阳，其所属范阳节度使李怀仙部将李抱忠"闭壁不受。……去至梁乡，拜思明墓。东走广阳，不受。谋奔两蕃，怀仙招之，自渔阳回，止幽州，缢死医巫闾祠下。怀仙斩其首传长安，召故将收其尸"。《资治通鉴》卷二百二十二：广德元年（763年），"（史）朝义至范阳，不得入。……东奔广阳，广阳不受。欲北入奚、契丹，至温泉栅，李怀仙遣兵追及之。朝义穷蹙，缢于林中，怀仙取其首以献，仆固怀恩与诸军皆还。甲辰，朝义首至京师"。《考异》："《河洛春秋》曰：朝义东投广阳郡，不受。北取潞县、渔阳，拟投两蕃。至榆关，李怀仙使使招回，却至渔阳过，从潞县至幽州城东阿婆门外，于巫闾神庙中，兄弟同被绞缢而死，乃授首与骆奉仙。经一日，诸军方知，归莫州城下。"胡三省注："檀州燕乐县，后魏置广阳郡，后齐废郡，而旧郡名犹存。"不确。其范阳即今河北涿州市，梁乡即今北京房山窦店村。史思明墓在今北京丰台区林家坟，东南距今广阳城村址约5公里①。则史朝义"东奔广阳"，或作"东投广阳郡"，当均指此。因唐时有归义州或归德郡寄治此城，俗亦称"广阳郡"。

---

① 北京市文物研究所：《北京丰台唐史思明墓》，《文物》1991年第9期。

从史朝义北取潞县（今北京通州）、渔阳（今天津蓟县），又返回幽州（今北京西南）来看，当亦如此，而不可能是在檀州燕乐县（今北京密云区北）。又，《金志上》：中都路大兴府大兴县，"镇一，广阳"。今北京大兴区庞各庄镇东中堡村东北残存一处金代遗址，面积约0.5平方公里。1958年文物普查时采集有汉及辽金时期的陶片、残砖瓦等。1983年在遗址东出土金明昌五年（1194年）石经幢一件，系右班殿直广阳镇商酒兼烟火都盐李元问为先兄保静军节度使李之才所建①。可表明金代即于此置广阳镇。而其地西北距今大兴区芦城村（唐代良乡县之故东闾城）约10公里，距古广阳城约15公里，在唐代当属良乡县境，则《旧唐志》所述"良乡县之故广阳城"当即在此。其当迁置于北魏时期，唐代一度寄治瑞州来远县，金代又沿置广阳镇。

依上引《旧唐志》等，唐代有威州威化县寄治于良乡县石窟堡。其所在方位无考。《金志上》：中都路大兴府良乡县，"有料石冈、阎沟"。《金史·海陵本纪》：贞元元年，"十月丁巳，猎于良乡。封料石冈神为灵应王。初，海陵尝过此祠，持杯珓祷曰：'使吾有天命，当得吉卜。'投之，吉。又祷曰：'果如所卜，他日当有报，否则毁尔祠宇。'投之，又吉，故封之"。《明统志》卷一："辽石冈，在良乡县治东。《金史》作料石冈。上有佛塔，相传金时建。"《读史方舆纪要》卷十一：顺天府良乡县，"辽石冈，在县治东三里。志云：冈有古城五座，方圆棋布。冈顶有多宝佛塔，隋建。《金志》作料石冈"。《日下旧闻考》卷一百三十三引之，并按："古城址已废。料石冈之料亦作燎。佛塔今尚存。"又引《长安客话》："良乡县城东里许有石冈，石赤色如燎，可以取火，因名燎石冈。旧有佛塔，亦名塔冈。"其佛塔始建于辽代，今犹存，亦称昊天塔。料石冈神祠当建于辽金以前，今无存。而"古城"则当建于隋唐之际。所谓"五座"，很可能是中央建一大城，四城角或四城门各建一小城，用于守望。其建于料石冈上，在城墙夯土中当加夹有料石，宛若石窟。如此，"石窟堡"当即在此。

---

① 国家文物局主编《中国文物地图集》北京分册，科学出版社，2008。

阴乡县城

阴乡县，西汉时期属广阳国。《汉志下》：广阳国属县"阴乡，莽曰阴顺"。《寰宇记》卷六十九：幽州蓟县，"阴乡，汉县名。后汉省，旧地理书并失其所在。盖今蓟县南界、良乡县东界、固安县北界三县交入之地"。《读史方舆纪要》卷十：顺天府，"阴乡废县，府西南二十五里，汉置阴乡县，属广阳国，后汉省。其遗址俗谓之笼火城。唐武德三年，窦建德遣将高士兴击罗艺于幽州，不克，退军笼火城，艺袭击，大败之。未几，复败建德军于笼火城，是也"。《日下旧闻考》卷九十三引其文，并按："阴乡废县遗址俗名笼火城者，今无考。"《清统志》卷八："阴乡废县，在宛平县西南。汉置，属广阳国，后汉省。《寰宇记》：在今蓟县南界、良乡东界、固安北界三县交入之地。《方舆纪要》：在府西南二十五里。其遗址俗谓之笼火城。唐武德三年，窦建德遣将高士兴击罗艺于幽州，不克，退军笼火城，是也。"其俗称"笼火城"者，所在具体方位已无法指实。《读史方舆纪要》以其属汉阴乡城遗址，或本于传闻。《清统志》为进一步求证而摘引《寰宇记》文句，似有误解。实则《寰宇记》言"盖"，原属臆测，实不可引以为据。

今北京大兴区黄村镇西北约6公里东芦城村及西芦城村一带存有间城故城址。其西距永定河约5公里，东北临京沪铁路。在西芦城村保存一通明嘉靖二十二年（1543年）的修庙碑石，碑阴额刻"古迹芦城"。据碑文所记，间城之名初见于唐代，明代已不再流传，而以谐音改称芦城。在东芦城村南有一处庙宇废墟，存明代石狮一对，带座通高1.3米，二狮胸前背后各有幼狮攀扑戏耍，造型自然，姿态生动，后迁至村内小学校门前，现存村委会。在东、西芦城村北半部残存一古城址，保留有一段东西向夯土城墙，长约500米，残高约3米，城墙夯土中包含有较多的汉代陶瓦片[1]。后经2001年调查，此城址北垣还残存有300余米，断断续续散落在村民的房前

---

[1] 国家文物局主编《中国文物地图集》北京分册。

屋后；而东、西、南三面城垣则已压在道路与民房之下，地表上已无遗迹。据当地村民讲，村中现有的东、南、西三条主要交通干道就是当年古城的东垣、南垣、西垣之所在。城址的平面原应作长方形，东西长约 500 米，南北长约 300 米。其北垣凸出于地表以上的部分高低参差不一，里外残缺不全，残高 1.5～2.5 米，大多为 2 米许。大部分墙体从断裂崩落的部分可以看到内部清晰的夯层，每层的厚度在 10～12 厘米之间，夯层紧密结实，质地坚硬。夯土中夹杂有少量陶片，均呈明显的西汉早期特征。在北垣东端钻探，于地表 0.8 米以下发现夯土层。在北垣中段钻探，于坡上距地表 2 米深处始见城墙夯土，于坡下距现地表 1.2 米深处始见城墙夯土，城墙宽度约 9.7 米。在北垣西段钻探，于路土下 2 米许深处发现夯土。由此向西延伸数十米皆未见夯土，北垣西端当在芦茂城家院墙外的西北角，自此向南至村供销社的大路很可能是原古城西垣之所在。在此大路及村南之东西向大路、村东之南北向大路上布孔钻探，均未找到城墙遗迹。调查者认为在西汉早期该城构筑之前，这里很可能是一个较大的聚落遗址，墙体夯土中夹杂的西汉早期陶片应当是那时村民日常用器的遗物。陶片的年代比较单纯，均为西汉早期，城址的始建年代上限不早于西汉早期。城址的始建年代很可能同城墙夯土中的陶片年代大致相当而略晚，也应是西汉早期所建。此古城正在清北京顺天府城西南二十五里，与《清统志》等所记汉阴乡县城方位里数恰好一致，应当就是汉阴乡县故城。东汉以后省废，"笼火城"大约是南北朝至隋代作为堡坞而存在的俗名，唐初成为师州治所，别名"东闾城"。而《顺天府志》等所记"闾城"当在今狼岱村[1]。后在 2006 年再次调查，以残留的北城墙为基础，并参照现地形、地貌勾画出古城的大致轮廓。其与 2001 年调查中对城墙四界的勘测基本一致，但测量的城墙长度却大为缩减，仅为东西长 299 米、南北长 143 米。另在城址西部及东部发现多座汉代砖石墓[2]。

---

[1] 朱志刚：《大兴芦城古城遗址调查记》，《北京文物与考古》第五辑，北京燕山出版社，2002。

[2] 周正义主编《北京地区汉代城址调查与研究》第二编第二章第二节《芦城村汉代城址调查与考辨》，北京燕山出版社，2009。

调查者以此城址属笼火城亦即汉阴乡县城，似不确。且其西距汉广阳县城（在今北京房山区广阳城村）仅约10公里，规模较小，判属汉代县城，亦不尽合情理。而以其属《旧唐志》所记之"东闰城"，与典籍中所见之"闰城"相别为二，当有误解。《旧唐志二》："师州，贞观三年置，领契丹室韦部落，隶营州都督。万岁通天元年迁于青州安置，神龙初改隶幽州都督。旧领县一，户一百三十八，口五百六十八。天宝户三百一十四，口三千二百一十五。阳师，初，贞观置州于营州东北废阳师镇，故号师州。神龙中自青州还寄治于良乡县之故东闰城，为州治，县在焉。"《新唐志七》记为："师州，贞观三年以契丹、室韦部落置，侨治营州之废阳师镇，后侨治良乡之东闰城。县一：阳师。"相互比照，其"东闰城"，当为东"闰城"①，指位于唐代良乡县（今北京房山区窦店镇）之东的闰城，此正与今所发现的芦城古城所处地理方位相当。如此，《旧唐志》原文似当为"良乡县之东故闰城"。其"闰城"，并见于《析津志》："闰城石兽，燕京之西有故闰城。中有二石兽，至今尚存。然不知何代人所遗也。"②《明统志》卷一：顺天府，"闰城，在府西南三十五里，南有二石兽"。其"二石兽"当即今所见一对石狮。《读史方舆纪要》卷十：顺天府，"又有闰城在府西南三十五里，亦曰关城，故城址在焉"。《清统志》卷八："旧志：又有闰城在宛平县西南三十五里，亦曰关城，故城址在焉。"今北京在辽金时期一度称燕京析津府，明清时期改置顺天府，芦村之地属之，"闰城"在其西南，故所记不再于"闰城"之前加"东"字。而"西南三十五里"当是辽金时期所记，明清时期沿而未改。其"二石兽"，很可能亦是辽金时期所加，或曾用为关城。光绪十五年刊《顺天府志》卷二十七：大兴县，"西南五十里黄村镇"。又，宛平县，"西南三十一里三岔口。按：府西南二十五里，汉阴乡县遗址，旧呼笼火城。当在三岔口东北数里。旧有金水邨，当近此。三

---

① 《旧唐志二》："沃州，载初中析昌州置，处契丹松漠部落，隶营州，州陷契丹，乃迁于幽州，隶幽州都督。天宝领县一，户一百五十九，口六百一十九。滨海，沃州本寄治营州城内，州陷契丹，乃迁于蓟城东南回城，为治所。"《新唐志七》记为："沃州，载初中析昌州置，万岁通天元年没于李尽忠，开元二年复置。后侨治蓟之南回城。县一：滨海。"二者文例略同。

② 据北京图书馆善本组辑《析津志辑佚》古迹。

十五里狼垡。《方舆纪要》所谓间城，亦曰关城，当即近此。又有纳降城、赫连城，未详何郫。四十里栗垡、庞郫。四十四里高店郫。四十五里长新店，《明实录》：长店筑墩堡，即此；稻田郫，有仓；鲁城郫，亦曰卢城郫，宋安礼砦近此。四十八里吕郫。四十九里杨家峪、胡家庄"。相互比照可知，其鲁城郫，亦曰卢城郫，当即今芦城村。鲁、卢（芦）与间音相近或相同，则"鲁城"、"卢城"当即由"间城"演变而来。而所述在宛平县西南四十五里，当为近时所测里程。著者泥于古时所记里程，又不辨"间城"之实际所在地，故有误；然并未将"间城"与"笼火城"及汉阴乡县城混为一谈，则可取。

《水经注·圣水》："圣水又东，广阳水注之。水出小广阳西山，东迳广阳县故城北。又东，福禄水注焉。水出西山，东南迳广阳县故城南，东入广阳水。乱流，东南至阳乡县，右注圣水。圣水又东南迳阳乡县西，不迳其北矣。……圣水又东迳长兴城南，又东迳方城县故城北。李牧伐燕，取方城是也。魏封刘放为侯国。圣水又东，左会白祀沟。沟水出广阳县之娄城东，东南流，左合娄城水。水出平地，导源①东南流，右注白祀水，乱流，东南迳常道城西。故乡亭也。西去长乡城四十里，魏少帝璜甘露三年所封也。又东南入圣水。"熊会贞按："白祀沟及下娄城水在今永清县西北，并湮。"其圣水即琉璃河，广阳水即今义（蚁）河，福禄水即今盐沟河。阳乡县在今河北涿州东北古城村，方城县故城在今河北固安县南，常道城在今河北廊坊市西②。隋唐以后诸水道多有变迁。另据《水经注·㶟水》所述，其㶟水在南北朝时期大致流经今凉水河水道，辽金之际方改行今永定河（卢沟河）水道③。如此，在南北朝时期唯有广阳水流经广阳县城与"间城"之间，向南注入圣水。而在娄城以东又有白祀沟水东南流，于今廊坊市以西注入圣水。相互比照可推知，所述"娄城"，当即"间城"。古音娄属侯部来纽，间属鱼部来纽，可互通。则今所见芦城古城当原称娄城，为

---

① 源，明朱谋㙔笺本作泉。
② 参见《水经注疏》卷十二。
③ 参见孙承烈、宋力夫、李宝田、张修桂《㶟水及其变迁》，《环境变迁研究》第一辑，海洋出版社，1984。

广阳县属邑①。既见于《水经注》所记，其兴建当在南北朝以前。其城墙夯土中见有西汉早期陶片，可表明修筑年代不早于西汉早期，却有可能晚至西汉晚期乃至东汉时期。此娄城以东有白祀沟水，而娄城水当流经娄城北，再流向东南，"右入"白祀沟水。其水道已难以指实。其娄城水因临近此娄城而得名，则娄城至此时当已存在较长时间。北齐时期废广阳县入良乡县，隋唐时期相沿，故唐代史志记为良乡县之东"闾城"。

除此芦城古城外，在此一地区尚未发现其他古城址，所谓"笼火城"亦无从辨识。而就西汉时期广阳国区势分析，其所属四县中已知蓟县（今北京）居中，广阳县、方城县居南，余下一县即阴乡县当不排除在北部的可能性。今北京海淀区清河镇朱房村残存一古城址，其南临清河河道，东临地铁13号线及京包高速朱房段。除西南城角外，城址大部分埋藏在朱房村住宅区下面，地面上已看不到任何遗迹。自1951年起，清河镇到朱房村之间就不断发现汉代墓葬，其中不乏大型墓葬，出土大量的陶器、砖瓦以及五铢钱、半两钱等。后经多次调查发掘，得知古城垣尚保存有完整的西南角，西垣自西南向北断续保存115米左右，南垣自西南角向东保存约150米。城址东南角濒临清河河道，地面隆起较高，可辨识为城墙基残迹。北垣及东北、西北两角无存，但部分城基夯土仍然保存，可大致判断城址的四至范围。其平面呈正方形，正南北向，每边城墙长约500米，周长约2000米，占地面积25万平方米。通过发掘城垣断崖及豁口得知，城基宽达11.85米，夯土残高达3.15米（西南角更高），墙顶残宽1.4米。夯土层厚薄不一，最厚的20厘米，最薄的10厘米，夯窝直径6～7.5厘米，夯层十分清晰。城墙夯土内含有夹砂粗红陶片、夹砂粗灰陶片、泥质灰陶片、泥质红陶片等，均属战国以及战国以前遗存，据此可推断此城的建筑年代上限当是战国，下限当在秦汉之际。在城内清理一处汉代铜铁冶坊遗址，发现汉代炼炉遗迹，出土大量的铜、铁炉渣，残碎的炼炉壁、铜镞等。另发现一堵用绳纹砖砌筑的残墙以及铁刀、剑、戟、锄、铲、镬、镜、车轴、

---

① 《读史方舆纪要》卷十一：顺天府东安县，"县境有白祠沟水。《水经注》：白祀沟出广阳县之娄城店，东南经常道城西，去良乡城四十里。今堙"。其"娄城店"、"良乡城"，《永乐大典》本及明朱谋㙔笺本均作"娄城东"、"长乡城"，则此引文有误。

瓦等。在城东北角发现10余座古井，其用一节节陶井圈叠砌而成，井底均发现有高领罐及五铢钱等。在建筑遗迹地面上分布有大量的汉代筒瓦、板瓦和瓦当。瓦当上花纹有卷云纹、"千秋万岁"篆体字等。地下埋有整排的墙基和房基，均属汉代①。后在2007年再次调查，认为其是一个官营的专业性冶坊城，很可能是渔阳官方冶炼场所之一②。2011年发掘存留地表的西南城角，确知自城址西南角起向北、向东，西垣、南垣均有一段墙体保存于现地表以上。西垣残长97.6米，方向为357度，基本为正南北向，墙体底部原始宽度为10.6~12米，最高处残高4.1米，最低处残存1米，城墙顶部宽0.8~2.9米、底部夯土基础宽11.6~13米，厚0.26~0.35米。南垣87.6米，墙体底部宽9.2~9.6米，底部夯土基础宽10.2~10.8米，顶部残宽2.6~3.5米，残高2.2~4米。根据城墙剖面可知，修筑城墙前首先在原始地表上平铺两层黄褐色细砂土，稍加夯实即作为墙体基础，在其上修筑墙体。墙体采用版筑法分段分块夯筑而成。现存城墙的表面覆盖两层晚期的土层，第一层内容杂乱，为现代堆积层；第二层质地疏松，但土质纯净，是自然风化层，厚5~40厘米。第三层是保留下来的城墙墙体，为夯土墙，质地坚硬，夯层清晰，夯层厚度为10~15厘米，墙体残存高度3.85米，底部宽约5米；第四层厚约30厘米，亦为夯土层，只是不如第三层夯打质密，而且宽于第三层墙体约60厘米，当为城墙的底部基础。所获取的夹云母红陶质的陶釜残片，一片为折沿直腹釜的口沿，属北京地区战国中晚期较为典型的器形；另一片为弧腹圜底釜的口沿，颈部带有多道轮制形成的突棱，为典型的汉代陶釜造型。由此可知，此城的建筑年代不晚于汉代，上限或可至战国时期。另在城址以北的上地高科技信息产业基地发掘战国至汉代墓葬1000余座，与此城址应该有较为密切的关系③。此城址南距古蓟城约15公里，当位于西汉时期广阳国境内，而不可能属渔阳郡或上

---

① 周耿：《介绍北京市的出土文物展览》，《文物参考资料》1954年第8期。苏天钧：《十年来北京市所发现的重要古代墓葬和遗址》，《考古》1959年第3期。北京市文物研究所编《北京考古四十年》第三编第一章第三节《清河镇朱房村古城遗址》。
② 周正义主编《北京地区汉代城址调查与研究》第四章《海淀区》。
③ 宋大川：《近年来北京考古新成果》，《北京文物与考古》第五辑。宋大川主编《北京考古史》汉代卷第五章《清河汉城遗址》，上海古籍出版社，2012年。

谷郡。其地处经蓟城北上之交通要道，为广阳国北方门户。城垣营建年代可判属西汉时期以前，规模与广阳县城略等，建筑规格较高，城内有冶炼作坊等，极有可能即为西汉时期阴乡县之所在。

城址南临清河。清河原为古灅水（今永定河）河道。商周时期，古灅水南移循行积水潭、北海、中海及南海河道；至汉魏之际又南移循行凉水河河道①。其清河之称见于元明以后，有西北、西南二源，相汇于朱家房一带。而此前有易荆水。《水经注·㶟余水》："（㶟余水）东流过军都县南，又东流过蓟县北（经文）。㶟余水故渎东迳军都县故城南，又东，重源潜发，积而为潭，谓之㶟余潭。又东流，易荆水注之。其水导源西北千蓼泉，亦曰丁蓼水。东南流迳郁山西，谓之易荆水。公孙瓒之败于鲍邱也，走保易荆，疑阻此水也。易荆水又东，左合虎眼泉。水出平川，东南流入易荆水。又东南与孤山之水合。水发川左，导源孤山，东南流入易荆水，谓之塔界水。又东迳蓟城，又东迳昌平县故城南，又谓之昌平水。《魏土地记》曰：蓟城东北一百四十里有昌平城。城西有昌平河。又东北注㶟余水。"其军都县故城在今昌平区西南土城村，昌平县故城当在今昌平区东南东小口附近，蓟城在今北京西南，㶟余水当为温余水，即今北沙河，则易荆水当大致流经今清河下游水道，为水流正源，当自西北流向东南，流经朱家房古城址北，又东经昌平县故城南②。其地在水南，故得称阴乡。又，古音易属锡部喻纽、荆属耕部见纽，阴属侵部影纽，则"易荆"与"阴"音相近，或易荆水亦可称阴水，因城临近阴水，故称阴乡。又，《史记·龟策列传》载褚先生记宋元王曰："（纣）杀周太子历，囚文王昌，投之石室，将以昔至明。阴兢活之，与之俱亡。入于周地，得太公望。兴卒聚兵，与纣相攻。"《集解》："徐广曰：兢，一作竟。"《索隐》："阴，姓。兢，名。"《左传·僖公十五年》："晋阴饴甥会秦伯，盟于王城。"杜预注："阴饴甥即吕甥也。食采于阴，故曰阴饴甥。"《战国策·中山策》："司马熹三相中山，阴简难之。"鲍彪本注："阴简，姬名也。"姚宏本注："阴简，中山君美人

---

① 参见孙秀萍《北京城区全新世埋藏河湖沟坑的分布及演变》，《北京史苑》第二辑，北京出版社，1985。
② 参见本书昌平县城。

也。"《中山策》又记:"阴姬与江姬争为后,司马熹谓阴姬公曰:事成,则有土子民;不成,则恐无身。欲成之,何不见臣乎?"鲍彪本注"阴姬公"为"姬父也"。可知在商周时期已有姓阴者,则此阴乡亦有可能因有阴姓氏族聚居而得名。

涿郡诸县城

涿郡之地于商周之际存有燕（北燕）系族属，与亳、肃慎等并列于北土。周初封召公于匽；春秋时期匽人南进，迁都临易；战国时期又北上，迁都蓟城，而以涿城、方城等为南部边邑。南与赵国相接。汉初置涿郡，至西汉末，涿郡置有涿县（郡治）、遒、谷丘、故安、南深泽、范阳、蠡吾、容城、易、广望、鄚、高阳、州乡、安平（都尉治）、樊舆、成、良乡、利乡、临乡、益昌、阳乡、西乡、饶阳、中水、垣、阿陵、阿武、高郭、新昌等二十九县。东汉时期相沿，广望、州乡、樊舆、成、利乡、临乡、益昌、阳乡、西乡、垣、阿陵、阿武、高郭、新昌等县省废。另有南深泽等县划出，唯领涿、遒、故安、范阳、良乡等县。魏晋时期改称范阳国，北魏时期改为范阳郡。

涿郡及涿县城

（一）涿城与涿水

涿县，西汉时期为涿郡治所。《汉志上》："涿郡，高帝置。莽曰垣翰。属幽州。户十九万五千六百七，口七十八万二千七百六十四。有铁官。"所属二十九县。首县"涿，桃水首受涞水，分东至安次入河"。应劭曰："涿水出上谷涿鹿县。"而据《韩非子·有度》："燕襄王以河为境，以蓟为国，袭涿、方城，残齐，平中山。有燕者重，无燕者轻。襄王之泯社稷也，而燕以亡。"注："方城，涿之邑也。"顾广圻曰："襄当作昭，下同。《史记》年表、世家，燕无襄王。下文云残齐在昭王二十八年。或一谥襄也。"又曰："句有误。王先谦曰：袭谓重绕在外，谓燕都在蓟，涿、方城在外，犹《左传》言表里也。涿与方城二地，注误。"① 则在战国时期已有涿城兴筑，属燕国南部城邑。传世燕系玺印有"豖都司徒"，其"豖"即"涿"，而"都"为燕国所置县级行政机构之称②。《史记·郦商传》："项羽既已死，汉王为帝。其秋，燕王臧荼反，（郦）商以将军从击荼，战龙脱，先登陷阵，破荼军易下，却敌，迁为右丞相，赐爵列侯，与诸侯剖符，世世勿绝，食邑涿五千户，号曰涿侯。以右丞相别定上谷，因攻代，受赵相国印。以右丞相赵相国别与绛侯等定代、雁门，得代丞相程纵、守相郭同、将军已下至六百石十九人。还，以将军为太上皇卫一岁。七月，以右丞相击陈豨，残东垣。又以右丞相从高帝击黥布，攻其前拒，陷两陈，得以破布军。更食曲周五千一百户，除前所食。"《正义》："涿，幽州。"《汉书·郦商传》所述略同，而"食邑涿五千户"作"食邑涿郡五千户"。《汉书补注》卷四十一："李慈铭曰：《史记》涿下无郡字，是也。汉封诸功臣列侯及分涿县立涿郡虽俱在高帝六年，然列侯之封无有以郡者。盖封商在前，置郡在后，当封商时涿犹为县，及既为郡，故更封商曲周耳。五千户下《史记》有号曰涿侯四字，不可去。"③ 其以涿郡立于汉高祖六年，当本于《水经注·圣水》。而据《史记·高祖本纪》及《秦楚之际月表》等，击虏燕王臧荼在汉高祖五年（前202年）八月，郦商受封为涿侯，当亦在此之际，而后又立卢绾为燕王。涿城在秦代当属广阳郡④，至项羽封臧荼为燕王，又归属燕国；而再立卢绾为燕王，显然不可能使已受封为涿侯的郦商归属之，则涿郡之设很可能即在此一时期，在郦商受封为涿侯后不久即分原燕国南部地置涿郡。如此，《汉书》改为"食邑涿郡五千户"似并不错，而此后不久郦

---

① 据王先慎《韩非子集解》卷二引。另据《战国策·秦策》载秦客卿造劝说穰侯，使人谓燕相言"成昭王之功"，马王堆汉墓出土帛书《战国纵横家书》作"成昭襄王之功"。可表明此燕君当为双字谥，称燕昭襄王，而简写为燕襄王或燕昭王。
② 参见后晓荣《战国政区地理》第七章《燕国政区地理》，文物出版社，2013。
③ 据中华书局1983年影印本引。
④ 参见谭其骧《秦郡新考》，《长水集》，人民出版社，1987。

商又改封曲周侯，则"号曰涿侯"亦省而不书。《史记·高祖功臣侯者年表》：汉高祖六年正月丙午封郦商为曲周侯，"以将军从起岐，攻长社以南，别定汉中及蜀，定三秦，击项羽，侯，四千八百户"。《汉书·高惠高后文功臣表》略同。此属"定封"，"除前所食"，则郦商"食邑涿五千户"尚不及半年。比照《汉志》所记西汉末户口数，此"五千户"当属秦汉之际居住于涿城者。其时涿郡当治于此涿城，因无定制，而郦商之涿侯封号亦予以保留，然所食者仅限于此一城，而非涿郡全境。至王莽时改涿郡为垣翰郡，而涿县之名不改。

东汉以后恢复原名。《后汉志五》："涿郡，高帝置。雒阳东北千八百里。七城，户十万二千二百一十八，口六十三万三千七百五十四。"涿县为首县。《晋志上》："范阳国，汉置涿郡，魏文更名范阳郡，武帝置国，封宣帝弟子绥为王。统县八，户一万一千。"涿县为首县。《魏志上》："范阳郡，汉高帝置涿郡，后汉章帝改。领县七，户二万六千八百四十八，口八万八千七百七。"首县"涿，二汉属涿，晋属。有涿城、当平城、鸾城"。其改称范阳郡当始于魏晋之际①。隋代涿郡治蓟城（今北京），涿县属之。《隋志中》：涿县，"旧置范阳郡，开皇初郡废"。唐代相沿，而改涿县为范阳县。《通典》卷一百七十八：幽州领县"范阳，汉涿县，在范水之阳。汉涿郡故城亦在此"。《旧唐志二》："涿州，本幽州之范阳县。大历四年，幽州节度使朱希彩奏请于范阳县置涿州，仍割幽州之范阳、归义、固安三县以隶涿，属幽州都督。州新置，未计户口帐籍。至京师二千四百里，至东都一千四百八十里。范阳，汉涿郡之涿县也，郡所治。曹魏文帝改为范阳郡。晋为范阳国，后魏为范阳郡，隋为涿县。武德七年改为范阳县。大历四年复于县置涿州。"《寰宇记》卷七十："涿州，涿郡，今理范阳县。古涿鹿之地，星分尾宿十六度。《史记》：黄帝与蚩尤战于涿鹿之野。即此地。舜分十二州，为幽州地。《禹贡》冀州之域。春秋及战国俱为燕国之涿邑。秦灭燕，以其都及西境为上谷郡地。汉高元年，项羽入关，又立燕国，封臧荼为王。三年，韩信用广武君策，发使于燕，燕王臧荼降。五年反，汉诛荼，立卢

---

① 参见校勘记。

绾为王。六年分燕置涿郡，领县二十九，理此。后汉为涿郡，魏初因之，至黄初七年，文帝改为范阳郡，取汉涿县在范水之阳以为名，以此地追封武帝子矩为王。晋武泰始元年又改为范阳国，封宣帝弟馗子绥为范阳王，传国至孙黎，没胡。永嘉之乱，陷于河北。其间建置莫能详悉。后魏又为范阳郡，领县七。至高齐，唯领涿、遒、范阳三县。后周省遒县，领县二。隋开皇初改范阳县为遒县，隶昌黎郡，又于古遒城别置范阳县，惟领涿、范阳二县。二年罢郡，移涿县入故郡，廨属幽州。大业三年以幽州为涿郡，县仍属焉。"唐改涿县为范阳县，后又于范阳县置涿州。又："范阳县，二十乡。本汉涿郡（县）也，取涿水以为名。汉立郡于此，魏文帝改曰范阳。白带山在县西北四十里。涿水源出西土山下，东北流，经县北五里又东流注圣水。应劭注《汉书》：涿水出上谷涿鹿县。水西入海。《土地十三州志》云：涿郡南有涿水，北至上谷为涿鹿河。其支入匈奴中者谓之涿耶水。"其所述于秦以前多系传闻推考，而于汉以后则较为详实，可补《元和志》此卷之缺。五代后晋天福元年（936年），割燕、云等十六州于契丹，涿州归之。辽沿置涿州，并设永泰军。《辽志四》：涿州，"范阳县，本汉涿县，唐武德中改范阳县。有涿水、范水，户一万"。至宋宣和四年（1122年）一度归宋。《宋志六》："涿州，唐置，石晋以赂契丹。宣和四年，金（辽）将郭药师以州降，赐郡名涿水，升威军节度。县四：范阳；归义；固安；新城，赐名威城。"宣和七年，郭药师叛，又归于金，沿置涿州及范阳县，见于《金志中》。元代归大都路。《元志一》："涿州，下。唐范阳县，复改涿州。宋因之。元太宗八年为涿州路。中统四年，复为涿州。"范阳县倚郭。明代属顺天府。《明志一》："涿州，洪武初以州治范阳县省入。西有独鹿山。北有涿水，西北有挟河，合焉。南有范水。东北距府百四十里。"清代相沿，民国时期改称涿县，即今河北涿州市。

《水经注·圣水》："圣水自涿县东与桃水合。水首受涞水，于徐城东南、良乡西分垣水，世谓之南沙沟，即桃水也。东迳遒县北，又东迳涿县故城下，与涿水合。世以为涿水，又亦谓之桃水，出涿县故城西南奇沟东八里大坎下，数泉同发，东迳桃仁墟北，或曰因水以名墟，则是桃水也；或曰终仁之故居，非桃水也。余按《地理志》：桃水上承涞水。此水所发，不与志同，谓终为是。又东北与乐堆泉合。水出堆东，东南流注于涿水。涿水又东北迳涿县故城西，流注于桃。应劭曰：涿郡，故燕，汉高帝六年置，其南有涿水，盖氏焉①。阚骃亦言是矣。今于涿城南无水以应之，所有惟西南有是水矣。应劭又云：涿水出上谷涿鹿县。余案涿水自涿鹿东注漯水，漯水东南迳广阳郡与涿郡分水。汉高祖六年分燕置涿郡。涿之为名，当受涿水通称矣，故郡、县氏之。但物理潜通，所在分发，故在上谷为涿邪水②。山川阻阔，并无沿注之理，所在受名者，皆是经隐显相关，遥情受用，以此推之，事或近矣，而非所安也。桃水又东，迳涿县故城北。王莽更名垣翰，晋太始元年改曰范阳郡。今郡理涿县故城。城内东北角有晋康王碑，城东有范阳王司马虓庙碑。桃水又东北与垣水会。水上承涞水，于良乡县分桃水，世谓之北沙沟。故应劭曰：垣水出良乡。……垣水又东迳涿县北，东流注于桃。故应劭曰：垣水东入桃。阚骃曰：至阳乡注之。今案经脉水而不能屈也。桃水东入阳乡，东注圣水。"其圣水即今琉璃河，桃水即今拒马河（或称北拒马河），垣水即今胡良河，而水道分合已与古时不尽相符③。其涿水，注文指为出于涿县西南奇沟东八里大坎下之水，与上引《寰宇记》所记涿水出范阳县西土山下相合；然与应劭等所记流迳涿城南则不相符，郦氏考辨而未能释惑。

又，《水经注·巨马水》："巨马河出代郡广昌县涞山（经文）。即涞水也。有二源，俱发涞山，东迳广昌县故城南……涞水东迳徐城北，出焉④，世谓之沙沟水。又东，督亢沟出焉⑤。一水东南流，即督亢沟也。一水西南出，即涞水之故渎矣。水盛则长津宏注，水耗则通波潜伏，重源显于逎县，旧则⑥川矣。东过逎县北（经文）。涞水上承故渎于县北垂，重源再发，结为长潭。潭广百许步，长数百步，左右翼带涓流，控引众水，自成渊渚，

---

① "盖氏焉"，此从《永乐大典》本及明朱谋㙔笺本，戴震于盖前增郡字。
② 此从《永乐大典》本，其上谷，明朱谋㙔笺本作山谷，有误；戴震改作匈奴，亦误。
③ 参见《清统志》卷七。
④ "出焉"，此从《永乐大典》本及明朱谋㙔笺本，赵一清于"出"前增沙沟二字，戴震增故渎二字，熊会贞增桃、垣二水四字。参见《水经注疏》卷十二。
⑤ 朱谋㙔笺曰：宋本作又东合督亢沟。
⑥ 戴震改作则旧。

长川漫下十一许步①，东南流迳逎县故城东。汉景帝中三年以封匈奴降王隆彊为侯国，王莽更名为逎屏也。谓之巨马河，亦曰渠水也。又东南流，袁本初遣别将崔巨业攻固安不下，退还，公孙瓒追击之于巨马水，死者六七千人。即此水也。又东南迳范阳县故城北，易水注之。又东南过容城县北（经文）。巨马水又东，郦亭沟水注之。水上承督亢沟水于逎县东，东南流历紫渊东。余六世祖乐浪府君自涿之先贤乡爰宅其阴，西带巨川，东翼兹水，枝流津通，缠络墟圃，匪直田渔之赡可怀，信为游神之胜处也。其水东南流，又名之为郦亭沟。其水又西南转历大利亭，南入巨马水。又东迳容城县故城北。又东，督亢沟水注之。水上承涞水于涞谷，引之则长津委注，遏之则微川辍流，水德含和，变通在我。东南流迳逎县北，又东迳涿县郦亭楼桑里南，即刘备之旧里也。又东迳督亢泽，泽苞方城县。县故属广阳，后隶于涿。《郡国志》曰：县有督亢亭。孙畅之《述画》有督亢地图，言燕太子丹使荆轲赍入秦，秦王杀轲，图亦绝灭。地理书《上古圣贤冢地记》曰：督亢地在涿郡，今故安县南有督亢陌，幽州南界也。《风俗通》曰：沆，漭也，言乎淫淫漭漭无崖际也。沆，泽之无水，斥卤之谓也。其水自泽枝分，东迳涿县故城南，又东迳汉侍中卢植墓南，又东散为泽渚，督亢泽也，北屈注于桃水。督亢水又南，谓之白沟水。南迳广阳亭西，而南分枝沟。沟水西受巨马河，东出为枝沟，又东注白沟。白沟又南入于巨马河。"其巨马河即涞水，今亦称南拒马河，宋辽之际曾为南北之界河。广昌县即今河北涞源县，逎县即今涞水县，容城县故城在今容城县北，方城县在今固安县南，故安县在今易县东南。范阳县故城在今定兴县南，南北朝后期迁废，其西原有范阳陂，南通梁门陂，东南流注易水，谓之范水，易水自此以下亦通称范水，而流经范阳县城南，与巨马河汇合②。

其徐城，旧无确指。杨守敬按："当在今涞水县北。"③ 今北京房山区与河北涞水县交界处，在顺拒马河右分支向下约2.5公里的一块高敞台地上残存一古城址，其北至北京房山区蔡庄500米，南至涞水县板城1500米，西

---

① 此从《永乐大典》本及明朱谋㙔笺本，戴震改为一十许里。
② 参见《清统志》卷十三及卷十四。
③ 《水经注疏》卷十二。

至涞水县北庄500米，东至涞水县王家碾约1000米。城址平面大体呈正方形，长、宽各约300米，现仅存东、西、南三面城墙，北城墙可能早年已被河水冲毁。东南、西南两城角保存尚完整，高约3米。南垣和西垣中部各有一处向外凸出，或为城门。南垣凸出处遗有豁口，顺豁口处直入城内河沿，有深沟一道，将城内耕地分作两半，或为原城内街道久经雨水冲刷而致。城墙为板筑，墙内夹杂有大量的碎陶片和碎石块等。采集到青石镰残段、兽面纹半瓦当、夹砂红陶鬲足及汉代五铢铜钱等，推测古城可能建于战国时期而沿用至汉代①。其所在位于南拒马河（涞水）与北拒马河（古桃水）分流处，与《水经注》所述徐城相合，当即为古徐城之所在。又，《旧唐志二》：开元二十四年（736年），易州刺史卢晖"又奏置楼亭、板城二县，天宝后废"。《读史方舆纪要》卷十二：易州涞水县，"板城废县，志云：在县北。汉高帝征匈奴时经此所筑也。或曰：唐开元中刺史卢晖奏置板城县，盖即此城云"。则唐代又一度沿用徐城旧址置板城县，故遗有板城村名。

其荆轲献督亢之地图事并见于《史记·刺客列传》。《集解》引徐广曰："方城县有督亢亭。"《正义》："督亢坡（陂）在幽州范阳县东南十里。"《寰宇记》卷七十：涿州范阳县，"督亢陂，在县东南十里"。《明统志》卷一："督亢陂，在涿州东南。""督亢亭，在涿州城东南一十五里，遗址高丈余，周七十步。"又："郦亭，在涿州楼桑村南三里，即后魏郦道元故居也。"《读史方舆纪要》卷十一：涿州，"督亢陂，州东南十里。……《括地志》：督亢陂，迳五十余里。《寰宇记》：陂在范阳故城东南，跨连涿州、新城之界"。又："楼桑村，州西南十五里。后汉末刘先主所居。明建文时，燕王尝屯兵于此。又南三里有郦亭，后因郦道元所居，亦曰郦村。"其"郦道元所居"，似有误，而当依《水经注》所述为郦道元六世祖所迁居之地。而《清统志》卷十四："郦亭，在新城县西北。……旧志：今有郦村、郦哥庄，皆在县西北四十里。"其新城县在今河北新城县（高碑店）东约15公里，则所指郦村地理方位与《明统志》等所记相同或相近。《日下旧闻考》卷一百二十九引《名胜志》："去楼桑村三里为郦村，郦道元故居也。"又：

---

① 王汉彦：《周口店区蔡庄古城遗址》，《文物》1959年第5期。

"臣等谨按：今楼桑村北三里许有道元村。"而卷一百二十八："臣等谨按：郦亭、先贤乡，皆无考。又，州志载州西南十五里有紫池堡，或即紫渊遗迹，今亦莫详其处。"光绪十五年刊《顺天府志》卷二十九：涿州，"西南二十里松林镇，亦曰松林店，把总驻焉。镇之西偏有城址，或曰广阳故城也"。又，西南"十三里徐家庄、下新店、庄窠邨、太家楼桑、楼桑庙、黄家楼桑。十八里楼桑邨，有铺，亦谓楼桑铺，汉昭陵（烈）故里也。楼桑邨之北三里，旧有郦邨，亦呼道元邨，是为郦道元故居，有郦亭。十八里庄窠邨、艾朝邨。二十里东楼桑，展台邨。展台云者，台以土积，高二丈，广九丈，袤十二丈有奇。房树邨，史各庄，张沈邨。二十三里熨斗店，二十五里官立庄，东阳屯，韩邨，林家屯，祝邨。二十六里黄家屯，二十七里义合店。三十里榆林邨，北马邨，贾家庄，泽畔邨，苍牛屯，常邨"。可知在清代在此一地区已无郦村之名，且其原址亦不能指实。然楼桑村尚在，而建于唐乾宁年间的昭烈庙（刘备庙）一直相沿至今①。相互比照，可大致将郦村即古郦亭确定在今松林店一带。而以楼桑村北三里许道元村（或作道园村）为古郦亭当属误解，且其所在地亦与《水经注》所述郦亭及楼桑里不相符。如此，《水经注》所注督亢沟水原当自西而东流经涿州楼桑村南，至涿州城东南督亢泽一带分为南、北两支，北支折向东北，汇入桃水；南支汇入巨马河。在督亢沟水西南有郦亭沟水流经郦亭东，又西南转历大利亭，南注巨马河。其楼桑里当隶属于郦亭，故称"郦亭楼桑里"，二地相距较近。《水经注·睢水》："《陈留风俗传》曰：郦氏居于高阳。……大将军商，有功，食邑于涿，故自陈留徙涿。"则郦道元家族当属郦商之后裔，原居于涿县所属之先贤乡，至郦道元六世祖方迁居于郦亭。

其督亢沟水南支又南经"广阳亭"西。杨守敬按："此别一广阳亭，当在今新城县东，非广阳县故城也。"②《三国志·魏书·荀彧传》：荀彧于建安十二年（207年）受封为万岁亭侯③，曹操以女为荀彧长子荀恽之妻。建安十七年，荀彧死。"子恽嗣侯，官至虎贲中郎将。初，文帝与平原侯植并

---

① 参见光绪十五年刊《顺天府志》卷二十四。
② 《水经注疏》卷十二。
③ 《元丰九域志》附《新定九域志》卷一：郑州，"万岁亭，后汉荀彧所封"。参见校勘记。

有拟论,文帝曲礼事或。及彧卒,恽又与植善,而与夏侯尚不穆,文帝深恨恽。恽早卒,子甝、霬(音翼),以外甥故犹宠待。恽弟俣,御史中丞。俣弟诜,大将军从事中郎。皆知名,早卒。诜弟颙,咸熙中为司空。恽子甝,嗣为散骑常侍,进爵广阳乡侯,年三十薨。子頵嗣。"其荀甝"进爵广阳乡侯",当在魏明帝在位期间,而广阳乡当即在此广阳亭址①,晋以后于此沿置广阳亭。《寰宇记》卷七十:涿州范阳县,"故广阳国城,汉置,今废。故城在今县西南"。其"广阳国城",依所指地理方位,似当指此广阳亭址,则原文当为"广阳乡侯城"。《日下旧闻考》卷一百二十八引《涿州志》:"广阳城在州西南十五里,后汉封刘良于此。"又:"臣等谨按:州西南十八里松林店西偏有城遗址,然无碑记可考。"《清统志》卷七:"按《寰宇记》又云:广阳故城在县西南。州志:在县西南十五里。皆误。"上引光绪十五年刊《顺天府志》亦载松林店"或曰广阳故城也"。然其所在地理方位似与《水经注》所述"广阳亭"不甚相合。且在此一带尚未发现古城址。在松林店村西南有一高地,称五里坡,发现有夏家店下层文化遗存,在松林店以南义和店西北发现商、战国及汉代遗存,在松林店东南张沈村北发现汉代遗存等②,可表明自夏商以来此一地区一直有人居住活动,各方面基础较好。上已推定郦亭当在此一带,则广阳亭当在其以东。《清统志》卷十三:"马村河,自涞水县流入,迳定兴县、新城县西入巨马河,即古督亢沟也。……旧志:马村河在新城县西北四十里,起涞水县东稻子河,流入定兴县东北界新诰村,逶迤东迳新城县界马村,因名马村河,又南数里入白沟河。"《水经注疏》卷十二杨守敬按:"今有稻子河,自拒马河分流,迳涞水

---

① 《三国志·吴书·韩当传》:韩当原在吴国受封为石城侯,死后其子韩综"袭侯领兵"。魏黄初六年(225年),韩综"将母家属部曲男女数千人奔魏。魏以为将军,封广阳侯"。其广阳侯,当在广阳县(属广阳郡)址。魏嘉平四年(252年),韩综被吴军杀死。又,《三国志·魏书·后妃传》:卞太后弟秉,"黄初七年进封开阳侯"。死后,"子兰嗣"。卞兰死后,"子晖嗣"。分卞秉爵,"封兰弟ındığı为列侯"。琳女又为陈留王皇后,时琳已没,封琳妻刘为广阳乡君。"另据《三少弟纪》,陈留王立卞氏为皇后在景元四年(263年),其封卞琳妻为广阳乡君亦在此之际,而后二年,陈留王禅位于晋。其广阳乡当亦在此广阳亭址。则在荀頵死后,所袭广阳乡侯爵已免。
② 参见涿州市旅游文物局编《涿州文物志》第一章《古遗址》及附录,北京燕山出版社,2005。

县东，入新城县界，为马村河。盖即督亢沟也。"比照《水经注》所述，此马村河流势似与督亢沟水不相符；而与督亢沟水南合"枝沟"相符，其"西受巨马河，东出为枝沟，又东注白沟"（督亢沟）。则督亢沟水南流河道当在其以东，而极有可能即为今涿新公路西侧水渠，上起涿州林家屯，下入白沟。如此，古广阳亭当大致在今林家屯一带。

依经文及注文，涞水即巨马河源于今涞源县西南，流至今涞水县东北分出督亢沟水。而据《读史方舆纪要》卷十二：易州涞水县，"涞水，县东北三十里，县以此名，源出保安州之磬山，东南流入定兴县境，亦曰巨马河，流合白沟河"。又，卷十七：保安州，"磬山，州西南百二十里，有南、北两山，出白绿礜，因名。……志云：磬山，一名磬石山，涞水出焉。《水经注》亦谓之涞山"。"磬山水，州东南。《水经注》：磬山水出于广昌县阎乡之樊石山，东流历覆釜山下，又东至古长城门，注于易水。盖即涞水之上源也。"《清统志》卷三十九："涿水，在保安州东南。……《保安州志》：磬山堡西南十里有七旗里泉，即阪泉也。东北流合黑龙池、水头寺津及龙王堂池诸水，又东环堡城北，又东南入缙山河。黑龙池在堡西七里，水头寺津在堡西南四里，龙王堂池在堡西南三里，即蚩尤泉也。磬山水，在保安州东南，源出磬山，南流至易州界入涞水；又有龙池，在磬山北三里，水自平地涌出，澄清可鉴，潴而为池，溉地甚广；又有二郎沟在州东南八十里，亦出磬山下，东北流入桑乾河，居民资以灌溉。"其保安州，即今河北涿鹿县，古上谷郡所属涿鹿县城距今涿鹿县东南约20公里，《水经注·㶟水》记有涿水流经涿鹿县故城南，"而东北入㶟水。亦云：涿水枝分入匈奴者谓之涿邪水"。阪泉、黑龙池、水头寺津及龙王堂池诸水均属涿水系统。其磬山堡在今涿鹿县东南约30公里，唐末设磬山县。磬山水南流至易州（今易县）界入涞水，当属涞水之北源。其地又有二郎沟水东北流入桑乾河即㶟水（今永定河）。而所谓磬山水，见于《水经注·易水》，作"樊石山水"，位于涞水之南，以其为"涞水之上源"，有误。近世涿水系统之水既可向东北流入桑乾河，又可向南流入涞水；在古时当亦如之，则上引《寰宇记》所记应劭注《汉书》"涿水出上谷涿鹿县，水西入海"当为"水西入涞"或"水南入涞"之误，当指涿水南折或西南折入涞水。而涿水既可南入涞水，当亦可独自南流。注文："涞水东迳徐城北出焉，世谓之沙沟水。"比照《圣水》篇所述，其"出焉"上似当增"桃水"二字，而后又有垣水分桃水于徐城东。以下"又东，督亢沟出焉"当依宋本作"又东合督亢沟"[①]，属经文。其下"一水东南流，即督亢沟也"，方为解注之文。经文既言"合督亢沟"，可表明此督亢沟原单独为一水，而就其流势来看，极有可能即为古涿水，原与出上谷之涿水相通，向东流经涿城南。涿县及涿郡即因临近此涿水而得称。上引《寰宇记》载："《土地十三州志》云：涿郡南有涿水，北至上谷为涿鹿河，其支入匈奴中者谓之涿耶水。"当即指此而言。所谓"涿邪水"，当指涿水斜出支流。古时涿水在上谷郡境内当分为两支，一支斜向东北，流经涿鹿城南，注入灅水；一支折向南流，流经涿城南。流经涿城西南的涿水原当属古涿水支流，桃水等当亦从古涿水分出。原涞水当循注文所述其"故渎"水道在今涞水县西北一带流向东南，而与古涿水即督亢沟水汇合似当在秦汉之际或西汉时期，而后古涿水归入涞水，二者当有一段水道重合，至徐城东又各归原水道，故《汉志》径言"桃水首受涞水"。其督亢沟水虽已属涞水系统，但此前曾独立为一水，故经文记为"东合督亢沟"。其当因连通督亢泽而得名，在汉代很可能是督亢沟水与涿水并称，故应劭径言涿城南有涿水。魏晋以后，其涿水之名渐晦。

（二）北城与南城

古涿城相沿至今，然其初期规制及历代变迁情形则不甚明了。清光绪十五年刊《顺天府志》卷二十一："涿州城，旧为土城。明景泰初，知州事黄衡始甃以砖石。垣高四十尺，基之广倍之。方各有门，门有楼，前曰迎恩，后曰通济，左曰进德，右曰积庆。铺舍三十二，女墙一千八百三十。隍深十尺，广倍之。城之中有夹城，如人之束带。中有券门，曰通会，上有重楼三楹，左钟、右鼓，以启晨而警夜。天顺九年知州石端修。本朝康熙六年知州李勋重修。周围高厚，皆仍其旧，东、西、南三门名亦如旧，

[①]《水经注疏》卷十二：熊会贞按："宋本误。下文巨马水迳容城县故城北，又东，督亢沟水注之，方是合督亢沟。此处督亢沟方出，不得言合督亢沟也。"理解有误。其"又东合督亢沟"，符合经文文例。而改为"又东，督亢沟出焉"则与下文不连通。

惟北门改通济为拱极。城周九里五十九丈，延袤一千六百四十九丈有奇，垣高三丈，基广二十四尺，上较基杀三分之一，雉堞二千一百九十有九，东、西、北闉阇各三重，南二重。城形东北缺，自西以南则环而突出也，土人因名为卧牛云。城上旧设巡铺五所，烟墩一。南城上有魁星楼，康熙十一年知州傅镇邦移建东南隅，后改建正南，乾隆十二年知州张志奇复移建东南隅旧址。池深七尺，广三倍之。南、北吊桥各一，水门一，在西门南偏。康熙年间州判马星铸铁为柱四，界流以杜出入。嘉庆二十五年知州盛世琦重修城垣。(《涿州吴志》。按：志又云：前志谓汉魏以后，州郡屡更，今之州城，不能确指为何时所建。元命直脱儿建城郭，以处降人，则元时又有增筑矣。《艺文志》载元王恽《涿州移置考》，谓孔子清庙本在南城东南隅，因复悟州城南北若连环然，意置州时，展筑南城而广大之，今市中隔城，本故县城南门也。谓前后证据甚明，无可疑者。然则今治之为旧城无疑，特后加展拓尔。)"

涿州城址位于今涿州市区范阳路以北、北关华阳公园以南。其东垣及南垣现已无存，西垣及北垣亦只剩残垣断壁。经1988年及1989年两次实测调查，残城墙仅存四段，西垣南段（商业机械厂院内）长140.7米，西垣北段（西门至华阳公园）长963.5米，北垣东段（原拘留所院内）长99.2米，看守所、东垣北段（东门粮库院外）长397米，总长约1600米，残宽0.3～21.4米，高0.5～12.7米。在城墙夯土及暴露的灰坑遗迹中发现有许多秦汉乃至春秋战国时期的陶鬲足、陶釜口沿、豆柄等器物残片。2005年再次对古城墙进行详细调查，现华阳公园南侧的北城墙，自西向东由107国道至小顶街附近仅残存152米；西城墙现存两段，自北向南由华阳公园至华阳路段残长786.5米，商业机械厂段残长100米。现存古城墙总长为1038.5米[①]。其城垣四至范围基本清楚，城内街巷等大体保持旧有格局，可结合相关文献来推求涿城的演变过程。

其直脱儿，见于《元史》本传。直脱儿亦作齐都尔。《顺天府志》卷七十二："齐都尔，蒙古氏。从太宗有功，八年建织染局于涿州，明年改涿州

---

① 涿州市旅游文物局编《涿州文物志》第一章《古遗址》及附录，北京燕山出版社，2005。

路,以齐都尔为达噜噶齐①。时城郭圮莽,不可居,齐都尔经营创建,民利赖之。"其重建涿城当在蒙古太宗八年(1236年)之际。王恽撰《涿州移置考》:"至元八年秋九月,予以省觐来涿,因拜谒孔子清庙,遂读唐贞元中使持节都督幽州诸军事彭城刘公建孔庙碑,乃知州治本幽州卢龙军属邑范阳县也。至代宗大历初,诏始分范阳、归义、固安三县为涿州,治范阳,涿郡即涿郡故地为名。按《舆地广记》,汉初高祖始立涿郡,魏文帝改范阳郡。其地左碣石,右督亢,南控鄚城,百里而遥;北连幽蓟,百里而近。唐以来,中间控制蕃戎部落甚众。又河流萦带,前后有林麓陂池之利,周广磅礴,郁为雄藩。及辨读辽统和廿八年州刺史广陵高公移置碑阴记云,旧庙本在南城东北隅,是年刺史高公移置南城东南隅康庄之左。因复悟今州城南北若连环然。意者置州时展筑南城而广大之,今市中隔门,本故县城南门也。观此前后证据甚明,无可疑者。噫!予往来幽、涿间盖十年于兹,尝以隔门之制为惑。询访土俗,莫详其故。且方物之辨,一事弗知,君子耻诸。不图闻一得二,使数年之疑一旦涣然冰释,亦可喜也。特表而出之,敢贻涿之好事君子,似俟更考云。"②其记于至元八年(1271年),言孔庙在"南城东南隅康庄之左",当即指今孔庙所在址。"康庄"当指今鼓楼南大街。而后孔庙时有修缮。蔡钦《涿州重修孔子庙碑》:"涿,古之名郡,近距京师百有余里。城之巽隅故有庙学,自唐贞元历金大定,兴建颠末,先儒刻石俱存,以有可征。圣朝隆治,至元二十一年,御史赵天爵按部至州,悯其荒陋,割月俸,倡率郡僚,因故基创建殿宇,翰林侍读学士李公谦已尝文诸石,树于庙庭。迨今几六十年,绵历岁久,而塈涂剥落,梁栋腐败,弗蔽风雨。事经累政,存意缮完者有之,以州治路当南北辐辏之冲,使宾旁午,朝迓暮送,事急政繁,未遑葺理。至元庚辰,东安张珪庭玉以荫补官,由大宁簿来判是州。视政未几,总府闻其才干,选征赴都,命主郡牧刍藁,出纳有方,秋毫无犯。事竟还州,拜谒宣圣庙廷,顾其倾圮,慨然兴叹曰:庙学者,善教化,正彝伦,人材攸出,首善之地,国家之所崇奉,致有崩摧,渎神莫甚焉。知斯州者不得不任其责。"于是谋划重

---

① 达噜噶齐,或作达鲁花赤,蒙古语头目之意。
② 据民国二十五年刊《涿县志》第七编《艺文》。

修。"是役也，经始于至正辛巳之秋，毕成于壬午之夏。"① 其碑立于至正二年（1342年），今存于孔庙内。而至元二十一年重修孔子庙碑已不存。明清时期又多次重修，相沿至今。又，《顺天府志》卷二十二："涿州州治，在城内东南隅，建自元时。"元刘懿撰《无讼堂记》："大德辛丑，大都葛侯叔茂来为州牧，扁其厅事曰无讼。"明清时期相沿，在今县府街。《顺天府志》卷二十六："昭佑灵惠公庙，在城东南隅。"元夏以忠撰《昭佑灵惠公碑》。明清时期相沿，亦称张将军庙，在涿州旧城东南城角内，民国时期犹存。由此可知，元代涿州城之形制布局已与明清时期略同。《马可波罗行纪》第一卷第一〇五章："从此石桥首途，西行二十哩，沿途皆见有美丽旅舍，美丽葡萄园，美丽园囿，美丽田亩，及美丽水泉。行毕然后抵一大而美丽之城，名曰涿州（Giogiu）。内有偶像教徒之庙宇甚众，居民以工商为业，织造金锦丝绢及最美之罗，亦有不少旅舍以供行人顿止。从此城首途，行一哩，即见两道分歧：一道向西，一道向东南。西道是通契丹之道，东南道是通蛮子地之道。"② 即为涿州城在此一时期所呈现的景观。其蛮子地，当指其时汉人所居中原及南方地区。王恽所见"今州城南北若连环然"，而"询访土俗，莫详其故"。则此一规制显然并非直脱儿所创，其所为乃因旧址重修。然王恽推考在唐代大历年间"置州时展筑南城而广大之，今市中隔门，本故县城南门也"似亦不尽合于史实。

唐韦稔撰《涿州新置文宣王庙碑》："天下郡县悉有文宣王庙，而范阳郡无者何？……大历初，诏剖幽之范阳、归义、固安为州，因涿郡之地，题为涿，第为上，以范阳为治所，县遂为州治矣。然此为邑者，率以多故，未遑建置。春秋释奠，盖伺州之已事，假笾豆寄升降于故阶。迨今幽州卢龙节度观察等使、工部尚书、御史大夫彭城刘公，建中初假道州县，操长是邑，睹兹遗阙，喟然叹息。……乃视县前近里之爽垲，心规其制，口画其地，[度]广狭之量，平庐舍之区，发其居人，直以官俸，给于瓦木丹铁之费，匠人作徒之要，又以家财散之，人不知役，庙儵云构，圣贤之像备，

---

① 据《涿州文物志》第七章《石刻造像》引。
② 〔法〕沙海昂注、冯承钧译《马可波罗行纪》，中华书局，2004。

馈奠之器具，庭除肃然，黎元禽如，皆不侍施而悦，不待教而变。"① 其碑立于贞元五年（789年）。据此可知涿州文庙创置于唐建中年间，位于"县前近里"之地，上引王恽文言"旧庙本在南城东北隅"。而其所见辽统和二十八年（1010年）《涿州刺史广陵高公移置碑阴记》，今已不存。此后孔庙移于今址。金黄久约撰《涿州重修文宣王庙碑记》："范阳旧有夫子庙，在城东南，唐贞元五年卢龙节度刘公所建。辽统和中始移置于此。年祀縣远，将就倾圮。……大定二十三年冬，汾阳郭侯豫自尚书郎出殿是邦，下车之初，以令从事伏谒祠下，既而周览庭宇，悯其敝陋，愀然变容。……于是命工绘图，亟议改筑，计所当费约用钱二十余万。……起二十五年夏四月二十日癸丑，讫五月八日庚寅，总为屋十有八楹，制度大小广狭，悉因其旧。"② 其碑立于大定二十五年（1185年）。《日下旧闻考》卷一百二十七："臣等谨按：州学，唐贞元中卢龙节度刘济所建，金黄久约记云，旧庙本在南城东南隅，是年刺史高公移置南城西南隅康庄之左，即今儒学所在也。韦稔碑及金元明碑记皆在庙中。"似理解有误。古时涿州城内当以鼓楼大街一线为中心分为东、西两部分，辽金以后孔庙位于鼓楼南大街之东，故当如王恽所言在"南城东北隅"，而非"南城西南隅"。又，黄久约所记旧庙"在城东南"，并非"在南城东南隅"，其所指当如王恽所言"在南城东北隅"。所谓"在城东南"，当据传闻所记，指唐代旧城东南；而辽统和二十八年《涿州刺史广陵高公移置碑阴记》很可能记有旧庙所在具体方位，王恽由此而判断"旧庙本在南城东北隅"。

　　观察古涿州城平面不甚规则，其东北部内折而西南部凸出。城内东大街长800米，路平直，南北向，北与旧城东北缺角之南北向城墙大体成一线，南端西与公益街相接。公益街长279米，因西部地势较低，全城雨水大部分由此西流经水门流出，故又称水门沟子街。其西经鼓楼南大街与尚公街相接。尚公街西端即为水门，城墙亦由此西折又南折，呈外凸状。仔细分辨，其东大街以东与公益街、尚公街以南很可能属后期增筑部分；而东大街向北连接旧城东北缺角之南北向城墙，公益街、尚公街向西连接旧城

---

① 据《日下旧闻考》卷一百二十七引。
② 据《日下旧闻考》卷一百二十七引。

水门以北城墙及北城墙，则属旧有城圈。涿州市电力局住宅楼工地出土大齐（北齐）征虏将军中散大夫卢府君墓志记："粤以天统元年岁次乙酉十一月己卯朔十九日丁酉窆于城东南七里之茔。"又，范阳路立交桥工地出土段岩墓志记："此有唐骠骑之墓。贞元十有九年秋八月戊子，幽州节度步军将兼涿州马步都虞侯骠骑大将军试殿中监段君长逝于涿城焯叙里之官舍，享年六十有一。……以其闰月己酉窆于涿之巽维五里所孝义之源。"① 其出土地西北距东大街与公益街交会点约2000米，约合唐五里。而电力局住宅楼位于立交桥东南约1000米，亦略合"城东南七里"。又，永乐部队院内出土张光祚墓志记：其于唐大历十一年（776年）十二月八日卒于戎阵，"维明年岁次丁巳二月癸未朔二日甲申葬于涿州城东北向阳乡之原"② 。其出土地西南距旧涿州城东北角亦恰约2000米，约合唐五里。凡此均可为唐以前之涿城在此范围内提供佐证。其公益街与尚公街向西连通水门，当为原涿城南垣之所在，城外原为护城河；而后城垣向南拓展，即在护城河出城处辟为水门。原涿城东垣当在东大街一线，城外亦有护城河。其向南部及东部拓展，极有可能是在辽代。

宋初为收复失地，宋兵曾数次北上，涿州城地处宋辽交界地带，多有战事。宋太平兴国五年（980年），诏修沿辽界城池，涿州城之拓筑，或亦在此之际。《顺天府志》卷七十二："耶律和卓（原作合住），字诺木衮（原作粘衮）。保宁初，以宋师屡梗南边，拜涿州刺史、西南兵马都监、招安巡检等使，赐推忠奉国公臣。和卓久任边防，虽有克获功，然务镇静，不妄生事，以邀近功。邻壤敬畏，属部乂安。宋数遣人结欢，冀达和意，和卓表闻其事，帝许议。安边怀敌，多有力焉，拜左金吾卫上将军。和卓智而有文，晓畅戎政，镇范阳时，尝领数骑径诣雄州北门，与郡将立马陈两国利害，及周师侵边本末，辞气慷慨，左右壮之。自是边境数年无事。识者以谓和卓一言，贤于数十万兵。"又："耶律休格（原作休哥）字逊宁，应历末为特里衮（原作惕隐）。乾亨元年，宋侵燕。"休格往救之，"宋王遁，休格追至涿州，不及而还。是年冬，诏总南面戍兵，拜裕悦（原作于

---

① 据《涿州文物志》第七章《石刻造像》引。
② 据《涿州文物志》第七章《石刻造像》引。

越)。圣宗即位，太后称制。统和元年正月丙子，以休格为南京留守，仍赐南面行营总管印绶，总南面军务。以便宜从事。休格下车，牓谕燕民，均成兵，立更休法，劝农桑，修武备，边境大治。四年，宋复来侵，其将范密、杨继业出云州，曹彬、米信出雄、易，取岐沟，涿州陷，固安置屯"。休格率师出战，大败宋军。"自是宋不敢北向。时宋人欲止儿啼，乃曰：'裕悦至矣。'休哥以燕民疲弊，省赋役，恤孤寡，戒戍兵无犯宋境，虽马牛逸于北者，悉还之，远近向化，边鄙以安。"涿州城之拓筑当在此二者任职期间（保宁至统和初年）。宋景德元年（辽统和二十二年，公元1004年），双方于澶渊议和，宋真宗及契丹圣宗互致誓书言："所有两朝城池，并可（各）依旧存守，淘壕完葺，一切如常，即不得创筑城隍，开掘河道。"[1] 而后两国间边界稳定，诸城居民安居乐业，故接连有统和二十八年移置孔庙、太平十一年（1031年）建智度寺及塔（南塔）、大安八年（1092年）建云居寺及塔（北塔）等。时城北部及新拓展的南部及东部当均较空旷。《契丹国志》卷十一：辽天祚帝保大二年（宋宣和四年，公元1122年），宋童贯率师北上，"燕王遣大石林牙领一千五百余骑屯涿州新城"。其新城，当即指辽代向南及向东所拓展的城墙，因原涿州城南垣及东垣尚在，故称新城，当主要用于驻军防守。元初"城郭圮莽"，直脱儿重建，即以辽代所增筑的南垣及东垣并原有的西垣及北垣为四面城墙，而将原有南垣及东垣辟为街巷。

涿州城内旧有通会楼，南连鼓楼南大街，北连鼓楼北大街，东连小市街，西连灰市街。《日下旧闻考》卷一百二十七："通会在郡中，上有庭堂幕次，左鼓右钟，于以安民警盗。春秋降雨，郊原陇亩，浓云密霭，一望不分，郡中之佳景也。"其重修于明天顺年间。殷谦撰《重修通会楼碑》："天顺纪元，以都指挥同知石公端分守涿州。……而郡无更楼，公以询诸耆老，对曰：去州治西北一里许有门曰通会，筑土为台，上有房三楹，以司更漏，岁久为风雨所损，十余年未有修复之者。独台两旁有二小屋，以悬钟鼓而已。公曰：兹非缺典欤！且更楼必务崇高，吾构之可也。……不逾

---

[1] 叶隆礼：《契丹国志》卷二十，上海古籍出版社，1985年。

月，黝垩丹漆，轮焉奂焉，而工告完。凡构楼三楹，其高广寻丈皆合矩度。楼成，饬更漏，戒更卒，晨昏钟鼓之期，昼夜时刻之节，抱关启闭之候，咸中法则。于是南北往来之人睹其楼之宏丽，曰：何昔之委靡而今之壮观耶？"① 其所在当即王恽所言"今市中隔门"。由王恽所述可知，其在元初已仅余此门址，原两侧所连接的城墙已不存，辟为街巷。其门洞为拱券式，而此式兴起于宋元时期，当属其为"市中隔门"后所作；原当为"城中隔门"，在辽金时期此城门两侧所连接的城墙犹存。北为北城，南为南城，"州城南北若连环然"。拆除此城门两侧所连接的城墙，极有可能是在金代，故黄久约撰碑文言"范阳旧有夫子庙，在城东南"，已不辨北城与南城。王恽以"今市中隔门，本故县城南门也"，当合于史实。如此，其北城南垣当在今小市街及灰市街一线，东垣当在今东大街北向延伸线一线，北垣当在旧涿州城北垣一线，西垣当在旧涿州城西垣北段一线，东西长约800米，南北长约600米，平面略呈长方形。在原通会楼处设南门，在旧涿州城北门处设北门，连以南北向通道。此城当兴筑于战国时期，汉代用为涿县治所。其南城东垣当在东大街及其北向延伸线一线，南垣当在公益街及尚公街一线，西垣当在旧涿州城西垣（水门以北）一线，东西长约800米，南北长约1000米，平面亦略呈长方形。在旧涿州城西门处设西门，在鼓楼南大街与公益街及尚公街交接处设南门，在东大街与东门大街交接处设东门。此南城当属汉初置涿郡时所展筑，为涿郡治所，魏晋以后相继为范阳郡、涿州治所。王恽未辨此南城，而以元代所筑通会楼以南部分为南城，并以其属唐代置涿州时所展筑，不确。汉代拓展南城后，涿城东西长约800米，南北长约1600米，合汉时尺度分别约二里及四里，南、北、东、西各设一门，中有"隔门"。"隔门"之南丁市口，南通南门，北通"隔门"及北门，西

---

① 据《日下旧闻考》卷一百二十七引。卷一百二十八："至治二年九月，作层楼与涿州鹿顶殿西。（《元史·英宗纪》）臣等谨按：层楼、鹿顶殿，无可考。"光绪十五年刊《顺天府志》卷二十一："《涿州吴志》：楼建未详所始。元至治二年作层楼涿州鹿顶殿西，疑即其址也。今祀文昌神于其上。"如此，层楼当于元至治二年（1322年）建于此址，下因于旧城门，门洞改为拱券式；上为阁楼。其东有鹿顶殿。鹿顶殿于《元史》及陶宗仪所撰《南村辍耕录》中多见。《南村辍耕录》卷二十一："鹿顶之制，三椽，其顶若笴之平，故名。"一作盝顶，是金元时期一种常见的建筑形式，将四阿（四面坡）顶的上部做成平顶，平顶的四周有脊及吻兽。

通西门，北折经观音堂街通东门，地处全城中心，交通便利，当为传统市场所在。而小市街及灰市街（或称回市街、市街）当在"隔门"两侧城墙拆除后陆续形成的市场。

《汉书·酷吏传》：汉宣帝以严延年"为涿郡太守。时郡比得不能太守，涿人毕野白等由是废乱。大姓西高氏、东高氏，自郡吏以下皆畏避之，莫敢与忤，咸曰：宁负二千石，无负豪大家。宾客放为盗贼，发，辄入高氏，吏不敢追。浸浸日多，道路张弓拔刃，然后敢行，其乱如此。延年至，遣掾蠡吾赵绣按高氏得其死罪。绣见延年新将，心内惧，即为两劾，欲先白其轻者，观延年意怒，乃出其重劾。延年已知其如此矣。赵掾至，果白其轻者，延年索怀中，得重劾，即收送狱。夜入，晨将至市论杀之，先所按者死，吏皆股弁。更遣吏分考两高，穷竟其奸，诛杀各数十人。郡中震恐，道不拾遗"。颜师古曰："两高氏，各以所居东、西为号者。"其时涿郡太守治所当在大城即南城内，"市"则当在南城内丁市口一带。又，《汉书·五行志上》："征和二年春，涿郡铁官铸铁，铁销，皆飞上去，此火为变使之然也。其三月，涿郡太守刘屈氂为丞相。"其铁官治所当亦在南城内。而涿县治所似当在北城内。《史记·货殖列传》："然邯郸亦漳、河之间一都会也，北通燕、涿，南有郑、卫。"《汉志下》作："邯郸北通燕、涿，南有郑、卫，漳、河之间一都会也。"其邯郸（今河北邯郸西南）为赵国都，燕指燕都蓟城（今北京），涿指涿郡治涿城，郑指郑、韩之都郑城（今河南新郑市），卫指卫国都濮阳（今河南濮阳东南）。涿城与邯郸等大城并列，可见其地位之重要。而《汉志》及《后汉志》所记涿郡户口数，则可表明其在整个汉代一直呈现繁盛之势。魏晋以后渐衰。《三国志·魏书·王雄传》：王雄于曹丕称帝期间为涿郡太守，安定太守孟达荐举言："今涿郡领户三千，孤寡之家参居其半，北有守兵，蕃卫之固，诚不足舒雄智力，展其勤干也。"晋泰始元年（265年）封司马绥为范阳王，咸宁五年（279年）死，谥康王；其子司马虓嗣爵，永兴三年（306年）死，见于《晋书》本传。城内东北角及城东先后立有晋康王碑及范阳王司马虓庙碑。北魏时期复为范阳郡，依《水经注》文，"今郡理涿县故城"。而据《魏志上》，涿县"有涿城"。依其文例，当指其县境内已废弃的城址。而"涿城"当特指北

涿县城图

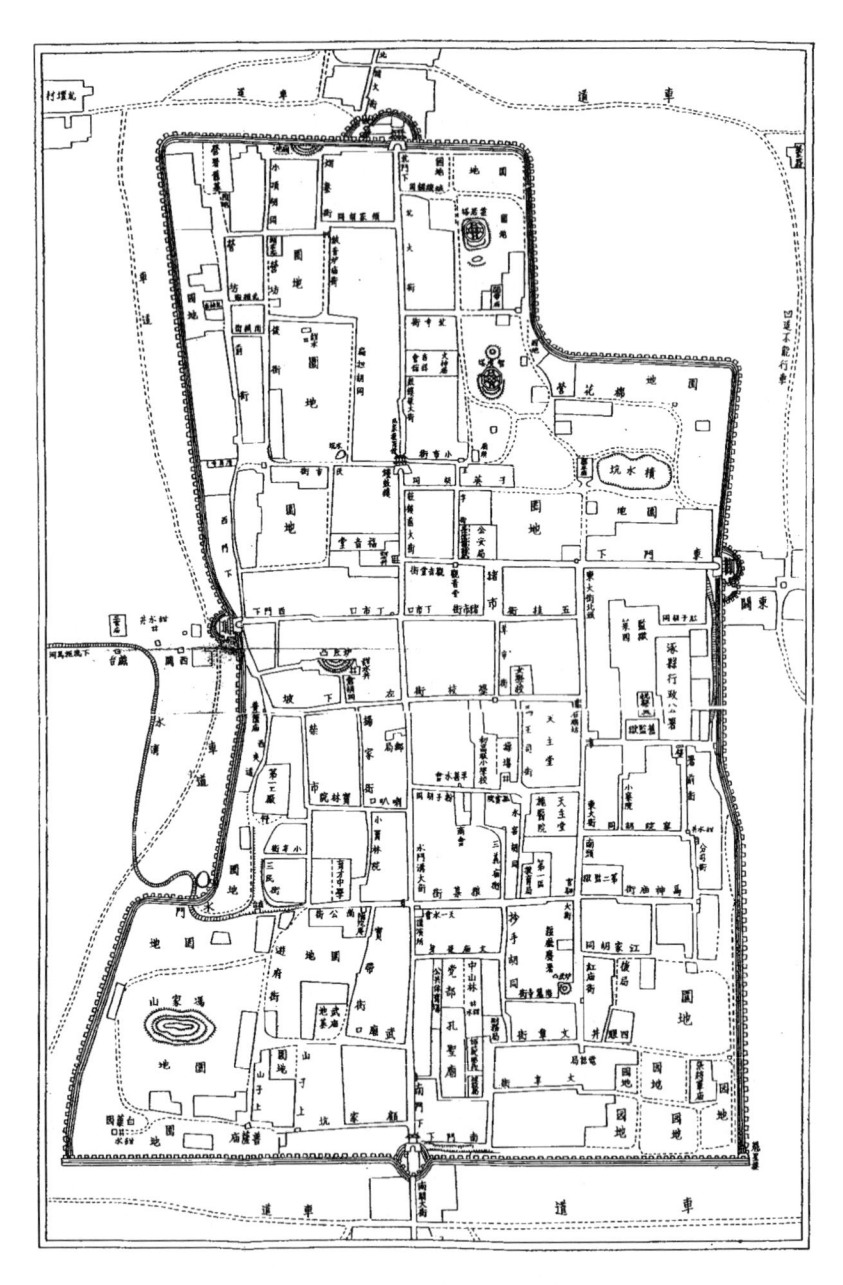

（据民国二十五年刊《涿县志》附图）

城,则至迟在北魏后期此北城已空出,县治所迁至南城。南城当称范阳郡城或郡城。此制当相沿至隋唐之际。《旧唐志》:"信州,万岁通天元年置,处契丹失活部落,隶营州都督,二年迁于青州安置,神龙初还,隶幽州都督。天宝领县一,户四百一十四,口一千六百。黄龙,州所治,寄治范阳县。"《新唐志七》:"信州,万岁通天元年以乙失活部落置,侨治范阳境。县一:黄龙。"或由此而重修北城,以寄治信州及黄龙县所迁契丹部落。安史之乱后,此契丹部失散。大历年间置涿州,而县治所仍在旧址。据上引韦稹所撰《涿州新置文宣王庙碑》,唐贞元年间所建孔庙位于"县前近里"之地,王恽言"旧庙本在南城东北隅"。则原孔庙当在公益街以北、东大街以西,很可能即在三义庙一带。县署在其北"近里"即约一里,或有可能是在粉子胡同以北。而州署很可能是在观音堂街以北,临近东门。汉魏时期郡治所当亦在此一带。

遒县城

(一) 遒城

遒县,西汉时期属涿郡。《汉志上》:涿郡属县"遒,莽曰遒屏"。颜师古曰:"遒古逎字,音字由反。"《史记·惠景间侯者年表》:汉景帝中元三年(前147年),封匈奴降王隆彊为遒侯,"户五千五百六十九"。后传则。汉武帝后元元年(前88年),"侯则坐使巫齐少君祠祝诅,大逆无道,国除"。《汉书·景武昭宣元成功臣表》作陆彊。《后汉志五》:涿郡属县"遒,侯国"。刘昭注:"《史记》:汉武帝至鸣泽。服虔曰在县北界。"晋时属范阳国,见于《晋志上》。《魏志上》:幽州范阳郡领县"遒,二汉属涿,晋属。有辽城,南、北二遒城"。《水经注·巨马水》:"巨马河出代郡广昌县涞山(经文)。即涞水也,有二源,俱发涞山。东迳广昌县故城南。……涞水东迳徐城北,出焉。世谓之沙沟水。又东,督亢沟出焉。一水东南流,即督亢沟也。一水西南出,即涞水之故渎矣。水盛则长津宏注,水耗则通波潜伏,重源显于遒县,旧则川矣。东过遒县北(经文)。涞水上承故渎于县北垂，重源再发，结为长潭。潭广百许步，长数百步，左右翼带湍流，控引众水，自成渊渚，长川漫下十一许步，东南流迳逎县故城东。汉景帝中三年以封匈奴降王隆彊为侯国，王莽更名迎屏也。谓之巨马河，亦曰渠水也。又东南流，袁本初遣别将崔巨业攻固安不下，退还，公孙瓒追击之于巨马水，死者六七千人，即此水也。又东南迳范阳县故城北，易水注之。"其"出焉"，熊会贞作"桃、垣二水出焉"。《圣水》："圣水自涿县东与桃水合。水首受涞水，于徐城东南、良乡西分垣水，世谓之南沙沟，即桃水也。东迳逎县北，又东迳涿县故城下，与涿水合。……桃水又东北与垣水会。水上承涞水，于良乡县分桃水，世谓之北沙沟。……（垣水）又东，洛水注之。水上承鸣泽渚。渚方十五里。汉武帝元封四年行幸鸣泽者也。服虔曰：泽名，在逎县北界。即此泽矣。西则独树水注之。水出逎县北山，东入渚。北有百泉水注之。水出良乡西山，东南迳西乡城西，西南注鸣泽渚。渚水东出为洛水，又东迳西乡城南，又东迳垣县故城北，而南入垣水。垣水又东迳涿县北，东流注于桃。"可知涞水在流经逎县河段后又称巨马河，亦称渠水，东南流经范阳县（今河北定兴县南）北与濡水（今北易水）及易水（今南易水）汇合，当大致循行今南拒马河水道。而桃水在逎县北分出，向东流经涿县（今涿州市）北，当大致循行今北拒马河水道。垣水由桃水分出，流经桃水北，当大致流经今胡良河水道，然今胡良河导源太安山，不自拒马河出，其上游非此注垣水之水道①。在垣水之北有鸣泽，北临西乡城（今房山区与涿州市交界之长沟城址），西南临近逎县城。古时逎县东北方即以此为界，故服虔注为"逎县北界"②。

北周时期逎县省废。隋唐时期于旧址置涞水县。《隋志中》：上谷郡统县"涞水，旧曰逎县，后周废。开皇元年以范阳为逎，更置范阳于此。六年改为固安，八年废，十年又置为永阳，十八年改为涞水。逎，旧范阳居此，俗号小范阳，开皇初改为逎"。《史记·封禅书》记有鸣泽。《索隐》：

---

① 参见《水经注疏》卷十二。
② 《汉书·武帝纪》：元封四年，"冬十月，行幸雍，祠五畤，通回中道，遂北出萧关，历独鹿、鸣泽，自代而还，幸河东"。服虔曰："独鹿，山名也。鸣泽，泽名也。皆在涿郡逎县北界也。"

"案：服虔云：鸣泽，泽名，在涿郡遒县也。"《正义》："《括地志》云：鸣泽在幽州范阳县西十五里。案：遒县在易州涞水县北一里故遒城是也。泽在遒南。"其"南"当为"北"之误。《孝武本纪》集解引服虔曰："鸣泽，泽名也，在涿郡遒县北界。"《通典》卷一百七十八：易州领县"涞水，汉之遒县。遒，即由反"。《元和志》卷十八：易州，"涞水县，上，西南至州四十二里。本汉遒县。遒，子由反。属涿郡。后周省入涿县。隋开皇元年又于此置范阳县，遥取范阳为名，十年又改为永阳县，属幽州，十六年改属易州，十八年以重名改涞水县，近涞水为名。涞水，一名巨马河，东北二里。袁绍将崔巨业攻围故安不下，退军南还，公孙瓒击破之于巨马水，死者七八千人，即此水也"。《旧唐志二》：易州领县"涞水，汉遒县，属涿郡。隋属上谷郡"。宋初省废涞水县。《寰宇记》卷六十七：易州易县，"伏图城，一名小范阳是也。西北去州四十五里。隋初自伏图城移范阳名于今涞水县，又于伏图城别置遒县，以属昌黎郡。大业十年又移遒县于伏图城西南，即今州东南三十四里故遒城是。十三年陷于寇，二城俱废"。又："废涞水县，在州北四十二里，十四乡。本汉遒县，属涿郡。《汉书》年表：景帝封匈奴降王陆彊为遒侯，今县北一里故遒城是也。后汉移于故城南，即今涞水县所理。后周大象二年省入涿县，隋初自伏图城移范阳名于此，六年又改为故安县……十年又于此置永阳县，十八年改为涞水县，以近涞水为名。按县地即周封召公于此也。皇朝太平兴国六年并入易县。巨马河在县东北二里。"辽时复置涞水县。《辽志四》：易州，"涞水县，本汉道（遒）县，今县北一里故道（遒）城是也。元魏移于故城南，即今县置。周大象二年省，隋开皇十八年改涞水县。在州东四十里。有涞水"。所述与《寰宇记》略同；而以北魏时期移治于故城南，则相异。金元以后相沿，即今河北涞水县。

《明统志》卷二："废遒县，在涞水县治北。汉置，属涿郡，晋属范阳国，后周省入涿郡。"因于旧说。而弘治七年刊《保定志》卷二：涞水县，"城旧在拒马河西北二里周城湾，为河水圮坏。战国时徙置城北一里北庄，亦被河水冲坏。遗迹尚存。后徙置今地，周围三里八十五步，高二丈，阔一丈五尺，池深八尺。岁久湮塞。国朝景泰二年县丞齐肃督工修筑完固东南二角，岁久又坏，成化年间县丞乔登、主簿吾海相继修筑。民力虽废，城复损塌。门有四，东曰朝阳，西曰望台，南曰迎秀，北曰共（拱）宸。县丞齐肃此时将东、西二门筑塞。至成化七年因学中风水不利，教谕张才移文，复开西门。南城外四十许步东、西大街居民凑集成市，往来人马憩息。门有二，东曰忠孝，西曰迎恩"。卷二十二："废遒县，在涞水县治北。"又："涞水旧城治二处，在城北二里周城湾，古老相传自汉唐已前之所筑，后被拒马水冲坏，迁至城北一里北庄，亦被拒马水冲坏。基地尚存。"所述与《寰宇记》等不尽相同。或属后世误识。《读史方舆纪要》卷十二：易州涞水县，"遒县城，在县北。汉置。志云：旧城在拒马河西北二里，俗名周城湾。后徙治县北一里之北庄。俱为易水所坏，乃移今治。魏收志云：遒县有南、北二遒城是也"。《清统志》卷四十八："遒县故城，在涞水县北。汉置县，属涿郡，景帝中三年封匈奴降王陆彊为侯国。后汉亦为侯国。《魏书·地形志》：遒县有南、北二遒城。后周省，隋改置涞水县于此。《括地志》：遒县故城在涞水县北一里。《元和志》：涞水县西南至易州四十二里，本汉遒县。旧志：汉时故城在拒马河西北二里，俗名周城湾，后徙县治北一里之北庄。俱为易水所圮，乃移今治。"其"易水"，当为"拒马河"之讹。而以此二城属《魏志》所记"南、北二遒城"，似不确。其城址位于今涞水县北关村北300米，平面近方形，边长约1600米。城墙夯土筑成，基宽5~8米，残高1~5米。采集遗物有铁剪、铁刀和泥质灰陶瓦当、筒瓦、板瓦、方砖、瓮、罐、盆等残片。城址南发现北关遗址，面积约12万平方米，文化层厚1米，暴露遗迹有灰坑。采集有战国至汉代的夹砂红褐陶绳纹釜，泥质灰陶绳纹罐、瓮及弦纹盆等残片。在南关村东南、东关村、北瓦宅村、北瓦宅村东亦发现汉代遗址，南瓦宅村西南发现战国至汉代遗址，在东关村东发现汉代墓葬群，在东关北发现唐代墓葬群。在城址北涞水镇西租村西发现新石器时代和汉代遗址，东租村东南发现汉代遗址，南润头村南发现战国时期遗址，在水北乡石圭村北、宫家坟村北、魏村东南发现战国时期遗址，王村乡孔村西南、辛庄头村东南、杨家台村西发现战国至汉代遗址等①。此城规模较大，正与史书所述封匈奴降王陆彊

---

① 国家文物局主编《中国文物地图集》河北分册，文物出版社，2013。

"户五千五百六十九"（《汉书》记为"户五千五百七十"）相应，西汉时期遒侯城及遒县城当在此范围之内。而就此一地区又发现有战国时期遗迹遗物来看，其营建于战国时期或更早一些亦并非没有可能，传世燕国玺文有"遒都右司徒"等①，其"遒都"当即在此。另就在涞水县旧城东关、南关一带发现汉代遗址及墓葬区来看，东汉时期遒县治所当已迁至今涞水县址，而遒县城之规制当大致与明清时期涞水县城相当，周长三里余，四面各设一门。魏晋以后相沿。而原遒县城已被废弃，至唐宋之际犹可见其完整轮廓，为《寰宇记》所记。其当属《魏志》所记遒县境内"南、北二遒城"中之一座，而另一座遒城所在具体方位不明。又"有辽城"，亦无法确知。元明以后，原遒县城进一步残损，已无法辨识其完整轮廓，遂被误分为两座城。

（二）古燕地

今涞水县西南约10公里明义乡张家洼村西于清末曾出土商周之际的北伯诸器。后又在其南明义乡司徒村西、北封村东南、东官庄村东、西官庄村北、南封村东南、西明义村东北、曹家庄，胡家庄乡富位村南、永乐村西南、姜各庄村西，在涞水县西永阳乡炭山村南、从溪村北、南桥头村西、周家庄村西南，在涞水县西北娄村乡燕翎村西北、娄村西南、庞家河村西，在涞水县北石亭乡渐村东北、高庄村东、东赤土村南、木井村东北、土庄村东等地发现新石器时代及商周时期遗址，面积多在数万平方米，均在今南拒马河西岸。今易县西南神石庄乡北福地村南、易县西北杨谷庄乡下岳各庄村东北等地亦发现有新石器时代及商周时期遗址，均在今北易水与中易水之间。通过对北福地，下岳各庄、富位、炭山、北封等遗址的发掘，得知其在商代所呈现的是商文化与地方文化相结合的一种遗存，至商代晚期出现以堆纹口高领袋足鬲为代表的新的因素。而西周时期遗存含有特征相当显著的三种文化因素，即商文化、周文化及地方性遗存。其地方性遗存与前两种因素迥然有别，自成一系，与本地区早商和晚商期遗存均有密

---

① 参见后晓荣《战国政区地理》第七章《燕国政区地理》。

切关系，既不是周人分封带来的，也不是商人遗留下来的，而是从本地区商代遗存中生长出来的，并融合了北方青铜文化的因素。很可能是土著燕人的文化，尚游离于西周燕文化之外①。另在今北京房山区大石窝镇镇江营村北、塔照村南等地发现新石器及商周时期遗址，前者位于今北拒马河西，后者位于今北拒马河东。通过对两处遗址系统发掘，探明此一地区商周时期文化发展系列可分为五期。第一期为塔照一期遗存，碳十四树轮校正数据为公元前1881～前1429年，年代当在夏后期至商前期，与大坨头文化相当。其葬式头向东，有屈肢葬的葬俗，与商文化头向南、夏家店下层文化头向西北和多仰身直肢葬的习俗差别较大。陶器组合中既含有典型的商式风格，又有与辽西夏家店下层文化相似的风格，同时还有与其他各文化均有较大差异的器类。第二期为塔照二期遗存，碳十四树轮校正数据为公元前1266～前1070年，相当于商代中晚期，与围坊三期文化相当。其在陶器形制、制陶方式等主体方面都继承了一期遗存风格，而高领鬲和领部有附加堆纹等则是新的气象，是集北方的高领堆纹鬲、本地的小口鬲和瓮、商文化的假腹豆为一体的具有特色的文化遗存。第三期属张家园上层文化，碳十四树轮校正数据为公元前1408～前930年，相当于商末至西周中期。其墓葬均为单人仰身直肢葬，头向东。以筒腹鬲、鼓腹鬲、深腹甑盆、大型瓮罐、袋足模具、鹿角镞、人面陶印、圆台形纺轮构成其独特的主体成分。以袋足鬲、四系罐、罍、部分类型的簋构成主要的辅助成分，是殷墟的常见器物，属商文化因素。部分类型的鼓腹鬲、浅腹甑盆类、部分类型的簋构成次要成分，其中的鬲、簋是琉璃河西周中期燕国墓葬随葬品中的主要成分，浅腹甑盆类是本地西周晚期的主要形制，是带有周文化因素、与沣西的先周文化又有区别的器物。所以该期遗存中商末至西周早期的第一、二段是本地因素和商文化的综合体，西周中期的第三段则为本地、商、周三种文化因素的综合体。本期遗存尽管包括三种文化因素，但第一种成分占主导地位，从早至晚有完整的发展序列，仍是一种地方特色相当浓厚

---

① 拒马河考古队：《河北易县涞水古遗址试掘报告》，《考古学报》1988年第4期。河北省文物研究所、保定地区文管所、涞水县文保所：《河北涞水北封村遗址试掘简报》，《考古》1992年第10期。国家文物局主编《中国文物地图集》河北分册。

的文化遗存。该文化分布区域东至滦河沿岸，北到承德一线，西止太行山，南达大清河。在这样大的范围内，永定河以南地区与商文化和周文化首先发生碰撞，而永定河以北地区与北方的文化有着更密切的联系，因此以永定河为界，将张家园上层文化划分为镇江营、张家园两个类型。由大坨头文化、围坊三期文化一脉相承而来的张家园上层文化，商末达到鼎盛时期。该文化具备建立国家政权的实力，否则很难抵御商文化的强大攻势。商王帝乙、帝辛之前，燕国的族徽就出现在金文中，如果商代有燕国存在，那必定是张家园上层文化建立的古国。第四期遗存属西周中晚期至春秋早期，其遗物中最大量的、引人注目的器物为灰陶袋足鬲，伴生有各类灰陶的罐、盆、甗、簋、豆、碗等。袋足鬲、簋与卷沿的罐、盆、甗构成一组面目独特的器物群，与琉璃河遗址西周晚期的器物一致，因而属西周时期的燕文化。第三期遗存的西周早期较少见的袋足鬲和极少的 C 型簋则是第四期遗存最主体、最大量的器物，其中袋足鬲与第三期遗存的主要器物筒腹、鼓腹鬲毫无相似之处，二者之间不可能有形制的承袭关系，第三、四期遗存是两种不同的文化。镇江营遗址西周燕文化的初期曾与张家园上层文化的最晚期并行过一段时间，但前者很快覆盖了整个遗址，迫使张家园上层文化的人们离开了家园。镇江营遗址与琉璃河遗址在陶器方面共性较多，是燕文化的组成部分。第五期遗存属春秋战国时期燕文化。其上还有汉晋文化遗存[①]。因围坊三期文化分布范围较广，各地发现器物互有不同，亦有主张以永定河为界划分为东、西两个类型。以西面塔照遗址为代表，称塔照类型；以东面围坊遗址为代表，称围坊类型。其塔照类型与张家园上层文化镇江营类型在文化谱系上具有明显的承继关系，而围坊类型是塔照类型向东发展的一个地域类型。张家园上层文化张家园类型是张家园上层文化镇江营类型向东发展形成的一个地域类型，其与围坊类型没有明显的承继

---

① 北京市文物工作队：《北京房山县考古调查简报》，《考古》1963 年第 3 期。北京市文物研究所：《北京市拒马河流域考古调查》，《考古》1989 年第 3 期。北京市文物研究所：《镇江营与塔照——拒马河流域与先秦考古文化的类型与谱系》，中国大百科全书出版社，1999。北京市文物研究所：《北京市考古五十年》，《新中国考古五十年》。宋大川主编《北京考古史》夏商西周卷及东周卷。李伟敏：《北京考古志》房山卷，上海古籍出版社，2012。

关系，而是一种替代关系①。此一系列考古发现及研究成果，对探索商周之际所存古燕（北燕）国具有重要意义。

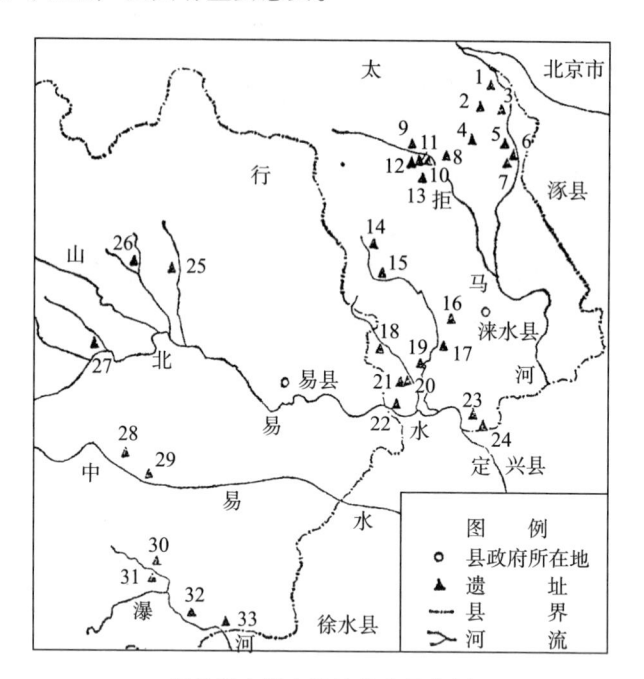

易县涞水县古遗址分布示意图

1. 板城　2. 土庄　3. 石亭　4. 东营房　5. 宋家碾　6. 东赤土　7. 大赤土　8. 中水东　9. 南庄　10. 燕翎村　11. 娄村　12. 福山堂　13. 庞家河　14. 东垒子　15. 炭山　16. 南瓦宅　17. 西南租　18. 南桥头　19. 张家注　20. 东明义　21. 西明义　22. 丁家注　23. 永乐　24. 富位　25. 中黄蒿　26. 下岳各庄　27. 五道河　28. 北福地　29. 西高村　30. 潦水　31. 北邓家林　32. 孝村　33. 曲城

（据《考古学报》1988年第4期附图）涿县，今为涿州市。

《史记·燕召公世家》："周武王之灭纣，封召公于北燕。"《集解》："《世本》曰：居北燕。"宋忠曰："有南燕，故云北燕。"其南燕国初见于《左传·隐公五年》："卫人以燕师伐郑。"杜预注："南燕国，今东郡燕县。"又，《左传·宣公三年》："郑文公有贱妾曰燕姞。"杜预注："姞，南燕姓。"《左传·定公十年》：晋"成何奔燕"。均指此南燕国。其为姞姓国，地在今河南延津县东北，战国时属魏国，汉时置燕县，属东郡。其"燕"，当即此南燕国之本称。《说文解字》："燕燕，玄鸟也。龠口、布翅、枝尾，

---

① 蒋刚、王志刚：《关于围坊三期文化和张家园上层文化的再认识》，《考古》2010年第5期。

象形。"① 其国名很可能是缘于此燕燕鸟，而简称"燕"。传世铜器庚壶铭文载齐庄公时期齐将"庚率百乘舟，大鄝（举）从河台（以）亟伐燕□丘"；又记另一战事："其王乘駐（牡）与（舆）台（以）□燕师，庚捷其兵䡇车马，献之于庄公之所。"其燕作㷼②，当即指南燕国。其北临河（即黄河，古时在今郑州以北作东北流向），故齐将庚率舟师从河以伐燕。

其北燕国初见于《左传·襄公二十八年》："夏，齐侯、陈侯、蔡侯、北燕伯、杞伯、胡子、沈子、白狄朝于晋。"杜预注："燕国，今蓟县。"《春秋·襄公二十九年》："齐高止出奔北燕。"《左传》："秋九月，齐公孙虿、公孙灶放其大夫于北燕。乙未出。书曰出奔，罪高止也。"《榖梁传》："其曰北燕，从史文也。"又，《春秋·昭公三年》："北燕伯款出奔齐。"杜预注："不书大夫逐之而言奔，罪之也。书名，从告。"孔颖达疏："传称燕大夫比以杀公之外嬖，公惧，奔齐，是被逐而出，非自去也。传又云：书曰北燕伯欵出奔齐，罪之。是仲尼新意。"《左传》："九月，（齐）子雅放卢蒲嫳于北燕。燕简公多嬖宠，欲去诸大夫，而立其宠人。冬，燕大夫比以杀公之外嬖，公惧，奔齐。书曰：北燕伯欵出奔齐。罪之也。"③《榖梁传》："其曰北燕，从史文也。"时为周景王六年（前539年）。由此可知，"北燕"之名原出《春秋》及《左传》，当为时称，其意在区别于"燕"（即南燕）。其"款"，或作"欵"，自古有之，故孔颖达引《春秋》经传作"欵"而无异文（阮元"校勘记"不见有辨，另宋王应麟《诗地理考》等亦引作"欵"）。而杜预注以此"北燕"属召公之国，以"款"为此出奔的"北燕伯"之名，虽为后世所从，然未必合于史实。《春秋·昭公六年》："齐侯伐北燕。"《左传》："十二月，齐侯遂伐北燕，将纳简公。晏子曰：'不入，燕有君矣。民不二。吾君贿，左右谄谀，作大事不以信，未尝可也。'"又，《春秋·昭公十二年》："齐高偃帅师纳北燕伯于阳。"《左传》："齐高偃纳北燕伯款于唐，因其众也。"《榖梁传》："纳者，内不受也。燕伯

---

① 其"燕燕"二字据段玉裁注补。
② 参见张光远《春秋晚期齐庄公时庚壶考》，台北《故宫季刊》第十六卷第三期，1982；张政烺：《庚壶释文》，文化部文物事业管理局古文献研究室编《出土文献研究》，文物出版社，1985。
③ 参见阮元"校勘记"。

之不名，何也？不以高偃挈燕伯也。"① 在此燕简公出奔，其国已另立国君的情况下，为区别两个北燕伯，若"款"为燕简公之名，《春秋》似不会不书。而《左传》于"北燕伯"后增书"款"字，并改"阳"作"唐"（据杜预注，阳即唐），似当视为广存异说。至于《穀梁传》所释，不书燕伯之名，是为了不与齐大夫高偃相提并论，显系牵合。其"款"，既不为私名，则最有可能为国名。或当如楚称荆楚（一为本称，一为他称）之例，其国以"北燕"为他称，而以"款"为本称。《春秋》书"款"于"北燕伯"之后，当属附注、说明的性质。其之所以标注"款"之本称于燕简公出奔齐之事，当是从此"北燕伯"所告。很可能其国时以"北燕"之称通行于世，而本称"款"已鲜为人知。

在铜器铭文中有一多与亚形合书之字（图徽），作𠂤、𠂤、𠂤、𠂤等状。如西周早期亚盉铭曰："𠂤侯亚𠂤。匽侯易亚贝，作父乙宝尊彝。"② 刘体智在《善斋吉金十录》之二《礼器录》卷一释曰："据燕侯盉拓本证文，亚形下当即燕字之上半截，象燕之形也；下作𠂤，象在巢形。"其以𠂤象燕形虽有可取之处，然以此𠂤与其下𠂤连读为燕则实误。今释𠂤为匽，指召公所封之国；而𠂤则多释为矢③。对其含义需重加分析。其上作廿形以象禽口，中为布翅两分之状，下为枝尾与鱼尾同，正为燕鸟之象形，与甲骨卜辞中释燕字者如𠂤等极相类④。《尔雅·释鸟》："巂周、燕燕、𪃟。"邢昺疏："燕

---

① 《史记·燕召公世家》："惠公元年，齐高止来奔。六年，惠公多宠姬，公欲去诸大夫而立宠姬宋，大夫共诛姬宋，惠公惧，奔齐。四年，齐高偃如晋，请共伐燕，入其君，晋平公许，与齐伐燕，入惠公。惠公至燕而死，燕立悼公。"《索隐》："《春秋》昭三年，北燕伯款奔齐。至六年又云齐伐北燕。一与此文合。《左传》无纳款之文，而云将纳简公，晏子曰燕君不入矣，齐遂受赂而还。事与此乖，而又以款为简公。简公去惠公已五代，则与《春秋》经传不相协，未可强言也。"而梁玉绳《史记志疑》："惠公当作简公。"并在《十二诸侯年表》惠公元年下加案："史于燕事最为疏舛，而尤不能明者，惠、简二公之事也。……余谓信史不如信经，况燕事缺失甚多，安知史不误以后之惠公易前之简公乎？"实际上太史公所述燕（匽）惠公及简公世次无误，而所述事则为与匽惠公同时的北燕国君燕简公所为。
② 罗振玉：《三代吉金文存》卷十四。
③ 刘心源首释此字为矢。其在《奇觚室吉金文述》卷六释卣铭曰："𠂤即矢，古文矢字，见《说文》鈙下。古器多有亚矢二字，或云矢亚。矢字或正或反，或旁有羑文，象矢脱手发出形。"并附形同者以资参考。另有释𠂤、矣等，参见王献唐《黄县𠂤器》第二部分，山东人民出版社，1960。
④ 参见李孝定《甲骨文字集释》卷十一。

燕，又名鳦。郭云：一名玄鸟，齐人呼鳦。此燕燕即今之燕，古人重言之。……孙炎、舍人以巂周、燕燕、鳦为一物三名。"《说文解字》："巂周，燕也。从隹，山象其冠也，冏声。一曰蜀王望帝婬其相妻，惭亡去，为子巂鸟，故蜀人闻子巂鸣，皆起云望帝。"段玉裁注："巂周、子巂，异物而同字。《文选·七命》：鶊髀猩脣。李云：《吕氏春秋》曰：肉之美者巂燕之髀。此燕名巂周之证。"又注："《曲礼》：立视五巂。借为规字。汉之越巂，即此字，音髓。"由此推之，其㠯，当即巂周，与燕燕为同物而异名。㠯字不见于典籍。《说文解字》有𠲻，其释曰："𠲻，未定也。从匕、㠯声。㠯，古文矢字。"而矢字下不载。《说文解字》又有疑字，其释曰："疑，惑也。"疑字古文又有作𠵓者①，有可能为㠯之变形。此𠲻、疑二字当皆从㠯得声（其义或亦可能由燕鸟飞翔不定，使人看不清引申而来；许慎以㠯为古文矢字，显系猜测，并无根据），如此，则㠯当读如疑。古音疑属之部疑纽，巂属之部匣纽、周属幽部章纽，其音相近，巂周当为㠯字之缓读。其㠯形有可能为北燕人所造，音属北燕方言；称巂周则有可能为中原人所模拟，如同称子巂鸟一般。义则同于燕，故其国有燕之他称（为别于姞姓之燕而称北燕）。《左传·昭公三年》记周景王使詹桓伯言于晋曰："及武王克商，肃慎、燕、亳，吾北土也。"其燕，当即为他称，原文作燕（不作匽）。《春秋》经传所记"北燕伯款"当依孔颖达疏所引作"北燕伯欵"，"欵"即北燕国之本称㠯，增欠旁作"欵"，"款"为形之讹。

其㠯字见于殷墟卜辞，用为方国名及贞人名。而带有㠯字的亚㠯诸器多出土于今河南安阳、北京房山及卢沟桥、辽宁喀左等地，时代早者可至商代后期，晚者在西周时期。由此推之，此一部族当在商周之际即存在于北燕之地，且与中原及东北地区联系密切，后即以族徽㠯称国。《春秋·哀公十五年》："夏五月，齐高无㔻出奔北燕。"时在周敬王四十年（前480年），则至春秋末期㠯国犹存。然因缺乏相关记载，其所居存地域尚不明了。上述考古发现及研究虽可大致划定其范围，但并未确定其活动之中心区域及所

---

① 参见《康熙字典》疋部疑下所附。

在具体方位。据考古资料，在今房山琉璃河一带发现大面积西周时期匽国墓地①，周初召公所封匽国当与之相近。而上引亚盉铭文中亞枈与匽侯并存，则西周时期此北燕国之东界当不逾古圣水（即琉璃河）。在琉璃河北董家林村并发现有商周时期古城址，依《水经注》所述，其当属"圣聚"，为商代圣国之所在，则商代北燕国之东界当亦不逾古圣水。又，《春秋·昭公十二年》："春，齐高偃帅师纳北燕伯于阳。"《左传》："春，齐高偃纳北燕伯款于唐。因其众也。"杜预注："三年燕伯出奔齐。高偃，高傒玄孙，齐大夫。阳即唐，燕别邑。中山有唐县。不言于燕，未得国都。"孔颖达疏："经言于阳，传言于唐，知阳即唐也。"江永《春秋地理考实》："《汇纂》：今直隶保定府唐县东有汉唐县故城，春秋时曰阳也。"其地在今河北唐县北。杜预以其属"燕别邑"，似不确。时此北燕伯出奔，并未得复君位，不可能至于北燕国境。则其西南界当不逾古滱水（今唐河）。如此，商周时期北燕国所在地域当在今易水与拒马河之间，而中心区则极可能即在今涞水县一带。其地在战国时期置逎都，汉魏时期沿置为逎县。古音逎属幽部喻纽（或属从纽），与枈、匽周音相近，则亦当属北燕国本称之拟音字，或为枈之通假字。又，涞水自逎县以下得称巨马河，亦名渠水，并见于《水经注·易水》：濡水"又东南流，于容城县西北、大利亭东南合易水而注巨马水也。故《地理志》曰：故安县阎乡，易水所出，至范阳入濡水。阚骃亦言是矣。又曰：濡水合渠。许慎曰：濡水入涞。涞、渠二号，即巨马之异名"。古音巨属鱼部群纽、马属鱼部明纽、渠属鱼部群纽，则巨、渠均与枈、逎音相近，当亦属北燕国本称之拟音字，或为枈及逎之通假字。而"巨马河"与"渠水"相比照，其"马"字当属本地土著语"水流"之拟音字，后又于"巨马"后另加汉字"河"。由此可进一步明确古北燕国当即在此。依上引《春秋》所述，周景王在位期间，北燕国曾发生内乱，原北燕国君被逐，另立新国君，而原北燕国君后移居于唐（阳）。今所见残存古逎城或为此一时期新立北燕国君所迁建，至战国时期归属匽国，改置逎都，汉代沿置逎县。而北燕国都城原当在此逎城之南或北，为《魏志》所述逎县境

---

① 琉璃河考古队：《北京琉璃河1193号大墓发掘简报》，《考古》1990年第1期。北京市文物研究所：《琉璃河西周燕国墓地1973～1977》，文物出版社，1995。

内"南、北二遒城"中之另一座。其地属商周时期北燕国,东临召公所封之匽国。《寰宇记》所言"县地即周封召公于此也",当即指此而言。

谷邱县城

谷邱县,西汉时期属涿郡,见于《汉志上》。东汉以后省废。《寰宇记》卷六十三:深州安平县,"谷丘故城,在今县西南十五里,汉为县,后汉省"。《清统志》卷五十三:"谷邱故城,在安平县西南。汉置县,属涿郡,后汉省。《寰宇记》:谷邱故城,在安平县西南十五里。县志:今讹为角邱社。"光绪二十六年刊《深州风土记》卷十:"谷邱故城,《寰宇记》:故城在安平县西南十五里。汉为县,后汉省。《一统志》:谷邱今讹为角邱社也。案,角邱社在县西南二十五里。《寰宇记》言十五里,盖未审也。"其角邱社今已不存,而安平县城西南 14.4 公里有角北村。据相关记载,其前身为角邱村,清乾隆年间称角邱店,光绪三十三年(1907年)复称角邱,民国三十三年(1944年)分为两村,北称角北;南称角南,位于安平县西南14.5 公里处。又有中角村,在安平县西南 13.6 公里处,相传东汉末年张角死后葬于此地,称忠角,后演变为中角。另在角北村北、南王庄东北有北角。此一地区均为明初移民聚集地。又,安平县西南约 9 公里有谷家左村,安平县西南 4.9 公里有台城乡,亦均形成于明初,为山西洪洞移民聚集地①。其所在迄今均未发现相关遗迹。古音谷与角相同,而唐宋以后已相分。其角邱店形成于清代,且另有传说,似不太可能为谷邱故城之所在。依《寰宇记》所记,其在唐宋时期犹称"谷邱",古音邱属之部溪纽,家属鱼部见纽,二音相近,则"谷家"很可能即由"谷邱"演变而来,而谷家左村又与《寰宇记》所述谷邱故城地理方位大致相合,很可能即属之。古时多以东为左,"谷家左"或即为原谷邱城之东半部。其东北有台城,或亦与之相关。

---

① 新编《安平县志》第一编《政区建置》第四章《城镇乡村》,中国社会出版社,1996。

故安县城

　　故安县，西汉时期属涿郡。《汉志上》：涿郡属县"故安，阎乡，易水所出，东至范阳入濡也，并州浸。水亦至范阳入涞"。颜师古曰："言易水又至范阳入涞也。"《史记·张丞相列传》：汉文帝元年封申屠嘉为关内侯，食邑五百户。后元三年（前161年），"乃以御史大夫嘉为丞相，因故邑封为故安侯"。《正义》："今易州界武阳城中东南隅故城是也。"并见于《惠景间侯者年表》："孝文元年举淮阳守从高祖入汉功侯，食邑五石户。用丞相侯，一千七百一十二户。"后传申屠蔑、申屠臾，元鼎元年（前166年）国除。东汉时期相沿。《后汉志五》：涿郡属县"故安，易水出，㶟水出"。刘昭注："案本纪，永元十五年复置县铁官。"《后汉书·孝和帝纪》：永元十五年（103年），"复置涿郡故安铁官"。李贤注："《续汉书》曰：其郡县有盐官、铁官者，随事广狭，置令、长及丞，秩次皆如县也。"《王常传》：建武九年（33年），"击内黄贼，破降之。后北屯故安，拒卢芳。十二年薨于屯所，谥曰节侯"。李贤注："故安县属涿郡，故城在今易州易县南也。"晋时改涿郡为范阳国，故安县仍属之，见于《晋志上》。亦作固安县。《魏志上》：幽州范阳郡领县"固安，二汉属涿，晋属。有固安城、永阳城、金台、三公台、易台"。《水经注·易水》："易水出涿郡故安县阎乡西山（经文）。易水出西山宽中谷，东迳五大夫城南。……易水又东迳武阳城南。盖易自宽中历武夫关东出，是兼武水之称，故燕之下都，擅武阳之名。左得濡水枝津故渎。武阳大城东南小城，即故安县之故城也。汉文帝封丞相申屠嘉为侯国。城东西二里，南北一里半。高诱云，易水迳故安城南外东流，即斯水也。诱是涿人，事经明证。今水被城东南隅。世又谓易水为故安河。武阳盖燕昭王之所城也，东西二十里，南北十七里，故傅逮《述游赋》曰：出北蓟，历良乡，登金台，观武阳，两城辽廓，旧迹冥茫，盖谓是处也。……易水又东与濡水合。水出故安县西北穷独山南谷。……濡水又东迳武阳城西北。……其水之故渎南出，屈而东转，又分为二渎。一水迳故安城西，侧城南注易水。……濡水东合檀山水。……

其水（檀山水）又东南流，历故安县北，而南注濡水。又东南流，于容城县西北、大利亭东南，合易水而注巨马水也。故《地理志》曰：故安县阎乡，易水所出，至范阳入濡水。阚骃亦言是矣，又曰：濡水合渠。许慎曰：濡水入涞。涞、渠二号，即巨马之异名。然二易俱出一乡，同入濡水。南濡、北易至涿郡范阳县会北濡，又并乱流入涞，是则易水与诸水互摄通称，东迳容城县故城北，浑涛东注，至勃海平舒县与易水合。阚骃曰：涿郡西界代之易水，而是水出代郡广昌县东南、郎山东北、燕王仙台东。……经所谓阎乡西山。其水东流，有氹水南会，浑波同注，俗谓之为雹河。司马彪《郡国志》曰：雹水出故安县。世祖令耿况击故安西山贼吴耐蠡，符雹上十余营，皆破之。即是水者也。易水又东迳孔山北。……其水又东迳西故安城南，即阎乡城也。历送荆陉北。耆旧云，燕丹钱荆轲于此。因而名焉。"其易水即今中易水，流经故安城南；濡水即今北易水，流经故安城北。而在今中易水南又有南易水，亦称雹水。今河北易县西南约15公里尉都乡西城阳村西发现一处战国至汉代遗址，南临南易水，西南临近孔山，或当属阎乡城址①。

北齐时故安县省废。《隋志中》：上谷郡统县"易，开皇初置黎郡，寻废。十六年置县。大业初置上谷郡。旧有故安县，后齐废"。唐初改为易州。《元和志》卷十八：易州易县，"本汉故安县，属涿郡。文帝以申屠嘉为故安侯。隋开皇十六年于汉故城西北隅置易县。故城即燕之南郡（鄙），周回约三十里"。《寰宇记》卷六十七：易州易县，"本汉故安县也。《汉书》：文帝封申屠嘉为故安侯。《地理志》：故安县属涿郡。《晋地道记》属范阳国。按：故城在今县东南七百步、武阳故城东南隅故安故城是也。高齐天保七年省。其武阳故城即是燕之南鄙。隋开皇十六年于故安故城西北隅置易县，即今理"。其易县，明清时期改置易州，即今河北易县。其东南残存有武阳城遗址。据考古勘测可知，武阳城平面略呈倒凸字形，东西长约8000米，南北长约6000米，分东、西二城。西城北垣长4452米，中部一段向外凸出折成斗形；西垣长3717米；南垣自城角村至燕子村一段长1755米，由燕子村折向南过中易水至龙湾头村西的南北向城墙长2100米，

---

① 参见本书范阳县城。

由龙弯头村折向东的东西向城墙长910米。城墙基宽均约40米。东城北垣长4594米；东垣长3980米；南垣已探知长度2210米，西端可能从西贯城村西向南折，行770米，穿过中易水，又西行过东沈村南，与中易水南岸的一段长460米的南垣相接；西垣中易水北岸长4630米，中易水南岸长460米，城外有古河道称"运粮河"，南入中易水，又于北部九女台附近引出一东流河道。城墙基宽均约40米。在北部有一东西向隔墙，长约4460米，宽约20米。隔墙东段有朱家台夯土基址，隔墙以南有武阳台、老爷庙台夯土基址，隔墙以北有望景台、张公台基址及小平台建筑群基址等。城内南部东贯城村、西贯城村的地上地下皆保存有汉代城墙遗迹，城内并可见到汉代遗物。在西贯城村、东沈村附近发现有较厚的西周时期文化层，其北郎井村附近有春秋早期至战国时期遗迹、遗物及墓葬等，可表明此一带开发较早，长期有人聚居，故汉代故安城择建于此。其当南依武阳城南垣，西临濡水枝津故渎，"屈而东转，又分为二渎。一水迳故安城西，侧城南注易水"。① 依《水经注》所述，"城东西二里，南北一里半"。今称"贯城"，当由"故安城"演变而来。而又分"西贯城"、"东贯城"，似当表明其分为西、东二城，而《魏志》记固安县有"固安城"，当指其中一城已空出。

此故安县城建于原武阳城内，其名或当属原城内乡里之称，而置县于秦汉之际。《汉书·百官公卿表》：爵十九级为"关内侯"。颜师古曰："言有侯号而居京畿，无国邑。"《后汉书·百官志五》："关内侯，承秦赐爵十九等，为关内侯，无土，寄食在所县，民租多少，各有户数为限。"注引如淳曰："列侯出关就国，侯但爵身，其有家累者与之关内之邑，食其租税也。"而申屠嘉受封关内侯，在故安县"食邑五百户"，当属特例。后"因故邑封为故安侯"，并见于《汉书·申屠嘉传》。王先谦案："故邑，前所食之邑在故安也。"② 而"一千七百二十户"似当属此一时期故安县居民总户数，故得称故安侯。

---

① 河北省文化局文物工作队：《1964～1965年燕下都墓葬发掘报告》，《考古》1965年第11期。河北省文物研究所：《燕下都》，文物出版社，1996。
② 《汉书补注》卷四十二，光绪二十六年虚受堂刊本，中华书局影印，1981。

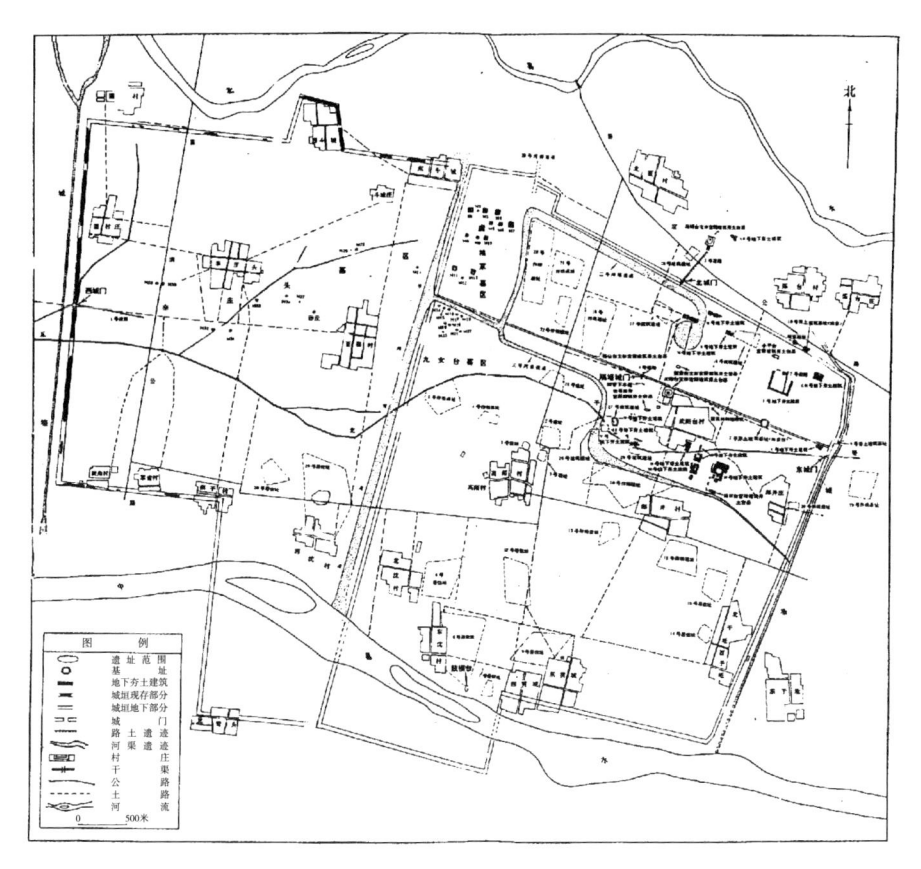

燕下都城址图

（据《燕下都》附图）

南深泽县城

（一）南深泽城

南深泽县，西汉时期属涿郡，见于《汉志上》。《后汉书·孝明八王列传》："建初四年，以清河之游、观津，勃海之东光、成平，涿郡之中水、饶阳、安平、南深泽八县益乐成国。"李贤注："南深泽在今定州深泽县东也。"其乐成国后改安平国。《后汉志二》：安平国属县"南深泽，故属涿"。

晋时改属博陵郡，见于《晋志上》。《魏志上》：博陵郡领县"深泽，前汉属涿，后汉属安平，晋属。二汉、晋曰南深泽，后改。有女娲神祠"。则南深泽县一直相沿，至北魏时期改称深泽县。

北齐时省废深泽县，隋时复置。《隋志中》：博陵郡统县"深泽，后齐废，开皇六年复"。《通典》卷一百七十八：定州领县"深泽，汉南深泽县"。其以隋唐时期重置深泽县相沿于汉代南深泽县。《元和志》卷十八：定州，"深泽县，中，西北至州九十里。本汉南深泽县也，以涿郡有深泽县，故此加南以别之，属中山国。高齐省，隋开皇六年分安平县，于滹沱河北重置深泽县，属定州，皇朝因之。滹沱河。县南二十五里。光武为王郎所追，至滹沱，欲渡，导吏还言水深无船，左右惧。上使王霸前瞻水，霸恐惊众，乃言可渡。比至冰合，以囊沙布冰上，乃渡。未毕数车，冰陷。今名沟傍合处为危渡口"。《旧唐志二》：祁州领县"深泽，汉县，属中山国。至隋不改，属定州。隋徙治滹沱北，本县治也，隋末陷贼。武德四年复立县，景福二年割属祁州"。其以汉代南深泽县属中山国，与《汉志》不合，有误。《寰宇记》卷六十：祁州，"深泽县，东北四十里。旧一十乡，今四乡。盖汉南深泽县也。以涿郡有深泽县，故此加南以别之。以界内水泽深广名之，属中山国。高齐省。隋开皇六年分安平县于滹沱河北重置，属定州。唐朝因之，至景福二年隶祁州。危渡口在县东南三十里。范晔《后汉书》：光武为赤眉所追，南驰至滹沱，导吏还言水深无船，左右惧，上使王霸前瞻，霸恐惊官属，乃曰可渡。比至，冰合，军渡既毕，其冰遂泮，因名危渡口。五鹿津口在县南一十五里。旧说昔有五鹿引军渡过，遂名五鹿口。盖滹沱河深不可测，有揭衣所济处也。盘蒲泽，《河北记》云：深泽县盘蒲泽生而紫委，传云光武至此遇风雨，系马于此，后蒲生如之。南深泽城，《郡国县道记》云：在县二十五里有南深泽故城，以城名言之，即是涿郡之属县，以去国里数校近，即此是中山之属县。"其"县二十五里"，依上引李贤注，似当为"县东二十五里"之讹。而以其地与汉代中山国都卢奴（今定州）相距较近推测当属中山国，或为此一时期误识。《明统志》卷二：祁州深泽县，"在州城南二十里。……宋熙宁中省入鼓城县，元祐初复为县。元省入束鹿县，寻复置，属祁州，本朝因之"。其相沿至今，即今河北深泽县。《读史方舆纪要》卷十二：祁州深泽县，"南深泽城，在县东南五十七里。《十道志》云：汉置深泽县，属中山国，今县治是也。又于滹沱河南置南深泽县，属涿郡，此城是也。后汉废深泽县，而南深泽如故。后魏改为深泽县，北齐废。隋复置县于滹沱河北，即汉故深泽县治，而南深泽遂废。唐武德初郡贼魏刁儿作乱，据深泽，掠冀、定间，称魏帝，窦建德击灭之"。其以南深泽城在深泽县东南五十七里，与《寰宇记》所述"二十五里"不符，当有误。而以汉时中山国所属深泽县置于滹沱河北，为隋唐以后深泽县城相沿，亦并无实据。《清统志》卷五十五："南深泽故城，在今深泽县东南三十五里。汉高帝八年封功臣赵将夕为深泽侯，后置深泽县，属中山国。又置南深泽县，属涿郡。后汉省深泽，以南深泽属安平国。后魏去南字。隋复置今县。《元和志》：县西北至定州九十里。本汉南深泽县，高齐省。隋开皇六年分安平于滹沱河北重置深泽县。《寰宇记》：县在无极县东北四十里。《郡国县道记》云：县南二十五里有南深泽故城，以城名言之，则是涿郡之属县；以去国里数较近，则此是中山之属县。"其以南深泽故城在深泽县东南三十五里，不知何据。依《寰宇记》所述，其当在今铁杆镇故城村。其东南约5公里今安平县石干乡马江村中公路旁发现汉代封土墓。

南深泽县西临下曲阳县。《战国策·燕策三》：燕国使者言"臣闻全赵之时，南邻为秦，北下曲阳为燕，赵广三百里"。鲍彪本注："下曲阳，属钜鹿。"《史记·曹相国世家》：汉高祖二年（前205年），曹参与韩信"击魏王于曲阳，追至武垣，生得魏王豹"。《正义》："《括地志》云：上曲阳，定州恒阳县是。下曲阳在定州鼓城县西五里。"则在战国秦汉之际已有下曲阳城。汉代沿置下曲阳县。《汉志上》常山郡蒲吾县下注："大白渠水首受绵曼水，东南至下曲阳入斯洨。"钜鹿郡属县"下曲阳，都尉治"。应劭曰："晋荀吴灭鼓，今鼓聚、昔阳亭是也。"颜师古曰："常山有上曲阳，故此云下。"其以"今鼓聚、昔阳亭"为西汉时期下曲阳县城，当表明至迟在东汉晚期下曲阳县城已迁移此地。很可能因原为都尉治所，在县城外并有都尉治城，故分置鼓聚及昔阳亭。《后汉志二》：钜鹿郡属县"下曲阳，有鼓聚，故翟鼓子国。有昔阳亭"。所指当与应劭注相同。其晋克鼓在周景王十八年

（前527年）。《国语·晋语九》："中行穆子帅师伐狄，围鼓。"韦昭注："鼓，白狄别邑。"中行穆子即荀吴。《左传·昭公十二年》："晋荀吴伪会齐师者，假道于鲜虞，遂入昔阳。秋八月壬午，灭肥，以肥子绵皋归。"杜预注："鲜虞，白狄别种，在中山新市县。昔阳，肥国都，乐平沾县东有昔阳城。"又注："肥，白狄也。绵皋，其君名。钜鹿下曲阳县西南有肥累城。"《左传·昭公十五年》："晋荀吴帅师伐鲜虞，围鼓。……鼓人告食竭力尽，而后取之。克鼓而反，不戮一人，以鼓人鸢鞮归。"杜预注："鼓，白狄之别。钜鹿下曲阳县有鼓聚。"又注："鸢鞮，鼓君名。"《左传·昭公二十二年》："晋之取鼓也，既献，而反鼓子焉，又叛于鲜虞。六月，荀吴略东阳，使师伪籴者，负甲以息于昔阳之门外，遂袭鼓灭之。以鼓子鸢鞮归，使涉佗守之。"杜预注："东阳，晋之山东邑，魏郡广平以北。"又注："昔阳，故肥子所都。"其以下曲阳县属钜鹿郡，与《后汉志》相同。以"下曲阳县有鼓聚"，当亦与应劭注及《后汉志》所指相同，在原下曲阳城址。而以"昔阳"为"肥国都"，在今山西昔阳县境，则有误。后有刘炫等辨之，以昔阳当属鼓国都城①，似亦不尽妥切。依《左传》所记，其"昔阳"与"鼓"当相别为二，而均属鼓国。鼓国原以鼓城为都，以昔阳为别邑。晋克鼓后，鼓子返回，即居于昔阳，而被灭国。晋时下曲阳县一度归属赵国。《晋志上》：冀州赵国统县"下曲阳，故鼓子国"。其"故鼓子国"是指古鼓国都城，还是指东汉以后所置鼓聚，不能明了。北魏时期改称曲阳县，复属钜鹿郡。《魏志上》：定州钜鹿郡领县"曲阳，二汉、晋属赵国，曰下曲阳，后改。有临平城、真乡城、曲乡城。有尧祠、青丘"。《水经注·浊漳水》："白渠水又东，谓之斯洨水。《地理志》曰：大白渠东南至下曲阳入斯洨者也。东分为二水，枝津右出焉，东南流，谓之百尺沟。又东南迳和城北，世谓之初邱城，非也。汉高帝十一年封郎中公孙耳（昔）为侯国。又东南迳贯城西，汉高帝六年封吕博为侯国。百尺沟东南散流，迳历乡东，而南入泜湖，东注衡水也。斯洨水自枝津东迳贯城北，又东，积而为陂，谓之阳縻渊。渊水左纳白渠枝水，俗谓之祇水。水承白渠于藁城县之乌子

---

① 参见《左传·昭公十二年》正义。又，杨守敬驳之，以昔阳为肥国都，而当在肥累城址，参见《水经注疏》卷十。

堰，又东迳肥累县之故城南，又东迳陈台南。台甚宽广，今上阳台屯居之。又东迳新丰城北。按《地理志》：钜鹿有新市县，侯国也。王莽更之曰乐市，而无新丰之目，所未详矣。其水又东迳昔阳城南，世谓之曰直阳城，非也。本鼓聚矣。《春秋左传·昭公十五年》：晋荀吴帅师伐鲜虞，围鼓，三月，鼓人请降。穆子曰：犹有食邑，不许。军吏曰：获城而弗取，勤民而顿兵，何以事君？穆子曰：获一邑而教民怠，将焉用邑也。贾怠无卒，弃旧不祥。鼓人能事其君，我亦能事吾君。率义不爽，好恶不愆，城可获也。有死义而无二心，不亦可乎？鼓人告食竭力尽而后取之。克鼓而返，不戮一人。以鼓子鸢鞮归，既献而返之。鼓子又叛，荀吴略东阳，使师伪籴负甲息于门外，袭而灭之，以鼓子鸢鞮归，使涉沱守之者也。《十三州志》曰：今其城昔阳亭是矣。京相璠曰：白狄之别也。下曲阳有鼓聚，故鼓子国也。白渠枝水又东迳曲阳城北。又迳安乡县故城南，《地理志》曰：侯国也。又东迳贳县，入斯洨水也。"其贳城在今束鹿县南。藁城县在今藁城市西岗上镇故城村，已发现一处商代及汉代遗址，面积约15万平方米，采集有汉代灰陶板瓦、筒瓦及瓦当等。隋代移藁城县于今藁城市址。肥累县故城在今藁城市西南城关镇南马村东南，已发现一处东周至汉代遗址，现存面积约2.5万平方米，文化层厚1米。暴露遗迹有灰坑等。在南马村东约1000米的城子村北曾发现夯土城墙遗迹。其北城关镇二村发现有汉代砖室封土墓[①]。在肥累县故城东有昔阳城及曲阳城（下曲阳城），二者隔以白渠枝水。其昔阳城，又称直阳城，而真与直音相近，则《魏志》所述"真乡城"当指此城。《十三州志》所述"晋阳亭"，京相璠所述"鼓聚"，当均指此城址。郦道元从之，并以"昔阳城"、"鼓聚"与鼓国都城合而为一。而曲阳城当相沿于东汉以来下曲阳城。

北齐时期省废曲阳县。隋代又置鼓城县，而后相沿。《隋志中》：赵郡统县"藁城，后齐废下曲阳入焉，改为高城县，置钜鹿郡，开皇初郡废。十年置廉州，十八年改为藁城县，大业初州废。又，开皇十六年置柏乡县，亦废入焉。鼓城，旧曰曲阳，后齐废。开皇十六年分置昔阳县，十八年改

[①] 国家文物局主编《中国文物地图集》河北分册。

为鼓城。十六年又置廉平县，大业初并入"。《通典》卷一百七十八：定州领县"鼓城，春秋鼓子国也。汉临平县故城在东南。又有汉下曲阳县在西"。《元和志》卷十七：恒州，"鼓城县，中，十三。西北至州九十五里。本春秋时鼓子国，盖白狄别种也"。又，"滹沱水，去县北十三里"。《旧唐志二》：镇州领县"鼓城，汉临平、下曲阳两县之地，属钜鹿郡。隋分藁城于下曲阳故城东五里置昔阳县，寻改为鼓城。武德四年属廉州。州废，属定州。大历三年割属恒州"。《寰宇记》卷六十一：镇州，"鼓城县，东北（南）九十五里，旧十二乡。本春秋鼓子之国，盖白狄别种也。汉下曲阳县之地。《春秋左传》曰：晋荀吴围鼓。杜注云：钜鹿下曲阳县有鼓聚是也。《十三州志》云：中山有上曲阳，故此加下。隋开皇六年分藁城地，于下曲阳故城东五里置昔阳县，属定州，即今县是也。十年改属廉州，十八年改昔阳县为鼓城，盖取古鼓国以为名。唐贞观元年废廉州，改属定州，大历三年又与赵州栾城县同割，以隶恒州。雷泽，《中山记》：雷河沟水源出鼓城县。临平故城，汉以为县，废城在今县东南。下曲阳城，亦汉县，废城在今县西。滹沱水，在县北十三里"。《新定九域志》卷二：祁州"下曲阳城，春秋鼓子子鸢鞮之国也，见《左氏传》。《十三州志》：中山有上曲阳，故此称下"。

其下曲阳城当为《水经注》所述曲阳城，而昔阳亭及鼓聚已不再述及，当已无法指实。《读史方舆纪要》卷十四：晋州，"鼓城废县，今州治。……宋亦为鼓城县，元始为晋州治，明初省。《城邑考》：州城元季故址，明景泰三年增修，宏治五年大水，城坏，八年以后相继修葺。今土城周三里有奇。下曲阳城，州西五里。刘昫曰：北齐废曲阳县入藁城，隋分藁城，于下曲阳故城东五里置昔阳县，寻改曰故（鼓）城是也"。又："昔阳亭，在州东。应劭曰：下曲阳有鼓聚，有昔阳亭。《左传·昭公二十二年》：鼓叛晋，晋荀吴略东阳，使师伪粜者负甲以息于昔阳之门外，遂袭鼓，克之。东阳，今冀州。昔阳，即鼓子所都。"其晋州即今河北晋州市。而以昔阳亭在晋州城东，则不确。今晋州市区政府街路北发现宋代遗址，暴露遗迹有水井，采集遗物有瓷碗、盘及"政和"钱币等。其西城关镇鼓城村残存一古城址，城墙已不存，形制不明，采集有东周时期灰陶板瓦、瓮、罐等残片。调查者推测当属鼓国故城①，当合于史实。而比照上引相关记载，其当属《水经注》所记之曲阳城及《括地志》等所记之"下曲阳故城"。在此城址东北城关镇塔上村西北发现一处汉代遗址，面积约5000平方米，文化层厚1米，暴露遗迹有灰坑和墓葬，采集遗物有灰陶板瓦、瓮、罐等残片及货泉。很可能亦与之相关。其"鼓城"村之称唯见于近世，或由"古城"演变而来。如此，此城址当原为鼓国都城鼓城之所在，鼓国灭后，于此置鼓聚。至东汉以后沿用为下曲阳城，另在其西北元头乡元头村西南发现一处商周至汉代遗址，面积约5万平方米，文化层厚1米，暴露遗迹有灰坑和红烧土堆积，采集有商周时期的夹砂灰陶绳纹鬲、泥质灰陶绳纹罐残片及汉代灰陶壶和铜镜等。与《水经注》等相比照，其当为原昔阳城之所在。战国至西汉时期于此置下曲阳县②。东汉时期移下曲阳县于原鼓城址，而于此置鼓聚及昔阳亭。二城之间隔以大白渠水。

《后汉书·光武帝纪》：更始二年（24年），"正月，光武以王郎新盛，乃北循蓟。王郎移檄购光武十万户，而故广阳王子刘接起兵蓟中以应郎，城内扰乱，转相惊恐。言邯郸使者方到，二千石以下皆出迎。于是光武趣驾南辕，晨夜不敢入城邑，舍食道傍。至饶阳，官属皆乏食。光武乃自称邯郸使者，入传舍。传吏方进食，从者饥，争夺之。传吏疑其伪，乃椎鼓数十通，绐言邯郸将军至，官属皆失色。光武升车欲驰，既而惧不免，徐还坐，曰：'请邯郸将军入。'久乃驾去。传中人遥语门者闭之。门长曰：'天下讵可知，而闭长者乎？'遂得南出。晨夜兼行，蒙犯霜雪，天时寒，面皆破裂。至呼沱河，无船，适遇冰合，得过，未毕数车而陷。进至下博城西，遑惑不知所之。有白衣老父在道旁，指曰：'努力！信都郡为长安守，去此八十里。'光武即驰赴之，信都太守任光开门出迎。世祖因发旁

---

① 国家文物局主编《中国文物地图集》河北分册。
② 战国秦汉之际原有上、下二曲阳城。上曲阳城在今河北曲阳县西，出现在前。《水经注·滱水》："滱水又东，右会长星沟。沟出上曲阳县西北长星渚。渚水东流，又合洛光水。水出洛光沟，东入长星水。乱流东经恒山下庙北。汉末丧乱，山道不通，此旧有下阶神殿，中世以来岁书法族焉。晋、魏改有东西二庙，庙前有碑阙，坛场列柏焉。其水又东迳上曲阳县故城北。本岳牧朝宿之邑也。古者天子巡狩，常以岁十一月至于北岳，侯伯皆有汤沐邑以自斋洁。周昭王南征不还，巡狩礼废，邑郡仍存。秦罢井田，因以立县。城在山西之阳，是曰曲阳。有下，故此为上矣。王莽之常山亭也。"而下曲阳或由此上曲阳分化而得。

县，得四千人，先击堂阳、贳县，皆降之。王莽和成卒正邳彤亦举郡降。又昌城人刘植、宋子人耿纯各率宗亲子弟据其县邑，以奉光武。于是北降下曲阳，众稍合，乐附者至有数万人。"李贤注："《山海经》云：太戏之山，滹沱之水出焉。在今代州繁畤县东，流经定州深泽县东南，即光武所度处，今俗犹谓之危度口。臣贤案：呼沱河旧在饶阳南，至魏太祖曹操因饶河故渎决，令北注新沟水，所以今在饶阳北。"又注下曲阳："县名，属钜鹿郡。常山郡有上曲阳，故此言下。"又注下博："下博，县，属信都国。在博水之下，故曰下博。故城在今冀州下博县南。"《后汉书·王霸传》："光武即南驰至下曲阳。传闻王郎兵在后，从者皆恐。及至滹沱河①，候吏还白河水流澌，无船，不可济。官属大惧。光武令（王）霸往视之。霸恐惊众，欲且前，阻水，还即诡曰：'冰坚可度。'官属皆喜。光武笑曰：'候吏果妄语也。'遂前。比至河，河冰亦合，乃令霸护度，未毕数骑而冰解。"《后汉书·冯异传》：冯异字公孙。"及王郎起，光武自蓟东南驰，晨夜草舍，至饶阳无蒌亭。时天寒烈，众皆饥疲，异上豆粥。明旦，光武谓诸将曰：'昨得公孙豆粥，饥寒俱解。'及至南宫，遇大风雨②，光武引车入道傍空舍，异抱薪，邓禹爇火，光武对灶燎衣。异复进麦饭菟肩。因复度滹沱河至信都，使异别收河间兵。"建武六年，冯异入朝，光武帝诏曰："仓卒无蒌亭豆粥，滹沱河麦饭，厚意久不报。"李贤注："无蒌，亭名，在今饶阳县东北。""南宫，县名，属信都国，今冀州县也。"又注："《光武纪》云：度滹沱河，至下博城西，见白衣老父，曰：'信都去此八十里耳。'是自北而南。此传先言至南宫，后言度滹沱河，南宫在滹沱南百有余里，又似自南而北。纪、传两文全相乖背，迹其地理，纪是传非。诸家之书并然，亦未详其故。"《读史方舆纪要》卷十四：深州，"南宫亭，在州南。更始二年，光武自下曲阳驰至滹沱，渡河至南宫，遇大风雨，引车入道旁空舍，对灶燎衣，冯异进麦饭处矣。旧志云：在南宫县。据《后汉书》：光武自南宫进至下博城西，惶惑不知所之。有父老言信都为长安守，去此八十里。异时光武敕冯异曰：滹沱河麦饭。是南宫近滹沱河、下博间也。若谓今之

---

① 《太平御览》卷四百四十八引《东观汉记》作"南至下曲阳滹沱河"。
② 《北堂书钞》卷一百二十九引《东观汉记》作"至南宫，天大雨"。

南宫县，相去远矣"。所辨有理，然似不甚妥切。依《元和志》及《寰宇记》所述，唐宋之际滹沱河在鼓城县北十三里、深泽县南二十五里一线，危渡口在深泽县东南三十里。汉代滹沱河当亦大致循行此一水道。则西汉时期下曲阳县城当北临此滹沱河，危渡口所在当属下曲阳县地。两汉之际仍如此，故《后汉书》等均记为"至下曲阳"、"至滹沱河"。而其时南深泽县城当位于滹沱河北，东近饶阳县城，西近下曲阳县城。光武帝自饶阳县城西南行至危渡口，必经南深泽县城。而诸书所记"南宫"即在此间。由此推之，其"南宫"当系"南深泽"之误。如此，可释众惑。

《后汉书·皇甫嵩传》：汉灵帝中平元年（184年），皇甫嵩与郭典"攻（张）角弟宝于下曲阳，又斩之。首获十余万人，筑京观于城南"。李贤注："杜元凯注《左传》曰：积尸封土于其上，谓之京观。"《元和志》卷十七：鼓城县，"后汉京观，在县西南七里。后汉皇甫嵩攻黄巾贼张角弟宝于下曲阳，首虏千（十万）余人，筑为京观"。《寰宇记》卷六十一：鼓城县，"后汉京观，在县北七里。后汉皇甫嵩攻黄巾贼张角弟张宝于下曲阳，获首十余万人，筑为京观"。其"县北"，当为"县西南"之讹。《读史方舆纪要》卷十四：晋州下曲阳城，"后汉光和末皇甫嵩破黄中于下曲阳，获首十余万，筑为京观。在今鼓城西二里"。所记方位似有误。今晋州市西南赵魏乡东子城村西残存一大土丘，平面呈长方形，东西长60米，南北宽50米，高约5米，当即属后汉京观遗址。其北临鼓城城址，可进一步证明东汉时期下曲阳城已迁移至此。

（二）深泽城

其深泽县见于《汉志下》：中山国属县"深泽，莽曰翼和"。王先谦《汉书补注》："高帝封赵将夕为侯国，见《表》。又，乘丘侯将夜，《表》注深泽。盖尝析为乘丘县。"《史记·高祖功臣侯者年表》：汉高祖八年（前199年），封赵将夕为深泽侯，后传赵头、赵循，汉景帝三年（前154年），"侯循元年，罪，绝"。汉景帝中五年（前145年），"封头子夷侯胡元年"。汉武帝元朔五年（前124年），"夷侯胡薨，无后，国除"。《索隐》："县名，属中山。"《汉书·高惠高后文功臣表》：赵将夜作赵将夕，刘循作刘脩。并记汉景帝封刘头子刘胡于奥地。王先谦《汉书补注》："深泽，中山县。涿郡有南深泽，地亦相近。"以此二地相近，似不确。又，《史记·建元已来王子侯者年表》：汉武帝元朔五年十一月，封中山靖王子刘朔为桑丘侯。《索隐》："表在深泽。"《汉书·王子侯表》：刘洋作刘将夜，桑丘作乘丘。并记后传刘德、刘外人。侯外人"元康四年，坐为子时与后母乱，免"。王先谦《汉书补注》："《史表》作桑丘。《索隐》：《汉表》在深泽。此夺深泽二字。案：乘丘，泰山县，中山封域，当作桑丘。王念孙云：《赵世家》：与齐、魏战于桑邱。《正义》：'《括地志》：桑丘城在易州遂城县界。'今保定安肃县西南有桑丘城，汉之北新城地也。《地理志》作北新成，属中山国。《洙水注》：洸水西南迳泰山郡乘丘县故城东。赵肃侯二十三年，韩举与齐、魏战于乘丘，即此县也。汉武帝元朔二年封中山靖王子刘将夜为侯国。盖所见《赵世家》、《王子侯表》之桑丘，皆误为乘丘，遂有此谬证矣。"又，《王子侯表》：汉成帝鸿嘉元年（前21年），封东平思王子刘顷为桑丘侯。王先谦《汉书补注》："王念孙曰：桑丘当为乘丘，泰山县，与东平相近。中山国北新城县之桑丘城，去东平远。互见前乘丘下。"所辨有理，可从。由《水经注·洙水》所引，《汉书·王子侯表》记刘将夜封为乘丘侯之误，当在魏晋时期已出现①。

《史记·六国年表》：周安王二十二年（前380年），齐国"伐燕，取桑丘"。《田敬仲完世家》："齐国起兵袭燕国，取桑丘。"《正义》："《括地志》云：桑丘故城，俗名敬城，在易州遂城县。尔时齐伐燕桑丘，魏、赵来救之。赵、魏《世家》并云：伐齐至桑丘。皆是易州。"其遂城县于明初省入安肃县。《读史方舆纪要》卷十二：保定府安肃县，"桑丘城，在县西南。《括地志》：桑丘城，俗名敬城。战国时燕之南界也。《史记》：齐桓公田午五年袭燕，取桑丘。《魏世家》：武侯七年齐伐燕，魏伐齐以救燕，至桑丘。又，汉成帝封东平思王子顷为桑丘侯，盖邑于此"。《清统志》卷十四："桑邱城，在安肃县西南。战国时燕之南界也。汉鸿嘉元年封东平思王子顷为桑邱侯。《括地志》：桑邱城，俗名敬城，在遂城县。"其以东平思王子刘顷

---

① 参见《水经注疏》卷二十五。

就封于此桑邱城，不确。而此桑邱城所在方位旧无确指。其安肃县即今徐水县。今徐水县西北瀑河乡解村西北发现一座古城址，形制与面积不详，现残存几段断断续续的城墙。城墙夯土筑成，基宽约 18～35 米，残高 1～10 米。城址文化层厚 1 米，暴露遗迹有窑址和红烧土堆积，采集遗物有汉代的泥质灰陶绳纹板瓦、罐、盆等，宋代的灰陶罐和白釉、黑釉的瓷碗、罐等残片。在解村东发现有东汉时期砖室墓[1]。其西南临近燕长城，所属时代亦相合，极有可能即属桑丘城址；而解与敬音相近，则今称解村当由古称敬城演化而来。而依《汉书·王子侯表》原注桑丘侯城为深泽县所析分，则汉代深泽县当与之相近。在解村城址西南约 8 公里，今大王店镇东黑山村西南 120 米发现一处商周及战国至汉代遗址，面积约 15 万平方米，文化层厚 1 米，暴露遗迹有灰坑和墓葬。采集有商周时期陶器及战国至汉代的泥质灰陶绳纹板瓦、筒瓦、罐、盆和夹砂红褐陶釜、罐等残片。另在其东南大王店村发现战国至汉代遗址，在大王店镇西街西北发现汉代墓群。另在解村城址东北约 8 公里今定兴县姚村乡姚村西发现一处商周及战国时期遗址，面积约 3 万平方米，文化层厚 1 米，暴露遗迹有灰坑，采集遗物有商周时期的夹砂灰褐陶和泥质灰陶绳纹鬲、罐、盆，战国时期的泥质灰陶绳纹罐、盆等残片。在姚村南发现一处夏商时期遗址，面积约 8000 平方米，在姚村北发现一处战国时期遗址，面积约 1.5 万平方米，文化层厚 1.5 米，暴露遗迹有灰坑，采集遗物有泥质灰陶绳纹板瓦、罐、盆和夹砂红褐陶釜等残片。其南北城村西北发现一处战国时期遗址，面积约 2 万平方米，暴露遗迹有灰坑，采集遗物有泥质灰陶绳纹罐、盆和夹砂红褐陶釜等残片，在北城村南发现一处汉代遗址，面积约 9 万平方米，暴露遗迹有灰坑，采集遗物有泥质灰陶绳纹板瓦、筒瓦和素面罐、盆等残片；其南辛木村发现一处夏商及战国时期遗址，面积约 5 万平方米。在姚村西及辛木村西南发现汉代墓葬群[2]。此二地均距离桑丘城址较近，虽未发现城墙遗址，但占地面积较大，经长期发展而形成，极有可能属秦汉时期县城遗址，而姚村及北城村遗址位于燕长城以北，与桑丘城址的联系似更为紧密，则其属西汉时深泽县的

---

[1] 国家文物局主编《中国文物地图集》河北分册。
[2] 国家文物局主编《中国文物地图集》河北分册。

可能性似更大。其在汉初为深泽侯国，后为中山国属县。由王莽时改称翼和县可知至西汉末犹存。其南与北新城县相邻。《后汉志五》：涿郡属县"北新城，有汾水门"。其汾水门亦称汾门、梁门，为此一地带燕长城关门，大致在今徐水县西。则汉代深泽县与北新城县当以燕长城为界。而据上引《汉书·高惠高后文功臣表》，汉景帝封深泽侯子刘胡于奂地，其当与深泽县城相近，或即在东黑山遗址。深泽县原属桑丘城，在刘洋受封为侯以后当划归涿郡，与西北故安县连为一片。而元康四年（前62年）免除侯国后当省废，故不为《汉志》所记。

范阳县城

范阳县，西汉时期属涿郡。《汉志上》：涿郡属县"范阳，莽曰顺阴"。应劭曰："在范水之阳。"又，故安县下注："阎乡，易水所出，东至范阳入濡也，并州浸。水亦至范阳入涞。"《汉志下》：燕地"南得涿郡之易、容城、范阳、北新城、故安、涿县、良乡、新昌"。另据《史记·张耳陈余列传》，秦末，张耳、陈余从武信君武臣引兵击范阳城，范阳人蒯通说范阳令及武信君，"武信君从其计，因使蒯通赐范阳令侯印。赵地闻之，不战以城下者三十余城"。则此范阳县当置于秦代。《史记·惠景间侯者年表》：汉景帝中元三年（前147年）封匈奴降王代为范阳侯，后传德，元光四年（前131年），"侯德薨，无后，国除"。《汉书·景武昭宣元成功臣表》略同。东汉时期相沿。《后汉志五》：涿郡属县"范阳，侯国"。《后汉书·光武帝纪》：建武元年（25年），光武北上，"士卒死者数千人，散兵归保范阳"。李贤注："县名，在范水之阳，属涿郡，故城在今易州易县东南。"《耿弇列传》："时军士疲弊，遂大败奔还，壁范阳，数日乃振。"魏晋时期属范阳国，见于《晋志上》。北魏时期属范阳郡，《魏志上》：范阳郡属县"范阳，二汉属涿，晋属。有长安城、范阳城、梁门陂"。《水经注·易水》："易水出涿郡故安县阎乡西山（经文）。易水出西山宽中谷，东迳五大夫城南。……易水又东迳武阳城南。盖易自宽中历武夫关东出，是兼武水之称，故燕之下都擅武阳之名。左得濡水枝津故渎。武阳大城东南小城即故安县之故城也。汉文帝封丞相申屠嘉为侯国。城东西二里，南北一里半。高诱云：易水迳故安城南外东流，即斯水也。诱是涿人，事经明证。今水被城东南隅。世又谓易水为故安河。武阳盖燕昭王之所城也，东西二十里，南北十七里，故傅逮《述游赋》曰：出北蓟，历良乡，登金台，观武阳，两城辽廓，旧迹冥茫。盖谓是处也。易水东流而出于范阳。东过范阳县南，又东过容城县南（经文）。易水迳出范阳县故城①。秦末张耳、陈余为陈胜略地燕、赵，命蒯通说之，范阳先下是也。汉景帝中三年封匈奴降王代为侯国，王莽之通顺也。易水又东与濡水合。水出故安县西北穷独山南谷。……（濡水）又东南流，于容城县西北、大利亭东南合易水而注巨马水也。故《地理志》曰：故安县阎乡，易水所出，至范阳入濡水。阚骃亦言是矣。又曰：濡水合渠。许慎曰：濡水入涞。涞、渠二号即巨马之异名。然二易俱出一乡，同入濡水。南濡②、北易至涿郡范阳会北濡，又并乱流入涞，是则易水与诸水互摄通称，东迳容城县故城北，浑涛东注，至勃海平舒县与易水合。阚骃曰：涿郡西界代之易水。而是水出代郡广昌县东南郎山东北燕王仙台东。台有三峰，甚为崇峻，腾云冠峰，高霞翼岭，岫壑冲深，含烟罩雾。耆旧言燕昭王求仙处……范晔《后汉书》云：中山简王焉之窆也。厚其葬，采涿郡山石以树坟茔，陵隧碑兽并出此山，谓之石虎山。山有所遗二石虎，后人因以名罡。罡之东麓，即泉源所导也。经所谓阎乡西山。其水东流，有慈水南会，浑波同注，俗谓之为雹河。司马彪《郡国志》曰：雹水出故安县。世祖令耿况击故安西山贼吴耐蠡，符雹上十余营，皆破之。即是水者也。易水又东迳孔山北。山下有锺乳穴，穴出佳乳，采者爇火寻沙，入穴里许，渡一水，潜流通注，其深可

---

① 此句从《永乐大典》本及明朱谋㙔笺本。
② 《水经注疏》卷十一："各本濡水下有南濡二字，属下读。戴云：按南濡见《滱水》内，南易、南濡并入滱。而杜预云：濡水入易。盖以下流既合，互摄通称，北易可言入北濡，南易可言入南濡，故曰二易俱出一乡，同入濡水南濡也。若以南濡北易连读，则不可通矣。守敬按：戴氏言北易入北濡，南易入南濡，诚是。但称同入濡水南濡，不成文辞。玩注原文，只有同入濡水四字，盖合南北二濡言之。浅人见下文有北濡而无南濡，因以南濡二字窜入，属下北易。不知《滱水》篇叙南濡而不称南濡者，以无北濡相对举，故直名濡水，其实皆南濡也。可见南濡已详于《滱水》篇，无须此篇提明。戴氏以南濡二字属上，亦不可通，今删。"似均不确。

涉。于中众穴奇分，令出入者疑迷，不知所趣。每于疑路，必有历记。返者乃寻孔以自达矣。上又有大孔，豁达洞开，故以孔山为名也。其水又东迳西故安城南，即阎乡城也，历送荆陉北。耆旧云：燕丹饯荆轲于此，因而名焉。世代已远，非所详也。遗名旧传，不容不诠，庶广后人传闻之听。易水又东流，屈迳长城西。又东流，南迳武遂县南、新城县北。《史记》曰：赵将李牧伐燕，取武遂、方城是也。俗又谓是水为武遂津。津北对长城门，谓之汾门。《史记·赵世家》云：孝成王十九年，赵与燕易土，以龙兑、汾门与燕，燕以葛城、武阳与赵。即此也。亦曰汾水门，又谓之梁门矣。易水东分为梁门陂。易水又东，梁门陂水注之。水上承易水于梁门，东入长城，东北入陂。陂水北接范阳陂，陂在范阳城西十里，方一十五里，俗亦谓之盐台陂。陂水南通梁门淀，方三里。淀水东南流，出长城注易，谓之范水。易水自下有范水通目，又东迳范阳县故城南，即应劭所谓范水之阳也。易水又东迳樊舆县故城北。……易水又东迳容城县故城南。……易水又东，埿水注之。水上承二陂于容城县东南，谓之大埿淀、小埿淀，其水南流注易水，谓之埿洞口。水侧有浑埿城，易水迳其南，东合滱水。故桑钦曰：易水出北新城西北，东入滱。自下滱、易互受通称矣。易水又东迳易京南。……又东过安次县南（经文）。易水迳县南郑县故城北，东至文安县与虖沱合。《史记》：苏秦曰，燕长城以北、易水以南。正谓此水也。是以班固、阚骃之徒咸以斯水谓之南易。"《巨马水》："巨马河出代郡广昌县涞山（经文）。即涞水也。……东过遒县北（经文）。……谓之巨马河，亦曰渠水也。又东南流，袁本初遣别将崔巨业攻固安不下，退还，公孙瓒追击之于巨马水，死者六七千人，即此水也。又东南迳范阳县故城北，易水注之。又东南过容城县北（经文）。巨马水又东，郦亭沟水注之。……其水又西南转历大利亭南，入巨马水。又东迳容城县故城北。"

南北朝后期范阳城有迁移。《隋志中》：上谷郡统县"涞水，旧曰遒县，后周废。开皇元年以范阳为遒，更置范阳于此。六年改为固安，八年废，十年又置为永阳，十八年改为涞水。遒，旧范阳居此，俗号小范阳。开皇初改为遒"。《通典》卷一百七十八：易州易县，"有汉范阳县故城在县东南"。《元和志》卷十八：易州易县，"范阳故城，秦范阳县也，在县东南六十二里。以在范水之阳,故名。蒯通说武信君,使赐范阳令侯印,赵地闻之,不战而下者四十余城"。又:"孔山,在县西南四十五里。有钟乳穴,深不可测。"《寰宇记》卷六十七:易州易县,"孔山,在州西南四十五里。《水经注》云:易水又东经孔山北,其山有孔,表里通澈,故名。山下有穴,出钟乳尤佳"。又:"送荆陉,《九州记》云:易县西南三十里,即荆轲入秦之路也。""雹水,一名南易水,源出县西南石兽冈。""长安城,在县东南二十七里。《汉书》云:宣帝时幽州刺史李宣尚范阳公主,主忆长安,乃筑此城像长安,故以为名。城中有枣树,花而不结,皆向西南而引,俗谓之思乡枣。斜安城,《郡国志》云:易县有斜安城,傅冈不正,因以名之。东隅上有班姬祠是也。范阳故城,汉范阳县理于此。故城在今县东南六十里古城,即秦置。一名故城。后魏明帝孝昌二年为杜洛周攻破,高齐后主武平七年又移范阳于东故城北十七里。伏图城,一名小范阳是也。西北去州四十五里。隋初自伏图城移范阳名于今涞水县,又于伏图城别置遒县,以属昌黎郡,大业十年又移遒县于伏图城西南,即今州东南三十四里故遒城是。十三年陷于寇,二城俱废。"《明统志》卷二:"范阳城,在易州城东南六十。秦置县,汉属涿郡。后周移范阳于城北十七里伏图城,一名小范阳。其故城遂废。"又:"长安城,在易州城西南。汉幽州刺史李宣尚范阳公主,主怀长安,乃筑此城象之,故名。"其所述与《寰宇记》不尽相同,当有脱误。《读史方舆纪要》卷十二:易州,"范阳城,州东南六十里"。又:"长安城,在州西南。志云:汉宣帝时幽州刺史李宣尚范阳公主,忆长安,筑此城以象之。《寰宇记》:城在州东南二十七里。俗名为斗城。"所述与《明统志》略同。

《清统志》卷十三:"范阳陂,在定兴县南……旧志:县西南五十里阎台之西有狼儿淀,地形洼下,郎山之水潴焉,下流为曲水河,至安肃西入雹水。盖即古盐台陂。阎台乃盐台之讹也。又有鸡爪河,亦在阎台,平地涌出,三五不一,分流形如鸡爪,缭阎台,经安肃入雹河。盖即陂水之南通梁门为范水者。"卷十四:"范阳故城,在定兴县南。……旧志:今为故城镇,讹为固城,在县南四十里。"又:"长安城,在定兴县西北二十五里。《寰宇记》:在县东南二十七里。"其易县于隋代置于今易县址,定兴县于金代置于今定兴县址。二者所指古范阳县城均在今定兴县固城镇。迄今在固城镇周围尚未发现相关遗迹。在固城镇西三街村内和村北发现一处战国至汉代遗址，在北庄头村东发现一处汉代遗址。其西阎台乡阎台村及台上村亦发现有战国至汉代遗址。今定兴县西北约12公里高里乡长安城村周围发现一处战国至汉代遗址，面积约20万平方米，暴露遗迹有灰坑和墓葬，采集遗物有夹砂红褐陶绳纹釜和泥质灰陶绳纹板瓦、罐、盆及素面豆等残片。在长安城村东北发现大面积汉代墓葬群①。当为汉代范阳公主所居长安城址所在。其西北距今易县约13公里，则《寰宇记》所记方位里程准确，而《明统志》所记有误。

今易县西南约15公里尉都乡西城阳村西发现一处战国至汉代遗址，面积约4万平方米，采集遗物有夹砂红褐陶绳纹釜和泥质灰陶绳纹罐、盆等残片②。其西南临近孔山，南有南易水自西向东流过，与《九州记》所述送荆陉在易县西南三十里相当，极有可能即属阎乡城址③。而送荆陉当隔南易水与阎乡城相望。西汉时期故安县在今易县东南，此阎乡城在其西南，故得称西故安城。《汉志》所记"阎乡，易水所出"，《水经》所记"易水出涿郡故安县阎乡西山"，阚骃所言"涿郡西界代之易水"，当均指此南易水。而注文引苏秦所言"易水"当亦指此南易水，则西汉以前当以此为易水正流。对此，郦道元并无误解④。此外，《水经注》又述北易水（今称中易水），其出于西山宽中谷，当在阎乡城西北，东南流经武阳城及故安城南，亦称武水或故安河。而引证高诱言此水称易水，似可表明其称易水当在东汉以后，因与古易水连通，亦被视为易水之一源，故《水经注》述之，且称为北易水。此南易水、北易水均流经范阳城，《水经注》所述"易水迳出

---

① 国家文物局主编《中国文物地图集》河北分册。
② 国家文物局主编《中国文物地图集》河北分册。
③ 注文"其水又东迳西故安城南，即阎乡城也"，明朱谋㙔笺本作"西故安城其所阎乡城也"，笺曰："谢云，宋本作南。"戴震、赵一清改为南。熊会贞按："《大典》本、明抄本并作南即。《渭水》篇有西武功，褚先生以为扶风西界小邑，乃武功县之别城，非即武功县城也。此本阎乡城而称西故安城，盖亦故安县之别城矣。"参见《水经注疏》卷十一。
④ 近世有学者以《汉志》及《水经》所述易水指北易水（中易水），不确。

范阳县故城"①，或兼指此二易水。另有濡水（北濡）出故安县西北穷独山南谷，东南流，"于容城县西北、大利亭东南合易水而注巨马水也"。其"合易水"，当指汇合南、北二易水，故下文言"二易俱出一乡，同入濡水"。其"二易俱出一乡"，当指南易水、北易水同出于阎乡境界。而"濡水"下之"南濡"当为"南易"之讹误，即下文原当为"南易、北易至涿郡范阳县会北濡，又并乱流入涞"。西汉时期南易水与北易水即于此一带汇合濡水，并又汇入涞水（巨马河），以下河段可易水、濡水、涞水（巨马河）互称。"东迳容城县故城北，浑涛东注，至勃海平舒县与易水合。"又，《水经注·巨马水》："（巨马水）又东南过容城县北（经文）。……又东过勃海东平舒县北，东入于海（经文）。《地理志》曰：涞水东南至容城入于河。河即濡水也。盖互以明会矣。巨马水于平舒城北，南入于滹池，同归于海也。"其水在西汉时期流势当大致如此，而"至勃海平舒县与易水合"；"南入于滹池"，则当为东汉以后所改移。《汉志》记涞水至容城入于河，或指河水故道。涞水在容城附近汇合濡水，郦道元以"河即濡水"，似亦通。东汉中后期，南易水于范阳一带改道，流经容城县南、安次县南、泉州县南，东入于海。而与巨马河汇合。

在今固城镇西北约10公里易上乡韩村西北发现一处战国至汉代遗址，面积约6000平方米。其北易上乡辛安甫村北发现一处战国至汉代遗址，面积约2万平方米，暴露遗址有灰坑，采集遗物有泥质灰陶绳纹板瓦、罐、盆和夹砂红褐陶绳纹釜等残片。在易上乡易上村东南发现一处汉代遗址，面积约1万平方米，采集遗物有泥质灰陶绳纹板瓦和素面罐、豆等残片。其所在方位大致与《寰宇记》所记伏图城相当，或有属之者。

---

① 赵一清、戴震删"出"字，而于"城"下增"南"字。《水经注疏》卷十一熊会贞按："删出字是，增南字则非，当增北字。盖经言易水东过范阳县南，又东过容城县南，实以南易水为易水。故注后文叙南易云东迳范阳故城南，东迳容城县故城南也。若北易则在二县之北，下言易水与诸水互摄通称，东迳容城县故城北，则此乃先迳范阳故城北耳。盖注于北易所指者，经范阳县之故城也，其水则非经之水也。全、赵、戴皆未见及，故因经不过范阳县南之文，遂于故城下增南字，而郦旨不合矣。又按《巨马水注》：东南迳范阳县故城北，易水注之，即此注所谓易水迳范阳故城北，又东合濡水而注巨马水也，益知此当作北，非南也。"

蠡吾县城

蠡吾县，西汉时期属涿郡，见于《汉志上》。又，《汉书·赵广汉传》："赵广汉字子都，涿郡蠡吾人也，故属河间。"颜师古曰："言蠡吾旧属河间，后属涿郡。"东汉时期相沿。《后汉书·孝桓帝纪》："孝桓皇帝讳志，肃宗曾孙也。祖父河间孝王开，父蠡吾侯翼，母匽氏。翼卒，帝袭爵为侯。"即皇帝位后，"追尊皇祖河间孝王曰孝穆皇，夫人赵氏曰孝穆皇后，皇考蠡吾侯曰孝崇皇"。李贤注："蠡吾故城在今瀛州博野县西。"又："博本汉蠡吾县之地也。帝既追尊父为孝崇皇，其陵曰博陵，置园庙焉，故曰博园，在今瀛州博野县西。"《后汉书·章帝八王传》：河间孝王刘开之子刘翼原受封为平原王，后"贬为都乡侯，遣归河间。翼于是谢宾客，闭门自处。永建五年，父开上书，愿分蠡吾县以封翼，顺帝从之。翼卒，子志嗣，为大将军梁冀所立，是为桓帝。梁太后诏追河间孝王为孝穆皇，夫人赵氏曰孝穆后，庙曰清庙，陵曰乐成陵；蠡吾先侯曰孝崇皇，庙曰烈庙，陵曰博陵。皆置令、丞，使司徒持节奉策书、玺绶，祠以太牢。建和二年更封帝弟都乡侯硕为平原王，留博陵，奉翼后。尊翼夫人马氏为孝崇博园贵人，以涿郡之良乡、故安，河间之蠡吾三县为汤沐邑"。《后汉志二》：中山国属县"蠡吾，侯国，故属涿"。则东汉晚期又归属中山国。晋时改属高阳国，以博陆为国都，见于《晋志上》。北魏时期相沿，而以高阳县为高阳郡治，《魏志上》：高阳郡领县"博野，有博陆城、侯城、武城、中乡城。蠡吾，前汉属涿县，后汉属中山，晋属。有清凉城、颛顼城、蠡吾城、石羊垒"。《水经注·滱水》："（滱水）又东过安国县北（经文）。滱水历县，东分为二水。一水枝分，东南流迳解渎亭南。汉顺帝阳嘉元年封河间孝王子淑于解渎亭为侯国，孙宏，即灵帝也。又东南迳任邱城南。又东南迳安郭亭南，汉武帝元朔五年封中山靖王子刘博为侯国。其水又东南流，入于滹池。滱水又东北流迳解渎亭北，而东北注也。又东过博陵县南（经文）。滱水东北迳蠡吾县故城南。《地理风俗记》曰：县，故饶阳之下乡者也。自河间分属博陵。汉安帝永初七年封河间王开子翼为都乡侯,顺帝永建五年更为侯国也。又东北迳博陵县故城南。即古陆城,汉武帝元朔二年封中山靖王子刘贞为侯国者也。《地理风俗记》曰:博陵县,史记蠡吾故县矣。汉质帝本初元年继孝冲为帝,追尊父翼陵曰博陵,因以为县,又置郡焉。汉末罢还安平,晋太始元年复为国,今谓是城为博野县。滱水又东北迳侯世县故城南,又东北迳陵阳亭东,又北,左会博水。"其汉质帝继冲帝为帝,当为汉桓帝继质帝为帝之误。汉武帝元朔二年封中山靖王子刘贞为陆城侯,见于《汉书·王子侯表》,并记"元鼎五年坐酎金,免"。属涿郡①。《史记·建元已来王子侯者年表》作"陉城侯"。又,《田叔列传》:"田叔者,赵陉城人也。"《索隐》:"按:县名也,属中山。"《田叔列传》并记:"陉城今在中山国。"《集解》:"徐广曰:陉城,县名也。"《正义》:"今定州也。"《汉书·田叔传》略同。则陆城亦称陉城。东汉沿置博陵县,并置博陵郡。《三国志·魏书·常林传》:常林"超迁博陵太守"。北魏又改称博野县。

北齐时省废蠡吾县。《隋志中》:河间郡统县"博野,旧曰博陆,后魏改为博野,后齐废蠡吾县入焉"。《通典》卷一百七十八:瀛州领县"博野,汉博陵郡,后徙安平。又有汉蠡吾县故城在今县西"。《旧唐志二》:深州领县"博野,汉蠡吾县,属涿郡。后汉分置博陵县,后魏改为博野"。《寰宇记》卷六十八:宁边军博野县,"本汉蠡吾县地,属涿郡,后汉分置博陵郡。《十三州志》云:本初元年蠡吾侯志继孝质,是为孝桓帝,追尊皇考蠡吾侯翼为孝崇皇帝,陵曰博陵,因此为郡。晋于此立博陵国,后魏宣武帝景明元年改博陵为博野,以地居博水之野。唐武德五年置蠡州,领博野,八年州废,县还本属,九年复立蠡州,复领〔县〕。贞观元年州废,复隶瀛州,永泰中割入深州,周显德二年割属定州,皇朝雍熙四年割属军"。后改宁边军为永宁军。《金志中》:"蠡州,下,刺史。宋永宁军,国初因之,天会七年升为宁州博野郡军,天德三年更为蠡州。"领博野一县,倚郭。《元

---

① 《三国志·蜀书·先主传》:"先主姓刘,讳备,字玄德,涿郡涿县人,汉景帝子中山靖王胜之后也。胜子贞,元狩(朔)六年封涿县陆城亭侯,坐酎金失侯,因家焉。"其"涿县陆城亭侯"当为"涿郡陆城侯"之误。

志一》：真定路，"蠡州，下，唐始置，宋改永宁军，金仍为蠡州。元初隶真定，领司候司、博野县。至元三年省司侯司、博野县入蠡州，十七年直隶省部，二十一年仍属真定"。《明统志》卷二：保定府，"博野县，在府城南九十里。本汉涿郡蠡吾县地，东汉末分置博陵县，属中山国，晋属高阳国，后魏改为博野县，齐以蠡吾省入。隋属高阳郡，唐初属满州，后改属不一，五代周属定州，宋属宁边军。元省，寻复置。本朝初属祁州，洪武六年改今属"。又："蠡县，在府城南九十里。本汉蠡吾县，属涿郡，北齐省入博野县。隋初属高阳郡，唐初属满州，武德中置蠡州。宋置永宁军，金改为宁州，后仍改蠡州，元仍旧。本朝洪武八年改州为县。""蠡吾侯冢，在蠡县东二里。汉蠡吾侯翼即桓帝父也，卒葬此冢，号曰博陵。"据此可知，北魏时期所置博野县，于隋唐时期相沿，宋时于此置永宁军，金元时期置蠡州，明初改蠡州为蠡县；而元明之际所置博野县已与原博野县址相分。其所述汉晋时期蠡吾县及博陵县地理沿革有误。《读史方舆纪要》卷十二：保定府，"博野县，府南九十里。……汉蠡吾县地，属涿郡。后汉元嘉初置博陵县，为高阳郡治。魏因之，晋改县曰博陆，仍为高阳国治，后魏改为博野县，属高阳郡。……金改置宁州，亦曰博野郡，天德三年又改为蠡州。元至元三年州、县俱废，三十一年复置博野县，属保定路。明洪武初属祁州，六年改今属。编户二十一里。陆成废县，县南十六里。汉置陆成县，属中山国，武帝封中山靖王子贞为陆成侯，邑于此。后汉废入蠡吾县。旧志云：桓帝更置博陵县，盖治此。后魏博野县亦治焉，寻移今治"。又："蠡县，府南九十里，西至博野县十八里，南至晋州饶阳县七十里，东南至河间府九十里。汉置蠡吾县，属涿郡，后汉属中山国，晋属高阳国，后魏属高阳郡，北齐省入博野县。明洪武八年复析置今县，编户二十七里。蠡吾城，县东二里。汉县，后汉安帝封河间王开子翼为侯邑，其子志入继大统，是为桓帝，追尊蠡吾侯为孝崇皇，陵曰博陵，因析置博陵县，而蠡吾如故。"进一步以明清时期蠡县为汉魏时期蠡吾县，明清时期博野县为北魏时期博野县，更误上加误。如此，蠡吾县在东，博野县在西，显然与《水经注》及李贤注所指方位不相符，而其以蠡吾城在蠡县东二里，或与所传蠡吾侯冢在蠡县东二里有关。以陆成废县在博野县南十六里，虽亦不确，但分古陆成与北魏时期博野县为二地，则当合于史实。由此可进一步推之，东汉末所置博陵县当相沿于古陆成，而所置博陵郡当另筑新城。晋时改博陵县为博陆县，为高阳国都；而博陵郡城当仍称博陵城，属博陵国。《寰宇记》以"晋于此立博陵国"，有误。

《清统志》卷十四："蠡吾故城，在博野县西南。……旧志：今有蠡吾乡，分管县西路村社，其地蠡村有蠡吾故城，后魏时为滹沱水所淹，东南城角犹存。按今之博野乃汉之蠡吾；今之蠡县乃汉之博陵，后魏及唐宋以来之博野。自北齐废蠡吾入博野，历隋唐时，蠡吾故地为博野之西境。宋置永宁军，金改蠡州，并以博野为倚郭。元至元初省博野，三十一年复置博野县于今蠡县界，属保定路，其时蠡州与博野始分，然博野之名犹在故地也。明洪武元年迁于西南十八里，为今治。由是博野、蠡县名称互易，皆非故地。《明统志》但据现在之名，不考分合徙置之由，所载沿革皆误，且彼此混淆，今特证之。"又："博陵故城，在蠡县南。……旧志：故城在今县南十五里。魏隋时移今治。按晋改博陆县，本合博陵、陆成为名。《九域志》乃因霍光封博陆侯，遂谓博野县有霍光墓。县志因之，皆误。"所辨有理，然以蠡吾故城在博野县西南，今之蠡县乃汉之博陵，似亦不确。今蠡县之地置博野县当始于北魏景明年间。今蠡县城区东北曹庄、北部兴仁村及西北北忠卫村及东北街发现汉代墓葬群，在蠡吾镇东750米发现东汉墓葬群，在城西蠡吾镇大宋台村东南300米发现大型东汉时期砖室墓。在蠡吾镇西1000米发现一座大型多室砖墓，墓室残留壁画痕迹，出土有金铢、金箔片、银环、铜鎏金车马饰、骨尺、骨簪、石案、石珠以及陶鼎、罐、瓮、奁、钵、盘、案、魁、耳杯、灶、井等，并有汉白玉铜缕玉衣片222块，另采集到有刻划及墨书文字的长方形墓砖3块，其中一块上刻"贵人大寿"四字。墓主可能与汉蠡吾侯家族有关。在蠡县城东北王乡中滑村发现唐代墓葬群，北三乡新乡村发现宋代墓葬群①。可表明此一地区在汉代为大片墓葬区，而蠡吾镇西发现的与蠡吾侯家族有关大墓，或即属李贤所记唐时博野县西之"博园"，所谓蠡吾冢在蠡县东

---

① 河北省文物研究所：《蠡县汉墓发掘纪要》，《文物》1983年第6期。国家文物局主编《中国文物地图集》河北分册。

二里，当属附会。

依《水经注》所述，在蠡吾县西南有解渎亭。《后汉书·孝灵帝纪》："孝灵皇帝讳宏，肃宗玄孙也。曾祖河间孝王开，祖淑，父苌。世封解渎亭侯，帝袭侯爵。"李贤注："淑以河间王子封为解渎亭侯，苌袭父封，故言世封也。解渎亭在今定州义丰县东北也。"并见于《章帝八王传》等。又，《五行志一》："桓帝之末，京都童谣曰：白盖小车何延延。河间来合谐，河间来合谐。案解渎亭属饶阳，河间县也。居无几何而桓帝崩，使者与解渎侯皆白盖车从河间来。延延，众貌也。"刘昭案："《郡国志》饶阳本属涿，后属安平。灵帝既是河间王曾孙，谣言自是有征，无俟〔明〕河间之县为验。"《后汉志二》：安平国属县"饶阳，故名饶，属涿。有无蒌亭"。刘昭案："志有解犊侯，灵帝封。"则汉代解渎（犊）亭当归属饶阳县。《通典》卷一百七十八：定州领县"义丰，汉安国县。又有汉解渎亭在今县东北"。《元和志》卷十八：定州义丰县，"西至州六十里"。又："滱水，俗名唐河，县北五里。派（泒）水，县西二十五里。解渎故城，县东北九里。本汉解渎亭，灵帝袭爵解渎亭侯，桓帝崩，无子，窦武定册迎立，即灵帝也。"《寰宇记》卷六十二：定州，"蒲阴县，东六十里。旧十乡，今八乡。本汉安国县之地，属中山国。《魏志·后妃传》曰：明帝追封后父毛嘉为安国侯。隋开皇六年自鄡城移安国县于郑德堡，属定州，今县是也。其年仍改安国县为义丰县。唐神功元年改为立节县，神龙初复为义丰县，至皇朝改为蒲阴县。唐河在县北五里。《隋图经》云：唐河即滱水是。苻秦建元元年高岸崩颓，若城角下有大积木交横如梁柱，竟莫知所来。泒水在县西二十五里。解渎故城在县东北九里。本汉解渎亭，灵帝袭爵解渎亭侯。帝崩，无子，窦武定册迎立，即灵帝也"。《读史方舆纪要》卷十二：祁州，"蒲阴废县，今州治"。又："解渎亭，在县东北。"《清统志》卷十四："蒲阴故城，今祁州治。……《宋史·地理志》：祁州，景德元年移治于定州蒲阴。按清类天文书：金天会初，祁州别筑西城，移州治焉。元复移于东城旧治。盖即一城中分为东西，非更筑新城也。"又："解渎亭，在祁州东北。"其祁州即今河北安国市。今博野县冯村乡沙窝村东南500米发现一处汉代遗址，面积约12万平方米，采集遗物有板瓦及陶罐、盆等残片。在沙窝村东南

800米发现有战国时期封土墓①。其西南距今安国市区约5公里，与《元和志》等所记解渎故城在义丰（蒲阴）"县东北九里"略合，当即属古解渎亭址。而较"九里"略大，当系金元以后州县城西移所致。如此，汉代蠡吾县城及博陵县城所在方位当在此解渎亭与今蠡县城之间求之。

今博野县西北北杨村乡南祝村北100米发现一处战国至汉代遗址，面积约66万平方米，文化层厚约1米，暴露遗迹有灰坑，采集遗物有板瓦及陶罐、豆等残片。其东北杨村乡芦村西北及南部发现汉代墓群②。其位于解渎亭东北，与《水经注》所述蠡吾县故城方位相合，当即属之。《魏志》所记蠡吾县有"蠡吾城"当亦指此而言。而北魏时期蠡吾县当有迁移，或在此城附近，亦有可能迁于今博野县附近。今博陵镇东刘陀店村发现宋金时期墓葬群，可表明此一地区在元明以前已有居民聚集。另在今博野县西北东墟乡南田村东200米发现一处战国时期遗址，面积约15万平方米，文化层厚1米，暴露遗迹有灰坑，采集遗物有陶罐、盆、豆等残片。其位于蠡吾县故城以东，与《水经注》所述博陵县故城方位相合，当即属之。其当相沿于古陆城，晋时改称博陆县，为高阳国都。《魏志》所记博野县有"博陆城"当指此而言。而《魏志》所记博陵郡饶阳县有"博陵城"则当指汉末博陵郡城，晋时废入饶阳县。其所在当临近饶阳县。今蠡县南洪善堡乡洪善堡村南及北林里村北发现有汉代遗址，可为寻求汉末博陵郡城提供线索。

今蠡县东北大百尺镇大百尺村东一高台上发现古遗址，面积约2万平方米，文化层厚1~2米，暴露遗迹有灰坑，采集到新石器时代、商周及汉代遗物。其西西百尺村发现战国至汉代遗址，面积约2000平方米，西百尺村西南发现大面积汉代墓葬群。在大百尺镇东南界河村北600米发现一处唐宋时期遗址，面积约20万平方米，采集遗物有灰陶罐、盆和白釉瓷碗等残片。其相互间当有联系，而比照《水经注》所述，南界河北遗址极有可能即属侯世县故城。《魏志》所记博野县有"候城"当亦指此而言。其东北北齐村乡陵阳村东北50米发现一处战国至汉代遗址，面积约1万平方米，文化层厚1米，暴露遗址有灰坑，采集遗物有陶器残片等。当即属《水经注》所

---

① 国家文物局主编《中国文物地图集》河北分册。
② 国家文物局主编《中国文物地图集》河北分册。

述之陵阳亭。南北朝时期滱水在此一地区当流经今沙窝村北、南祝村南、南田村南、南界河村南及陵阳村东。

依《水经》及注文所述，滱水正流在东汉时期流经安国县北，南北朝时期流势大致相同；并有滱水支流流经安国城南。又依《元和志》等，古滱水流经义丰（蒲阴）县城北，其正流与支流分流处当亦在此一带，正流由此而东北流经解渎亭北，支流由此而东南流经解渎亭南，再流经任邱城南及安郭亭南，入于滹沱河。今博野县西南冯村乡徐家营村西南400米发现一处战国时期遗址，面积约32万平方米，文化层厚1米，采集遗物有陶罐、盆、豆等残片。在其北王家营村西发现汉代墓葬群①。其所在方位与《水经注》所述任邱城相当，或即属之。而属性尚难判定②。另在其东南博陵镇东风村西北发现一处战国时期遗址，面积约100万平方米，文化层厚1米，暴露遗迹有灰坑，采集遗物有铜矛、铜布币、铜镞及板瓦、陶器残片等。其北发现战国至汉代墓地，称王子坟。其所在与《水经注》所述安郭亭相当，或即属之。其刘博于汉武帝元朔五年（前124年）受封为安郭亭事见于《史记·建元已来王子侯者年表》。《汉书·王子侯表》作刘传富，后传刘偃、刘崇，元康元年（前65年）"坐首匿死罪，免"。属涿郡。《汉志上》：中山国属县"安国，莽曰兴睦"。其安国即安郭，先属涿郡，后划归中山国。东汉时期相沿，见于《后汉志二》。晋时改属博陵郡。《魏志上》：博陵郡领安国县有"安国城"，当即指此。而北魏时期安国县城当移至今安国市东南西安国城乡东城村西北，其地残存一古城址，平面近方形，边长约190米，城垣夯土筑成，残高1米，采集遗物有泥质灰陶罐、盆等残片。时代判属汉代，或偏早。《后汉书·党锢列传》："刘祐字伯祖，中山安国人也。安国后别属博陵。"李贤注："安国县故城在今定州义丰县东南。"当即指此城，而以其属汉代安国县城，似不确。又，《读史方舆纪要》卷十二：祁州，"安国城，州东南六里。汉县治此。高帝封王陵为侯，邑北（此），魏

---

① 国家文物局主编《中国文物地图集》河北分册。
② 《寰宇记》卷六十六：莫州任邱县，"任邱古城，在县南二十六里。《三郡记》云：汉元始二年巡检海使中郎任邱筑此城以防海寇，即以为名。至后汉桓帝崩，无子，太后使太尉窦武诣河间迎灵帝，乃居此城，群臣至此朝谒，又谓之谒城"。今河北任丘市南辛中驿乡亦发现与之相应遗址。

封王肃为安国侯。又，魏主恭普泰元年，幽、营、安、平四州行台刘灵助叛，引兵南至博陵之安国城，即此"。似亦不确。《史记·高祖功臣侯者年表》：汉高祖六年（前201年）封王陵为安国侯，后传王忌、王游、王辟方、王定，元鼎五年（前112年）"侯定坐酎金，国除"。《汉书·高惠高后文功臣表》略同。又，《汉书·王子侯表》：汉成帝绥和元年（前8年）封赵共王子刘吉为安国侯，"十六年免"。此安国县当在西汉末年省废，故《汉志》所记安国县不可能指此城。《水经注·滱水》："博水又东北，左则濡水注之。水出蒲阴县西、昌安郭南。《中山记》曰：郭东有舜氏甘泉，有舜及二妃祠。"熊会贞按："《地形志》：蒲阴有安国城。安国即安郭也。昌与亭形近，疑注本作安郭亭，传抄者误亭为昌，后人又移于安字上也。"①所辨有理。由此推之，王陵所受封之安国县当即在此，今河北顺平县西。

容城县城

容城县，西汉时期属涿郡。《汉志上》：涿郡属县"容城，莽曰深泽"。《汉志下》代郡广昌县下注："涞水东南至容城入河，过郡三，行五百里，并州浸。"又，燕地"南得涿郡之易、容城、范阳、北新城、故安、涿县、良乡、新昌"。《史记·惠景间侯者年表》：汉景帝中元三年（前147年），封匈奴降王唯徐卢为容城侯，后传绰、光，汉武帝后元二年（前87年），"侯光坐祠祝诅，国除"。《汉书·景武昭宣元成功臣表》作"容城携侯徐卢"。《后汉书·耿弇列传》：建武元年（25年），耿弇等随光武帝征战，"时军士疲弊，遂大败奔还，壁范阳，数日乃振。贼亦退去，从追至容城、小广阳、安次，连战破之"。李贤注："容城，县名，属涿郡，故城在今易州遒县也。"《后汉书·孝和帝纪》：永元三年（91年）诏曰："高祖功臣，萧、曹为首，有传世不绝之义。曹相国后容城侯无嗣。朕望长陵东门，见二臣之垅，循其远节，每有感焉。忠义获宠，古今所同。可遣使者以中牢

---

① 《水经注疏》卷十一。

祠，大鸿胪求近亲宜为嗣者，须景风绍封，以章厥功。"或在此一时期因容城侯无嗣而一度省废，故《后汉志》无载。《三国志·魏书·武帝纪》："太祖武皇帝，沛国谯人也，姓曹，讳操，字孟德，汉相国参之后。"裴松之注引王沈《魏书》曰："其先出于黄帝。……汉高祖之起，曹参以功封平阳侯，世袭爵土，绝而复绍，至今適嗣国于容城。"则在东汉晚期当又复置容城县。而后相沿。《三国志·魏书·卢毓传》：魏正元三年（256年），"进爵封容城侯，邑二千三百户。甘露二年薨，谥曰成侯。孙藩嗣"。晋时属范阳国，见于《晋志上》。《魏志上》：范阳郡领县"容城，前、后汉属涿，晋属，后罢。太和中复"。《水经注·易水》："（易水）东过范阳县南，又东过容城县南（经文）。……（濡水）又东南流，于容城县西北、大利亭东南合易水而注巨马水也。故《地理志》曰：故安县阎乡，易水所出，至范阳入濡水。阚骃亦言是矣。又曰：濡水合渠。许慎曰：濡水入涞。涞、渠二号即巨马之异名。然二易俱出一乡，同入濡水。南濡（易）、北易至涿郡范阳县会北濡，又并乱流入涞。是则易水与诸水互摄通称，东迳容城县故城北，浑涛东注，至勃海平舒县与易水合。……易水又东迳容城县故城南，汉高帝八年封赵将夜于深泽，景帝中三年以封匈奴降王唯徐卢于容城，皆为侯国，王莽更名深泽。易水又东，埿水注之。水上承二陂于容城县东南，谓之大埿淀、小埿淀，其水南流注易水，谓之埿洞口。水侧有浑埿城，易水迳其南，东合滱水。"其以汉初封赵将夜为深泽侯，即在此，有误①。《巨马水》："（巨马水）又东南过容城县北（经文）。巨马水又东，郦亭沟水注之。……其水又西南转历大利亭南，入巨马水。又东迳容城县故城北。又东，督亢沟水注之。"依《水经》所述亦可表明容城县于东汉晚期已复置。

《通典》卷一百七十八：易州领县"容城，汉旧县"。《元和志》卷十八：易州，"容城县，上，西北至州八十八里。本汉旧县，属涿郡。高齐省入范阳县。隋开皇元年改置遒县，天宝元年改为容城县，复汉旧名"。《寰宇记》卷六十七："雄州，今理归义县。本涿州归义县之瓦子济桥，在涿州南、易州东。当九河之末。旧置瓦桥关，周显德六年收复三关，以其地控

---

① 参见《水经注疏》卷十一。

扼幽、蓟，建为雄州，仍移归义并易州之容城二县于城中。"又："容城县，五乡。战国时其地属燕，本汉容城县也。《汉书·地理志》曰：燕南得涿郡之容城。后汉省。《晋地理志》：涿地，后为容城县，属范阳国。高齐天保七年省，并入范阳。唐武德四年讨平窦建德，置北义州，仍改为遒县，以属焉。贞观元年废北义州，县归本属。圣历二年契丹入寇，固守得全，改名全忠县。天宝元年改为容城，复汉旧名也。……废县城在州西北五十里。大泥淀、小泥淀并在县南三十里。《水经注》云：易水东流容城，大泥淀注之。泥同口之谓也。浑泥城在旧县南四十里。《水经注》云：泥同口有浑泥城，汉景帝改为亚谷城，封东胡降王卢它之为亚谷侯，即此也。"可知容城县于北齐时一度省废，隋唐之际又改置遒县，后改容城县，复汉旧名。五代周时移容城县于雄州城中，故城遂废。《元丰九域志》卷二："雄州，防御，治归信、容城二县。"又："建隆四年以唐省全忠县地置容城县，太平兴国元年改归义县为归信。"其"容城，三乡。有南易水、大泥淀"。《宋志二》：雄州领县"容城，中，建隆四年复置"。宋初又另置容城县。《辽志四》：易州，"容城县，本汉县，先属涿郡，故城在雄州西南。唐武德五年属北义州，贞观元年还本属，圣历二年改全忠县，天宝元年复为容城县。在州东八十里，户民皆在巨马河南，侨治涿州新城县，户五千"。其"雄州西南"当为"雄州西北"之讹。而其容城县城在易州东八十里，当为辽时新筑，在巨马河北。《金志上》：雄州领县"容城，泰和八年割隶安州，贞祐二年隶安肃州。有南易水、大泥淀、浑泥城"。其当相沿于宋置容城县。《明志一》：保定府属县"容城，府东北。元属雄州，洪武七年四月省入州，十三年十一月复置，来属。旧治在拒马河南，景泰二年迁于河北。西有易水，又有濡水"。弘治七年刊《保定志》卷二："容城县城，在白沟河北。周围四里一十六步，高二丈二尺，阔二丈五尺，池深六尺，阔一丈二尺。唐时窦建德所筑也，年久坍塌。景泰二年知县王豫修筑，又以其地窄，展开数十步，包关外人家入城内，俱是土门。成化四年知县林璟重行修筑，增置西门，曰迎恩，北曰镇朔，南曰景阳，俱用砖券。"其城址相沿至今。

《读史方舆纪要》卷十二：保定府容城县，"容城故城，在今县西北三十里,西距易州八十里。汉唐以来县盖治此。五代梁乾化初燕刘守光侵易、定,攻容城,即此。石晋初地入于辽,居民皆避居巨马河南,宋因置县以统之。《辽志》云:容城故城本在雄州西南,辽侨置于涿州新城县界,仍属易州。盖以宋所置城为故城也。金初以北容城并入南容城。明景泰二年相地筑城,复迁治于拒马河北,南去旧县十余里,即今县城也"。则宋金时期容城县城当在今容城县南。而其以容城故城在今容城县西北三十里,当即辽时容城县址,似不确。《清统志》卷十四:"容城故城,在今容城县西北。汉置县,属涿郡,景帝十三年封匈奴降王徐卢为侯国,后汉省,晋复置,寻又废,后魏复置,北齐省入范阳,隋为遒县地,唐初亦置遒县,天宝初复汉故名。《元和志》:县西北至易州八十八里。五代周显德六年移县于雄州城中。《寰宇记》:废城在雄州西北五十里是也。辽又侨置容城县于巨马河北新城县界,仍属易州,在州东八十里。自此容城之名南北并置。金初省南容城入北容城。明景泰二年复迁于拒马河南,北去旧县十余里。旧志:有古城在今县北十五里城子村,周回七里,即故县也。"其以金代容城县相沿于辽所置容城县址,不确。而明景泰年间迁容城县城于今容城县址,因水道变迁,时在拒马河北。《清统志》卷十三:"巨马河,即涞水。自易州涞水县流入,南迳定兴县西,至县南为白沟河,又东南迳容城县东北,又东迳新城县南,又东南迳雄县西,又东入保定县界。《汉书·地理志》:广昌县,涞水东南至容城入河。《水经注》:涞水迳遒县,谓之巨马河,东南迳范阳县故城北,易水注之。又东,郦亭沟水注之。又东迳容城县故城北。又东,督亢沟水注之。又东南迳益昌县。《寰宇记》:巨马河在雄州北三十里,从易州流入,下至霸州。许元宗《奉使行程录》:白沟河阔止十数丈,深可二丈,宋与辽以此为界,过河三十里到新城县。旧志:巨马河在定兴县西一里,自涞水县流入,至县南河阳渡与易水合,自下通名白沟河。以宋、辽分界于此,亦名界河,俗又名曰北河。东南流至白沟店南。其地北去新城县三十里,西南去容城县二十八里,东南抵雄县三十里。旧自白沟店东北流,明永乐末徙于店南,故道遂淤。又东南流由永通桥,环雄县城西南,而东出瓦济桥,又东八里许为柴禾淀,始与九河合流,入茅儿湾。其一支由容城县分流至雄县西三里,名黄河湾,又径新安流入四角河。"依此，巨马河即白沟河当流经今容城县南，清代又改经今河道，大致循行唐宋时期巨马河道。其城子村在今白沟河南，东南距宋雄州（即今雄县）约25公里，南距浑泥城（今安新县）约20公里，与《寰宇记》所述废容城县城所在方位相符，当即属之。今已无残存遗迹。在城子村西南50米发现一处汉代墓葬群，面积约3万平方米，已清理数座小型砖室墓，出土随葬品有陶罐、鼎、壶、奁及五铢钱、铜印章等①。当属汉代容城县居民所遗。

易县城

易县，西汉时期属涿郡，见于《汉志上》。春秋时期，燕国以此为都，称临易。《世本》："桓侯徙临易。"宋忠曰："今河间易县是也。"战国时期，燕国迁都于蓟城。此地一度归赵，后又归燕。传世燕系玺印有"易都司徒"②。《史记·赵世家》：赵惠文王五年（前294年），"与燕鄚、易"。《集解》："徐广曰：皆属涿郡。"《史记·绛侯周勃世家》："以将军从高帝击反者燕王臧荼，破之易下。"《正义》："《括地志》云：易县故城在幽州归义县东南十五里，燕桓侯徙都临易是也。"《惠景间侯者年表》：汉景帝中元三年（前147年）封匈奴降王仆黥为易侯，后元二年（前142年）死，国除。东汉时期改属河间国。《后汉志二》：河间国属县"易，故属涿"。《三国志·魏书·公孙瓒传》：汉末，"（公孙）瓒军数败，乃走还易京固守。为围堑十重，于堑里筑京，皆高五六丈，为楼其上。中堑为京，特高十丈，自居焉。积谷三百万斛"。建安四年（199年），袁绍率军攻围，公孙瓒出战，"绍设伏击，大破之，复还守。绍为地道，突坏其楼，稍至中京。瓒自知必败，尽杀其妻子，乃自杀"。《后汉书·公孙瓒传》："前此有童谣曰：燕南垂，赵北际，中央不合大如砺，唯有此中可避世。瓒自以为易地当之，遂徙镇焉。乃盛修营垒，楼观数十，临易河，通辽海。"建安四年，袁绍率军攻围，公孙瓒出战，"绍设伏，瓒遂大败，复还保中小城。自计必无全，

---

① 国家文物局主编《中国文物地图集》河北分册。
② 参见后晓荣《战国政区地理》第七章《燕国政区地理》。

乃悉缢其姊妹妻子，然后引火自焚。绍兵趣登台斩之"。李贤注："《前书》：易县属涿郡。《续汉志》曰属河间。瓒所居易京故城在今幽州归义县南十八里。"《晋书·石季龙载记》：咸康四年（338年），"季龙旋自令支，过易京，恶其固而毁之"。晋时改称易城县，仍属河间国，见于《晋志上》。北魏时期改属高阳郡。《魏志上》：高阳郡领县"易，前汉属涿，后汉、晋属河间，后属。有易京"。《水经注·易水》："易水又东迳易京南。汉末公孙瓒害刘虞于蓟下，时童谣云：燕南垂，赵北际，惟有此中可避世。瓒以易地当之，故自蓟徙临易水，谓之易京城，在易城西四五里。赵建武四年，石虎自辽西南达易京，以京部至固，令二万人废坏之。今者城壁夷平，其楼基尚存，犹高一匹余，基上有井，世名易京楼，即瓒所堡也。故瓒所与子书云：袁氏之攻，状若鬼神，冲梯舞于楼上，鼓角鸣于地中，即此楼也。易水又东迳易县故城南。昔燕文公徙易，即此城也。阚骃称：燕太子丹遣荆轲刺秦王，与宾客知谋者祖道，皆素衣冠，送之于易水之上。荆轲起为寿，歌曰：风萧萧兮易水寒，壮士一去兮不复还！高渐离击筑，宋如意和之。为壮声，士发皆冲冠。为哀声，士皆流涕。疑于此也。余按遗传旧迹多在武阳，似不饯此也。汉景帝中三年封匈奴降王仆黥为侯国也。"其易水即南易水，而后世河道有变迁。依其所述，易水自西而东依次流经易京城南、易县故城南。其以"燕文公徙易"，当有误。北齐时省废易城县。《隋志中》：河间郡鄚县，"有易城县，后齐废"。《通典》卷一百七十八：幽州归义县，"汉易县也。公孙瓒于此筑城名曰易京。……在今县南十八里"。《寰宇记》卷七十：涿州"归义县，南一百二十里，十二乡。汉易县之地，属涿郡。按：今县东南十五里有大□故城，是燕桓侯之别都。魏移理于故城西北十五里故易城。按：故易城，今县所理。高齐天保七年省入鄚县，自周及隋其地并属鄚，唐武德五年置归义县"。又："易京城，在县南十八里。其城南临易水。""小易城，在大易城北二里。"其"大□故城"，当即"大易故城"。而所述似与《水经注》不尽相同。又，五代后周时期置雄州及归义县于今河北雄县址，宋代改称归信县。《读史方舆纪要》卷十二：保定府雄县，"废易县，在今县北三十五里。本燕故邑也。春秋鲁庄公时燕桓侯徙于临易，即此。战国时赵惠文王与燕鄚、易，鄚与易相接也。汉因置易县,后汉建安十一年曹魏征乌桓,至易,留辎重,轻兵兼道而进。晋曰易城,唐曰归义。……金人始以归义并入归信,仍为雄州治,明初县始废。或曰归义废县西北十五里有故易城,乃汉易县治云"。又:"易京城,在县北。"其以唐宋时期归义县在今雄县北三十五里,与《寰宇记》所记在涿州南一百二十里,当同指一地。而以燕都临易及汉代易县城即在此或其西北十五里,则不确。《清统志》卷十四:"易县故城,在雄县西北十五里。汉置县,本燕故邑也。《世本》:燕桓侯徙临易。《史记·赵世家》:惠文王五年与燕鄚、易。《括地志》:易县故城在归义县东南十五里。《寰宇记》:归义县东南十五里有大易故城,是燕桓侯之别都。后魏移理故城西北十五里故易城,即今县理,高齐天保七年省入鄚县。"又:"归义故城,在雄县西北三十五里。唐武德五年以故易县地置,属涿州。五代晋时随州入辽,仍曰归义,金始并入归信。""易京城,在雄县西北。"其以《寰宇记》所述易县移治大易故城西北十五里唐归义县址在后魏时期,当合于史实,而魏晋时期易县(易城县)当仍在旧址。依《寰宇记》所述,大易故城在归义县东南十五里,当东南距今雄县二十里;而易县故城在雄县西北十五里,与大易故城有别。明清时期多将二者混为一谈。

民国十八年刊《雄县新志》之《方舆略·古迹篇》:"易县故城即大易故城,在县西北十五里大清河西岸古县(贤)村,其东面圮于水,余三面旧址尚可辨识。"其所属古贤村今已划归容城县,所存古城址东临大清河,西起古贤村西70米,东西长约1200米,南北长约1000米,村南称"南城",村北称"大城"。在二十世纪三十年代,土城尚高出地面,能看出原城址轮廓。后因河水经常泛滥,原城址被淤积在沙土里。现在南城有高地,地名"仓廒"。据传是城里的粮仓。调查者认为其当即《寰宇记》所记之"大易故城"。在此城址以西约3公里、今容城县城以东约14公里南阳村南250米发现"燕国城"遗址,现存一台地,北坡高出周围地面2~3米,当地人称"城坡"。从城坡向南700米,台地终了。南坡高出地面0.5米左右。东坡边沿清晰,高出地面0.3~2米。自台地东北角起向西300米后,地势低缓平展,边沿模糊不清。台地东300米是容城第三排水渠。台地周围露出多处遗迹。南阳村西北300米处西北阳村亦有一片废墟,地势较高,面积约3万平方米,由南阳村西断断续续与村南台地相连。遗址北侧有故河道,与南阳村南台地以西"西河子"相通,当地人称"后河"。在南阳村一带出土许多春秋战国时期的铜器如郾王职戈、郾侯载戈,陶器、骨角器、燕刀币以及有"易市"戳印的秦汉时期陶器等。在西北阳村一带出土一件春秋时期铜壶,近左铺首处阴刻"西宫"二字,近右铺首处刻一"匽"字,并在壶口与壶沿上刻有"右冶尹"。另有一件刻有"左冶"的铜壶盖。调查者认为其可能与燕国"易都"有关。在南阳村北约2.5公里晾马台村西北有晾马台遗址,东西长150米,南北长100米,残高3~5米。暴露遗迹有灰坑,发现有铜刀、铜镞、陶片等。从土台西断面看,文化层厚2~4米,灰土中含有陶片、鹿角和动物骨骼。调查者以其属商周时期①。近年来调查又发现南阳村遗址周边10处同时期文化遗存,形成以南阳村遗址为中心,面积约18平方公里的东周、汉代遗址群。同时还发现南阳村遗址东南、西南角城垣和700米长的南城垣,西部大型夯土区、陶业作坊区等②。此三座城址均未经考古发掘,其规模形制及所属年代无法准确判定。比照相关记载,古贤村城址东南距今雄县十五里,当西北距唐归义县二十里,与《通典》及《寰宇记》等所述易京城在归义县"南十八里"略合,《水经注》则述为"易县故城"并燕都城。而南阳村城址东南距今雄县约二十里,当西北距唐归义县十五里,与《括地志》及《寰宇记》所记大易故城即燕都临易城所在地理方位相符,《水经注》则述为"易京城"。依今所见,南阳村城址范围广大,东周及秦汉时期遗迹遗物丰富,无疑当属春秋时期燕都临易城。其南阳村南台地平面略呈方形,边长约700米,当为宫城之所在。而此台地以西约300米"西河子"当为原临易城西垣外之护城河遗迹。台地以东300米排水渠很可能是沿用古河道,推测原临易城东垣外之护城河当即在此一线。如此,原临易城之外郭城当东西长约1300米。而与"西河子"相通的西北阳村遗址北侧的"后河"当为原临易城北垣外之护城河遗迹,与南阳村台地北沿相距约500米。据此,并依宫城南垣南距外郭城南垣

---

① 孙继安、徐明甫:《河北省容城县出土战国铜器》,《文物》1982年第3期。孙继安:《河北容城县南阳遗址调查》,《考古》1993年第3期。
② 文宣:《雄安新区文物保护工作取得阶段性成果》,《中国文物报》2017年8月11日第1版。

亦为500米推计，原临易城当南北长约1700米。又据西北阳村遗址有"西宫"铜壶出土，可推知此一带原建有西宫，当属离宫性质。"右冶尹"、"左冶"，当同于《韩非子·外储说左上》所记之"右御冶工"，为燕君所属的冶铸机构及其管理者。战国时期燕都北迁，临易城仍为燕国重镇。而秦汉时期置易县很可能是在古贤村城址。由其村北称"大城"，村南称"南城"推之，秦汉时期易县很可能是置于"大城"址，"易市"亦当置于此。而后又有"南城"增筑。魏晋时期相沿。其临易城及易县城均临南易水。燕国南长城即沿南易水而筑，今犹存遗迹。燕易水长城由今易县曲城新村入今徐水县境，沿瀑河（南易水）东岸向东南方向延伸，过徐水县城，离开瀑河继续东南行，自林水村开始长城墙体被叠压于徐水至安新的公路下，经崔庄南、商平庄北、南邵庄南进入今容城县黑龙口村，跨越萍河向东延伸，入今安新县境，呈西—东走向至山西村南，与白洋淀北堤相接，缘淀边向东南经申明亭村南、涞城村南，穿越崔公堤村，经留村南，转西—东走向经安新县城南至大张庄村南，又转南—北走向，过南六村、北六村东顺淀边又折向南行河村东，转西—东走向经大阳村东南入容城界进入留通村南白洋淀中的哈横岛上，略呈西北—东南走向，进入雄县境，经古庄头村北又接白洋淀北堤，经马蹄湾村北、南十里铺南，转东北方向过王家房村北抵大清河西岸，过大清河后由龙湾村南沿大清河北堤向东延伸[①]。由此可大体明了古时南易水之流势，其南阳村城址南距留通村即古南易水河道约5公里，古贤村城址南距古庄头村约6公里。

汉末公孙瓒镇守易京，当以南阳村城址即燕都临易城为中心，重加修整，"中堑为京，特高十丈，自居焉"。当在"小城"即原宫城内。而四面为"围堑"即"营垒"，于内筑高台建楼，用以驻军防守，遍布原大城内外。又，古贤村南之"南城"地名"仓廒"，或亦为公孙瓒所建，用于"积谷三百万斛"。其"临易河"，而经易河可"通辽海"。后公孙瓒兵败，又经石虎破坏，"城壁夷平"。而《水经注》所述"其楼基尚存，犹高一匹余，基上有井，世名易京楼，即瓒所堡也"。极有可能是指今所见晾马台遗址。

---

① 国家文物局主编《中国文物地图集》河北分册。

《说文解字》："匹，四丈也。"则其时犹存高10余米。今残高3~5米，亦略相合。唯所属时代似不甚相符，有待进一步辨明。又，《寰宇记》所记"小易城，在大易城北二里"，当亦指此遗址而言。如此，燕都临易城之所在方位当依《括地志》及《寰宇记》所述为准，在今南阳村城址；秦汉以后易县城址当依《水经注》及《通典》所述为准，在今古贤村城址，而《水经注》又以其属燕都所在，则不确；至汉末公孙瓒镇守易京城，又以南阳村城址为中心，如《水经注》所述，"在易城西四五里"。

广望县城

广望县，西汉时期属涿郡。《汉志上》：涿郡属县"广望，侯国"。《史记·建元已来王子侯者年表》：汉武帝元朔二年（前127年）封中山靖王子刘安中为广望侯。《汉书·王子侯表》作刘忠，并记后传刘中、刘何齐、刘遂、刘阁等。依"推恩令"①，其广望侯国所在地当原属中山国，受封后划归涿郡。东汉时期省废，《后汉志》无载。《水经注·滱水》："博水又东南迳谷梁亭南，又东迳阳城县，散为泽渚，渚水潆涨，方广数里，匪直蒲筍是丰，实亦偏饶菱藕，至若娈童丱角、弱年崽子，或单舟采菱，或叠舸折芰，长歌阳春，爰深渌水，掇拾者不言疲，谣咏者自流响，于时行旅过瞩，亦有慰于羁望矣，世谓之阳城淀也。阳城县故城近在西北，故陂得其名焉。《郡国志》曰：蒲阴县有阳城者也。今城在县东南三十里。其水又伏流循渎，届清梁亭西北，重源又发。博水又东迳白堤亭南，又东迳广望县故城北。汉武帝元朔二年封中山靖王子刘忠为侯国。又东合堀沟。沟上承清梁陂。又北迳清凉城东，即将梁也。汉武帝元朔二年封中山靖王子刘朝平为侯国。其水东北入博水。"其博水在此一地区大致循行今界河水道。《寰宇记》卷六十八：保州清苑县，"广望城，汉广望县也，武帝封中山靖王子忠为广望侯是，后汉省。故城在今县西南五十里"。《读史方舆纪要》卷十二：

---

① 参见周振鹤《西汉政区地理》引论，人民出版社，1987；马孟龙《西汉侯国地理》，上海古籍出版社，2013。

保定府清苑县,"广望城,在府西南。汉县,属涿郡,武帝封中山靖王子忠为侯邑,亦后汉废"。《清统志》卷十三:"广望故城,在清苑县西南。汉元朔二年封中山靖王子忠为侯国,属涿郡,后汉省。《水经注》:博水东迳广望故城北。《寰宇记》:故城在县西南五十里。旧志:有王莽城在县东南四十里,疑即广望之讹也。"其"王莽"当为"王梁"之误,而所谓"王莽城"当即古清凉城(见下)。清苑县即今河北保定市。今博野县城东乡里村西南10米发现一处汉代遗址,面积约150万平方米,文化层厚1~2米,暴露遗迹有灰坑、水井和墓葬,采集遗物有泥质灰陶瓮、罐、盆、板瓦等残片。在城东村西发现汉代墓葬群。另在城东村西1500米发现一处商代遗址,面积约5000平方米,在城东乡寺上村北发现一处战国至汉代遗址,面积约25万平方米,暴露遗迹有灰坑,采集遗物有夹砂红褐陶罐和泥质灰陶绳纹板瓦、瓮、盆、罐等残片[①]。其东北距今河北保定市区约25公里,与《寰宇记》所述广望县故城在清苑县西南五十里相当,时代亦相符,当即属之。

依《水经注》所述,在广望城西北有阳城县故城,两城隔博水相望。《后汉志二》:中山国属蒲阴县"有阳城"。《元和志》卷十八:定州望都县,"阳城淀,县东南七里,周回三十里,莞蒲菱芡,靡所不生"。《寰宇记》卷六十二所记相同。今保定市西南阳城镇阳城村周围发现汉代遗址,面积约110万平方米,采集遗物有泥质陶瓮、罐、釜等残片。在阳城镇东北发现汉代砖室墓。当即为汉代阳城县址所在。其位于广望县西北,西汉时期当隶属中山国,而省废于成、哀之际,故《汉志》无载。此阳城镇西南距今望都县城约10公里。依《水经注》所述,有阳城淀位于阳城县故城东南。而依《元和志》等所述,阳城淀位于望都县东南七里,则唐宋之际其水面当有所扩展,向西延至阳城县故城西南。

在广望县故城东北有清凉城,即将梁城。《史记·建元已来王子侯者年表》:汉武帝元朔二年封中山靖王子刘朝平为将梁侯,元鼎五年(前112年),"坐酎金,国除"。《汉书·王子侯表》略同,而注属涿郡。又,《史记·建元以来侯者年表》:元鼎六年,杨仆"以楼船将军击南越,椎锋却敌

---

① 国家文物局主编《中国文物地图集》河北分册。

侯",受封为将梁侯。元封四年（前107年），"侯仆有罪，国除"。《汉书·景武昭宣元成功臣表》略同。当亦在此。西汉晚期，将梁县省废，故不见于《汉志》。《魏志上》：高阳郡蠡吾县"有清凉城"。《明统志》卷二："清源城，在府城东南四十里，相传汉将军王梁所筑，中有塔。"其"清源"当为"清凉"之误。《读史方舆纪要》卷十二：保定府清苑县，"清凉城，府东南四十里。《水经注》云：汉之将梁也。武帝封中山靖王子朝平为侯邑，后讹曰清凉。《寰宇记》：后汉初王梁驻军避暑于此，因城其地，目曰清凉。有塔在焉"。其所引《寰宇记》文不见于今传本。或由此说而以其称王梁城，又误为王莽城。《清统志》卷十三："清凉城，在清苑县西南四十里，接博野县界，亦曰将梁。汉元朔二年封中山靖王子朝平为将凉侯。《水经注》：崛沟北迳清凉城，即将梁也。《魏书·地形志》：蠡吾县有清凉城。"其"西南四十里"当为"东南四十里"之误。今保定市东南约20公里全昆乡清凉城村北15米发现一处汉代遗址，面积约16万平方米，暴露遗迹有灰坑、水井，采集遗物有泥质灰陶瓮、罐、盆等残片①。当属古将梁城遗存，将梁县省废后又于此置将梁亭，后演为清梁亭②。

《史记·建元已来王子侯者年表》：汉武帝元朔五年封赵敬肃王子刘终古为柏阳侯。《汉书·王子侯表》作柏畅侯，后传刘朱。始元三年（前84年），"薨，亡后"。注属中山国。西汉后期，柏阳县当省废，故不见于《汉志》。《寰宇记》卷六十八：保州清苑县，"柏陵城，汉为县。前汉《帝纪》云：孝武帝封赵敬肃王子终古为柏陵侯。废城在今县南"。其"柏陵"，当为"柏阳"之形误。《明统志》卷二："柏陵城，在清苑县南。"对其所在方位，均未予确指。《读史方舆纪要》卷十二：保定府清苑县，"壁阳城，府西南二十里。或曰五代时营垒处也。石晋开运二年符彦卿败契丹兵于壁阳，即此"。又："府东南有废柏陵城，未知所始。"其所指方位与《明统志》等不合，并另记有壁阳城。《清统志》卷十四："壁阳城，在清苑县西

---

① 国家文物局主编《中国文物地图集》河北分册。
② 《读史方舆纪要》卷十二：保定府蠡县，"清梁城，县西二十里。石赵所置城也。晋永和六年慕容隽击后赵至无终，赵将王午、邓恒弃蓟南，走鲁口。隽自蓟进击之，军至清梁，邓恒将鹿悖早来袭，败去。魏收志：蠡吾县有清凉城。即此"。其以《魏志》所记清凉城另有所指，似不确。而所指城址恐亦有误。

南三十里。五代时营垒也。晋开运二年符彦卿等败辽于此。"今保定市西南白团乡壁阳城村东50米残存一古城址，平面近方形，边长约400米，城墙夯土修筑，残高1~2米。采集有汉代泥质灰陶罐、盆及唐宋时期白釉、黑釉瓷器残片等①。当属汉代柏阳城，而"壁阳"当为"柏阳"之音变。

汉代广望县与柳宿县相临。《汉书·外戚传》：汉宣帝母王夫人名翁须，其母王媪"家本涿郡蠡吾平乡。年十四嫁为同乡王更得妻。更得死，嫁为广望王廼始妇，产子男无故、武，女翁须。翁须年八九岁时，寄居广望节侯子刘仲卿宅，仲卿谓廼始曰：'予我翁须，自养长之。'媪为翁须作襈单衣，送仲卿家。仲卿教翁须歌舞，往来归取冬夏衣。居四五岁，翁须来言：'邯郸贾长儿求歌舞者，仲卿欲以我与之。'媪即与翁须逃走，之平乡。仲卿载廼始共求媪，媪惶急，将翁须归，曰：'儿居君家，非受一钱也，奈何欲予它人？'仲卿诈曰：'不也。'后数日，翁须乘长儿车马过门，呼曰：'我果见行，当之柳宿。'媪与廼始之柳宿，见翁须相对涕泣，谓曰：'我欲为汝自言。'翁须曰：'母置之，何家不可以居？自言无益也。'媪与廼始还求钱用，随逐至中山卢奴，见翁须与歌舞等比五人同处，媪与翁须共宿。明日，廼始留视翁须，媪还求钱，欲随至邯郸。媪归，橐买未具，廼始来归曰：'翁须已去，我无钱用随也。'因绝至今，不闻其问"。而后翁须随贾长儿至邯郸，又被送入长安宫中，得幸于史皇孙，生汉宣帝。其柳宿，苏林曰："聚邑名也，在中山卢奴东北三十里。"当年翁须当自广望，经柳宿、卢奴（今河北定州）而至邯郸。又，《史记·建元已来王子侯者年表》：汉武帝元朔五年封中山靖王子刘盖为柳宿侯，后传刘苏，元鼎五年"坐酎金，国除"。《索隐》："表在涿郡。"《汉书·王子侯表》所记略同，而夺"涿"字。则柳宿原当为涿郡属县，而后侯国免除，县亦省废，故不载于《汉志》。《元和志》卷十八：定州望都县，"柳宿城，县东南四十二里。宣帝母王夫人微时泣别于柳宿城，即此地也"。《寰宇记》卷六十二：定州望都县，"柳宿城，在县东四十二里。汉宣帝母王夫人微时与父母别处。本汉柳宿侯国。《汉书·王子侯表》曰：元朔元（五）年三月癸酉封中山靖王子盖为柳

---

① 国家文物局主编《中国文物地图集》河北分册。

宿侯，是此"。金代改望都县为庆都县。《明统志》卷二："柳宿城，在庆都县东，汉宣帝母王夫人入朝，与父母别于此。"《读史方舆纪要》卷十二：保定府庆都县，"柳宿城，县东南四十五里。汉武帝元朔三年封中山靖王子盖为柳宿侯，邑于此，后废。今为六畜堡，音讹也"。清代又改庆都县为望都县。《清统志》卷十四："柳宿城，在望都县东南。《寰宇记》：柳宿城在望都县东四十二里。汉宣帝母王夫人微时与父母别处。本柳宿侯国。《汉书·王子侯表》曰：元朔五年封中山靖王子盖为柳宿侯是也。旧志：在县东南四十五里有柳宿村，又有柳宿河在村西二里，东北达清苑界，今淤。"其所指与苏林所述相同。今河北望都县东南约20公里贾村乡北柳絮村发现一处汉代遗址，面积约75万平方米，采集遗物有泥质灰陶绳纹瓮、罐等陶器或陶器残片，在南柳絮村南及其东南张过村发现汉代封土墓葬群。另在其东北贾村北发现商周及战国至汉代遗址，面积约60万平方米。其所在方位与《元和志》等所述柳宿城相当，当即属之。而今称柳絮村，当即由柳宿村演变而来。

鄚县城

鄚县，西汉时期属涿郡。《汉志上》：涿郡属县"鄚，莽曰言符"。《汉志下》："赵分晋，得赵国，北有信都、真定、常山、中山，又得涿郡之高阳、鄚、州乡。"则鄚城原属赵国。《史记·赵世家》：赵惠文王五年（前294年），"与燕鄚、易"。《集解》："徐广曰：皆属涿郡。"而后鄚城归于燕国。《史记·扁鹊仓公列传》："扁鹊者，勃海郡鄚人也。"《集解》："徐广曰：鄚当为鄚。鄚，县名，今属河间。"《索隐》："案勃海无鄚县，当作鄚县，音莫，今属河间。"则在西汉中期以前其当属勃海郡，而后划归涿郡。另据《汉书·王子侯表》：汉成帝元延元年（前13年），封刘异众为鄚侯，后传刘发，免除。东汉时期改属河间国。《后汉志二》：河间国属县"鄚，故属涿"。《后汉书·张敏传》："张敏字伯达，河间鄚人也。"李贤注："鄚，今瀛州县也。"《后汉书·文苑列传》："张超字子并，河间鄚人也。"

李贤注："今瀛州鄚县。"晋时相沿，见于《晋志上》。《魏志上》：瀛州河间郡领县"鄚，后汉、晋属，治阿陵城。有鄚城"。则北魏时期鄚县治所有迁移。《水经注·易水》："（易水）又东过安次县南（经文）。易水迳县南、鄚县故城北，东至文安县与滹池合。史记苏秦曰'燕长城以北、易水以南'，正谓此水也。是以班固、阚骃之徒咸以斯水谓之南易。又东过泉州县南，东入于海（经文）。经书水之所历，沿次注海也。"熊会贞按："此有倒错。"又："安次在鄚县东北，相去甚远，不得先迳安次，后迳鄚县。注文当云：易水迳鄚县故城北，东至安次县南、文安县北，与滹池合，方合。"或亦有可能经文所述此易水河道原流经安次县、泉州县而直接入海。其"东入于海"当属经文。至南北朝时期改流经鄚县北，于文安县汇入滹沱水。郦道元为求牵合，故述为"易水迳县南"，即流经安次县南。

隋以后相沿。《隋志中》：河间郡统县"鄚，有易城县，后齐废。开皇中置永宁县，大业初废入焉"。《通典》卷一百七十八："莫州，今理鄚县。其地历代所属与瀛州同，大唐景云二年分瀛州置鄚州，开元十年改鄚为莫，其后或为文安郡。"领县"鄚，汉旧县"。《旧唐志二》：莫州领县"莫，汉县，属涿郡，至隋不改。武德四年属蒲州，贞观元年改属瀛州，景云二年割属莫州"。《新唐志三》所述略同。《寰宇记》卷六十六："莫州，文安郡，今理鄚县。其地历代所属与瀛州同。汉鄚县，后魏孝昌三年移理阿陵城，周武宣政元年复还今理，唐景云二年于县置鄚州，割瀛州之鄚、任丘、文安、清苑、幽州之归义等五县属焉。其年归义复还幽州。开元十三年以鄚字类郑，改为莫字。天宝元年改为文安郡，乾元元年复为莫州。"又："鄚县，旧十六乡，分三乡。本汉旧县，属涿郡，后汉属河间国，唐于此立郡。《史记》云：扁鹊此地人也。滹沱水东流经县南二里，至莫州金口分界，东北流入文安县界。易水在县北二十里，东入文安县界，合滹沱水。……濡水在县西二十里，向东合易水。《左传》：齐侯伐北燕，盟于濡上。即此是也。盖秋（湫）所出。废鄚县城，在县东北三里。邢子颙《三郡记》云：颛顼所造。"并记所领任丘县在州"南四十三里"。可知北周时期鄚县治所又迁回原址，隋唐时期相沿，唐代并于此置莫州。其南临滹沱水，北临易水，亦与《水经注》所述相同。《元丰九域志》卷二：莫州"治任丘县"，熙宁六年"省鄚县入任丘"。《宋志二》：莫州，"元祐二年复莫县，寻又罢为镇"。《金志中》："莫州，下，刺史。宋文安郡军，防御，治任丘，贞祐二年五月降为鄚亭县。"领任丘县。《元志一》：莫州，"旧领二县，至元二年省入河间，未几仍领二县：莫亭，下，倚郭，至元二年与任丘俱省入河间县，后复置。任丘，下"。《明统志》卷二："莫州城，在任邱县北三十五里，汉为鄚县，隋属瀛州，唐置鄚州，改鄚为莫，本朝省入任丘。"又："鄚亭废县，在任丘县北莫州城内，本汉鄚县，宋省入任丘，金置鄚亭县，元为莫州附郭，今废。""颛顼城，在任丘废莫州东北三十里。邢子颙《三郡记》：颛顼所造。"其"东北三十里"，当依《寰宇记》所引为"东北三里"。《读史方舆纪要》卷十三：河间府任丘县，"莫州城，县北三十里。汉置鄚县，属涿郡，后汉属河间国，晋因之，后魏属河间郡，隋属瀛州，唐景云二年分置鄚州于此。……宋仍为莫州，改治任丘县。咸平三年契丹入寇，范延召追败之于莫州。熙宁六年废莫县入任丘，元祐二年复置，寻又废为镇。金莫州亦治任丘，贞祐二年降州为鄚亭县。元初改置莫亭县于此。至元二年省入河间县，寻复置莫亭县，莫州治焉。明州、县俱废，置鄚城驿于此，寻移入县城内"。《清统志》卷二十二："鄚县故城，在任邱县北。本赵邑。《史记·赵世家》'惠文王五年与燕鄚、易'，即此。汉置县，属涿郡。《扁鹊传》称勃海鄚人，盖汉初鄚县尝隶勃海也。后汉改属河间国，晋因之，魏至隋属河间县（郡），唐景云中始于县置鄚州，开元十三年以鄚与郑相类改为莫字。宋熙宁六年省为镇，入任邱，元祐二年复置，寻又罢为镇。金贞祐二年改置莫亭县，元时莫亭县又为莫州治。明初州、县俱废，置鄚城驿于此。《明统志》：鄚州城在任邱县北三十五里。又，《寰宇记》：有废鄚县城在鄚县东北三里。邢子昂《三郡记》云：颛顼所造。《明统志》谓之颛顼城，在废鄚州东北三十里。"又按："《寰宇记》：莫州犹治莫县。盖自熙宁中始移治任邱也。《金志》：州废为莫亭县。《元志》：莫州倚郭为莫亭县，而任邱属之。盖金末莫州、任邱俱废，复置莫亭县于莫县故城耳。旧志以为改置莫亭于任邱，误。"所辨有理，然以元时莫亭县置于莫县故城，混汉唐鄚县城与莫亭县为一，则不确。依《寰宇记》，鄚县城与任邱城相距四十三里。而依《明统志》，莫亭县城与任邱城相距三十五里。二者相距八里，自当别为二城。前者相沿至北魏时期，于孝昌年间一度迁废，《魏志》所述鄚县"有鄚城"当即指此城。而后于北周时期又迁回原地，或另筑城于原鄚县城西南，而原鄚县城城墙等残存于东北一带。《三郡记》等所记"废鄚县城在县东北三里"当即指此而言。至唐代或又有所拓展，而将"废鄚县城"包罗在内，故不再分辨。宋熙宁年间省废莫县，至元祐年间又恢复莫县，当仍沿用旧址，后又罢为镇。而后者至迟在元代已存，为莫州及莫县治所，又据《元志》，其当相沿于金代。由此推之，今传《金志》所记或失实，或理解有误。其"文安郡军"当断读为"文安郡、军"，即此地除为文安郡治所，亦为文安军治所，而文安军治所当即在元代莫亭县城。所谓"贞祐二年五月降为鄚亭县"，当指降此文安军为鄚亭县，仍隶属莫州，如此此城当营建于北宋后期或金代前期，或以金元时期鄚亭县置于任邱县，不确。今河北任丘市鄚州镇北约4公里古州村残存一古城址，平面近圆形，南北长约1500米。城墙夯土筑成，基宽22米、顶部残宽6米，残高1~10米。城内采集的遗物多属战国至汉代，有铜壶、刀币以及夹砂和泥质灰陶绳纹鬲、罐、盆、板瓦、筒瓦、素面豆等。另采集到少量唐代青釉瓷碗等残片，当属战国至唐代鄚县故城址。在鄚州镇三辅村东发现西汉墓葬群，在韩家村东南原有封土墓，传为韩婴墓。在鄚州镇北有三国时期魏将张郃墓等。在鄚州镇鄚州村残存有宋元时期鄚州城址，平面呈长方形，南北长约1200米，东西长约1000米，城墙夯土修筑，基宽15~25米，残高1~9米，采集遗物有宋代的泥质红陶素面盆和白釉瓷碗、盘等残片[①]。

高阳县城

　　高阳县，西汉时期属涿郡。《汉志上》：涿郡属县"高阳，莽曰高亭"。应劭曰："在高河之阳。"《汉志下》：中山国北平县，"徐水东至高阳入博。又有卢水，亦至高阳入河（博）"。望都县，"博水东至高阳入河"。另据

---

① 国家文物局主编《中国文物地图集》河北分册。

《战国策·赵策四》："燕封宋人荣蚠为高阳君，使将而攻赵。"其高阳君封邑当即在此，则在战国时期已筑有高阳城。东汉时期改属河间国。《后汉志二》：河间国属县"高阳，故属涿。有葛城"。晋时改属高阳国，见于《晋志上》。又，《左传·昭公七年》：燕人与齐"盟于濡上"。杜预注："濡水出高阳县，东北至河间鄚县入易水。"北魏改置高阳郡。《魏志上》：高阳郡首县"高阳，前汉属涿，后汉属河间国，晋复。有郝神、高阳城"。《水经注·滱水》："滱水又东北迳侯世县故城南，又东北迳陵阳亭东，又北，左会博水。……（濡水）又东北迳乐城南，又东入博水，自下博水亦兼濡水通称矣。《春秋·昭公七年》：齐与燕会于濡上。杜预曰：濡水出高阳县，东北至河间鄚县入易水。是濡水与虖池、滱、易互举通称矣。博水又东北，徐水注之。……徐水又东流入博水。《地理志》曰：徐水出北平，东至高阳入于博。又东入滱。《地理志》曰：博水自望都东至高阳入于河。（滱水）又东北入于易（经文）。滱水又东北迳依城北，世谓之依城河。《地说》无依城之名。即古葛城也。《郡国志》曰：高阳有葛城，燕以与赵者也。"其《汉志》与《水经注》所述诸水流势多相异，而郦道元所引杜预注文及解释似亦有误①。

隋唐时期高阳县相沿。《隋志中》：河间郡统县"高阳，旧置高阳郡，开皇初郡废，十六年置蒲州，大业初州废，并任丘县入焉"。《通典》卷一百七十八：瀛州领县"高阳，汉旧县，后置高阳郡，有易水"。《寰宇记》卷六十六：瀛州，"高阳县，西北七十里。旧二十一乡，今三乡。本汉旧县，属涿郡。应劭注云：在高河之阳。后魏高阳郡领高阳县，隋开皇三年罢郡，十六年又于县理置蒲州，大业中废州。唐武德四年又置蒲州，贞观初州废，以县隶瀛州。滹沱河在今县东北十四里。易水，今名南易水，又名雹水，西自易州遂城县界流入"。又："蔡仲冢，《九州要记》云：汉南阳太守高阳侯蔡仲冢在城北。仲晓厌胜之术，其冢至今无狐狸之穴。圣姑祠，邢子励记云：圣姑姓郝，字女君，魏青龙二年四月下旬与邻女采樵于滱、徐二水合流之处。"其受聘为东海公妇，顺流而入东海，因立为祠。其"圣姑"，当即《魏志》所述"郝神"。《明统志》卷二：保定府，"高阳城，在

---

① 参见本书樊舆县城。

府城东南七十里。城周回九里。相传颛顼所筑"。《读史方舆纪要》卷十二：安州高阳县，"高阳城，县东二十五里。战国时燕邑，《国策》'燕封宋荣盆为高阳君'，即此。汉为高阳县治。司马贞曰：高阳氏所兴也。应劭曰：在高河之阳。因名。……唐宋以来县皆治此。明洪武三年河溢，县圮，始迁今治。《高阳记》：故城颛[项]帝所筑，一名化龙城。今废城亦名化龙村，盖传讹也"。

《清统志》卷十四："高阳故城，在今高阳县东。战国时燕封宋荣盆为高阳君。汉置县。应劭曰：在高河之阳。因名。《寰宇记》：县在瀛州西北七十里。旧志：明洪武三年河溢，县始迁丰家口，即今治，东去古城二十五里。按司马贞《索隐》：县即古高阳氏所兴。《高阳记》：故城一名化龙城。周回九里，颛顼所筑。今其地名化龙村。皆传讹也。"卷十五："蔡仲冢，在高阳县东。"今河北高阳县旧城镇旧城村残存一古城址，平面近方形，边长约1300米。城墙夯土筑成，基宽约10米，残高1～3米。暴露遗迹有灰坑，采集遗物有铜镞、铜镜和泥质灰陶罐、瓮、盆及夹砂红褐陶釜等残片。时代判属战国至汉代。在旧城镇东南及东北发现汉代墓葬群①。其西距今高阳县约12公里，西北距今保定市约35公里，东南距今河间市约35公里，所在方位与诸书所记古高阳县城相合，当即属之。且与《明统志》等所记"周回九里"相当。其规模较大，或包括另一座古城在内。《魏志》记高阳县有"高阳城"，则北魏时期已有汉魏以前高阳县城空出，而北魏时期所筑高阳郡及高阳县城当与之相近。经唐宋以后扩建，合二而一，形成如此规制。

依应劭注，古高阳县城当南临高河。又依杜预注，有濡水出高阳县，东北至鄚县入易水。《寰宇记》卷六十三：深州乐寿县（今献县）西北三十里有中水故城，"《郡国县道记》云：其城南枕滹沱，北背高河"。则古时高阳当在今高阳县与献县之间。《寰宇记》卷六十六：莫州鄚县（今任丘市北鄚州镇），"濡水在县西二十里，向东合易水。《左传》：齐侯伐北燕，盟于濡上。即此是也。盖秋（湫）所出"。其当即古濡水下游残存河段，原当顺

---

① 国家文物局主编《中国文物地图集》河北分册。

势流经高阳城南及东北。《明统志》卷二：保定府，"土尾河，在府城东南九十里。源自蠡县唐河，经县境至安州合易水"。《读史方舆纪要》卷十二：安州高阳县，"马家河，县东三里。滹沱河支流也。自晋州饶阳县铁灯竿口导流而北经蠡县境，又东北至县南延福村，杨村河、土尾河俱流合焉，潴为马家河淀，复东北流入安州界，注入易水"。又："高河，县东二十五里。自马家河淀分流，其别出者曰豬龙高（河），俱引而东经高阳故城南，又东北经安州界，下流入白羊淀，合雄县之瓦济河。志云：高河旧流自县境东南入至河间县界，下流注于滹沱。此非故流矣。"《清统志》卷十三："高河，在高阳县东二十五里，亦曰泔河，滱水支流也。旧自蠡县东北经高阳故城南，旁入豬龙河，又东北入白洋淀。明洪武中河决，旧城圮，遂迁今治，而高河淤。今县东南三十里有罗汉淀，东二十里有梁淀，皆高河所潴。"可知此一地区诸水道多有变迁，而西汉时期高河及濡水当大致循行明清时期潴龙河水道，高河偏于西北，当属濡水支流，东北注入濡水。其时滱水当流经今河间、肃宁交界地带，濡水与博水、徐水、卢水等汇于高阳城南，而于高阳城东北注入滱水。至东汉后期，滱水西迁至《水经注》所述河道，于高阳城西北汇入易水，濡水等上游亦随之而迁；而下游犹存，唯已成无源之水，如杜预所记。南北朝时期，所残存濡水亦大部分湮灭。郦道元以依城河（即濡水汇入滱水以下河段）指之，显然有误。且此为濡水汇入滱水，并非其所出，与所引杜预注文意亦不合。又，依邢子励所记，高阳城临近滱、徐二水合流之处，似与《水经注》所述不合，或是以博水指为徐水。

在高阳县西北有葛城。《史记·赵世家》：周显王十三年（前356年），赵成侯"与燕会阿"。《正义》："《括地志》云：故葛城一名依城，又名西阿城，在瀛州高阳县西北五十里。比徐、滱二水并过其西，又徂经其北。曲曰阿，以齐有东阿，故曰西阿城。《地理志》云：瀛州属河间，赵分也。按：燕会赵即此地。"又，赵孝成王十九年（前247年），"赵与燕易土，以龙兑、汾门、临乐与燕，燕以葛、武阳、平舒与赵"。《集解》："徐广曰：葛城在高阳。"《正义》："《括地志》云：故葛城又名西河（阿）城，在瀛州高阳县西北五十里。"《寰宇记》卷六十六：莫州鄚县，"废唐兴县，在县西北五十里。本汉高阳县地,旧名葛乡城,一名依城,唐如意元年析河间县置武昌县,隶瀛州,至神龙初改为唐兴县,景云二年改为鄚州,石晋改为宜川县,后复旧,周显德六年并入鄚县"。《明统志》卷二:"废葛城县,在安州。本汉高阳县之葛乡城。后为依政县,金置葛城县,元为安州附郭,本朝省。"《读史方舆纪要》卷十二:安州,"葛城废县,今州治。……《续汉志》:葛城即西河城。后汉末尝置依政县于此,后废。金大定二十八年始置葛城县,徙安州治焉。泰和八年复移州治浑城县,以葛城为属县。元还治葛城,至元二年州废,县亦废为葛城镇,寻复故。明省入州。州城明初因旧址修筑,宏治及嘉靖初增修,周五里有奇。唐兴城,州东二十里。唐武后如意元年分高阳、河间县地置武昌县,属瀛州,长安四年改属莫州,寻还隶瀛州,神龙初改为唐兴县,景云二年仍隶莫州,五代时废。宋太平兴国七年高阳关镇将奏败契丹于唐兴口,因置唐兴砦,淳安三年建顺安军,筑城置戍。金改置安州,又移治葛城县,此城遂废"。其所记互有异同,然以古葛为金元时期葛城县所沿用则无疑,即在今安新县安州镇址。其城始建于北宋时期,明万历年间重修包砖,清乾隆年间再修,平面近长方形,南北长 975 米,东西长 798 米,城墙高 8.4 米,顶宽 3.4 米,四面各辟一门,门外建瓮城。1938 年拆除城墙上部,现四面城墙存高 2 米左右,南门及西门瓮城保存完整。在安州镇南关村及东角村附近发现汉代墓葬群[①]。

州乡县城

州乡县,西汉时期属涿郡。《汉志上》:涿郡属县"州乡,侯国"。又,《汉志下》:赵地"北有信都、真定、常山、中山,又得涿郡之高阳、鄚、州乡"。《史记·建元已来王子侯者年表》:汉武帝元朔三年(前 126 年)封河间献王子刘禁为州乡侯。并见于《汉书·王子侯表》,后传刘齐、刘惠、刘商、刘伯、刘禹,"王莽篡位,绝"。东汉以后省废。《通典》卷一百七十

---

① 国家文物局主编《中国文物地图集》河北分册。

八：瀛州河间县，"汉州乡县，后汉改武垣县，汉武帝得钩弋夫人于此"。《旧唐志二》：瀛州河间县，"汉州乡县地，属涿郡。隋为河间县"。《寰宇记》卷六十六：瀛州河间县，"本汉州乡县，属涿郡。今县东北四十一里有故州乡城，即汉理也。《汉书》云：武帝时望气者云西北有女极贵，遂访之，得钩弋夫人于是邑。后汉省州乡县为武垣郡（县）地"。又："故州乡城，在今郡东北四十里古城是也。汉为县，理于此。后汉省，并入武垣县。"《明统志》卷二：河间府，"州乡城，在府城东北四十里，汉为县，治此，东汉省入武垣县"。嘉靖十九年刊《河间府志》卷三：河间县，"州乡城，在县东北四十里，汉为县，治此，东汉省入武垣县"。《读史方舆纪要》卷十三：河间府，"州乡城，府东北四十里，汉县，武帝封河间献王子禁为侯邑，后汉省入武垣"。《清统志》等所述略同。今河北河间市东北约20公里留古寺镇宁家庄村东发现一处汉代遗址，面积约25万平方米，暴露遗迹有水井等，采集遗物有五铢钱和泥质灰陶绳纹板瓦、素面罐、盆等残片。在留古寺镇冢耳村南及村西发现汉代墓葬群①。当属汉代州乡县遗存。其东北距束州县城（今河北大城县完城村南）约10公里，二者所处地理环境当大致相同，于秦汉之际夹于滹水与泒河之间②，故得州乡之称。

安平县城

安平县，西汉时期属涿郡。《汉志上》：涿郡属县"安平，都尉治。莽曰广望亭"。《史记·高祖功臣侯者年表》：汉高祖六年（前201年）封谔千秋为安平侯，二千户，后传谔嘉、谔应、谔寄、谔但。元狩元年（前122年），"坐与淮南王女陵通，遗淮南书称臣尽力，弃市，国除"。《索隐》："县名，属涿郡。"《萧相国世家》：汉初论功行封，关内侯鄂君上言以萧何为第一。汉高祖曰："吾闻进贤受上赏。萧何功虽高，得鄂君乃益明。"于是因鄂君故所食关内侯邑封为安平侯。《集解》："徐广曰：以谒者从，定诸

---

① 国家文物局主编《中国文物地图集》河北分册。
② 参见本书束州县城。

侯有功，秩举萧何功，故因侯二千户。封九年卒。至玄孙但，坐与淮南王安通，弃市，国除。"《正义》："《括地志》云：泽州安平县，本汉安平县。"《汉书·高惠高后文功臣表》及《萧何传》略同。东汉时期相沿。《后汉书·孝明八王列传》："建初四年以清河之游、观津，勃海之东光、成平，涿郡之中水、饶阳、安平、南深泽八县益乐成国。"其乐成国后改为安平国。《后汉志二》：安平国属县"安平，故属涿"。汉魏之际以安平县为博陵郡治。《水经注·滱水》："《地理风俗记》曰：博陵县，《史记》蠡吾故县矣。汉质帝本初元年继孝冲为帝，追尊父翼陵曰博陵，因以为县，又置郡焉，汉末罢还安平。"《晋志上》："博陵郡，汉置，统县四，户一万。"安平为首县。北魏时属博陵郡。《魏志上》：博陵郡领县"安平，前汉属涿，后汉属安平，晋属。治安平城。有楼、女贵人神"。《隋志中》：博陵郡统县"安平，后齐置博陵郡，开皇初废。十六年置深州，大业初州废"。则北齐、北周之际又一度移博陵郡治此。《通典》卷一百七十八：深州领县"安平，汉旧县"。《元和志》卷十七：深州，"安平县，上，十八。东南至州五十三里。本汉旧县，属涿郡。高帝以鄂千秋为安平侯。后汉属博陵郡。后魏以来，博陵诸崔，即此邑人也。隋开皇三年县属定州，十六年改属深州，大业二年还属定州，武德四年又属深州"。唐时深州治陆泽县，在今河北深州市东北①。《旧唐志二》：深州领县"安平，汉县，属涿郡。武德初置深州，以县属。十七年州废，属定州，先天二年来属"。《寰宇记》卷六十三：深州，"安平县，西北五十三里。旧一十六乡，今五乡。本汉旧县，属涿郡。《汉书》曰：高帝六年封鄂千秋为安平侯。后属博陵郡。今城北面有台，俗谓之神女楼。自晋及高齐，博陵郡并理此。隋开皇十六年又于此置深州，大业三年省州，以县还涿郡。唐武德四年又置深州，以县属深州。州废，割属定州，至先天元年又置州，县仍属焉"。《元丰九域志》卷二：深州领县"安平，州西北八十五里。三乡，有沙河、滹沱河"。时深州治静安县，在今深州市南二十五里，明初又迁至今深州市址②。则其所指安平县城所在方位与《元和志》等相同。金元以后相沿，即今河北安平县址。

---

① 参见《清统志》卷五十三。
② 参见《清统志》卷五十三。

《清统志》卷五十三："安平故城，今安平县治。"又："安平县城，有内外二城。内城周五里有奇，门四，明成化中建，正德六年又于西、南、北三面增筑土垣，周八里，门三，谓之外城。嘉靖二十六年又增筑御水土堤六里有奇。本朝康熙二十五年修，乾隆三十三年重修。"其城垣至民国时期犹存，平面略呈方形，开四门，西门在西垣南半段、东门在东垣南半段，北门在北垣西段，南门在南垣东段。县衙位于城内东南部县前村，南临东西向大街为县前街；北临东西向大街为县后街，东连东门，西连西门；西临北街，北连北门，南接县前街；东临文庙街，起自县前街东端，向北通向县后街。其后街北有文庙遗址。南街南连南门，北接县前街东段；县前街西端斜向西北连接县后街为田家街。城内四隅为水坑。后县政府北移约1000米至今址。北门外原有圣姑庙，当即《寰宇记》所记神女楼，1945年毁坏，今残存砖砌高台基址。1949年后拆除城墙并扩建街道，南垣一线为旧城街，县后街一线为网都街，其北新建为民街，又北为新盈街，又北为红旗街，西垣一线为西马路，北街一线为圣姑路，其东新建中心路，又东为东马路，又东为育才路等①。今旧城内东街路北残存有文庙遗址，立有元大德十一年重修文庙碑。在县城东南后张庄逯家庄村西南发现一处汉代遗址，面积约5000平方米，暴露遗迹有灰坑和残窑址，采集遗物有石磨和泥质灰陶云纹瓦当、绳纹板瓦、筒瓦及瓮、罐等残片。在此遗址东北发现一座东汉时期壁画墓。据墓葬形制、题记铭文和壁画内容等，发掘者推测此墓可能与宦官赵忠有关，年代当在东汉末年汉灵帝时期。其东北两洼乡西寨子村南发现东汉时期墓葬群，在县城西东黄城乡东黄村东南发现崔寔家族墓地。依相关记载，明正德六年（1511年）扩筑西、南、北三面，成周八里之制，其每面当各外扩半里余，则原南垣当在县前街一线，于外城南门北向街道与之相交处设南门；西垣当在北街一线，于北街与县后街相交处设西门；东垣当即在东垣一线，东门即设于东门址；北垣当大致在新盈街一线。如此，周五里余，合3216米。汉魏时期安平县城规制当略同之。

---

① 新编《安平县志》第一编《政区建置》第四章《城镇乡村》第一节《县城》。

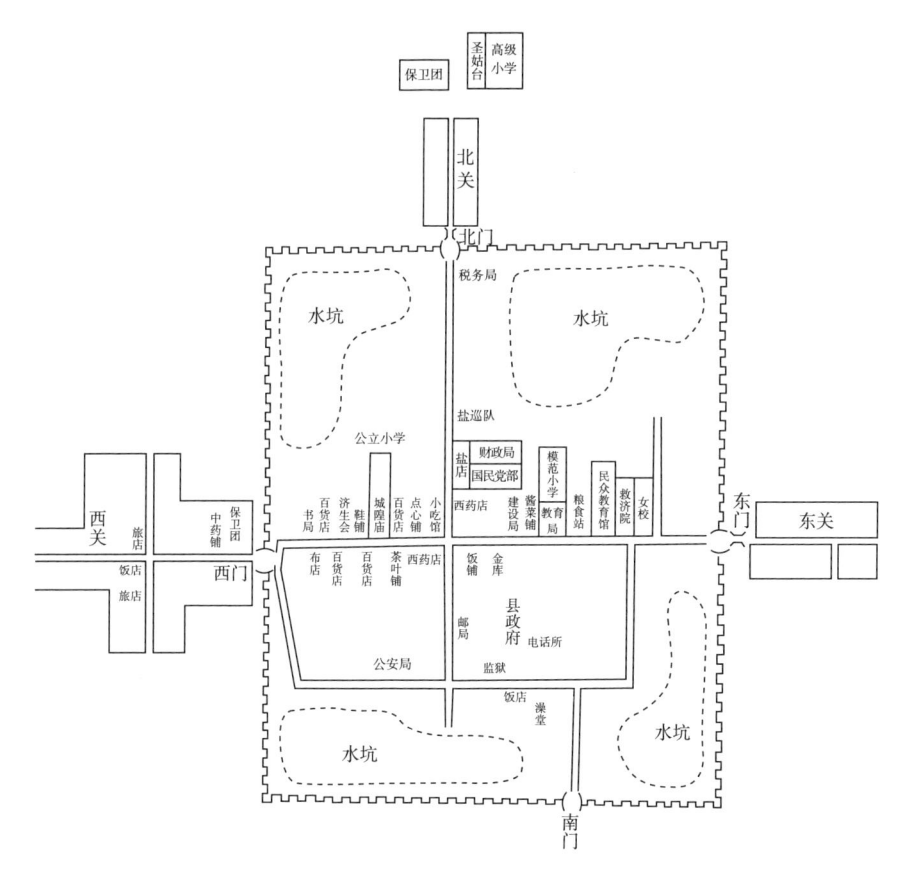

民国 24 年（1935）安平县城概况图

（据新编《安平县志》附图）

樊舆县城

（一）樊舆城

樊舆县，西汉时期属涿郡。《汉志上》：涿郡属县"樊舆，侯国。莽曰握符"。《史记·建元已来王子侯者年表》：汉武帝元朔五年（前124年）封中王靖王子刘条为樊舆侯。并见于《汉书·王子侯表》，作刘脩，后传刘过伦、刘异众、刘土生等，"王莽篡位，绝"。东汉时期省废。《魏志上》：瀛州高阳郡领县"扶舆,前汉属涿,后汉罢,晋复属。前汉、晋曰樊舆,后罢。太和中改,复"。则晋时曾一度复置樊舆县。《水经注·易水》:"易水又东流,屈迳长城西。又东流,南迳武遂县南、新城县北。《史记》曰:赵将李牧伐燕,取武遂、方城是也。俗又谓是水为武遂津。津北对长城门,谓之汾门。《史记·赵世家》云:孝成王十九年,赵与燕易土,以龙兑、汾门与燕,燕以葛城、武阳与赵。即此也。亦曰汾水门,又谓之梁门矣。易水东分为梁门陂。易水又东,梁门陂水注之。水上承易水于梁门,东入长城,东北入陂。陂水北接范阳陂,陂在范阳城西十里,方一十五里,俗亦谓之盐台陂。陂水南通梁门淀,方三里。淀水东南流出长城注易,谓之范水。易水自下有范水通目,又东迳范阳县故城南,即应劭所谓范水之阳也。易水又东迳樊舆县故城北。汉武帝元朔五年封中山靖王子刘条为侯国,王莽更名握符矣。《地理风俗记》曰:北新城县东二十里有樊舆亭,故县也。易水又东迳容城县故城南。……易水又东,埿水注之。水上承二陂于容城县东南,谓之大埿淀、小埿淀。其水南流注易水,谓之埿洞口。水侧有浑埿城,易水迳其南,东合滱水。故桑钦曰:易水出北新城西北,东入滱。自下滱、易互受通称矣。易水又东迳易京南。"《滱水》:"滱水又东北迳侯世县故城南,又东北迳陵阳亭东,又北,左会博水。水出望都县,东南流,迳其县故城南。……博水又东北,左则濡水注之。水出蒲阴县西昌安郭南。……又东北迳乐城南,又东入博水,自下博水亦兼濡水通称矣。……博水又东北,徐水注之。水西出广昌县东南大岭下,世谓之广昌岭。……徐水又东迳蒲城北,又东迳清苑城,又东南与卢水合。水出蒲城西,俗谓之泉头水也。《地理志》曰:北平县有卢水,即是水也。东迳其城,又东南,左入徐水。《地理志》曰:东至高阳入博,今不能也。徐水又东,左合曹水。出西北水也宁县曹河泽①,东南流,左合岐山之水。水出岐山,东迳邢安城北,又东南入曹河。曹水又东南迳北新城县故城南,河南又迳北新城故城北②,此王莽之朔宁县也③。曹水又东入于徐水。徐水又东南迳一故

---

① 此句从《永乐大典》本及明朱谋㙔笺本。
② 此句从明朱谋㙔笺本,《永乐大典》本作"河南又迳新城故城如此"。
③ 此句从《永乐大典》本及明朱谋㙔笺本。

城北，俗谓之祭隅①城，所未详也。徐水又东流入博水。《地理志》曰：徐水出北平，东至高阳入于博。又东入滱。《地理志》曰：博水自望都东至高阳入于河。又东北入于易（经文）。……滱水东北至长城注于易水者也。"其"出西北水也宁县曹河泽"句，朱谋㙔笺曰："谢云：宋本作水出西北朔宁县。"赵一清、戴震从改。杨守敬按："朔宁县无考，郦氏不称故城，或即当时之制，而《地形志》无之。后文王莽之朔宁，是以北新城所改。《水经注》例，不以王莽之县标水出，互详下。《金志》：遂城有漕水。《明志》：安肃，曹河在南。今曹河在安肃县南三十里。"又按："岐山水无考，当在今安肃县西。"似不确。《魏志上》：高阳郡领县"新城，二汉、晋曰北新城。前汉属中山，后汉属涿，晋属。乐乡，前汉属信都，后汉罢，晋复属。有乐乡城。永宁，有班姬神、石兰神。清苑，高祖太和元年分新城置"。则"水也宁县"当属"永宁县"之讹。又，其"河南又迳北新城故城"句，赵一清删"河南"二字，"城"下增"县"字。戴震并删之。杨守敬按："一县两城之制，注中屡见，此不当删，但有讹脱耳。全、赵删'河南'二字，城下增'县'字。是也。"对此，还可结合以下推考做进一步分析。

《隋志中》：河间郡统县"清苑，旧曰乐乡，后齐省樊舆、北新城、清苑、乐乡入永宁，改名焉。开皇十八年改为清苑"。《通典》卷一百七十八：莫州领县"清苑，汉乐乡县。汉高帝过赵，封乐毅之后乐巨叔于此"。《旧唐志二》：莫州领县"清苑，汉乐乡县，属信都国。隋为清苑，武德四年属蒲州，贞观元年改属瀛州，景云二年属莫州"。《寰宇记》卷六十八：保州，"清苑县，旧二十五乡，今十一乡。本乐乡县也。《史记》云：汉高祖过赵，问乐毅有后乎？对曰：有乐巨叔。封于乐乡。即此，属信都国。后汉省，后魏复置，属高阳。高齐天保七年省。仍自易州满城界移永宁县理此城。隋开皇十六年改为清苑县，因后魏易州满城县界清苑河为名。沈水在县北。汉县废城在今县东南三十里，后汉省。樊舆城，汉樊舆县也。武帝封中山靖王子修为樊舆侯，后汉省。废城在今县东南三十五里，一名隅城是也"。又："圣女祠，《舆地志》云：清苑县樊舆城西南隅有圣女祠，女姓薛，字

---

① 隅，朱谋㙔笺本作过。

义姜，钜鹿人，嫁为樊舆王文妻，死于此城之隅，就而祭之，俗名祭隅城。汉元帝初元三年有天渊玉女钜鹿仙人者是也。"其汉高祖封乐毅之后裔事见于《史记·乐毅列传》："高帝过赵，问：'乐毅有后世乎？'对曰：'有乐叔。'高帝封之乐卿（乡），号曰华成君。华成君，乐毅之孙也。而乐氏之族有乐瑕公、乐臣公。"《集解》："徐广曰：在北新城。"又："一作巨公。"《正义》："《地理志》云：信都有乐卿（乡）县。"《汉书·高帝纪》：汉高祖十年（前197年），汉高祖"又求乐毅有后乎？得其孙叔，封之乐乡，号华成君"。颜师古曰："乐毅，战国时燕将也。"当依徐广说为是，其封地在汉代北新城县境，而如《寰宇记》所述"在今县东南三十里"，亦即《水经注》所述之"乐城"①。今保定市东南约10公里石桥乡黄陀村西南100米发现一处汉代遗址，面积约15万平方米，采集有泥质灰陶罐、盆等残片，其西清苑镇西福村西北发现汉代墓葬群②，很可能即属之。上引《魏志》记乐乡县"有乐乡城"，亦当指此而言。依其文例，当表明此时此乐乡城已空出，而乐乡县城另有所在。今保定市南清苑镇南大冉村东北发现一处汉代遗址，面积约5万平方米，文化层厚1米，暴露有灰坑及水井，采集有泥质灰陶罐、盆等残片。其与黄陀村遗址相距较近，或即属南北朝时期乐乡县址。北齐天保七年（556年）移永宁县于今保定市区，乐乡县等废入。又依《水经注》，在乐城东北有清苑城。今保定市东南石桥乡平陵村西南400米发现一处战国至汉代遗址，面积约4万平方米，暴露遗迹有灰坑等，采集有夹砂和泥质灰陶绳纹罐、盆及素面豆等残片③，或即属之。其当为北魏太和元年（477年）所分置清苑县治所，北齐天保七年省入永宁县，隋开皇十八年（598年）又改永宁县为清苑县。

---

① 《清统志》卷十四："乐乡故城，在清苑县东南。《汉书·本纪》：高帝十年过赵，问乐毅后，得其孙叔，封之乐乡，号曰华成君。《水经注》：濡水东经乐城南。即此。后魏始置乐乡县，属高阳郡，北齐省入永宁。《寰宇记》：故城在今县东南三十里。按《魏书·地形志》乐乡县注云：前汉属信都郡，后汉罢，晋复置。汉时信都为今冀州，与今县相距三百余里，其界不能至此。又考《水经注》：信都之乐乡县在下博县东，不云乐叔所封。其地在今深州界。盖汉时信都之县与乐叔之邑本为二地，乐叔虽有封邑，未尝置县也。《魏志》不考，混二地为一。《旧唐志》、《寰宇记》皆仍其说，误。"
② 国家文物局主编《中国文物地图集》河北分册。
③ 国家文物局主编《中国文物地图集》河北分册。

在清苑县北有樊舆县。其樊舆县所在方位，《明统志》卷二及《读史方舆纪要》卷十二均从《寰宇记》所记，在保定府"东南三十里"。而《清统志》卷十四辨之："樊舆故城，在清苑县东南。汉元朔五年封中山靖王子修为侯国，属涿郡，后汉省。后魏太和中复置，改曰扶舆，属高阳郡，北齐省入永宁。《水经注》：滱水经樊舆县故城北。《地理风俗记》曰：北新城县东二十里有樊舆亭，故县也。《寰宇记》：樊舆废城在今县东三十五里，一名隅城。旧志：今谓之御城。按《水经注》，樊舆城在北新城东、容城西，应在今清苑东北、安肃县东界，与《寰宇记》不合。又，《魏书·地形志》：晋复置樊舆，属高阳国，后罢。今《晋志》无此县，盖失载耳。后魏既改扶舆，而《隋志》仍曰樊舆，疑后魏时又尝复故名也。"近世多从其说，然似并无确证。上引《水经注》所述"祭隅城"，《永乐大典》本及明朱谋㙔笺本均作"祭過城"。赵一清按："《寰宇记》引《舆地志》：樊舆城西南隅有圣女祠。女姓薛，字义姜，钜鹿人，嫁为樊舆王文妻，死于此城之隅，就而祭之，俗名祭隅城。然则是城即樊舆县之故城也。道元以祭隅为祭過，而云未详。得乐氏之书，其义始明也。"戴震改作"祭隅城"。杨守敬按："《易水》注言樊舆城在北新城东二十里，是樊舆即祭隅，地望不差。朱作祭過。過、隅形近，为传写之误无疑。"① 言之成理。今保定市东南约15公里望亭乡御城村北发现一处汉代遗址，面积约18万平方米，文化层厚1米，暴露有灰坑和水井等遗迹，采集有泥质灰陶罐、盆、豆残片等。其北望亭乡山望亭村东北发现汉代砖室墓②。当即属古樊舆县城（祭隅城）之遗存。如此，依应劭言，古北新城县城当在其西二十里处。今保定市东孙村乡西孙村西北2000米发现一处汉代遗址，面积约20万平方米，采集有泥质灰陶素面罐、盆等残片，其东孙村乡戎官营村东北发现汉代墓葬群。另在西孙村北约5公里孙村乡张辛庄村东北200米亦发现一处古遗址，面积约10万平方米，采集有汉代泥质灰陶罐、盆及宋代黑釉瓷罐残片等。西孙村遗址与张辛庄村遗址所在方位均略与应劭所言北新城相当，然似不当如杨守敬所说为"一县两城之制"，而极有可能是西汉时期北新城县在西孙村

---

① 《水经注疏》卷十一。
② 国家文物局主编《中国文物地图集》河北分册。

址，张辛庄址另有所属。

《汉志下》：中山国属县"北新城，桑钦言易水出西北，东入滱。莽曰朔平"。又，燕地"南得涿郡之易、容城、范阳、北新城、故安、涿县、良乡、新昌"。则北新城县先属涿郡，后属中山国。至东汉时期又属涿郡。《后汉志五》：涿郡属县"北新城，有汾水门"。刘昭注："《史记》曰：赵与燕汾门。"《后汉书·文苑列传》：刘梁"桓帝时举孝廉，除北新城长"。李贤注："北新城属涿县（郡）。"另据《史记·赵世家》：赵孝成王三十九年（前247年），"赵与燕易土，以龙兑、汾门、临乐与燕，燕以葛、武阳、平舒与赵"。《集解》引徐广曰："（汾门）在北新城。"《正义》："《括地志》云：北新城故城在易州遂城县西南二十里。"晋代北新城属高阳国，见于《晋志上》。北魏时改称新城县，北齐时省废。又，《史记·赵世家》：赵悼襄王二年（前243年），"李牧将，攻燕，拔武遂、方城"。《集解》："徐广曰：武遂属安平。"《正义》："《括地志》云：易州遂城，战国时武遂城也。"当以《括地志》所述为是。《隋志中》：上谷郡统县"遂城，旧曰武遂。后魏置南营州，准营州置五郡十一县：龙城、广兴、定荒属昌黎郡，石城、广都属建德郡，襄平、新昌属辽东郡，永乐属乐浪郡，富平、带方、永安属营丘郡。后齐唯留昌黎一郡，领永乐、新昌二县，余并省。开皇元年州移，三年郡废，十八年改为遂城"。《通典》卷一百七十八：易州领县"遂城，有遂武（当作武遂）也"。《元和志》卷十八：易州，"遂城县，上，北至州七十里。本汉北新城县，属涿郡。后魏除北字，寻又省。隋开皇三年移后魏新昌县于此，属易州，十六年改新昌县为遂城县。按：县城即战国时武遂城也。赵将李牧攻燕，拔武遂、方城，即此也。后魏孝武帝永熙二年以韩瓒为营州刺史，行达此城，值卢曹构逆，就置南营州，以瓒为刺史。所部三千余人，并雄武冠时，因号英雄城"。《旧唐志二》：易州领县"遂城，汉北新城县，属中山国。后魏改为新昌，隋末为遂城"。《寰宇记》卷六十八：威虏军，"遂城县，旧二十三乡，今四乡。战国时武遂县也。《史记》'赵悼襄王二年李牧将攻燕，拔武遂'是也。本汉北新城县。《汉书·地理志》：燕南得涿郡之北新城，后汉属中山国。《土地十三州志》云：河间有新城，故加北字。后魏武帝永熙二年于此置南营州，改为新昌县，隋开皇十六年改为遂城县。今理釜山村"。而依《水经注》所述，北魏时期当已置武遂县，而后改为新昌县，至隋时又改称遂城县。《明统志》卷二："废遂城县，在安肃县西二十五里。……本朝省入安肃县。"《读史方舆纪要》卷十二：保定府安肃县，"遂城废县，县西二十五里。战国时燕之武遂也"。《清统志》卷十四所述略同。其安肃县置于宋代，即今河北徐水县。其西遂城乡遂城村周围残存一古城址，平面近方形，北垣长1044米，东垣长1014米，南垣长1037米，西垣长1097米，城垣夯土筑成，基宽约25米，残高1~10米，采集遗物有灰陶罐、盆、瓮、盘、板瓦和白釉瓷碗等残片，当为唐宋时期遂城县城之所在①。其南遂城乡巩固庄村西300米发现一处古遗址，面积约15万平方米，文化层厚1米，暴露遗迹有灰坑、墓葬，采集遗物有商代的夹砂和泥质灰陶、灰褐陶绳纹鬲、罐，战国至汉代泥质灰陶瓦当、板瓦、筒瓦、瓮、罐和夹砂红褐陶釜、罐等②，或即属战国时期武遂城遗存。又，《读史方舆纪要》卷十二：安肃县，"北新城废县，县西南二十里。汉县盖治此"。《清统志》卷十四所述略同，并记"又有空城在县西南三十里"。其所述北新城所在地理方位当本于《括地志》，而误以"遂城县"为"安肃县"。今徐水县西南南留乡空城店村周围发现战国至汉代遗址，面积不详，暴露遗迹有夯土墙基和灰坑，采集遗物有泥质灰陶绳纹板瓦、筒瓦、罐、盆等残片。其西南漕河镇马官营村东发现一处周至汉代遗址，面积不详，文化层厚1米，暴露遗迹有灰坑、墓葬，采集遗物有夹砂红褐陶、灰陶绳纹釜、罐、鬲、瓮和泥质灰陶盆、豆、板瓦等残片。在马官营村南发现汉代墓葬群③。此二处遗址均与遂城县城（武遂城）南北相对，相距约10公里，而马官营村遗址更略偏于西南，当即属《水经注》所述"新城"即"北新城县故城"。另在其以东约10公里今徐水县南亭乡南亭村东北20米发现一处古遗址，面积约2万平方米，暴露遗迹有灰坑和红烧土堆积，采集遗物有汉代泥质灰陶罐、瓮、盆及宋代灰陶罐、盆和白釉、

---

① 国家文物局主编《中国文物地图集》河北分册。
② 国家文物局主编《中国文物地图集》河北分册。
③ 国家文物局主编《中国文物地图集》河北分册。

黑釉瓷器残片①。与《水经注》所述"樊舆县故城"之方位相当，或即属之。《清统志》虽未予确指，然所示方位当大体在此。则明显与上所推考二城方位相异。而之所以如此，当因《水经注》记述及近世理解有误所致。上述诸遗址均未经系统发掘，其是否筑有城墙及所属时代尚无法准确判定。现只能就相关文献加以考订。其马官营遗址北与武遂城相对，判属"新城"即"北新城县故城"当无问题，《水经注》所述"曹水又东南迳北新城县故城南"下接述"河南又迳北新城故城北，此王莽之朔宁（平）县也"当意在表明在此"北新城县故城"之东南尚存另一"北新城故城"，当即指西孙村遗址，并特注明"此王莽之朔宁（平）县也"。由此推知，郦道元是以"北新城故城"属西汉时期之北新县城，沿用至王莽时期；而东汉以后之北新县城已迁至马官营村遗址，故引用应劭《地理风俗记》所云"北新城县东二十里有樊舆亭，故县也"。实际上很可能是东汉时期北新城县犹在西孙村址，而樊舆县已废，置有樊舆亭（御城村址），应劭所述当即指此而言。而北新城县迁至马官营址当在晋代②，并一度复置樊舆县于南亭村址，至北魏时期分别沿用为新城县及扶舆县。如此，《水经注》文"河南又迳北新城故城北"十字不当删，"北新城"下亦不必增"县"字，而"河南"则似为"东南"之抄误。

另据《元丰九域志》附《新定九域志》卷二：广信军，"釜山，邢子励《高阳记》云：漕水出釜山。班妃山，《图经》云：隋炀帝东征，于山上置班姬庙"。又："漕水，《高阳记》云：漕水出釜山南，东流经羊角淀北、新城西，有伏龙泉与漕水流合。……新城，《高阳记》：本颛顼所造，又名伏龙城。"其广信军即威虏军所改，时治遂城县。《明统志》卷二："釜山，在安肃县西四十五里，其形若釜。"又："班妃山，在安肃县西五十里，上有班妃庙。"其班姬（班妃）庙当因班姬神而置，而上引《魏志》记永宁县有

---

① 国家文物局主编《中国文物地图集》河北分册。
② 《资治通鉴》卷一百九：晋隆安元年（397年），魏主拓跋珪"使中领将军长孙肥、左将军李栗将三千骑追（慕容）宝至范阳，不及，破其新城戍而还"。胡三省注："《前汉志》：中山国有北新城。《郡国志》：涿郡有北新城。晋省。《水经注》：新城县在武遂县南。燕督亢之地也。"而《魏书·长孙肥传》记为"遂破其研城戍"，则胡三省注有误。

班姬神,《寰宇记》又记永宁县在满城县界,则北魏时期永宁县城当在今满城与徐水县交界地带。《高阳记》所述"釜山"当即《水经注》所述之"岐山",其以"岐山之水"为漕河正流。其"新城"当在马官营址,城西"伏龙泉"当即《水经注》所述之"曹河泽",时在永宁县境内,故称"永宁县曹河泽"。而"新城"南有伏龙泉水流经,故又名伏龙城。据上引《寰宇记》,有沈水在清苑县北,又有清苑河在满城县界。《宋史·河渠志五》:"塘泺,缘边诸水所聚,因以限辽。……起安肃、广信军之南,保州西北,畜沈苑河为塘,衡广二十里,纵十里,其深五尺,浅或三尺,曰沈苑泊。自保州西合鸡距泉、尚泉为稻田、方田,衡广十里,其深五尺至三尺,曰西塘泊。"《明统志》卷二:保定府,"清苑河,在府城西二里,源自鸡距泉,至此分流绕城南北,至东合流入黄狗窊"。又:"一亩泉,在府城西三十里,一名尚泉。其流与鸡距泉合,俗号西塘泊,民多利之。鸡距泉,在府城西三十里,泉水喷流,状如鸡距,与一亩泉合流,由城外濠出为减水口。元张柔又作新渠,凿西城以入水,水循市东行转北,别为东流,垂及东城,又折而西,双流交贯,由北水门而出。夏秋之交荷芰如绣,水禽下上,游人共乐焉。"《清统志》卷十三:"清苑河,在清苑县南,源出满城县一亩、鸡距二泉,东南流绕清苑县南,又东与方顺河合,即古卢水也,亦名沈水。……旧志:今有奇村河,在满城县东十五里,发源村西北四里许,泉水涌出,其阔一亩,名一亩泉。其西南二里许又有泉喷出,状如鸡距,名鸡距泉。二泉合流迳奇村,故名奇村河,东流至清苑县,分流绕城为濠。有西闸、东上闸、东下闸启闭蓄泄,天津贾舶直抵南城下,又东合石桥河。"相互比照可推知,其鸡距泉或即属《水经注》所述之"泉头水",东南流为沈水(卢水),于清苑城东南与徐水相汇。而一亩泉(尚泉)或即属《水经注》所述之"曹河泽",东流为曹河,于北新城故城东入徐水。徐水流于此二泉水之间。至南北朝后期,徐水及曹水改道,于今满城北大致循行明清时期河道;曹河泽以下水流与曹水分离,或改行原徐水河道,流经清苑城北,故得清苑河之名。《寰宇记》所记"后魏易州满城县界清苑河"当即指此而言。至唐宋之际,沈水又与清苑河合流,流经清苑县北,称沈水或沈苑河,如《寰宇记》及《宋史·河渠志》所称。明清以后又改称清苑河，而流势亦有所改变。

（二）滱水与易水

汉代以来，此一地区诸水流势多有变迁。《汉志下》：中山国属县"曲逆，蒲阳山，蒲水所出，东入濡。又有苏水，亦东入濡。莽曰顺平"。张晏曰："濡水于城北曲而西流，故曰曲逆。章帝丑其名，改曰蒲阴，在蒲水之阴。"又，代郡灵丘县，"滱河东至文安入大河，过郡五，行九百四十里，并州川"。《水经注·滱水》："滱水出代郡灵丘县高氏山（经文）。……又东过安国县北（经文）。滱水历县，东分为二水。一水枝分，东南流迳解渎亭南。汉顺帝阳嘉元年封河间孝王子淑于解渎亭为侯国，孙宏即灵帝也。又东南迳任丘城南。又东南迳安郭亭南。汉武帝元朔五年封中山靖王子刘博为侯国。其水又东南流，入于虖池。滱水又东北流迳解渎亭北面东北注也。又东过博陵县南（经文）。……滱水又东北迳侯世县故城南，又东北迳陵阳亭东。又北，左会博水。水出望都县，东南流迳其县故城南。……博水又东北，左则濡水注之。水出蒲阴县西昌安郭南。《中山记》曰郭东有舜氏甘泉，有舜及二妃祠。稽诸传记，无闻此处，世代云远，异说之来，于是乎在矣。其水自源东迳其县故城南，枉渚迴湍，率多曲复，亦谓之为曲逆水也。张晏曰：濡水于城北曲而西流，是受此名。故县亦因水名而氏曲逆矣。《春秋左传·哀公四年》：齐国夏伐晋，取曲逆是也。汉高帝击韩王信，自代过曲逆，上其城，望室宇甚多。曰：壮哉！吾行天下，唯洛阳与是耳。诏以封陈平为曲逆侯。王莽更名顺平。濡水又东，与苏水合。水出县西南近山，东北流迳尧姑亭南，又东迳其县入濡。濡水又东，得蒲水口。水出西北蒲阳山，西南流，积水成渊，东西一百步，南北百余步，深而不测。其水又东南流，水侧有古神祠，世谓之为百祠，亦曰蒲上祠，所未详也。又南迳安阳亭东。《晋书地道记》曰：蒲阴县有安阳关，盖安阳关都尉治。世俗名斯川为安阳壤。蒲水又东南历壤，迳安阳关下，俗名关皋为唐头坂。出关北流，又东流迳夏屋故城，实中险绝。《竹书纪年》曰：魏殷臣、赵公孙裒伐燕，还取夏屋，城曲逆者也。其城东侧，因阿仍埔，筑一城，世谓之寡妇城。贾复从光武追铜马、五幡于北平所作也。世俗音转，故有是名矣。其水又东南流迳蒲阴县故城北。《地理志》曰：城在蒲水之阴。汉章帝元和三年行巡北岳，以曲逆名不善，因山水之名，改曰蒲阴焉。水右合鱼水。水出北平县西南鱼山，山石若巨鱼，水发其下，故世俗以物色名川。又东流注于蒲水，又东入濡。故《地理志》曰：蒲水、苏水并从县东入濡水。又东北迳乐城南，又东入博水，自下博水亦兼濡水通称矣。《春秋·昭公七年》：齐与燕会于濡上。杜预曰：濡水出高阳县，东北至河间鄚县入易水。是濡水与虖池、滱、易互举通称矣。博水又东北，徐水注之。水西出广昌县东南大岭下，世谓之广昌岭。……徐水又东流入博水。《地理志》曰：徐水出北平，东至高阳入于河。又东入滱。《地理志》曰：博水自望都东至高阳入于河。又东北入于易（经文）。滱水又东北迳依城北，世谓之依城河。《地说》无依城之名，即古葛城也。《郡国志》曰：高阳有葛城，燕以与赵者也。滱水又东北迳阿陵县故城东。王莽之阿陆也。建武二年更封左将军任光为侯国。滱水东北至长城，注于易水者也。"戴震按："此易水谓南易至文安与漳沱合者，长城在今文安县界。"熊会贞按："《汉志》：滱河东至文安入大河。《水经》言滱入易，注亦言滱注易。《汉志》以滱为正流，《水经注》以易为正流也。"又，上引《易水》所述"自下滱、易互受通称矣"下，全祖望按："桑钦之言与《汉志》大相参错。滱入易，易不入滱。其入滱者，支流耳。善长盖以互受通称调停之。"赵一清按："《汉志》涿郡中水县，应劭曰：在易、滱二水之间，故曰中水。郦说本此。"熊会贞按："《水经》所谓滱入易者，滱入南易也。《汉志》所谓易入滱者，南易入滱也，别无支流入滱。且《汉志》以滱水为正流，言易入滱，滱入大河。《水经》以易水为正流，言滱入易，易入海。本互受通称之常例，故郦氏云然。全氏以为调停之言，非也。至赵引应说，以为郦氏所本，则全非注旨，无庸深辨矣。"可见《汉志》与《水经注》所述互有不同。近世学者多方牵合，似均不够妥切。

依《水经注》，其曲逆城当即《左传》所述之"逆畤"。《左传·哀公四年》：齐之国夏"伐晋，取邢、任、栾、鄗、逆畤、阴人、盂、壶口"。杜预注："八邑，晋地。"阮元校勘记："逆畤，案《水经·濡水注》引作曲逆，汉封陈平为侯，即是地也。今诸本作逆畤。"或郦道元所见传本作"曲逆"，然依杜预注无异义及确指推之，原文当即为"逆畤"。而《竹书纪年》所述"城曲逆"事，《今本竹书纪年》系于周显王二十一年（前348年）。又，《战国策·齐策二》：齐与燕争战，齐人魏处对赵人李向言："战而胜，兵罢弊，赵可取唐、曲逆；战而不胜，命悬于赵。"姚宏本注："唐，今卢奴北卢县也。"又："曲逆，今蒲阴也。是时属燕，故劝取之。"《战国策·赵策二》苏秦上书说赵王曰："今鲁（踊）句注禁常山而守，三百里通于燕之唐、曲吾，此代马胡驹不东，而崐山之玉不出也。"鲍彪本注："吾作遇。"吴师道正曰："当作曲逆。"黄丕烈《札记》："今本吾作遇，乃误涉鲍也。丕烈案：吾、逆，声之转也。当存旧。"《史记·高祖功臣侯者年表》：汉高祖六年（前201年）封陈平为曲逆侯，后传陈买、陈恢、陈何。元光五年（前130年）国除。《史记·陈丞相世家》："高帝南过曲逆，上其城，望见其屋室甚大，曰：'壮哉县！吾行天下，独见洛阳与是耳。'顾问御史曰：'曲逆户口几何？'对曰：'始秦时三万余户，间者兵数起，多亡匿，今见五千户。'于是乃诏御史，更以陈平为曲逆侯，尽食之，除前所食户牖。"《集解》："《地理志》：县属中山也。"《韩信卢绾列传》：汉高祖十一年冬，"汉兵击斩陈豨将侯敞、王黄于曲逆下"。《正义》："定州北平县东南十五里蒲阴故城是也。"《汉书》所述略同。《后汉志二》：中山国属县"蒲阴，本曲逆，章帝更名，有阳城"。刘昭注："《晋地道记》曰：有阳安关、阳城。"晋时相沿，见于《晋志上》。《魏志上》：定州，"北平郡，孝昌中分中山置，治北平城"。领县"蒲阴，二汉、晋属中山。前汉曰曲逆，章帝改名。有蒲阴城、安国城、安阳赤泉神。北平，二汉、晋属中山。有北平城、木门城"。并领望都县。《隋志中》：博陵郡统县"北平，旧置北平郡。后齐郡废，又并望都、蒲阴二县来入"。《元和志》卷十八：定州，"北平县，上，西南至州八十三里。本秦曲逆县地，属中山国，陈平封曲逆侯。后汉章帝巡岳，以曲逆名不善，改名蒲阴县。后魏孝明帝改名北平县，于今县东北二十里置北平郡，割中山国之蒲阴、望都、北平三县属之。高齐省北平郡及蒲阴县，以北平县属中山郡。隋开皇三年属定州。皇朝因之，万岁通天二年契丹攻围，七旬不下，故改为徇忠县，寻复旧名。蒲阳山在县西北四十里。濡水，县西五里。安阳故关，县西北二十五里"①。《寰宇记》卷六十二：定州，"北平县，东北八十里。旧三十一乡，今六乡。本秦曲逆县之地，属中山国。《隋图经》云：汉高祖北征，还至此大会，酒酣。叹曰：吾周行天下多矣，唯见洛阳与是，因封陈平于此。《十三州志》云：后汉章帝巡北岳，以曲逆名不善，改为蒲阴县。后魏孝昌中于今县东北二十里北平城置北平郡，割中山国之蒲阴、望都、北平三县属之。高齐省北平郡及蒲阴县，以北平县属中山郡。隋开皇三年属定州，唐万岁通天二年契丹攻围，七旬不下，敕改为徇忠县，神龙元年复为北平县。后唐长兴三年改为燕平县，今复为北平。蒲阳山，《汉书·地理志》：曲逆县有蒲阳山，蒲水所出。谓此也。兼汉有蒲阴故城在今县西北四十里。濡水，县西五里。安阳故关，县西北二十五里"。比照《元和志》，其"在今县西北四十里"当在"谓此也"之后，指蒲阳山方位。而"兼汉有蒲阴故城"句当有脱误。以上引述互有异同，而以汉晋时期蒲阴县相沿于曲逆城址则无疑义。又依《魏志》所记，蒲阴县"有蒲阴城"，则北魏时期蒲阴县治所当有迁移，当在《水经注》所述蒲阴县址，位于蒲阴县故城西。至孝昌年间分置北平郡，割蒲阴、望都、北平三县属之。其时北平县当与北平郡共治北平城，在唐宋时期北平县东北二十里②。《隋志》记北平县"旧置北平郡，后齐郡废"，则以此北平县置北平郡不当始于北齐，而当始于北魏或东魏时期。由此推之，《元和志》所记"后魏孝明帝改名北平县"很可能是将蒲阴县改名为北平县，即置此北平郡不久即将郡治所迁移至蒲阴县址，并改名北平县，省废蒲阴县。而所记"高齐省北平郡及蒲阴县"当为"高齐省北平郡及望都县"之误。《隋志》所记"又并望都、蒲阴二县来入"，当为"又并望都县来入"。如此则隋唐时期北平县城当相沿于北魏时期蒲阴县址。《元和志》未另述曲逆城，很可能是将其与北魏时期蒲阴城混而为一。《明统志》卷二：保定府，"完县，在府城西七十里。本秦曲逆县

---

① 校勘记："改名北平县，《考证》：官本名作为。五字疑衍。《地形志》未详，文义亦多龃龉。"
② 据《中国文物地图集》河北分册，今河北顺平县东北约12公里伍侯乡伍侯村西南发现一处汉代遗址，面积约13万平方米，暴露遗迹有灰坑，采集遗物有泥质灰陶绳纹板瓦、罐和夹砂红褐陶釜等残片，在南伍侯村东发现有东汉砖室墓。是否与北平城址有关，尚不能确定。

地，汉置北平县，属中山国。后魏属北平郡，北齐省。隋初复置，属定州。唐改为徇忠县，神龙初复为北平县。五代时唐改为燕平县，后复曰北平，属易州。宋属定州，升北平军。金改为永平县，属中山府，后升完州。元复为永平县，寻复完州。本朝洪武二年改为完县"。其以唐宋时期北平县相沿于汉代北平址，有误。清代相沿为完县，今改为顺平县。《清统志》卷十四："甘城，在完县西北三里。"今顺平县西北蒲阴镇甘城村东发现一处古遗址，面积为6万平方米，文化层厚1米，暴露遗迹有灰坑，采集有商代石斧、石刀、石镰和陶器残片及汉代泥质灰陶瓮、罐等残片。与《水经注》及《中山记》所述蒲阴县西昌安郭有舜氏甘泉、舜及二妃祠所在方位相当，当即属之。或为商周时期虞舜之后裔所居，故建有舜及二妃祠。其南为濡水之源，与《元和志》所述濡水在北平县西五里大致相符，亦可互为印证。《读史方舆纪要》卷十二：保定府完县，"曲逆城，在县东南二十里"。与《括地志》所述略有不同，或因所指城址遗迹标识物方位不同有关。今河北顺平县东南约8公里北城乡子城村北界河西岸台地上残存一古城址，平面近方形，边长约2500米。城墙夯土筑成，基宽11～25米，残高3～8米。城内采集遗物有西周、东周和汉代陶器残片。西周时期的陶器以夹砂和泥质灰陶为主，器表多饰绳纹，可辨器形有鬲、罐、盆等[1]。东周至汉代的陶器以泥质灰陶为主，器表除素面外，多饰绳纹，可辨器形有板瓦、筒瓦、瓦当、瓮、罐、盆、豆等。城址以外发现西周和汉代墓葬，出土随葬品有陶鬲、罐和铜戈等。据考古资料分析，此城址的年代约在东周至汉代。另在子城村内发现商代墓葬群，在子城村东南发现东汉时期封土墓葬群等。其所在方位与《水经注》及《括地志》等所述古曲逆城即汉晋蒲阴县城相当，且规模宏大，当即属之。而所属年代偏早，且呈现连续性发展，极有可能在商周时期已形成一中心聚落。其南临濡水，亦称曲逆水，而以曲逆称之，或作曲吾，当属拟音字，为商周时期在此一地区居存活动的土著族系名称，含义已不可考[2]。或亦可拟音作逆

---

[1] 国家文物局主编《中国文物地图集》河北分册。
[2] 上引张晏以濡水于曲逆城北曲而西流，故曰曲逆，当属后世附会。

時，或单称逆①。古音逆属铎韵疑纽，为喉音；而从屰之字如斥音属铎韵昌纽，为舌上音，濡音侯韵日纽，亦为舌上音，则逆与濡之音相近。由此推之，此濡水之濡当亦属拟音字，或为逆之通假字。

依《水经注》所述，滱水正流在此一地区流经安国县北、博陵县南，于陵阳亭东北左会博水，又东北流经依城（葛城）北，世谓之依城河，又东北流入易水。而濡水于乐城南入博水，"自下博水亦兼濡水通称"。又，"濡水与虖池、滱、易互举通称"。用以释杜预注文，似不确。《左传·昭公七年》：燕人与齐"盟于濡上"。杜预注："濡水出高阳县，东北至河间鄚县入易水。"孔颖达疏："今案高阳无此水也。水源皆出于山。其出平地，皆是山中平地。燕、赵之界无泉出者，未知杜言何所案据。"可表明在隋唐之际，高阳城（今河北高阳县东）一带已不见濡水。很可能是在南北朝此段濡水已湮灭，而郦道元以流经依城（今河北安州镇）西之滱水指之，显然与史实不符。且此为濡水（博水）汇入滱水以下河段，并非其出处，与所引杜预注文意亦不合。《寰宇记》卷六十六：莫州鄚县，"濡水在县西二十里，向东合易水。《左传》：齐侯伐北燕，盟于濡上。即此是也。盖秌所出"。其秌当作湫，指水注。此段濡水当即杜预所言东北至河间鄚县（今河北任丘市北鄚州镇）入易水者，时已成无源之水。而就其流势来看，原当流经高阳城南及高阳城东，与此段残存濡水相接，如杜预所言。其高阳县因南临高河而得名。《寰宇记》卷六十三：深州乐寿县（今献县）西北三十里有中水故城，"《郡国县道记》云：其城南枕滹沱，北背高河"。则古时高河当在高阳县与乐寿县之间。

明初高阳县迁治今高阳县址。《明统志》卷二：保定府，"土尾河，在府城东南九十里，源自蠡县唐河，经县境至安州合易水"。《读史方舆纪要》

---

① 《说文解字》："時，天地五帝所基止祭地。从田、寺声。右扶风有五時，好時、鄜時皆黄帝時筑。或曰秦文公立也。"又，《史记·封禅书》："栎阳雨金，秦献公自以为得金瑞，故作畦時栎阳而祀白帝。"《集解》："晋灼曰：汉注在陇西西县人先祠山下，形如种韭畦，畦各一土封。"《索隐》："《汉旧仪》云：祭人仙于陇西西县人先山，山上皆有土人，山下有時，埒如菜畦，時中各有一土封，故云時。《三苍》云：時，埒也。"《汉书·高帝纪》：汉王出袭雍王章邯，"雍兵败还，走战好時"。孟康曰："時音止，神灵之所止也。好時，县名，属古扶风。"依此，"逆時"当指曲逆之地祭神之所。

卷十二：安州高阳县，"马家河，县东三里。滹沱河支流也。自晋州饶阳县铁灯竿口导流而北经蠡县境，又东北至县南延福村，杨村河、土尾河俱流合焉，潴为马家河淀，复东北流入安州界，注于易水"。又："高河，县东二十五里。自马家河淀分流，其别出者曰猪龙高（河），俱引而东经高阳故城南，又东北经安州界，下流入白羊淀，合雄县之瓦济河。志云：高河旧流自县境东南入至河间县界，下流注于滹沱。此非故流矣。"《清统志》卷十三："唐河，即滱水也。……旧志：唐河自倒马关口流入，迳完县西北七十里入唐县界。旧迳县西南二十里，折而东迳县南十里。其后自下素决而南趋，自符城以东溃为沙川十余里，历定州北，又东南迳祁州南十五里，至州东南三岔口与沙、滋二河合，入博野县界，名蟾河。自此折而东北迳县东南二十里入蠡县界，又名杨村河，旧入河间府境，明正德十二年北决经县东入高阳县界，为马家河。迳县东三里。又东北入安州界，为邱家道口河，至州东三十里汇于白洋淀。其下流迳雄县西南二十里为高阳河，过莲花淀合易水。按《水经注》：滱水自陵阳亭又北会博水，至依城谓之依城河。盖滱水故道本由今清苑东南与濡、博诸水合流注易，后徙而东，不入县境。《明统志》有土尾河在清苑东南九十里，源出蠡县，经县境至安州合易水，当即唐河支流也。"又："猪龙河，在高阳县东二十五里。由三岔河口会唐、沙、滋三河之水，迳安平、博望、蠡县界入县境，又东历安州界归白洋淀，春冬时褰衣可涉，至夏秋汛涨最难捍御。本朝乾隆二十七年加筑挑水坝，复于河之淤曲处裁直通流，遂免奔溢之患。按旧志：猪龙河在高阳旧城东三里，相传古有猪龙化而成。旧南纳高河，后高河堙塞，独此为水潦所归，北受白洋之逆流可二十余里。明万历中尝塞东道口以捍之。后马家河东决，遂开车道口以出南水，复为水门，以时启闭。新志：潴龙河在新安县南六十里，即高阳之马家河，流入雄县为高阳河。盖旧时潴龙河在马家河之东，今自蠡县杨村河下流竟由潴龙河趋淀，马家河故道又淤矣。高河，在高阳县东二十五里，亦曰泔河，滱水支流也。旧自蠡县东北经高阳故城南，旁入潴龙河，又东北入白洋淀。明洪武中河决，旧城圮，遂迁今治，而高河淤。今县东南三十里有罗汉淀，东二十里有梁淀，皆高河所潴。又，县西南六里旧有运河，相传为宋时转漕处，今亦堙。"又：

"依城河,在安州北。自清苑县流入,又东入新安界,即有濡、滱诸水下流也。旧志:按《左传·昭公七年》:齐、燕盟于濡上。杜预注:濡水出高阳县,东北至鄚县入易。《水经注》:滱水自博陵陵阳亭又北会博水,博水自合濡水,又合徐水,又东北入滱水。滱水又东北迳依城北,世谓之依城河。据杜氏,则依城河为濡水。据郦氏,则依城河为滱水。自宋兴塘泺,水道变迁,滱水自蠡东入河间,不复北行,而依城河止上承濡水,与杜氏之说适符。近者土俗称州为濡上是也。"可知宋明以来此一地区水道又多有变迁,滱水(唐河)先由蠡县一带东流入河间府境,后改北流经高阳县东,并有潴龙河等形成。其潴龙河原流经古高阳城东,呈西南—东北流向,与杜预所言濡水相当,很可能即大致循行古濡水河道。如此,西汉时期滱水当流经此潴龙河东,而博水及濡水当顺势流向东南,合为一流,至今蠡县一带折向东北循行潴龙河道,于高阳城附近汇入滱水。《汉志下》望都县下注"博水东至高阳入河"当即指此而言。其"河",当指"滱河"。其博水汇入濡水以下河段亦可称濡水。《汉志下》北平县下注:"徐水东至高阳入博。又有卢水,亦至高阳入河。"其"入河",依文意当为"入博"。此二水当亦在高阳城附近汇入博水(濡水)。古音易属锡韵余纽,为舌头音,与濡音相近,则濡水亦可称易水。此外,西汉时期在高阳城南当有高河,或属濡水支流。东汉中后期,滱水改流《水经注》所述河道,北注南易水。而原流经高阳城南的濡水当犹存,唯已无上游之源,下游仍至鄚县入易水。故杜预注为:"濡水出高阳县,东北至河间鄚到入易水。"至南北朝时期此段水道当已湮灭,无法指实。郦道元遂有误解。

《汉志上》:涿郡中水县,应劭曰:"在易、滱二水之间,故曰中水。"《汉志下》:代郡卤城县,"虖池河东至参合(户)入虖池别,过郡九,行千三百四十里,并州川。泒(沤)河东至文安入海,过郡六,行千三百七十里"。河间国弓高县,"虖池别河首受虖池河,东至平舒入海"。西汉时期河水流经章武县(今黄骅市刘皮庄城址)南入海,滹沱河流经乐成县(今献县东南)南,至参户县(今青县东空城址)入滹沱别河,至东平舒县(今天津静海县西钓台城址)入海。而中水县(今献县西北南皇庄)北临易水,南临滱水。则其时滱水当循行《水经注》所述枝道,于安国县东南流经解渎亭南、安郭亭南而汇入滹沱水，向东流经中水县南，后又北折。《寰宇记》卷六十六，莫州任丘县，"滱水枯渎在县西一里"。当即为古滱水河道，大致循行今中堡河水道①。如此，西汉时期派水在此一地区当流行于滱水与滹沱河（滹沱别河）之间，亦即在今河间市东、大城县西，北至文安县（今文安县东）入海。而"滱河东至文安入大河"，当指滱河在此一带入派河，"大河"或为"派河"之讹。

成县城

成县，西汉时期属涿郡。《汉志上》：涿郡属县"成，侯国。莽曰宜家"。《汉书·王子侯表》：汉昭帝元凤五年（前76年）封中山康王子刘喜为成献侯，后传刘得疵、刘俪、刘贵。建平元年（前6年），"薨，亡后"。注属涿郡。又，《史记·高祖功臣侯者年表》：汉高祖六年（前201年）封董渫为成敬侯，后传董赤，"有罪，绝"。汉景帝中元五年（前145年）复封董赤为节氏侯。《索隐》：成，"县名，属涿郡"。《汉书·高惠高后文功臣表》：汉高祖六年封董渫为成敬侯，"七年薨"。孝惠元年（前194年）董赤继嗣，为节氏侯。王先谦曰："《索隐》：成，县名，属涿郡。案：《汝（汶）水注》，渫封邑在泰山郡，后汉所置成县也，详泰山式下。后封成阳荒王子宪。如《索隐》说作成，则国除后，昭帝以封中山康王子喜，亦可通。"②《水经注·汶水》："淄水又迳郕城北。汉高帝六年封董渫为侯国。"此郕城在今山东宁阳县东北③。后说似较为妥切。成县所在，史无明载。依

---

① 《清统志》卷二十一："玉带河，在肃宁县东。即唐河下流，旧自蠡县流入，与河间县界接界，又东北接任邱县界为镜河。……旧志：博野县滋、沙、唐三水由铁灯竿口注洋东五十二淀，东北流入肃宁县境为中堡河，在县东三十里。又东分为玉带河，在县东三十五里。又经河间县西门外，北入任邱县界为镜河，至县南三里会莲花泊，又北环城为濠。至县东北会五龙潭，又东北会于五官淀。郑樵《通志》：保定滋、沙、滱三水旧自蠡县引流而东，历肃宁之五千淀而达于雄县之瓦济河。中堡、玉带二河皆其经流处也。后自蠡县北入高阳，历新安、雄县，而出任邱之赵北口，于是故道多湮，而玉带河之名亦移于顺天府之保定县矣。"

② 《汉书补注》卷十六。

③ 参见《水经注疏》卷二十四。

汉制，其有可能原属中山国，分封成侯后划归涿郡，当位于中山国与涿郡、代郡交界地带。中山国西北部与代郡广昌县交界。广昌县于东汉时期划归中山国，见于《后汉志二》。晋时又改属代郡，见于《晋志上》。北魏时期省废。《水经注·巨马水》："巨马河出代郡广昌县涞山（经文）。即涞水也，有二源，俱发涞山。东迳广昌县故城南，王莽之广屏矣。魏封乐进为侯国。涞水又东北迳西射鱼城东南，而东北流。又东迳东射鱼城南，又屈迳其城东。《竹书纪年》曰：荀瑶伐中山，取穷鱼之邱。穷、射字相类，疑即此城也。所未详矣。"《滱水》："（滱水）东南过广昌县南（经文）。滱水东迳嘉牙川。川有二水，南来注之。水出恒山北麓，稚川三合，迳嘉牙亭东，而北流注于滱水。水之北，山行即广昌县界。滱水又东迳倒马关。……又东，左合悬水。水出山原岫盘谷，轻湍浚下，分石飞悬，水一匹有余，直灌山际，白波奋流，自成潭渚，其水东南流，扬湍注于滱。滱水又东流历鸿山，世谓是处为鸿头，疑即《晋书地道记》所谓鸿上关者也。关尉治北平，而画塞于望都，东北去北平不远，兼县土所极也。滱水于是左纳鸿上水。水出西北近溪，东南流注于滱水也。又东过唐县南（经文）。"其滱水即今唐河。唐县于北齐时省废，隋时复置，唐时迁于今河北唐县址。

广昌县于北周时重置，隋时改称飞狐县。《隋志中》：上谷郡统县"飞狐，后周置，曰广昌，仁寿初改焉。有栗山，有巨马河"。唐时相沿，而属蔚州。《通典》卷一百七十九：蔚州领县"飞狐，汉广昌县地"。《史记·樊哙传》：汉高祖十一年，樊哙"破得綦毋印、尹潘军于无终、广昌"。《正义》："在蔚州飞狐县北七里。"《元和志》卷十四：蔚州，"飞狐县，下，西至州一百五十里，开元户九百九十二，乡三。本汉广昌县地，属代郡，后汉属中山国，晋又属代郡。隋开皇三年改属蔚州，仁寿元年改为飞狐县，因县北飞狐口为名也。隋末陷贼，武德六年重置，寄理今易州遂城县界，遥属蔚州。贞观五年移还今所"。《旧唐志二》所述略同。《寰宇记》卷五十一：蔚州，"飞狐县，东南一百里，一十二乡。本汉广昌县地，属代郡，后汉属中山国，魏封乐进为广昌侯，即谓此。后废。晋又属代郡。周大象二年于五龙城复置广昌县，即此邑也。隋开皇三年改属蔚州，仁寿元年改广昌县为飞狐县，因县北飞狐口为名。隋末陷贼，唐武德六年重置，寄理今易州遂城县界，遥属蔚州。贞观五年移还今所"。又："交牙城，《水经注》云：广昌县南有交牙城。未详所筑。以地有交牙川为名。板殿城，《水经注》云：广昌县南有古板殿城。"其"东南一百里"，原文当作"一百五十里"，同于《元和志》。而"周大象二年于五龙城复置广昌县，即此邑也"似当本于隋时《图经》。其"此邑"与《元和志》所述"今所"当有别。而二者均未述及古广昌城之所在方位。《史记正义》于"广昌"下注"在蔚州飞狐县北七里"，除有可能是指古广昌城外，亦不能排除是指北周时期所置广昌县址。唐贞观五年所迁飞狐县，宋元以后相沿，明初又改称广昌县，清代改属易州，即今河北涞源县。《清统志》卷四十八："广昌故城，在今广昌县北。""射鱼城，在涞水县西。"均未予确指。又："纣王城，在广昌县东十五里，相传纣使比干筑此，中有比干庙。""比干庙，在广昌县东南十里牛心山上。"今涞源县北未发现相关遗址。而于涞源县东南约7公里甲村乡三甲村西发现一座战国至汉代城址，其位于拒马河西北岸台地上，平面呈长方形，东西长约500米，南北宽约300米，城墙夯土所筑，基部残宽3米，残高1~5米，采集遗物有铜镞、铁带钩和饕餮纹瓦当、云纹瓦当、绳纹板瓦、筒瓦、回纹方砖、罐、盆、豆等残片。在三甲村西南发现有战国至汉代墓葬群[1]。当即属传说中之纣王城，当由其临近比干庙附会而成。而其所在地理方位与《水经注》所述广昌县故城相当，所属年代亦大致相合，当即属之。

今涞源县东北东团堡乡东团堡村西南150米发现一座战国至汉代城址，平面近方形，边长约300米。城墙夯土修筑，基部残宽3米，残高1~3米。暴露遗迹有灰坑，采集遗物有泥质灰陶绳纹板瓦、筒瓦、罐、盆等残片。在东团堡村内及周围残存有辽代城址，平面呈长方形，东西长约1000米，南北长约500米。城墙夯土修筑，残高1~4米，采集遗物有铁釜和泥质灰陶素面罐、盆及白釉、酱釉瓷碗、罐等残片[2]。其西南约5公里有西团堡村，中间有三道河自西北向东南流入拒马河。而比照《水经注》所述，其东南临近拒马河，与射鱼城所在地理方位相合，当即属之。城址或属西射

---

[1] 国家文物局主编《中国文物地图集》河北分册。
[2] 国家文物局主编《中国文物地图集》河北分册。

鱼城，而东射鱼城当在东团堡村辽代城址附近；或属东射鱼城，而西射鱼城当在今西团堡村附近。

今涞源县西南南城子乡南城子村西发现一座古城址，平面呈长方形，东西长约250米，南北长约130米，城墙夯土修筑，基宽10米，残高1~5米，采集遗物有泥质灰陶绳纹板瓦、筒瓦、罐、盆等残片，时代判属战国时期①。其位于滱水（今唐河）以南；东南所临西河（或称南河）东北流入唐河，南有数条支流注入，当即属《水经注》所述之嘉牙川。如此，此城址当即属"嘉牙亭"，亦即《寰宇记》所记"交牙城"。

依《水经注》所述，在嘉牙亭东有倒马关，即在今唐县西北倒马关村。其东又有鸿上关，或作鸿山关。《寰宇记》卷六十二：定州唐县，"鸿山关，今名鸿城"。又："鸿郎城，《九州要记》云：鸿城，俗号为鸿郎城，即帝尧时丹朱所居此城是也。"卷十四："鸿城，在唐县西北。……旧志：今有鸿城社，在县西北七十里。"今唐县北葛公乡北洪城村北残存一座古城址，其建在依山临水的山间高地上，西临唐河，东、北为山冈，面积约42万平方米。城址略呈方形，南北长约700米，东西宽约600米。现西垣残长约430米，东垣残长约380米，南、北城垣无存。墙体底宽约20米，顶宽约5米，残高3~15米。城墙夯土修筑，城内暴露有夹砂和泥质灰陶罐、豆、筒瓦、板瓦、夹砂红陶釜等。时代判属战国时期②。其所在地理方位与鸿上关相合，当即属之。其北花塔乡周家堡村残存一座战国时期城址，其位于两山之间的河谷地带，中为唐河支流银河。城址平面呈长方形，东西长约500米，南北长约220米，墙体断续分布于村东、村中、村西北的山坡上，西北角、东北角有翼墙向两侧山坡延伸，总长约2.4公里。墙体土石混砌，两侧砌较大的石块，中填黄土、碎石，部分保存较好的地段用白灰勾缝，底宽约2.6米，顶宽约1米，残高1~2米。城址内采集少量战国时期夹砂灰陶绳纹陶片③。其位于古倒马关与鸿上关之间，城址所临银河似当即《水经注》所述之"悬水"。另据上引《寰宇记》："《水经注》云：广昌县南有古

---

① 国家文物局主编《中国文物地图集》河北分册。
② 国家文物局主编《中国文物地图集》河北分册。
③ 国家文物局主编《中国文物地图集》河北分册。

板殿城。"今传本脱此文。其所在正在古广昌城南，或即指此而言。《清统志》卷十四："大茂城，在唐县西北一百里唐河北岸，古隘口也。"就其所指地理方位，当亦在此①。而此前所属，则史无明载。就今所见规制，当与秦汉时期县城相当，所属年代亦相近。依上引《水经注》所述，古时广昌县南以滱水北所亘山脊为界，西汉时期代郡与中山国当亦以此一线为界，则此城址所在原当属中山国，其南接唐县。而此城址以东约百里有涿郡所属故安县城（今河北易县东南）；其南有桑丘城（今徐水县瀑河乡解村），汉武帝封中山靖王子刘洋为侯国，当原属中山国。由此推之，此城址所在在西汉时期极有可能即属成县，原属中山国，在刘喜就封为成献侯后即划归涿郡。

良乡县城

良乡县，西汉时期属涿郡。《汉志上》：涿郡属县"良乡，侯国，垣水南东至阳乡入桃。莽曰广阳"。《汉书·武五子传》：汉武帝子刘旦受封为燕王，"后坐臧匿之命，削良乡、安次、文安三县"。则良乡县原属燕国，此后归涿郡。又，《汉书·王子侯表下》：汉成帝绥和元年（前8年），封赵共王子刘交为梁乡侯，十六年免。东汉时期相沿，见于《后汉志五》。晋时属范阳国，见于《晋志上》。《魏志上》：燕郡领县"良乡，二汉属涿，晋属范阳，后属。治良乡城。有大防山神"。《水经注·圣水》："（圣水）东过良乡县南（经文）。圣水南流，历县西转，又南迳良乡县故城西。王莽之广阳也。有防水注之。水出县西北大防山南，而东南流迳羊头阜下，俗谓之羊头溪。其水又东南流，至县东入圣水。圣水又南与乐水合。水出县西北大

---

① 《清统志》卷十四并记："周家铺堡，在唐县西北一百十里，倒马关东路隘口也。明洪武间置巡司，今裁。"又，明弘治十七年刊《保定志》卷二十二："大茂川城，在郡西二百二十里，属唐县，唐河东岸。""周家铺，古隘口也，唐县西北边隅要害之地。洪武间置巡检司以守之。"《明统志》卷二："大茂山，在唐县西北一百八十里石门村。太史公曰：北岳之名有五，其五曰太一宫。或云即此山也。"以古恒山又称太（大）茂山，并见于《寰宇记》卷六十二及《太平御览》卷三十九等。则"大茂川城"当另有所指。

防山南，东南流，历县西而东南流注圣水。圣水又东迳其县故城南，又东迳圣聚南，盖藉水而怀称也。又东与侠河合。水出良乡县西甘泉原东谷，东迳西乡县故城北。王莽之移风也。世谓之都乡城。按《地理志》，涿郡有西乡县而无都乡城，盖世传之非也。又东迳良乡城南，又东北注圣水，世谓之侠活河，又名之曰非理之沟也。又东过长乡县北（经文）。圣水自涿县东与桃水合。水首受涞水，于徐城东南、良乡西分垣水，世谓之南沙沟，即桃水也。……桃水又东北与垣水会。水上承涞水，于良乡县分桃水，世谓之北沙沟。故应劭曰：垣水出良乡。东迳垣县故城北。……垣水又东迳涿县北，东流注于桃。故应劭曰：垣水东入桃。"其引应劭文见于《汉志》垣县下。圣水即今大石河，又称琉璃河。桃水即今北拒马河，垣水即今胡良河，而诸水流势古今不尽相同。

良乡县于北齐时一度省废，而后复置。《寰宇记》卷六十九：幽州良乡县，"在燕为中都，汉为良乡县，属涿郡。北齐天保七年省入蓟县，武平六年复置。唐圣历元年改为固节县，神龙元年复旧，为良乡县"。《资治通鉴》卷二百七十八：五代后唐长兴三年（932 年），"赵德钧为节度使，城阎沟而戍之，为良乡县"。胡三省注："良乡，汉古县，赵德钧移之于阎沟耳。《匈奴须知》：阎沟县北至燕六十里，古良乡空城南至涿州四十里。盖契丹得燕之后改良乡县为阎沟县，而所谓古良乡空城即赵德钧未移县之前古城也。"《清统志》卷八："良乡故城，在房山县东。汉置县，六朝因之，唐改固节，五代唐改置今良乡县，故城遂废，为良乡、宛平、范阳三县地。金大定末以山陵所在，因置万宁县于今治，元改曰房山。《清类天文分野之书》：房山县，本良乡之昌黎里。"其房山县即今北京房山区西城关镇，五代后唐所置良乡县在今房山区，则古良乡县城当在今房山区西南。

今房山区西南约 12 公里窦店镇残存有古城址。其西、南临大石河。古城分为大城与小城，大城平面近方形，有内外两道城墙，两城墙内侧间距 16.9～19.5 米。西垣方向为 15 度，北部被河道冲毁，河以南部分残长 830 米，其中南部一段内侧城墙残高 5～6 米，宽约 15 米；外侧城墙仅在地表以下残存有夯土，宽约 7 米，两墙之间探出路土。南垣基本呈东西方向，全长约 1230 米，保存较好，西部一段两墙共宽 40～50 米，内墙残高 6～7 米，宽约16米；外墙残高3～4米，宽约18米。东垣基本为正南北方向，大部分遭受破坏，复原长度为1040米，北部保存较好的一段内墙残高3～4米，宽约20米；外墙宽约24米。内外两墙共宽54米，两墙之间探出路土。北垣荡然无存。据早年间所存东北城角可推知，其周长约4500米，面积约128万平方米。在西、南、东三面各有一座城门，中间有路相通。小城位于大城西北部，北垣亦被河流冲毁，东垣大部分遭到破坏。西垣在大城内墙东侧起筑，残高2～5米，残长292米；其西南角向北225米处有一宽30米的豁口，下为路土，似为小城之西门所在，若以此为西垣中部，则小城西垣原长当近450米。南垣地面无存，地面下夯土大部分尚存，全长430～440米，西端与大城西垣内墙相衔接，基宽7～14米。在大城东南部发现有铁块、铜渣及铜钱等。城址内出土有战国及汉代铁器和板瓦残片、唐代瓷

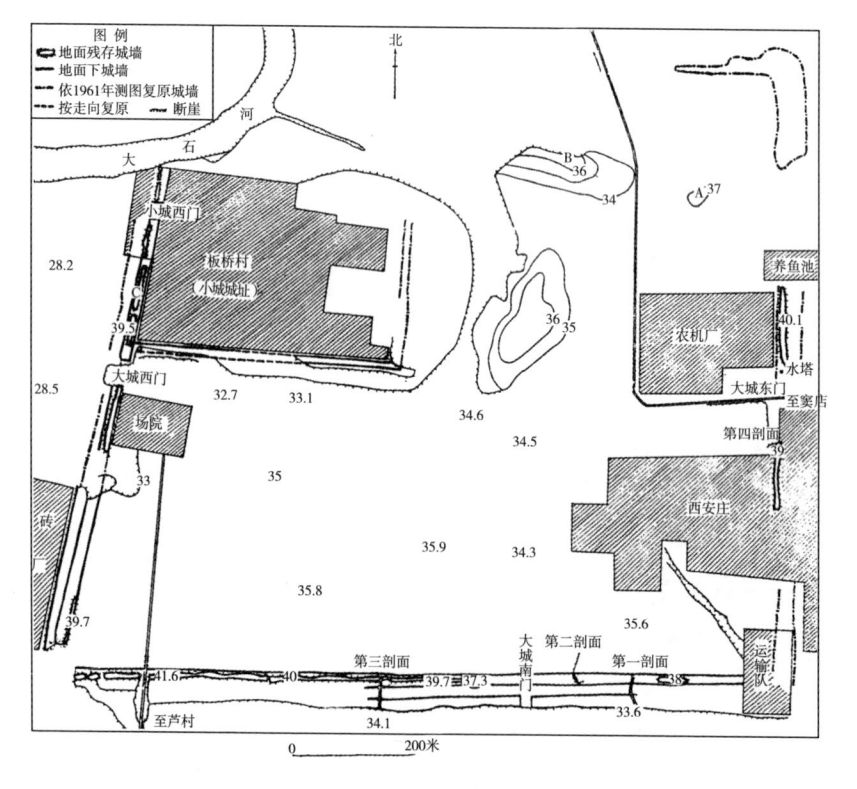

窦店古城平面实测图

（据《考古》1992年第8期附图）

器等。发掘者根据有关记载及城墙解剖资料推测，其大城内墙基槽中出土的陶片具有战国早期特征，因而当建于战国早期，为燕之中都所在；而大城内墙的主体夯筑于战国晚期，汉晋时期属良乡县城；内墙外侧路土宽8米，厚0.1~0.2米，有车辙遗迹，其叠压在西汉层次之上，年代应相当于东汉时期；大城外墙约修建于三国两晋时期，大城最后废弃于北朝时期；而小城则当营建于北魏时期，用为良乡县治，相沿至五代后期①。此城所在地理方位与注文所述良乡城相合，南距涿州（今河北涿州市）约20公里，与胡三省注"古良乡空城南至涿州四十里"亦相符，判属良乡县故城当无可置疑。而以其曾为燕之中都城，似并无证据。其属战国早期夯土唯见于大城内墙南垣中段，而不见于东垣及西垣，或有可能此一时期城垣规模较小，属乡聚邑落，唯置良乡（梁乡）。至战国晚期又增筑大城内墙，而置良乡县有可能是在秦汉之际，原属燕国，后归涿郡，一度为良乡侯国。《后汉书·祭遵传》：建武四年（28年），"（祭）遵受诏留屯良乡拒彭宠。因遣护军傅玄袭击宠将李豪于潞，大破之，斩首千余级。相拒岁余，数挫其锋，党与多降者。及宠死，遵进定其地"。其屯戍时间较长，则大城外墙当增筑于此一时期。

利乡县城

利乡县，西汉时期属涿郡。《汉志上》：涿郡属县"利乡，侯国，莽曰章符"。《汉书·王子侯表》：汉宣帝甘露元年（前53年）封中山顷王子刘安为利乡侯，后传刘遂、刘固，免。注属常山郡。王先谦曰："利乡，涿郡县，盖先属常山。"而据今传本《王子侯表》，利乡侯之上为阳兴侯，注属涿郡。利乡侯之下为都乡侯，注属东海郡；依《汉志》，当属常山郡。都乡侯之下为昌虑侯，注属泰山郡；依《汉志》，当属东海郡。则此处当有窜

---

① 北京市文物工作队：《北京房山县考古调查简报》，《考古》1963年第9期；北京市文物研究所拒马河考古队：《北京市窦店古城调查与试掘报告》，《考古》1992年第8期。

误，而《王子侯表》当原注属涿郡，同于《汉志》①。

《水经注·易水》："（濡水）又东南流，于容城县西北、大利亭东南，合易水而注巨马水也。"《巨马水》："（巨马河）又东南过容城县北（经文）。巨马水又东，郦亭沟水注之。……其水又西南转历大利亭南，入巨马水。"熊会贞按："大利亭在巨马水之西，互见《易水注》。与郦亭沟水中隔巨马河。"其大利亭，见于《三国志·魏书·孙礼传》："孙礼字德达，涿郡容城人也。……迁司空，封大利亭侯，邑一百户。"其容城县城在今河北容城县北城子村，西有范阳县城在今定兴县西南固城镇，西汉时期并属涿郡。古濡水（今北易水）与易水（今中易水）于范阳县北合流，又东南汇入巨马水（今南拒马河）。今固城镇东北约10公里北河乡北河村西发现一处汉代遗址，面积约3万平方米，采集遗物有泥质灰陶素面罐、盆、豆等残片。其东南约4公里房家庄乡张里村村北发现一处战国时期遗址，面积约1万平方米，文化层厚1～2米。暴露遗迹有灰坑，采集遗物有残铁器和泥质灰陶板瓦、瓦当、罐、豆等残片②。二者均在今拒马河以西，与《水经注》所述大利亭所在地理方位大致相合，而似以北河村遗址属大利亭的可能性更大。在西汉时期极有可能于此置利乡，汉宣帝封刘安为利乡侯当即在此。东汉时期，利乡县省废，而沿置利亭，又得称大利亭。

临乡县城

临乡县，西汉时期属涿郡。《汉志上》：涿郡属县"临乡，侯国"。《史记·赵世家》：赵孝成王十九年（前247年），"赵与燕易土，以龙兑、汾门、临乐与燕，燕以葛、武阳、平舒与赵"。《集解》："徐广曰：方城有临乡。"《正义》："《括地志》云：临乡故城在幽州固安南十七里也。"③ 则此临乡城，战国时期又称临乐城，先属赵国，后属燕国。《汉书·王子侯表》：

---

① 参见周振鹤《西汉政区地理》上篇第一章《楚国沿革》。
② 国家文物局主编《中国文物地图集》河北分册。
③ 《清统志》卷八引作"临乡故城在固安县南五十七里"，有误。

汉元帝初元五年（前44年）封广阳顷王子刘云为临乡侯，后传刘交，免除。地属涿郡。东汉时期省废。《后汉志五》：涿郡县属"方城，故属广阳，有临乡"。刘昭注："故县，后省。惠文王与燕临乐。"其以此事属赵惠文王时，有误。《魏志上》：幽州范阳郡方城县"有临乡城"。《水经注·巨马水》："巨马河又东南迳益昌县，濩渌水右注之。水上承护陂于临乡县故城西，东南迳临乡城南。汉封广阳顷王子为侯国。《地理风俗记》曰：方城南十里有临乡城，故县也。城南十里①。淀水又东南迳益昌县故城西，南入巨马水。"则临乡县城当在方城南十里，西临濩渌，南临濩渌水。而方城当在今固安市南十里②，依此推之，古临乡县城当在今固安市南二十里。上引《括地志》记临乡城在固安县南十七里，当指此而言。《寰宇记》卷七十：涿州固安县，"临乡故城，汉县，故城在今县南五十里临乡故城是。后汉省，并入方城县也"。其"今县南五十里"，与《地理风俗记》所述"方城南十里"及《括地志》所述固安县"南十七里"不合，当有讹误。原文很可能为"今县南二十里"。光绪十五年刊《顺天府志》卷二十七：固安县南"五十里临城、临城铺。《寰宇记》曰：临乡故城在县南五十里，然则临城即临乡故城矣。临或作林，音同而讹。《水经注》：濩渌水上承濩陂于临乡故城西。《地理风俗记》：方城南十里有临乡故县。即此（《方舆纪要》：临乡城在故方城县南十里。刘昫曰：赵孝成王十九年以临乐与燕，即此城。《一统志》：临乡故，汉置，初元五年侯国，后汉省入方城县。《新斠注汉志》：临乡庄在今固安县南五十里）。"不确。

《读史方舆纪要》卷十一：固安县，"县西南十八里有李牧将台，一名雀台，音讹也"。《日下旧闻考》卷一百二十四引《名胜志》："固安县西南十八里有土台，俗呼雀台，传是赵李牧故迹。"并按："雀台在今县西南十八里，高丈余，其上广平数百步。有雀台寺。"《清统志》卷八："雀台，在固安县西南十八里。相传赵李牧所筑。旧志谓当作将台，音讹耳。"光绪十五年刊《顺天府志》卷二十七：固安县西南"十八里柳泉屯、北陈屯、郝

---

① 此"城南十里"四字据《永乐大典》本及明朱谋㙔笺本引，清以来刊本多删之。参见《水经注疏》卷十二。
② 参见本书方城县城。

家务、马大人庄。按李牧将台近此数邨,一名雀台"。可知在清末已无此遗存。其"将"与"雀"音相差较远,故"雀台"不可能属"将台"之讹。而古音雀属药部溪纽,濩属铎部匣纽,同为喉音,则此雀台或由濩台演变而来,其因临近濩澱(陂)而得名,而亦当与临乡城相近。又,古音乐属药部疑纽,亦属喉音,与濩音相近,则濩澱亦可作乐澱,而临乐城当即因临近濩澱或濩澱水而得名,至汉代归属方城县,称临乡;后因分封刘云为侯,而又分立为临乡县。其当在今彭村乡一带。

益昌县城

益昌县,西汉时期属涿郡。《汉志上》:涿郡属县"益昌,侯国。莽曰有秩"。《汉书·王子侯表》:汉元帝永光三年(前41年)封广阳顷王子刘婴为益昌侯,后传刘政、刘福,免除。属涿郡。东汉时期省废。《水经注·巨马水》:"巨马河又东南迳益昌县,濩澱水右注之。水上承護陂于临乡县故城西,东南迳临乡城南。汉封广阳顷王子云为侯国。《地理风俗记》曰:方城南十里有临乡城,故县也。城南十里①。淀水又东南迳益昌县故城西,南入巨马水。巨马水东迳益昌县故城南。汉封广阳顷王子婴为侯国,王莽之有秩也。《地理风俗记》曰:方城县东八十里有益昌城,故县也。又东,八丈沟水注之。水出安次县东北平地泉,东南迳安次城东,东南迳泉州县故城西,又南,右合虖池河枯沟。沟自安次西北,东迳常道城东、安次县故城西。晋司空刘琨所守,以拒石勒也。又东南至泉州县西南,东入八丈沟,又南入巨马河,乱流东注也。"可知古益昌城位于巨马河北②,西临濩澱水,东有八丈沟(其当原入圣水,南北朝时期圣水南入巨马河,而改入巨马河)。其方城县在今河北固安县南十里③。依《地理风俗记》,其东八十

---

① 此"城南十里"四字据《永乐大典》本及明朱谋㙔笺本引。
② 《清统志》卷七:"会同河,即滱、易诸水下流,自保定府雄县流入,名玉带河。东流保定县北,又东迳霸州南为会通河。又东北经东安县南,又东入天津府天津县界,注于西沽。本拒马河故道也。"
③ 参见本书方城县城。

里有益昌故城。《寰宇记》卷七十：涿州固安县，"益昌故城，汉县，故城在今县东南五十里。后汉省，并入方城。周武帝宣政元年于城内置堡城"。其固安县即在今址，则二者所记不同，当有讹误。《清统志》卷八："益昌故城，在霸州东北。汉永光中封广阳顷王子婴为侯国，属涿郡，后汉废。《水经注》：拒马水东迳益昌县故城南。《地理风俗记》曰：方城县东八十里有益昌城，故县也。"而未予确指。

《清统志》卷六：固安县，"东南至霸州界五十五里"。霸州，"北至固安县界二十五里"。计今固安县城至霸州城八十里，与《地理风俗记》所述"方城县东八十里有益昌城"大体相当，则古益昌城极有可能即在今霸州城址。其在南北朝时期犹存，北周时于此城内置堡城，唐代于此置益津关。益津当因临近古益昌城而得名①。今霸州市城关镇南关村西发现周代遗址。城关镇城五街霸州中学西侧发现东周时期遗址，面积约4万平方米，文化层厚1米，暴露遗迹有灰坑，采集遗物有铜剑、铜镞、蚌镰和陶器残片。其东盐水街附近发现战国及宋代遗址，面积约2万平方米。遗迹有战国时期水井，系用陶制井圈叠砌而成。采集有战国时期的夹砂和泥质灰陶绳纹罐、瓮、盆及素面豆等残片，宋代的白釉、绿釉的碗、盘、罐、瓶等瓷器残片。在城关镇东北部发现战国至汉代及宋元时期遗址，暴露遗迹有灰坑，采集遗物有战国至汉代的灰陶瓮、罐、豆等残片以及半两铜币，宋元时期的灰陶罐、盆、板瓦、筒瓦以及白釉、酱釉、黑釉碗、盘、瓶等残片。在城关镇东关村东南发现汉代遗址。在城关镇南关城二街发现宋元时期南关码头遗址。在城关镇范家坊村发现战国至汉代墓葬群，在城关镇南关村东发现汉代墓葬群等②。可表明此一地区在战国秦汉时期已有较大发展，古益昌城当亦在此范围内。隋唐以前，巨马河流经其南，设有津渡。而益津关之称晚出，似当置于唐代后期。五代时归属辽国，周世宗时收复，置霸州，宋初相沿，其沿革不甚清楚，故《寰宇记》未记之。而将益昌故城方位沿革记于涿州固安县下，当本于《元和志》（此卷今佚）。依上推考，其"故城在今县东南五十里"，当为"今县东南八十里"或"今县东南九十里"之讹。

---

① 《说文解字》："津，水渡也。"
② 国家文物局主编《中国文物地图集》河北分册。

《元丰九域志》附《新定九域志》卷二：霸州，"古南关城。《图经》云：赵武灵王筑。以朝鲜有关城，故此云南关城也"①。《读史方舆纪要》引之，而以其在"州南关"。《清统志》卷八："古南关城，在霸州南。《九域志》：州有南关城，赵武灵王所筑，以朝鲜有关城，故此云南关。"似均不确。依文意，其与北部朝鲜境内关城相应，当属专名，而非置于南关。《旧五代史·周书·世宗纪》：显德六年（595年）四月，周世宗率军北征。"辛丑，至益津关。……五月乙巳朔，帝驻跸于瓦桥关。……己酉，以瓦桥关为雄州，以益津关为霸州。是日，先锋都指挥使张藏英破契丹数百骑于瓦桥关北，攻下固安县。诏发滨、棣二州丁夫城霸州"。《宋史·王晏传》：王晏"从世宗北征，为益津关一路马军都部署，韩令坤副焉，遂平三关"。《韩令坤传》：韩令坤"副王晏为益津关一路部署，俄为霸州都部署，率所部兵戍之"。《资治通鉴》卷二百九十四：周世宗北征，"辛丑，至益津关，契丹守将终廷辉以城降。……己酉，以瓦桥关为雄州，割容城、归义二县隶之。以益津关为霸州，割文安、大城二县隶之。发滨、棣丁夫数千城霸州，命韩通董其役。……辛亥，以侍卫马步都指挥使韩令坤为霸州都部署，义成节度使留后陈思让为雄州都部署，各将部兵以戍之"。其益津关城当相沿于北周时期于原益昌城内所筑堡城，而周世宗时"城霸州"则极有可能是大部分沿用原益昌城外城。在营建过程中或有战国时期带铭文器物出土，遂判定赵武灵王所筑。

　　《说文解字》：關，篆文作關，"以木横持门户也，从門，𢇅声"。又，隘，篆文作𨻫，"陋也，从𨸏，㒼声"。㒼，籀文嗌字。𨺅，篆文𨻫，从𨸏、益。段玉裁注：嗌，"此见口部隘下，各本讹作隘，今正"。又注隘："篆，各本作籀，今正。𨻫，籀文也。隘，小篆也。先籀而后篆者，为其字之从网𨸏也。"二者形相近。或原作隘，而误识为關，遂得关城之名。而此城在战国时期当称隘城，汉代改称益昌。

---

① 《魏志上》：平州北平郡领县"朝鲜，二汉、晋属乐浪，后罢。延和元年徙朝鲜民于肥如复置，属焉"。《隋志中》：北平郡统县"卢龙，旧置北平郡，领新昌、朝鲜二县。后齐省朝鲜入新昌，又省辽西郡并所领海阳县入肥如，开皇六年又省肥如入新昌，十八年改名卢龙。大业初置北平郡。有长城，有关官"。依此，朝鲜当在今河北卢龙县一带。

《寰宇记》卷六十七："霸州，今理永清县，本上谷郡地，星分箕尾，幽州之古益津关，晋天福初陷虏庭，周显德六年收复，因置霸州并永清县，仍割莫州之文安、瀛州之大城二县隶焉。"又："永清县，二乡。本幽州会昌县地，唐天宝中改为永清县。即古益津关。周显德六年收复三关，遂于益津关建霸州，仍置永清县。瓦河水在县西南三百步。平曲城，在县东三十二里。汉景帝封公孙浑邪为平曲侯，即此也。"卷六十八："破虏军，古淤口关。周显德六年收复关南，于此置塞，至皇朝太平兴国六年割霸州永清、文安县三百一十七户属焉。"又："永济河自霸州永清县界来，经军界，入于淀泊，连海水。平曲子，去军西南二十里。《汉功臣表》云：景帝三年封公孙浑邪为平曲侯。"《元丰九域志》卷二：信安军，"太平兴国六年以霸州淤口寨为破虏军，景德三年改信安"。又："太平兴国六年以霸州永清、文安二县隶军，后以二县复隶霸州。"《新定九域志》卷二："莫金口城，汉封公孙浑邪为平曲侯，即其地。"信安军，"本古淤口关也。周世宗收复关南，于此置寨，皇朝建军。石莲池河。北（永）济河，亦名瓦河"。唐代所置永清县即在今河北永清县址，时已归辽国。所谓"仍置永清县"，是指在霸州境内另置永清县，因其名而不因其址。由宋太平兴国六年（981年）置破虏军，割霸州永清、文安二县归属，而霸州犹存来看，此前永清县当并未附郭于霸州，而是置于淤口关即破虏军址。《新定九域志》将"永济河亦名瓦河"记于信安军（破虏军）下，亦可表明此一点。而后以永清、文安二县复隶霸州，永清县方附郭于霸州。如此，《寰宇记》所述平曲城在永清县东三十二里，当指原永清县城即破虏军（信安军）城，而非后迁永清县即霸州城。又，《寰宇记》并记"平曲子"，当另有所指，或原称平口，为水口、关口之称，因口与曲音相近而演为平曲，并附会为平曲城。《新定九域志》所述"莫金口城"当亦属后世附会。《明统志》卷一："信安城，在霸州东。古为淤口关，五代周于此立寨，宋升为信安军，金降为县，后置镇安府，元省。"又："平曲城，在霸州东。汉景帝封公孙浑邪为平曲侯，即此。"其因于旧说，然已不能确指。《读史方舆纪要》卷十一：霸州，"信安城，州东五十里"。又："平曲城，在州东三十里。《寰宇记》：汉景帝六年，陇西太守公孙浑邪封平曲侯，即此城也。《括地志》云：平曲城在瀛州文安县北。"其以平曲城在霸州东三十里，当有误解。而引《括地志》文略去"七十里"，则意在调和。《日下旧闻考》卷一百二十：霸州，"平曲城，在县东三十二里，汉景帝封公孙浑邪为平曲侯，即此地（《太平寰宇记》）。臣等谨按：州志：城东二十里有平曲村"。又："平曲城，公孙浑邪卒，葬于此，俗名花达墓，在霸州东二十五里（《长安客话》）。"其平曲村当相沿于"平曲子"，并演为平曲城，而被认为与《寰宇记》所述平曲城为一地。《清统志》卷八："平曲城，在霸州东二十五里。"光绪十五年刊《顺天府志》卷二十九：霸州东"二十五里平曲邨。按《霸州周志》：东二十五里台山里有平曲邨"。今作平口村。

今霸州市信安镇南残存有信安故城址，城墙遗迹无存，形制不详，面积约50万平方米，文化层厚1~2米，暴露遗迹有灰坑、灶址、夯土建筑基址等，采集有唐至元代陶器和瓷器残片及铜币等。其西南约10公里煎茶铺镇平口村北残存一处战国至汉代遗址，面积约1万平方米，文化层厚1米，未发现城墙遗迹，采集有泥质灰陶罐、鼎、盆、瓮、板瓦、筒瓦、瓦当等，调查者认为此城址可能即属平曲故城[1]。其位于今霸州市区东约10公里，与《清统志》等所述平曲城所在方位相当，然占地较小，与汉代县城规模相差较大，或属关城一类，且与《括地志》等所述平曲县故城所在方位不合，不可能属之。另在辛章乡策城村东北500米发现一座汉代城址，城墙遗迹无存，形制不详。1957年调查时尚残存有一段夯土城墙，面积约20万平方米，采集遗物有铜镞和灰陶瓮、罐、盆、豆、板瓦、筒瓦等残片。调查者认为此城址可能属益昌故城[2]。然与相关记载不合。又，《明统志》卷一："坼城，在霸州东，相传宋杨延朗屯兵以拒契丹，因筑此城。"《读史方舆纪要》卷十一：霸州，"志云：信安东三十里有狼臧城，又十里为忻（拆）城，宋将杨延朗屯兵拒契丹于此"。《清统志》卷八："拆城，在霸州东八十里。宋杨延朗屯兵于此。今为拆城里。"光绪十五年刊《顺天府志》卷二十九：霸州东"四十二里信安镇，与永清县分割，为巡检治，把总驻焉。旧有城，唐之淤口关，周之淤口寨，宋之信安军，皆即此地。镇南有赵家台。

---

[1] 国家文物局主编《中国文物地图集》河北分册。
[2] 国家文物局主编《中国文物地图集》河北分册。

东南二十一里苏桥镇,与文安县分辖,主簿治此。六十八里策城镇,初名拆城,明知州陈于庭更拆为策。"其所述与此城址所在方位相符,然所属时代不合,且其说晚出,当属后世附会。而此城址西南距今文安县城约35公里,正与《括地志》所述古平曲县在文安县北七十里略合,当即属之。其西北距信安城址约15公里,则《寰宇记》所述平曲县在永清县东三十二里,当亦指此城。此平曲县在西汉时期当属勃海郡,西汉晚期省废,故不见于《汉志》。

阳乡县城

阳乡县,西汉时期属涿郡。《汉志上》:涿郡属县"阳乡,侯国,莽曰章武"。《汉书·王子侯表》:汉元帝初元五年(前44年)六月封广阳顷王子刘发为阳乡侯,"侯度嗣,免"。《后汉书·耿弇列传》:建武四年(28年),耿弇等率军击望都、故安西山贼。"时征虏将军祭遵屯良乡,骁骑将军刘喜屯阳乡,以拒彭宠。"李贤注:"阳乡,县名,属涿郡,故城在今幽州故安县西北。"而后一度省废,晋时复置,改称长乡,属范阳国,见于《晋志上》。《魏志上》:范阳郡属县"苌乡,晋属。有苌乡城"。《水经注·圣水》:"(圣水)又东过长乡县北(经文)。圣水自涿县东与桃水合。……垣水又东迳涿县北,东流注于桃。故应劭曰:垣水东入桃。阚骃曰:至阳乡注之。今案经脉水而不能届也。桃水东入阳乡,东注圣水。圣水又东,广阳水注之。水出小广阳西山,东迳广阳县故城北。又东,福禄水注焉。水出西山,东南迳广阳县故城南,东入广阳水,乱流,东南至阳乡县,右注圣水。圣水又东南迳阳乡城西,不迳其北矣。县,故涿之阳亭也。《地理风俗记》曰:涿县东五十里有阳乡亭。后分为县,王莽时更名章武,即长乡县也。案:《大康地记》:涿有长乡,而无阳乡也。圣水又东迳长兴城南,又东迳方城县故城北,李牧伐燕,取方城是也。魏封刘放为侯国。圣水又东,左会白祀沟。沟水出广阳县之娄城东。东南流,左会娄城水。水出平地,导源东南流,右注白祀水,乱流,东南迳常道城西。故乡亭也,西去长乡城四十里。魏少帝璜甘露三年所封也。又东南入圣水。"其经文"长乡县"下,全祖望云:"当是阳乡,细玩注文可见。"赵一清引全祖望说,亦谓当作阳乡。戴震改阳乡。杨守敬按:"全谓当作阳者,以长乡为晋县也。然《晋志》多误,注下文引《太康地志》:涿有长乡而无阳乡,是阳乡废于后汉。安知长乡不置于安、顺以后?故称涿有长乡,不云范阳有长乡。郦氏叙阳乡亭下云,即长乡县也,正以释经文之长乡。不然,郦氏何为赘此一语。全云细玩注文可见,正其不细玩注文也。"其注文"涿有长乡而无阳乡"下,杨守敬按:"魏已改涿郡为范阳,有曹矩封范阳王足据。《太康地记》不云范阳有长乡,而云涿有长乡,正就涿未改范阳以前言之,而郦氏又申之曰无阳乡,正以释经文作长乡不作阳乡之故。其反复丁宁之意,昭然若揭。不意赵、戴不悟其旨,反改经文长乡为阳乡,是专门治《水经注》之人而转汨之。《地形志》:苌乡有苌乡城,则县有迁徙。《寰宇记》谓汉阳乡县故城在固安县西北二十七里,晋置为长乡,高齐天保七年省并入涿县,其城亦谓之长乡故城。与注阳乡即长乡之说合,观《寰宇记》亦谓云云,知别有长乡城以应《地形志》说也。"① 所辨有理,然有关解释似不尽妥切。据《永乐大典》本及明朱谋㙔笺本,其经文均作"长乡县",原文当即如此,无可置疑。而据《汉志》及《后汉书·耿弇列传》,可知阳乡县至西汉末、东汉初犹存。而后,当仍延续一段时间,至汉安帝、顺帝以前省废,故不为《后汉志》所记。《说文解字》:"阳,高明也。从𨸏、昜声。"又:"昜,开也,从日、一、勿。一曰飞扬,一曰长也,一曰彊者众兒。"段玉裁注:"此阴阳正字也,陰陽行而昜易废矣。"朱骏声按:"此即古旸,为舍易字。舍者,见云不见日也。易者,云开而见日也。从日、一者,云也,蔽翳之象;勿者,旗者,展开之象。会意兼指事。或曰从旦,亦通。经传皆以山南水北之阳为之。"又:"《说文》扬、长、彊三训,飞扬,于勿取义;长、彊,于日取义。"② 古音阳、昜属阳部喻纽,长、苌属阳部定纽(端纽),均为舌音,则阳与长义相通、音相近,改阳乡

---

① 《水经注疏》卷十二。
② 《说文通训定声》壮部。

为长乡当属通假字①，改长乡为苌乡亦然。而《魏志》记苌乡县"有苌乡城"，很可能并非其时县治所迁徙，而是仅占据原长乡城之一角，原长乡城已大半空出。

《寰宇记》卷七十：涿州固安县，"阳乡故城，汉为县。故城在今西北二十七里是。后汉省，晋复置为长乡，高齐天保七年省，并入涿县。其城亦谓之长乡故城"。《日下旧闻考》卷一百二十四引《寰宇记》文，并"臣等谨按：固安县北有阳乡，在永定河南岸，属宛平县界。乾隆十六年改名长安城，为伏秋防汛驻劄之所，当是古阳乡地也"②。其固安县城即在今河北固安市区，西北距长安城村（今属河北涿州市）约13公里。据天齐庙碑文所记，其地在唐贞观年间名长乡城，至清顺治年间堵永定河决口后改为长安城，以寓河岸长安永固之意③。则古阳乡县城当即在此长安城址。且其西南距涿州市区约22公里，恰与《地理风俗记》所述"涿县东五十里有阳乡亭"相符。《明统志》卷一：顺天府，"阳乡城，在府西南。汉阳县，晋改长乡，齐省入涿郡"。《清统志》卷八："阳乡故城，在固安县西北。"当均指此地。又，《寰宇记》卷六十九：幽州，"安次县，东南百里，十六乡。本汉旧县。……唐武德四年移于城东南五十里石梁城置，贞观八年又自石梁城移理于今县西五里魏常道城置，开元二十三年又自常道城东移就耿桥行市南置，即今县理是也"。元代于安次县置东安州；明初又改为东安县，并移县治于今河北廊坊市东安庄址；原址称旧州城④，在今廊坊市西约10公里处。其西五里为常道城址，又向西约20公里即为长安城村，亦与《水经注》所述"西去长乡城四十里"相合。

依《水经》所述，原圣水流经长乡县北。而据《水经注》，则圣水已改道，东南流经阳乡城（长乡县）西，再东流经阳乡城南及常道城南等。而

---

① 《太平御览》卷九十一引《东观汉记》曰："孝明皇帝讳阳，一名庄，世祖之中子也。"又曰："建武四年五月甲申，皇子阳生。丰下锐上，颜赤色，有似于尧。上曰：赤色，名之曰阳。"其是否为避汉明帝名讳而改阳乡为长乡，无法判定。
② 光绪十五年刊《顺天府志》卷二十七："按：长安城隶宛平，非固安境，朱说恐非。"并记固安县西北"二十六里州县庄。或曰州当作旧，音近而讹。然则《水经注》圣水迳阳乡城西，其即此与？"不确。
③ 参见河北省涿县地名办公室编《涿县地名资料汇编》，1984。
④ 参见《清统志》卷八。

桃水于阳乡城西南"东注圣水"。《汉志上》于涿郡涿县下记:"桃水首受涞水,分东至安次入河。"又于良乡县下记:"垣水南东至阳乡入桃。"杨守敬按:"《汉志》无圣水,故谓桃水至安次入河。《水经注》以圣水为正流,故谓桃水于阳乡注圣水,则圣水由阳乡至安次之道,皆桃水之故道也。"① 三者所述水道互异。其圣水即今琉璃河,流经今北京房山区南部,于河北涿州市码头镇东南流至小柳村北与拒马河汇合,再向东汇入小清河,而为大清河,又名白沟河,南流至固安、新城等地。拒马河当即古桃水,有胡良河即古垣水在今涿州东北张村一带汇入拒马河。小清河系永定河分支,流经房山区东部,其河道当大部分沿用古广阳水。而永定河即古灅水,南北朝时期流经今北京城南,隋唐以后渐分为两支,辽金以后改以南流今河道。其所流经固安、廊坊交界地带河道当沿于古圣水或桃水②。相互比照,今所见小柳树一带河道似与《水经注》所述相似。其"今案经脉水而不能届也"下杨守敬按:"应劭及阚骃并本《汉志》为说,而注谓垣水于涿县入桃,不至阳乡,与阚说异者,盖水道有变迁,郦氏以当时之图籍为据也。"③ 所谓"经脉水"当指《水经》所述圣水河道,原流经阳乡县城北,此时已改流经阳乡县城西,致使垣水无法流至阳乡县界(或此时圣水改流河道接近垣水与桃水汇合处)。因圣水改道,原流经阳乡县城北的河道已断流。今长安城村及义和庄北尚存一东西向水渠,东入永定河,或即为原圣水河道。汉代以前此水道当向东与圣水及垣水相通,而在阳乡县城以东与桃水汇合。《汉志》记"垣水南东至阳乡入桃",应劭言"垣水东入桃",当均指此而言,以桃水为正流,以流经阳乡县城北之水与流经涿县城北之水统称垣水,而以圣水与垣水汇合以上河段为圣水,属垣水支流,故不记之。《水经》则以圣水为正流,并将其与垣水汇合以下河段统称圣水,故记圣水"又东过长乡县北",而以桃水及垣水(与圣水汇合以上河段)属圣水支流,故不记之。郦道元未能细辨,又值河水改道,故有困惑。

---

① 《水经注疏》卷十二。
② 参见《清统志》卷七。河北省涿县地名办公室编《涿县地名资料汇编》。
③ 《水经注疏》卷十二。

西乡县城

西乡县，西汉时期属涿郡。《汉志上》：涿郡属县"西乡，侯国，莽曰移风"。《汉书·王子侯表》：汉元帝初元五年（前44年）封广阳顷王子刘容为西乡侯，后传刘景，免。王先谦《汉书补注》卷十五："钱大昭曰：《三国志》容作弘，《刘放传》云：广阳顷王子西乡侯弘后也。"[①] 刘景被免当在王莽篡位之际，而王莽改称移风县，则可表明其县犹存，然不见于《后汉志》，何时省废不明。《后汉书·窦武传》：汉桓帝死，灵帝即位。"拜（窦）武为大将军，常居禁中。帝即立，论定策功，更封武为闻喜侯；子机渭阳侯，拜侍中；兄子绍鄠侯，迁步兵校尉；绍弟靖西乡侯，为侍中，监羽林左骑。"后宦官作乱，窦武等死难。又，《朱儁传》：汉灵帝时，朱儁因破黄巾，"于是进封西乡侯，迁镇贼中郎将"。后又更封钱塘侯。其西乡是否在此，不能确定。《三国志·魏书·武文世王公传》："济阳怀王玹，建安十六年封西乡侯。早薨，无子。二十年，以沛王林子赞袭玹爵邑，早薨，无子。文帝复以赞弟壹绍玹后。黄初二年改封济阳侯。四年进爵为公。太和四年追进玹爵，谥曰怀公。六年又进号怀曰怀王，追谥赞曰西乡哀侯。壹薨，谥曰悼公。"又，《刘放传》："刘放，字子弃，涿郡人，汉广阳顺王子西乡侯宏后也。历郡纲纪，举孝廉。遭世大乱，时渔阳王松据其土，放往依之。"后投属曹操。魏文帝时，"放赐爵关内侯"，"放进爵魏寿亭侯"。魏明帝即位，"进放爵西乡侯"。"景初二年辽东平定，以参谋之功，各进爵，封本县，放方城侯，（孙）资中都侯。"由其所在属此一时期曹魏实际控制范围内可判知此西乡当即原涿郡所属之西乡城，之所以在汉魏之际又恢复为侯国，很可能因其省废不久，各方面条件较好。《水经注·圣水》："（圣水）又东与侠河合。水出良乡县西甘泉原东谷，东迳西乡县故城北，王莽之移风也。世谓之都乡城。按《地理志》：涿郡有西乡县而无都乡城，

[①] 据中华书局1983年影印清光绪二十六年虚受堂刊本。

盖世传之非也。又东迳良乡城南，又东北注圣水，世谓之侠活河，又名之曰非理之沟也。又东过长乡县北（经文）。圣水自涿县东与桃水合。水首受涞水，于徐城东南、良乡西分垣水，世谓之南沙沟，即桃水也。……桃水又东北与垣水会。水上承涞水，于良乡县分桃水，世谓之北沙沟。故应劭曰：垣水出良乡。东迳垣县故城北。《史记音义》曰：河间有武垣县，涿有垣县。汉景帝中三年封匈奴降王赐为侯国，王莽之垣翰亭矣。世谓之颀城，非也。又东迳颀，亦地名也，故有颀上言，世名之颀前河。又东，洛水注之。水上承鸣泽渚，渚方十五里。汉武帝元封四年行幸鸣泽者也。服虔曰：泽名，在遒县北界。即此泽矣。西则独树水注之。水出遒县北山，东入渚。北有甘泉水注之。水出良乡西山，东南迳西乡城西，而南注鸣泽渚。渚水东出为洛水，又东迳西乡城南，又东迳垣县而南入垣水。垣水又东迳涿县北，东流注于桃。"其圣水即今琉璃河，侠河今又称韩村河，桃水即今北拒马河，垣水即今胡良河，而诸水分合流势已与古时不尽相符①。在西乡县城以东有垣县故城。其西乡城，后世称都乡城。《旧唐志二》："慎州，武德初置，隶营州，领涑沫靺鞨乌素固部落，万岁通天二年移于淄、青州安置，神龙初复旧，隶幽州。天宝领县一，户二百五十，口九百八十四。逢龙，契丹陷营州后南迁，寄治良乡县之故都乡城，为逢龙县，州所治也。"又："黎州，载初二年析慎州置，处浮渝靺鞨乌素固部落，隶营州都督，万岁通天元年迁于宋州管治，神龙初还，改隶幽州都督。天宝领县一，户五百六十九，口一千九百九十一。新黎，自宋州迁寄治于良乡县之故都乡城。"其并见于《新唐志七》。则在唐代中期又有因靺鞨部落归服所置慎州、黎州等羁縻州侨治于此，安史之乱后散去。其鸣泽，见于《史记·封禅书》。《正义》："《括地志》云：鸣泽在幽州范阳县西十五里。"②《寰宇记》卷七十：

---

① 参见《清统志》卷七。其并载："甘泉水，在房山县西北。《水经注》：甘泉水出良乡县西山北，东南流迳西乡城西，而南注鸣泽。《县志》：大房山南孤山口东北八里有东、西、南、北四甘池村，亦谓之长沟峪。西村之北，水从石壁出，凡七窦，罗注为池。池中生鱼止一日而味极美，疑即古泉池也。又东北数里为黑龙潭。"
② 《清统志》卷七："乾池，在涿州西十五里。其池注下，为众流所归，然未尝盈溢为患。一名百尺乾。"唐大历年间于范阳县置涿州，相沿至今。二者所述方位里程相同，则乾池似当属古鸣泽遗迹。

涿州范阳县，"西乡城，汉县故城，在县西北二十里，一名都乡城"。《明统志》卷一："西乡城，在涿州西北，又名都乡城，汉旧县也。"《读史方舆纪要》卷十一：涿州，"西乡废县，州西北二十里。汉县，属涿郡，后汉省。或谓之都乡城"。清光绪十五年刊《顺天府志》卷二十九：涿州，"西北二十里长沟镇，外委驻焉。镇北有土城址，土人呼古城，或曰此西乡故城也，亦谓之都乡城"。并"按：《旧唐地理志》：慎州逢龙县、黎州新黎县，神龙初皆寄治良乡之故都乡城。《一统志》：西乡故城在涿州西北。《旧闻考》：西乡废县在州西二十里长沟邨，北有土城遗址，土人呼为古城，或即其地，但无碑记可考。今考长沟镇在治西北二十里，与《纪要》合"。

其城址位于今北京市房山区长沟镇与河北省涿州市东仙坡镇交界地带。西南距长沟镇长沟村250米，东南距东仙坡镇上坡村约200米，地处高坡上，西南约1000米有古河道，南侧有一条东西向通往长沟镇的公路。经1958年调查得知，土城大部分被破坏，仅东南角较完整，城墙最高处为5米，最低处仅1米，平面略呈方形，每边长约500米①。1962年再次进行调查，见到南、北、西三面城墙尚保存相当高度，东城墙已成平地。城墙平面作刀形，南宽北窄，南北长500米，南垣长300米、北垣长320米，西垣南段长210米、北段长290米，南北两段相接处有一曲角，形成刀柄形。城墙保存最高处是南垣东段，高约5米。城内均为平地，无建筑物。自琉璃河镇通往长沟镇的公路从东垣中段斜穿城西南角而过。城中采集有加蚌屑红陶、泥质灰陶等残片及青灰色绳纹残片、兽面纹半瓦当等，还发现有唐、辽时期的白釉瓷片。在城西一土坑中发现有残碎陶器及绳纹砖等汉代遗物，推测这里可能是墓地。与《水经注》等记载相印证，其应为汉西乡城之所在。注文所述甘泉原即今长沟镇北3公里之东、西、南、北四甘池村。侠河即发源于此，向南流，穿长沟镇、夹河村再向东流。今长沟镇西南至拒马河边均为大片稻田，从地形等高线看，长沟镇西南稻田中心夹河村一带要低于长沟镇北10余米，推测这片稻田应为鸣泽渚的前身。鸣泽渚西有独树水注入。今长沟镇西有自房山老城区西城寺水头发源的一条小河，经独树

---

① 冯秉其、唐云明：《房山县古城址调查》，《文物》1959年第1期。

村向东南流入洼地，应是独树水①。其所论大体合于史实，而鸣泽范围似可东扩至乾池即今百尺竿村一带②。后经 1986 年和 1989 年两次调查，确定此城平面呈长方形，南北长 452.5 米，东西长 308 米，总占地面积约 13.9 万平方米，原有城墙 1521 米，现西侧和北侧仅残存城墙 475 米。城西侧残存城墙 190 米，最高处 4.5 米，基宽 8 米，顶宽 5.6 米。夯土厚度 10~11 厘米。墙内土层中发现含有细绳纹夹砂红陶器物残片，在墙上顶部表面采集到 1 块完整的双龙纹半瓦当。城北侧残存城墙 285 米，最高处 4.5 米，基宽 11 米，顶宽 7.4 米。在东北角断崖上发现有 26 厘米、20 厘米、19 厘米不等的夯土层。有的夯土层中夹有稻草痕迹，呈席纹状。发现一个较完整的夯窝，直径为 10 厘米。东城墙夯土 6 层，每层厚 6~15 厘米，基宽约 4 米，有夯窝，呈圆形，大的直径约为 10 厘米，小的直径约为 6 厘米。在城址外地表采集到战国时期的双龙纹、双鹿纹半圆形瓦当，残缺的饕餮纹半圆形瓦当以及泥质灰陶豆、夹砂红陶鼎足、夹砂灰陶罐口沿等残片，汉代的红陶壶底部残片、红陶卷沿小盆口沿残片、夹砂灰陶口沿残片、夹砂红陶圆形器盖残片、粗绳纹泥质灰陶板瓦残片等。另据当地居民讲，土城内曾出土刀币一筐。2005 年对城址东部进行局部发掘，探明文化层堆积厚 1.1~1.6 米，可分为 5 层，第 1 层为耕土层，第 2 层为近代文化层，第 3 层、第 4 层为汉代文化层，第 5 层为战国时期文化层。土色为灰褐、黄褐、黑色 3 种，质地致密。共清理灰坑 18 座，出土有陶片、钱币、铁器等；陶窑 3 座，其中 1 号窑为土坑竖穴式、2 号和 3 号窑为砖砌窑；瓮棺墓 1 座；圆形水井 1 口。并对东城墙基槽进行解剖，在探沟中发现其第 1 层为表土层，第 2 层、第 3 层为垫土，均被北侧的扰土叠压。第 4 层至第 9 层均系城墙基槽夯土，夯层分别厚 0.06~0.08 米、0.06~0.1 米、0.08~0.1 米、0.08~0.14 米、0.08~0.13 米、0.1~0.18 米，土色呈褐色，有黄、浅红、浅灰之分，土质纯净，含有小陶片、石块、白色礓石颗粒等。第 8 层夯土下有一条东西

---

① 北京市文物工作队：《北京房山县考古调查简报》，《考古》1963 年第 3 期。
② 《日下旧闻考》卷一百二十八："独鹿山在（涿）州西十五里，下有鸣泽。汉元封四年由中北出朝那萧关，历独鹿鸣泽，从西河还。即此。（《方舆纪要》）臣等谨按：独鹿鸣泽，今其地名陶家屯，土阜岿然，其下常有积水，土人传以为即独鹿鸣泽。"其陶家屯在今涿州西南、拒马河（古桃水）以南，与《水经注》所述鸣泽所在地理方位不符，当属附会。

向浅沟（编号G3），斜壁，平底，包含有碎砖、河卵石。第9层下为生土，黄胶沙土。从东城墙基址解剖情况看，现地表已无城墙痕迹，基槽直接开挖于生土之上，当时修筑城墙时是顺地势而筑，先对生土地面略加平整，松软土挖掉后填实（G3就是这样形成的），然后平垫一至二层褐色花土，略经夯打后，在此基础上下挖基槽，槽内分层填土夯实。夯面平整，夯窝较密集，尺寸有0.08×0.08米和0.08×0.1米两种。残深0.05~0.1米，基槽方向35度，上口宽约4米，底宽约3.76米。从整个发掘的地层堆积情况分析，遗址经历了两次较大规模的堆积过程，分别为开口于第4层的灰坑和第5层，开口于第3层下的灰坑和第3层、第4层。其中又以第4层为堆积主体，说明此时期是城址的繁荣兴盛期。从出土遗物分析，第5层遗迹开口于第4层下的几座灰坑，时代均为战国晚期；第4层、第3层以及其他遗迹，时代均为西汉早、中期。这些遗物与河北、北京地区的战国、西汉遗物相一致，可证明西乡故城出现于战国晚期，西汉早、中期是其繁荣阶段，此后衰落废弃，废弃时代当不晚于西汉晚期。从城址内发现的遗迹遗物分析，战国晚期这里就已成为一处重要的居住地。汉初设西乡县城，但尚未修筑城墙，直至西乡顷侯刘容封侯就国后，城垣才开始出现。东墙基槽的解剖表明，城址是一次筑成的，未见利用早期城垣修补增筑痕迹，也未见后期维修痕迹①。根据考古发掘资料，判定此城始筑于刘容封侯就国后，当合于实际；然对于城址堆积之第3层与第4层未加以细分，认为均属西汉早、中期，是城址的繁荣兴盛期，则不甚妥切。相比于第4层（T002北壁厚0.37~0.44米，T004西壁厚0.4~0.44米），第3层（T002北壁厚0.12~0.28米，T004西壁厚0.1~0.18米）堆积似历时较短，而所发现的3座陶窑则均在此层内。陶窑Y2较大，居北部；Y1、Y3较小，分居西南、东南部。窑室废弃后填充大量红烧土、灰烬、碎砖瓦、陶片、曲尺形窑具等。窑前有取土坑，坑内出土有布币、铁器。从T001与东侧的T005、T006的遗迹平面分布看，东侧可能是较早平整制作加工的场所，Y2及T006的4座取土坑说明当时窑工是就地取材。推测较大的Y2可能用于烧制砖、瓦等建

---

① 涿州市旅游文物局编《涿州文物志》第一章《古遗址》附《涿州西乡故城遗址发掘报告》。

筑材料和大件陶器，Y1、Y3可能用于烧制小件陶器或随葬用的冥器。似可表明此一时期这里的生活曾发生较大的变化，极有可能与刘容封侯相关。如此，此一层堆积当形成于刘容就国筑城以后，大致在西汉晚期。城址的兴盛期亦在此一阶段。而第4层堆积则当属西汉早、中期，其时在此地当只设西乡，而未置西乡县。其第5层堆积属战国时期，其时在此地已形成较大的居民聚落。其城垣平面不甚规则，西垣中部略有折曲，很可能是为将已有的居民点尽量包罗在城内所致。西汉末年，刘景被免，改为移风县，此城犹存。东汉初年，当又改称西乡县，相沿于此城。而后省废，复设西乡，而城不毁。至汉末，又一度恢复为西乡侯国。在北垣东北角断崖上见到有较厚的夯土层，或属此一时期修缮遗存。

饶阳县城

饶阳县，西汉时期属涿郡。《汉志上》：涿郡属县"饶阳"，应劭曰："在饶河之阳。"而《史记·赵世家》：赵悼襄王六年（前239年），"封长安君以饶"。《正义》："即饶阳也。瀛州饶阳县东二十里饶阳故城，汉县也。明长安君是号也。"则其当相沿于原赵国之饶城。《后汉书·孝明八王列传》："建初四年，以清河之涉、观津，勃海之东光、成平，涿郡之中水、饶阳、安平、南深泽八县益乐成国。"乐成国后改称安平国。《后汉志二》：安平国属县"饶阳，故名饶，属涿。有无蒌亭"。晋代改属博陵郡，见于《晋志上》。北魏时期为博陵郡治所。《魏志上》：博陵郡首县"饶阳，前汉属涿，后汉属安平，晋属。有鲁口城、博陵城、三良神、饶阳城"。《水经注·浊漳水》：衡漳水"又东北迳武隧县故城南"，"白马河注之。水上承虏池，东迳乐乡县北、饶阳县南，又东南迳武邑郡北，而东入衡水，谓之交津口"。其时滹沱河及饶河已改道流经饶阳县城北，唯有白马河流经饶阳县城南。

《隋志中》：河间郡统县"饶阳，开皇十六年分置安平、芜蒌二县，大业初省入焉"。《通典》卷一百七十八：深州饶阳县，"滹沱河旧在县南，即光武所渡。魏武王因饶河故渎决，令北注新沟，所以在今县北"。《元和志》卷十七：深州，"饶阳县，望，三十。西南至州三十里。本汉旧县，属涿郡，在饶河之阳。隋开皇三年改属定州，十六年属深州，大业二年省深州，改属瀛州，武德四年属深州。滹沱河，北去县四十五里。州理城，晋鲁口城也。公孙泉（渊）叛，司马宣王征之，凿滹沱入派（泒）水以运粮，因筑此城。盖滹沱有鲁沱之名，因号鲁口。后魏道武帝皇始三（元）年车驾幸鲁口，即此城也"。《旧唐志二》：深州领县"饶阳，汉县，属涿郡。武德四年分置芜蒌县，贞观元年省，十七年割属瀛州。先天二年迁深州。武德初为深州所治"。先天二年（713年）以陆泽县为深州治所。《新唐志三》所述略同。《寰宇记》卷六十三：深州，"饶阳县，东北三十里，旧三十乡。本汉旧县地，属涿郡。应劭注云：在饶河之阳，为名。今有古城在今县东北二十里饶阳故城是也。齐文宣天保五年移于今理。按：饶阳县即后魏房渠口，置房口镇于此。后为县，隶深州。隋开皇三年改属定州，十六年属深州，大业三年省深州，改属瀛州，唐武德四年还属深州。枯白马渠在县南，一名黄河，今名白马沟。上承滹沱河，东流入下博界故渎。《水经注》云：滹沱河又东自白马沟出。李公绪《赵记》云：此渠魏白马王彪所凿，俗谓黄河。又，《通典》州郡云：滹沱河旧在县南，即光武所渡处。魏武帝因饶河故渎决，令北注新沟，所以今在县北。后魏刺史杨贝改为清宁河是也。……博陵故城、饶阳故城，皆汉邑名，废城在县界。房口镇城，今邑理也。自石赵、苻秦、后魏，并为博陵郡，理于此。州理城，晋鲁口城也。公孙泉（渊）叛，司马懿征之，凿滹沱入泒水，以运粮，因筑此城。盖滹沱有鲁沱之名，因号鲁口。后魏道武皇始二年车驾幸鲁口，即此城也。"《元丰九域志》卷二：深州治静安县，所领县"饶阳，州北九十里，三乡，有滹沱河"。《新定九域志》卷二：深州，"《水经》云：魏白马王凿"。《明统志》卷三：真定府晋州，"饶阳县，在州城东北一百三十里。本汉旧县，属涿郡。其治在今县西南三十五里。东汉属安平国，晋属博陵国，隋属瀛州，唐为深州治所，五代宋金皆属深州，元改属晋州，本朝因之"。又："光武城，在饶阳县西南三十里。相传汉光武征王郎时筑。"《读史方舆纪要》卷十四：晋州饶阳县，"饶阳故城，县东北二十里。本赵邑。《史记》：

赵悼襄王六年封长安君以饶，即此。汉因置饶阳县。更始二年光武自蓟南驰，至饶阳，官属皆乏是也。自晋至后魏，县皆治焉。北齐天保五年始移今治。……志云：县西南三十五里有饶阳故城。一云：县南五里有故城村，即饶阳故城也。皆误。鲁口城，《寰宇记》云：即今县城。《晋书》：公孙渊叛，司马宣王讨之，凿滹沱入泒水，以运粮，因筑此城。滹沱有鲁沱之名，故曰鲁口城。……魏收志：饶阳县有鲁口城。盖高齐迁饶阳于鲁口云"。又："滹沱河，在县北。《通典》：滹沱旧在县南，魏武因饶河故渎决，令北注新沟水，所以今在县北。宋白曰：决处即平房渠也。旧于渠口置房口镇，后讹为鲁口，因置鲁口城。"《清统志》卷五十三："饶阳故城，有二。一在今饶阳县东，本赵饶邑。《史记》：赵悼襄王六年封长安君以饶。《后汉书·郡国志》：饶阳，故名饶是也。在今县东北二十里。一在今饶阳县南，即鲁口城也。晋永和六年，慕容儁击后赵至无终，赵将王午、邓恒弃蓟城，走保鲁口。《魏书·地形志》：饶阳有鲁口城。《元和志》：饶阳县西南至深州三十里。县理城，晋鲁口城也。公孙泉叛，司马宣王征之，凿滹沱入派水以运粮，因筑此城。盖滹沱有鲁沱之名，因号鲁口。后魏道武皇始二年车驾幸鲁口，即此。《寰宇记》：北齐天保五年移饶阳县于今理，即后魏房渠口，置鲁口镇于此。《九域志》：县在深州北九十里。盖宋时又迁而北也。旧志：有故城在县南二里，亦曰故城村。又有光武城在县西南三十里，一名罗城。"诸书所记大体上本于《元和志》及《寰宇记》，然在认知上则不尽相同，可结合此一地区所见相关遗迹重加推考。

《清统志》卷五十三："深州故城，在今州南二十五里。即故静安县也。周建德中移下博县于此。《元和志》：下博县，南至冀州一百里。《寰宇记》：《县道记》云：今理，即汉祭遵垒，北枕衡漳水是也。《九域志》：雍熙三年县省，四年复置，改曰静安，始自陆泽移深州治此。旧志：明洪武初省县入州，永乐十年滹沱、漳水决溢，城坏，因徙州吴家庄，即今治也。陆泽故城，在州北。唐置县，为深州治。《旧唐书·地理志》：先天二年分饶阳、鹿城界置鹿泽县于古隍城。《宋史·地理志》：雍熙四年废鹿泽县。旧志：陆泽城在州东北五里。"其深州即今河北深州市。依此，唐时深州所治陆泽县城当在今深州市东北；宋雍熙年间移州治静安县城当在今深州市南二十余里，其时饶阳县城"在深州北九十里"，当在今饶阳县址。其迁于此的时间当亦在宋雍熙年间，而此前饶阳县城所在当如《明统志》所述，"其治在今县西南三十五里"，大致在今大城北村一带。其南小堤乡古殿村北发现汉代及宋代遗址，面积不详，采集遗物有汉代泥质灰陶瓮、罐和宋代白釉瓷碗等残片。小堤村南发现汉代遗址，面积不详，采集遗物有五铢钱和泥质灰陶素面罐、盆等残片。桑园村南发现隋代墓地，其东五公镇五公村发现隋代李敬家族墓地，小堤村南及大曹庄发现宋代墓地等①。可为寻求魏晋时期鲁口城及北齐、隋唐时期饶阳县城址提供线索。其所在西南距今深县约10公里，与《元和志》等所述其时饶阳县城位于深州"东北三十里"亦大致相合。《明统志》等所述"光武城，在饶阳县西南三十里"当亦指此一地区原残存古城址。而北齐天保五年（554年）以前饶阳县城则当在其"东北二十里"。今饶阳县西南约5公里王同岳乡张路口村西北发现汉代遗址，面积约2000平方米，采集遗物有泥质灰陶绳纹板瓦和素面瓮、罐等残片②，或可作为寻求晋代及北魏时期饶阳县城的线索。而汉代饶阳县城（包括战国时期饶邑）极有可能在今饶阳县南故城村附近。在故城村周围亦发现有汉代遗址，面积不详，暴露遗迹有灰坑，采集遗物有泥质灰陶绳纹板瓦、素面瓮、罐等残片③。《魏志》所述"饶阳城"，《寰宇记》所述"饶阳故城"，当即指此城。据《后汉书·光武帝纪》，汉代饶阳城内有"传舍"即客馆，有"门长"掌守城门启闭。其南临滹沱河。《元和志》卷十八：定州深泽县，"滹沱河，县南二十五里"。卷十七：深州安平县，"滹沱河，在县南二十三里"。又，《水经》：浊漳水"又东北至昌亭，与虖池河会"。注文："衡漳又迳东昌县故城北。经所谓昌亭也。王莽之田昌也。俗名之曰东相，盖相、昌声韵合，故致兹误矣。西有昌城，故目是城为东昌矣。衡漳又东北，左会滹池故渎，谓之合口。"汉代滹沱河当大致流经此一线。而饶河当在此滹沱河之北，或即从滹沱河分出，流经饶阳城南，向东顺势注入浊漳水。依李贤注及《通典》所述，因曹操决饶河，令北注新沟水，致使滹沱

---

① 国家文物局主编《中国文物地图集》河北分册。
② 国家文物局主编《中国文物地图集》河北分册。
③ 国家文物局主编《中国文物地图集》河北分册。

河改流经饶阳县北，似不太可能。而《元和志》及《寰宇记》等所述司马懿为征讨公孙渊，"凿滹沱入泒水，以运粮"，则有可能，时在魏明帝景初二年（238年）。在滹沱故渎之南有白马河。《读史方舆纪要》卷十四：深州，"白马沟，州东三十里。三国魏主丕之弟白马王曹彪牧冀州，引滹沱河入于清漳，以溉高卬之田，境内利之，名曰白马河。《水经注》所云：白马河经乐乡县北、饶阳县南而东入横漳者也。今废"。依《三国志·魏书·曹彪传》：曹彪于汉建安二十一年（216年）受封寿春侯，黄初二年（221年）进为汝阳公，三年封代阳王，后徙封吴王，改封寿春县，七年徙封白马王，太和六年（232年）改封楚王。景初三年（239年）增户五百，并前三千户。嘉平元年（249年）获罪自杀。其开凿白马河当在此前正始年间。因饶河及滹沱河皆引流饶阳县城北，饶阳县城南唯有白马河。

汉代饶阳县东北有无蒌亭。《后汉书·冯异传》：冯异字公孙，随刘秀征战。"及王郎起，光武自蓟东南驰，晨夜草舍，至饶阳无蒌亭。时天寒烈，众皆饥疲，异上豆粥。明旦，光武谓诸将曰：'昨得公孙豆粥，饥寒俱解。'及至南宫，遇大风雨，光武引车入道傍空舍，异抱薪，邓禹热火，光武对灶燎衣。异复进麦饭菟肩。因复度虖沱河至信都，使异别收河间兵。"建武六年，冯异入朝，光武帝诏曰："仓卒无蒌亭豆粥，虖沱河麦饭，厚意久不报。"李贤注："无蒌，亭名，在今饶阳县东北。"《元和志》卷十七：深州饶阳县，"芜蒌故城，在县东北三十五里。隋县也，盖因东北芜蒌亭为名。芜蒌亭，在县东北四十五里。后汉光武帝自蓟东南驰，晨夜至饶阳芜蒌亭，饥甚，冯异进豆粥，光武帝曰：'得公孙豆粥，饥寒俱解。'公孙，异字也"①。《寰宇记》卷六十三所述略同。而《明统志》卷三："芜蒌亭，在深州城外、滹沱之滨，今隶饶阳县界，即汉冯异进豆粥于光武处。麦饭亭，在滹沱河上，汉光武至滹沱河，冯异于此进麦饭，后人因以筑亭。南亭，在南宫县。汉光武尝遇大雨，引车入道旁客舍，冯异抱薪，邓禹然火，对灶燎衣而去，即此。"似有违于古说。或因宋初饶阳县城迁于今址，致使其与芜蒌亭等对应方位不明。《清统志》卷五十三："饶阳县城，周四里、

---

① 《元和志》卷十七：冀州南宫县，"本汉旧县，属信都国。《后汉书》：光武自蓟南驰至南宫，遇大风雨，引入道旁空舍，冯异抱薪，邓禹然火，帝对灶燎衣。即此地也"。

门三，濠广二丈，明成化五年筑。外有护城隍，周八里。本朝顺治二年治。"又："饶阳县学，在县治北，元元贞中建。"其当相沿宋初所迁旧址。《清统志》卷五十三又记："芜萎故城，在饶阳县东北。隋开皇十六年置芜萎县，大业初省入饶阳。唐武德四年复置，贞观元年又省。《元和志》：芜萎故城，在饶阳县东北三十五里。隋县也，盖因东北芜萎亭为名。"又："芜萎亭，在饶阳县滹沱河滨。……县志：亭在县五里草芦村，又有芜萎社在县东。"其力求遵循古说，然未能指实。依《元和志》所述，隋唐时期饶阳县城东北距芜萎县城三十五里，而《明统志》又述其时饶阳县城在今县西南三十五里，则宋初所迁饶阳县城极有可能即沿用隋唐之际芜萎县城。在今饶阳县饶阳镇建新路西段路北发现北魏晚期元羽墓①，可表明其地在南北朝时期尚未被占用。而在今饶阳县东饶阳镇菜园村西北发现汉代遗址，面积约1500平方米，文化层厚1米，采集遗物有泥质灰陶绳纹板瓦、瓮、罐等残片②，则可表明此一地区自汉代以来一直有人居住活动，各方面基础较好。今饶阳县城东北约5公里有西草芦及东草芦村，当临近古芜萎亭址。亦可为隋唐之际芜萎县城在今饶阳县地提供一佐证。当年光武帝由蓟城南下，当经此饶阳芜萎亭，至饶阳县城，又西南行经危度口渡滹沱河，进至下博城西，入信都郡城。

中水县城

中水县，西汉时期属涿郡。《汉志上》：涿郡属县"中水"。应劭曰："在易、滱二水之中，故曰中水。"汪士铎曰："据《后汉·孝明八王传》注，在乐寿县西北，则滱、滹池二水之中，非易、滱二水之中也。"③《史记·高祖功臣侯者年表》：汉高祖七年（前200年），封吕马童为中水侯，"千五百户"。后传吕假、吕青肩、吕德、吕宜成。元鼎五年（前112年），

---

① 国家文物局主编《中国文物地图集》河北分册。
② 国家文物局主编《中国文物地图集》河北分册。
③ 据王先谦《汉书补注》卷二十八上引。

"宜成坐酎金，国除"。《汉书·高惠高后文功臣表》略同。东汉时期属河间国。《后汉志二》：河间国属县"中水，故属涿"。《后汉书·孝明八王列传》："建初四年，以清河之游、观津，勃海之东光、成平，涿郡之中水、饶阳、安平、南深泽八县益乐成国。"李贤注："中水在今瀛州乐寿县西北。"乐成国后改河间国。晋时相沿，见于《晋志上》。《魏志上》：河间郡领县"中水，前汉属涿郡，后汉、晋属河间国"。北齐时省废。《寰宇记》卷六十三：深州乐寿县，"故中水城，汉县也。在今县西北三十里。高祖封功臣吕马童为中水侯，即此地。居两河之间，故曰中水。又，《郡国县道记》云：其城南枕滹沱，北背高河。高齐天保七年省"。明初改乐寿县为献县。《明统志》卷二："中水城，在献县西北三十里。汉县，高祖封功臣吕马童为中水侯，即此。地居高、滱二水之间，故名。"嘉靖十九年刊《河间府志》卷三：献县，"中水城，在县西北五十里。本汉县，隶涿郡。高祖封功臣吕马童为中水侯，即此。地名（居）高、滱二水之间，故名"。其"在县西北五十里"，当为"三十里"之误。《读史方舆纪要》卷十三：河间府献县，"中水废县，县西北三十里。汉县，高帝封功臣吕马童为侯邑，属涿郡。应劭曰：县在易、滱二水之中，因名。后汉及晋俱属河间国，后魏属河间郡，高齐废"。《清统志》等所述略同，而均未指明其所在具体方位。

今河北献县段村乡南皇亲庄与河间市龙华店乡北皇亲庄之间发现一处汉代遗址，面积约 300 万平方米。暴露遗迹有夯土筑成的城墙残迹，残高 1~2 米，采集遗物有铜镞和泥质灰陶绳纹板瓦、素面瓮、罐等残片，在南皇亲庄东北及东部发现大型封土汉墓，在北皇亲庄南发现大面积东汉墓葬群[1]。其所在东南距今献县约 15 公里，与《寰宇记》等所述在县"西北三十里"相合，城址所属年代亦大致相符，当即属古中水县城，而规制尚不能明确。其东南临今滹沱河（子牙河），西北临今古洋河。而依上引相关记载，其在秦汉时期居于易水与滱水之间，唐宋时期居于滹沱河与高河之间，明清时期居于高河与滱河之间。可表明在不同时期流经于此一地区的水道多有变迁。而汪士铎以为秦汉时期当为"滱、虖池二水之中，非易、滱二

---

[1] 国家文物局主编《中国文物地图集》河北分册。

水之中也"似不确。

《汉志下》：代郡灵丘县，"滱河东至文安入大河，过郡五，行九百四十里，并州川"。卤城县，"從（泒）河东至文安入海，过郡六，行千三百里"。中山国北新成县，"桑钦言易水出西北，东入滱"。曲逆县，"蒲阳山，蒲水所出，东入濡。又有苏水，亦东入濡"。望都县，"博水东至高阳入河"。另据《寰宇记》卷六十六：瀛州河间县，"滹沱河，《舆地志》云：滹沱河在今县西二十里"。又，莫州任丘县，"滱水枯渎在县西一里"。其滱水枯渎当即为西汉时期滱河水道，与唐宋时期滹沱河水道大致相当，当流经今河间市西、肃宁县东；而泒河在此一带当流行今河间市东、大城县西，北至文安县（今文安县东北）入海。"滱河东至文安入大河"，当指滱河在此一带入泒河，"大河"或为"泒河"之讹。如此，西汉时期滱河正流经中水县城之南。又，《左传·昭公七年》：燕人与齐"盟于濡上"。杜预注："濡水出高阳县，东北至河间鄚县入易水。"《寰宇记》卷六十六：莫州鄚县，"濡水在县西二十里，向东合易水。《左传》：齐侯伐北燕，盟于濡上。即此是也。盖秋所出"。其秋当作湫，指水注。此段濡水当即杜预所言流经高阳县（今河北高阳县东旧城村）南及东而东北至鄚县（今河北任丘市北鄚州镇古州村）入易水者，大致循行今潴龙河水道。而依《水经注》及《元和志》等所述，古濡水之源在今顺平县西，流向东南与博水汇合，以下濡水与博水互称。"博水东至高阳入河"，当指濡水与博水汇合后于高阳县城附近注入滱河。因滱水亦称滱河，故称入河。《汉志》记蒲水与苏水入濡水，与《水经注》相同；而不记此濡水所出，于北新城县下引桑钦言"易水出西北，东入滱"。依本书推考，西汉时期北新城县城当在今保定市西孙村址①，古濡水之源正在其西北，则二者所指当为同一水道，即此濡水亦可称易水。如此，古中水县城西北临此易水。应劭所言"在易、滱二水之间"当合于史实。东汉中后期，滱水西迁至《水经注》所述水道，而原滱水河道当为泒水所循行；曹魏时期又于饶阳县引滹沱水入泒水，后遂称以下河段为滹沱水。而濡水（博水）亦改流，下游渐至湮灭，唯余高河。

---

① 参见本书樊舆县城。

垣县城（附武垣县城）

（一）垣县城

垣县，西汉时期属涿郡。今传本《汉志上》：涿郡属县"武垣，莽曰垣翰亭"。应劭曰："垣水出良乡，东入桃。"《史记·惠景间侯者年表》：汉景帝中元二年（前148年）封匈奴降王赐为垣侯，"六年赐死，不得及嗣"①。并见于《汉书·景武昭宣元成哀功臣表》，作桓侯，当属通假字。《水经注·圣水》："桃水又东北与垣水会。水上承涞水，于良乡县分桃水，世谓之北沙沟。故应劭曰：垣水出良乡。东迳垣县故城北。《史记音义》曰：河间有武垣县，涿有垣县。汉景帝中三年封匈奴降王赐为侯国，王莽之垣翰亭矣。世谓之顷城，非也。又东迳顷，亦地名也，故有顷上言，世名之顷前河。又东，洛水注之。水上承鸣泽渚。渚方十五里。汉武帝元封四年行幸鸣泽者也。服虔曰：泽名，在遒县北界。即此泽矣。西则独树水注之。水出遒县北山，东入渚。北有甘泉水注之。水出良乡西山，东南迳西乡城西，而南注鸣泽渚。渚水东出为洛水，又东迳西乡城南，又东迳垣县故城北而南入垣水。垣水又东迳涿县北，东流注于桃。"② 其桃水大致流行今北拒马河道，垣水大致流行今胡良河道。赵一清《水经注释》："《汉志》：垣县属河东郡，武垣县属涿郡。《续志》：河间国，武垣故属涿。今注所引《音义》云云，岂别有说乎？又，《史表》：垣侯赐。《索隐》曰：县名，属河东。则非涿之武垣可知。善长又误。武垣城在河间府西南三十八里，去涿甚远，水道亦无相通之处，恐涿郡又自有垣县也。《一统志》：垣城在涿州北。"杨守敬按："《史记·赵世家》：孝成王七年，武垣令傅豹反。徐广曰：河间有

---

① 《索隐》："县名，属河东。"似不确。《史记·高祖功臣侯者年表》：汉景帝中元五年复封曲城侯子蛊捷为垣侯，并见于《汉书·高惠高后文功臣表》。《汉书补注》卷十六以为"垣，河东县"。可从。然二者同在汉景帝中元年间受封，自当别为两地。

② 王先谦《汉书补注》卷二十八以《水经注》所述之"垣县"即《汉志》之"武垣县"，"垣上脱武字"，不确。

武垣县，本属涿郡。《续志》：河间国武垣，故属涿。是徐广、司马彪特以武垣初属涿郡，后度河间。此注河间有武垣，涿有垣县，则是有两县，与徐广说不相应。而《寰宇记》谓武垣在河间西南四十里。此良乡之垣水安能迳之？疑《汉志》涿郡之武垣，本名垣县，传本或衍武字，徐广遂混河间之武垣为一。郦氏叙垣水于垣县自不误。河间之武垣是本《赵世家》之武垣，别自立县，与涿之垣县无涉。《一统志》谓垣城在涿州北，此必古方志说，疑郦氏原文当是。《史记音义》曰：河间有武垣，本属涿郡。非也。河间有武垣县，涿有垣县，盖武垣不得有垣水也。"① 所辨有理，然似未尽得其实。徐广言"河间有武垣"，当指东汉以后至魏晋之际武垣县属河间国；而"本属涿郡"是指其在西汉时期曾属涿郡，然似并非本于《汉志》。今传本《汉志》于"武垣"下注为"莽曰垣翰亭"；而依《水经注》文，则当注于垣县下。郦道元所见《汉志》文当即如此。又，颜师古注引应劭曰："垣水出良乡，东入桃。"当原注于垣县下，至唐初颜师古所见《汉志》文当亦如此，故照引而不辨。由此推之，《汉志》于此原文当作"垣"，至唐中期以后方衍武字作"武垣"。而武垣县在西汉早、中期当为涿郡属县，西汉后期省废，故不为《汉志》所记；至东汉时期恢复武垣县，并改属河间国，记于《后汉志》②。

垣县当因临近垣水而得名。在垣侯赐死后恢复为垣县，而相沿至西汉末。由王莽改称垣翰亭，降为亭一级设置，似可表明其时已呈衰势。东汉以后不再设垣县，依《水经注》所述，垣县故城当在涿县（今河北涿州市）北，北有垣水及洛水。《元史·石抹明安传》：乙亥年（1215 年），石抹明安率军取通州，驻于金中都（今北京）城南建春宫。"金将完颜合住、监军阿兴鬆哥复以步兵万二千人、粮车五百两（辆）援中都。明安复将三千骑往击之，遇于涿州宣封寨，获鬆哥，合住遁去，尽得其辎重，还屯建春

---

① 《水经注疏》卷十二。
② 《水经注·漉水》："漉水出醴陵县东漉山，西过其县南（经文）。醴陵县，高后四年封长沙相侯越为国。县南临渌水。"杨守敬按："见《史》、《汉》表。梁玉绳曰：《索隐》谓醴陵，县名，属长沙。考《水经注》谓县为此侯封国，然《汉志》长沙国十三县，无醴陵，至后汉始有之，盖是乡名，因曾为侯国而置县也。后汉属长沙郡，吴、晋、宋、齐、梁因，即今醴陵县治。"其武垣县当与之相类。

宫。"《日下旧闻考》卷一百二十九："臣等谨按：据州志，宣封塞（寨）即宣封坡。"并记："仙风坡在（涿）州北十二里。旧志：安乐窝，宋邵康节先生居此。今为仙风坡。（《涿州志》）臣等谨按：元欧阳元《涿郡名贤碑记》云：邵雍，其先涿人，今州西北十余里有邵村，谓即以安乐得名。又，州西北十五里宣封坡，旧有木枋，书邵子讲易处。据此则仙风系传讹，应从欧阳记作宣封为是。"而古音宣属寒部心纽，垣、桓属寒部匣纽，音近互通①；"封"则有可能由"废城"急读而成。由此推之，"宣封"似当由"垣废城"演变而来，亦即古垣城当在此一带。其仙风坡，或作仙峰坡，地势较高，南临胡良河，分为东仙坡村（今为东仙坡镇）、西仙坡村，南距涿州城约7公里。其所在地理方位与《水经注》所述垣县故城大体相合。而胡良河流经村南当系后世改道所致，原有垣水流经垣城北。在西仙坡村南约250米王家坟村北发现商代及汉代遗址，东西长150米，南北长100米，文化层厚0.5～1米，发现灰坑、红烧土块、陶片、砖、瓦、钱币等。其西南约300米，中胡良村西北发现商代及战国时期遗址，南北长200米，东西长200米，文化层厚约0.6米，发现夹砂红陶片、夹砂灰陶片、板瓦、筒瓦等②。或可作为进一步寻找古城的线索。

（二）武垣县城

武垣县初见于《史记·赵世家》：赵孝成王九年（前257年），"秦围邯郸，武垣令傅豹、王容、苏射率燕众反燕地"。《集解》："徐广曰：河间有武垣县，本属涿郡。"《正义》："《括地志》云：武垣故城，今瀛州城是也。"又，《史记·曹相国世家》：汉高祖二年（前205年），魏王豹反，曹参与韩信等攻讨，"击魏王于曲阳，追至武垣，生得魏王豹。取平阳，得魏王母妻子，尽定魏地，凡五十二城"。《集解》："徐广曰：河东有垣县。"《正义》："《括地志》云：武垣县，今瀛州城是。《地理志》云：武垣县属

---

① 《左传·成公十三年》："曹宣公卒于师。"《礼记·檀弓下》记为"曹桓公卒于会"。郑玄注："鲁成十三年曹伯庐卒于师是也。庐谥宣，言桓，声之误也。"参见朱骏声《说文通训定声》乾部。

② 涿州市旅游文物局编《涿州文物志》第一章《古遗址》。

涿郡也。"其"武垣"，《汉书·曹参传》作"东垣"。由徐广所释推之，当以原作"东垣"为是，指汉河东郡所属垣县地。而由《正义》所释，则在唐中期已讹为"武垣"，《汉志》所记亦同于今传本。又，《史记·外戚世家》载褚先生曰："钩弋夫人，姓赵氏，河间人也。得幸武帝，生子一人，昭帝是也。"《索隐》："按：夫人赵姓，河间人。《汉书》云……《列仙传》云：发手得一玉钩，故号焉。"褚先生又记："夫人死云阳宫。时暴风扬尘，百姓感伤。"《正义》："《括地志》云：云阳陵，汉钩弋夫人陵也，在云阳县西北五十八里。孝武帝钩弋赵婕妤，昭帝之母，齐人，姓赵。少好清静，六年卧病，右手卷，饮食少。望气者云：东北有贵人。推而得之。召到，姿色甚佳。武帝持其手伸之，得玉钩。后生昭帝。"《汉书·外戚传》："孝武钩弋赵倢伃，昭帝母也，家在河间。武帝巡狩过河间，望气者言此有奇女，天子亟使使召之。既至，女两手皆拳，上自披之，手即时伸。由是得幸，号曰拳夫人。"其唯言"河间"，而未记"武垣"，《后汉志二》："河间国，文帝置，世祖省属信都，和帝永元二年复故。"首县乐城。属县"武垣，故属涿"。另据《后汉书·光武帝纪》：建武十三年（37年），以河间属信都，河间王邵为乐成侯。李贤注："乐成县故城在今瀛州乐（府）〔寿〕县西北。"《孝和孝殇帝纪》：永元二年（90年），"分乐成、涿郡、勃海为河间国"。封皇弟刘开为河间王。晋时相沿，见于《晋志上》。《宋志二》：河间太守领"武垣令，前汉属涿，后汉、《晋太康地志》属河间"。《魏志上》："瀛州，太和十一年分定州河间、高阳、冀州章武、浮阳置，治赵都军城。"又："河间郡，汉文帝置河间国，后汉光武并信都，和帝永元三年复，晋仍为国，后改。"首县"武垣，前汉属涿郡，后汉、晋属。有武垣城、小陵城"。则北魏时期武垣县已为河间郡治所。《隋志中》：河间郡首县"河间，旧置河间郡，开皇初郡废。大业初复置郡，并武垣县入焉"。《通典》卷一百七十八："瀛州，今理河间县。"首县"河间，汉州乡县，后汉改武垣县。汉武帝得钩弋夫人于此"。《旧唐志二》："瀛州，上，隋河间郡，武德四年讨平窦建德，改为瀛州，领河间、乐寿、景城、文安、束城、丰利六县。五年又置武垣、任丘二县，贞观元年省丰利入文安，省武垣入河间。"首县"河间，汉州乡县地，属涿郡。隋为河间县"。

宋初相沿。《寰宇记》卷六十六："瀛州，河间郡，今理河间县。……后魏太和十一年分定州河间、高阳、冀州章武三郡置瀛州，以瀛海为名。其河间郡自乐城移理于今乐寿县西一里乐寿亭城置，历高齐及周，郡不改。隋开皇三年废郡置瀛州，炀帝初州废，为河间郡。"又："河间县，旧五十一乡，今九乡。本汉州乡县，属涿郡。今县东北四十一里有故州乡城，即汉理也。《汉书》云：武帝时望气者云西北有女极贵，遂访之，得钩弋夫人于是邑。后汉省州乡县，为武垣郡（县）地。隋开皇三年罢郡，武垣县属瀛州。十六年移武垣县居其旧城，乃于此置河间县。……乞活城，《郡国志》云：太安中并州刺史东瀛公司马腾掠羯胡万户于山东，卖为生口，值岁俭难售，恐其有叛，不听入州郡，筑此城以居之，任自乞活。《晋书》云：乞活帅陈仵归晋。即此地也。马领城，秦使蒙恬筑以防河水，因地以名之。……东武垣城、西武垣城，在今郡西南三十八里，有故城存，即秦所置。其故城东微北三十里又有一武垣故城，时人谓之东武垣城，即当今郡南二十五里。盖因魏武凿渠引滹沱水，遂移西武垣县城于此，置武垣县。隋开皇三年又移武垣理州城，此城因废。十六年改武垣为河间县，仍于东武垣故城再置武垣县，大业二年省。按《隋图经》云：河间东武垣城即武帝元封元年巡狩至此，望气者言有异女，使访之，得赵氏女，两手拳，上自披之，即舒。因筑此城，以为禁卫。今县西南楼上有夫人神，即钩弋遗像也。"卷六十三：深州乐寿县，"后魏太和十一年自故郡移河间郡及县西南一里乐寿亭故城，其年郡又移理武桓（垣）城，今河间县是也"。据此，其地在西汉时期为州乡县地；东汉时期置武垣县，属河间国，而后相沿，北魏太和十一年（487年）移河间郡治此；隋开皇三年（583年）于此置瀛州，十六年改为河间县，并另置武垣县，大业二年（606年）又省武垣县于河间县；唐初相沿，武德五年（622年）再置武垣县，贞观元年（627年）又省入河间县。所谓隋开皇三年"移武垣理州城"，当有误。依《魏志》，此地除武垣县城外，并有武垣城、小陵城。依《寰宇记》，除河间县城外，并有乞活城、马领城、东武垣城、西武垣城等。其东武垣城、西武垣城并见于《新定九域志》卷二："西武垣城，《竹书纪年》：阴司马败燕公子翌于武垣。东武垣城，《方镇记》云：曹公凿渠引滹沱水，遂移西武垣县于此置。"① 明清时期志书多因于旧说，而在解说上略有不同。《明统志》卷二：河间府，"河间县，附郭，周为唐叔封邑，汉为州乡县侯国，属涿郡，东汉改为武垣县，后魏又置河间县，隋以武垣省入，唐初以河间置瀛州，武德中复置武垣县，贞观初省入河间县，宋元仍置"。又："武垣城，在府城西南三十八里，秦置县。其故城东微北三十八里又有城，俗名东武垣城。隋省入河间，唐仍置武垣县，后省。又，汉武帝元封初巡狩至东武垣县（城），望气者因言有异女，访之，得赵氏女，以为钩弋夫人，即此。"其"故城东微北三十八里"，依《寰宇记》当为"三十里"。而以河间县置于北魏时间，似并无据。嘉靖十九年刊《河间府志》卷三：河间县，"武垣城，在县西南三十八里，秦置县，其故城，东微北三十八里，隋省入河间，唐仍置武垣县，后省"。又："萧陵县，在县西北五里，城莫知所始。"其"萧陵县"当即《魏志》所记"小陵城"。

《读史方舆纪要》卷十三：河间府，"河间县，附郭。汉州乡县地，属涿郡；后汉为武垣县地，改属河间国。高齐始置河间县，为河间郡治。隋为瀛州治，唐以后因之"。又："武垣城，府西南三十八里。本赵邑，《史记》：赵孝成王九年，秦围武垣。即此。秦置县，汉属涿郡，后汉改属河间国，晋因之，后魏属河间郡，隋大业初省入河间县，唐武德五年复置武垣县，属瀛州，贞观初又废。志云：今府城立名东武垣城，后汉废州乡入武垣，又移武垣县于此。其后复还旧治，因谓之东武垣。高齐改置河间县于此。《城邑考》：今郡城亦谓之瀛州城，隋唐以来故址，宋熙宁初改筑，后复圮坏，明初增修。今城周十七里有奇。"又："魏收志：武垣县有小陵城，亦曰萧陵。盖石赵所置。《寰宇记》：在河间县西北五里。又，城北六里有乞活城，晋东瀛公腾尝掠羯户万人居此，任其乞活，因名。"其说与《括地志》等略同，然以河间县置于北齐时期，似亦无据（《隋志》于北齐、北周所置废郡县均有详记，而无此记载）。而所引《寰宇记》，不见于今传本。《清统志》卷二十二："河间故城，今河间县治。汉州乡县地，后魏曰赵都军城，太和十一年置瀛州于此，隋改置河间县。《寰宇记》：隋开皇三年移

---

① 王文楚、魏嵩山点校《元丰九域志》附，中华书局，1984。据校勘记，清光绪八年金陵书局刊本，其"陰"作"月"，"翌"作"翼"。

武垣理州城，十六年移武垣县居旧城，乃于此置河间县。武垣故城，在河间县西南。……《隋图经》云：东武垣城，武帝元丰（封）元年巡狩至此，望气者言有异女，访之，得赵氏女，因筑此城，以为禁卫。今县西南楼上有女人神，即钩弋遗像也。府志：武垣城在河间县西南三十五里，肃宁县境内，去县东南仅十余里。有内外二城，外城周四十里，内城可十六里，俗名元城。遗址见在。"又："小陵城，在河间县西北。《魏书·地形志》：武垣县有小陵城。旧志：有萧陵城在河间县西北五里，今曰河头邨，亦曰城上邨。盖小、萧声近而讹也。又有高丽城，在府城西北十二里。乞活城，在河间县北六里。"其以河间县相沿于赵都军城，亦属臆想。依《魏志》文例，其记河间郡武垣县"有武垣城"，可表明其时原武垣城已空出，所治县城当属后所迁移者。而《隋图经》所记东武垣城为汉武帝巡狩河间得钩弋夫人而筑，当有所本。东汉时期即以此城重置武垣县，相沿至北魏时期。又，《魏志》记武垣县有"小陵城"。依明清志书，其当在今河间县西北五里。此"武垣城"及"小陵城"当均临近武垣县城。而若以隋唐以后瀛州（河间府）及河间县城相沿于赵都军城，武垣县城在其南，则《魏志》不可能将二者记于武垣县下。且如此，武垣县城与汉代州乡县城（今河间市宁家庄东）相距较远，不可能原属州乡县地。以此河间县为北魏所置或北齐所改置，亦无法讲通。相比之下，当以《括地志》等所记去古未远，更合于实际，即隋唐以后瀛州及河间县相沿于北魏时期武垣县城（东汉以后武垣县城），在今河间市区。

依《寰宇记》等所述，在河间县西南三十八里有西武垣城。其位于今肃宁县东南约10公里窝北镇雪村城址，东南距今献县"三十九里"，当属西汉时期所置阿武县城，东汉以后省废[①]。所谓"西武垣城"显系误传。另在此城以东三十里，河间县南二十五里有东武垣城，其当指今河间市龙华店乡北皇亲庄及献县段村乡南皇亲庄之间古遗址，东南距今献县"三十里"，当属汉代所置中水县城，北齐时省废[②]。隋开皇十六年另置武垣县，当沿用此城址，大业二年省废。唐武德五年再置武垣县，当亦在此，贞观

---

① 参见本书阿武县城。
② 参见本书中水县城。

元年省废。而后即被传为东武垣城。其以西武垣城营建于前，为秦所置武垣县，东武垣城在后，当大体合于史实，唯所指城址有误。而《魏志》所记"小陵城"不见于《寰宇记》（《读史方舆纪要》所引《寰宇记》文当属误记），《寰宇记》另记有"乞活城"。《晋书·东海王越传》："初，东嬴公腾之镇邺也，携并州将田甄、甄弟兰、任祉、祁齐、李恽、薄盛等部众万余人至邺，遣就谷冀州，号为乞活。"《资治通鉴》卷八十六：晋光熙元年（306年），"刘琨至上党，东燕王腾即自井陉东下。时并州饥馑，数为胡寇所掠，郡县莫能自保。州将田甄、甄弟兰、任祉、祁齐、李恽、薄盛等及吏民万余人悉随腾就谷冀州，号为乞活，所余之户不满二万"。乞活城当即营建于此一时期。又据《清统志》等所述，乞活城在河间县北六里，小陵城在河间县西北五里，二者相近。今河间市樊庄乡城上村东北发现一处汉代遗址，面积约25万平方米，采集遗物有泥质灰陶云纹瓦当、绳纹板瓦、筒瓦、罐、盆及素面豆残片等①。其所在与小陵城相当，而所述乞活城似当亦在此一带，二者所述很可能属同一座城的不同部位遗存。其"西北五里"者或指此城之西南城角，"北六里"者或指此城之东北城角，而南垣与北垣之间相距里余。如此，《寰宇记》所记"乞活城"当即为《魏志》所记"小陵城"。此遗址所属时代亦大致相当。其"小陵"，当属地名，用以称城；而"乞活城"则当为俗称。又，今河间市西北约5公里榆林乡北赵庄村西1500米发现一座战国至汉代城址，平面近方形，边长约500米。城垣夯土修筑，基宽约12米，残高1~6米。城内采集遗物有刀币、石铲、石斧和陶器残片等②。其所在方位与《清统志》所述高丽城相当，当起于近世。依其所在方位及所属年代推之，当即属战国秦汉之际所置武垣县城，至西汉中后期废弃。《竹书纪年》所记"武垣"、《魏志》所记"武垣城"，当均指此城而言，而《寰宇记》所记"马领城"亦有可能是指此城，则至唐宋之际已有传误。

---

① 国家文物局主编《中国文物地图集》河北分册。
② 国家文物局主编《中国文物地图集》河北分册。

阿陵县城

阿陵县，西汉时期属涿郡。《汉志上》：涿郡属县"阿陵，莽曰阿陆"。《汉书补注》卷二十八："高帝封郭亭侯国见《表》。"《史记·高祖功臣侯者年表》：汉高祖六年（前201年），封郭亭为阿陵侯。后传郭欧、郭胜容、郭延居、郭则，元鼎五年（前112年），"侯则坐酎金，国除"。《索隐》："县名，属涿郡。"《汉书·高惠高后文功臣表》所记略同，而"阿陵"作"河陵"。当属误字①。《后汉书·任光传》：汉世祖建武二年（26年），"更封（任）光阿陵侯，食邑万户。五年，征诣京师，奉朝请。其冬卒。子隗嗣"。李贤注："阿陵，县名，属涿郡也。"任隗卒于汉和帝永元四年（92年），子任屯嗣，"徙封西阳侯"。而后阿陵县省废，《后汉志》无载。而《魏志上》：瀛州河间县领鄚县，"治阿陵城"②。《水经注·滱水》："（滱水）又东北入于易（经文）。滱水入东北迳依城北，世谓之依城河。《地说》无依城之名，即古葛城也。《郡国志》曰：高阳有葛城，燕以与赵者也。滱水又东北迳阿陵县故城东。王莽之阿陆也。建武二年更封左将军任光为侯国。滱水东北至长城注于易水者也。"熊会贞按："前汉县属涿郡，后汉废。《寰宇记》：阿陵故城在任邱县东北二十里。宋任邱县即今县治，则阿陵在依城之东南。滱水自依城北东北流，当迳阿陵城北，不迳其东也。此东字盖北字之误。"《水经注·易水》："易水又东，埿水注之。水上承二陂于容城县东南，谓之大埿淀、小埿淀，其水南流注易水，谓之埿洞口。水侧有浑埿城，易水迳其南，东合滱水。故桑钦曰：易水出北新城西北，东入滱。自下滱、易互受通称矣。易水又东迳易京南。"杨守敬按："《滱水》篇，滱水东北迳阿陵后始入易水，在今任邱县东北。此云易水合滱水在浑埿城之

---

① 参见王先谦《汉书补注》卷十六。
② 校勘记："诸本无阿字。《寰宇记》卷六十六莫州任丘县称：故阿陵，在县东北二十里阿陵故城是。后汉省，后魏曾移鄚县理此。温（日鉴）、杨（守敬）并据此文证陵城上脱阿字，今据补。"

后、易京之前，则在今任邱县西北，不合，当以此篇为是。"① 其依城在今河北安新县安州镇址，浑泥城在今安新县址②，则以《寰宇记》所述阿陵故城为《水经注》所述阿陵县故城显然不合。

《寰宇记》卷六十六：莫州任丘县，"故阿陵，在县东北二十里阿陵故城是，后汉省。后魏曾徙鄚县理此，周武帝宣政元年废"。其唯记此属阿陵故城，而未述及任光受封阿陵侯事。《明统志》卷二："阿陵城，在任邱县东北二十里，东汉省。后魏徙鄚州（县）治此，后周废。"因于《寰宇记》。《读史方舆纪要》卷十三：河间府任丘县，"阿陵城，在县东北二十六里，亦汉县，属涿郡。后汉初封任光为侯邑，后省"。始增加任光为阿陵侯事。《清统志》卷二十二："阿陵故城，在任邱县东北。汉置县，属涿郡，后汉建武二年封任光为阿陵侯，后废。《寰宇记》：故城在任邱县东北二十里。后魏孝昌二年曾徙鄚县理此，周宣政元年复还今理。旧志：其地今皆为水乡。"又："任光墓，在任邱县东北废阿陵县。又有任将军墓在县西北，高三丈。"又增述任光墓及其子任隗墓等，均不见于明以前典籍，当属附会。其城址位于今任丘市陵城乡陵城村南100米，平面近方形，边长约1000米，城墙夯土修筑，残高1~2米，城内采集有泥质灰陶绳纹板瓦和素面罐、瓮、盆等残片，时代判属汉代。在陵城村西南发现有汉代封土墓，其中有两座传为任光、任隗墓③。城址所在方位与《寰宇记》所述阿陵故城相当，所属年代亦在汉代，属阿陵县城当无可置疑。然与《水经注》所述阿陵县故城所在方位不相符，由此推之，西汉时期此一地区当有两座阿陵城，而此阿陵城当属郭亭所封阿陵侯邑，原属渤海郡④，《索隐》以其"属涿郡"，不确。至元鼎五年"国除"，此城亦废，故不为《汉志》所记。另一座阿陵城当如《水经注》所述，在滱水以西，东南与依城相望。今徐水县东南大因乡防陵村东北200米发现一处汉代遗址，面积约150万平方米，文化层厚1米，暴露遗迹有灰坑等，采集遗物有泥质灰陶绳纹板瓦、筒瓦、罐、盆等

---

① 《水经注疏》卷十一。
② 参见《清统志》卷十四。
③ 国家文物局主编《中国文物地图集》河北分册。
④ 《史记·扁鹊仓公列传》记扁鹊为勃海郡鄚县人，则汉初鄚县及阿陵城一带当属勃海郡。

残片。在防陵村北发现有东汉墓群①。其所在方位与《水经注》所述阿陵县故城大体相当，虽尚未发现城墙遗迹，然规模较大，时代相符，极有可能即为涿郡所属阿陵县之所在，东汉初封任光为阿陵侯，而后省废。东汉以后有滱水流经此城址东，又东北流至浑埿城南而入易水。

阿武县城

阿武县，西汉时期属涿郡。《汉志上》：涿郡属县"阿武，侯国"。《史记·建元已来王子侯者年表》：汉武帝元朔三年（前126年）封河间献王子刘豫为阿武侯。并见于《汉书·王子侯表》，后传刘宣、刘信、刘婴齐、刘黄、刘长久，"王莽篡位，绝"。东汉以后省废。《寰宇记》卷六十三：深州乐寿县，"故阿武城，汉县，废城在今县西北三十九里，后汉省"。明代改乐寿县为献县。《明统志》卷二："阿武城，在献县西北三十九里，汉县，东汉省。"嘉靖十九年刊《河间府志》卷三：献县，"阿武城，在县西北三十九里，本汉县，隶涿郡，东汉省"。《读史方舆纪要》卷十三：河间府献县，"阿武城，在县西北三十九里，汉县，属涿郡，武帝封河间献王子豫为侯邑，后汉废"。《清统志》等所记相同。其当均本于《寰宇记》，而于所在具体方位则未予指实。

明嘉靖十九年刊《河间府志》卷三：肃宁县，"肃宁旧县，在今县治东南，周围十六里；内有子城，周围三里。俱颓圮，旧址尚存，即宋所筑肃宁城也"。《读史方舆纪要》卷十三：河间府肃宁县，"本河间县地，宋雍熙三年置平卤砦，淳化初改平卤城，景德二年又改为肃宁城，金升为县，属河间府，元至元二年废为镇，寻复故。今编户十三里。肃宁废县，在今治东南。志云：旧城周十六里；内有子城，周三里。宋时筑以屯兵。城旁又有肃宁砦，地名南阳疃，亦曰曲（申）阳疃，亦宋所筑，金废。今县城周六里有奇"。《清统志》卷二十二所记略同。又："武垣故城，在河间县西

---

① 国家文物局主编《中国文物地图集》河北分册。

南。……府志：武垣城在河间县西南三十五里肃宁县境内，去县东南仅十余里。有内外二城，外城周四十里，内城可十六里，俗名元城，遗址见在。"二者所指当为同一座城。

今河北肃宁县东南约10公里窝北镇雪村西南200米发现一座战国至汉代城址，平面近方形，分为外城和内城，外城北垣长1803米，东垣长1520米，南垣长1680米，西垣长1704米。内城边长约500米。城墙夯土筑成。外城城墙基宽约10米，残高1~7米。内城城墙基宽4米，残高1~3米。内城城内东南部有一座夯土台建筑基址，南北长45米，东西长35米，残高2米，周围散布大量陶器残片和建筑用陶残片。城址采集遗物有铜镞、残铁器和陶器残件。调查者认为其当属武垣故城址[①]。似不确。城址所在方位与"肃宁城"及"武垣城"相当，规制亦与"肃宁城"外城及"武垣城"内城略同，明清以来有明确记载，当即属宋代所筑肃宁城。而所谓"外城周四十里"，或包括城外遗迹等。又，此城址东南距今献县约20公里，与《寰宇记》等所述阿武城在献县"西北三十九里"相当，内城边长约500米，亦与汉代一般县制略等，则当属阿武县城之所在。东汉以后阿武县省废，隋唐时期或被误指为西武垣城，俗名"元城"，当由"垣城"即西武垣城演变而来。

高郭县城

高郭县，西汉时期属涿郡。《汉志上》：涿郡属县"高郭，侯国。莽曰广隄"。《汉书·王子侯表》：汉宣帝元康四年（前62年）封河间献王子刘瞱为高郭侯，后传刘久长、刘菲、刘称、刘霸。刘霸无后，元延元年（前13年）绍封刘霸弟刘异众为鄚侯，后传刘发，免除。东汉时期省高郭县，《后汉志》无载。《寰宇记》卷六十六：莫州鄚县，"高郭故城，在县西南二十六里。《汉书》：宣帝封河间献王子瞱（音蔼）为高郭侯，此城是也。溽

[①] 国家文物局主编《中国文物地图集》河北分册。

沱河经高郭城南面，东流过，后称裹角城，以水裹其角而过"。后莫州徙治任邱县。明初省废莫县。《明统志》卷二："高郭城，在废莫州西南二十六里。汉宣帝封河间献王子瞌为高郭侯，即此。"《读史方舆纪要》卷十三：河间府任丘县，"高郭城，县西十七里。汉县，属涿郡。宣帝封河间献王子瞌为侯邑，后汉省"。二者所指当为同一座城址，而"县西十七里"，当偏指任丘县西北十七里。《清统志》卷二十二："高郭故城，在任邱县西十七里。汉置县，属涿郡。地节三年封河间献王子盖为侯国，后汉省。《寰宇记》：故城在鄚县西南二十六里。滹沱河经其南面，亦称裹角城，以水裹其角而过也。"今河北任丘市天门口乡赵各庄村西北残存一古城址，平面呈长方形，东西长约600米，南北长约500米。城墙夯土修筑，残高1~3米。城内暴露遗迹有灰坑和夯土建筑基址，采集遗物有汉代泥质灰陶罐、盆等残片及唐代青釉瓷碗、盘、豆等残片①。其所在方位与《寰宇记》等所述高郭故城相当，所属年代亦相符，当即属之。

新昌县城

新昌县，西汉时期属涿郡。《汉志上》：涿郡属县"新昌，侯国"。《汉书·王子侯表》：汉宣帝本始四年（前70年）封燕剌王子刘庆为新昌侯，后传刘称、刘未央，"薨，亡后"。属涿郡。东汉时期省废。《旧唐志二》：涿州领县"新昌，汉县名，后废。大历四年复析固安县置"。《寰宇记》卷七十：涿州固安县，"新昌城，汉县，故城在今县南三十里，后汉省。其地下湿，俗亦谓之陷城。又："新昌县，汉县名，后废。唐大历四年析固安县置。"《读史方舆纪要》卷十二：保定府新城县，"新昌废县，县东三十里。汉旧县，后废。唐复置，属涿州。李克用克幽燕，避父讳，省入新城。县志云：县有古城，或以为古燕城也"。《清统志》卷十四："新昌故城，在新城县东三十里。汉置县，属涿郡，宣帝本始四年封燕剌王子庆为侯国。

---

① 国家文物局主编《中国文物地图集》河北分册。

后汉废。唐复置，属涿州，宋初因之，后省。《寰宇记》：汉新昌故城在固安县南三十里，其地下湿，俗亦谓之陷城。"其新城县在今河北高碑店市新城镇，其东三十里在辛立庄一带，而由辛立庄北行三十里可达今固安市区，则《寰宇记》所述汉新昌城当在此，而后为唐宋之际新昌县所沿用。其东固安市牛驼乡四村西南发现汉代砖室墓，或与之相关。又，《水经注·巨马水》："巨马河又东南迳益昌县，護（濩）澱水右注之。水上承護（濩）陂于临乡县故城西，东南迳临乡城南。汉封广阳顷王子云为侯国。《地理风俗记》曰：方城南十里有临乡城，故县也。城南十里。淀水又东南迳益昌县故城西，南入巨马水。"其"城南十里"四字据《永乐大典》本及明朱谋㙔笺本引。其下当有脱文。依相关记载，古方城当在今固安县南十里，其南十里有临乡城，而新昌城在今固安县南三十里，则新昌城当北距临乡城十里。由此推之，其"城南十里"下原当有"有新昌城"等文字。依其文例，似可补为"城南十里有新昌城，汉封燕剌王子庆为侯国"。

勃海郡诸县城

勃海郡之地有大禹治水时所开九河。春秋战国时期燕、齐相争。汉代置勃海郡。至西汉末，勃海郡置有浮阳（郡治）、阳信、东光、阜城、千童、重合、南皮、定、章武、中邑、高成（都尉治）、高乐、参户、成平、柳、临乐、东平舒、重平、安次、脩市、文安、景成、束州、建成、章乡、蒲领等二十六县。东汉时期勃海郡治迁至南皮县，定、中邑、高乐、参户、柳、脩市、景成、建成、章乡、蒲领等县省废。魏分置章武郡，晋代相沿，北魏又分置浮阳郡。

勃海郡及浮阳县城

浮阳县，西汉时期为勃海郡治。《汉志上》："勃海郡，高帝置，莽曰迎河，属幽州。户二十五万六千三百七十七，口九十万五千一百一十九。县二十六：浮阳，莽曰浮城。"东汉时期为勃海郡属县。《后汉志二》：勃海郡属县"浮阳，侯国"。《后汉书·刘植传》：建武二年（26年），以刘歆为骁骑将军，"封浮阳侯"，传国于后。李贤注："浮阳，县名，属勃海郡，在浮水之阳，今沧州清池县也。"晋时相沿，见于《晋志上》。南北朝时期为浮阳郡，先属瀛州，后属沧州。《魏志上》：沧州，"浮阳郡，太和十一年分勃海、章武置，属瀛州，景明初并章武，熙平二年复"。又，领县"浮阳，郡治。二汉、晋属勃海。西接漳水，衡水入焉，今谓之合口。有浮水"。《水经注·淇水》："清河又北迳北皮城东，左会潭池别渎，谓之合口，故谓之合城也。《地理风俗记》曰：南皮城北五十里有北皮城。即是城矣。（清河）又东北过浮阳县西（经文）。清河东北流，浮水故渎出焉。按史记赵之南界有浮水出焉。浮水在南，而此有浮阳之称者，盖浮水出入津流，同逆混并，清漳二渎，河之旧道，浮水故迹又自斯别，是县有浮阳之名也。首受清河于县界，东北迳高城县之宛乡城北，又东迳章武县之故城南。……浮渎又东北迳汉武帝望海台，又东注于海。应劭曰：浮阳，浮水所出，入海，潮汐往来日再。今沟无复有水也。清河又北，分为二渎，枝分东出，又谓之浮渎。清河又北迳浮阳县故城西。王莽之浮城也。建武十五年更封骁骑将军平乡侯刘歆为侯国。魏浮阳郡治。又东北，滹沱别渎注焉，谓之合口也。"《浊漳水》："衡漳又东，左会虖池别河故渎，又东北合清河，谓之合口。又迳南皮县之北皮亭，而东北迳浮阳县西，东北注也。"其"左会潭池"，从《永乐大典》本。明朱谋㙔笺本作"左会谭地"，笺曰："宋本作池。"全祖望、赵一清改"潭地"为"滹池"，戴震改作"滹沱别河故渎"。杨守敬按："此即《浊漳水》所云衡漳会滹沱别河故渎，又东北入清河也。清河本会衡漳，而云会滹沱别河故渎者，二水互受，可通称也。"①似理解有误。依注文，虖池别河故渎与衡漳水汇合处当在北皮城西南，滹沱别渎与清河汇合处当在浮阳城西北，而清河"左会潭池别渎"处在北皮城东，三者当各有所指，不可互受通称。又依注文所述横漳水"又东北合清河，谓之合口"。而"潭"与"漳"形相近，"池"与"迆"形相近②，则此"潭池"极有可能为"漳迆"之讹，"漳迆别渎"当指由此横漳水斜出别渎，与清河相汇。而横漳水正流或已断流。《魏志》所述"漳水"当指注文所述"清河"，而"衡水"当指注文所述"衡漳水"。二水相汇处谓之合口，在浮阳城西南。另有浮水流经浮阳城南。

隋代改浮阳县为清池县。《隋志中》：渤海郡统县"清池，旧曰浮阳，开皇十八年改"。《通典》卷一百八十："沧州，今理清池县。……清池，汉浮阳县地，在浮水之阳。"《元和志》卷十八：沧州，"清池县，紧，郭下，本汉浮阳县，属渤海郡，在浮水之阳。后魏属沧州，隋开皇十八年改为清

---

① 《水经注疏》卷九。
② 《说文解字》："迆，衺行也。从辵，也声。《夏书》曰：东迆北会于汇。"

池县，以县东有仵清池，因以为名。仵清池，在县东南一十五里。"《旧唐志二》：沧州首县"清池，汉浮阳县，渤海郡所治。隋改为清池县，治郭下。武德四年属景州，五年改属东盐州，贞观元年改属沧州"。《寰宇记》卷六十五："沧州，景城郡，今理清池县。"北魏时浮阳郡理浮阳县，北齐及北周"浮阳郡犹理浮阳"，隋初废郡。"清池县，旧三十乡，今十三乡。本汉浮阳县，属渤海郡，以在浮水之阳，故名。隋开皇十八年改为清池县，因县东南仵清池为名。浮水源自东光县南界，永济渠分出，东北流经州理南十里，又北经州城东一里，又东北入于海，故《土地十三州志》云：浮水所出，东入海。……仵清池在县东南十九里，其水澄味咸，未尝枯涸。《舆地志》云：浮阳城南有大运（连）淀，魏延兴二年水溢注破仵清村，因以为池。池内有鲻鱼，言与海潜通。沧州旧城，唐贞元十三年增筑外城东南隅。先有古墓高二丈，人莫知其名，因掘得铭，铭记云是六国时赵武灵王墓，遂置祠祭。"元明之际，沧州及清池县迁至今沧州市区址。《明统志》卷二："沧州故城，在今州治东南四十里。唐贞观中增筑，宋熙宁初重修，后废。城东南有六国时赵武灵王墓。"又："清池废县，在沧州故城内。本汉浮阳县，隋改曰清池，徙沧州治此。今省。"明李贤撰《沧州创建城池记》："按志是州汉属勃海郡，后魏置州，隋唐以来更复不一，元隶河间路。旧治去卫河东四十里，国朝洪武初乃迁之长芦镇，即此。"《读史方舆纪要》卷十三：沧州，"清池废县，今州治也。旧志：在州东南四十里。……宋亦为州治，金因之。元延祐初徙沧州治长芦镇，并徙县于郭下，明初省县入州。今谓旧城为沧州故城"。《清统志》卷二十五："沧州故城，在今沧州东南，汉置浮阳县，在浮水之阳，故名。后汉建武十五年封刘植兄歆为侯国，属勃海郡。后魏太和十一年改置浮阳郡，属瀛州，景明初罢并章武，熙平二年复置郡，属沧州，后移郡治饶安，以浮阳属之。隋开皇十八年改名清池，因仵清池为名。唐武德元年移沧州来治，其年州移饶安，四年以县属景州，五年属东盐州，贞观元年复自胡苏移沧州来治。宋金元皆以清池为州治，明初始省入州，又徙州治长芦。《明统志》：沧州故城在今州东南四十里。旧志：一名卧牛城，亦名狮子城。"其城址位于旧州镇东关村，平面呈不规则圆形，南北长约2500米，东西长约2000米。城墙夯土修筑，基宽

30~40米，残高1~8米。城内北部中央残存3座夯土台建筑基址，呈东西向一字排列，间距约60米，残高2~3米。城内中部还存有五代后周时期的大型铁狮子一尊。采集遗物有泥质灰陶素面罐、盆和白釉、黑釉的瓷碗、盘等残片。发现铸有"大观"、"宣和"等年号的宋代铁制钱币①。

阳信县城

阳信县，西汉时期属勃海郡，见于《汉志上》。《史记·孝文本纪》：汉文帝元年（前179年）"封典客揭为阳信侯，赐金千斤"。《索隐》："韦昭云：勃海县。"《正义》："《括地志》云：阳信故城在沧州无棣县东南三十里，汉阳信县。"《惠景间侯者年表》：汉文帝元年封刘揭为阳信侯，后传刘中意。汉景帝六年（前151年），"侯中意有罪，国除"。《汉书·高惠高后文功臣表》所述略同。东汉时期相沿。《后汉志二》：勃海郡属县"阳信，延光元年复"。晋时改属乐陵国，见于《晋志上》。《魏志上》：沧州乐陵郡领县"阳信，二汉属勃海，晋属。治阳信城。有盐山神祠"。《水经注·河水》：屯氏别河北渎"又东北迳定县故城南。汉武帝元朔四年（前125年）封齐孝王子刘越为侯国。《地理风俗记》曰：饶安县东南三十里有定乡城，故县也。屯氏别河北渎又东入阳信县，今无水。又东为咸河，东北流迳阳信县故城北。《地理志》：渤海之属县也。东注于海。屯氏别河南渎，自平原东绝大河故渎，又迳平原县故城北，枝津右出，东北至安德县界，东会商河。屯氏别河南渎又东北，于平原界又有枝渠右出，至安德县遂绝。屯氏别河南渎自平原城北，首受大河故渎东出，亦通谓之笃马河。……故渠川派东入般县，为般河，盖亦九河之一道也。……又迳般县故城北，王莽更之曰分明也。东迳乐陵县故城北，《地理志》曰：故都尉治。伏琛、晏谟言：平原邑。今分为郡。又东北迳阳信县故城南，东北入海"。又："商河又北迳平原县东，又迳安德县故城南，又东北迳平昌县故城南，又东迳般

---

① 国家文物局主编《中国文物地图集》河北分册。

县故城南，又东迳乐陵县故城南。……商河又东北流，迳马领城西，北屈而东注，南转，迳城东。城在河曲之中。东海王越斩汲桑于是城。商河又东北迳富平故城北。"则古阳信县城当位于屯氏别河北渎与南渎之间，西南临近汉定县故城及乐陵县故城。其屯氏别河南渎亦称笃马河、般河。

北齐以后阳信县址有迁。《隋志中》："渤海郡，开皇六年置棣州，大业二年为沧州。"统县"阳信，带郡"。又："无棣，开皇六年置。"《通典》卷一百八十：棣州领县"阳信，汉旧县"。又，沧州领县"无棣，古齐境北至无棣在此。汉阳信县比（地），隋文帝置县，取县南无棣沟为名"。《元和志》卷十七：棣州阳信县，"南至州六十里"。又："钩般河，即九河之一，经县北四十里。"卷十八：沧州，"无棣县，上，西北至州一百二十里。本春秋时齐之四履北至之地，在汉为阳信县地。隋开皇六年割阳信、饶安置无棣县，以南临无棣沟，因以为名，属沧州"。《旧唐志一》："棣州，上，后汉乐安郡，隋渤海郡之厌次县，武德四年置棣州，领阳信、乐陵、滳河、厌次四县，治阳信。六年并入沧州，贞观十七年复置棣州于乐陵县，领厌次、滳河、阳信三县，又割淄州之蒲台隶焉。"《旧唐志二》：沧州领县"无棣，汉阳信县，属渤海郡。改为无棣。贞观元年并入阳信，八年复置，大和二年属棣州，又复还沧州"。《寰宇记》卷六十四：棣州，"阳信县，北六十里，旧十四乡，今六乡。本汉旧县地，属渤海郡，县在河曲之中。魏属乐陵国，晋东海王越斩汲桑于此。后魏属乐陵郡，隋开皇三年罢郡，属沧州，十七年于阳信置棣州，唐武德六年省州，以县属沧州，后唐同光三年割属棣州"。又，卷六十五：沧州，"无棣县，东北一百二十里，旧二十二乡，今五乡。古齐之北境，汉阳信县地。今县东南三十里阳信故城存。高齐天保七年自此城移于今阳信县东马岭城置。隋开皇六年于今所置无棣县，取县南无棣沟为名。唐贞观元年并入阳信，八年复置"。依《元和志》，其"东北一百二十里"当为"东南一百二十里"之讹。《元丰九域志》卷二：棣州，"大中祥符八年徙州城及厌次县于阳信县地，复徙阳信县于旧厌次县"。又："阳信，州东北四十里。"元以后相沿，其阳信县即在今山东阳信县址。而棣州，明代改称武定州，清代置武定府，并增设惠民县附郭，即今山东惠民县。《齐乘》卷三："无棣县，下，齐履此（北）境，汉阳信地。

(阳信故城在县东南三十里。)"卷四:"阳信古城,本县西南七里,俗呼城子务。"① 其当指宋大中祥符年间以前之阳信县址。《读史方舆纪要》卷十四:沧州庆云县,"阳信城,县东南三十里。相传即汉阳信县治"。卷三十一:武定州阳信县,"阳信城,志云:故城在县西南七里,俗所云子务城也"。又,海丰县,"信城,在县北十里。志云:韩信下齐时所筑城也。今名信城里"。

《清统志》卷一百七十六:"阳信故城,在今县南。汉置县,在今海丰县界。北齐移治马岭城,隋时又移治于此。唐属棣州。《元和志》:县南至州六十里。宋大中祥符间棣州北徙于阳信界,阳信因亦北徙今治。《寰宇记》:故城在无棣东南三十里。《齐乘》:在阳信县西南七里,俗呼城子务。县志:城子务在县西南五里,东南去州城三十里。又有信城在海丰县东北十七里,今名信城里。按:《寰宇记》所云,盖汉县故址。"其罗列众说,未予细辨,而倾向性明显。所言"隋时又移治于此",虽书无明载,然当合于史实。《寰宇记》于棣州阳信县下记"县在河曲之中",当即指《水经注》所述商河流经之马领城。而于沧州无棣下又记"高齐天保七年自此城移于今阳信县东马岭城置",则在此后又自马岭城西迁至"今阳信县"址。二者当各有所本。而《元和志》所记"南至州六十里",《寰宇记》所记在棣州"北六十里",当均指"今阳信县"。又,《隋志》记阳信县"带郡"。其带当取连带、佩带之意,即阳信县不为倚郭县,而是另建渤海郡城于阳信县境内。唐以后即以新建州郡城为"今阳信县"。宋大中祥符年间又迁阳信县城于今址。《元丰九域志》记为"复徙阳信县于旧厌次县"。所谓"旧厌次县"当即指马岭城,在今阳信县东②,在北魏时期用为厌次县城。而"复徙"当指临近于此,并非沿用原址。依《齐乘》,今阳信县西南七里有阳信古城,与《寰宇记》所述"今阳信县"在马岭城西相合,其当属隋唐时期阳信县城,而汉魏时期之阳信县城当如《括地志》及《寰宇记》所述,在隋唐时期沧州无棣县东南三十里。

此无棣县始置于隋开皇年间,后有迁徙。《清统志》卷一百七十六:

---

① 刘敦愿、宋百川、刘伯勤校释《齐乘校释》,中华书局,2012。
② 《齐乘》卷四:"马岭城,阳信东十里。后魏移厌次理此。"

"无棣城,在海丰县西北境。《管子》所云北至于无棣是也。五代周置保顺军,宋移无棣县治此,元为东无棣县。"又:"保顺军,今海丰县治。《宋史·地理志》:周置保顺军于无棣县南二十里,开宝二年又以沧、棣二州界保顺、吴桥二镇地益焉,治平中移县治保顺军,即今治也。旧志:元分其地属沧、棣二州,而以故县属棣州。《齐乘》谓之东无棣。故城在县西北,覆釜河经其西,无棣河绕其南。"卷二十五:"无棣故城,在庆云县东。相传即管仲所谓赐履北至无棣者。隋开皇六年分阳信、饶安二县地置,属勃海郡。唐属沧州,宋治平元年移治保顺军,而故城废。元初又分其西界,于故城置县,仍属沧州。《齐乘》谓之西无棣县。明永乐初始改今名。旧志:故城在今县东稍南五里、鬲津河东南。元末毁于兵。明洪武六年知县杨思义移治鬲津河北岸,即今治。按《元和志》:无棣县西北至沧州一百二十里。今庆云县在州东南一百五十里。然唐时沧州治清池,在今州东南三十余里,则去无棣正一百二十里也。《宋志》:周置保顺军于无棣县南二十里。《九域志》:治平元年徙无棣县于此。今海丰县在庆云县东南四十里。县志:有故城在其县西北二十里。去庆云正二十里,则即周为保顺军,宋为无棣者。县志以隋无棣在庆云,宋无棣在海丰。其说甚核。但以《宋志》即于县治置军使,谓在庆云则误矣。"则无棣县于宋代迁于今址,明清时期称海丰县。而原无棣县于元代置西无棣县,明代改称庆云县。城址原在山东庆云县北常家镇于家店北,平面呈长方形,面积约0.28万平方公里,南部尚存部分城基①。而后又迁至今河北盐山县庆云乡。《读史方舆纪要》记阳信城在庆云县"东南三十里",当指此而言。而所记信城在海丰县北十里,当如《清统志》所记为"东北十七里",依其所指示地理方位,正值古信阳城之所在。而信城当由阳信城演变而来,并附会为韩信下齐时所筑城。其城址位于今无棣县北约8.5公里处,俗称小鞍城、歇鞍城。城垣周长3000余米,面积约0.8平方公里。今遗址西南隅尚残存城墙50余米,高者10余米,低者2~3米,出土有战国时期齐法化刀币及秦汉时期铜剑、箭

---

① 国家文物局主编《中国文物地图集》山东分册,中国地图出版社,2007。

镞、陶器等①。其西南临近汉代定县城（今乐陵市区）及乐陵县城（今乐陵市东南花园镇城子后村，平面略呈长方形，面积约0.3平方公里，尚残存东垣南段，长约100米，宽30米，高2米)②，亦与《水经注》所述相符。

东光县城

东光县，西汉时期属勃海郡。《汉志上》：勃海郡属县"东光，有胡苏亭"。东汉时期相沿。《后汉志二》：勃海郡属东光县下刘昭注："有胡苏亭。"《后汉书·耿纯传》：建武六年（30年），"定封为东光侯"。后传子耿阜，徙封莒乡侯。李贤注："东光，今沧州县也。"并引《续汉书》记事。《后汉书·孝明八王列传》："建初四年，以清河之游、观津，勃海之东光、成平，涿郡之中水、饶阳、安平、南深泽八县益乐成国。……永元七年，国相举奏之。和帝诏削东光、鄡二县。"李贤注："东光在沧州东光县南。"晋时期沿，见于《晋志上》。《魏志上》：勃海郡领县"东光，二汉、晋属"。《水经注·河水》："大河故渎又北迳脩县故城东，又北迳安陵县西，本脩之安陵乡也。《地理风俗记》曰：脩县东四十里有安陵乡，故县也。又东北至东光县故城西，而北与漳水合。"《淇水》："（清河）又东过脩县南，又东北过东光县西（经文）。……清河又东北，左与横漳枝津故渎合。又东北迳脩国故城东。……清河又东至东光县西南，迳胡苏亭。《地理志》：东光有胡苏亭者也。世谓之羌城，非也。又东北，右会大河故渎。又迳东光县故城西，后汉封耿纯为侯国。初平二年，黄巾三十万人入渤海，公孙瓒破之于东光界，追奔是水，斩首三万，流血丹水，即是水也。"

隋时改属平原郡。《隋志中》：平原郡统县"东光，旧置渤海郡，开皇

---

① 新编《无棣县志》第二十五篇《文化》第六章《文物》，齐鲁书社，1994。另据《齐乘校释》卷四阳信古城条下注，阳信故址位于无棣县信阳乡谢家村西南约500米，平面呈曲尺形，东西最长约1500米，南北最长约1400米，面积约200万平方米，西南残存城墙长约260米，宽5~10米，高3.5~6米，采集有汉代遗物。
② 国家文物局主编《中国文物地图集》山东分册。

初郡废。九年置观州，大业初州废，又并安陵入焉。有天胎山"。唐代改属沧州。《通典》卷一百八十：沧州领县"东光，汉旧县，古胡苏河在此"。后又改属景州，《旧唐志二》：景州领县"东光，汉县，属勃海郡。历代不改"。宋初又改属定远军。《寰宇记》卷六十八："定远军，今理东光县。本景州。汉属县，属平原郡。隋置弓高县，属渤海郡，唐武德四年于县置观州，领弓高、蓨、阜城、东光、安陵、胡苏、观津七县。六年以胡苏属沧州。贞观元年省观津县，复以胡苏来属。十七年废观州，以东光、胡苏属沧州，蓨县、安陵属德州，阜城属冀州。贞元二年又于弓高县置景州，又以弓高、东光、胡苏来属。长庆元年废景州四县，亦还本属。二年复于弓高置景州……管东光、安陵三县。天祐五年移州治于东光县。周显德二年废景州为定远军，县属沧州。至六年并弓高县入东光县。皇朝太平兴国六年割东光县属军。"又："东光县，旧十四乡，今四乡。本汉旧县也，属渤海郡。故城在今县东二十里东光故城。高齐天保七年移于今县东南三十里陶氏故城。隋开皇三年又移于此，后魏废渤海郡郡城，即今县理。《郡国志》云：胡苏河在东光县。永济渠在县西二百步。鸣犊河即窦鸣犊所过之处，故云鸣犊河，在县东南。""西光城，《隋图经集记》云：后魏孝昌三年葛荣略取其地，对东光筑之。"卷六十五：沧州，"后魏初改勃海郡为沧水郡，太安四年郡移理今东光县城，寻又省。复为渤海郡。至熙平二年分瀛州、冀州置沧州，取沧海为名。……高齐及后周渤海郡犹理东光，浮阳郡犹理浮阳。隋初三郡皆废为县"。其北齐及北周时期渤海郡治所当在陶氏故城址，北齐天保七年（556年）移东光县于此。而此前东光县当一直在东光故城址。北魏太安四年（458年）移沧水郡治勃海城，即隋唐以后东光县城址，不久省废，复为渤海郡，当仍以南皮县城为郡治所，直至北齐时移勃海郡治于东光县（陶氏故城）。《魏志上》记南皮县"有勃海城"，当指此而言。明嘉靖十九年刊《河间府志》卷三："东光旧县，即今东光县治，汉属勃海郡。自唐贞元时属景州，治此。"又："玺城，在县正东二十五里，古迹犹存。"《读史方舆纪要》卷十三：景州东光县，"东光故城，县东二十里。汉县治此。宋白曰：高齐天保七年移治于今县东南三十里陶氏故城，隋开皇三年又移于后魏之废勃海郡城，即今县治"。又："有废玺城在县东二十里，未详所始。"似明清时期已不能确指。今河北东光县东约 10 公里找王镇找王村南 150 米残存一古城址，面积约 100 万平方米，采集遗物有泥质灰陶板瓦、瓮、罐等残片，当即属古东光县城①。另在城址南冢孙庄发现一座有封土汉墓。在城址西找王镇西发现一座东汉墓，出土有带彩绘的模制车马出行画像砖、菱纹砖、鼓钉纹砖、绳纹砖、弘纹灰陶罐等②，亦可为此提供佐证。而所谓"玺城"，当亦指此城址，缘何有此称，已不知晓。其陶氏故城，迄今尚未发现相关线索。

在东光县西南有胡苏亭。《寰宇记》卷六十五：沧州，"临津县，东南一百二十里，旧一十八乡，今三乡。本汉东光县地。《汉书·地理志》云：东光有胡苏亭。隋开皇十六年于此置胡苏县，因胡苏亭为名，天宝元年改为临津县，属沧州"。又："胡苏古亭，在县西南二十三里，在古胡苏河边。《汉书·地理志》云：东光有胡苏亭。即此也。"其临津县后省入南皮县，称临津店，在今河北南皮县南五十里、山东宁津县西北三十里处，当在今东光县后店一带。其西南约 10 公里今河北吴桥县梁集镇北徐王村发现一处汉代遗址，面积约 3000 平方米，采集遗物有泥质灰陶罐、盆等残片；其南徐王乡徐王杨庄村西 800 米亦发现一处汉代遗址，面积约 2000 平方米，采集遗物有泥质灰陶罐、盆、板瓦等残片。其南安陵镇张辛庄村东 150 米残存一古遗址，面积约 1 万平方米，采集遗物有汉代的泥质灰陶罐、盆及宋代的泥质灰陶盆和白釉瓷碗、罐等残片③。或可为寻求胡苏亭提供线索。胡苏亭临近古胡苏河。《汉书·沟洫志》："许商以为古说九河之名，有徒骇、胡苏、鬲津，今见在成平、东光、鬲界中。自鬲以北至徒骇间，相去二百余里。今河虽数移徙，不离此域。"颜师古曰："此九河之三也。徒骇在成平，胡苏在东光，鬲津在鬲。成平、东光属勃海，鬲属平原。徒骇者，言禹治此河，用功极众，故人徒惊骇也。胡苏，下流急疾貌也。"似理解有误，其徒骇、胡苏，当均属拟音字，含义已不可推知。古胡苏河当西自大河故渎分出，东流入海。

---

① 国家文物局主编《中国文物地图集》河北分册。
② 国家文物局主编《中国文物地图集》河北分册。
③ 国家文物局主编《中国文物地图集》河北分册。

在胡苏亭西南有安陵县城。西汉时期置安县，属平原郡，见于《汉志上》。东汉时期省废，晋魏时期复置。《寰宇记》卷六十四：德州，"安陵县，西北一百里，旧二十乡，今囗乡。本汉蓨县地，属渤海郡，汉立安县。旧地理书但云蓨县，并失安县理所。今县东七里晋所置东安陵县城即汉安县旧理也。后魏省东字，今微有遗址。高齐天保七年省，隋开皇六年又分东光县，于今县东二十二里新郭城再置，今安陵故县是也，大业二年废。唐武德四年复立，贞观十七年废观州，与蓨县同隶德州，永隆二年移于柏杜桥，即今理"。今吴桥县安陵镇安陵村东北残存一古遗址，面积约50万平方米，文化层厚1米，暴露遗迹有灰坑，采集遗物有泥质灰陶板瓦、罐、瓮、盆等残片。当即属古安陵故城址[①]。

阜城县城

阜城县，西汉时期属勃海郡。《汉志上》：勃海郡属县"阜城，莽曰吾城"。又，上党郡沾县下注："大龟谷，清漳水所出，东北至邑（阜）成入大河。"东汉时期改属安平国。《后汉志二》：安平国属县"阜城，故昌城"。晋时属勃海郡，见于《晋志上》。北魏时期改属冀州武邑郡。《魏志上》：武邑郡领县"阜城，前汉属勃海，后汉属安平，晋属勃海，后属，有弓高城"。《水经注·浊漳水》："衡水又北迳昌城县故城西。《地理志》信都有昌城县。汉武帝以封城阳顷王子刘差为侯国。阚骃曰：昌城本名阜城矣，应劭曰：堂阳县北三十里有昌城，故县也。……（衡漳水）又东北过阜成县北，又东北至昌亭，与虖池河会（经文）。经叙阜成于下博之下、昌亭之上，考地非比，于事为同。渤海阜城又在东昌之东，故知非也。……衡漳又迳东昌县故城北，经所谓昌亭也，王莽之田昌也，俗名之曰东相。盖相、昌声韵合，故致兹误矣。西有昌城，故目是城为东昌矣。……衡水东迳阜城县故城北、乐成县故城南。……衡漳又东，右会杨津沟水。水自泽东迳

---

① 国家文物局主编《中国文物地图集》河北分册。

阜城南。《地理志》：渤海有阜城县，王莽更名吾城者，非经所谓阜城也。建武十五年，世祖更封大司马王梁为侯国。杨津沟水又东北迳建成县，左入衡水，谓之杨津口。"其昌城县在今河北冀县西北，西汉时期属信都国，东汉时期改称阜城县。东昌县在今武邑县东北，西汉时期亦属信都国，东汉时期置昌亭①。其东为西汉时期所置阜城县。《水经》所述阜成县当指东汉时期所改称者，与《汉志》所述者不为一城。

《隋志中》：信都郡统县有阜城。《通典》卷一百七十八：冀州领县"阜城，汉旧县"。《元和志》卷十七：冀州，"阜城县，紧，十。西南至州一百四十里。本汉旧县，属勃海郡。后汉属安平国。隋开皇九年改属观州，大业二年复属冀州。武德四年复属观州，贞观十七年废观州，又隶冀州"。《旧唐志二》：冀州领县"阜城，汉县，属勃海郡。隋属冀州。故城在今县东二十里，今城隋筑"。《寰宇记》卷六十三：冀州，"阜城县，东北一百四十里。旧二十七乡，今四乡。本汉旧县地，属勃海郡。故城在今县东二十二里阜城故城是也。后汉属安平国。《晋书地道记》云：改阜邑为阜城，高齐天保七年自故城移于今理，隋开皇九年改属观州，大业二年复属冀州。唐武德四年又属观州，贞观七年废观州，又隶冀州"。则阜城县于北齐、北周之际迁于今址，依其所指方位，阜城故城明显是指西汉时期阜城县之所在，而对东汉时期阜城县未予指明。《读史方舆纪要》卷十三：河间府阜城县，"阜城故城，县东二十里。刘昫曰：故县治此，隋改筑县城，移今治。《寰宇记》：县东二十里有安平城，汉安平国治此。盖即故阜城矣"。其以今阜城县东故城属安平城，理解有误，且与史实不相符。《清统志》卷二十二："阜城故城，在今阜城县东。……按：《前汉志》，阜城县属勃海郡。别有昌成县，属信都国。《续汉志》谓阜城即古昌城。《宋书·州郡志》疑二城非一，而无定说。《水经》：漳水自下博又东北过阜城县北，又东北至昌亭。郦注：昌亭即信都东昌县，勃海之阜城又在其东。经叙阜城于下博之下，昌亭之上，故知非故县也。参考诸说，盖后汉省勃海阜城而移其名于信都之昌城，且改属安平。至晋时又移还故治耳。《魏书·地形志》阜城县

---

① 参见《清统志》卷四十九。

注:前汉属勃海,后汉属安平,晋还属勃海,竟混为一城,误。"所辨有理,可从。今阜城县东约 11 公里处古城镇当即西汉时期阜城县之所在,现地面上已无任何遗迹。而在其西北古城镇前雄河村、祁楼乡河屯村等地发现有汉代墓地①,或与之相关。

千童县城

千童县,西汉时期属勃海郡。《汉志上》:勃海郡属县"千童",应劭曰:"灵帝改曰饶安。"《后汉志》无载。《三国志·魏书·文帝纪》:延康元年(220 年),"夏四月丁巳,饶安县言白雉见"。裴松之注引《魏书》曰:"赐饶安田租,勃海郡百户牛酒,大酺三日,太常以太牢祠宗庙。"而《晋志上》载勃海郡有饶安县。《魏志上》:"沧州,熙平二年分瀛、冀二州置,治饶安城。"所领浮阳郡领县"饶安,二汉、晋属勃海。前汉曰千童,灵帝改。有无棣沟、西乡、茅焦冢"。《水经注·淇水》:"清河又东北,无棣沟出焉。东迳南皮县故城南,又东迳乐亭北。……又东迳新乡城北。即《地理志》高乐故城也,王莽更之曰为乡矣。无棣沟又东分为二渎。无棣沟又东迳乐陵郡北。又东屈而北出,又东转,迳宛乡故城南,又东南迳高城县故城南,与枝渎合。渎上承无棣沟,南迳乐陵郡西,又东南迳千童县故城东。《史记·建元以来王子侯者年表》曰:故重也,一作千锺。汉武帝元朔四年封河间献王子刘阴为侯国。应劭曰:汉灵帝改曰饶安也。魏沧州治。枝渎又南东屈,东北注无棣沟。无棣沟又东北迳一故城北,世谓之功城也。又东北迳盐山东北入海。"其刘阴封千锺侯,《汉书·王子侯表》作刘擔封重侯,在平原郡,不当在此②。南皮县故城在今河北南皮县北。而新乡城在其东,当在今孟村县南新县镇新县村东城址。在此城址以东约 5 公里石桥乡王帽圈村南 30 米残存一处古遗址。经 1985 年调查,有夯筑墙体呈东西走

---

① 崔振明主编《阜城县志》第七章《文物》,中国文联出版公司,1998。国家文物局主编《中国文物地图集》河北分册。

② 参见《水经注疏》卷九。

向，残存长度约 200 米，宽约 22 米，残高 4.5 米。采集遗物有泥质灰陶绳纹罐、盆等残片，调查者推测其有可能是战国时期齐国为御黄河水患所筑的堤坝①。似不妥切。此遗址残存有夯土墙遗迹，与一般古城址相类，当属古城址，且与《水经注》所述北魏乐陵郡治城的地理方位相合，当即属之。有无棣沟正流经此城北，又流经宛乡故城（今黄骅市西南）南及高城县故城（今盐山县东南）南，与枝渎合。无棣河枝渎又经乐陵郡城西，又东南流经千童县故城东。"又南东屈，东北注无棣沟。"则古千童县城即饶安县城与乐陵郡治当南北相对。而北齐、北周之际饶安县城有迁徙。

《隋志中》：渤海郡统县"饶安，旧置沧州、浮阳郡，开皇初郡废，大业初州废"。《通典》卷一百八十：沧州领县"饶安，汉安（千）童县，故鬲津河在北"。《元和志》卷十八：沧州，"饶安县，上，北至州九十里。本汉千童县，即秦千童城，始皇遣徐福将童男女千人入海求蓬莱，置此城以居之，故名。汉以为县，属渤海郡。灵帝置饶安县，以其地丰饶，可以安人，后魏属沧州，隋不改，皇朝因之。胡苏河在县西五十里。无棣河在县南二十里"。《旧唐志二》：沧州领县"饶安，汉千童县，属渤海郡。后汉改为饶安，隋因之。武德元年移治故千童城，仍移州治于此。六年州移治胡苏，贞观十二年移县治故浮水城"。《寰宇记》卷六十五：沧州饶安县，"南九十里。旧十五乡，今六乡。本汉千童县，属渤海郡，后汉改为饶安县，隋因之，唐武德元年移治故千童城，仍移州治于此，六年州移胡苏，贞观十二年移县治故浮水城，即今理。鬲津河在县南三十里，自乐陵来。无棣河，一名赤河，在县北二十五里"。又，无棣县，"千童城，秦始皇遣徐福将童男女千人入海，求蓬莱不死之药，置此城以居，汉曾为县"。其时当已划入无棣县（今山东庆云县北）。《明统志》卷二：河间府，"饶安城，本汉千童县，属勃海郡，东汉改饶安县，隋属瀛州，唐属沧州，贞观初省入乐陵"。可表明其临近乐陵县（唐代乐陵县城在今山东乐陵市西）。

《清统志》卷二十五："饶安故城，在沧州东南。汉置千童县，元朔四

---

① 国家文物局主编《中国文物地图册》河北分册。

年封河间献王子擔为侯国，属勃海郡，后汉灵帝改置饶安县。晋仍属勃海郡，后魏属浮阳郡，熙平二年置沧州，治此。后又为浮阳郡治。隋开皇初郡废，大业初州废，仍属勃海郡。唐武德元年移治故千童城，仍移沧州治焉。六年州移治胡苏，以县属之。贞观十二年移治故浮水城，故城遂废。《元和志》：饶安县北至沧州九十里。即秦千童城，始皇遣徐福将童男女千人入海求蓬莱，置此城以居之，故名。《金史·地理志》：清池县有旧饶安镇，即此。《南皮县志》：饶安故城在县东南八十里。按《水经注》、《元和志》，此城本在旧沧州南、南皮东南、盐山西南、乐陵西北界。《寰宇记》以千童城在无棣县。《舆地志》谓之卭兮城，在盐山东北。旧志又以为在州东北。皆误。又按：《后汉志》无饶安县，《前汉志》注、《水经注》皆引应劭曰：灵帝改曰饶安。《元和志》谓即千童城，则饶安与千童即是一城。而《旧唐志》、《寰宇记》皆云唐武德初移治故千童城，疑是灵帝时改置，本非一城，或唐以前尝移治也。"所辨有理，而以《金志》所述旧饶安镇在故千童城址，则不确。金时旧饶安镇当相沿于宋熙宁年间废饶安县时所置饶安镇，在浮水城址。今盐山县西南旧县镇旧县村残存一古城址，城垣遗迹现已不存，形制及面积不详，采集遗物有泥质灰陶瓮、罐、豆等残片，时代判属汉代，调查者推测属汉饶安县城[①]。大体可信。其所在地理方位与《水经注》所述千童县故城相合。又，《元和志》所述饶安县"北至（沧）州九十里"、《寰宇记》所述饶安县在沧州（时在今沧州旧州镇）"南九十里"，当均指此城址。其无棣河当指正流。《寰宇记》所指相同，依《元和志》文，"在县北二十五里"当为"在县南二十五里"之讹。《寰宇记》卷六十五：沧州，"至熙平二年分瀛州、冀州置沧州，取沧海为名，领浮阳、乐陵、安德三郡，理饶安，今饶安县东千童故城是也"。其"今饶安县"，当指唐武德元年所移治者，在千童县故城之西。而此前饶安县城当一度迁徙，很可能在北齐、北周之际迁至乐陵郡城址，隋时相沿，至唐武德年间再迁于原址以西。

[①] 国家文物局主编《中国文物地图集》河北分册。

重合县城

重合县，西汉时期属勃海郡，见于《汉志上》。《汉书·景武昭宣元成功臣表》：汉武帝延和二年（前91年）封莽通（马通）为重合侯，"以侍郎发兵击反者如侯，侯四千八百七十户"。"后二年，坐发兵与卫尉溃等谋反，要斩。"东汉时期相沿。《后汉志二》：勃海郡属县"重合，侯国"。《后汉书·周磐传》："和帝初，拜谒者，除任城长，迁阳夏、重合令，频历三城，皆有惠政。"李贤注："重合属勃海郡。"《党锢列传》："苑康宁仲真，勃海重合人也。"李贤注："重合县故城在今沧州乐陵县东。"晋时相沿，见于《晋志上》。《魏志上》：沧州安德郡领县"重合，二汉、晋属勃海，正平元年并安陵，太和十八年复，后属勃海，熙平中属乐陵，后属。治重合城"。《水经注·河水》："屯氏别河北渎又东北迳重平县故城南。应劭曰：重合县西南八十里有重平乡，故县也。又东北迳重合县故城南。又东北迳定县故城南。"北齐时省废。《元和志》卷十八：沧州，"乐陵县，上，北至州一百三十五里。本燕将乐毅攻齐所筑，汉以为县，属平原郡，即汉大司马史高所封之邑。后魏属乐陵郡。隋开皇三年罢郡，属沧州。重合故城，县东二百步。汉重合县，武帝封莽通为重合侯"。《寰宇记》卷六十五：沧州，"乐陵县，南一百二十五里，旧一十八乡，今五乡。本汉县，属平原郡，曹魏封曲阳王茂为乐陵王。后魏初又为乐陵郡所理，至永平二年又徙县于今县东五十里乐陵故城，唐贞观元年自乐陵故城移县于今所"。又："重合城，汉县，故城在今县东二百步。《汉书》：有功臣封重合侯。即此地。高齐天保七年省。"《元丰九域志》卷二：沧州，"熙宁二年徙乐陵县治咸平镇"。又，乐陵县，"州南一百三十五里"。《明统志》卷二："重合城，在沧州境，东至乐陵五十里。汉县，属渤海郡，北齐省。"卷二十二：武定州乐陵县，"在州城西北九十里。本汉富平县，属平原郡，晋于县置乐陵国，后魏改国为郡。隋初郡废，以乐陵县属沧州，唐属乐安郡，后改属沧州。自唐以来徙治不一，宋始徙今治，金元因之，本朝改今属"。《读史方舆纪要》卷三十一：武安州乐陵县，"乐陵故城，县南二十里。汉县治此，晋永嘉初新蔡王腾故将田甄等起兵斩贼汲桑于乐陵，即此。志云：乐陵县自唐以来徙治不一，宋熙宁中徙县治于咸平镇，在今县东。明朝洪武二年又徙治富平镇，今县治是也"。又："旧县镇，在县西北三十里，有巡司戍守。"

《清统志》卷一百七十六："重合故城，在乐陵县东。"又："乐陵旧城，汉初置县，地节四年尝封史高为侯邑。后汉建安末置郡。三国魏《韩暨传》：建安中迁乐陵太守。又，三国《魏志·诸王传》：武帝子乐陵王茂，正始五年自曲阳徙封。盖初置为郡，后改为国也。《元和志》：县北至沧州一百三十五里，本乐毅攻齐所筑。《宋史·地理志》：熙宁二年徙治咸平镇。旧志：明洪武二年又徙治富平镇，即今治也。有旧乐陵在县西南三十里，其墟岭高丈余，周三里。又有故县在县西北二十五里，盖即宋时所徙之咸平镇也。"明初所迁乐陵县城即在今山东乐陵市区，而以宋时所徙乐陵县在其西北故县址，则似不确。依志书，当在"今县东"，《明统志》所记"东至乐陵五十里"①，当即指宋元时期乐陵县。如此，唐代乐陵县当在宋元时期乐陵县城西五十里，而所在地理方位已无法指实。今乐陵市西约15公里丁坞镇褚家村南1500米发现一处唐代遗址，面积约2500平方米，文化堆积层距地表深约0.4米，采集有泥质灰陶盆、罐，泥质红陶盆残片等。其东苑小张村发现唐宋时期墓葬群②。其北至沧州旧州城（今沧州东南旧州镇）约60公里，与《元和志》所记乐陵县"北至州一百三十五里"大致相当，则很可能即为唐宋之际乐陵县城之所在。而《元丰九域志》所记咸平镇在"州南一百三十五里"，当亦大致在此一线。如此，依《元和志》等所述，古重合城在唐代乐陵县城以东二百步，当在此一带，其西南临近重平城，东临定县城。近世多以重合故城在今乐陵市西北二十五里，旧址已废，出土有汉代砖瓦、陶器及唐代陶俑等③，然所在具体方位已不能指实。

---

① 《读史方舆纪要》卷十三：河间府吴桥县，"重合城，县西南二十里。……旧志云：重合城，东至乐陵郡五十里。"其以重合城在吴桥县境，有误。
② 国家文物局主编《中国文物地图集》山东分册，中国地图出版社，2007。
③ 新编《乐陵县志》第二十七篇《文物》，齐鲁书社，1991。

南皮县城

　　南皮县，西汉时期属勃海郡。《汉志上》：勃海郡属县"南皮，莽曰迎河亭"。颜师古曰："阚骃云：章武有北皮亭，故此曰南皮。"《史记·项羽本纪》：汉王元年（前206年），项羽封王。"成安君陈余弃将印去，不从入关，然素闻其贤，有功于赵，闻其在南皮，故因环封三县。"《正义》："《括地志》云：故南皮城在沧州南皮县北四里，本汉皮县城，即陈余所封也。"《张耳陈余列传》亦载："项羽以陈余不从入关，闻其在南皮，即以南皮旁三县以封之。"《索隐》："《地理志》：属勃海。"《正义》："故城在沧州南皮县北四里也。"则在秦代已置南皮县。《史记·惠景间侯者年表》：汉文帝后元七年（前157年），封孝文后兄子窦彭祖为南皮侯，"六千四百六十户"。后传窦良、窦桑林，元鼎五年（前112年），"坐酎金罪，国除"。并见于《汉书·外戚恩泽侯表》。东汉时期为勃海郡治所。《后汉志二》：勃海郡首县南皮。《后汉书·袁绍传》：建安八年（203年），袁尚与袁谭相攻，"谭败，乃引兵还南皮。……尚复自将攻谭，谭战大败，婴城固守。尚围之急，谭奔平原，而遣颍川辛毗诣曹操请救。……九年三月，尚使审配守邺，复攻谭于平原。……十二月，曹操讨谭，军其门。谭夜遁走南皮，临清河而屯。明年正月，急攻之。谭欲出战，军未合而破"。后被追杀。李贤注："南皮，今沧州县也。章武有北皮亭，故此曰南皮。"其并载于《三国志·魏书·武帝纪》等。又见于《资治通鉴》卷六十四。胡三省注："南皮县属勃海郡。（李）贤曰：今沧州县。章武有北皮亭，故此曰南皮。宋白曰：《县道记》云：景州之南皮，在郡东六十里。南皮县北有迎河，河之北有故皮城，是后汉勃海郡所理，与郡理城南北非远，中隔迎河故渎。"又，《三国志·魏书·武帝纪》裴松之注引《魏书》曰："（太祖）才力绝人，手射飞鸟，躬禽猛兽，尝于南皮一日射雉获六十三头。"晋时相沿，见于《晋志上》。《魏志上》：勃海郡首县"南皮，二汉、晋属。有勃海城"。《水经注·淇水》："（清河）又东北过南皮县西（经文）。清河又东北，无棣沟出焉。东迳南皮县故城南，又东迳乐亭北。……清河又东北迳南皮县故城西。《十三州志》曰：章武有北皮亭，故此曰南皮也。王莽之迎河亭。《史记·惠景侯者年表》云：汉文帝后七年中封孝文后兄子彭祖为侯国。建安中魏武擒袁谭于此城也。清河又迳北皮城东，左会潭池别渎，谓之合口，故谓之合城也。《地理风俗记》曰：南皮城北五十里有北皮城。即是城矣。……清河又北迳浮阳县故城西，王莽之浮城也。建武十五年更封骁骑将军平乡侯刘歆为侯国。魏浮阳郡治。又东北，滹沱别渎注焉，谓之合口也。"《浊漳水》："衡漳又东，左会虖池别河故渎，又东北合清河，谓之合口。又迳南皮县之北皮亭，而东北迳浮阳县西，东北注也。"其"左会潭池"，从《永乐大典》本。明朱谋㙔笺本作"左会谭地"，笺曰："宋本作池。"依注文所述，虖池别河故渎与衡漳水汇合处当在北皮城西南，滹池别渎与清河汇合处当在浮阳城西北，而清河"左会潭池别渎"处当在北皮城东。又依注文所述，横漳水"又东北合清河，谓之合口"。而"潭"与"漳"字形相近，"池"与"迆"字形相近①，则此"潭池"极有可能为"漳迆"之讹，"漳迆别渎"当指由此横漳水斜出别渎②，与清河相汇，而其时横漳水正流或已断流。

隋时南皮为勃海郡统县，见于《隋志中》。唐代属沧州。《通典》卷一百八十：沧州领县"南皮，汉旧县，章武有北皮亭，此故曰南皮"。《元和志》卷十八：景州，"武德四年重置，贞观元年废，以所属县分入沧州，贞元二年于弓高县重置"。领南皮县等五县。《旧唐志二》：沧州领县"南皮，汉县，属勃海郡，至隋不改。武德四年属景州，贞观元年改属沧州"。《新唐志三》，长庆二年（822年），复以弓高、东光、临津、南皮、景城置景州，"大和四年州又废，县还沧州，景福元年复置"。则景福元年（892年）后归属景州。《寰宇记》卷六十五：沧州，"南皮县，旧十三乡，今三乡。本汉县，属勃海郡。以章武有北皮亭，此故曰南皮。《汉书》：项羽封陈馀为南皮侯。《魏书》云：文帝为五官中郎将，射雉于南皮。皆此地也。县东

---

① 《说文解字》："迆，衺行也。从辵，也声。《夏书》曰：东迆北会于汇。"

② 《寰宇记》卷六十五，沧州清池县，"迎河在县西南二十三里，从南皮来。《舆地志》云：南皮北有迎河，分漳河入浮水"。

有观台，即袁谭所筑。魏武擒谭于此。唐武德元年置景州，以县属焉。贞观十七年州废，来属沧州。长庆二年于弓高县复立景州，以县属焉。周显德二年州废，县归沧州"。又："古皮城，在县北四里。史记齐桓公北伐山戎，至此缮修皮革，因筑焉。"《元丰九域志》卷二：沧州领县"南皮，州西南六十里。六乡，南皮、马明、乐延、临津四镇"。其南皮镇当沿用原南皮县城址，则宋初南皮县城当又有迁移。明嘉靖十九年刊《河间府志》卷二："南皮县城池，周回三里，高二丈一尺，池阔二丈，深一丈。知县事者俱重修。"元刘沂撰《南皮县浚川记》："邑东北去四十五里有郎儿口，遇河泛涨，实受所冲。"① 其时南皮县城当在今河北南皮县址。《河间府志》卷三："古皮城，在南皮县东北八里。齐桓公北伐山戎至此，筑城缮修皮革，故名。"《读史方舆纪要》卷十三：沧州南皮县，"南皮故城，在县东北八里"。《清统志》卷二十五："南皮故城，在今南皮县东北。秦置县。汉元年项羽闻陈余在南皮，环封之以三县，号成安君。文帝后七年封窦彭祖为侯邑，属勃海郡。后汉为郡治。建安中曹操擒袁谭于此。魏文帝为五官中郎将，射雉南皮。亦此地也。阚骃曰：章武有北皮亭，故此曰南皮。晋魏皆为郡治，东魏移郡治东光，又移县于今治。《括地志》：故城在今县北四里。《寰宇记》：齐桓公北伐山戎，至此缮修皮革，因筑焉。《续通典》：南皮县西去景州六十里，县北有迎河，河北有故皮城，即汉晋勃海郡治。旧《河间府志》：在县东北八里。"清光绪二十五年刊《天津府志》卷二十二所述略同。其勃海郡移治东光县当在北齐时期，而移南皮县于今址当在北宋初期。今南皮县东北约4公里汤庄乡张三拨村西300米残存一古城址，平面呈长方形，东西长约465米，南北长约426米。城垣夯土筑成，基宽20~30米，残高1~5米。城内东北隅残存一长方形夯土台建筑基址，东西长41米，南北长20米，残高8米。采集遗物有夹砂红褐陶釜、盆和灰陶板瓦、罐、盆等残片。当即属古南皮县城②。另在张三拨村北50米发现一汉代遗址，面积约8万平方米。在其东汤庄乡大赵庄村东南发现一汉代遗址，面积约4万平方米。在其南汤庄乡尹庄村附近发现汉代墓葬群等。在今南皮县城

---

① 据嘉靖十九年刊《河间府志》卷二引。
② 国家文物局主编《中国文物地图集》河北分册。

东约 2 公里南皮镇北王庄村南 100 米发现一处古遗址，面积约 9 万平方米，采集遗物有泥质灰陶素陶罐、盆和白釉瓷碗、盘等残片，时代判属宋代①。相互比照，可做进一步推考。其张三拨村西所残存古城址当为古南皮城之所在，《寰宇记》以齐桓公因缮修皮革而筑此城当属后世附会，然其地因制皮业而兴则有可能。此城当兴筑于战国时期，秦置南皮县，汉代因之，东汉以后为勃海郡治所。而至北齐时期当又迁治北王庄村南址，而后南皮县相沿于北王庄村南址，其北距张三拨村约 2 公里，故《括地志》及《寰宇记》均记南皮故城在南皮"县北四里"。至宋初南皮县城再迁至今南皮县址，故明代以后志书又记南皮故城"在南皮县东北八里"。汉魏之际，曹氏父子曾来南皮游猎。曹丕与吴质书曰："每念昔日南皮之游，诚不可忘。既妙思六经，逍遥百氏，弹棋闲设，终以博弈。高谈娱心，哀筝顺耳。弘骛北场，旅食南馆，浮甘瓜于清泉，沈朱李于寒水。皦日既没，继以朗月，同乘并载，以游后园，舆轮徐动，宾从无声，清风夜起，悲笳微吟，乐往哀来，凄然伤怀。"②《寰宇记》卷六十五：沧州南皮县，"醵友台，在县东二十五里。《魏志》云：文帝为五官中郎将，与吴质重游南皮，筑此台醵友，故名焉。又名射雉台"。又："寒冰井，县西一里。《魏志》：文帝与元城令吴质书云：忆昔南皮之游，诚不可忘。驰骋北场，旅食南馆，浮甘瓜于清泉，沈朱李于寒冰。即此井是。"今已无法指实。

在南皮县城北有北皮城。其所在具体方位隋唐以后志书无载。《清统志》卷二十五："北皮城，在南皮县东北。《水经注》：清河又北迳北皮城东。《地理风俗记》曰：南皮城北五十里有北皮城。"光绪二十五年刊《天津府志》卷二十二所述略同。今河北沧州市张官屯乡小朱庄村东南 2000 米发现一处汉至隋代遗址，面积约 4 万平方米，文化层厚 1 米。暴露遗迹有灰坑，采集遗物有泥质灰陶与红陶素面罐、盆和青釉瓷碗等残片③。其地南距今张三拨村约 20 公里，与《地理风俗记》所述南皮城北五十里有北皮城大体相合，极有可能即属古北皮城址。其当亦以制皮业而起兴，筑城时间与

---

① 国家文物局主编《中国文物地图集》河北分册。
② 据《三国志·魏书·王粲传》附吴质传裴松之注引《魏略》引。
③ 国家文物局主编《中国文物地图集》河北分册。

南皮城大体相同，故均以皮城称名，而以南、北相别。汉代于南皮城置县，而于北皮城置亭，地属南皮县；北魏时期又划归章武县。其城址原南临清河，晋魏之际有横漳水于城北汇入清河，称合口。《魏书·太祖纪》：天兴元年（398年），诏"抚军大将军、略阳公元遵镇勃海之合口"。当即镇守此城，亦称合城，而二水之汇合当在此前。

定县城

定县，西汉时期属勃海郡。《汉志上》：勃海郡属县"定，侯国"。《史记·建元已来王子侯者年表》：汉武帝元朔四年（前125年）封齐孝王子刘越为定侯，后传刘德。并见于《汉书·王子侯表》，后又传刘福、刘汤、刘乘。"王莽篡位，绝。"东汉以后省废，置定乡。《水经注·河水》：屯氏别河北渎"又东北迳重合县故城南。又东北迳定县故城南。汉武帝元朔四年封齐孝王子刘越为侯国。《地理风俗记》曰：饶安县东南三十里有定乡城，故县也"。其饶安县原称千童县，城址于北齐、北周之际当有迁徙，至唐武德年间又迁于千童故城之西。《寰宇记》卷六十五：沧州，"至熙平二年分瀛州、冀州置沧州，取沧海为名，领浮阳、乐陵、安德三郡，理饶安，即今饶安县东千童故城是也"。又，饶安县，"故定城，汉县，后汉省。在今县东南四十里废城"。其依唐初所迁饶安县城指示故定城所在方位，则其时饶安县城在原饶安城以西约十里。饶安县而后迁废①。《明统志》卷二："定城，在饶安废县东南四十里。汉县，东汉省。"其沿用《寰宇记》说。《读史方舆纪要》卷十三：沧州，"定县城，在旧饶安东南三十里。汉县，属勃海郡，武帝封齐孝王子越为侯邑，后汉时省入饶安县"。其沿用应劭说，而未予指实。

《清统志》卷二十五："定县故城，在沧州东南。"亦未细辨。近世经实地考察及研究，确定今盐山县西南旧县村城址属古千童城，则古定城当在

---

① 参见本书千童县城。

其东南。今山东乐陵市区市中街道五里冢村北 25 米残存一堌堆遗址，面积约 6600 平方米，文化堆积层厚 3 米，采集有龙山文化陶片，商周时期夹砂灰陶粗绳纹鬲足、泥质灰陶豆、盘和汉代泥质灰陶壶、盆残片等。在五里冢南部发现汉代墓葬群，占地约 3000 平方米，已清理数座汉代砖室墓，墓砖带有五铢钱纹及几何花纹，并有车骑出行等画像砖，出土有绿釉红陶盘、案、耳杯、俑、楼、壶及铜鼎等①。其西北距旧县村城址约 15 公里，与应劭所述"饶安县东南三十里有定乡城"相合，与《寰宇记》所述故定城"在今县东南四十里"亦相符，且所属年代相当，当为古定县城之所在。

章武县城

章武县，西汉时期属勃海郡。《汉志上》：勃海郡属县"章武，有盐官。莽曰桓章"。又，魏郡属县"馆陶，河水别出为屯氏河，东北至章武入海"。《汉志下》：金城郡河关县，"河水北行塞外，东北入塞内，至章武入海"。另据《史记·惠景间侯者年表》，汉文帝后元七年（前 157 年），封孝文后弟窦广国为章武侯，"万一千八百六十九户"。后传窦宪（定）、窦常坐（生），汉武帝元狩元年（前 122 年），因罪"国除"。《汉书·外戚恩泽侯表》所述略同。东汉时期相沿，见于《后汉志二》。曹魏时期分置章武郡，见于《晋志》总叙。又，《三国志·魏书·杜畿传》：魏嘉平元年（249 年）杜畿之子杜恕获罪，"以父畿勤事水死，免为庶人，徙章武郡"。其章武郡治所当即在此。《三国志·魏书·陈思王传》：陈思王曹植死，"子志嗣，徙封济北王。……志累增邑，并前九百九十户"。裴松之注引《志别传》曰："志字允恭，好学有才行。晋武帝为中抚军，迎常道乡公于邺，志夜与帝相见，帝与语，从暮至旦，甚器之。及受禅，改封鄄城公。发诏以志为乐平太守，历章武、赵郡，迁散骑常侍、国子博士，后转博士祭酒。"太康九年（288 年）卒。曹志为章武太守当在晋武帝太始年间，当亦在此。而后改置

---

① 国家文物局主编《中国文物地图集》山东分册，中国地图出版社，2007。

章武国,并迁治于东平舒县,而以章武为属县,见于《晋志上》。北魏分置浮阳郡,属沧州。《魏志上》:浮阳郡领县"章武,二汉属勃海,晋属章武,后属,治章武城。有汉武帝台。漳水入海。有沽水。大家姑祠,俗云海神,或云麻姑神"。而以章武郡属瀛州,并迁治于成平县。《魏志上》:章武郡领县"西章武,正光中分沧州章武置。有章武城"。《水经注·淇水》:"(清河)又东北过浮阳县西(经文)。清河东北流,浮水故渎出焉。……首受清河于县界,东北迳高城县之宛乡城北,又东迳章武县之故城。汉文帝后七年封孝文后弟窦广国为侯国,王莽更名桓章。晋太始中立章武郡,治此。浮水故渎又东迳篋山北。《魏土地记》曰:高城东北五十里有篋山,长七里。浮渎又东北迳柳县故城南。汉武帝元朔四年封齐孝王子刘阳为侯国。《地理风俗记》曰:高城县东北五十里有柳亭,故县也。世谓之辟亭,非也。浮渎又东北迳汉武帝望海台,又东注于海。应劭曰:浮阳,浮水所出,入海,潮汐往来日再。今沟无复有水也。清河又北,分为二渎,枝分东出,又谓之浮渎。清河又北迳浮阳县故城西。王莽之浮城也。建武十五年更封骁骑将军平乡侯刘歆为侯国。魏浮阳郡治。又东北,滹沱别渎注焉,谓之合口也。又东北过滱邑北(经文)。滱水出焉。又东北过乡邑南(经文)。清河又东,分为二水,枝津右出焉。东迳汉武帝故台北。《魏土地记》曰:章武县东一百里有武帝台,南北有二台,相去六十里,基高六十丈,俗云汉武帝东巡海上所筑。又东注于海。清河又东北迳纻姑邑南。俗谓之新城,非也。又东北过穷河邑南(经文)。清河又东北迳穷河邑南。俗谓之三女城,非也。东北至泉周县,北入滹沱水。经曰:笥沟东南至泉周县与清河合,自下为派河尾也。又东,泉周渠出焉。又东北过漂榆邑,入于海(经文)。清河又东迳漂榆邑故城南,俗谓之角飞城。《赵记》云:石勒使王述煮盐于角飞。即城异名矣。《魏土地记》曰:高城县东北一百里,北尽漂榆,东临巨海,民咸煮海水,藉盐为业,即此城也。清河自是入于海。"又,《浊漳水》:"(浊漳水)又迳南皮县之北皮亭,而东北迳浮阳县西,东北注也。又东北过章武县西,又东北过东平舒县南,东入海(经文)。清、漳迳章武县故城西,故滱邑也。枝渎出焉,谓之滱水。东北迳参户亭,分为二渎。应劭曰:平舒县西南五十里有参户亭,故县也。世谓之平虏城。

枝水又东注，谓之蔡伏沟。又东，积而为淀。一水迳亭北，又迳东平舒县故城南。代郡有平舒城，故加东。《地理志》：勃海之属县也。《魏土地记》曰：章武郡治。故世以为章武故城，非也。又东北，分为二水。一水右出为淀，一水北注呼池，谓之淀口。清、漳乱流，而东注于海。"其以章武县与濊邑合而为一，似不确。

隋唐以后，不见有关章武县的记载，其当省废于北齐、北周之际。《隋志中》：河间郡统县"平舒，旧置章武郡，开皇初废。鲁城，开皇十六年置"。其平舒县当相沿于北魏后期所迁章武郡治成平县址，而鲁城县则相沿于西章武县址。《通典》卷一百八十：沧州领县"鲁城，汉章武县"。《元和志》卷十八：沧州，"鲁城县，上，南至州一百里。本汉章武县，属勃海郡，有盐官。高齐省。隋开皇十六年于此置鲁城县"。其以鲁城县相沿于汉代章武县址，不确。鲁城县后改为乾符县。《旧唐志二》：沧州领县"乾符，隋鲁城县，武德四年属景州，贞观元年改属沧州，乾符年改为乾符"。《新唐志三》：沧州领县"乾符，上，本鲁城，乾符元年生野稻水谷三千余顷，燕、魏饥民就食之，因更名"。《寰宇记》卷六十五：沧州清池县，"废乾符县，在州北一百里。本汉章武县地，属勃海郡。今县东南盐山县西北章武故城是也。后魏于今县理置西章武县，高齐省，隋开皇十六年又于西章武故城置鲁城县，遥取长芦县北平房城为名，仍改房为鲁者，盖恶胡房之字也。属景州。唐贞观元年废景州，来属。乾符元年县东北有野稻水谷连接二千余顷，东西七十里，南北五十里，北至燕，南及魏，悉来扫拾，俗称圣米，甚救济民，至二年勅改为乾符县，周显德二年并入清池县。城头将军祠，在此县焉"。又："麻姑城，《郡国志》云：即汉武东巡至此祀麻姑，故有此名。"其以汉章武县城在盐山县西北、隋所置鲁城县相沿于西章武县址，当有所本。《元丰九域志》卷二：沧州清池县有乾符寨，当因于乾符城址。《明统志》卷二："章武城，在盐山县西北，汉置县，属勃海郡，北齐省。"又："乾符城，在沧州故城北一百里，本隋鲁城县，唐乾符初生野稻二千余顷，燕、魏饥民就食之，因更名，宋并入清池县。"其因于旧说。而明代盐山县已迁至今河北盐山县址。《读史方舆纪要》卷十一：霸州大城县，"章武城，县南四十七里。汉置县，属勃海郡。武帝封窦广德为侯邑。

后汉仍属勃海郡，三国魏因之，晋属章武国。后魏属浮阳郡，又析置西章武县，属章武郡，高齐省入平舒县"。卷十三：沧州，"乾符城，州东北八十里。本浮阳县地，隋开皇十六年置鲁城县，属瀛州。唐武德四年属景州。六年高开道掠幽、蓟以南，至文安、鲁城，将军平善政邀击破之。贞观初县属沧州，乾符中生野稻二千余顷，燕、魏饥民就食之，因更曰乾符，以年号为名。宋初仍为鲁城县，属沧州，寻废为乾符镇，又为乾符砦，金人亦曰乾符镇"。其说晚出，似并无确证。而《清统志》卷八："西章武故城，在大城县南四十七里。汉章武县在今沧州界，后魏正光中分置西章武县，属章武郡。北齐省。旧志：以在章武之西，故加西也。"卷二十五："乾符故城，在沧州东北，汉置章武县，文帝后七年封窦后弟广国为侯国，属勃海郡。《魏志》：嘉平元年杜恕徙章武郡。盖魏初置郡也。晋移郡治东平舒，以县属之。后魏大和十一年改属浮阳郡，高齐省。隋开皇十六年改置鲁城县，属河间郡，唐武德四年属景州，贞观元年改属沧州。《元和志》：县南至州一百里。《寰宇记》：隋置鲁城县，取长芦县北平房城为名，仍改房为鲁。唐乾符元年县东北有野稻水谷，连接二千余顷，燕、魏饥民悉来扫拾，俗称圣米。二年敕改为乾符县。周显德二年并入清池。《九域志》：清池县有乾符寨。《金史·地理志》：清池县有乾符镇。旧志：故城在州东北八十里。《名胜志》：鲁城在州东北七十里，又三十里为乾符城。按：《寰宇记》以乾符为后魏所置之西章武，而以汉章武县在其县东南、盐山县西北。近志又以汉章武在大城县。参考道里，盖此为汉章武，在大城者乃西章武也。"其否定旧说，另立新说，然亦无确证。又，《读史方舆纪要》卷十四：沧州盐山县，"合骑城，县北七十五里。汉武帝封公孙敖为合骑侯，即此城也，今讹为郭堤城"。《清统志》卷二十五："合骑城，在盐山县北。《汉书·功臣表》：合骑侯公孙敖，元朔五年封，在高城。旧志：在县北七十五里。今讹为郭隄城。"其盐山县即在今河北盐山县址。而古城址在今河北黄骅市北约5公里羊三木乡刘皮庄村南2000米，其平面近方形，城垣夯土筑成，残高1~5米，北垣长540米，西垣长578米，南垣长519米，东垣长539米，四面各设一座城门。城内外散布大量战国和西汉时期陶片，出土有明刀币、汉半两、五铢钱等，不见东汉遗物。在城北墓地中出土的两件西汉陶罐印有"武市"两字的戳记，当属西汉时期章武县城[1]。其所在与《寰宇记》所记章武故城在盐山县（唐宋时期盐山县在今黄骅市旧城乡旧城村）西北相合，而《读史方舆纪要》等以其属合骑城，当为后世误传。就所见遗迹遗物来看，此章武城或有可能兴筑于战国时期，而沿用至南北朝晚期。依《水经》所述，东汉时期有浊漳水流经此城西。而《水经注》所述章武县之故城，似并非指此城。

依《水经注》所述，浮水流经浮阳县城（今河北沧州东南旧州镇）南，东北流经高城县之宛乡城（今黄骅市西南常郭乡故县村）北。"又东迳章武县之故城。"《永乐大典》本及朱谋㙔笺本均如此。孙潜校增"北"字，作"又东迳章武县之故城北"，赵一清、全祖望、戴震等从之。熊会贞按："非也。浮水在浮阳县之南，浮阳在沧州东南三十里（见下），章武则在沧州东北八十里（见下），浮水安得迳章武城北？当脱南字，今订。"而改为"又东迳章武县之故城南"[2]。似均不够妥切。《水经注》又述浮水东迳柳县故城（今黄骅市东南羊二庄乡大马庄村）南。而于《水经》所述清河"又东北过瀛邑北"下无注。杨守敬按："章武，故瀛邑，见《浊漳》篇。但彼经言东北过章武县西，清河自北皮城下与漳合流，则此亦当作东北过瀛邑西。且此注浮水自清河出，东北迳高城之苑乡，又东始迳章武，亦足征清河不得过瀛邑北。此北字当西之误。"[3]亦理解有误。依《水经》所述，其浊漳水与清河在东汉时期各自分流，浊漳水流经章武县城西，而清河流经瀛邑北。南北朝时期始合流于原清河水道。《水经注》述"清、漳迳（或作自）章武县故城西，故瀛邑也。枝渎出焉，谓之瀛水"。可表明其在浊漳水与清河合流后水道即原清河水道之南，亦即《水经》所述"瀛邑"，而与章武故城合而为一。今黄骅市旧城乡旧城村北500米发现一处古遗址，面积约6万平方米，采集有汉代泥质灰陶罐、盆等残片及宋元时期白釉、黑釉瓷片等，南临北齐所迁高城县址。其西北距苑乡城（故县村）约10公里，东北距柳县故城（大马庄村）约20公里，极有可能即为古瀛邑之所在。如此，依水道

---

[1] 韩嘉谷：《天津平原的西汉县治和相关历史》，《天津社会科学》1983年第4期。
[2] 参见《水经注疏》卷九。
[3] 《水经注疏》卷九。

流势，当有浮水流经此城之北，其北有清河流经。《史记·建元以来侯者年表》：公孙敖以护军都尉三从大将军击匈奴立功，汉武帝元朔五年（前124年）受封为合骑侯。元朔六年益封，元狩二年（前121年），"侯敖将兵击匈奴，与骠骑将军期，后，畏懦，当斩，赎为庶人，国除"。《汉书·景武昭宣元成功臣表》所述略同，并标注在"高城"。此合骑城当自高城县分出，临近汉代高城县（今盐山县东南故城赵村），当即在此。合骑侯国除后，此城空废。古音合属缉部匣纽，骑属歌部群纽，而濊属月部影纽，则濊字极有可能是由合骑二字合音演变而来，东汉时期得称濊邑。曹魏时置章武郡，或即以此为郡治。而晋时改置章武国，迁治于东平舒县。此城荒废，章武县仍"治章武城"，如《魏志》所记。郦道元以濊邑为章武县之故城，有误。南北朝时期，浊漳水与清河于北皮城北汇合，又有濊水自濊邑以西分出。其当因临近濊邑而得称①。《说文解字》："洽，霑也，从水，合声。"段玉裁注："《大雅》：民之洽矣。传曰：洽，合也。此为毛诗假洽为合也。"洽与沽字形及义相近，则上引《魏志》记章武县"有沽水"当为"洽水"之误②，即指此濊水，而"濊邑"或亦可作"洽邑"③。

在章武县城之东有汉武帝望海台，北临清河，南临浮水。又有乡邑在濊邑东北。《寰宇记》卷六十五：沧州盐山县，"汉武台在邑界"。《读史方舆纪要》卷十三：沧州盐山县，"望海台，县东北，一名汉武台"。《清统志》卷二十五："望海台，在沧州东北，一名汉武台。……旧志：望海市台在州东四十里。又有武帝台，在盐山县东北七十里。《水经注》：浮水所经。盖南台也。"今黄骅市东约20公里中捷农场残存一高台遗址，平面呈正方形，边长120米，高数米，出土有战国及汉代陶片，调查者以为即汉武帝望

---

① 《水经注疏》卷十："全氏引《寰宇记》：濊水一名石臼水，又谓之鹿水，出行唐东，入博陵，谓之木刀沟，一谓之袈裟水，又从此过石疃山，入呼沱河。守敬按：濊水在行唐，而章武亦有濊水者，盖濊水旧与虖池同流，出于行唐，而章武复见濊名，犹注称浮阳之浮水、信都之绛水也。"似理解有误。
② 校勘记：温日鉴《魏书地形志校录》"引《汉志》卷二八下渔阳郡渔阳下注'沽水出塞外，东南入泉州入海'条及《水经注》卷一四《沽河》篇改'沽'为洽。按《沽河篇》：沽河迳泉州故城，'又东南合清河，今无水'，即《鲍丘水》篇之笥沟，在章武北，温说疑是"。不确。
③ 又，沽与洽形相近，或亦有可能属洽字之讹。

海台①。然与《水经注》所述地理方位不相符,依《魏土地记》所述,汉武帝南、北二台当均在章武县城以东一百里。今尚未发现相关遗迹。而此高台遗址西南临近濊邑,或即属《水经》所述之"乡邑"。依文意,注文所述"纻姑邑"当与经文所述"乡邑"同指一城。杨守敬按:"乡邑无考。鄉与纻形近,疑即注之纻姑邑。"熊会贞按:"《地形志》:章武县有大家姑祠,俗云海神,或云麻姑神。汉曹大家,家与姑同。《地形志》家下姑字衍。《寰宇记》:清池县有麻姑城。引《郡国志》,即汉武东巡祀麻姑,故有此名。此作纻姑。考《诗·陈风》:可以沤纻。陆机疏:纻亦麻也。然则纻姑邑,即麻姑城矣。《一统志》:麻姑城在沧州北。"②亦有可能此城在东汉时期称"乡邑",而后改称"纻姑邑",并用为祭祀麻姑神。其"乡"与"新"音相近,故又演为"新城"之名。

在濊邑东北有穷河邑。杨守敬按:"当在今静海县南。"③又东北有漂榆邑。《读史方舆纪要》卷十三:沧州盐山县,"漂榆津,县东北百里。晋咸康四年,石虎击段辽于合(令)支,使王华帅舟师十万出漂榆津。《水经》:清河东北过漂榆邑,入于海。郦道元曰:漂榆故城,俗谓之角飞城。《赵记》:石勒使王述煮盐于角飞。是矣。《魏氏土地记》:高城县东北百里,北尽漂榆,东临巨海,民咸煮贩,藉盐为业。即此城也。清河自是入于海。盖与静海县接界"。胡渭《禹贡锥指》卷十三中之下:"按今静海县,本汉章武、平舒二县地,县北有漂榆城,清、漳合流,至此入海。"④《清统志》卷二十五:"漂榆故城,在天津县北。"⑤似均不确。依《魏土地记》所述高城县(今盐山县故城赵村)"东北百里,北尽漂榆,东临巨海",其漂榆邑当在今歧口以南。东汉时期清河流经此漂榆邑南而入海,其北有浊漳水流经东平舒县南而入海。而穷河邑当在漂榆邑与乡邑之间。《水经注·沽

---

① 天津市文化局考古发掘队:《渤海湾西岸古文化遗迹调查》,《考古》1965年第2期。
② 《水经注疏》卷十。
③ 《水经注疏》卷十三。
④ 胡渭:《禹贡锥指》,邹逸麟整理,上海古籍出版社,2013。
⑤ 在天津市东部小东庄乡务本二村西北发现古城址一座,只有南、北城墙的痕迹较清晰,东西长300米,南北长130米,高出地面约0.5米,年代属西汉,调查者认为其位置与《水经注》记载的漂榆邑接近。见韩嘉谷《东郊区务本古城》,中国考古学会编《中国考古学年鉴(1988)》,文物出版社,1989。不确。

河》:"(沽河)又东南至泉州县与清河合,东入于海。清河者,派河尾也(经文)。沽河又东南迳泉州县故城东。王莽之泉调也。沽水又东南合清河也,今无水。清、淇、漳、洹、滱、易、涞、濡、沽、虖池,同归于海。故经曰派河尾也。"全祖望本"虖池"作"滹沱",并改派河为汦河。并按:"经是《沽河水》篇,而末曰汦河尾也,汦与沽音同而水别,汦河即滹沱河也。故善长下文申明之曰,清、淇至滹沱十水同归于海。"赵一清亦改派河为汦河。杨守敬按:"顾祖禹有以滹沱为即汦水之说,全氏所本。其实滹沱与汦,非一水也。且此注明言清、淇至滹沱等水同归于海,安得独以滹沱当之?赵知滹沱与汦为二水。其补汦水,谓汦于源见《说文》,尾见本注。所云见本注,明此注言汦河尾也。然注历举诸水以释经,不及汦水,而漫以诸水为汦水之尾尤非。盖经言派河尾者,谓众河之尾也。众河发源不同,至此同流归于海,故总括之曰派河尾矣。按《说文》:派,别水也,一曰水分流也。左思《吴都赋》:百川派别,归海而会。郭璞《江赋》:流九派乎浔阳。则派为众流之义至明。全、赵牵引高氏山之汦水,非也。"①综而论之,似改"派"为"汦"较为妥切。汉以前汦水与滹沱水别为二水,曹魏时期于饶阳之西引滹沱水入汦水,汦水亦得称滹沱水。而"河尾"当指河流近入海处。所谓"清河者,汦河尾也",当指汦河近入海口的一段水流,即其与沽河汇合以下河段。魏晋以后汦水得称滹沱水,故注文历举十水中以"虖池"代"汦水"。以十水"同归于海"即均有"河尾"以释经文所言。其沽河与汦水原当各独自入海,至东汉中后期因海侵渐退,方于泉州县东南相汇合。注文"自下为派河尾也",《永乐大典》本及明朱谋㙔笺本均作"目下为清河下邑也"。戴震改作如此,而依上所考释,当亦改为"自下为汦河尾也",与《水经》所指同一河段。其"清河下邑",当属后世抄误。注文"清河又东北迳穷河邑南"下又述"东北至泉周县,北入滹沱水",转引经文,并释以"自下为汦河尾也",当即此段滹沱水。而此"北入滹沱水"之水,当属魏晋以后自清河所分流之枝渎,而非清河正流,则

---

① 《水经注疏》卷十四。段熙仲校勘记:"按《说文》无一云水分流也之训。《广韵》、《集韵》则有之,杨氏误记。又按《吴都赋》注引《字说》:水别流为派。《江赋》注亦作水别流为派。刘渊林、李善二注皆侧重别流而非会合。"

此段文字或有脱误。其下述"又东，泉周渠出焉"。其"泉周渠"，《永乐大典》本作"泉周县"。明朱谋㙔笺本作"泉周泉"，笺曰："泉当作县。"孙潜校改作"泉周水"，赵一清、全祖望从之。戴震改作"泉州渠"，杨守敬从之。或当原作"泉周水"，而即指此段"北入滹沱水"，原在"东北至泉周县"句之上，即此"泉周水"于穷河邑南东自清河分出。魏晋以后，浊漳水与清河合流，仍循原清河水道流经漂榆邑南入海，即注文所述"清、漳乱流，而东注于海"。

北魏正光年间置西章武县，北齐省废，隋时又于西章武故城地置鲁城县，唐代改称乾符县。五代后周时省入清池县，宋金时期沿为乾符寨、乾符镇。城址位于今河北黄骅市西北约 30 公里齐家务乡乾符村南 1000 米，平面呈长方形，南北长约 3000 米，东西长约 2000 米。城垣夯土修筑，基宽 9~15 米，残高 1~3 米。城内采集遗物有青瓷碗、罐等残片①。其所在偏于章武县城（刘皮庄）西北，故称西章武城。南距唐宋时期沧州城（今旧州城）一百里，西南距明清沧州城（今沧州市区）八十里。《元和志》等以其属汉代章武县城，有误。又，《元和志》卷十八：沧州鲁城县，"大海在县东九十里。平鲁渠在郭内，魏武北伐匈奴开之"。《寰宇记》卷六十五：沧州清池县，"废乾符县。……平虏渠，在县南二百步。魏建安中于此穿平虏渠，以通军漕，北伐匈奴。又筑城在渠之左"。其平虏渠当略呈东西流向，在此城外郭南部；而后此城内缩，渠水被分离在城南二百步。《三国志·魏书·武帝纪》：曹操北征乌丸。建安十一年（206 年），"公将征之，凿渠，自呼沲入泒水（泒音孤），名平虏渠；又从泃河口（泃音句）凿入潞河，名泉州渠，以通海"。其平虏渠当开凿于此一带，引滹沱水北入泒水。"又筑城在渠之左"，依水渠流向，当在水渠之北，或即为西章武城所沿用。《旧唐书·食货志下》："神龙三年，沧州刺史姜师度于蓟州之北涨水为沟，以备奚、契丹之寇。又约旧渠，傍海穿漕，号为平虏渠，以避海难运粮。"《新唐书·姜师度传》："姜师度，魏州魏人。擢明经，调丹陵尉、龙岗令，有清白称。神龙初，试为易州刺史、河北道巡察，兼支度营田使。好兴作，

---

① 国家文物局主编《中国文物地图集》河北分册。

始厮沟于蓟门，以限奚，契丹；循魏武故迹，并海凿平虏渠，以通饷路，罢海运，省功多。"其所凿漕渠当大体循行原平虏渠。而曹操之所以要在此一带"傍海穿漕"，当亦是基于"以避海难"这一点来考虑的。

  汉代以来此一地区诸水道多有变迁，相关记述则不够完备，而因诸城邑所在方位判定有误，致使与之相临水道亦无法明辨。兹就本书所考定诸城邑方位，对此一地区河水、漳水、㴲水等流势及其变迁予以推考。《汉志上》：上党郡长子县，"鹿谷山，浊漳水所出，东至邺入清漳"。又，沾县，"大黾谷，清漳水所出，东北至邑成入大河"。其"邑成"当为"阜成"之误。《汉志上》：勃海郡成平县，"虖池河，民曰徒骇河"。《汉志下》：金城郡河关县，"积石山在西南羌中。河水行塞外，东北入塞内，至章武入海"。河间国乐成县，"虖池别水首受虖池河，东至东光入虖池河"。又，弓高县，"虖池别河首受虖池河，东至平舒入海"。代郡卤城县，"虖池河东至参户入虖池别，过郡九，行千三百四十里，并州川。从河东至文安入海，过郡六，行千三百七十里"。其"从河"当为"㴲河"之误①。此为西汉时期诸水流势。《说文解字》："漳，水名，从水，章声。浊漳出上党长子鹿谷山，东入清漳。清漳出沾山大要谷，北入河。"段玉裁注："按《志》言浊漳入清漳，清漳入河。经言清漳入浊漳，浊漳会虖沱入海。乖异者，当缘作《水经》时与作《志》时异也。"又《说文解字》："㴲，水，起雁门葰人戍夫山，东北入海。从水，瓜声。"段玉裁注："㴲水即虖沱之源也。"有误。东汉时期河水南移，其故道为清河所流经。浊漳水汇入滹沱水。《水经注·浊漳水》："（浊漳水）又东北过阜成县北，又东北至昌亭，与虖池河会（经文）。经叙阜成于下博之下、昌亭之上，考地非比，于事为同。渤海阜城又在东昌之东，故知非也。……衡漳又迳东昌县故城北，经所谓昌亭也，王莽之田昌也，俗名之曰东相。盖相、昌声韵合，故致兹误矣。西有昌城，故目是城为东昌矣。衡漳又东北，左会滹池故渎，谓之合口。衡漳又东北，分为二川，当其水泆处，名之曰李聪涣。又东北至乐成陵县，别出北（经文）。衡漳于县无别出之渎，出县北者，乃虖池别水，分虖池故渎之所缠络

---

① 参见杨守敬《汉志从河为㴲河之误》，《晦明轩稿》。

也。衡漳又东，分为二水，左出为向氏口，渎水自此决出也。衡漳又东迳弓高县故城北。……衡水东迳阜城县故城北、乐成县故城南。……又东北过成平县南（经文）。衡漳又东迳建成县故城南。按《地理志》，故属渤海郡。褚先生曰：汉宣帝五凤三年封丞相黄霸为侯国也。成平县故城在北。汉武帝元朔三年封河间献王子刘礼为侯国，王莽之泽亭也。城南北相直。衡漳又东，右会杨津沟水。水自泽东迳阜城南。《地理志》：渤海有阜城县，王莽更名吾城者，非经所谓阜城也。建武十五年，世祖更封大司马王梁为侯国。杨津沟水又东北迳建成县左，入衡水，谓之杨津口。衡漳又东，左会虖池别河故渎。又东北合清河，谓之合口。又迳南皮县之北皮亭，而东迳浮阳县西，东北注也。"其"虖池别河故渎"①，于建成县（今沧县景城村）以东、北皮亭（今沧县小朱庄）以西与浊漳水即滹沱河相汇，南近东光县（今东光县找王村），依《汉志》所述虖池别水"东至东光入虖池河"，其当属"虖池别水故渎"，即"河"当为"水"之抄误。此上《水经》所述又"东北至乐成陵县，别出北"。注文以为即指虖池别水，可从。而于滹沱别河，《水经》似未述及，或因东汉时期此段滹沱别河已断流。其滹沱水当原循行昌亭（今武邑县相城）以下浊漳水河道汇入河水②。西汉时期先后分出虖池别水及滹沱别河。其滹沱别河自弓高县（今阜城县西南）北分出，东流至参户县（今青县东空城）与滹沱河相汇，则所行水道当在

---

① 赵一清云："按《汉志》，勃海郡成平县下云：滹沱河，民曰徒骇。又河间国乐成县：虖池别水首受滹沱河，东至东光入虖池河。又，弓高县下云：滹沱别河首受滹沱，东至平舒入海。代郡卤城下云：虖池河东至参合（户）入虖沱别。按别下脱水字，以《汉志》注并《水经》验之，可证也。"熊会贞按："《汉志》系虖池别水于乐成，系虖池别河于弓高。乐成在衡漳北，弓高在衡漳南，衡漳即古虖池正流，则虖池别水在虖池之北，虖池别河在虖池之南。近儒多谓别河在虖池北，盖此注左会二字误之也。不知别河在衡漳南，注当本作右会，传钞者讹右为左耳。又，《汉志》：虖池别水入虖池河，虖池河入虖池别河，虖池别河入海。所谓虖池别者，指虖池别河，无河字亦通。赵谓别下脱水字，误以为指虖池别水，与《汉志》戾矣。《水经注·虖池》篇虽佚，而此注前云：衡漳左会虖池故渎，则衡漳即虖池。此云衡漳右会虖池别河故渎，即《汉志》所谓虖池河入虖池别也。赵氏观《汉志》、《水经注》未审。"似均不确。其汇入处距汉代参户城尚远。

② 《山海经·北山经》："又北三百里曰泰戏之山。……虖沱之水出焉，而东流注于溇水。"毕沅曰："《地理志》云：代郡卤城，虖池河东至参合（户）入虖池别。疑溇水即虖池别流也。"似理解有误。谭其骧以为溇水当在今河北晋州市境内汇入虖沱水，至今安平县东入于河水。参见氏著《〈山经〉河水下游及其支流考》，《长水集》，人民出版社，1987。

参户县南，向东流经东平舒县（今静海县南钓台村）南入海，向西流经成平县（今大城县八里庄）南。其当大致沿用原徒骇河水道，则《汉志》成平县下注"虖池河"或当为"虖池别"之讹。东汉时期，滹沱别河参户县以上河段断流，又有浊漳水于昌亭汇入滹沱水。滹沱水当仍循行原水道，流经成平县及建成县故城南，又东北流经章武县（今黄骅市刘皮庄）西，又东北流经东平舒县南入海。而此段水道当更在乾符故城南。曹操所开凿平虏渠当从此段滹沱河北岸引出，由西南折向东北，通于泒水。另有清河循行大河故渎，东北流经南皮县（今南皮县东北）西、浮阳县（今沧州旧州镇）西、灉邑北、乡邑南、穷河邑南、漂榆邑南入海。南北朝时期，浊漳水别渎与清河相汇于北皮城东，而浊漳水正流当已断绝。另有灉水自灉邑西分出，东北流经参户亭北，又东经东平舒故城南，而北注滹沱水。

中邑县城

中邑县，西汉时期属勃海郡。《汉志上》：勃海郡属县"中邑，莽曰检阴"。《史记·惠景间侯者年表》：吕后四年（前184年），封朱通为中邑侯，"以执矛从高祖入汉，以中尉破曹咎，用吕相侯，六百户"。后传朱悼，汉景帝后元三年（前141年），"侯悼有罪，国除"。《汉书·高惠高后文功臣表》作朱进。东汉以后省废。《寰宇记》卷六十五：沧州清池县，"中邑，汉县，高后封吕相朱进为侯，王莽改曰检阴，后汉省并浮阳。旧地理书并失其所在，即今县地是也"。其清池县即汉浮阳县，隋时改称清池，在今河北沧州市东南四十里旧州镇，明初随沧州迁至今址。《清统志》卷二十五："中邑废县，在沧州界。汉高后四年封朱进为侯国，属勃海郡。后汉省。《寰宇记》：省并浮阳。今长芦县地。"其所在旧无确指。今河北南皮县北约15公里店子镇刘文庄村南500米发现一处古代遗址，面积约45万平方米，采集遗物有汉代的泥质灰陶绳纹板瓦、素面罐和宋代和灰陶盆、白釉瓷碗等残片。在村南100米发现2座汉墓，封土均平。其中一座墓局部暴露，为砖室墓，出土遗物有泥质红陶灯座、舞俑、乐俑、陶盆、陶猪、陶圈及五铢钱等。另一座墓券门被毁,出有彩绘绳纹砖。在村东南 1500 米发现一座汉墓,封土为平台形,高约 3 米,长约 108 米,宽约 73 米,夯筑,夯层厚约 10 厘米。地表散布有汉代绳纹砖。其所在临近汉代浮阳城,且规模较大,并发现有较高规格的汉墓,极有可能属中邑县城。

高成县城

高成县,西汉时期属勃海郡。《汉志上》:勃海郡属县"高成,都尉治"。或作高城县。《后汉志二》:勃海郡属县"高城,侯国"。《后汉书·党锢列传》:"巴肃,字恭祖,勃海高城人也。"李贤注:"高城县,故城在今沧州盐山县南。"《陆康传》:"(陆)康少仕郡,以义烈称,刺史臧旻举为茂才,除高成令。县在边垂,旧制,令户一人具弓弩以备不虞,不得行来。长吏新到,辄发民缮修城郭。康至,皆罢遣,百姓大悦,以恩信为治,寇盗亦息,州郡表上其状。"李贤注:"高成县属渤海郡也。"晋时相沿,见于《晋志上》。北魏时属沧州浮阳郡,《魏志上》:浮阳郡领县"高城,二汉、晋属勃海,治高城。有平津乡。兴和中绾流民立东西河郡隰城县,武定末罢"。《水经注·淇水》:"清河又东北,无棣沟出焉。东迳南皮县故城南,又东迳乐亭北。……无棣沟又东分为二渎。无棣沟又东迳乐陵郡北。又东屈而北出,又东转,迳苑乡故城南,又东南迳高城县故城南,与枝渎合。渎上承无棣沟,南迳乐陵郡西,又东南迳千童县故城东。……枝渎又南东屈,东北注无棣沟。无棣沟又东北迳一故城北,世谓之功城也。又东北迳盐山东北入海。《春秋·僖公四年》:齐楚之盟于召陵也,管仲曰:昔召康公锡命先君太公履,北至于无棣。盖四履之所也。京相璠曰:旧说无棣在辽西孤竹县。二说参差,未知所定。然管仲以责楚,无棣在此,方之为近。既世传以久,且以闻见书之。清河又东北迳南皮县故城西。……(浮水)首受清河于(浮阳)县界,东北迳高城县之苑乡城北,又东迳章武县之故城。汉文帝后七年封孝文后弟窦广国为侯国。王莽更名桓章。晋太始中立章武郡,治此。浮水故渎又东迳箧山北。《魏土地记》曰:高城东北五十里有箧山，长七里。浮渎又东北迳柳县故城南。汉武帝元朔四年封齐孝王子刘阳为侯国。《地理风俗记》曰：高城县东北五十里有柳亭，故县也。"其清河当大致循行今南运河道，而无棣沟及浮水已不能指实。

　　北齐时期高成县址迁移，后又改称盐山县。《隋志中》：渤海郡统县"盐山，旧曰高成。开皇十六年又置浮水县。十八年改高成曰盐山。大业初省浮水入焉。有盐山、峡山"。《通典》卷一百八十：沧州领县"盐山，春秋时齐无棣邑，汉高城县故城在南"。《元和志》卷十八：沧州，"盐山县，上，西至州六十里。本春秋齐无棣邑也。管仲曰：北至于无棣。汉于此置高城县，属渤海郡。武帝以平津乡封公孙弘，即此县乡也。隋开皇十八年改为盐山县。盐山在县东南八十里"。《旧唐志二》：沧州领县"盐山，汉高城，古县在南。隋改为盐山。武德四年置东盐州，领县一，五年又割景州之清池来属，仍置浮水县。贞观元年省东盐州及浮水县，以清池属沧州"。《新唐志三》所述略同。《寰宇记》卷六十五：沧州，"盐山县，东六十里。旧二十四乡，今六乡。本春秋无棣邑也。汉置高城县，故城在今县南四十里。《左传》：管仲曰：昔召康公赐我先君太公履，北至于无棣。伏琛《齐地记》：无棣，今渤海高城县也。属渤海郡。有平津乡，即《汉书》：武帝封公孙弘为侯，亦此邑。高齐天保七年移于今理。隋开皇十八年改为盐山县，以东南八十里盐山为名。箧山，一名峡山，在县东南四十里。阔山在县东南九十里。按：《郡国县道记》云：此山及盐山二山并低小无峰峦树木。大海在县东北一百二十里。屯氏河在县城南十步，东北流入海。浮水，《水经注》云浮水东北经高城县之宛乡城［北］，即过今邑界"。《明统志》卷二：河间府，"盐山县，在（沧）州东九十里"。明初沧州城及盐山县城均已迁于今址，而《明统志》唯记沧州城及其旧城址，则此"州东九十里"或指其时沧州城至盐山县旧城的距离。又，《读史方舆纪要》卷十三：沧州盐山县"州东九十里"。"高城故城，县南六里。汉县治此。刘昫曰：旧县在今盐山县南是也。晋永和六年燕慕容隽以贾坚为乐陵太守，治高城。即此。"其"州东九十里"，似当指其时沧州城与盐山县城的距离，然对于盐山县前后迁治则未予细辨。《清统志》卷二十五："高城故城，在盐山县东南。汉县，隋改名盐山。《寰宇记》：盐山县在沧州东六十里。本春秋无棣邑，汉置高城县，故城在今县南四十里。高齐天保七年移于今邑。隋开皇十八年改为盐山县，以东南盐山为名。县志：旧城镇在县东北三十里，明洪武九年移治香鱼馆，即今治。"疏理得当，合于史实，且可与今所残存古城址相印证。其旧城镇今属河北黄骅市旧城乡旧城村，西距沧州旧城约30公里，西南距今盐山县城约15公里，所残存古城址平面呈方形，边长约1000米。城垣夯土修筑，残高1~3米。城内散布大量的砖瓦残片。1981年出土北齐石造像50余件，采集遗物有青釉、白釉、黑釉的碗、盘、罐、瓶等瓷器残片。当属北齐所移高城县址，后又改称盐山县，相沿至明初。而今河北盐山县东南约5公里大付庄乡故城赵村东北500米所残存古城址平面呈长方形，东西长约1800米，南北长约1320米。城垣夯土修筑，残高约1米。采集遗物有铜镞、五铢钱、铜盖弓帽等铜器和泥质灰陶瓦当、板瓦、罐、盆等残片，当属古高成县城[1]。此城址东北距汉代柳县城（今黄骅市东南羊二庄乡大马庄古城）约五十里，亦与《水经注》所述相合。依《水经注》所述，古时无棣沟正流当流经此城西北、西南及南部，与枝渎汇合。而其是否相沿于春秋时期齐国无棣邑，则无法判知。《左传·僖公四年》记管仲言："昔召康公命我先君大公曰：五侯九伯，女实征之，以夹辅周室。赐我先君履，东至于海，西至于河，南至于穆陵，北至于无棣。"杜预注："穆陵、无棣，皆齐竟也。履，所践履之界。"其无棣，当即指此无棣沟，为太公所践履之北界。而无棣之语义不明，当属拟音字。商周之际，或有土著族系于此一地区居存，并筑有城邑，然未必与此城址重合。此无棣族系或在后世又迁居辽西，故亦有无棣在辽西一说。

今河北黄骅市西南约10公里常郭庄故县村北200米残存一古城址，平面呈长方形，东西长约285米，南北长约220米。城垣夯土筑成，残高1~2米。城内采集遗物有汉代的泥质灰陶绳纹板瓦、筒瓦、云纹瓦当、素面罐等残片，城外采集遗物有宋元时期的白釉、黑釉的碗、罐等瓷器残片。调查者推测该遗址可能属汉代章武县城[2]，似不确。比照《水经注》所述，古时无棣沟流经南皮县故城（今南皮县东北）南，又东经北魏乐陵郡城（今

---

[1] 国家文物局主编《中国文物地图集》河北分册。
[2] 国家文物局主编《中国文物地图集》河北分册。

盐山县西南）北，"又东屈而北出，又东转，迳苑乡故城南，又东南迳高城县故城南，与枝渎合"。则此城址当属苑乡故城。另有浮水流经浮阳县城（今沧州东南）南，"东北迳高城县之苑乡城北"。隋时置浮水县，当因于此城址。《旧唐志二》记沧州饶安县"贞观十二年移县治故浮水城"，当亦在此。《寰宇记》卷六十五所述略同。《元丰九域志》卷二：沧州，熙宁五年"省饶安县为镇，入清池"。清池县有"任河、长芦、郭疃、饶安四镇"。其饶安镇当在浮水城址。《金志中》：沧州清池县，"镇五：长芦、新饶安、旧饶安、乾符、郭疃"。其旧饶安镇当为原饶安镇，而新饶安镇当与之相近。《读史方舆纪要》卷十三：河间府沧州，"浮水城，在州东五十里。本高城县地，隋开皇十六年析置浮水县，属沧州，大业初省入盐山县，贞观中为饶安县治。《金志》：清池县有新、旧饶安二镇，浮水城即新饶安镇也"。其以浮水城为新饶安镇，似不确。《清统志》卷二十五："浮水故城，在沧州东。隋开皇十六年分高城县置，大业初仍省入。唐武德五年又置，属东盐州，贞观元年省，十二年移饶安县治此，属沧州。宋熙宁四年省为镇，入清池。《金史·地理志》：清池县有新饶安镇，即此。府志：浮水故城在州东五十里。按此城自贞观中为饶安县治，《元和志》、《寰宇记》皆以饶安县在州南九十里，然考浮水东北流，未尝南出，当从府志，在州东为是。其在州南者，则故千童城也。"其沧州，当指今沧州市区，则"在州东五十里"，当指今旧城村址，亦即北齐所迁高城县城，而非浮水城。又，《读史方舆纪要》卷十三：河间府沧州，"饶安城，州东北七十里。战国时齐邑。《史记》：赵悼襄王四年，庞煖攻齐，取饶安。汉为千童县地，属勃海郡，后汉灵帝时改置饶安县于此。晋仍属勃海郡，后魏属浮阳郡，熙平二年置沧州，治焉。隋初郡废，大业二年改棣州为沧州，而饶安之沧州废，寻属勃海郡。唐武德初移县治故千童城，沧州亦徙治焉。六年州移治胡苏城，贞观十二年又移饶安县治故浮水城，仍属沧州。……宋仍属沧州，熙宁四年省为饶安镇"。其沧州，当亦指今沧州市区，则"州东北七十里"，当指常郭庄故县村城址，亦即苑乡城，隋时置浮水县，唐贞观年间移置饶安县。而以汉代饶安县即在此址，显然有误。

《明统志》卷二："丱兮城，在盐山县东北。《舆地志》：秦始皇遣徐福发童男女千人至海求蓬莱仙,因筑此城,侨居童男女,号丱兮城,一名千童城。"嘉靖十九年刊《河间府志》卷一:"盐山县,秦始皇遣徐福至海上求蓬莱仙,于今县东北筑丱兮城。汉为定县,又为高成县,隶渤海郡。又,丱兮城即千童县,暨章武、柳俱在今境。"卷三:"丱兮城,在县东北。《舆地志》:秦始皇遣徐福童男女千人至海求蓬莱仙,因筑此城,侨居童男女,号丱兮城,又名千童城,汉于此置千童县。"《读史方舆纪要》卷十三:沧州盐山县,"千童城,在县东北。汉千童县盖置于此。后汉改置饶安县,在今州东境。《舆地志》:高城东北有丱兮城。秦始皇遣徐福发童男女千人至海求蓬莱,因筑此城,侨居童男女,号曰丱兮,汉因置千童县"。今黄骅市贾象乡北贾象村南 500 米发现汉代及宋代遗址,面积约 70 万平方米。或属所谓丱兮城,又名千童城。《诗经·齐风·甫田》:"婉兮娈兮,总角丱兮。"毛传:"婉、娈,少好貌。总角,聚两髦也。丱,幼稺也。"陆德明曰:"丱,古患反。"所谓千童城,亦称丱兮城,当缘于此。又,古音丱属寒部见纽、兮属支部匣纽,苑属寒部影纽、乡属阳部晓纽,丱与苑音近,兮与乡音近,则丱兮城极由可能是由苑乡城演变而来,并附会为千童城。如此,《舆地志》所记原文似当为"高城西北有丱兮城"①。指今常郭庄故县村城址。

高乐县城

高乐县,西汉时期属勃海郡。《汉志上》:勃海郡属县"高乐,莽曰为乡"。《汉书·王子侯表》:汉武帝封齐孝王子高乐康侯,"不得封年,薨,亡后"。颜师古曰:"史失其名也。"表注属"济南"。《汉书补注》:"先谦曰:高乐,勃海县。济南,盖误。国除后以封东平思王孙修。"东汉时期省废。《水经注·淇水》:"清河又东北,无棣沟出焉。东迳南皮县故城南,又东迳乐亭北。《地理志》之临乐县故城也,王莽更名乐亭。《晋书地道志》、

---

① 清王谟据乾隆年间刊《清统志》辑梁顾野王《舆地记》云:"盐山县有丱兮城。……一名千童城。"据王谟辑《汉唐地理书钞》,中华书局影印本,1961。

《太康地记》：乐陵国有新乐县。即此城矣。又东迳新乡城北，即《地理志》高乐故城也。王莽更之曰为乡矣。"其南皮县故城在今河北南皮县东北。《寰宇记》卷六十五：沧州南皮县，"高乐故城，汉县，后汉省。故城在今县东南三十里，今谓之思乡城，亦谓之西乡城"。《明统志》卷二："高乐城，在南皮县东南三十里。汉县，属勃海郡，东汉省。俗名思乡城，亦名西乡城。"嘉靖十九年刊《河间府志》卷三：河间府南皮县，"高乐城，在县东南三十里。本汉县名，东汉省，属勃海郡。故城今在河间府南皮县东南，俗名思乡城"。均因于《寰宇记》，然似已不能指实。《读史方舆纪要》卷十三：沧州南皮县，"高乐城，县东南四十里。汉县，属勃海郡，后汉省。俗名思乡城，亦曰西乡城"。所述略有差异，其"县东南四十里"，或另有所据，然并未指实。《清统志》卷二十五："高乐故城，在南皮县东南。汉置县，属勃海郡。武帝封齐孝王子为侯国，后汉省。《水经注》：无棣沟迳乐亭北，又东迳新乡城北，即《地理志》高乐故城也。《寰宇记》：故城在南皮县东南三十里，今谓之思乡城，亦曰西乡城。县志：即今董镇村。"光绪二十五年刊《天津府志》卷二十二所述略同，唯"董镇村"作"董村镇"。则清代已将高乐城所在方位指为董村一带。然此一带迄今未发现相关遗迹。而在其北芦庄子及西古村所发现的古遗址当属汉代临乐县城及晋代新乐县城。另今河北孟村回族自治县新县镇新县村东50米残存一古城址，经1985年调查得知，城址平面呈长方形，长约1500米，宽约1000米。城垣夯土筑成，残高1~4米。采集遗物有灰陶罐、盆和青釉瓷碗等残片。调查者推测该遗址可能即唐代的饶安县故城址[①]，似不确。比照《水经注》所述，其城址位于"乐亭"以东，当即属汉代高乐县城，亦称新乡城或思乡城、西乡城。《魏志上》记浮阳郡饶安县（今河北盐山县旧县镇）有"西乡"当亦指此城。今称"新县"，当由"新乡""西乡"演变而来。其西北距今南皮县约25公里，则《寰宇记》所述"故城在今县东南三十里"当为"五十里"之讹。

---

① 国家文物局主编《中国文物地图集》河北分册。

参户县城

　　参户县，西汉时期属勃海郡。《汉志上》：勃海郡属县"参户，侯国"。《汉志下》：代郡属县"卤城，虖池河东至参合（户）入虖池别，过郡九，行千三百四十里，并州川"。《史记·建元已来王子侯者年表》：汉武帝元朔三年（前126年），封河间献王子刘勉为参户侯。并见于《汉书·王子侯表》，作刘免。后传刘严、刘元、刘礼亲及刘度，至西汉末。东汉时期省废，《后汉志》无载。《水经注·浊漳水》："清、漳迳章武县故城西，故濊邑也。枝渎出焉，谓之濊水。东北迳参户亭，分为二渎。应劭曰：平舒县西南五十里有参户亭，故县也。世谓之平虏城。枝水又东注，谓之蔡伏沟。又东，积而为淀。一水迳亭北，又迳东平舒故城南。……又东北，分为二水。一水右出为澨，一水北注呼池，谓之濊口。清、漳乱流，而东注于海。"可知在南北朝时期此一地区诸水河道有所变迁。另据《魏志上》载，章武郡平舒县有"平乡城"，似当依此作"平虏城"。

　　有关参户县城所在地理方位，隋唐以后虽多有记载，然互不相同。《隋志中》：河间郡统县"长芦，开皇初置，并立漳河郡，郡寻废。十六年置景州，大业初州废"。《通典》卷一百八十：沧州领县"长芦，汉参户县地"。《元和志》卷十八：沧州长芦县，"本汉参户县地，周大象二年于此置长芦县，属章武郡。《水经》云：长芦，水名也。水傍多芦苇，因以为名。隋开皇初属瀛州，贞观后改属沧州。参户故城，一名木门城，在县西北四十里①。萨摩陂，在县北十五里，周回五十里，有蒲鱼之利"。《旧唐志二》：沧州领县"长芦，汉参户县，属渤海郡。后周改为长芦。武德四年割沧州之清池、南皮二县，瀛州之鲁城、平舒、长芦三县，于此置景州。其年陷刘黑闼。五年贼平，置景州总管府，管沧、瀛、东盐、景四州。又分清池县属东盐州。贞观元年废景州，以平舒属瀛州，南皮、鲁城、长芦三县属

---

① 校勘记："四十里，《考证》：钱坫引作四十四里。"

沧州。旧治永济河西,开元十六年移于今治"。《新唐志二》略同。《寰宇记》卷六十五:沧州清池县,"废长芦县,州西北四十四里。本汉参户县,今县西北四十六里有参户故城是。后汉省。俗亦谓之木门城。按:本县理即周宣帝大象二年于参户故城东南置长芦县,属章武郡。隋初于今县西北三里置漳河郡,以县属焉。三年罢郡,仍移县于郡界,属瀛州。十六年于县置景州。大业三年废。唐武德四年又于此置景州,贞观初省,以县属沧州。县元在永济渠西,开元十四年大雨,城邑漂沈,十六年移于永济渠东一里,即今县是也。皇朝乾德二年割入清池县。长芦水,在旧县西南五里。按《水经注》:长芦水出洺州列人县,以其水傍多芦苇为名。薛摩陂,在县北,周回五十里,民有蒲鱼之利。……古木门城,在县西北四十六里。《春秋·襄公二十七年》:卫侯之弟鱄出奔晋,讬于木门。盖此城也。《舆地志》云:中有大树,因名木门。参户侯陵,在县西北三十六里,高一丈。《汉书》:河间献王子免封参户侯。废乾符县,在州北一百里。本汉章武县地,属勃海郡。今县东南盐山县西北章武故城是也。后魏于今县理置西章武县,高齐省,隋开皇十六年又于西章武故城置鲁城县,遥取长芦县北平虏城为名,仍改虏为鲁者,盖恶胡虏之字也。属景州。唐贞观元年废景州,来属,乾符元年县东北有野稻水谷连接二千余顷,东西七十里,南北五十里,北至燕,南及魏,悉来扫拾,俗称圣米,甚救济民,至二年勅改为乾符县,周显德二年并入清池县。城头将军祠,在此县焉。平虏渠,在县南二百步。魏建安中于此穿平虏渠,以通军漕,北伐匈奴,又筑城在渠之左。大海在县东十四里。衡漳河在县西六十里。"《元丰九域志》附《新定九域志》卷二:沧州,"古木门城,《春秋》:子鲜出奔,讬于木门"。《明统志》卷二:"木门城,在旧沧州西北四十六里。中有大树名木门,故名。《春秋》:卫侯弟鱄出奔晋,讬于木门。即此。汉置参户县于此,亦名参户城。"又:"长芦废县,在旧沧州西北四十四里。本汉参户县地,隋初置,并置漳河郡,大业初废,唐属沧州,宋省入清池县,今为都转运盐使司治所。"

《读史方舆纪要》卷十三:沧州,"清池废县,今州治也。旧志:在州东南四十里。……元延祐初徙沧州路治长芦镇,并徙县于郭下,明初省县入州,今谓旧城为沧州故城。《城邑考》:州旧无城,今城天顺五年创筑,周八里有奇。长芦废县，在州治西北。志云：去旧州治西北四十四里。汉为参户县地。宇文周大象中置长芦县，并置漳河郡。盖以水傍多芦苇而名。隋初郡废，县属瀛州，开皇十六年又置景州于此，大业初州废。唐武德四年复置景州治焉，旋陷于刘黑闼。明年黑闼平，复为景州，兼置总管府于此。贞观初州废，改属沧州。唐志：旧治永济河西，开元十六年移治河东。大和三年李同捷据横海叛，诏诸军进讨，卢龙帅李载义拔其长芦。天祐三年朱全忠攻刘守文于沧州，自白马渡河至沧州，军于长芦。宋仍属沧州，熙宁四年省为镇，属清池县。元迁沧州于此。至正十八年山东群盗毛贵等陷清、沧二州，据长芦镇。时州未有城，故仍以镇为名。参户城，在州城西北三里。城中古有大树，谓之木门城。《春秋·襄公二十七年》：卫侯之弟鱄出奔晋，托于木门。或以为即此城也。汉置参户县，属勃海郡。武帝封河间献王子免为侯邑。后汉省入浮阳。宋元符三年张商英请开木门口，泄徒骇河东流。即此地云。"又："萨摩陂，州东北五十里。陂周五十余里，有蒲鱼之利。"其"东北五十里"，依上引《元和志》，当作"十五里"。《清统志》卷二十五："参户故城，在青县南。汉元朔三年封河间献王子免为侯国，属勃海郡。后汉省。《水经注》：漳水东北迳参户亭。应劭曰：平舒县西南五十里有参户亭，故县也。世谓之平虏城。《元和志》：参户故城，一曰木门城。在长芦县西北四十里。《寰宇记》：在县西北四十六里。《舆地志》云：中有大树，因名木门。旧志：木门镇，在今县西南三十里。盖以故城得名。长芦故城，今沧州治。""木门桥，在青县西南三十里。"其沧州及清池县原在今河北沧州市东南旧州镇址，相沿于汉魏时期浮阳城；元明之际迁于隋唐时期长芦县址，即今沧州市区。依《元和志》、《寰宇记》及《清统志》，参户故城亦即木门城，当在沧州市区西北、青县西南之木门镇，然未予指实。而依《明统志》及《读史方舆纪要》，则参户故城亦即木门城当在今沧州市区南运河西岸。似理解有误。依《寰宇记》按语，长芦县当在北周大象二年（580年）置于参户故城东南，属章武郡。至隋初又于唐代长芦县城（即今沧州市区）西北三里置漳河郡，以长芦县属之，其时漳河郡与长芦县分为二城。所谓"三年罢郡，仍移县于郡界"，则当指移长芦县治于所废漳河郡城址，其在永济渠西。至唐开元十六年（728年）方"移于永济渠东一里",即今沧州市区。如此,以参户故城在唐代长芦县城西北,显然不确。又,上引《寰宇记》记:"隋开皇十六年又于西章武故城置鲁城县,遥取长芦县北平虏城为名,仍改虏为鲁者,盖恶胡虏之字也。"其"平虏城",当指参户故城,在"长芦县北",则以参户故城在唐代长芦县西北"四十里"或"四十六里"者似亦不确。其地或原存有木门城。然据《左传·襄公二十七年》杜预注,木门属"晋邑",不可能在此。

《寰宇记》卷六十八:"乾宁军,理冯桥镇。本古卢台军地,后为冯桥镇。临御河之岸,接沧州、霸州之界。幽州割据,伪命升为宁州。周世宗显德六年收复关南,却为乾宁军,仍置乾宁县。"所领"乾宁县,四乡。旧名永安县,与军同置在城下。太平兴国七年六月改为乾宁县。御河,在城南一十步,每日潮水两至。其河从沧州南界流入本军界,东北一百九十里入潮河,合流向东七十里,于浊流口入海。此水西通淤口、雄、霸等州水路。卢台军古城,在御河南七十步,周回二里,基址犹存"。《资治通鉴》卷二百六十二:唐昭宗光化三年(900年)"刘仁恭将幽州兵五万救沧州,营于乾宁军。葛从周留张存敬、氏叔琮守沧州寨,自将精兵逆战于老鸦堤,大破仁恭,斩首三万级"。胡三省注:"乾宁军,在沧州西一百里。盖乾宁间始置此军也。宋白曰:乾宁军,本古芦台军地,后为冯桥镇,临御河之岸,接沧、幽二州之界。周显德六年收复关南,始建为乾宁军。《九域志》云:太平兴国七年始置军。"又:"老鸦堤,在乾宁军东南。"《资治通鉴》卷二百六十七:后梁开平二年(908年),"刘守文举沧德兵攻幽州,刘守光求救于晋,晋王遣兵五千助之。丁亥,守文兵至卢台军,为守光所败"。胡三省注:"卢台军,宋为乾宁军地。《九域志》:乾宁军在沧州西北九十里。"其正文及注文"卢"字,据章钰所校,宋明刊本作"芦"字①。《资治通鉴》卷二百六十八:后梁乾化三年(913年),"三月甲辰朔,晋周德威拔燕卢台军"。其"卢"字,据章钰所校,宋明刊本亦作"芦"字。《资治通鉴》卷二百七十五:后唐天成二年(927年),"帝以冀州刺史乌震三将兵运粮入幽州。二月戊子,以震为河北道副招讨,领宁国节度使,屯卢

---

① 参见《资治通鉴》校勘记。

台军"。后遇兵乱被杀。胡三省注："卢台军，临御河之岸，周建乾宁军，东至沧州一百里，西至瀛州百七十里。"引文及后述相关文字正文和注文"卢"字，据章钰所校，亦均作"芦"字。则所谓"卢台"，原似当作"芦台"，"卢"字当属"芦"之通假。而"芦台"当即指北周大象二年所置长芦县址。隋开皇三年（583年）移长芦县于原漳河郡（唐长芦县），此城被废弃。或因城内残存有高台，而得芦台之称。至唐末乾宁年间于此置芦台军，亦称乾宁军。宋代一度废为镇，后又升为清州；金代相沿，又改乾宁县为会川县；明初废会川县及清州，改为青县，相沿至今。如此，参户故城当在今河北青县西北。

今青县西北约10公里王镇店乡东空城村西200米残存一古城址，平面近方形，边长约300米。城墙夯土修筑，基宽6～8米，残高1～4米。城内采集遗物有泥质灰陶素面罐、盆和白釉、黑釉瓷碗、罐等残片。时代判属宋代。另在其以东王镇店乡司马庄村东面1200米发现汉代遗址，面积约2000米，采集遗物有泥质灰陶罐、盆、板瓦等残片。在王镇店乡大邵庄发现汉代及宋代墓群。在东空城址东南清州镇东马桥村东南500米发现战国及汉代至宋代遗址，面积约2万平方米，采集遗物有战国至汉代的泥质灰陶绳纹板瓦、罐和素面盆、瓮等残片，宋代的灰陶、红陶素面罐、盆和白釉瓷碗、盘等残片。在清州镇八里堂村西北发现汉代遗址等①，此城址未经发掘，而就其周围所发现的遗址及墓葬来看，此一地区在战国秦汉时期已得到相当发展，似不能排除其营建于此一时期的可能性。此城形制方正，规模与汉代侯国及县城大体相当；且位于近世认定的汉代东平舒县城（今天津静海县西钓台古城）西南约20公里，与应劭所言"平舒县西南五十里有参户亭"相合。由此推之，此城当属西汉时期参户侯城。东汉以后省废，而置参户亭，又称平虏城。南北朝时期，有清漳水枝流滱水流经参户故城西南，又分为二渎。一水当向东流经参户故城南，称蔡伏沟，又东积而为淀。另一水流经参户故城北，又东流经东平舒故城南。又东北分为二水，

---

① 国家文物局主编《中国文物地图集》河北分册。

一水北注呼池河。另一水南流为澱。此澱当即《元和志》所述在唐代长芦县北十五里之"萨摩陂",《寰宇记》作"薛摩陂"。

成平县城

成平县,西汉时期属勃海郡。《汉志上》:勃海郡属县"成平,虖池河,民曰徒骇河。莽曰泽亭"。《史记·建元已来王子侯者年表》:元朔三年(前126年),封河间献王子刘礼为成平侯,元狩三年(前120年),"侯礼有罪,国除"。《索隐》:"表在南皮。"《汉书·王子侯表》所述略同,而作平城侯,属传写之误[①]。东汉时期属河间国。《后汉志二》:河间国属县"成平,故属勃海"。又,《后汉书·孝明八王列传》:"建初四年以清河之游、观津,勃海之东光、成平,涿郡之中水、饶阳、安平、南深泽八县益乐成国。"李贤注:"前书及《郡国志》:清河无游县。观津故城在今德州蓚县东北,东光在沧州东光县南,成平在景城县南,中水在今瀛州乐寿县西北,南深泽在今定州深泽县东也。"晋时相沿,见于《晋志上》。《魏志上》:瀛州章武郡首县"成平,前汉属勃海,后汉、晋属河间国,后属。治京城。有成平城、乐平城"。其京城,当为"景城"之讹。时成平县为章武郡治,而迁于原景城址,原成平城已空出。《水经注·浊漳水》:"(浊漳水)又东北过成平县南(经文)。衡漳又东迳建成县故城南。按《地理志》,故属渤海郡。褚先生曰:汉宣帝五凤三年封丞相黄霸为侯国也。成平县故城在北。汉武帝元朔三年封河间献王子刘礼为侯国。王莽之泽亭也。城南北相直。衡漳又东,右会杨津沟水。水自泽东迳阜城南。《地理志》:渤海有阜城县,王莽更名吾城者,非经所谓阜城也。建武十五年,世祖更封大司马王梁为侯国。杨津沟水又东北迳建成县左,入衡水,谓之杨津口。衡漳又东,左会虖池别河故渎。又东北合清河,谓之合口。"赵一清按:"《汉志》:勃海郡成平县下云,滹沱河,民曰徒骇。又,河间国乐成县,虖沱别水首受虖

[①] 参见王先谦《汉书补注》卷十五,中华书局影印本,1983。

沱河，东至东光入虖沱河。又，弓高县下云，滹沱别河首受虖河，东至平舒入海。代郡卤城下云，虖沱河东至参合（户）入虖沱别。按别下脱水字，以《汉志》注并《水经》验之，可证也。"熊会贞按："《汉志》系虖池别水于乐成，系虖池别河于弓高，乐成在衡漳北，弓高在衡漳南，衡漳即古虖池正流，则虖池别水在虖池之北，虖池别河在虖池之南，近儒多谓别河在虖池北，盖此注左会二字误之也。不知别河在衡漳南，注当本作右会，传钞者讹右为左耳。又，《汉志》：虖池别水入虖池河，虖池河入虖池别河，虖池别河入海。所谓虖池别者，指虖池别河，无河字亦通。赵谓别下脱水字，误以为指虖池别水，与《汉志》戾矣。《水经注·虖池》篇虽佚，而此注前云，衡漳左会虖池故渎，则衡漳即虖池。此云衡漳右会虖池别河故渎，即《汉志》所谓虖池河入虖池别也。赵氏观《汉志》、《水经注》未审。"段熙仲按："河字不宜省。依《汉志》，有虖池河，有虖池别河，又有虖池别水。但曰虖池别，究为河乎？水乎？别水与别河，孰在虖池之南抑北？如熊氏言，近儒已多误会，此字不省，不更便于读者乎？《通鉴》胡注引，正作别河，可证也。"① 似均不够妥切。依《水经注·浊漳水》前述：衡漳水"又迳东昌县故城北"。"衡漳又东北，左会滹池故渎，谓之合口。衡漳又东北，分为二川，当其水洪处，名之曰李聪涣。又东北至乐成陵县，别出北（经文）。衡漳于县无别出之渎，出县北者，乃虖池别水，分虖池故渎之所缠络也。衡漳又东，分为二水，左出为向氏口，渎水自此决出也。衡漳又东迳弓高县故城北。"其乐成陵县即西汉时期乐成县，在今河北献县东

---

① 《水经注疏》卷十。又，胡渭《禹贡锥指》卷十三中之下："（漳水）又东北至昌亭，与滹沱河会。（衡漳又迳东昌县故城北，经所谓昌亭。）又东北，左会滹沱故渎，谓之合口。（今武邑县东有东昌废县。又东迳弓高县故城北。在今阜城县西南。）又东迳阜城县故城北、乐成县故城南。（阜城故城在今县东二十二里，乐成故城在今献县东南。）又东北迳成平县南。（衡漳东迳建成县故城南，成平县故城在北。按二城并在今交河县东。）又东，左会滹沱别河故渎。（《汉志》：成平县有虖沱河，民曰徒骇河。又，乐成县，虖沱别水首受虖沱河，东至东光入虖沱河。此虖沱河即漳水，古之徒骇也。滹沱别河故渎即虖池别水，自乐成来者，志云至东光入虖沱河，盖与成平接界处也。）又东北合清河，谓之合口。（《河水》篇曰：大河故渎东北至东光县故城西，西北与漳水合是也。县界清河本西汉大河之经流，王莽时河徙，清河由此北会漳水。故郦元云：清、漳二渎，河之旧道也。合口在今青县南二里，接沧州界。）"据邹逸麟整理本。其以滹沱别河故渎即虖沱别水，与《水经注》相符。而以合口在今青县南二里，则不确。

南。南临浊漳河（即虖沱河），在此地带当大致流行今老漳河水道。所谓"别出北"，当指西汉时期虖沱别水由此段河道之北分出。《资治通鉴》卷一百七：晋太元十三年（388年），"燕太原王楷、赵王麟将兵会高阳王隆于合口，以击张申"。胡三省注："《水经》：衡漳水过勃海建成县，又东，左会呼沱别河故渎。又东北入清河，谓之合口。魏收《地形志》曰：浮阳县西接漳水，衡水入焉，今谓之合口。"其浮阳县在今沧州东南，合口当在今沧州西南，而虖沱别河故渎与浊漳河相汇处又在此合口之南，当临近汉代东光县城（今东光县东），则此虖沱别河故渎水道当即为西汉时期虖沱别水水道，郦道元于此似未就《汉志》所记虖沱别水与虖沱别河予以分辨（或因"缠络"，已不易分辨）。熊会贞虽分辨有理，然与《水经注》所述力求牵合，改"左会"为"右会"，有违于史实。因《水经注》有所散佚，其原著中所述滹沱水流势及其演变历程已无法推之。而就其所述衡漳水于东昌县（今河北武邑县东北）东北"左会滹池故渎，东迳弓高县故城北"，则西汉时期滹沱河正流当即在此滹池故渎与衡漳水相汇处再向东循行衡漳水水道[①]，并在此一河段之北分出滹沱别河，当大致流行后世滹沱河道[②]，至

[①] 胡渭《禹贡锥指》卷二据《元和志》及《寰宇记》所载补《水经》之阙："案《寰宇记》：瀛州河间县西二十里，高阳县东北十四里，莫州鄚县南二里，霸州大城县北一百三十里，文安县西北三十里，皆有滹沱水。此即《汉志》所云从（派）河东至文安入海者。以今舆地言之，繁畤、代州、崞县、忻州、定襄、五台、盂县（并属山西太原府）、灵寿、真定、藁城、深泽、无极（并属直隶真定府）、束鹿、博野（并属保定府）、安平、饶阳（并属真定府）、高阳（属保定府）、任邱（属河间府）、大城、文安（并属顺天府），诸州县界中皆古滹沱水之所行也。宋初犹未改。自塘泺既兴，引水归北，而文安之渎埋废，遂以乐成（今献县）之滹沱别水为滹沱之正流，而故道不可问矣。"其古滹沱水所循行河道当属魏晋以后改迁者。
[②] 《读史方舆纪要》卷十三：河间府献县，"滹沱河，县西南十八里。其地有完固口，在滹沱河北岸。旧时山水泛滥，往往从此横决。嘉靖十三年筑堤为备，因以完固名。又，县西南为陈家渡，滹沱河津处也。建文中燕王渡此，击败盛庸之师。自此又东南入交河县界"。交河县，"滹沱河，县北六十里，自献县流经此，濒河为高川镇。又有北济桥跨其上。北流入青县界"。青县，"滹沱河，县南三十里。自交河县东北流入境，合于卫河。其合处为岔河口。并流而经县东，水势汹涌，阔数十丈"。《清统志》卷二十一："滹沱河，自赵州之宁津县与滏阳河合，经冀州武邑、武强流入（河间）府境，由献县西南之完固口分为二，一由县北之臧家桥入河间县，又曰沙河，以城东四十里有沙河桥也。下流过龙华桥，入顺天府大城县境，经东、子牙村，为子牙河。其一由完固口分流至献县南之单家桥，又东经沧州杜林镇，至青县鲍家嘴入于南运河。此滹沱故道也。嗣以浊流淤运，且运河当盛涨时水不能下。本朝雍正四年塞完固口，使专循臧家桥东行。"参见《清统志》卷七及卷二十四。

今天津青县南与滹沱河（漳水）相汇，即《汉志》所述滹沱河入于滹沱别河，而后又经东平舒县入海。

《隋志中》：河间郡统县"景城，旧曰成平，开皇十八年改焉"。所谓"旧曰成平"，当指北齐、北周之际所置成平县，因于汉晋时期成平县址，而非北魏时期所治京（景）城。《寰宇记》卷六十六：瀛州，"景城县，北七十二里。旧十三乡，今五乡。汉旧县，属渤海郡，后汉省。后魏延昌二年自今县南二十里徙成平县来理之。隋开皇十八年改成平为景城，复汉旧名也。唐大中之后割属瀛州。建成故城在今县东南三十里。汉为县，后汉省，城尚存。成平故城，汉县，在今县南二十里成平故城是也。后汉属河间国，后魏徙理景城，因而荒废"。其以隋唐时期景城县城因于汉代景成县址（北魏时期成平县迁治于此，隋代又改称景城县），理解有误。又述建成故城"在今县东南三十里"，成平故城"在今县南二十里"，与《水经注》所述此二城"南北相直"不符。而《元丰九域志》附《新定九域志》卷二：瀛州，"成平故城，汉县，唐窦建德据之，谓之建德城"。可表明成平故城在隋唐之际一度被利用。《明统志》卷二："景城城，在献县界。汉县，属渤海郡，东汉省。后魏徙咸（成）平县治此。隋改曰景城，属瀛州，唐属沧州。咸（成）平城，在景城废县南二十里。汉县，东汉属河间国，后魏徙治景城，遂废。建成城，在景城县东南三十里，汉县，东汉省。"其因于《寰宇记》，而对城址所在方位则未予指实。《读史方舆纪要》卷十三：河间府献县，"景城废县，县东南九十里。汉曰景成县，属勃海郡。……熙宁六年省为镇，改属乐寿县。成平废县，在故景城南二十里。汉县，属勃海郡。武帝封河间献王子礼为侯邑。后汉改属河间国，晋因之。后魏徙治于废景城县。又，建成废县，在故景城东南三十里"。又，交河县，"景城南镇，县东北六十里，即故景城县地，金置镇于此"。其"景城南镇"，当属断读之误。金代分置交河县，有"景城、南大树"等镇属之，景城镇当相沿于宋代。而景城镇在宋代曾有迁徙，则其在献县东南九十里及在交河县北六十里者当各有所指。《清统志》卷二十二："景城故城，在交河县东北。……旧志：故城在交河县东北六十里，献县东九十里。"又："成平故城，在交河县东。"则取后说，为调和二说而将献县"东南九十里"改为

"东九十里"。成平县城址亦随之而推定。近世多从之。杨守敬按:"《寰宇记》:景城县,汉旧县,属渤海郡,后汉省。后魏延昌二年自今县南二十里徙成平县来理之。隋开皇十八年改成平为景城。则京为景之误。又平城(《魏志》原作有平城)上脱成字。盖后魏移成平县于景城,而县境有成平故也。故城在今交河县东北,后魏县在交河东北六十里。"① 其以后魏成平县城沿于汉景成县址,则汉成平县城当在此之南②。而所谓景城城址当即在今河北沧县阎村乡景城村,其西南距今泊头市交河镇(原交河县)约30公里,遗址面积约15万平方米,采集遗物有汉代的泥质灰陶绳纹板瓦、筒瓦和素面罐等及宋代的白釉、黑釉的瓷碗、盘、罐等残片③。遗址南临老漳河即古衡漳水,且位于江江河(古杨津沟水)与老漳河汇合处西北,比照《水经注》所述,当属西汉时期建成县城之所在。宋代元丰年间因遭水患而迁景城镇于此。另据《寰宇记》所记建成故城在景城县"东南三十里",唐宋之际景城县城当在此景城村西北约三十里、今河间县西留庄附近。其西南距今河间市(唐宋时期瀛州治所)七十余里,亦与《寰宇记》所述相合。而《读史方舆纪要》等所记景城废县在献县"东南九十里",极有可能亦指此地。如此,"东南"当为"东北"之讹。此景城县当属唐代后期所迁址,亦不能依此推求古之成平县城之所在。

依《水经注》所述,汉晋时期成平县城与建城县城"南北相直",则当于今景城村遗址以北求之。今大城县东南约4公里刘固献乡八里庄东南300米发现汉代遗址,面积约4万平方米,采集遗物有泥质灰陶绳纹板瓦、筒瓦和素面罐、瓮、盆、豆等残片,有的陶片上带有"平舒"字样。其东北约3公里平舒镇八方村西北500米亦发现汉代遗址,位于一高岗地上,面积约15万平方米,文化层厚1米。暴露遗迹有灰坑和墓葬,采集遗物有泥质灰陶绳纹板瓦、筒瓦和素面罐、瓮、豆等残片。其西北平舒镇田庄村东南

---

① 《水经注疏》卷十。
② 谭其骧《汉书地理志选释》:景成,"故城在今交河县东北六十里,西去献县九十里"。成平,"故城在今交河县东北约五十里"。建成,"故城在今交河县东约五十余里,西北去景成故城三十里"。载氏著《长水集》。王仲荦《北周地理志》卷十:"成平,今河北交河县东北六十里。"中华书局,1980。均略同于此。
③ 国家文物局主编《中国文物地图集》河北分册。

2000米发现东周至汉代遗址。在八方村东北300米发现汉代墓葬群，在平舒镇东王祥村一带发现汉代及唐代墓葬，平舒镇北关村发现汉代墓葬，平舒镇王庄村一带发现汉代及唐代墓葬，平舒镇城东白马河边发现唐初瀛州平舒人邓明墓，在平舒镇王庄村南400米发现金元时期墓群等①。其八里庄遗址南与景城村（建成县故城址）相对，当为汉代成平县城之所在。而其东北八方村遗址则当属隋唐之际景城县址，所谓"旧曰成平"当指北齐、北周之际于此重置成平县，至隋开皇十八年又改称景城县。李贤注"成平在景城县南"，当指此而言。而汉代景成县城当其西北约10公里今大城县王文镇郭底村遗址②。北魏延昌二年徙成平县治此，北齐时改称平舒县，隋唐时期相沿，至五代时改称大城县。如此，《寰宇记》有关汉代景成县及成平县的记载当系于大城县下，而非景城县下。

《汉书·沟洫志》：汉成帝鸿嘉四年（前17年）"勃海、清河、信都河水溢溢，灌县邑三十一，败官亭民舍四万余所。河隄都尉许商与丞相史孙禁共行视，图方略"。孙禁欲重开笃马河。而"许商以为古说九河之名，有徒骇、胡苏、鬲津，今见在成平、东光、鬲界中。自鬲以北至徒骇间，相去二百余里。今河虽数移徙，不离此域。孙禁所欲开者，在九河南笃马河，失水之迹，处势平夷，旱则淤绝，水则为败，不可许"。颜师古曰："此九河之三也。徒骇在成平，胡苏在东光，鬲津在鬲。成平、东光属勃海，鬲属平原。"其徒骇河，并见于《尔雅·释水》，郭璞注："今在成平，义所未闻。"则在此前，成平一带唯有徒骇河故道。《汉书·叙传》："夏乘四载，百川是导。唯河为蠚，灾及后代。商竭周移，秦决南涯，自兹岠汉，北亡八支。文陻枣野，武作《瓠歌》，成有平年，后遂滂沱。"服虔曰："本有九河，今塞，余有一也。"刘德曰："成帝治已平，改元河平元年。"《王莽传》：始建国三年（公元11年），"河决魏郡，泛清河以东数郡。先是，莽恐河决为元城冢墓害。及决东去，元城不忧水，故遂不堤塞"。所谓"后遂滂沱"，当指此次河决。而《汉志》所述此一地区诸水道流势当即为经此次

---

① 参见本书景成县城。
② 国家文物局主编《中国文物地图集》河北分册。

河决所形成者①。因河水东去，原河道自昌亭以下为滹沱河独占，并进而分出滹沱别河及滹沱别水。而滹沱别河当循行原徒骇河道，其流经成平县城南，则今传本《汉志》所记"虖池河，民曰徒骇河"，原文似当为"虖池别河（或虖池别），民曰徒骇河"。《说文解字》："漳，水名，从水，章声。浊漳，出上党长子鹿谷山，东入清漳。清漳，出沽山大要谷，北入河。"段玉裁按："《志》言浊漳入清漳，清漳入河。《经》言清漳入浊漳，浊漳会滹沱入海。乖异者，当缘作《水经》时与作《志》时异也。许云入河，与《志》合。"则此一时期漳水当仍循行旧时入河水道。而后又北上与滹沱河汇合，如《水经》所述："（浊漳水）又东北过阜成县北，又东北至昌亭，与虖池河会。又东北至乐成陵县，别出北。又东北过成平县南。又东北过章武县西，又东北过东平舒县南，东入海。"至曹魏时间，又引滹沱水北入泒水，而昌亭以下水道为浊漳水独占，如《水经注》所述，浊漳水又"东迳弓高县故城北"，又"东迳阜城县故城北、乐成县故城南"，又"东迳建成县故城南"，又"迳章武县故城西"，又"迳东平舒故城南"，"又东北分为二水，一水右出为澱，一水北注呼池，谓之灅口。清漳乱流而东注于海"。又，《水经注·河水》：河水故渎又东北迳元城县故城（今河北元城县东）西北，"县北有沙邱堰。《尚书·禹贡》曰：北过降水。不遵其道曰降，亦曰溃。堰，障水也。至于大陆，北播为九河。《风俗通》曰：河播也。播为九河，自此始也。《禹贡》沇州，九河既道。谓徒骇、太史、马颊、覆釜、胡苏、简、洁、句盘、禹津也。同为逆河。郑玄曰：下尾合曰逆河。言相迎受矣。盖疏润下之势，所通河海。及齐桓霸世，塞广田居，同为一河。故自堰以北，馆陶、廮陶、贝邱、鬲、般、广川、信都、东光、河间乐成以东，城地并存，川渎多亡。汉世河决金隄，南北离其害，议者常欲求九河故迹而穿之，未知其所。是以班固云：自兹距汉，北亡八枝者也"。而对徒骇河故道，郦道元未予指实，则至南北朝时期当亦不存。

---

① 《汉志上》：上党郡长子县，"鹿谷山，浊漳水所出，东至邺入清漳"；沾县，"大黾谷，清漳水所出，东北至邑（阜）成入大河"。《汉志下》：代郡卤城县，"虖池河东至参户入虖池别"；间间国乐成县，"虖池别水首受虖池河，东至东光入虖池河"；弓高县，"虖池别河首受虖池河，东至平舒入海"。

柳县城

　　柳县，西汉时期属勃海郡。《汉志上》：勃海郡属县"柳，侯国"。《史记·建元已来王子侯者年表》：汉武帝元朔四年（前125年），封齐孝王子刘阳为柳侯。《汉书·王子侯表》作刘阳已，并载传六世，"侯守嗣，王莽篡位，绝"。东汉时期省废。《水经注·淇水》："浮水故渎又东迳篋山北。《魏土地记》曰：高城东北五十里有篋山，长七里。浮渎又东北迳柳县故城南。汉武帝元朔四年封齐孝王刘阳为侯国。《地理风俗记》曰：高城县东北五十里有柳亭，故县也。世谓之辟亭，非也。浮渎又东北迳汉武帝望海台，又东注于海。"其高城县在今河北盐山县东南故城赵村址，北齐时迁至今黄骅市旧城村址，隋代改称盐山县，唐宋时期相沿。其篋山或作峡山，《隋志中》：渤海郡盐山县有峡山。《寰宇记》卷六十五：沧州盐山县，"故柳城在今县东七十里。汉为县，后汉省。一名柳亭城。汉武台在邑界"。又："篋山，一名峡山，在县东南四十里。"其所述与《水经注》相比照，似不相合，当有误。明初盐山县城迁于今河北盐山县址。《明统志》卷二："古柳城，在盐山东七十里。汉为县，东汉省。一名柳亭城。""篋山，在盐山县东南四十里，一名峡山。"其所述当本于《寰宇记》。《读史方舆纪要》卷十三：沧州盐山县，"柳县城，县东五十里。汉置柳县，属勃海郡，武帝封齐孝王子阳已为侯邑。后汉省。《风俗记》：高城县东北五十里有柳亭，汉县也。世谓之辟亭，非矣"。又："篋山，县东南四十里。一名峡山。《魏氏土地记》：篋山长七里。"《清统志》卷二十五："柳县故城，在盐山县东。汉元朔四年封齐孝王子阳已为侯国，属勃海郡，后汉省。《水经注》：浮水东北迳柳县故城南。《地理风俗记》曰：高城县东北五十里有柳亭，故县也。世谓之辟亭，非也。《寰宇记》：故柳城在盐山县东七十里。县志：在县东五十里。"卷二十四："篋山，在盐山县东。"其"县东五十里"，当以明清时期盐山县城为指示坐标。今河北黄骅市东南约15公里羊二庄乡大马庄村南2000米残存一古城址，现仅有一段长480余米的东西向城墙，夯土修筑，基宽约 7 米，残高约 1 米。城址形制及面积不详。采集遗物有泥质灰陶绳纹板瓦、罐等残片。其南约 10 公里今海兴县小山乡小山村有刘阳墓及汉墓群①。其所在西南距汉魏时期高城县城（今故城赵村）约 20 公里，与《水经注》所述柳县故城的地理方位相合，当即属之。古篋山当在其西南，而汉武帝望海台当在其东北。

临乐县城

临乐县，西汉时期属勃海郡。《汉志上》：勃海郡属县"临乐，侯国。莽曰乐亭"。《史记·建元已来王子侯者年表》：汉武帝元朔四年（前 125 年）封中山靖王子刘光为临乐侯。《汉书·王子侯表》所述略同，并记后传刘建、刘固、刘万年、刘广都，"王莽篡位，绝"。东汉时期省废。而《晋志上》：乐陵国属县有新乐。《水经注·淇水》："清河又东北，无棣沟出焉。东迳南皮县故城南，又东迳乐亭北，《地理志》之临乐县故城也，王莽更名乐亭。《晋书地道志》、《太康地记》：乐陵国有新乐县。即此城矣。又东迳新乡城北。"《寰宇记》卷六十五：沧州临津县，"临乐，《汉书》云：武帝封中山靖王子光为侯，后至玄孙，王莽篡，绝。改为乐亭，后汉省。旧地理书并失其所在，盖今邑界即其地也"。其临津县在今河北南皮县南。《元丰九域志》卷二：熙宁六年（1073 年）"省临津县为镇入南皮"。金代改置宁津县，并迁治于今山东宁津县址。明清时期相沿。《读史方舆纪要》卷十三：沧州南皮县，"临乐城，在县南。汉县，亦属勃海郡，武帝封中山靖王子光为侯邑。后汉省。郦道元曰：临乐更名乐亭，王莽时名也。《晋太康地记》：乐陵国有新乐县。或曰即故临乐县改置"。又："东南二十里有刁官楼。又，三十里有旧县镇，或以为即晋新乐县治。"前者为虚指。后者虽有可能属实指，然今已无法确定具体方位。《清统志》卷二十二："临乐故城，在宁津县北。《史记·赵世家》：孝成王十九年以临乐与燕。汉元朔四年封

---

① 国家文物局主编《中国文物地图集》河北分册。

中山靖王子光为侯国，属勃海郡。后汉省。《水经注》：无棣沟自南皮县又东迳乐亭北，《地理志》之临乐故城也。《晋太康地志》：乐陵国有新乐县，即此。《寰宇记》：今临津县界即其地。"仍未予确指。

今南皮县东南约 15 公里潞灌乡芦庄子村西北发现一处汉代遗址，面积约 150 万平方米，采集遗物有泥质灰陶绳纹板瓦和素面罐、盆等残片。村北 500 米发现一座西汉墓，为方形单室砖墓，墓室高 3 米，长 4 米，宽 4 米。出土随葬品有铜鼎、铜钟、铜镜、鎏金镶玉铜饰件、玉璧、玉眼罩等。村北 100 米发现一座东汉墓，为多室砖墓，由墓道、前室、前左侧室、中室及两个中左侧室和后室组成，穹隆顶，墓砖侧面有模制菱形、钱形、鼓钉形纹饰，出土随葬品有釉陶鼎、壶、圈、碗、陶案、耳杯等。其北约 5 公里刘夫清乡西古村南 1000 米发现一处古遗址，面积约 7 万平方米。采集遗物有汉代泥质灰陶罐、盆和宋代的灰陶罐、白釉瓷碗、黑釉罐等残片①。其与所谓"旧县镇"所在方位大体相当，南临今山东宁津县，与《水经注》所述"乐亭"亦相符，且遗址规模较大，墓葬规格较高，极有可能即属汉代临乐县城，而其北西古村遗址则当属晋新乐县城。

东平舒县城

东平舒县，西汉时期属勃海郡。《汉志上》勃海郡属县"东平舒"，颜师古曰："代郡有平舒，故此加东。"《汉志下》：河间国属县"弓高，虖池别河首受虖池河，东至平舒入海"。其平舒，当即指东平舒县。又，《汉志下》：赵国"东有广平、钜鹿、清河、河间，又得渤海郡之东平舒、中邑、文安、束州、成平、章武，河以北也"。则在战国晚期此东平舒县地当属赵国。而《史记·赵世家》：赵孝成王十九年（前 247 年），"赵与燕易土：以龙兑、汾门、临乐与燕，燕以葛、武阳、平舒与赵"。《集解》引徐广曰："葛城在高阳。"又："平舒在代郡。"《正义》引《括地志》云："故葛城又

---

① 国家文物局主编《中国文物地图集》河北分册。

名西河（阿）城，在瀛州高阳县西北五十里。"又："平舒故城在蔚州灵丘县北九十三里也。"其平舒当与葛城临近，且代郡从未归属燕国，故此平舒当指汉代东平舒，在战国时期原归属燕国。东汉时期属河间国。《后汉志二》：河间国属县"东平舒，故属勃海"。晋代为章武国都。《晋志上》："章武国，泰始元年置。统县四，户一万三千。东平舒、文安、章武、束州。"《晋书·宗室列传》：河间平王司马洪咸宁二年（276年）死，其子司马威嗣位，"咸宁三年徙封章武。太康九年嗣义阳王望"。后更立其弟司马混嗣章武王。"混历位散骑常侍，薨。及洛阳陷，混诸子皆没于胡。而小子滔初嗣新蔡王确，亦与其兄俱没。后得南还，与新蔡太妃不协。太兴二年上疏，以兄弟并没在辽东，章武国绝，宜还所生。"晋元帝诏："还袭章武。"后传司马休、司马珍、司马秀等。义熙元年（405年），司马秀"谋反伏诛，国除"。其当属遥领，而地已归石勒，仍沿置章武国。《晋书·石勒载记》：晋太宁元年（323年）"勒以参军樊坦清贫，擢受章武内史"。后改章武郡。《晋书·慕容㒞载记》：晋永和六年（350年）冉闵取代石赵，建魏国。"闵章武太守贾坚率郡兵邀（慕容）评战于高城。"北魏时期改称平舒。《魏志上》：瀛州章武郡领县"平舒，前汉属勃海，后汉属河间国，晋属。二汉、晋曰东平舒。有章武城、平乡城。有城头神、里城神"。

《水经注·浊漳水》："（浊漳水）又东北过章武县西，又东北过东平舒县①南，东入海（经文）。清、漳迳章武县故城西，故濊邑也。枝渎出焉，谓之濊水。东北迳参户亭，分为二渎。应劭曰：平舒县西南五十里有参户亭，故县也。世谓之平虏城。枝水又东注，谓之蔡伏沟。又东，积而为淀。一水迳亭北，又迳东平舒县故城南。代郡有平舒城，故加东。《地理志》：勃海之属县也。《魏土地记》曰：章武郡治。故世以为章武故城，非也。又东北，分为二水。一水右出为淀，一水北注呼池，谓之濊口。清、漳乱流，而东注于海。"《巨马水》："（巨马水）又东过勃海东平舒县北，东入于海（经文）。《地理志》曰：涞水东南至容城入于河。河即濡水也。盖互以明会矣。巨马水于平舒城北，南入于虖池，同归于海也。"经文以东平舒县属勃

---

① 东平舒县，明朱谋㙔笺本无东字。

海郡，似可表明在东汉初期其仍未划归河间国，然不会晚至东汉末期。因汉以后此一地区水道多有变迁，其经文与注文所述诸水流势不尽相同，与《汉志》亦相异。依《汉志》，"虖池别河首受虖池河，东至平舒入海"。又，《汉志下》：代郡属县"卤城，虖池河东至参户入虖池别"。其时河水南决，故道为滹沱河水沿用，并于弓高县（今河北阜城县西南）一带分出滹沱别河，而至参户县附近又合为一水。东汉时期，浊漳水汇入此一水道，《水经》所述浊漳水"又东北过章武县西，又东北过东平舒县南，东入海"，当即循行此一水道。建安十一年（206年），曹操凿渠自滹沱入泒水，又从泃河凿入潞河，以通海①。滹沱河北入泒水，而流经东平舒县北。南北朝时期，浊漳水与清河合流，又有瀛水分出，大致循行原浊漳水河道，流经东平舒县南及东，"北注呼池"。另据《寰宇记》卷六十五：沧州清池县，"衡漳河在县西六十里"。其清池县在今沧州旧州镇址，则古时浊漳水当大致循行今老漳河及黑龙港河水道。其东平舒县（平舒县），《魏土地记》记为"章武郡治"，当指北魏延昌二年（513年）以前情况。而据《魏志》及《寰宇记》所述，延昌二年徙成平县于汉景成县址，章武郡治亦迁于成平县。《隋志中》：河间郡统县"平舒，旧置章武郡，开皇初废"。其章武郡所在，当指延昌二年所迁成平县址，而平舒县当因成平县而改称。《寰宇记》卷六十七：霸州大城县，"本汉东平舒县，属渤海郡，后汉属河间［国］，晋于此置章武国，后魏为章武郡。北齐废郡，为平舒县"。其以此平舒县（五代改称大城县，相沿至今）相沿于汉魏时期东平舒县址，有误。而废章武郡，改为平舒县，则有可能是在北齐时期。原平舒县省废，亦当在此一时期。

其东平舒县城所在方位，唐宋以来诸书均记为今河北大城县址。然比照《汉志》及《水经注》等记载，似不甚相合。清同治十二年刊《静海县志》卷一：钓台村西北"有古城之垣，久废。城址或隐或现，宛然可寻"。城址位于今天津静海县南约15公里陈官屯乡西钓台村西北400米，东临南运河。1979年经钻探得知，其平面略呈方形，地面上已无城墙遗迹，地下墙基东垣长518米、南垣长510米、西垣长519米、北垣长508米，周长

---

① 参见《三国志·魏书·武帝纪》。

2055米。方向为北偏东8度。在南垣中部探出城门缺口，东西宽21.5米。缺口中间偏南1.7米以下发现路土，厚10厘米，东垣、西垣均未发现城门遗迹。北垣因被宋元遗址所扰，无法确定城门位置，现存墙基夯土多为含少量胶土的黄细砂土，土质纯净，结构松软，夯层不十分明显。从南垣断面观察到的夯层厚度为30~40厘米，多为平夯，部分夯层中有夯窝，窝径7厘米，夯土中极少有包含物。在西垣断壁距地表1.3~1.5米深处的夯土中采集到战国晚期陶片。城下夯土墙基深1.7~2.5米，墙基下为黄细砂土层，部分地段有一层胶土，未发现墙基下叠压文化层的情况。从一段南垣剖面中可见，夯土墙宽18米，外侧夯筑有斜坡，墙基底部总宽度为25.5米。南垣东段及东垣南段墙基底部平均宽度为28米，城址内第一层为耕土，平均厚约30厘米。第二层为黄褐土，厚30~80厘米，土内含极小的水螺壳，很少有陶片等文化遗物，应为后期多次水淹形成的淤土。第三层为灰褐土（或灰黄土、灰黑土，均为同一时期的文化层），厚50~110厘米，这一层包含有灰渣、红烧土块和泥质灰陶片、夹砂红陶片、绳纹瓦片等文化遗物。第四层为黄砂土，厚10~90厘米（部分地段还有一层10~40厘米的胶土），不包含任何文化遗物。由于水位高（约距地表下1米见水），以下未能继续深探。城址内可以确定有5处台地，高出现地面20~50厘米。其中第五号台地是一处宋元时期遗址，其余几处都包含有汉代陶片和布纹筒瓦、绳纹板瓦等建筑材料。台地耕土下即为文化层，其中一、二、三号台地的地面和地下陶片、瓦片十分丰富，文化层厚达2~2.5米。城内及城北发现大批土井、砖片和陶井。城内采集的建筑材料有绳纹板瓦、素面半瓦当、卷云纹半瓦当、绳纹筒瓦、泄水瓦口等，多属西汉时期；生活用具主要有陶罐、陶豆、陶盆、陶釜、陶瓮等，多属战国及西汉时期；另有铜镞1件、"李柯私印"铜印1枚。城址外除地表有厚约30厘米的耕土外，普遍存在着一层很厚的纯净胶土，厚0.5~2.1米，有的地段包含一层30~90厘米的黄砂土或胶土与黄细砂土多层叠压，胶土层以西垣和南垣外最厚，应是历史上某个时期特大洪水造成的。在西垣内侧发现一座王莽时期或东汉初年的小型砖室墓，出土数枚"货泉"。城址西北部为宋元钓台寨寨址，寨墙残高0.5米，略呈方形，南北长170米，东西宽160米，地表散布宋元时期瓷片。城址西南为古城洼遗址，面积约 20 万平方米，文化层厚 1.5 米，发现大批土井及陶井，采集有素面半瓦当、青铜剑、明刀币、铁镢和带戳印的陶片，以及夹云母红陶釜、泥质灰陶罐、盆、豆、瓿等残片，均属战国时期。其中一件陶量器残片上有"陈和忎左廪"五字，一件陶豆上印有一"舒"字。在城址北及东钓台（南运河东侧）发现有战国及汉代墓群。城址南陈官屯乡纪庄子村西北发现战国及汉代遗址和墓群。调查者判定此城址当属西汉时期东平舒县城，废弃于西汉末年或东汉初年，而此前当属齐国徐（舒）州以及燕国平舒城[①]。另在此城址以南约 10 公里大张屯乡程家庄西 1000 米残存一汉代城址，平面呈长方形，南北长 220 米，东西长 160

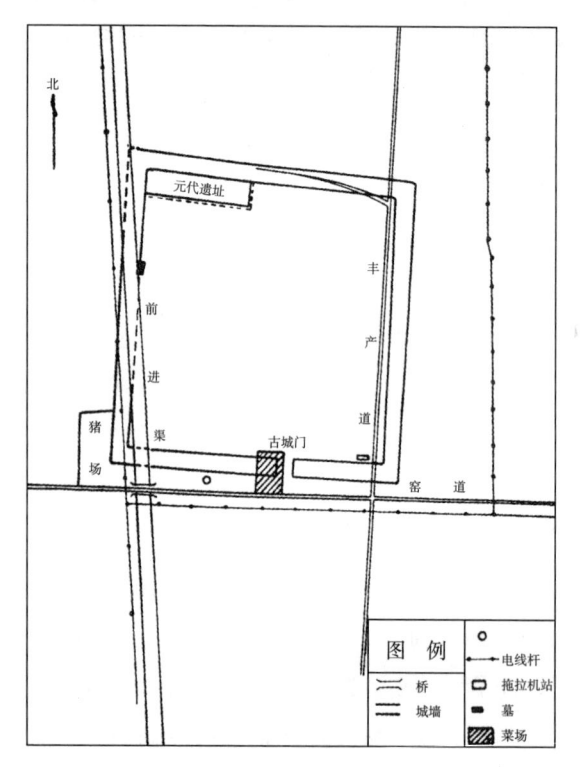

天津静海西钓台古城平面图
[据《天津文物简讯》（13）附图]

---

① 刘幼铮、华向荣：《静海县西钓台古城址的调查与考证》，《天津文物简讯》（13），1981。刘幼铮：《春秋战国时期天津地区沿革考》，《天津社会科学》1983 年第 2 期。韩嘉谷：《平舒戈、舒豆和平舒地理》，《天津市历史博物馆馆刊》1990 年第 3 期。

米。城墙夯筑，夯层厚0.2米，现已被平整，城址成为比周围平地高1米余的土台。城南部被一东西向的水渠破坏，渠壁上暴露出文化层，厚1.4米，出土有白地红彩卷云纹瓦当，绳纹筒、板瓦，泥质灰陶盆、罐和石磨等。在程家庄村北300米亦发现汉代遗址，面积约800平方米，文化层厚0.5米。地表散布有绳纹砖、瓦，泥质灰陶罐、盆，夹云母红陶釜等残片[1]。

综合各方面情况考虑，以西钓台城址属西汉时期东平舒县城，当合于史实。而其废弃时间则当后延至南北朝后期。此一地区东距西汉后期海侵线较远[2]，不可能因此次海侵而西迁。西垣内侧发现有王莽时期或东汉初年的小型砖室墓，城内东汉以后遗迹遗物较少，或因居民减少所致。《寰宇记》卷六十五：沧州清池县，"废乾符县，在州北一百里。……后魏于今县理置西章武县，高齐省，隋开皇十六年又于西章武故城置鲁城县。……（唐乾符）二年敕改为乾符县，周显德二年并入清池县。城头将军祠在此县焉"。其乾符县城在此遗址东南约20公里今黄骅市乾符村，而"城头将军祠"当即为《魏志》所记"城头神"，亦可为此城址属东平舒县城，且沿用至南北朝后期提供一佐证。在此城址西南约20公里今河北青县王镇店乡东空城村残存一古城址，与《水经注》等记载相比照，可判定属汉代参户县城，则二者可互为印证。而上引《魏志》所记"平乡城"当属"平虏城"之误，即指此参户县故城。《魏志》并记"有章武城"，或即指今程家庄西所残存古城址。晋代以东平舒县为章武国都，先后封司马威、司马混为章武王，很可能另筑王城于此，故称章武城。依《水经注》所述，南北朝时期有滱水流经参户县故城北。又流经东平舒县故城南，当大致流经今马厂减河水道，而在东汉时期为浊漳水循行，在西汉末为滹沱别河循行。《汉志》记滹沱别河"东至平舒入海"，其入海通道除循行此河道外，亦有可能流经东平舒县城北，而以此河道为支流。此前有徒骇河流经此一地区，或亦有支流分出。《说文解字》："泒，水，起雁门葰人戍夫山，东北入海。"其泒水当流经东平舒县城北，北有巨马河。建安年间曹操开凿平虏渠，引滹沱河北入泒水，泒水下游亦得称滹沱河。后又有巨马河南入滹沱河，如

---

[1] 国家文物局主编《中国文物地图集》天津分册，中国大百科全书出版社，2002。
[2] 参见谭其骧《历史时期渤海湾西岸的大海侵》，《长水集》，人民出版社，1987。

《水经注》所述。如此，东平舒县城所在地区三面或四面临水。其古称"舒州"，或缘于此①。《史记·齐太公世家》：周敬王三十九年（前481年），"田常执简公于徐州"。《集解》："《春秋》作舒州。贾逵曰：陈氏邑也。"《索隐》："徐音舒，其字从人，《左氏》作舒。舒，陈氏邑。《说文》作郐。郐在薛县。"《田敬仲完世家》："简公出奔，田氏之徒追执简公于徐州。"遂杀简公。《索隐》："徐音舒。徐州，齐邑，薛县是也。非九州之徐。"《正义》："齐之西北界上地名，在勃海郡东平〔舒〕县也。"其并见于《春秋·哀公十四年》："夏四月，齐陈恒执其君，置于舒州。"六月，"齐人弑其君壬于舒州"。《左传》亦载之。而杜预无注。清江永《春秋地理考实》："今按，徐与舒，古音虽相通，然此舒州非薛城之徐州也。当时滕、薛未亡，陈恒安得置其君于此。张守节《史记正义》云：徐州，齐之西北界上地名，在渤海郡东平舒县。此说最是。东平舒在今顺天府大城县界，此齐之极北与燕界者也。齐之履，北至无棣，汉时无棣与东平舒并属渤海郡，则齐之北境可至东平舒矣。又，《史记》齐威王曰：吾臣有黔夫者使守徐州，则燕人祭北门，赵人祭西门。此徐州，齐音舒州，正是东平舒，接燕而近赵之地，故燕、赵畏之而祭门。若黔夫守薛城之徐州，去燕、赵甚远，燕、赵何为而祭门。此事理之尤明者，是时陈恒将弑君，故置诸极远之界而幽之。"所辨有理，然以东平舒在今大城县界则不确。今在此城址西南发现战国时期齐田（陈）氏仓廪所使用的家量及带有"舒"字戳印的陶豆等，可进一步表明其即为古之舒州所在。《史记·田敬仲完世家》：齐威王二十四年（前355年）言："吾吏有黔夫者，使守徐州，则燕人祭北门、赵人祭西门，徙而从者七千余家。"《集解》："贾逵曰：齐之北门、西门也，言燕、赵之人畏见侵伐，故祭以求福。"此城之营建，或即在此一时期，而称舒州城。其"北门"、"西门"，当指此城城门。而今在城内、城北及城西所发现大批水井等，或即"徙而从者七千余家"所遗。因徙从者众多，有许多家族只能居于城外。而此城改称平舒，极有可能是在归燕国以后。

---

① 《说文解字》："州，水中可居者曰州。水周绕其旁，从重川。昔尧遭洪水，民尻水中高土，故曰九州。《诗》曰：在河之州。一曰：州，畴也，各畴其土而生也。州，古文州。"据段玉裁《说文解字注》校改。段玉裁注："此像前后左右皆水。"

重平县城

重平县，西汉时期属勃海郡，见于《汉志上》。《汉书·高惠高后文功臣表》：汉高祖六年（前201年），鲁侯奚涓死，无子，封母底（或作疵）为重平侯，"十九年薨"。东汉初相沿。《后汉书·任李万邳刘耿列传》：世祖封张万为重平侯。李贤注："重平，县名，属勃海郡，故城在今安德县西北。"而后省废。《魏志上》：沧州安德郡领县"重平，前汉属勃海，后罢，孝昌中复属。有欧阳歙冢"。《水经注·河水》："屯氏别河北渎又东北迳重平县故城南。应劭曰：重合县西南八十里有重平乡，故县也。又东北迳重合县故城南。"北齐时省废重平县。《隋志中》：平原郡统县"平昌，后魏置东安郡，后齐废，并以重平县入焉"。唐代相沿，五代后唐时期改平昌县为德平县。《寰宇记》卷六十四：德州德平县，"重平故城，在县西北三十里。汉为县，后汉省。今有故城存。后魏宣武帝太明三年复置，高齐天保七年省，并入平昌县"。

《齐乘》卷四："重平城，德平西北三十里。汉渤海重平县，后魏大明间亦置，高齐废入平昌。"《读史方舆纪要》卷三十一：泰安州德平县，"重平城，县西北三十里。汉县，属渤海郡"。《清统志》卷一百六十三："重平故城，在德平县西北。汉置重平县在今直隶吴桥县界，后魏孝昌中复改置于此，属安德郡，北齐省入平昌。《后汉书》注，故城在今安德县西北。县志：今有重平镇在县西北三十里。"又，卷二十二："重平故城，在吴桥县南。汉置，属勃海郡。后汉建武初封张万为侯国。寻省。《水经注》：应劭曰：重合县西南八十里有重平乡，故县也。旧志：今吴桥县南三十里有重合城，即重平之讹也。后魏孝昌中复置重平县，属安德郡，在今山东德平界。"其以汉代重平县城在今吴桥县境，后魏孝昌中复置重平县在德平县境，有误。上引《水经注》所述重平县故城即汉代所置者，后魏时期沿用。《水经注·河水》：笃马河"东北迳安德县故城西，又东北迳临齐城南。始东齐未宾，大魏筑城以临之，故城得其名也。又屈迳其城东故渎，广四十步。又东北迳重丘县故城西。《春秋·襄公二十五年》：秋，同盟于重丘，齐成故也。应劭曰：安德县北五十里有重丘乡，故县也。又东北迳西平昌县故城北。北海有平昌县，故加西。汉宣帝元康元年封王长君为侯国"。其安德县在今山东陵县东南，临齐城在今陵县，西平昌县在今陵县东北，则所述重丘县故城当即在今陵县北①。而清代吴桥县城在今吴桥县东城关镇，其南二十里亦大致在此一带，所谓"重合城"当属"重丘城"之误。宋时德平县迁至今址，今为临邑县德平镇，西北约15公里黄集乡崇兴街一带（今属陵县）残存有重平城址，俗称重王府。方圆十余里，现地下2米深处尚有遗址②。其东北距古重合城址（今乐陵县西）亦恰为八十里。

安次县城

安次县，西汉时期属勃海郡，见于《汉志上》。又，涿郡涿县下自注："桃水首受涞水，分东至安次入河。"《汉志下》：燕地南有"勃海之安次"。《汉书·武五子传》：汉武帝封刘旦为燕王，"后坐臧匿亡命，削良乡、安次、文安三县"。则此前安次县属燕国。东汉时期改属广阳郡，《后汉志五》：广阳郡属县"安次，故属勃海"。《后汉书·光武帝纪》：建武元年（25年），光武帝北击尤来等，"大军复进至安次，与战，破之，斩首三千余级"。李贤注："县名，属勃海郡，今幽州县也，故城在县东。"晋时属燕国，见于《晋志上》。《魏志上》：幽州燕郡领县"安城，前汉属勃海，后汉属广阳，晋属。有安次城、苌道城"。其"安城"当属"安次"之误③。《水经注·圣水》："圣水又东，左会白祀沟。沟水出广阳县之娄城东，东南流，左合娄城水。水出平地，导源东南流，右注白祀水，乱流，东南迳常道城西，故乡亭也。西去长乡城四十里。魏少帝璜，甘露三年所封也。又

---

① 参见《水经注疏》卷九，其以汉重丘县城在今陵县东北二十里神头镇。
② 新编《陵县志》第八篇《文化》第五十七章《文物古迹》，海阳县印刷厂，1986。
③ 王仲荦《北周地理志》卷十："杨守敬《隋书地理志考证》云：《水经·巨马水注》有安次城，又有安次故城，而不称安城。又，《周书·阎庆传》：魏大统中封安次县子。盖遥封。然则当西魏时亦作安次。疑《地形志》之安城，即安次之误。"

东南入圣水。……又东过安次县南，东入于海（经文）。圣水又东迳勃海安次县故城南，汉灵帝中平三年封荆州刺史王敏为侯国。又东南流，注于巨马河，而不达于海也。"可知在安次城西有常道城。其曹璜（奂）受封为常道乡公事见于《三国志·魏书·三少帝纪》。

隋时安次县属涿郡，见于《隋志中》。《通典》卷一百七十八：幽州领县"安次，汉旧县"。《元和志》佚文："安次郡（县），本魏之常道乡城，明帝封燕王宇子奂为安次县常道乡公，即此地也。"《旧唐志二》：幽州领县"安次，汉县，属渤海郡，至隋不改。隋属幽州"。《寰宇记》卷六十九：幽州，"安次县，东南百里，十六乡。本汉旧县，县东枕永济渠。汉武帝以属燕国，王旦有罪，削以属渤海郡。《续汉书·郡国志》：安次属渔（广）阳郡。唐武德四年移于城东南五十里石梁城置，贞观八年又自石梁城移理于今县西五里魏常道城置，开元二十三年又自常道城东移就耿桥行市南置，即今理是也"。其对汉魏时期安次县城所在方位未予指明。《辽志曰》：南京析津府，"安次县，本汉旧县，属渔（广）阳郡。唐武德四年徙置东南五十里石梁城，贞观八年又徙今县西五里常道城，开元二十三年又徙耿就桥行市南。在京南一百二十里，户一万二千"。其所述当本于《寰宇记》。《日下旧闻考》卷一百二十六引此，并按："县志：常道城在耿就桥。今县城西北五十里常道乡即其故址。至《辽史》所谓今县，乃开元中所徙在耿就桥行市南者，今谓之旧州头，以元时曾改称东安州也。"又引《东安县志》："县治旧在常道城东耿就桥行市南，经浑河冲决，洪武三年十一月主簿华德芳移治于常伯乡张李店，即今治也。"

《明统志》卷一："安次城，在东安县西北，汉旧县，唐武德间移治石梁城。"又："常道城，在东安县西北，魏文帝封宇文英为常道乡公，即此。""东安废州，在东安县西北，金以前皆为县，元升为州，本朝洪武三年避水患移今治，城遂废。"《明志一》：顺天府领县"东安，府东南。元东安州治在西，洪武元年十二月降为县，三年徙今治。南有凤河，即桑乾分流，南入三角淀"。《读史方舆纪要》卷十一：顺天府，"东安县，府东南百五十里"。"安次废县，在今县西北。汉旧县也。光武初追破尤来、大枪诸贼于安次。即此。《城冢记》：唐武德四年移治石梁城，贞观八年又徙常道城，开元二十三年又移耿就桥行市南，明洪武三年避浑河水患，又移今治。志云：今县西北去旧治二十六里，在浑河水次，居民辏集，名旧州头，以元置东安州也。常道城，在旧州头西五里。"《日下旧闻考》卷一百二十六引《东安县志》："安次废县在县治西北四十里，今名古县。"又引《名胜志》："旧东安州在县西北四十里安次旧县之西、浑河水次，居民辏集，名旧州头。"《清统志》卷八："安次故城，在东安县西北。汉置。后魏改名安城县。《魏书·地形志》：安城县有安次城。盖已非故治也。《后汉书》注：安次故城在今县东。《寰宇记》：县在幽州东南一百里。本汉旧县，东枕永济渠。唐武德四年移于城东南五十里石梁城，贞观八年又移理今县西五里魏常道城，开元二十三年又自常道城移耿就桥行市南。元升为东安州，明洪武初降州为县，三年避浑河水患又移置常伯乡张李店，即今治也。县志：汉安次故城在今县西北四十里，基址尚存，俗呼古县。又，东安旧州在古县西五里，俗名旧州头，今皆有集。"又："常道城，在东安县西北五十里。三国魏甘露三年封燕王宇之子璜为常道乡公，北魏主宏又封宇文英为常道乡公。《魏书·地形志》：安次县有故苌道城。皆此城也。"光绪十五年刊《顺天府志》卷二十七：东安县，"西北四十里旧州镇，一曰旧州营，守备驻焉，亦曰旧州头，又曰常道乡，即魏常道城也。《魏地形志》常作苌。《水经注》又曰故乡亭。元置东安州，故名旧州。镇在今耿就桥行市南，旧有二土楼，为宋杨存勖、周伯芑读书处"。并按："《东安李志》：常道城在耿就桥，县城西北五十里常道乡，即其故址。今考采访图册，在西北四十里。"又，西北四十里有"古县，旧为汉安次县，城在旧州头东五里，光武初追破尤来、大枪诸贼于安次，即此"。其东安县（常伯乡张李店）于民国时期改称安次县，在今河北廊坊市南约15公里仇庄乡北门外一带，后又迁至今廊坊市区，并改称廊坊。而唐开元年间至元代安次县（东安州）城在耿就桥行市南，今称旧州村，在今廊坊市西约10公里。其东南距明清东安县城约15公里，上引志书或记为"二十六里"，或记为"四十里"，然所指为一地。在旧州村东北发现有金代墓葬群，暴露有长方形单室砖墓，出土有银灰釉陶罐、酱釉瓷罐及开元通宝、太平通宝、景德元宝、熙宁元宝、正隆元宝等铜钱。另在今旧州村西北约5公里有北常道及南常道村，与志书所记在明清东安县城西北五十里相当，西距长乡城（今涿州长安城村）约20公里，当即为古常道城之所在。《顺天府志》以常道城与旧州镇混为一地，并记东安县西北四十里有"北常道、南常道。按：已上二邨在旧州南、北，故名"。当有误。所谓"北常道、南常道"当是对应于原常道城而言。而《寰宇记》所记常道城在安次县（旧州村）西五里，当是指常道城东垣（东南角）与安次县城西垣（西北角）的距离。如此，古常道城的规模当在方二里余。唐贞观八年（634年）至开元二十三年（735年）置安次县于此。又，《旧唐志二》："昌州，贞观二年置，领契丹松漠部落，隶营州都督。万岁通天二年迁于青州安置，神龙初还隶幽州。旧领县一，户一百三十二，口四百八十七。天宝户二百八十一，口一千八十八。龙山，贞观二年置州于营州东北废静蕃戍，七年移治于三合镇。营州陷契丹，乃迁于安次县古常道城，为州治。"其营州，"万岁通天二年为契丹李万荣所陷"。昌州及龙山县治迁于常道城当在神龙初年，时安次县治仍在此城，则二县一度并立。开元二十三年东移安次县于耿就桥行市南，常道城内唯余昌州及龙山县治，安史之乱后废弃。今在此一地区尚未发现相关遗迹。

而唐武德四年（621年）至贞观八年间曾移置安次县治于石梁城。依《寰宇记》所记，此石梁城在"城东南五十里"。《明统志》卷一："石梁城，在东安县东南。唐武德间移安次县治于石梁城，即此。"以其在明清时期东安县东南，似不确。《读史方舆纪要》卷十一：东安县，"石梁城，在旧州头东南五十里。或云：南北朝时所置戍守城也"。以其在唐宋之际安次县东南五十里，较合于本意。《日下旧闻考》卷一百二十六引此，并按："县志：石梁城在古县东南五十里。按其道里，即今灰城也。"则不确。《说文解字》："梁，水桥也。"所谓"石梁"，当即石桥，则此城当临近古石桥。《日下旧闻考》又引《名胜志》："飞虹桥在故安次县南，跨界河川。相传汉元狩二年建，晋刘琨留饮于此。"引《东安县志》："大石桥之流为东川，西浮桥之流为西川，八里［桥］迤西之流为南川。晋刘琨守此以拒石勒。"又："长庆宫旧在广平淀。金天会三年移安次南五十里，东接巴纳，南通番汉，有大石桥，以受诸国之礼。今次平屯乃其旧址也。"并按："巴纳，满洲语地方也。旧作捺钵，今译改。"《清统志》卷八："石梁城在今县东南，旧州东南五十里。"其"今县东南"，不确。又："长安宫，在东安县西南。县志：宫旧在广平淀。金天会三年移安次南五十里。有大石桥，以受诸国之礼。今次平屯乃其旧址。"卷九："八里桥，在东安县东罩马河上，浑河支流自六道口经此，北入凤河。县志：大石桥之流为东川，西浮桥之流为西川，八里桥迤西之流为南川，是为三川，晋刘琨守此以拒石勒。大通桥，在东安县南浑河上，一名大石桥，北通长庆宫，南通信安寨。"光绪十五年刊《顺天府志》卷二十七：东安县西三十里次平，"有金长庆宫。先是宫在广平淀，金天会三年移此。……（按：次平在治西少北，谓之西北犹可；谓之西南，则非）"。又，西南"二十二里北郭庄、石桥"。卷四十七：东安县，"曰大石桥，城南，跨浑河，一名大通桥，宋时往来互市之地，北通长庆宫，南接信安寨（据《采访册》）。曰八里桥，即东浮桥，在土楼东罩马河，南通六道口，北通凤河（《东安李志》）。《一统志》云：浑河支流自六道口经此。大石桥之流为东川，西浮桥之流为西川，八里桥之流为南川，是为三川，晋刘琨守此以拒石勒。曰小石桥，城西二十里马子庄迤南石桥邨，跨浑河故道，辽为往来牧放处（《畿辅安澜志》）。曰飞虹桥，城南，跨界河川，今无考（按：《东安李志》云：汉武帝元狩二年建，刘琨曾饮于此。虽据旧志，难可征信）"。卷三十六：永定河，"故道从永清县东迳东安县西麻子庄南，又东迳石桥邨南，出小石桥，又东北迳御碑亭南，又东迳吉安屯"。其永定河即古灢水，亦称桑乾河、浑河等，原流经安次县北。隋唐之际其分为东南和南两支，东南支仍循原灢水故道，至辽末干涸；西南支则南下经固安县北折向东南，至辽代末期已夺圣水而被称为卢水，成为主流，金代相沿。元代又在其西南分出南支，于霸州与拒马河合流。至明代主流湮塞，而后南支又在固安、永清一带来回迁徙①。所谓西川、东川、南川，当即指此一时期浑河来回迁移之水道。今廊坊市西南杨税务乡北次平村永定河北岸台地发现一处辽代遗址，面积约1200平方米，采集有夹砂红陶、泥质灰陶砖及板瓦等②，很可能即属长庆宫遗址。其南所对大石桥，当

---

① 参见《清统志》卷七。孙承烈、宋力夫、李宝田、张修桂：《灢水及其变迁》，北京环境变迁研究会编《环境变迁研究》第一辑，海洋出版社，1984。
② 国家文物局主编《中国文物地图集》河北分册。

修建于金代。而大石桥以东之小石桥，"跨浑河故道，辽为往来牧放处"。当修建于辽以前。"浑河故道"当即古圣水河道，则此石桥当原跨圣水，北对古安次城。其西北距旧州城约五十里，与《寰宇记》所述"城东南五十里"相当，则古石梁城当即在石桥村、马（麻）子庄一带。今廊坊市西北古县村北残存有战国至汉代古城址，形制及面积不详，现存一段长约110米的夯土城墙，宽约6米，残高4米。采集遗物有陶罐、瓮、盆、豆和板瓦等。在古县村西300米隆福寺旧址内残存有唐垂拱四年（688年）建青石质长明灯楼，由基座、灯柱、灯室组成。现灯室已佚，存高3.4米。柱身中部南面篆书"大唐幽州安次县隆福寺长明灯楼之颂"，颂文楷书间以行草，安次县尉张煊撰文，安次县员外主簿通直郎护军张去泰书丹。西面楷书《佛说般若波罗蜜多心经》，其他各面刻施灯功德主姓名等。在长明灯楼西北200米有辽代建青石质法幢，通高1.7米。幢身正面刻造幢愿文，有"大辽国安次县故县隆福寺传大教三藏沙门"等，其余各面刻经文。当即属古安次县城①。其西南距今北常道及南常道村约8公里，与李贤注安次县故城在贞观年间安次县东相合。而明清时期志书记其在东安县"西北四十里"，虽较晚出，然以遗址所存石幢铭文为证，可信无疑。依铭文称"安次县故县"，或原称"故县"，而后演变为"古县"。因尚未对城址进行发掘，城垣形制及规模无法判知。据相关记载，自汉代至唐初安次县城一直相沿于此，而未他迁。或在魏晋以后曾有扩筑，形成二城并列之势，至北魏时期又将一城空出，故《魏志》记安次县有"安次城"。

依《水经注》所述，古时安次城南临圣水，即今琉璃河，唯古今流势不同。又，《汉志上》涿郡涿县下自注："桃水首受涞水，分东至安次入河。"其涞水即巨马河，桃水西分之，而东合于圣水，而与圣水合流以下河段即以桃水称之。《水经注·易水》："（易水）又东过安次县南（经文）。易水经县南、鄚县故城北，东至文安县与虖池合。史记苏秦曰：燕长城以北、易水以南。正谓此水也。是以班固、阚骃之徒咸以斯水谓之南易。又东过泉州县南，东入于海（经文）。经书水之所历，沿次注海也。"《巨马

---

① 国家文物局主编《中国文物地图集》河北分册。

水》:"(巨马河)又东,八丈沟水注之。水出安次县东北平地泉,东南迳安次城东、东南迳泉州县故城西。又南,右合虖池河枯沟。沟自安次西北,东迳常道城东、安次县故城西。晋司空刘琨所守,以拒石勒也。又东南至泉州县西南,东入八丈沟,又南入巨马河,乱流东注也。又东过勃海东平舒县北,东入于海(经文)。《地理志》曰:涞水东南至容城入于河。河即濡水也,盖互以明会矣。巨马水于平舒城北,南入于虖池,同归于海也。"其经文所述二水在此一地区当已合而为一,可称易水,亦可称巨马河。自北言之则为过安次、泉州之南,自南言之则为过东平舒之北①。之所以记述相异,或因二者出于不同人之手②。依此,东汉时期有圣水流经安次县南而东入于海,其南又有易水(巨马河)流经安次县南及泉州县(今武清区西南)南而东入于海。另在安次城东有八丈沟水;在安次城西有虖池河枯沟(或属古滹沱河泛滥所遗③),东南至泉州县西南入八丈沟。其时八丈沟水当南注圣水。魏晋以后,圣水改道,于安次城南"又东南流,注于巨马河"。八丈沟水亦随之改道,于圣水东"南入巨马河"。而"巨马水于平舒城北,南入于虖池"。或记为:"易水经(安次)县南、鄚县故城北,东至文安县与虖池合。"其滹沱河已循行古泒河水道,依《汉志》所记,西汉时期易水"东入滱","滱河东至文安入大(泒)河",其合流处当即在此一带④。而《汉志》记桃水(圣水)至安次"入河",当亦指入泒河,则西汉时期其亦当在此一带汇入泒河。

依上引《寰宇记》,安次县(旧州城)"东枕永济渠"。其永济渠,亦称永济河。《寰宇记》卷六十八:破虏军,"永济河自霸州永清县界来,经军界,入于淀泊,连海水"。其永清县即今河北霸州市。而破虏军后改称信安军,在今霸州市东北信安镇古城址。《宋史·河渠志五》:"塘泺,缘边诸水所聚,因以限辽。……东起乾宁军,西信安军永济渠为一水,西合鹅巢

---

① 参见谭其骧《〈山经〉河水下游及其支流考》附考二《〈水经〉易水巨马河下游故道》。
② 谭其骧《马王堆汉墓出土地图所说明的几个历史地理问题》(《长水集》第260页注①):"清人戴震认为《水经》作于三国时人,这个论断是不妥当的。《水经》各篇,非出于一时一人之手,应根据各篇的具体内容,分别推定其写作时代。"
③ 参见《水经注疏》卷十二。
④ 参见本书文安县城。

淀、陈人淀、燕丹淀、大光淀、孟宗淀为一水，衡广一百二十里，纵三十里或五十里，其深丈余或六尺。东起信安军永济渠，西至霸州黄金口，合水文淀、得胜淀、下光淀、小兰淀、李子淀、大兰淀为一水，衡广七十里，或（纵）十五里或六里，其深六尺或七尺。"据此推之，此段永济渠当北起安次城东，南至信安军西南，又东折至乾宁县（今天津静海县境）。其安次城东河段当循行"虖池河枯沟"，以下截断圣水而入巨马河。而自信安军至乾宁军河段当循行巨马河水道，所谓"东起乾宁军，西信安军永济渠为一水"，当即指此而言。而"西合鹅巢淀、陈人淀、燕丹淀、大光淀、孟余淀为一水"，则当指原圣水被截断以下河水淤塞而形成的淀泊，其位于信安军北，为此一段宋、辽之间界河①，此二水均"衡广一百二十里"，而二水之间相距即"纵三十里或五十里"。

脩市县城

脩市县，西汉时期属勃海郡。《汉志上》：勃海郡属县"脩市，侯国。莽曰居宁"。应劭曰："音条。"《汉书·王子侯表》：汉宣帝本始四年（前70年），封清河纲王子刘宣为脩市侯，后传刘千秋、刘云，免。属勃海郡。东汉以后省废。又，《汉志下》：信都国属县"脩，莽曰脩治"。颜师古曰："脩音条。"《汉志上》清河郡灵县下注："河水别出为鸣犊河，东北至蓨入屯氏河。"《史记·绛侯周勃世家》：汉文帝后元三年（前161年），"文帝乃择绛侯勃子贤者河内守亚夫，封为条侯，续绛侯后"。《集解》："徐广曰：表皆作脩字。骃案：服虔曰：脩音条。"《索隐》："《地理志》：条县属勃海郡。"《正义》："《括地志》云：故蓨城俗名南条城，在德州蓨县南十二里，汉县。"并见于《史记·高祖功臣侯者年表》及《汉书·高惠高后文功臣

---

① 叶隆礼《契丹国志》卷二十二《四至邻国地里远近》："西南至廊州、府州界，又次南近西定州北平山为界，又南至霸州城北界河，又南至遂城北鲍河为界，又南近东至沧州北海，又南至安肃军自涧河为界，又南近东至登州北海，又南至雄州北拒马河为界，又南至海。"近世学者多以拒马河为宋、辽之间界河，似有误解。

表》等。汉景帝时，国除。《后汉志二》：勃海郡属县"脩，故属信都"。晋时相沿，改作蓚县，见于《晋志上》。《魏志上》：冀州勃海郡领县"脩，前汉、晋属，号脩，后改。有董仲舒祠"。《水经注·淇水》："（淇水）又东北过广宗县东，为清河（经文）。……又东过脩县南，又东北过东光县西（经文）。清河又东北，左与张甲屯、绛故渎合。阻深堤高障，无复有水矣。又迳脩县故城南，屈迳其城东。脩音条。王莽更名之曰治脩。《郡国志》曰：故属信都。清河又东北，左与横漳枝津故渎合。又东北迳脩国故城东。汉文帝封周亚夫为侯国，故世谓之北脩城也。清河又东北迳邸阁城东。城临侧清河，晋脩县治。城内有县长鲁国孔明碑。清河又东至东光县西南，迳胡苏亭。"《浊漳水》："《地理风俗记》云：脩县西北八十里有蒲领乡，故县也。……衡漳又东北，右会桑社沟。沟上承从陂。……又东迳董仲舒庙南。仲舒，广川人也。世犹谓之董府君祠，春秋祷祭不辍。旧沟又东迳脩市县故城北。汉宣帝本始四年封清河纲王子刘寅为侯国，王莽更之曰居宁也。俗谓之温城，非也。《地理风俗记》曰：脩县西北二十里有脩市城，故县也。又东会从陂。陂水南北十里，东西六十步，子午潭涨，渊而不流，亦谓之桑社渊。从陂南出，夹堤东派，迳脩县故城北，东合清漳。"则脩市县城与脩县城隔桑社沟相望。脩市县城亦称温城，脩县城亦称南条城。在脩县城东北又有脩国城，为周亚夫所封侯国城，亦称北脩城。在脩国城东北又有邸阁城，当即仓储城①，晋以后用为脩县治所。在脩县城西南有董仲舒庙。

隋唐以后县址改迁。《隋志中》：信都郡统县"蓚，旧曰脩，开皇五年改"。《通典》卷一百八十：德州领县"蓚，汉条县。周亚夫封为条侯"。《元和志》卷十七：德州，"蓚县，上，二十二。东南至州一百二十里。本汉条县，即条侯国也，景帝封周亚夫为条侯。汉条县属信都国，后汉属渤海郡，晋改条为脩。隋开皇三年废渤海郡，属冀州，五年改脩县为蓚县，属观州。皇朝武德初亦属观州，贞观十七年观州废，改属德州"。《旧唐志二》：冀州领县"蓚，汉县，属勃海郡。隋旧隶观州。州废，属德州。故城

---

① 《水经注·洦水》："洦水又东入汶仓城内，俗以是水为汶水，故有汶仓之名，非也。盖洦水之邸阁耳。"熊会贞按："《河水五》、《淇水》、《浊漳水》、《赣水》等篇并言邸阁。此以洦水之邸阁释汶仓，是邸阁即仓之殊目矣。"

在今县南十里。贞观元年分置观津县，寻省。永泰后属冀州"。《寰宇记》卷六十三：冀州，"蓨县，东北七十里，旧二十乡，今四乡。本汉蓨县，即条侯国也，文帝封周亚夫为条侯。蓨县属信都国，后汉属渤海郡，晋改蓨为条。隋开皇三年废渤海郡，属冀州，五年改条县为蓨县，属观州。唐武德亦属观州，贞观十七年州废，改隶德州，今属冀州。九城在县西。有邸阁城，内有晋蓨县令鲁国孔翼清德碑存焉。马颊河经邑界"。《元和志》等所记蓨县当即在今河北景县址，在汉脩县北十余里。而比照《水经注》所述，其"九城"当指"温城"，"温"与"丸"音相近，则"九城"或属"丸城"之讹。"邸阁城"在东晋以后用为蓨县治所，存有晋时县令清德碑。金代改属景州，元代景州治迁此，明初废蓨县。《明统志》卷二："废蓨县，在景州城内。本汉条县，隋改条为蓨，唐属德州，又改属冀州。元初升为元州，寻复为县，今省入景州。"又："九城，在景州西。有邸阁城，内有晋条令鲁国孔栩清德碑存。"其废蓨县，当指隋唐以后蓨县城。而"九城"与"邸阁城"当因于《寰宇记》，"九城"当亦属"丸城"之误。《读史方舆纪要》卷十三：景州，"废蓨县，今州治，汉脩县，属信都国。颜师古曰：脩读曰条。文帝时周亚夫封条侯，即此也。后汉改属勃海郡，晋及后魏因之。隋开皇五年改曰蓨县，属冀州，大业初属信都郡。唐属德州，永泰二年改属冀州。刘昫曰：故城在今县南十二年（里），隋移今治。……宋仍属冀州，金改属景州，元初升县为元州，寻复故，自东光徙州治焉。明初省。今州城元时故址，天顺以后屡经修筑，周五里有奇"。又："修市城，州西北二十里，汉县，属勃海郡，宣帝封清河刚王子寅为侯邑。修亦读条。后汉省。……又，州西有九城，中有邸阁，亦谓之邸阁城。或曰五代梁初尝储粟于此。"其以汉脩县城在今景县南，而又以修市城在"州西北二十里"，似不确。对"九城"及"邸阁"的理解亦有误。《清统志》卷二十二："脩县故城，在景州南。……州志：南条城在州南十三里，城址尚存。又有故城在州东九里，内有邸阁。脩市故城，在景州西北。汉本始四年封清河刚王子寅为侯国，属勃海郡，后汉省。《水经注》：桑杜旧沟东迳脩市县故城北，俗谓之温城。《地理风俗记》曰：脩县西北二十里有脩市城，故县也。《金史·地理志》：蓨县有脩市。"对脩市故城之所在方位仍未予确指。

今景县东约 5 公里安陵镇古城村西南 200 米残存一处汉代至北朝时期遗址，面积约 6 万平方米。暴露遗迹有夯土台建筑基址，采集遗物有灰陶板瓦、罐、盆等残片。其南前村乡后村北存有北魏至隋代封氏墓群，在今景县西南王瞳镇葛庄村西、野林庄村北，北屯乡大高义村西存有北朝至隋代高氏墓群①。当为邸阁城即晋至南北朝时期蓨县城之所在。而今景县景州镇西关村西 1000 米存有周亚夫墓，景县北约 5 公里大东庄乡马天义村发现有汉代封土墓。比照《水经注》所述，则西汉时期脩国城当在此一带。其西南有南条城即脩县城，在今景县南十余里杨院乡胡庄，迄今尚未发现相关遗迹。而以西汉时期脩市县城在今景县西约三十里大温城②，似不确，依应劭说，当在"脩县西北二十里"，今景县西约十里。其西南有董仲舒庙。今景县西南河渠乡大董古庄村东北 200 米残存有明代建董子祠遗址，现存一夯土台建筑基址，面积约 2000 平方米，暴露遗物有灰陶砖瓦残片和残石碑③。

文安县城

文安县，西汉时期属勃海郡，见于《汉志上》。其当相沿于战国时期燕国所置文安都，传世燕系玺印有"文安都司徒"④。《汉志下》：赵地"又得渤海郡之东平舒、中邑、文安、束州、成平、章武，河以北也"。《汉书·武五子传》：汉武帝封刘旦为燕王，"后坐臧匿亡命，削良乡、安次、文安三县"。又："旦从相、中尉以下勒车骑，发民会围，大猎文安县，以讲士马，须期日。"则文安县当原属燕国，而后划属勃海郡。《后汉志二》：河间国属县"文安，故属勃海"。《后汉书·度尚传》：度尚"迁文安令，遇时疾疫，谷贵人饥，尚开仓禀给，营救疾者，百姓蒙其济"。李贤注："文安县故城在今瀛州文安县东北。"晋时改属章武国，见于《晋志上》。《魏志上》：

---

① 国家文物局主编《中国文物地图集》河北分册。
② 新编《景县志》第二十七篇《文化艺术》第五章《文物古迹》，天津人民出版社，1991。
③ 国家文物局主编《中国文物地图集》河北分册。
④ 参见后晓荣《战国政区地理》第七章《燕国政区地理》。

瀛州章武郡领县"文安，前汉属勃海，后汉属河间国，晋属。有文安平曲城、广陵赵君神"①。《水经注·易水》："（易水）又东过安次县南（经文）。易水经县南郑县故城北，东至文安县与虖池合。史记苏秦曰燕长城以北、易水以南，正谓此水也。是以班固、阚骃之徒咸以斯水谓之南易。又东过泉州县南，东入于海（经文）。经书水之所历，沿次注海也。"《隋志中》：河间郡统县"文安，有狐狸淀"。《通典》卷一百七十八：莫州领县"文安，汉旧县，故城在东北"。《旧唐志二》：莫州领县"文安，汉县，属渤海郡，至隋不改。故城在今县东北。旧属瀛州，景云二年来属"。《新唐志三》：莫州领县"文安，上，贞观元年省丰利县入焉"。《寰宇记》卷六十七：霸州，"文安县，西北去州五十里。旧二十二乡，今四乡。汉文安县，属渤海郡，后汉属河间国，至和帝二年置瀛州，县属焉。晋分瀛州之东平舒、束州、文安、章武四县置章武国，县在古文安城。至后魏太和十一年置瀛州，以统章武郡，县遂归瀛州。北齐废章武入文安。隋大业七年征辽，途经于河口，当三河合流之处，割文安、平舒二邑户于河口置丰利县。隋末乱离，百姓南移就是城。唐贞观元年以丰利、文安二县相逼，遂废文安城，仍移文安名就丰利城，置文安县，即今理也。周朝改属霸州"。又："赵君祠，按《图经》，赵夔，汉武帝时为文安县令，好神仙，值文安大旱，乃自焚，士人感慕，乃立祠焉。古文安城，在今县东北三十里。"则古文安城当废于唐贞观年间。至宋初以新迁文安县为州治所。《元丰九域志》卷二："霸州，防御，治文安县。"又："景祐元年省永清县入文安，徙文安县为州治，皇祐元年复徙旧地。"金代又置益津县为霸州治所，文安县等属之，见于《金志上》。而后相沿，即今河北文安县址。

明清以来，有关古文安城所在地望多沿用旧说。《读史方舆纪要》卷十一：霸州文安县，"文安县，县东三十里。汉置县于此。今县治乃三河口之丰利县，当三河合流处。隋大业九年炀帝征辽经此，以其衝要，乃立县治焉，亦属瀛州，唐初因之，贞观二年徙文安县治丰利，以丰利县并入，而文安旧城遂废。周世宗置霸州，发滨、棣丁夫城其地，即今县城也"。其

---

① 校勘记引温曰鉴《魏书地形志校录》："文安下脱城字。《寰宇记》卷六七霸州文安县：古文安县城在今县东北三十里。"

"县东三十里"，当偏指县东北三十里。《清统志》卷八："文安故城，在今文安县东。汉置，唐徙今治。《后汉书》注：文安故城在今县东北。《寰宇记》：古文安城在今县东三十里。县志：今县东北柳河镇有古城，上有汉县令赵夔祠，即文安故城也。"光绪十五年刊《顺天府志》卷二十九：文安县，"东北二十五里柳河镇，镇之东北五里有古城，即文安故城也"。其城址在今文安县大柳河镇付各庄村北，城墙遗迹无存，形制及面积不详，暴露遗迹有灰坑，采集遗物有灰陶板瓦、筒瓦、瓦当、瓮、罐、盆等残片和铜镞、刀币等①。

汉代以来，此一地区诸水流势多有变迁。《汉志上》：涿郡故安县，"阎乡，易水所出，东至范阳入濡也，并州浸。水亦至范阳入涞"。颜师古曰："言易水又至范阳入涞也。"《汉志下》：代郡灵丘县，"滱河东至文安入大河，过郡五，行九百四十里，并州川"。广昌县，"涞水东南至容城入河，过郡三，行五百里，并州浸"。卤城县，"虖池河东至参合（户）入虖池别，过郡九，行千三百四十里，并州川。從（泒）河东至文安入海，过郡六，行千三百七十里"。中山国北新成县，"桑钦言易水出西北，东入滱"。《说文解字》："濡水出涿郡故安，东入涞。"又："泒水起雁门葰人戍夫山，东北入海。""滱水起北地灵丘，东入河。"②"涞水起北地广昌，东入河。"其所述诸水流势当略同于《汉志》，而与《水经注》所述似不甚相合。《寰宇记》卷六十六：瀛州河间县，"滹沱河，《舆地志》云：滹沱河在今县西二十里"。高阳县，"滹沱河在今县东北十四里。易水，今名南易水，又名雹水，西自易州遂城县界流入"。莫州鄚县，"滹沱水，东流经县南二里，至莫州金口分界，东北流入文安县界。易水在县北二十里，东入文安县界合滹沱水。掘鲤淀，在县西二十里，俗名掘柳淀。左太冲《魏都赋》云：掘鲤之淀，盖节之渊"。又："高郭故城，在县西南二十六里。《汉书》：宣帝封河间献王子瞻为高郭侯，此城是也。滹沱河经高郭城南面，东流过，后称裹角城，以水裹其角而过。"任丘县，"狐狸淀，在县西北二十里。《水经注》云：鄚县东南隅水有狐狸淀，俗亦谓之掘鲤淀，非也。按淀中有蒲柳，

---

① 国家文物局主编《中国文物地图册》河北分册。
② 段玉裁注："按前志云入大河，有误。大河之名亦非志所有。"

多葭苇。滱水枯渎在县西一里"。卷六十七：雄州归义县，"易河在城南门外，从秦州流入，下至霸州。巨马河在州北三十里，西北从易州流入，下至霸州"。容城县，"巨马河在县北。南易水在县南，流入瀛州高阳县界，与滱水合流"。霸州文安县，"滹沱河水，在今县西北三十里，又东溢为赵淀。狐狸淀。《隋图经》云：文安狐狸淀，俗谓之掘鲤淀。非君子淀，君子淀在博野界。急流口在县北十七里，通永清界。"大城县，"滹沱河在县北一百三十里"。据此，滹沱河水在唐宋之际当流经今河间市西、高阳县东、任丘市西及文安县西北，"又东溢为赵淀"，当大致循行今中堡河水道，其与南易水相汇于今文安县一带。与《水经注》所述易水"东至文安县与虖池合"相符。另据《寰宇记》所述，又有"滱水枯渎"在任丘县西一里，当亦大致循行此一河道。则在西汉时期其亦极有可能属滱河水道，而其时滹沱河水当大致循行今老漳河水道，泒河在滱河与滹沱河之间，极有可能大致循行今冀中运河水道，东北流经古文安城而入海。而滱水当循行唐宋时期滹沱河水道与泒水在古文安城一带相汇。《汉志》所述"滱河东至文安入大河"，当正指此而言。其"大河"当为"泒河"之讹，"大"字极有可能属"泒"之坏字。《说文解字》所述滱水"东入河"，当亦指入泒河。而其时南易水当循行《水经注》所述水道，东流与滱河（滹沱河）相汇。桑钦言易水"东入滱"，正当指此而言。又，南易水在范阳城一带与濡水（北濡）及涞水相汇，以下河段可互称。《水经注·巨马水》："巨马河出代郡广昌县涞山（经文）。即涞水也。……东过遒县北（经文）。……又东南过容城县北（经文）。……又东过勃海东平舒县北，东入于海（经文）。《地理志》曰：涞水东南至容城入于河。河即濡水也。盖互以明会矣①。巨马水于平舒城北，南入于虖池，同归于海也。"其以南易水流经范阳以下河段亦称濡河，或有牵合之意，然当合于史实，即西汉时期南易水在汇合濡水及涞

---

① 《水经注疏》卷十二，戴震云："按此谓南濡。"全祖望云："此句疑。"熊会贞按："北濡入涞见《汉志》，则濡入涞。涞入濡，可云互以明会。而涞至容城入河，郦氏谓河即濡水，准以地望，明指南濡。古无南濡入涞之文，而郦氏以明会，实属可疑。全本有此句疑三字，而赵本不载，此非刻全本者所能伪为，当是七校真本。又按《汉志》灵邱下云：滱河东至文安入大河。洪颐煊云：滱亦名河，滱（涞）水入河即入滱也。较郦氏谓河即濡水为胜。"

水后当流经容城县南、易县南，至文安一带与滱河相汇。大约在东汉晚期，滱河改流至《水经注》所述河道，在今任丘市西北与南易水相汇；而原河道为泒河所循行，至曹魏时期又于饶阳城北引滹沱河水入泒河，而后此段河水即以滹沱河水称之。

景成县城

景成县，西汉时期属勃海郡。《汉志上》：勃海郡属县"景成，侯国"。《汉书·王子侯表下》：汉宣帝地节二年（前68年）封河间献王子刘雍为景成侯，后传刘欧、刘禹、刘福，至王莽篡政时免。属勃海郡。东汉时期省废。《魏志上》：瀛州章武郡首县"成平，前汉属勃海，后汉、晋属河间国，后属。治京城。有成平城、乐平城"①。其京城，当即景成。而《隋志中》：河间郡统县"景城，旧曰成平，开皇十八年改焉"。其景城，则当属以成平城所改称。《通典》卷一百八十：沧州领县"景城，汉旧县"。当指此景城沿用西汉时期所置景成县之名，而非其城址。《元和志》卷十八：景州，"贞元二年于弓高县重置"。又："管县五：弓高、南皮、景城、东光、临津。五县志文，传写阙佚。"《旧唐志二》：瀛州领县"景城，汉县，属渤海郡。武德四年属瀛州，贞观元年属沧州，大中后割属瀛州"。《新唐志三》：瀛州领县"景城，上，本隶沧州，武德四年来属，贞观元年隶沧州，大历七年复旧。后隶景州，寻又来属"。又："景州，上，贞元三年析沧州之弓高、东光、临津置。长庆元年州废，县还沧州，二年复以弓高、东光、临津、南皮、景城置。大和四年州又废，县还沧州。景福元年复置。"领弓高、东光、临津、南皮四县，而无景城。《寰宇记》卷六十六：瀛州，"唐武德四年平窦建德，改为瀛州，领河间、乐寿、景城、文安、束城、丰利六县。五年又置武垣、任丘二县。贞观元年省丰利入文安，省武垣入河间，

---

① 其"京城"，温日鉴《魏书地形志校录》及杨守敬《北魏地形志札记》均据《寰宇记》以为"景城"之讹。又，其"成平城"，诸本无"成"字，为杨守敬据《寰宇记》所增。参见校勘记。

割蒲州之高阳、鄚，故景州之平舒，故蠡州之博野、清苑五县来属。又以景城属沧州。景云二年割鄚、任丘、文安、清苑四县属鄚州。天宝元年改为河间郡，乾元元年复为瀛州。元领县六，今四：河间、束城、高阳、景城（景州割到）"。又，瀛州所领"景城县，北七十二里。旧十三乡，今五乡。汉旧县，属渤海郡，后汉省。后魏延昌二年自今县南二十里徙成平县来理之。隋开皇十八年改成平县为景城，复汉旧名也。唐大中之后割属瀛州。建成故城在今县东南三十里。汉为县，后汉省，城尚存。成平故城，汉县，在今县南二十里成平故城是也。后汉属河间国，后魏徙理景城，因而荒废"。而卷六十八："定远军，今理东光县。本景州，汉鬲县，属平原郡。隋置弓高县，属渤海郡。唐武德四年于县置观州，领弓高、蓨、阜城、东光、安陵、胡苏、观津七县，六年以胡苏属沧州，贞观元年省观津县，复以胡苏来属，十七年废观州，以东光、胡苏属沧州，蓨县、安陵属德州，阜城属冀州。贞元二年又于弓高县置景州，又以弓高、东光、胡苏来属。长庆元年废景州，四县亦还本属，二年复于弓高置景州。太和四年废，县属沧州。景福元年复于弓高置景州，管东光、安陵三县。天祐五年移州治于东光县。周显德二年废景州为定远军，县属沧州。至六年并弓高县入东光县。皇朝太平兴国六年割东光县属军。"又：定远军，"东至临津县八十五里，西至阜城县六十五里，西至安陵县四十五里，北至瀛州一百四十里，东南至临津县四十七里，西南至蓨县六十五里，东北至沧州一百二十里，西北至景城县九十里"。因景州原治于弓高县，至天祐五年（908年）方移于东光县，其所述方位里程当均以弓高县（今河北东光县与泊头市交界地带）为坐标（其中"东南至临津县四十七里"当以东光县为坐标）①，则

---

① 《寰宇记》卷六十八：定远军，"废弓高县在军东四十里"。《清统志》卷二十二："弓高废县，在东光县西。……《寰宇记》：废弓高县在东光县西四十里。旧志：在今县西北三十里，北去交河县二十余里。"另据《通典》卷一百七十八：河间郡瀛州"东南到景城郡（沧州）弓高县一百四十七里"。《元和志》卷十八：景州"北至瀛州一百四十里"。亦可表明这一点。其定远军后改为永静军，仍治东光县。《元丰九域志》卷二：永静军"北至本军界七十里，自界首至瀛州一百一十里"。合计一百八十里，当已以东光县为坐标，故与此不同。

"西北至景城县九十里"当大致在今河间西留庄附近,北与大城县接界,与上述景城县在瀛州"北(东北)七十二里"同指一地。

《元丰九域志》卷二:瀛州,熙宁六年省"景城县为镇,入乐寿"。乐寿县"置景城、刘解、沙涡、南大刘(树)、北望五镇"。后改瀛州为河间府。《宋志二》:河间府领县"乐寿,望,至道三年自深州来隶。熙宁六年省景城为镇入焉"。《宋史·河渠志二》:元丰四年(1081年)九月,李立之上言:"北京南乐、馆陶、宗城、魏县,浅口、永济、延安镇,瀛州景城镇,在大河两堤之间,乞相度迁于堤外。"于是用其说,分立东、西两堤五十九埽。则此景城县地处大河两堤之间,而后当又迁于堤外。金代以乐寿县置献州。《金志中》:献州领县"交河,大定七年以石家圈置。镇十:景城、南大树、刘解、槐家、参军、贯河、北望、夹滩、策河、沙涡"。其景城、南大树、刘解、北望、沙涡五镇当相沿于北宋。明初改献州为献县。《明统志》卷二:"景城城,在献县界。汉县,属渤海郡,东汉省。后魏徙咸(成)平县治此。隋改曰景城,属瀛州,唐属沧州。咸(成)平城,在景城废县南二十里。汉县,东汉属河间国,后魏徙治景城,遂废。建成城,在景城县东南三十里,汉县,东汉省。"其以汉景成县与隋唐时期景城县混为一谈,有误。而以景城等三县在献县界,虽未确指所在具体方位,然未与《金史》所述交河县所属景城镇相混,则可表明原景城县与此景城镇不为一地。《读史方舆纪要》卷十三:河间府献县,"景城废县,县东南九十里。汉曰景成县,属勃海郡,宣帝封河间献王子雍为侯邑,后汉省。后魏徙成平县治此,属章武郡,隋开皇十八年改为景成县,属瀛州。唐初亦属瀛州,贞元初改属沧州,宋还属瀛州,熙宁六年省为镇,改属乐寿县"。又,交河县,"景城南镇,县东北六十里,即故景城县地,金置镇于此"。《清统志》卷二十二:"景城故城,在交河县东北。汉地节四年封河间献王子雍为侯国,属渤海郡,后汉省。后魏延昌二年移成平县治此,隋开皇十八年复汉故名,宋省为镇,入乐寿。《宋史·河渠志》:元丰四年,李立之言瀛州景城镇在大河两堤之间,乞相度迁于堤外。《金史·地理志》:交河有景城南镇。旧志:故城在交河县东北六十里,献县东九十里。"又按:"建成、成平、景城三县,《寰宇记》俱入乐寿县,是时未有交河县故也。

自金时分乐寿东境置交河,则三县俱在县境。《明志》仍入献县,而以交河为故中水县,皆误。"其《寰宇记》当为《元丰九域志》之误,而《元丰九域志》唯记"省景城县为镇入乐寿",并未记建成、成平二县,且所辨无理。其"景城南镇"当因断读有误所致,原文即为"景城"镇,而所在当即为今河北沧县阎村乡景城村。此景城遗址面积约 15 万平方米,采集遗物有汉代的泥质灰陶绳纹板瓦、筒瓦和素面罐等及宋代的白釉、黑釉的瓷碗、盘、罐等残片①。其西南距今河北泊头市交河镇(原交河县)约 30 公里,与《读史方舆纪要》所述"景城南镇"方位相合;而西南距今献县亦约 30公里,《清统志》等所记"献县东九十里"或"县东南九十里"是否指此地则无法判知。其所在与《寰宇记》所记方位里程明显不合,当属宋元丰年间所迁景城镇址,而沿用汉代建成县故城。依《寰宇记》所述,建成故城在唐宋之际景城县"东南三十里",则唐宋之际景城县大致在今河间县西留庄附近。《读史方舆纪要》卷十一:霸州大城县,"章武城,县南四十七里。汉置县,属勃海郡,武帝封窦广德为侯邑,后汉仍属勃海郡,三国魏因之,晋属章武国。后魏属浮阳郡,又析置西章武县,属章武郡,高齐省入平舒县"。《清统志》卷八:"西章武故城,在大城县南四十七里。汉章武县在今沧州界。后魏正光中分置西章武县,属章武郡,北齐省。旧志:以在章武之西,故加西也。"其"章武城"或"西章武故城"在此之说,不见于明以前记载,当属后世附会。而城址所在方位似与唐宋之际景城县址相当,迄今尚未发现相关遗迹。

依《隋志》,隋唐之际景城县为旧成平城所改称。而依《水经注·浊漳水》所述,汉代成平县城位于建成县城北,"南北相直",显然与上所推考之景城县城所在方位不相符,则在唐代景城当指北齐、北周之际于此重置之成平县;至隋开皇十八年又改称景城县,汉代景城县当在其北。今大城县西北约 8 公里王文镇郭底村东 100 米发现东周至汉代遗址。其位于一高岗地上,面积约 2 万平方米,文化层厚 1 米。暴露遗迹有灰坑和灶址,采集遗

---

① 国家文物局主编《中国文物地图集》河北分册。

物有战国时期铜镞、汉代五铢钱及板瓦、筒瓦、瓦当、鬲、罐、瓮、盆、豆等陶器残片。在郭底村东北 120 米发现宋代遗址，面积约 1000 平方米，采集遗物有陶瓷器残片。在郭底村以南约 2 公里龙冢村发现战国时期封土墓。在郭底村南 100 米发现战国至汉代墓葬群，郭底村东南 200 米发现汉代长方形砖室墓和唐代圆形砖室墓，郭底村西北 100 米发现宋代墓葬群等①。其南距八里庄及八方村约 10 公里，与《寰宇记》所述景城县与成平县相距"二十里"相合，当即为汉景成县之所在。唯所记有误，需予以考辨。依《魏志》，成平为章武郡治，"治京城"。《寰宇记》所述"后魏延昌二年自今县南二十里徙成平县来理之"，当指此而言。时原成平城已空出，故《魏志》记成平县有"成平城"。至北齐时废章武郡，改为平舒县，当仍在汉景城县址；而北齐、北周之际又在原成平城址重置成平县。"隋开皇十八年改成平县为景城，复汉旧名也。"当是改北齐、北周之际所置成平县（因汉成平县址）为景城县，并非恢复景城县名于汉代景城县址；而汉代景成县仍沿称平舒县。则《寰宇记》所述"今县"当指平舒县，所述有关成平故城诸事当均仍置于平舒县下。

《隋志中》：河间郡统县"平舒，旧置章武郡，开皇初废"。其废章武郡及改为平舒县的时间当依《寰宇记》所述（见下）。《通典》卷一百七十八：瀛州领县"平舒，晋置章武郡"。其"晋置章武郡"，当为"北魏置章武郡"。《旧唐志二》：瀛州领县"平舒，汉东平舒县，属渤海郡。后去东字，隋不改。武德四年属景州，贞观元年属瀛州"。其以北齐所改置平舒县与汉东平舒县在一地，不确。而《括地志》云："衡漳水在瀛州东北百二十五里平舒县界也。"② 正指此平舒县。此平舒县于五代时改称大城县。《寰宇记》卷六十七：霸州，"大城县，西北去州九十五里，旧二十三乡，今四乡。本汉东平舒县，属渤海郡。后汉属河间[国]。晋于此置章武国，后魏为章武郡。北齐废郡，为平舒县。隋开皇十六年于长芦县置景州，平舒县属焉。大业末刘黑闼兵乱河朔，侵吞郡县。唐武德四年贼平，县属景州。

---

① 国家文物局主编《中国文物地图集》河北分册。
② 《史记·夏本纪》"至于衡漳"下《正义》引。

贞观元年州废，归瀛州。平舒者，以人性宽舒为县名。周显德六年割隶霸州，今改名大城县"。《寰宇记》卷六十七："霸州，今理永清县。本上谷郡地，星分箕尾，幽州之古益津关。晋天福初陷虏庭，周显德六年收复，因置霸州并永清县，仍割莫州之文安、瀛州之大城二县隶焉。""南至瀛州一百九十里，北至幽州二百里，东南至乾宁军一百四十五里，西南至莫州七十里。"又："永清县，二乡。本幽州会昌县地，唐天宝中改为永清县，即古益津关。周显德六年收复三关，遂于益津关建霸州，仍置永清县。瓦河水在县西南三百步。平曲城在县东三十二里，汉景帝封公孙浑邪为平曲侯，即此也。"卷六十九：幽州，"永清县，东南一百五十里，十乡。本汉益昌县地，隋大业七年于今县西五里置通泽县，隋末废。唐如意元年于今理置武隆县，景云元年改为会昌县，天宝初为永清县，以边境永清为名"。《元丰九域志》卷二："霸州，防御，治文安县。……景祐元年省永清县入文安，徙文安县为州治，皇祐元年复徙旧地。"其"北至幽州二百里"，"东北至幽州二百里，西北至幽州二百里"。领县"大城，州东南一百五里"。《资治通鉴》卷二百九十四：周显德六年（959年），周世宗"至益津关，契丹守将终廷辉以城降。……以益津关为霸州，割文安、大城二县隶之。发滨、棣丁夫数千城霸州，命韩通董其役"。胡三省注："《金人疆域图》：霸州至燕京三百五十五里。"又注："益津关，在莫州文安县。《九域志》：在乾宁军西北一百六十里。宋白曰：益津关本幽州会昌县，唐天宝中改永清县。"又注："《九域志》：大城县在益津关东南一百五里。五代之时所置也。宋白曰：文安，汉旧县，晋置章武国在古文安城。隋大业征辽，途经河口，当三河合流处置丰利县，唐贞观二年以丰利、文安二县相逼，移文安县就丰利城，周世宗置霸州治焉。大城，本汉东平舒县，晋于此置章武郡，北齐废郡为平舒县，五季改大城县。"《新五代史·职方考》："霸州，周显德六年克益津关置，治永清，割莫州之文安、瀛州之大城为属。"《文献通考》卷三百十六："霸州，本唐幽州永清县地，后置益津关。晋陷契丹，周复以其地置霸州，以莫州之文安、瀛州之大城来属。……政和间为永清郡，防御，属河北道。靖康间陷于金，金人属中都大兴府路，以信安军为县来属。贡绢。领县三，治永清。永清，唐县。文安，汉县，宋置八寨。大城，魏平舒县，周改名。有滹沱河。"又，幽州领县"永清，旧会昌县，天宝初更名"。其永清县置于唐代，相沿至今（今属河北）；文安县在唐代亦迁至今河北文安县址。而益津关位于唐代永清县与文安县交界地带，五代周显德六年于此置霸州。"仍置永清县"，当指在此霸州城内另设永清县，沿用唐代旧名；而非移幽州永清县（时已入辽）于此，或以霸州治幽州永清县城。景祐元年（1034年）省霸州城内所置永清县，徙文安县来此，皇祐元年（1049年）又徙文安县于旧址（即今文安县），而后霸州城内无附郭县。其景祐元年至皇祐元年霸州治所仍在原址，而非文安县城。而后入金，又设益津县为倚郭县，明初省益津县入霸州，相沿至今，即今河北霸州市。《金人疆域图》所述"霸州至燕京三百五十五里"有误。依此，《寰宇记》所记大城县"西北去州九十五里"，《元丰九域志》所记大城县在"州东南一百五里"，当各有所指。前者当指隋唐时期平舒县址（郭底村）；而后者则当指今大城县址，其迁新址的时间当在宋初。《日下旧闻考》卷一百二十三引《大城县志》："正德七年知县事石恩始筑土城。嘉靖中，知县全尚贡、张应武相继甃以砖，建门楼二。隆庆间知县赵德光补建二楼。城周四里一十三步，高一丈六尺，为堞一千有九十。四门：东曰通和，西曰安阜，南曰明远，北曰恩光。环以壕，广六丈。崇祯六年知县毛云翰复增崇六尺。"又："故城基在城北，土垄回折，相传是旧城，又传名越州城，今县城仍旧址筑，只得其半。"城内有孔庙。金刘光国撰《重修庙学记》："平舒公廨之西，孔圣旧宫在焉。规制太陋，瞻视未尊，岁久而就圮。"天会十二年（1134年）县令姚璧予以重修。其当营建于宋初大城县城迁此之际。

束州县城

束州县，西汉时期属勃海郡，见于《汉志上》。东汉时期属河间国。《后汉志二》：河间国属县"束州，故属勃海"。晋时改属章武国，见于《晋志上》。北魏时期相沿。《魏志上》：瀛州章武郡属县"束州，前汉属勃海，后汉属河间国，晋属。有束州城"。北齐省废。《隋志中》河间郡统县"束城，旧曰束州，后齐废。开皇十六年置，后改名焉"。唐代相沿。《通典》卷一百七十八：瀛州领县"束城，汉旧县，后魏置束州"。《旧唐志二》：瀛州领县"束城，汉束州县，属渤海郡。隋曰束城，属河间郡"。《寰宇记》卷六十六：瀛州，"束城县，东北六十五里。旧二十一乡，今五乡。本汉束州县，属渤海郡。《续汉书》属河间国。今县东北十四里有束州故城，即汉为（县）里所。西晋移束州于城南三十五里。魏明帝孝昌二年复理汉故城，高齐天保七年省并文安。隋开皇中置束城县于今理，因束州为名。按《四夷县道记》云：其束州故城今有三重，县城周五六里，故州外城周回约二十里，迄今宛然不改"。《元丰九域志》卷二：瀛州，"熙宁六年省束城县为镇，入河间"。《宋志二》：河间府领县"束城，上，熙宁六年省为镇，入河间，元祐元年复"。《金志中》：河间府河间县有束城镇。《明统志》卷二：河间府，"束州城，在河间县如林乡。本汉束州县，属渤海郡，晋属章武国，北齐废。隋置束城县，属瀛州，宋省为镇，属河间县。元置巡检司。其城旧有三重"。其以汉魏束州县与隋唐束城在同一城址，不确。嘉靖十九年刊《河间府志》卷三：河间县，"束州城，在县东北六十里。本汉束州县，属勃海郡，晋属章武二十三年（以上有脱误）。北齐废，隋置束城县，属瀛州。宋省为镇，属河间府。元祐三年复为县。元置巡检司。其城旧有三重。元河间尹韩善于束城镇重建夫子庙，以兴学礼士"。《读史方舆纪要》卷十三：河间府河间县，"束州城，府东北六十里，俗名如林乡。汉县，属勃海郡，后汉因之，晋属章武国，后魏属章武郡，高齐废，隋开皇十六年复置，属瀛州，寻改曰束城，唐因之。五代周显德五年成都帅郭荣攻契丹束城，拔之。是也。宋熙宁六年废为束城镇，元祐初复置县。金复废为镇，元置巡司于此。《水经注》：易水东经束州县南。其城旧有三里（重）。今故址已堙"。其所引《水经注》文为明朱谋㙔笺本所改，依《永乐大典》本及清刊本均为"易水东经泉州县南"。而于古束州城及隋唐时期束城县仍未分辨。《清统志》卷二十二："束城故城，在河间县东北。……旧志：金时复废为镇，属河间。故城在县东北六十里。元置巡检司，明废。"其对城址所在亦无确指。

1986年在今河间市束城镇村西发现一处东周时期遗址，面积约100万平方米,采集遗物有泥质灰陶绳纹板瓦、罐、盆和素面豆等残片。在束城镇遗有春秋时期封土墓,传为齐国大夫鲍叔牙墓。而《寰宇记》卷六十六:瀛州河间县,"鲍叔牙冢在齐桓公城"。则此地当属"齐桓公城"之域。隋唐时期束城县城当在其东北,如《寰宇记》所述在瀛州河间县"东北六十五里",如《明统志》等所说在"河间县如林乡"。另在今河北大城县西南位敢乡完城村南50米发现一座东周至汉代城址,现地面上已无城垣遗迹,形制不详,面积约600万平方米,文化层厚1~2米,暴露遗迹有灰坑和墓葬,采集遗物有铜镞、豆等残片。在完城村北300米发现战国及汉代墓葬群,面积约6万平方米,曾发现土坑墓和砖室墓,出土有泥质灰陶罐、陶壶、陶鼎及铜剑、车马器、铜带钩及五铢钱等①。其西南距今束城镇约10公里,与《寰宇记》所述隋唐时期束城县"东北十四里有束州故城"相符,且所属时代亦相合,当即为汉代束州县城之所在。而依今所见遗存,此城当兴筑于战国时期,汉代相沿为束州县。晋以后移治于其南三十五里,今已不能指实。《魏志》所述束州县"有束州城",当指此城而言。北魏孝昌二年复迁治于此,直至北齐时省废。依《四夷县道记》所述,其城有三重,"县城周五六里",即县治所在内城周长五六里,依略呈方方形计,当每边长一里余。"故州外城周回约二十里",依略呈方形计,当每边长约五里。另一重城当在外城与内城之间,每边长约三里。而其言"故州",似不确。"束州"为县称,并非因置州而称"束州"。《说文解字》:"州,水中可尻者曰州。水周绕其旁,从重川。昔尧遭洪水,民尻水中高土,故曰九州。《诗》曰:在河之州。一曰:州,畴也,各畴其土而生也。))(,古文州。""尻",各本作居,据段玉裁改。段玉裁注:"此像前后左右皆水。"依《汉志》及《水经注》等记述,秦汉之际,漳沱河当流经今献县南;泒水当流经今河间县与大城县之间,至今文安县东入海;滱水当流经今河间县西,至今文安县一带入泒水。如此,束州之地正呈现三面或四面(或有小河流连通滱水与泒水)环水之势,如"州"状,故有此称。

---

① 国家文物局主编《中国文物地图集》河北分册。

建成县城

建成县，西汉时期属勃海郡，见于《汉志上》。又，《汉志上》：沛郡属县"建成，侯国"。《史记·吕太后本纪》："吕后兄二人皆为将。长兄周吕侯死事，封其子吕台为郦侯，子产为交侯；次兄吕释之为建成侯。……建成康侯释之卒，嗣子有罪，废；立其弟吕禄为胡陵侯，续康侯后。"《集解》："徐广曰：惠帝二年卒，谥康王。"《史记·高祖功臣侯者年表》：汉高祖六年（前201年），"以吕后兄初起以客从，击三秦。汉王入汉，而释之还丰、沛，奉卫吕宣王、太上皇。天下已平，封释之为建成侯"。汉惠帝三年（前192年），"侯则元年，有罪"。另封吕则弟吕禄为胡陵侯。《索隐》："县名，属沛郡。"《汉书·外戚恩泽侯表》略同。又，《史记·汉兴以来将相名臣年表》续记：汉宣帝五凤三年（前55年），"御史大夫黄霸为丞相，封建成侯"。甘露三年（前51年），黄霸死。《汉书·黄霸传》："五凤三年代丙吉为丞相，封建成侯，食邑六百户。"《外戚恩泽侯表》：五凤三年封黄霸为建成侯，后传黄赏、黄辅。"居摄二年，侯辅嗣。王莽败，绝。"属沛郡。东汉以后，此二建成县皆省废，均不见于《后汉志》。《水经注·浊漳水》：从陂亦谓之桑社渊，"从陂南出，夹堤东派，迳脩县故城北，东合清漳。漳泛则北注，泽盛则南播，津流上下互相迳通。从陂北出，东北分为二。一川北迳弓高城西，而北注柏梁溠。一川东迳弓高城南，又东北，杨津沟水出焉。左渎北入衡漳，谓之桑社口。衡水东迳阜城县故城北、乐成县故城南。……衡漳又东迳建成县故城南。按《地理志》，故属渤海郡。褚先生曰：汉宣帝五凤三年封丞相黄霸为侯国也。成平县故城在北。汉武帝元朔三年封河间献王子刘礼为侯国，王莽之泽亭也。城南北相直。衡漳又东，右会杨津沟水。水自泽东迳阜城南。《地理志》：渤海有阜城县，王莽更名吾城者，非经所谓阜城也。建武十五年，世祖更封大司马王梁为侯国。杨津沟水又东北迳建成县左，入衡水，谓之杨津口"。其吕释之长期驻守于丰（今江苏丰县）、沛（今江苏沛县）之地，所受建成侯当在此一带，属沛郡（沛郡所属建成县在今河南永城东南）。而黄霸封地似当亦在此，而非渤海郡所属建成县，则郦道元所述有误。其脩县故城在今河北景县南，弓高城在今河北阜城县西南，阜城县故城在今阜城县东，衡漳水在此一带当大致流行今老漳河河道，而从陂当在今景县北，杨津沟水当大致流行今江江河水道①。

《寰宇记》卷六十六：瀛州景城县，"建成故城，在今县东南三十里。汉为县，后汉省，城尚存"。依据相关记载，唐宋之际景城县当在今河北河间县西留庄附近。宋熙宁年间省为景城镇，归入乐寿县。后又迁于河堤之外。金代于乐寿县置献州；并分置交河县，景城镇属之②。明初改献州为献县。《明统志》卷二："景城城，在献县界。"又："建成城，在景城县东南三十里。汉县，东汉省。"于景城城及建成城所在方位均未予确实。《读史方舆纪要》卷十三：河间府献县，"景城废县，县东南九十里"。又："建成废县，在故景城东南三十里。汉县，属勃海郡，武帝封长沙定王子拾为侯邑。又，宣帝封黄霸于此。后汉省。"其以建成县属刘拾及黄霸封邑，有误。《清统志》卷二十二："景城故城，在交河县东北。……旧志：故城在交河县东北六十里，献县东九十里。"又："建成故城，在交河县东。汉置县，属勃海郡，后汉省。《寰宇记》：建成故城，在景城县东南三十里，城尚存。按建成、成平、景城三县，《寰宇记》俱入乐寿县，是时未有交河县故也。自金时分乐寿东境置交河，则三县俱在县境。《明志》仍入献县，而以交河为故中水县，皆误。"其《寰宇记》当为《元丰九域志》之误。而以景城故城在交河县（今河北泊头市交河镇）东北六十里，当指今河北沧县阁村乡景城村；其西南距今献县约30公里，《清统志》等所记"献县东九十里"或"县东南九十里"是否指此地则无法判知，而《明统志》或另有所指。今景城村所存遗址面积约15万平方米，采集遗物有汉代的泥质灰陶

---

① 参见《清统志》卷二十一、卷二十二。《清统志》卷二十一："从陂水，在景州北。……旧志：盖即今之千顷诸窪也。"又："千顷洼，在景州东北三十里，地卑衍，旧为锺水处。"又："江江河，一作泾泾，亦名绛河。本受故城县上游无源沥水，至景州境，经江江村，故名。又东与大洋河合，入东光为漫河，同归于老黄（漳）河。本朝乾隆五年知州屈成霖重加浚治。"江江河与老漳河汇合处在三岔河。
② 参见本书景成县城。

绳纹板瓦、筒瓦和素面罐等及宋代的白釉、黑釉的瓷碗、盘、罐等残片①，当属宋元丰年间所迁景城镇址。而其面积较大，且发现有汉代遗物，极有可能是沿用汉代城址。比照《水经注》所述，其南临老漳河（即古衡漳水），且位于江江河（古杨津沟水）汇入老漳河（左入衡水）河口（古杨津口）西北；北与成平县故城（今大城县东南八里庄遗址）相对（南北相直），当属汉代建成县城之所在。其西北距唐宋之际景城县城（今西留庄附近）约 15 公里，亦与《寰宇记》所述建成故城"在今县东南三十里"相合。唯其时"城尚存"，而后为景城镇所迁。金元以后城已无存，故难以指实。

章乡县城

章乡县，西汉时期属勃海郡。《汉志上》：勃海郡属县"章乡，侯国"。《汉书·外戚恩泽侯表》：汉平帝元始五年（公元 5 年），封谢殷为章乡侯。其地原置章乡，当归属千童县，至此时分置章乡县，并修筑章乡侯城，为时不久。东汉时期即省入千童县②，置章乡亭，又演为童乡亭。东汉末改千童县为饶安县。《寰宇记》卷六十五：沧州饶安县，"章乡城。按《郡国县道记》云：章乡，汉县，后汉省，并饶安。又，《十三州志》云：饶安县东南二十里有童乡亭，即故县。童即章，字相类。章乡盖在饶安县东南二十里童乡亭"。《清统志》卷二十五："章乡废县，在沧州东南。汉置，元始五年封谢殷为侯国，属勃海郡。后汉省。《寰宇记》：'《十三州志》云：饶安县东南二十里有童乡亭，即古县。童与章字相类也。'"其饶安县当在今河北盐山县西南旧县村城址。依此推之，古章乡县城当在其东南。今山东乐陵市东北朱集镇霍家村西南发现一处汉代遗址，面积约 3 万平方米，文化堆积层距地表 0.5 米，部分被东西向水沟破坏，采集有泥

---

① 国家文物局主编《中国文物地图集》河北分册。
② 参见谭其骧《汉书地理志选释》。其以章乡为童乡之误，"盖分千童所置"。

质灰陶罐、盆等残片①。其西北距旧县村城址约10公里，与《十三州志》所记"饶安县东南二十里有童乡亭"相合，所属年代亦相当，当为古章乡县城之所在。

蒲领县城

蒲领县，西汉时期属勃海郡。《汉志上》：勃海郡属县"蒲领，侯国"。《史记·建元已来王子侯者年表》：汉武帝元朔三年（前126年）封广川惠王子刘嘉为蒲领侯。并见于《汉书·王子侯表》，"有罪，绝"。又，汉昭帝始元六年（前81年）封清河纲王子刘禄为蒲领侯，后传刘推、刘不识、刘京，免。东汉以后省废。《水经注·浊漳水》："衡漳又东北，右合柏梁溠。水上承李聪涣，东北为柏梁溠，东迳蒲领县故城南。汉武帝元朔三年封广川惠王子刘嘉为侯国。《地理风俗记》云：脩县西北八十里有蒲领乡，故县也。又东北，会桑社枝津，又东北迳弓高城北，又东注衡漳，谓之柏梁口。"其衡漳水于东昌县故城（今河北武邑县东北）东北分为二川，右出者分于李聪涣，称柏梁溠，流经蒲领县故城南，又东北流注于衡漳水。脩县在今河北景县南，元代用为景州治，明代省脩县入景州。又，北齐、隋唐之际移阜城县于今阜城县址②。

《寰宇记》卷六十五：沧州清池县，"故蒲领城，按《郡国县道记》：蒲领，汉县，在冀州阜城县北三里蒲领故城是也。后汉并入蓨县。又按，《水经注》：今县西北六十里漳河西岸又有北蒲领故城。盖因汉末黄巾之乱，有蒲领人流寓于此，遂立此城。后汉既以蒲领故城与蓨相近，足明今县西北界有此城，非汉县理所"。《明统志》卷二："蒲领城，去阜城县三里，汉县，后省入蓨县。"《读史方舆纪要》卷十三：河间府阜城县，"蒲领县，在县东"。《清统志》卷二十二："蒲领故城，在阜城县东北。……县志：在县

---

① 国家文物局主编《中国文物地图集》山东分册。
② 参见《水经注疏》卷十。

东北十里,俗呼蒲领关。"其城址在今河北阜城县东北蒋坊乡陈村、陆村、前郭村、东杨庄一带。前郭村清代所铸铁钟上铸有"直隶省蒲屯地方郭家蒲领关"字样[1]。其东南祁楼乡何屯村、阜城镇八里屯等地发现汉代墓葬群[2]。

---

[1] 崔振明主编《阜城县志》第七章《文物》第一节《古迹》。
[2] 国家文物局主编《中国文物地图集》河北分册。

上谷郡诸县城

上谷郡之地于商周之际属山戎族系。战国时期，燕人北扩，置上谷郡。秦汉时期相沿，至西汉末，置有沮阳（郡治）、泉上、潘、军都、居庸、雊瞀、夷舆、宁、昌平、广宁、涿鹿、且居、茹、女祁（都尉治）、下落等十五县。东汉时期省废泉上、夷舆、且居、茹、女祁等县；昌平县址东迁，改属广阳郡。晋时省废雊瞀、宁、广宁三县，以潘县改属广宁郡，昌平县改属燕国。前燕、前秦、后燕相继占据此地。后归北魏，以上谷郡治居庸县，广宁郡治下落县，沮阳县等废弃。

上谷郡及沮阳县城

沮阳县，西汉时期为上谷郡治所。《汉志下》："上谷郡，秦置，莽曰朔调。属幽州。户三万六千八，口十一万七千七百六十二。县十五。"首县"沮阳，莽曰沮阴"。孟康曰："音俎。"其上谷郡为战国时期燕国所置。《史记·匈奴列传》：春秋时期，"而晋北有林胡、楼烦之戎，燕北有东胡、山戎。各分散居溪谷，自有君长，往往而聚者百有余戎，然莫能相一"。战国时期，"而赵武灵王亦变俗胡服，习骑设，北破林胡、楼烦，筑长城，自代并阴山下，至高阙为塞，而置云中、雁门、代郡。其后燕有贤将秦开，为质于胡，胡甚信之。归而袭破走东胡，东胡却千余里。与荆轲刺秦王秦舞阳者，开之孙也。燕亦筑长城，自造阳至襄平，置上谷、渔阳、右北平、辽西、辽东郡以拒胡"。而据《赵世家》：越武灵王二十六年（前300年），

"攘地北至燕、代，西至云中、九原"。其置云中、雁门、代郡当在此之际。而后有燕国置上谷、渔阳、右北平、辽西、辽东郡。其辽西郡与辽东郡辖地东西长"千余里"，当属袭破东胡所置。《刺客列传》：秦王政二十年（前227年）荆轲欲西刺秦王政，"燕国有勇士秦舞阳，年十三，杀人，人不敢忤视。乃令秦舞阳为副"。依此，秦舞阳当生于秦王政八年（前239年）①。又依二十岁左右生育推计，其祖父秦开当生于燕昭王三十三年（前279年）前后，而用事于燕惠王至燕武成王年间。则燕置辽西郡与辽东郡当在燕武成王时期（前271～前258年）。而置上谷郡、渔阳郡及右北平郡似当在此前。《战国策·赵策四》："燕封宋人荣蚠为高阳君，使将而攻赵。赵王因割济东三城令卢、高唐、平原陵地城邑市五十七，命以与齐，而以求安平君而将之。马服君谓平原君曰：'国奚无人甚哉！君致安平君而将之，乃割济东三令城市邑五十七以与齐，此夫子与敌国战，覆军杀将之所取，割地于敌国者也。今君以此与齐，而求安平君而将之！国奚无人甚也！且君奚不将奢也？奢尝抵罪居燕，燕以奢为上谷守，燕之通谷要塞，奢习知之。百日之内，天下之兵未聚，奢已举燕矣。然则君奚求安平君而为将乎？'"其安平君即田单，赵惠文王十五年（燕昭王二十八年，前284年），燕、赵等国联合攻齐，下七十余城，齐人独守即墨与莒城，立田单为将军。赵惠文王二十年（燕昭王三十三年），田单用反间计，大败燕师，"而齐七十余城皆复为齐。乃迎襄王于莒，入临淄而听政。襄王封田单，号曰安平君"②。其马服君即赵奢。赵惠文王十九年（前280年），"赵奢将，攻齐麦丘，取之"③。赵奢为田部吏，"王用之治国赋，国赋大平，民富而府库实"。赵惠文王二十九年（前270年），赵奢破秦军于阏与，"赵惠文王赐奢号为马服君"。后七年，"秦与赵兵相距长平，时赵奢已死"④。在此期间，赵奢当不会"抵罪居燕"。而燕置上谷郡、渔阳郡及右北平郡，赵奢"为上谷守"当在燕、赵等国联合攻齐之前，燕昭王二十年（前292年）前后。其辽西郡

---

① 《战国策·燕策三》："燕国有勇士秦武阳，年十二。"鲍彪注本作"年十三"。
② 《史记·田单列传》。
③ 《史记·赵世家》。
④ 《史记·廉颇蔺相如列传》。

西南界呈条带状向西南延伸至燕右北平郡南部，可表明此一地带原属东胡族系的势力范围，至燕置右北平郡时仍实际被东胡控制在手，故右北平郡南界只能是与之相接，而无法整齐划一。后燕取东胡而于此一地区置辽西郡即沿用此界。《战国策·秦策五》："赵攻燕，得上谷三十六县，与秦什一。"其并见于《史记·甘茂传》："秦归燕太子。赵攻燕，得上谷三十城，令秦有十一。"则在战国末期，上谷郡原属县三十六，或三十，而送予秦国十一县。《史记·绛侯周勃世家》：汉高祖十二年（前195年），燕王卢绾反，周勃率军出击，"破绾军上兰，复击破绾军沮阳。追至长城，定上谷十二县"。《集解》："徐广曰：在上谷。"《索隐》："《地理志》：沮阳县属上谷。"《正义》："《括地志》云：上谷郡故城在妫州怀戎县东北百二十里。燕上谷，秦因不改，汉为沮阳县。"而"上谷十二县"，与《汉志》所记"县十五"同《战国策》所记有差，当与其所辖地域前后不同有关。《汉书·匈奴传》："燕亦筑长城，自造阳至襄平，置上谷、渔阳、右北平、辽西、辽东郡以距胡。"颜师古曰："造阳，地名，在上谷界。襄平即辽东所治也。"又："于是，汉遂取河南地，筑朔方，复缮故秦时蒙恬所为塞，因河而为固。汉亦弃上谷之斗辟县造阳地以予胡。是岁，元朔二年也。"孟康曰："县斗辟曲近胡。"颜师古曰："斗，绝也。县之斗曲入匈奴界者，其中造阳地也。辟读曰僻。"《汉书补注》："齐召南曰：案造阳地当在上谷最北，即前文所云燕亦筑长城，自造阳至襄平者也。据后文，则造阳之北，凡九百里。后世如开平、小兴州等地，疑即古之造阳。"①《太康地记》："秦塞自五原北九百里，谓之造阳。东行终利贲山南，汉阳西也。"② 则造阳当在五原（今内蒙古包头西北）以北，平面呈斗状凸入匈奴地界，而战国时期燕国上谷郡西界（亦即燕国西界）当在西汉时期西界以西，包括西汉时期代郡、雁门郡、云中郡北部，至造阳一带，共置三十六县或三十县，筑长城起自造阳。战国末期，赵国攻得上谷郡，送予秦国十一县（包括造阳等地）。而后又将西汉时期上谷郡西界以西之地划出，余十二县，后又增至十

---

① 《汉书·匈奴传》赞曰："当孝武时，虽征伐克获，而士马物故亦略相当；虽开河南之野，建朔方之郡，亦弃造阳之北九百余里。"

② 《史记·匈奴列传》索隐引，并案："汉，一作渔。"

五县。

东汉时期相沿，见于《后汉志五》。《后汉书·独行列传》："刘茂字子卫，太原晋阳人也。……哀帝时，察孝廉，再迁五原属国候，遭母忧去官。服竟后为沮阳令。会王莽篡位，茂弃官，避世弘农山中教授。"李贤注："沮阳县属上谷郡，故城在今妫州东。"《晋志上》："上谷郡，秦置，郡在谷之上头，故因名焉。统县二，户四千七十。沮阳、居庸。"北魏时移上谷郡治于居庸县城（今北京延庆区），而沮阳城渐至荒落。《水经注·漯水》："漯水又东南，左会清夷水，亦谓之沧河也。水出长亭南，西迳北城村故城北，又西北，平乡川水注之。水出平乡亭西，西北流注清夷水。清夷水又西北迳阴莫亭，在居庸县南十里。清夷水又西会牧牛山水。《魏土地记》曰：沮阳城东八十里有牧牛山，下有九十九泉，即沧河之上源也。……又西迳居庸县故城南，魏上谷郡治。……又西，右与阳沟水合。水出县东北，西南流迳居庸县北，西迳大翮、小翮山南。……《魏土地记》曰：沮阳城东北六十里有大翮、小翮山。……沧河又左，得清夷水口。《魏土地记》曰：牧牛泉西流与清夷水合者也。自下二水互受通称矣。……清夷水又西南，得桓公泉。盖齐桓公霸世，北伐山戎，过孤竹西征，束马县东，上卑耳之西极，故水受斯名也。水源出沮阳县东，而西北流入清夷水。清夷水又西迳沮阳县故城北，秦始皇上谷郡治此，王莽改郡曰朔调，县曰沮阴。阚骃曰：涿鹿东北至上谷城六十里。《魏土地记》曰：城北有清夷水西流也。其水又屈迳其城西南流，注于漯水。漯水南至马陉山，谓之落马河。"其漯水即今永定河，沧河即今妫水河，流经今北京延庆区北，下为官厅水库；清夷水原在今延庆区西南，西北流注沧河，今已湮。

阚骃曰："涿鹿东北至上谷城六十里。"其涿鹿城在今河北涿鹿县东南。隋唐之际于汉潘县（今涿鹿县西南）置妫州及怀戎县，《括地志》及李贤注当均以此指示沮阳城方位里程。二者所指相同。而后妫州及怀戎县移至旧清夷军城（今河北怀来县北辛堡）址。《通典》卷一百七十八：妫州统县"怀戎，汉潘县地，汉上谷郡城在此"。清代改称怀来县，沮阳城在其南[①]。近世又移

[①] 参见《清统志》卷三十九。

怀来县治于沙城，沮阳城在其东，即今怀来县小南辛堡乡大古城村北约1000米、官厅水库南岸之大古城。其由大、小二城组成。据1954年调查，

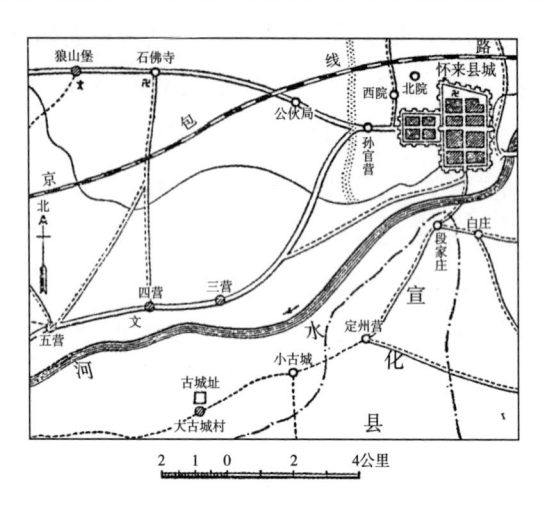

河北怀来大古城址位置图
（据《考古通讯》1955年第3期附图）

西部大城平面呈不规则长方形，东西长约1500米，南北长约1000米；东部小城以大城东垣南半段为西垣，平面略呈方形，边长约500米。除大城北垣部分被河水冲毁外，其余部分夯土城墙保存较好，高约6米，宽约8米①。而1999年再次调查，城址已是三面环水，地面上尚可见19段规模不等的残

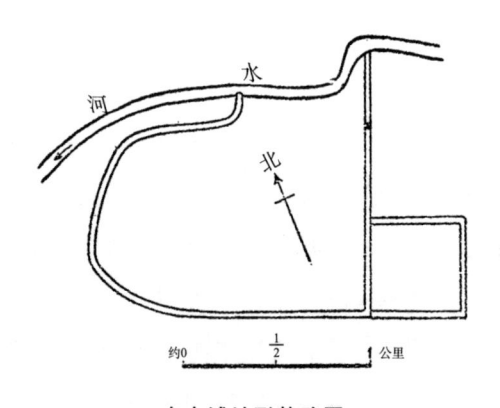

大古城址形势略图
（据《考古通讯》1955年第3期附图）

---

① 安志敏：《河北怀来大古城村古城址调查记》，《考古通讯》1955年第3期。

断夯土城墙，残存面积约 59.2 万平方米。其中大城残存面积约 45 万平方米，东西长 500 米，南北长 900 米。东垣在 820 米距离内分布 9 段残垣，残宽 4.7～13 米，残高 1.65～5.6 米；南垣残存 2 段，分别长 2 米、59 米，残宽 1.2～5.1 米，残高 1.2～2.9 米；西南角残存 3 段，呈弧形排列，分别长 22 米、25.8 米、38 米，残宽 3.6～10 米，残高 1.8～2.98 米。小城残存 5 段，北垣长 272 米，残宽 7～9 米，残高 2.6～3.2 米；东垣残存 2 段，长约 242 米，残宽约 3 米，残高 1.1 米；南垣残存 2 段，长约 92.25 米，残宽 3.54 米，残高 2.7 米。城址内、外发现战国中晚期至南北朝时期遗物[①]。二者所见不尽相同。前者调查时间较早，地面上残存遗迹较多，故大城规制当依其所述，为东西长约 1500 米，南北长约 1000 米，后者所述"西南角"当属大城南垣折曲段；而后者调查较细，则小城规制当依其所述，平面呈不规则方形。其很可能是小城修筑在前，用为沮阳县治，而大城营建在后，用为上谷郡治。其清夷水亦称沧水。古音沧属阳部清纽，沮属鱼部从纽，同为齿音，依鱼阳对转之例，可互通，则此沧水当原称沮水，流经沮阳城南，沮阳得名当缘于此；而后河水改道，流经城北，由王莽改称沮阴推之，西汉后期当已如此。

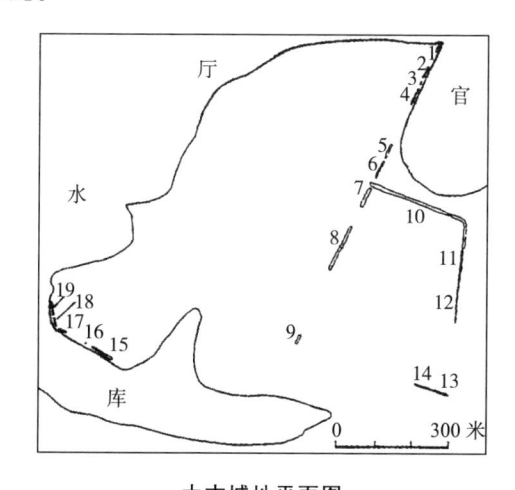

大古城址平面图

（据《考古》2001 年第 11 期附图。图中数字表示残垣编号）

[①] 李维明、郗志群、宋卫忠、张秀荣：《河北怀来县大古城遗址 1999 年调查简报》，《考古》2001 年第 11 期。

泉上县城

泉上县，西汉时期属上谷郡。《汉志下》：上谷郡属县"泉上，莽曰塞泉"。东汉以后省废。其所在地理方位不明。《说文解字》："泉，水原也。象水流出成川形。""上，高也。"《史记·孔子世家》："孔子葬鲁城北泗上，弟子皆服三年。三年心丧毕，相诀而去，则哭，各复尽哀，或复留。唯子赣庐于冢上，凡六年，然后去。"《索隐》按："《家语》无上字，且《礼》云：适墓不登陇。岂合庐于冢上乎？盖上者，亦是边侧之义。"《水经注·泗水》："《史记》、《冢记》、王隐《地道记》咸言葬孔子于鲁城北泗水上。今泗水南有夫子冢。……《孔丛》曰：夫子墓茔方一里，在鲁城北六里泗水上。"《史记·张仪列传》张仪说楚王曰："大王悉起兵以攻宋，不至数月而宋可举，举宋而东指，则泗上十二诸侯尽王之有也。"《索隐》："谓边近泗水之侧。当战国之时有十二诸侯，宋、鲁、邾、莒之比也。"《史记·管晏列传》："管仲夷吾者，颍上人也。"《索隐》："颍，水名。《地理志》：颍水出阳城。汉有颍阳、临颍二县，今亦有颍上县。"唐颍上县相沿至今，属安徽省，有颍水流经县城东。其称泉上，当与此相类，指县城临近泉水。又，《说文解字》："塞，隔也。"亦用以指边塞。《史记·匈奴列传》："后秦灭六国，而始皇帝使蒙恬将十万之众北击胡，悉收河南地，因河为塞，筑四十四县城临河，徙適戍以充之。"又，汉文帝时期，"单于既约和亲，于是制诏御史曰：匈奴大单于遗朕书，言和亲已定，亡人不足以益众广地，匈奴无入塞，汉无出塞，犯今约者杀之"。则王莽时改称塞泉，当因此县城临近边塞。

今河北崇礼县东北狮子沟乡东土城村东南1000米发现一座战国至汉代城址，平面呈长方形，东西长约320米，南北长约250米。城墙夯土修筑，基宽4~7米，顶宽2~3米，残高2~4米。采集遗物有泥质灰陶板瓦、筒瓦和绳纹罐、盆及夹砂红褐陶绳纹釜等残片，其西南白旗乡上窝铺村东窑地发现汉代封土墓。城址西临清水河，北距清水河源约10公里。北距今崇礼、张北交界地带秦汉时期长城遗址约 15 公里，距狮子沟乡沙岭北长城遗址（有属秦代、汉代、北魏、北齐等多种观点）约 5 公里①。其所在地在西汉时期上谷郡境内，规制与秦汉之际县城相当，所属年代与泉上县存在时间相合，临近边塞。而所临清水河不见于《水经注》等。《清统志》卷三十九："清水河，源出边外鸳鸯泊南，汇正北沟、东西沙沟诸水，流入张家口，南流迳万全县东，又南至宣化县西，入界河。即古宁川水。《魏书》：登国二年帝幸宁川，即此。《水经注》：宁川水出西北，东南流迳小宁县古城西，东南注于延水。按今清水河发源张家口外，二派分流。其东北有水自独石口外西南流合焉，南流入边，经张家口堡东北五里，又南至宣化县西界入洋河。旧志与柳河川混而为一，误。"其以清水河及所汇诸水属《水经注》所述宁川水，不确。今清水河专指东沙沟水，水有数源，当有出于山泉者，故称泉水。而此城址临近此水源，故得称泉上。

潘县城

潘县，西汉时期属上谷郡。《汉志下》：上谷郡属县"潘，莽曰树武"。东汉时期相沿。《后汉志五》：上谷郡属县"潘，永元十一年复"。晋时改属广宁郡，见于《晋志上》。《水经注·㶟水》："㶟水又东迳潘县故城北，东合协阳关水。水出协溪。《魏土地记》曰：下洛城西南九十里有协阳关，关道西通代郡。其水东北流，历笄头山。阚骃曰：笄头山在潘城南。即是山也。又北迳潘县故城，左会潘泉故渎。渎旧上承潘泉于潘城中。或云：舜所都也。《魏土地记》曰：下洛城西南四十里有潘城，城西北三里有历山，山上有虞舜庙。《十三州记》曰：广平城东北一百一十里有潘县。《地理志》曰：王莽更名树武。其泉从广十数步，东出城，注协阳关水。雨盛则通注，阳旱则不流，惟洴泉而已。关水又东北流，注于㶟水。又东迳雍洛城南。《魏土地记》曰：下洛城西南二十里有雍洛城，桑乾水在城南东流者也。"

---

① 国家文物局主编《中国文物地图集》河北分册。

其"西南二十里",《永乐大典》本及明朱谋㙔笺本作"西西二十里",笺曰:"当作而西"。赵一清云:"当作西南。"后多从之①。

《隋志中》:涿郡统县"怀戎,后齐置北燕州,领长宁、永丰二郡。后周去北字。开皇初郡废,大业初州废。有乔山,历阳山,大、小翩山。有㶟水、瀔水、涿水、阪泉水"。《史记·五帝本纪》正义引《括地志》:"潘,今妫州城是也。"又:"妫州有妫水,源出城中,耆旧传云即舜釐二女于妫汭之所。外城中有舜井,城北有历山,山上有舜庙。"《旧唐志二》:"妫州,隋涿郡之怀戎县。武德七年讨平高开道,置北燕州,复北齐旧名。贞观八年改名妫州,取妫水为名。长安二年移治旧清夷军城,天宝元年改名妫川郡,乾元元年复为妫州。"又:"怀戎,后汉潘县,属上谷郡,北齐改为怀戎。妫水经其中,州所治也。"《寰宇记》卷七十一:妫州,"怀戎县,二乡,本汉潘县也,属上谷郡。《晋太康地志》:潘县更属广宁郡。魏孝昌中废,高齐天宝六年于此置怀戎县,唐武德七年改置北燕州,贞观八年改北燕州为妫州,县属不改"。则此潘县于北魏后期省废,至北齐时期改置北燕州及怀戎县。唐初又改称妫州,至长安二年(702年)移妫州及怀戎县于旧清夷军城(今河北怀来县北辛堡),后入于辽,置可汗州。《辽志五》:可汗州,"本汉潘县,元魏废。……有妫泉在城中,相传舜嫔二女于此"。以古潘县在此,有误。明代改置怀来卫,清代改置怀来县。《读史方舆纪要》卷十八:怀来卫,"延庆右卫,在怀来城内。……废潘县,今卫治"。不确。又,唐末于今涿鹿县址置新州及永兴县,明清时期改置保安州。《清统志》卷四十:"潘县故城,在保安州西南。……《宣府志》:有舜乡堡在今保安州西南七十里,即故潘县也。按旧志以今怀来县为故潘县。误。"

今河北涿鹿县西南约15公里保岱乡保岱村周围残存一座古城址,平面近方形,边长约1400米,城墙夯土修筑,残高1~12米。采集有战国至汉代铜镞、刀币、布币、五铢钱和夹砂红褐陶绳纹釜、盆,泥质灰陶绳纹罐、盆及素面豆等残片。在保岱村北及城址西南窑子头村发现战国时期墓葬

---

① 参见《水经注疏》卷十三。

群①。其位于今桑乾河南、协阳关水以西，西南距广平城（今蔚县陈家湾城址）约50公里，与《水经注》所述潘县故城之地理方位相符，所属年代亦大体相当，当即属之。此城规模较大，原当有外郭城及内城，外郭城内有潘泉，而后演为舜井及妫水。另在此保岱城址西南约25公里今大堡镇孙家寨村北发现协阳关城址，平面呈长方形，南北长约390米，东西长约360米。城墙夯土修筑，基宽10米，顶部残宽1~5米，残高1~10米。城内中部有一座夯土台建筑基址，平面近方形，边长约180米，残高1米。采集有战国时期夹砂和泥质灰陶绳纹板瓦、罐、盆、鬲及素面豆等残片。在孙家寨村西发现一处战国至汉代遗址，面积约12万平方米。其东后沟村南及村西各发现一处战国时期城址，平面均近方形，边长约120米，城墙夯土修筑，残高1~5米②。或亦与之相关。

依《水经注》所述，在潘城东北有雍洛城，其所在旧无确指。《清统志》卷四十："下洛故城，在保安州西。"又："雍洛城，在保安州西。《水经注》：灅水迳雍洛城南。《魏土地记》：下洛城西二十里有雍洛城，桑乾水在城南东流者也。"其引文作"西二十里"，而未注明依据。而若依上所判定古潘城所在方位，则雍洛城似不可能在保安州即今涿鹿县西。又，古下洛城当大致在今涿鹿县东南约10公里五堡村及六堡村一带③。则古雍洛城极有可能在今涿鹿县城一带，唯尚未发现相关遗迹。如此，《魏土地记》所述"下洛城西西二十里有雍洛城"当为"西北二十里"之讹。

军都县城

军都县，西汉时期属上谷郡。《汉志下》：上谷郡属县"军都，温余水东至路，南入沽"。又，《史记·绛侯周勃世家》：汉高祖十二年（前195年），"燕王卢绾反，勃以相国代樊哙将，击下蓟，得绾大将抵、丞相偃、

---

① 国家文物局主编《中国文物地图集》河北分册。
② 国家文物局主编《中国文物地图集》河北分册。
③ 参见本书下洛县城。

守陉、太尉弱、御史大夫施,屠浑都。破绾军上兰,复击破绾军沮阳"。《集解》:"徐广曰,在上谷。"《索隐》:"施,名也。屠,灭之也。《地理志》:浑都县属上谷。一云御史大夫姓施屠,名浑都。"《正义》:"《括地志》云:幽州昌平县,本汉浑都县。"《汉书·周勃传》所述相同。颜师古曰:"姓施屠,名浑都,浑音胡昆反。"王先谦按:"浑都,志作军都。浑、军,通借字。在今顺天府昌平州西十七里。"① 则浑都即军都,当属古时土著族系名之拟音字,亦用以称所临之山。《后汉书·耿弇列传》,东汉建武四年(28年),耿况、耿舒等进讨彭宠。"时征虏将军祭遵屯良乡,骁骑将军刘喜屯阳乡,以拒彭宠。宠遣弟纯将匈奴二千余骑,宠自引兵数万,分为两道以击遵、喜。胡骑经军都,舒袭破其众。斩匈奴两王,宠乃退走。况复与舒攻宠,取军都。"李贤注:"军都县属广阳郡,有军都山在西北,今幽州昌平县。"东汉时期改属广阳郡。《后汉志五》:广阳郡属县"军都,故属上谷"。晋时改属燕国。《晋志上》:燕国统县"军都,有关"。而后相沿。《魏志上》:幽州燕郡领县"军都,前汉属上谷,后汉属广阳,晋属。有观石山、军都关、昌平城"。又:"东燕州,太和中分恒州东部置燕州,孝昌中陷,天平中领流民置。寄治幽州宣都城。"所领"平昌郡,孝昌中陷,天平中置。领县二:户四百五十,口一千七百一十三。万言,天平中置。昌平,天平中置。有龙泉"。其宣都城当为军都城之讹②,万言当为万年之讹③。而军都县治当有迁移,后有东燕州等寄治原城址。

(一) 温余水

《水经注·灅余水》:"灅余水出上谷居庸关东(经文)。关在沮阳城东南六十里居庸界,故关名矣。更始使者入上谷,耿况迎之于居庸关。即是关也。其水导源关山,南流历故关下。溪之东岸有石台三层,其户牖扇扉悉石也,盖古关之候台矣。南则绝谷,累石为关垣,崇墉峻壁,非轻功可

---

① 《汉书补注》卷四十。
② 校勘记:"寄治幽州宣都城。钱氏《考异》卷二十九云:按幽州无宣都城,一本作宜都(汲本),亦误。当是军都之讹。杨校:幽州燕郡有军都县,此宜都当作军都。"可从。
③ 校勘记:"万言。"《隋书》卷十《地理志》中涿郡昌平县下云:"开皇初省万年县入焉。温、杨并据谓言字为年之讹。"可从。

举。山岫层深,侧道褊狭,林鄣邃险,路才容轨。晓禽暮兽,寒鸣相和,羁官游子,聆之者莫不伤思矣。其水历山南,迳军都县界,又谓之军都关。《续汉书》曰:尚书卢植隐上谷军都山是也。其水南流出关,谓之下口。水流潜伏十许里也。东流过军都县南,又东流过蓟县北(经文)。灅余水故渎东迳军都县故城南,又东流,重源潜发,积而为潭,谓之灅余潭。又东流,易荆水注之。""其灅余水"为清代以来校刊本所改,《永乐大典》本及明朱谋㙔笺本均作"濕余水"。《后汉书·王霸传》:建武年间王霸为上谷郡太守。"又陈委输可从温水漕,以省陆转输之劳,事皆施行。"李贤注:"《水经注》曰:温水出上谷居庸关东,又东过军都县南,又东过蓟县北。益通以运漕也。"则濕余水似当原作温余水,亦可称温水。《日下旧闻考》卷一百三十四:"榆河一名濕余河,或名温余河,盖濕余之讹也(《方舆纪要》)。朱彝尊原按:《后汉书》:王霸为上谷太守,陈委输可从温水漕,以省陆转输之劳,事皆施行。章怀太子注引《水经注》本作温余水。《辽史》:顺州有温榆河。金更怀柔县为温阳。岂尽无据?又,昌平多温泉,有流入双塔河者,温余之名窃疑因此。《水经注》既无善本,今人习见坊刻,遂指温字为濕字之讹,正恐类昔人所云以不悖为悖也。臣(于敏中)等谨按:据《说文》,则濕水为灅水之讹。又,《辽史》:顺州有温余河。此引作温榆,亦互异。谨附识以俟考。"赵一清按:"朱氏之言过矣。温是灅之讹,温又是濕之讹。自古未闻以濕水为温水。濕余之名,连上篇出累头山之濕水以受称。汉昌平旧县自有温水,见《灅水注》中,岂可便以濕余水当之?今本《汉志》注转写成讹,后汉因之。辽金制度,随地改易,此正与隋人误以屯氏河为毛氏河,因置毛州,贻笑千古。安可惑于后起之文,局彼方隅之见,尽废群籍,从我曲说哉!《方舆纪要》云:榆河一名濕余河,或名温榆河,即濕余之讹也。《金石文字记》云:《水经》濕余水,亦灅字之异文。《昌平山水记》云:芹城水出芹城北,南入于沙河。《水经注》:芹城水出北山,南迳芹城,东南注濕余水。以此知沙河之为古濕余水也。传写之讹,或为温水。《后汉书·王霸传》云云。又云:温榆河即昌平之榆河,下流为沙河,入顺义西南,谓之西河。金人名县曰温阳,以此。《辽史》作温榆河,本《水经》之濕余河,以字相似而讹也。观二顾先生之言,则知朱氏以濕为温，非惟不识古传记之文，且不知有灅水者矣。可谓不学之甚。"全祖望改濕作灅。戴震亦以温、濕为灅之讹。又云："《王霸传》云：可从温水漕，温水乃灅水。唐韦挺运米至卢思台，方知渠闭，则久坏不修耳。霸所漕者温水，非温余水也。李贤注引温余释之，疏矣。"杨守敬按："王念孙曰：灅省作濕，与济、濕之濕相乱，因讹而为濕，又讹而为温。濕字俗书作湿，溫字谷书作温，二形相似而讹。"① 所论似均有偏。《旧唐书·韦挺传》：唐贞观十九年（645年），将有事于辽东，以韦挺主持运粮。"挺至幽州，令燕州司马王安德巡渠通塞。先出幽州库物，市木造船，运米而进。自桑乾河下至卢思台，去幽州八百里。逢安德还曰：自此而外漕渠雍塞。"《资治通鉴》卷一百九十七："韦挺坐不先行视漕渠，运米六百余艘至卢思台侧，浅塞不能进。"胡三省注："据《旧书》，卢思台去幽州八百里。此漕渠盖即曹操伐乌丸所开泉州渠也，上承桑乾河。"其漕渠当起自桑乾河（古灅水）流经幽州（今北京）附近河段，下与潞河等汇合。而桑乾河于幽州以上河段所流经之地山高谷深，无法行船。温水为桑乾河之一支流，远在今河北蔚县境内，更不可能通漕运。故王霸所行必不在此，而当如李贤等所言在温余河。《水经》及注文原当均作温余水，同于《汉志》。故注文于转引《汉志》文"温余水自军都县东至路，南入沽"不另加说明。而因温与湿形相近，明清以来讹为濕余水。而朱彝尊以温余之名因于温泉，似亦有误。古音温属文部影纽、余属鱼部俞纽，军属文部见纽、浑属文部匣纽、都属鱼部端纽，则温余与军都或浑都音相近，当均属同一名物之拟音字。而极有可能属古时此一带土著族系之称谓，即自称军都（浑都），并用以称其所临之山（军都山）及水（军都水），同时亦有依音记为温余水。相沿成习，流传后世。清光绪十五年刊《顺天府志》卷三十七："《水经》：灅余水出上谷居庸关东。郦注：其水导源关山，南流历故关下。今考水出居庸上关西北十七里之八达岭，岭在延庆州城南三十里。《明一统志》谓之涧河。其水东南流，入昌平州西境，东南十余里迳龙虎台而伏。《水经注》谓灅余水迳军都县界，水流潜伏十许里者此也（《方舆纪要》：南口而东六里有龙

---

① 据《水经注疏》卷十四。

虎台，与积粟山相对。榆河源出军都山，至旧县西而伏。《昌平山水记》：水出居庸关，为灅余河，至旧县之西而伏，又南复出，亦谓之榆河，今涸。按《义仓图》：入昌平界六里许有龙虎台仓）。迳昌平州西南旧县邺复出，曰月儿湾。或曰《水经注》：灅余水故渎东迳军都县故城南，又东，重源潜发，积而为潭，谓之灅余潭。即此。……东南迳畚苍屯汛西，外委驻此。水南直双塔邺，一水西北注之。水出桃峪窠，在州治西二十八里。《义仓图》谓之龙眼泉，东南流迳北马房南，又迳四家庄北，又迳亭子庄南、八沟邺北，又迳双塔邺入榆河。榆河又东南迳史家桥，又三里迳白水窪，又里许迳梅所屯北，又里许迳西闸，又里许迳东闸，又二里迳楼子庄北，又一里迳马市口南，又二里迳踩河北，又七里出北沙河桥。水至此被沙河名，对南支言，又曰北沙河。"今所存居庸关城修筑于元明时期，而汉魏时期之居庸关当置于今八达岭附近，其西距古沮阳城即今怀来大古城约30公里，东有青龙潭为涧河亦即温榆河（或称关沟河）之源，均与《水经注》所述相符。其下口则在今南口附近[①]，属古军都县。

（二）军都城

隋唐时期于原军都城一带置昌平县。《隋志中》：涿郡统县"昌平，旧置东燕州及平昌郡。后周州郡并废，后又置平昌郡。开皇初郡废，又省万年县入焉。有关官，有长城"。《通典》卷一百七十八：幽州领县"昌平，汉旧县，故城在今县东南。古居庸关在县西北，北齐改为纳疑（款）。《淮南子》云：天下九塞，居庸是其一也。旧置东燕州"。又，归德郡（燕州），"南至范阳郡九十里，西至范阳郡昌平县五十里"。《旧唐志二》：幽州领县"昌平，后汉县，属广阳国，故城在今县东南。隋属涿郡"。《新唐志三》：幽州领县"昌平，望。北十五里有军都陉，西北三十五里有纳款关，即居庸故关，亦谓之军都关。其北有防御军，古夏阳川也。有狼山"。齐时所置。《寰宇记》卷六十九：幽州，"昌平县，西北九十五里。四乡。本汉军都县，属上谷郡，后汉改属广阳郡。《晋太康地记》云：军都县属燕国。后

[①] 参见宋国玺、于秉银《居庸关考》，《北京文物与考古》第二辑，北京燕山出版社，1991。其以北齐所置纳款关亦在今八达岭附近，不确。

魏移军都县于今县东北二十里，即故城在其南也。更于今县郭城置东燕州及平昌郡、昌平县。后郡废而县隶幽州。军都山，又名居庸山，在县西北十里。《后汉书》云：尚书卢植隐居上谷军都山，立黉肆教授，好学者自远方而至。居庸关在今县西北，北齐改为纳款。《淮南子》云：天下九塞，居庸是其一也"。又，卷七十一：燕州，"西至幽州九十里，西至幽州昌平县五十里"。依上引《通典》，其燕州"西至幽州九十里"，当为"南至幽州九十里"。

五代以后，昌平县治多次迁移。《明统志》卷一：顺天府，"昌平县，在府北九十里。汉为军都县，属上谷郡，东汉属广阳郡，晋属燕国。后魏改为昌平县，属平昌郡，后属幽州，后周州、县皆废。隋以其地属涿郡，唐复置昌平县。五代唐改为燕平县，石晋复为昌平县，辽金元仍旧。本朝因之。景泰初移治于县东八里永安城"。又："军都城，在昌平县东南，汉旧县，后魏移治于东北二十里。""昌平旧县，在昌平县治西北二十里，正统十四年移于今永安城内。""军都山，在昌平县西北二十里，后汉卢植隐此，立黉肆教授，学者自远方至。昭烈帝微时尝修弟子礼。"《读史方舆纪要》卷十一：昌平州昌平废县，"五代唐曰燕平县，徙治曹村，又徙于白浮图城，在今州西八里，自辽以后皆治焉。明景泰初筑永安城，徙长陵、献陵、景陵三卫于城内。三年县亦迁治焉。正德八年改为州治，万历元年又于州城内（南）增筑新城，置裕陵、茂陵、泰陵、宁陵、永陵五卫于城内。今十二陵卫置皆在城中，各领左右中前后五千户所。州城周十里有奇。军都城，在州东。汉立县于军都山南。或以为秦县也。汉初周勃屠浑都，即军都矣。后移治于昌平县东南，属上谷郡，后汉属广阳郡，晋属燕国，后魏复移治于县东北二十里，仍属燕郡。魏收《志》：天平中东燕州治军都城，寻省，县入昌平。今州东四十里有军都村，亦曰故县址"。又："军都山，州西北二十里。"《清统志》卷八："军都故城，在昌平州西十七里。汉置县，后魏置东燕州及昌平县于此。《魏书·地形志》：东燕州，天平中置，寄治幽州军都城。《寰宇记》：昌平县，在幽州西北九十五里。本汉军都县，后魏移军都于今县东北二十里，更于故县置东燕州及平昌郡、昌平县，后州、郡废而县隶幽州。《方舆纪要》：五代唐改曰燕平县，徙治曹邨，又徙于白浮图城，在今州西八里。《昌平山水记》：明景泰元年于昌平县东八里筑城，移长、献、景三陵卫于内，名曰永安城。三年并昌平县移焉。正德元年改为州治。州志：今州东四十里有军都邨，亦曰县址。又有大口故城，在州东南五十里；双塔故城，在州西南十八里。按：今州在旧县东八里，以《寰宇记》道里计之，唐时昌平县在今县西，即军都城也。今州东军都邨，即《顺义县志》所谓军都城在县西三十里者，乃魏齐时侨置，非故县也。"其永安城即明清昌平州城，在今昌平城区。光绪十五年刊《顺天府志》卷二十八：昌平州西"八里旧县邨，昌平县五代唐改曰燕平县，同光二年徙治曹邨，又徙白浮图城，在今州西八里。然则旧县邨其故城与？（《清类天文分野之书》：五代唐同光二年改燕平县。《方舆纪要》：县徙治曹邨，又徙白浮图城，在今州西八里）"。旧县邨（村）原存城垣遗迹，平面呈长方形，南北长约400米，东西长约300米，设城门4座，现已无存①。其当为白浮图城。而曹邨（村）所在无考。

另据《明统志》："昌平旧县在昌平县治西北二十里。"又，元《大都东西馆马步站》天下站名："大都，正北微西昌平，西北八十榆林。西行至统幕分二路。"② 其大都即今北京，榆林即今延庆区南康庄镇榆林堡，统幕即今河北怀来土木镇。《清统志》卷九："居庸关，在昌平州西北，去延庆州五十里。关门南北相距四十里。……关城之南有南口城，去州二十五里，亦南北二门，自南口而上，两山之间一水流焉，道出其上。十五里为关城，又八里为上关，有小城，亦南北二门。又七里为弹琴峡，又七里为青龙桥，道东有小堡，又三里至八达岭，岭上有城，亦南北二门，元人以此为居庸北口。"卷四十："岔道口，在延庆州南二十里。旧志：自八达岭而北地稍平，五里至岔道。有二路。一自怀来卫历榆林、土木、鸡鸣三驿至宣府为西路。"又："榆林驿堡，在怀来县东南三十里，东至延庆州岔道口二十五里，至居庸关五十八里。元置榆林驿，明初因之。正统末筑堡，周二里有奇。"则自榆林驿东南至今南口镇约七十里（或依榆林驿至居庸关五十八里，至今南口镇约七十三里），其时昌平县城当在今南口镇东南约十里。光

---

① 国家文物局主编《中国文物地图集》北京分册。
② 据北京图书馆善本组辑《析津志辑佚》。

绪十五年刊《顺天府志》卷二十八：昌平州"西北十五里红泥沟，西新店。十七里古城，盖军都故城也（《一统志》：军都故城在州西，汉县，后魏置东燕州及昌平县于此。《昌平吴志》：故城在州西十七里）"。其《昌平吴志》即吴都梁所修《昌平州志》，刊于康熙十二年，所记故城时间较早，城址今已无存。此一地区陈庄曾发现辽代墓葬，或与之相关。而此古城所在地理方位与《明统志》所记"昌平旧县"大致相当，当即属之，为五代后唐同光年间徙治者，历辽金元及明初。以其"盖军都故城也"，不确。而《明统志》记昌平旧县在正统十四年（1449 年）"移于今永安城内"，当即指由此古城址迁移至白浮图城，而"永安城内"当为"永安城西"之讹。《读史方舆纪要》卷十一，昌平州，"正统十四年于谦城昌平以扼北寇突入之道"。当即指此城。又，《明史·景帝本纪》，景泰元年（1450 年），正月辛巳，"城昌平"。《明英宗实录》卷一百八十七记为："命于天寿山之南筑城，周围十二里，以居长陵、献陵、景陵三卫官军，并移昌平县治于内。"即营建永安城于今昌平区址。景泰三年又迁昌平县治于永安城内。后改永安城为昌平州城，其西昌平县遂废。

又，依上引《寰宇记》，隋唐时期昌平县在幽州（今北京西南）"西北九十五里"①，而《明统志》记昌平县在顺天府"北九十里"，则二者所在方位相近。今昌平区东约 20 公里兴寿镇西新城村北约 500 米残存一古城址，平面呈长方形，东西长约 350 米，南北长约 250 米，原存东、西、南三面城墙，现只保存一段长约 100 米的南垣，残高约 1.5 米，墙基宽约 2 米，顶部宽约 1 米。城垣中没有发现明显的夯层痕迹，城址内发现绳纹灰陶片等，结合相关文献记载，可判定属唐代燕州城②。而比照《通典》等所记燕州西至昌平县"五十里"，则其时昌平县城当即在今旧县村址，其"北十五里"有军都陉，当即指南口，亦即《水经注》所述之"下口"。"西北三十五里有纳款关，即居庸故关，亦谓之军都关。"当即指今居庸关。"军都山，又名

---

① 《辽志四》：南京析津府，"昌平县，本汉军都县。……在京北九十里。"当另有所据。其以唐时昌平县相沿于汉代军都县，同于《寰宇记》。而"在京北九十里"，似当指汉军都县址与辽南京（唐幽州）的距离。

② 参见周正义主编《北京地区汉代城址调查与研究》第二编第一章《昌平区》。

居庸山，在县西北十里。"与《明统志》所述"军都山在昌平县西北二十里"相比照，亦相合。今旧县村残存有狄仁杰祠，始建于唐末①。《析津志》："唐狄梁公庙，在京北昌平县界中。"② 其昌平县所在，当同于上引《大都东西馆马步站》。《明统志》卷一："狄仁杰祠，在昌平旧县北。元大德初因旧重建，学士宋渤记。本朝正统十三年更新之。"其昌平旧县当指白浮图城。时昌平县治所已迁至永安城内，故白浮图城亦得称旧县，其当沿用隋唐时期昌平县址重修。而宋渤撰《重修狄梁公祠记》："乘舆岁幸二京。昌平，故邑也。县治在燕山南麓，当勾陈豹尾之冲。公卿贵人顿宿伍庶人舍。邑北门外旧有唐狄梁公废祠，不知始建何代。大德三年县尹辽阳王君敬率司事葺新之。"③ 文字或有脱误。其勾陈即天宫勾陈六星，临近北极星，当喻指居庸北关即八达岭。豹尾古时悬挂于帝王随行车队之最后一车，当喻指居庸"下口"即南口。时昌平县治在燕山（当偏指军都山南口以东段）南麓，当南口通向八达岭之冲要。亦可表明元代昌平治在今南口附近。而伍庶人舍则很可能在唐时昌平县城一带，狄仁杰祠在其北，"公卿贵人"在由县治去往伍庶人舍途中见到狄仁杰祠。故文中记"邑北门外旧有唐狄梁公废祠"，其"邑"当指唐时昌平县城，而非辽金元时期昌平县。另在昌平区南邵乡何家营东南洼所出唐代王仙墓志中记有"开元廿四年庚午终于幽州之私第，葬于幽州昌平县东十五里太尉乡之北"④。亦可表明隋唐时期昌平县城即在旧县村址，至五代后唐时期方徙治曹村。

光绪十二年刊《昌平州志》卷三："军都故城，《一统志》：在昌平州西十七里。汉置县，后魏置东燕州及昌平县于此。《魏书·地形志》：东燕州，天平中置，寄治幽州军都城。《水经注》：在居庸关南、灅余水北。当是双塔故城，今之故城村也。"光绪十八年刊《昌平外志》卷一载麻兆庆《军都故城考》："《地理韵编》曰：军都在今昌平州西（当作西南）十七里是矣。"其"当作西南"四字为作者所标注。二者所指地理方位均与《一统

---

① 国家文物局主编《中国文物地图集》北京分册。
② 据《析津志辑佚》属县引。
③ 据光绪十五年刊《顺天府志》卷二十三引。
④ 苏天钧：《十年来北京市所发现的重要古代墓葬和遗址》，《考古》1959年第3期。

志》有别，然似更近于史实。光绪十五年刊《顺天府志》卷二十八：昌平州"西南五里百泉庄，八里马池口，十二里西闸邨，东闸邨，十三里旧有孟邨（据《昌平吴志》，今无），十五里楼子庄，西坨邨，东坨邨，大兴庄，十六里双塔邨，双塔故城近此（《昌平吴志》：双塔故城在州西南十八里），十九里白水窪，二十里后章邨，西新立屯，前章邨，梅所屯，四家庄马房"。又："西北八里小埝头，北邓家庄，横道子，十四里七间房，十五里红泥沟，西新店，十七里古城，盖军都故城也（《一统志》：军都故城在州西，汉县，后魏置东燕州及昌平县于此。《昌平吴志》：故城在州西十七里）。"其城址位于今昌平区西南约8公里马池口镇土城村，其南临双塔村，北临百葛路，东临关沟河，西临京密引水渠。古城址几乎占据整个土城村的范围，而位置稍偏南。经初期调查，平面略呈长方形，南北长约600米，东西长约400米，夯土修筑。残存东垣长180米，残高3米；西垣长50米，残高2.5米；北垣长25米，残高3.2米。后经2007年调查得知，城垣现存南垣东段，北垣、东垣、西垣各一段，基本处于一个台地上，西部偏低，平面呈长方形，东西长约500米，南北长约750米。东垣走向为南偏东40度，残长约142米，残高2~7米，城墙最宽处约7米，东南转角轮廓依稀可见。其外侧为洼地，地势低于城内3~5米；内侧为民房，房屋东倚城墙而建。东垣中间略偏北有一豁口，宽约10米，与村中道路相对。其南侧城墙为现存城墙最高处，达7.1米，底部宽约7米，顶部宽约1.5米。豁口的断面上有些部位可看出夯土层次，厚10~25厘米。此豁口有可能为东垣城门遗迹。南垣位于古城村最南端，残长约175米，由东向西逐渐降低，直至与地面相平。其最高处高出城内地表约1.5米。外侧为洼地，地势低于城内约1.5米。西垣矗立于一片南北条形洼地上，洼地低于城内地面3~5米。其残长约49米，高约7.1米，基部最宽处约8.4米，夯土层不明显。残存城墙基部为沙质土壤，沙质土壤之上为硬质夯土。夯土中夹杂有大量绳纹砖、布纹瓦片及绳纹灰陶片，墙体附近的地面上亦见有类似遗存。北垣仅残存一段长约3米的夯土墙，被村民用为院墙，残高3米，基部宽约4米。北垣外仍为民房，地表与城内高度基本一致。另在土城村东南发现一处高大的夯土台。断层中包含有大量辽金时期的沟纹砖。此城址与《水经注》

等所述军都县故城所在方位大致相符,当即属汉魏时期军都县城。而今温榆河(关沟河)流经其东,不流经其南,当因水道变迁所致。在土城村西侧及南侧为大片沙地。据村民讲,村西约1500米曾有河道,亦为沙地,似可表明此城址西部及南部原有灅余水流过①。在昌平区东南白浮村附近曾发现3座保存基本完好的西周早中期木椁墓,均为长方形土坑竖穴墓,底部挖有腰坑,坑内殉犬一只,随葬器物多置于死者头前及两侧,共出土铜、陶、石、玉、骨、牙器及卜甲、卜骨、贝饰等器物600余件,所出青铜礼器中的鼎、簋、壶以及车马器中的当卢、铜泡等形制与中原西周文化以及琉璃河西周墓中出土的同类器物基本相同,体现的是中原西周文化因素的特点。富有特色的是青铜兵器和卜甲,兵器中鹰首剑、马首剑、鹰首刀、铃首匕、蘑菇首双齿格等直刃匕首式青铜短剑、管銎戈,以及青铜工具有銎斧、三銎刀等,形制具有强烈的北方草原青铜文化特征。而其戈、戟铭文中所见"兀"是否属族微尚待研究②。其当属此一时期土著族系遗存。有可能即属商周之际居存于此一地区的军都人。因土城村古城尚未进行系统发掘,无法判定其始建年代,而若可提早至商周之际,则当即属此一时期的军都国都城,军都国君臣服于商王及周王。另在昌平区松园村(今中国政法大学昌平校区内)发现2座春秋战国时期的中型墓,随葬有成套的仿铜陶礼器。在昌平东山口一带发现若干战国墓③。均属燕文化遗存,则此军都国很可能在春秋时期已逐渐衰落,而后又有燕人迁此,沿用其旧址并重加修缮,至战国时期即因其城址设置军都县。秦汉至北魏时期相沿。上引《寰宇记》所述"后魏移军都县于今县东北二十里,即故城在其南也",当即指此城址(位于唐昌平县南)而言,而北魏时期所移置军都县则当在今昌平区一带。

---

① 国家文物局主编《中国文物地图集》北京分册。周正义主编《北京地区汉代城址调查与研究》第二编第一章《昌平区》。
② 北京市文物管理处:《北京地区的又一重要考古收获——昌平白浮西周木椁墓的新启示》,《考古》1976年第4期。宋大川主编《北京考古史》夏商西周卷第三章第四节《白浮村墓葬》。
③ 苏天钧:《北京昌平区松园村战国墓葬发掘纪略》,《文物》1959年第9期。宋大川主编《北京考古史》东周卷第二章《北京地区东周时期的燕文化遗存》。

居庸县城

居庸县，西汉时期属上谷郡。《汉志下》：上谷郡属县"居庸，有关"。东汉时期相沿，见于《后汉志五》。又，《后汉书·光武帝纪》：建武十五年（39 年），"徙雁门、代郡、上谷三郡民置常山关、居庸关以东"。李贤注："《前书》曰：代郡有常山关，上谷郡居庸县有关。时胡寇数犯边，故徙之。"《后汉书·刘虞传》：初平四年（193 年），幽州刺史刘虞率兵攻公孙瓚于蓟城。"虞兵不习战，又爱人庐舍，敕不听焚烧，急攻围不下。瓚乃简募锐士数百人，因风纵火，直冲突之。虞遂大败，与官属北奔居庸县。瓚追攻之，三日城陷，遂执虞并妻子还蓟，犹使领州文书。"李贤注："居庸县属上谷郡，有关。"《三国志·魏书·公孙瓚传》："（刘）虞惧瓚为变，遂举兵袭瓚。虞为瓚所败，出奔居庸。瓚攻拔居庸，生获虞，执虞还蓟。"裴松之注引《魏氏春秋》曰："虞兵无部伍，不习战，又爱民屋，敕令勿烧。故瓚得放火，因以精锐冲突。虞众大溃，奔居庸城。瓚攻及家属以还，杀害州府，衣冠善士殆尽。"《资治通鉴》卷六十："（公孙）瓚乃简募锐士数百人，因风纵火，直冲突之，（刘）虞众大溃。虞与官属北奔居庸，瓚追攻之，三日城陷，执虞并妻子还蓟，犹使领州文书。"胡三省注："居庸县，属上谷郡。胡峤曰：自幽州西北入居庸关。宋祁曰：唐妫州怀戎县东南五十里有居庸塞，东连卢龙、碣石，西属太行、常山，实天下之险。"晋时相沿，见于《晋志上》。《魏志上》：东燕州所领上谷郡领县"居庸，孝昌中陷，天平中置"。此居庸县当废于北魏孝昌之际。而东魏天平年间所复置上谷郡及居庸县属东燕州，当寄治于原军都县（今昌平区西南）境，而非相沿于旧址。

（一）清夷水

《水经注·灅水》："灅水又东南，左会清夷水，亦谓之沧河也。水出长亭南，西迳北城村故城北，又西北，平乡川水注之。水出平乡亭西，西北流注清夷水。清夷水又西北迳阴莫亭，在居庸县南十里。清夷水又西会牧牛山水。《魏土地记》曰：沮阳城东八十里有牧牛山，下有九十九泉，即沧河之上源也。山在县东北三十里，山上有道武皇帝庙。耆旧云：山下本有百泉竞发，有一神牛駮身，自山而降，下饮泉竭，故山得其名。今山下导九十九泉，积以成川，西南流，谷水与浮图沟水注之。水出夷舆县故城西南。王莽以为朔调亭也。其水俱西南流，注于沧水。又西南，右合地裂沟。古老云：昔时地裂，分此界间成沟堑。有小水，俗谓之分界水，南流入沧河。又西迳居庸县故城南。魏上谷郡治。昔刘虞攻公孙瓒不克，北保此城，为瓒所擒。有粟水入焉。水出县下，城西枕水，又屈迳其县南，南注沧河。又西右与阳沟水合。水出县东北，西南流迳居庸县城北，西迳大翮、小翮山南。高峦截云，层陵断雾，双阜共秀，竞举群峰之上。郡人王次仲少有异志，年及弱冠，变苍颉旧文为今隶书。秦始皇时官务烦多，以次仲所易文简，便于事要，奇而召之，三征而辄不至。次仲履真怀道，穷数术之美。始皇怒其不恭，令槛车送之。次仲首发于道，化为大鸟，出在车外，翻飞而去，落二翮于斯山，故其峰峦有大翮、小翮之名矣。《魏土地记》曰：沮阳城东北六十里有大翮、小翮山。山上神名大翮神。山屋东有温汤水口。其山在县西北二十里，峰举四十里，上庙则次仲庙也。右出温汤，疗治万病。泉所发之麓，俗谓之土亭山。此水炎热，倍甚诸汤，下足便烂人体，疗疾者要须别引，消息用之耳，不得言大翮山东。其水东南流，左会阳沟水，乱流南注沧河。沧河又左得清夷水口。《魏土地记》曰：牧牛泉西流与清夷水合者也。自下二水互受通称矣。"清夷水又西南流注灅水即今永定河，亦称桑乾河。其"昔时地裂"，《永乐大典》本及明朱谋㙔笺本并作"晋时地裂"。《晋书·五行志下》：晋惠帝元康四年（294年）二月，上谷地震。又，"八月，上谷地震，水出，杀百余人"。《初学记》卷八："《水经注》曰：传言昔时地裂，遂成沟堑，有水，俗谓之分家水。今之怀戎县东北有地裂。"《寰宇记》卷七十一：妫州怀戎县，"地裂沟。《水经注》云：晋时地裂，遂成沟堑，俗谓之分界水。在今县东北"。其怀戎县当在今河北怀来县东北北辛堡址。大翮山及小翮山并见于《隋志中》所述涿郡怀戎县及《寰宇记》等。另据《明统志》卷五：隆庆州，"大翮山，在州城北二十五里，上有王仲庙"。又："佛峪山，在州城西北三十里，下有湿泉。"嘉靖二十八年刊《隆庆志》卷一："大海陀山，在州城西北三十里。高耸万仞，层峦叠巘，云生其巅，雨即随之，上有龙潭，名大海陀。崖畔有巨石，刻'大海陀峯，古迹盛蹟'，八字见存，与冠帽山相望。又名西岩山，下有西岩寺，吞奇吐秀，为妫川八景之一，其名海陀飞雨。""大翮山，在州城北二十五里，上有王仲庙。仲弱冠变苍颉旧文为今隶书，蔡邕曰：上谷王次仲变古成隶，终古行焉。或传秦始皇尝征仲，不至，大怒，诏槛车送之，仲化为大鸟飞去，落二翮于此，因以名山。见《大明一统志》，未详所在。"又："佛峪，在州城西北三十五里，峪口有巨石，昔人镌为佛像，故名。入峪五里有温泉焉。"《清统志》卷三十九："大翮山，在延庆州西北。……旧志：有佛峪山在州西北二十五里，下有温泉。盖即大翮山也。"又："大海陀山，在怀来县东北三十里，接延庆州界。高百仞许，下有龙潭。"近世多以大海陀山当古之大翮山，其东南为小翮山①。比照《水经注》所述，似更近于史实。则古居庸县城当在此山之东南，"其山在县西北二十里"。而今北京延庆区东北团山下龙王潭（黄龙潭）或即为古之"地裂沟"。《读史方舆纪要》卷十一：昌平州，"居庸城，在州西北。汉县，属上谷郡，关因以名。东汉至晋皆为上谷郡属县，后魏、高齐因之，后汉（周）废"。《清统志》卷四十："居庸故城，在延庆州东。汉置县，属上谷郡。后汉建安中刘虞自蓟北奔居庸。即此。《水经注》：魏上谷郡治。按史志，天平中复置，改郡属，北齐并废。"其于古居庸县城所在具体方位均未予指实。可结合此一地区城址沿革及水道演变加以推考。

唐代于此一地区先后置妫州及儒州等。《通典》卷一百七十二：范阳节度使，"清夷军，妫川郡城内。垂拱中刺史郑崇述置，管兵万人，马三千匹"。卷一百七十八："妫州，今理怀戎县。……怀戎，汉潘县地。"并领妫川县。《旧唐志二》："妫州，隋涿郡之怀戎县。武德七年讨平高开道，置北燕州，复北齐旧名。贞观八年改名妫州，取妫水为名。长安二年移治旧清夷军城，天宝元年改名妫川郡，乾元元年复为妫州。"领县"怀戎，后汉潘

---

① 参见民国二十七年重印乾隆七年刊《延庆州志》附《延庆县全图》。

县，属上谷郡。北齐改为怀戎。妫水经其中，州所治也。妫川，天宝后析怀戎县置今所"。《新唐志三》：妫州领县"怀戎，上，天宝中析置妫川县，寻省。妫水贯中"。《寰宇记》卷七十一："妫州，妫川郡，今理怀戎县。……唐武德七年讨平高开道，置北燕州，因齐旧名，领怀戎一县。贞观八年改为妫州，因其中妫水为名。长安二年移治旧清夷军城，兼管清夷军兵万人。天宝元年改为妫川郡，乾元元年复为妫州。"所领"怀戎县，二乡。本汉潘县也，属上谷郡。《晋太康地志》：潘县更属广宁郡，魏孝昌中废，高齐天保六年于此置怀戎县，唐武德七年改置北燕州，贞观八年改北燕州为妫州，县属不改"。又，"妫川县，一乡。唐天宝后析怀戎县置，寻废"。可知其妫州及怀戎县城原沿用古潘县址（今河北涿鹿县西南保岱城址），取城中妫水为州名。至垂拱年间营建清夷军城（今河北怀来县东北北辛堡），当取其所临清夷水为名。长安二年（702年）又移妫州及怀戎县治于清夷军城。至天宝年间析怀戎县置妫川县。《新五代史·职方考》：梁、唐有妫州、儒州，晋入契丹。《资治通鉴》卷二百六十八：后梁乾化三年（913年），晋将李嗣源与燕将元行钦交战。"嗣源进攻儒州，拔之。"胡三省注："唐末于妫州置儒州，领晋山一县。"卷二百八十：后晋天福元年（936年），石敬瑭"割幽、蓟、瀛、莫、涿、檀、顺、新、妫、儒、武、云、应、寰、朔、蔚十六州以与契丹"。胡三省注："儒州领晋山一县，武州领文德一县。武州，《唐志》有之。儒州，盖晋王镇河东所表置。"《文献通考》卷三百十六：古冀州，唐时有妫州二县、儒州一县，宋时无。又，妫州，"石晋设于契丹，契丹改为可汗州。宋宣和末，金灭辽，取其地。……领县二，治怀戎。怀戎，汉潘县地，汉上谷郡城在此"。另一县为妫川。"儒州，唐末置，石晋时没于契丹。领县一，缙山。"其所述当以唐代为准①。而据上所引述，妫川县设置后不久即省废，至唐末置儒州，二者并非共存。

《辽志五》："可汗州，清平军，下，刺史。"所统"怀来县，本怀戎县，太祖改。户三千"。又："儒州，缙阳军，中，刺史。唐置，后唐同光二年

---

① 《文献通考》自序："今所论著九州则以禹迹所统为准，沿而下之。府州军监则以宋朝所置为准，溯而上之。而备历代之沿革焉。至冀之幽、朔，雍之银、夏，南粤之交趾，元未尝入宋之职方者，则以唐郡为准，追考前代，以补其缺。"

隶新州。太宗改奉圣州，仍属。有南溪河、沽河、宋王峪、桃峪口。统县一：缙山县，本汉广宁县地，唐天宝中割妫川县置。户五千。"《金志上》：德兴府领县"妫川，辽可汗州，清平军。本晋妫州，会同元年辽太祖尝名可汗州。县旧曰怀戎，更名怀来，明昌六年更今名。西北有合河、龟头馆、石桥，明昌四年建。缙山，辽儒州，缙阳军，县故名，皇统元年废州来属，崇庆元年升为镇州。镇一：永安"。《元志一》："龙庆州，唐为妫川县，金为缙山县。元至元三年省入怀来县，五年复置，本属上都路宣德府奉圣州。二十二年仁宗生于此。延祐三年割缙山、怀来来隶大都，升缙山为龙庆州。领一县：怀来，下。"其儒州置于唐末。而依《辽志》，缙山县为唐天宝年间析妫川县所置，则其时二县一度并存。至唐末唯存儒州及缙山县，后入于辽。金代相沿，后又废儒州，唯存缙山县；并改怀戎县为怀来县，又改妫川县。元代改妫川县为怀来县，又升缙山县为龙庆州。明代改置隆庆州，后又改称延庆州，即今北京延庆区址。《元志》记龙庆州，"唐为妫川县"，当有所本；而又记"金为缙山县"，则显然与《辽志》所述不合。或指其地在金代为缙山县所属，元初相沿。至元二十二年（1285年）元仁宗生于此①，延祐三年（1316年）升缙山县为龙庆州，方迁于今延庆区址。因儒州已省废，故未述。《明统志》卷五：隆庆州，"唐末析置儒州，辽为儒州、缙阳军，治缙山县。金皇统初州废，以县属德兴府。元至元初省缙山入怀来县，寻复置，属奉圣州，后以仁宗生于此，升为龙庆州。本朝初州、县俱废。永乐十一年诏复置州，改曰隆庆，直隶京师"。领永宁一县。又："废儒州，在州境，唐置，辽因之，金废。缙山废县，在州城内，本汉上谷广宁县地，汉末废，唐天宝末置妫川县，唐末于此置儒州，金废州为缙山县，今废。"嘉靖二十八年刊《隆庆志》卷八所述略同。可表明在明代已不能辨识古儒州及缙山县城所在具体方位。而其以唐末所置儒州相沿于天宝末所置妫州县址，当有所本。如此，唐末所置儒州当即在今延庆区址。然以"缙山废县在州城内"则不确。《读史方舆纪要》卷十七：延庆州，"缙山废县，今州治，汉上谷居庸县地，唐为妫川县地，唐末析置缙山县，为

---

① 嘉靖二十八年刊《隆庆志》卷八："香水园，俗名东花园，在州城东北十二里，元仁宗诞处，其址尚存。"

儒州治。契丹因之，金州废，县属德兴府。元至元三年省入怀来县，五年复置，属奉圣州，延祐三年改属大都路，寻升县为龙庆州，仍属大都路。明初州废，永乐中复置今州。《城邑考》：州城，景泰二年因故址修筑，周四里有奇。万历七年复展修之，今周五里有奇"。"又妫川城在州西，唐天宝中分怀戎县置妫川县，属妫川郡，契丹省入缙山县。"其所述妫川城所在地理方位及兴废，似并无据。《清统志》卷四十："缙山废县，今延庆州治。唐末置为儒州治，元废。按《辽志》：县本汉广宁县地，唐天宝中割妫川县置。考《水经注》：于延水迳广宁城南。则广宁在于延水北，即今宣化县地。今延庆州在清夷水北，乃汉居庸县地，非广宁也。又，新、旧《唐志》皆无缙山，则非天宝中置可知，当从《通考》，唐末所置为是。"其辨今延庆地区"乃汉居庸县地"，当合于史实。而以新、旧《唐志》皆不记缙山县，否定其为唐天宝中析妫川县所置，似并无理。近世在今延庆区东北旧县镇旧县村发现一座古城址，平面略呈长方形，东西长约250米，南北长约180米，占地面积约4.5万平方米。残存城墙长50米，宽6.5米，高5.5米。在城内尚有少量古建筑、石雕、碑刻等明清时期遗物。其东北香营乡小堡村北山下残存有辽代所建缙阳寺遗址。当即为唐辽金元时期缙山县城之所在①。其位于团山西北，当因明永宁县一度治此而得称旧县②。《大金国志·东海郡侯纪》：大安三年（1211年），"十月，大军至晋山县，距燕京百八十里"。《宣宗皇帝纪》：贞祐二年（1214年），"大军北归居庸关，在燕京之北百一十里"③。其时居庸关在今八达岭，则晋（缙）山县南距居庸关七十里，正在此旧县村城址，可进一步证明金元之际缙山县城即在此。其当相沿于唐辽时期缙山县址，而与儒州城相别为二地。

比照《水经注》，其灅水即今永定河（桑乾河）流经怀来县南，而清夷水（沧河）当大致流经今妫水河道。《明统志》卷五："独山，在永宁县西北一十五里。其形独立，故名。亦名团山。"又："妫川，自州界流至怀来

---

① 国家文物局主编《中国文物地图集》北京分册。其并以此城址属北魏居庸县城，似不确。
② 嘉靖二十八年刊《隆庆志》卷一："永宁县，旧治团山下，无城。宣德五年三月侯薛禄奉命统兵至境，相地筑建于今所，周围六里十三步，高三丈五尺，池称之。阀四门，东曰迎晖，西曰镇宁，南曰宣恩，北曰威远。正统间以砖石甃砌完固。"
③ 崔文印《大金国志校证》，中华书局，1986。

城东南,又西流合桑乾水,俗名清水河。""溪河,源自永宁县界团山,流经州南,合沽河,西至怀来入桑乾河。沽河,源自州城东北双营,西南流入溪河。""龙湾河,在永宁县西北一十里,源自缙阳山下,西流入桑乾河。"嘉靖二十八年刊《隆庆志》卷一:"妫川,一名溪河,在州城南百余步。源自大海陀山中,曲折东流,出古城山口里余入地。自龙湾突出,折而西流,经州境合沽河,至猪窝入洋河。"又:"沽河,源自州城东北双营屯,西南流入溪河。景泰间本州后所副千户刘政导之,环流城下西、南二面,东流入溪河。合流至今,民汲者便之。""版桥河,在州城西北十五里,源自阪泉。""清水河,在州城西北三十里,源自五里营。"二水皆南流入溪河。"龙湾河,在永宁城西北十里。源自缙阳山中,西流入溪。"《读史方舆纪要》卷十七:延庆州,"妫川,州东十五里,自永宁县流入界。一名东川。宋淳化二年,契丹主隆绪至儒州,猎于东川,即此。西流至怀来城东南,又西流至保安州境,入于桑乾河。俗名清水河。志云:妫川即古之阪泉,今名韩家川。与天寿山咫尺,其地可屯十万众,设险处也。沽河,在州城南。自州东北双营发源,西南流至此,合于溪河。溪河,自永宁县团山发源,流经州界,至州城南合于沽河,西入怀来卫境,合妫川而注于桑乾河"。其所述诸水道分合流势互有不同,或因一时变迁,或因辨识有误。《清统志》卷三十九:"独山,在延庆州东,巍然独立。一名团山。溪河出此。《水经注》:'《土地记》曰:沮阳城东八十里有牧牛山,山下有百泉竞发。'《水经注》:山在居庸县东北三十里,有一神牛駮身,自山而降,下饮泉竭,故名。按沮阳,今怀来县,以方位道里计之,疑即此山也。"又:"妫河,自延庆州东北发源,西流迳州城南,又西迳怀来县城南,又西南流入桑乾河。本古清夷水也。今讹曰妫河。……按《括地志》:妫水在怀戎,本汉潘县。在今保安州西南界。此自是清夷水。《辽史》谓妫泉在可汗州城中。《宣镇志》谓出延庆海沱山。皆不察怀戎之移治清夷而误指也。沧河,在延庆州南。……《宣镇志》谓之溪河,源出团山,自永宁县西南流入延庆州界。旧志又谓之龙湾河,在永宁卫西十里,源出团山南龙王潭,其东又有暖泉,皆南入妫河。盖即古九十九泉之余流,今皆指为妫河上源也。""板桥河,在延庆州西北十五里,源出阪泉,西南流入妫河。按《水经注》:

阳沟水出居庸县东北，西南流迳县城北，西迳大翩山、小翩山南，又南注沧河。即此。温泉河，在延庆州西北三十里佛峪口。《水经注》：大翩山石出温汤，疗治万病。泉所发之麓，俗谓之土亭山。其水东南流，左会阳沟水，乱流南注沧河。《册说》：温泉河在州西北三十里，源出佛峪山，南入妫河。"所辨有理。以今独山即团山当牧牛山，大体可信。今妫水河即牧牛山水（沧河），流经居庸县城南；亦即《辽志》所述之"南溪河"，则古儒州即在今延庆区址，无可置疑。而今三里河即粟水，亦即沽河，并见于《辽志》。二水于城南相汇。今板桥河即阳沟水，而《明统志》所述"妫川"似即指此水，"俗名清水河"。其"自州界流至怀来城东南，又西流合桑乾水"。唐于今延庆区置妫川县，金改怀来县为妫川县，当缘于此。其于今延庆区西南与溪河相汇，由此推及溪河亦得称妫川，当在金元之际，"板桥河"之称初见于《隆庆志》，并另记"清水河"。其"在州城西北三十里，源自五里营"，当即指《清统志》所述之"温泉河"，亦即《水经注》所述"温汤水"，"左会阳沟水，乱流南注沧河。沧河又左得清夷水口"。此温汤水与阳沟水相汇处今为官厅水库北区，沧河与清夷水相汇处当在其南。今妫水河以南已无清夷水，在延庆区南下屯至东杏园之间残存有东西向古河道，在大漧沱村一带残存有南北向古河道，在康庄以东及北部残存有自东南流向西北马营村的古河道，或即属古清夷水及平乡川水。如此，今延庆区一带诸水流势与《水经注》所述大体相合，延庆区当即为古居庸县城之所在，唐以后又为妫川县等所沿用。自此，魏孝昌年间废弃居庸县，至唐天宝年间于此置妫川县已二百余年，或对其所属已难以辨识，故《旧唐志》于所述"今所"下无文[①]。

（二）居庸城

古居庸县城规制可据相关记载大致推得。嘉靖二十八年刊《隆庆志》卷一："本州城因元之旧，周围四里零一百三十步。永乐甲午复设州治，宣德五年阳武侯薛禄奉命补修，岁久陵夷。景泰二年知州胡琏请于朝，上命

---

① 《旧唐志二》："妫川，天宝后析怀戎县置。今所。"其"今所"下当有缺文。依其所述云州云中县"今治，即后魏所都平城也"文例，或原拟记为"今所，即后魏上谷郡治居庸县也"。

副总兵都督纪广率军修筑之。城高二丈二尺，雉堞七尺，垛口三尺五寸，厚四丈三尺，池阔二丈，深一丈。扁其南门曰奉宣，北门曰靖远，东门曰致和。潮阳林廷举记其事。景泰三年副千户刘政导沽河水环流城下。天顺七年知州师宗文、守备指挥金事汪溶以砖石甃砌，寻止。成化三年知州李䨥、守备千户刘政协力甃砌，殆完。嘉靖间巡按御史李宗枢议欲完之，未果也。"其林廷举撰《延庆州城记》言："距居庸北有州曰延庆，相传建自金元，沿革湮没无征。"并记景泰二年"经始七月初二日兴工，八月初五日缭垣深堑，巍堞重门焕乎一新。复建丽谯以司昏晓，新门额以耸观瞻"。光绪六年刊《延庆州志》卷一："州城因元之旧。明永乐十二年复设州治，宣德五年阳武侯薛禄奉命补修，岁久倾圮。景泰二年知州胡琏请命，副总兵纪广率军修筑，高二丈二尺，周四里零一百三十步，雉堞七尺，垛口三尺五寸。门三，南曰奉宣，北曰靖远，东曰致和。天顺七年知州师宗文、守备指挥汪溶以砖石甃砌，成化三年知州李䨥，千户刘政甃砌，俱中辍未竣。嘉靖间巡按御使李宗枢议完，弗果。二十八年奉文拨民夫修成，添高七尺。万历八年知州师嘉言奉文展修北城，阔五十步，周四里三百四十六步。三十六年淫雨，坍塌七处，知州杨惟相督令士民包修，开西水门，曰西成。四十四年知州宋云霄、吏目夏诏功添修南关并新堡砖墙，长二百二十七丈七尺，角台一，敌台一，关门二，水门二，操守桂逢春、把总田济世督修。国朝康熙间知州祁斌、宋永清前后补葺，高三丈五尺，宽一丈五尺至二丈不等，周如旧式，门四。西门狭小。池阔二丈，深一丈余。明景泰三年千户刘政导沽河水环流城下。今东面城濠长一百九十二丈，南头宽十四丈、深一丈六尺，中宽九丈、深一丈六尺，北头宽六丈五尺、深二丈；北面城濠长二百五十二丈，东头宽七丈六尺、深一丈六尺，中宽六丈五尺、深一丈六尺，西头宽七丈、深一丈七尺五寸。西面、南面俱以河为濠。（旧志云：妫川河旧绕城东南角，每遇夏月淫雨，山水暴涨，城脚地台不无坍塌，虽加修，不能保固，南关西新堡居民近水，甚属可虞。知州宋永清集州人士，议借旗圈浚水南行，远城里许，更树堤以障冲决，至今赖之。）"其万历四十四年增筑南关及西新堡事并见于韩浚撰《修南关新城记》："延庆新城南关成，州牧宋君以其状来曰，宣镇之有延庆也，始于永乐中文皇帝驻跸于此，山河四望，乐而安之，因命尚书赵公玒建州于沽之东、妫之北云。其后独南关成聚，烟火庐井埒于中州。自是皇华按部使者每驻节焉。嘉隆间塞土凡七中敌，独南关无恙。彼时所以制敌者，土墙犹固，妫水为池耳。年来墙圮而妫流浅涸，褰裳可涉。且州城故遵妫岸以筑，坤方内缩，无不稍缺。先是莅州者计增修而未遑也。云霄守兹土四载，每睹之而低徊却顾不能已。会观察使绩溪胡公持宪节镇怀隆，大修边备，乃得以士民议上请，报可，既奉规画矣。因而简材官，经费用，物土方，计徒庸，因力于军，因食于粮，夙宵奉行惟谨，修筑砖墙二百丈有奇，包络河西一屯，为敌台者二、角台者一、关门二、水门二，□土为石，浚妫为池，筑坝引诸流衍灌溉沟塍稻畦，柳荫森然弥望矣。"则此城当沿用元以前旧址，明代先后扩筑北城及增筑西新堡城。其西、南两面以沽河为濠，东、南两面引沽河水为濠，南流入妫水河。清代相沿，并引移妫水河道于城南一里余。至民国时期城垣犹存，周长2216米，城池面积3.1平方公里。二十世纪七十年代沿用旧城墙修筑街道，东顺城街长900米，南顺城街长400米，西顺城街长

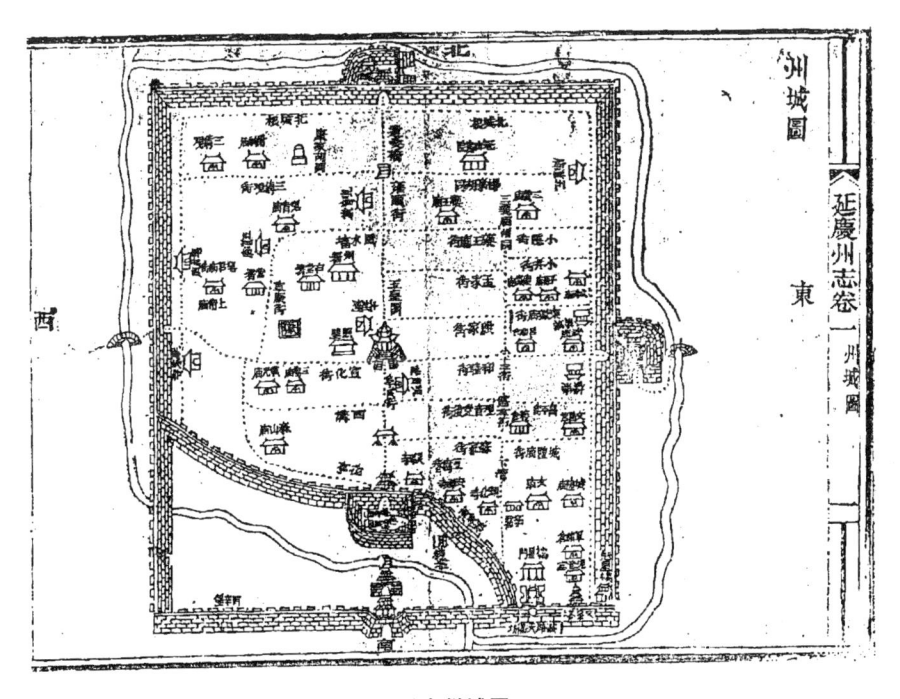

延庆州城图
(据光绪六年刊《延庆州志》附图)

300米，北顺城街长750米，而于西北城角一带未接通。今延庆区旧城西北角尚残存明代城墙及马面遗迹，长约110米，城外有护城河遗迹①。

其城南临妫水河即古沧河。《明统志》卷五：隆庆州，"溪河桥，在州城南，永乐中因旧重修"。嘉靖二十八年刊《隆庆志》卷一："广济桥，旧名溪河桥，在州城南百余步，跨妫川。河流湍激，夏月水涨，不啻轰霄战鼓，桥木悉被推荡，行人病涉，或有溺而死者。秋冬水涸，仍复为之，随修辄坏，所费甚多，民亦劳止。近年河流北啮，坏民园圃，漱出石桩三四十根，长者丈余，短者寻尺，其大合抱，莫知年代。桑海沧田，讵不信欤？知州李肅命工修理，架木覆土，颇为完固，寻复鼓坏。嘉靖八年义官杨琛捐己赀百余两，为重修先倡，既而州民竞舍牛车米粟助之，为石桥十空。十八年比丘德倧募众整饰大备。"又："通济桥，在州城西北角，跨沽河。旧架木覆土，秋每淤陷。嘉靖间知州冯宗龙以石修砌完固，民甚便之。"其广济桥跨妫水河，北距城墙百余步，合今约200米。"妫川河旧绕城东南角"，则东南城角南距妫水河当亦百余步，南垣东段顺河势折向东北。元陈孚诗《妫川》："榆林青茫茫，塞云三十里。忽闻鸡犬声，见此十家市。石桥百尺横，其下跨妫水。人言古妫水，残城无乃是。民家坐土床，嬉笑围老稚。粝饭侑山蕋，劝客颜有喜。足迹半天下，爱此俗淳美。醉就软莎眠，梦游葛天氏。"②其"榆林"当即指今康庄镇西南榆林堡，元代置驿，明代建堡城，至今犹存遗迹。其东北距延庆区约30里，则所言"石桥百尺横，其下跨妫水"，当即指明清时期广济桥。时当元初，此城已废，其当始建于辽金之际，"永乐中因旧重修"，成化中发现"石桩三四十根"。"人言古妫水，残城无乃是。"以石桥下跨妫水而推知此城当属唐代所置妫川县城。实则是置妫川县在前，其南临沧河演称妫水在后。而至元初，"残城"犹可辨识。其南垣西段外临沽河，顺河势折向西北，"坤方内缩"。西垣外亦临沽河，有通济桥横跨其上。其沽河流势与《水经注》所述粟水"出县下，城

---

① 新编《延庆县志》第十一编《城乡建设》第二章《县城》，北京出版社，2006。国家文物局主编《中国文物地图集》北京分册。
② 据康熙十九年刊《延庆州志》卷九引。另据《元史·陈孚传》：陈孚，字刚中，台州临海人。至元中谒选京师。至元二十九年奉命出使安南，归还后"除翰林待制，兼国史院编修官"。不久出任地方官，再未回京。其游览京师地区当在至元年间。

西枕水，又屈迳其县南，南注沧河"相同，则汉魏时期居庸县城西南部形制已是如此。明景泰间导沽河"环流城下西、南二面，东流入溪河"。当即沿用原粟水河道。又，今延庆区西南约2公里谷家营村东北于1975年发掘唐代张乾曜夫妻合葬墓，出土墓志铭记："唐故南阳张公墓志铭并序。云麾将军、守右金吾卫大将军，试太常卿，防御军防城副使……果毅公讳乾曜，孝悌承家，忠贞奉国，材当御侮，职副专城，赫奕一门，光荣九族。……公享年有八十，至元和八年正月六日终于任所之私第，以其年三月甲寅朔七日庚申迁祔于军之西南五里古原，礼也。"① 其"军"，当指军城②。其墓地所在东北五里大致在延庆旧城西南隅，则唐代于天宝年间置妫川县后，又一度置防御军于此，而后方置儒州。在延庆区东大街曾发现唐代窖藏，出土有隋五铢、开元通宝及乾元重宝等。在南菜园、颖泽洲及西屯村等地发现多座唐代墓葬。在铝箔厂（北京铝加工厂）院内发现侯臣夫妻合葬墓，内有壁画，壁龛内立墨笔书写的方砖墓志1合，记墓主侯臣卒于开元二十二年二月四日③。可表明此城址在天宝年间置妫川县以前已有各类人群聚集，且一直呈连续性发展。而依上所引述，其城原"周围四里零一百三十步"；万历年间"展修北城，阔五十步，周四里三百四十六步"。其五十步，合今约80米④，则原城北垣当大致在今三清观街一线，西垣及东垣当即为延庆旧城此线以南之西垣及东垣。

嘉靖二十八年刊《隆庆志》卷一："本州街乃赵尚书所画，以居军民者分阴阳焉。意亦微矣。此愚闻之父老者，今民多不知也，故著之。和睦街，通致和门。宣化街，抵延寿寺。阜成街，通奉宣门。雍顺街，通靖远门。

---

① 盛会莲：《北京考古志》延庆卷，墓葬图版五七，上海古籍出版社，2012。
② 据《新唐志三》，妫州，"有清夷军，垂拱中置"。"又有怀柔军，在妫、蔚二州之境。"所领怀戎县，"西有宁武军。又北有广边军，故白云城也"。或此防御军城即为妫州境内怀柔军驻地，隶属于范阳节度使。
③ 国家文物局主编《中国文物地图集》北京分册。盛会莲：《北京考古志》延庆卷。
④ 明代以五尺为一步，三百六十步为一里。依明初通行宝钞尺一尺合今约 0.34 米推计，其城原周长四里一百三十步即 7850 尺，合今约 2669 米。而依明中后期通行营造尺合今约 0.318 米推计，其展修北城后周长四里三百四十六步即 8930 尺，合今约 2839.74 米。后者较前者相差约 170.74 米，而依营造尺推计，其五十步即 250 尺合今约 79.5 米。其西垣及东垣分别向北延展约 79.5 米，合计约 159 米，与二者相差值仅约 11.74 米，可表明除向北拓展外，其他一如旧制。参见陈梦家《亩制与里制》，《考古》1966 年第 1 期。

澄清街，东通察院。文林街，南通儒学。昌平街，在和睦街前，以昌平县迁民所居，故名。以上七街俱居民。里仁街，在和睦街后。后街，在里仁街后。阜成南街，在澄清街前。以上三街，民居南向，军居北向。北城下，南城下，灵照寺西，俱居军，使面城。"其赵尚书即赵羾，永乐年间为礼部尚书，奉命督建隆庆州城。其和睦街即今东大街，明代有按察分司在路北，称北察院。宣化街即今西大街，延庆寺在西垣下①，州署在路北，明代有布政分司在州署西北，称西察院。阜成街即今南大街，雍顺街即今北大街。澄清街即今苏子街及城隍庙街，明代有监察御史治所，称南察院。文林街即今下湾街，南通州学，内建孔庙。昌平街即今昌平街及观音街，里仁街即今阴子街及东岳庙街，后街即今孟子街及小井街，阜成南街即今豆腐巷。灵照寺在南门之东，至今犹存②。在灵照寺西、北垣下、南垣下留有空地，可居军③。其与上所推测的明初隆庆州城的规制大体相合。而城内布局既形成于永乐年间，则极有可能即相沿于元以前。《明统志》卷五："古台，在州治东北。"当属元以前建筑遗迹。嘉靖二十八年刊《隆庆志》卷二："州治在城中稍西。创自永乐十二年，知州陆震权为草舍以莅事，宣德九年知州杨宾始易之以瓦，规制苟完。正统十四年胡虏犯边，人民惊溃，知州王铭持印之京，厅事司房悉毁于火，止存仪门三间。景泰二年民始复业，知州胡琏等皆因循，未为修理。成化三年知州李蕴莅任，政恬人和，百废俱兴，始鸠工聚材，鼎新重建，规模严正，廉隅整饰，视昔有加，足以耸民之观瞻矣。"其前有正厅，后为内宅等。而后大体维持此制。光绪六年刊《延庆州志》卷一："内宅五间，东西厢房各三间。东厢房北有高台，可以望远。"其"高台"当即相沿于原"古台"，为成化年间重建州署时扩包在内。又，嘉靖二十八年刊《隆庆志》卷八："古台，在州治西北十余步，倚

---

① 嘉靖二十八年刊《隆庆志》卷八："延庆寺，在州治西城下。莫稽所始，先为尼所据，成化四年知州李蕴斥之，仍听僧居。"
② 嘉靖二十八年刊《隆庆志》卷八："灵照禅寺，在州治东南，面城。创自金，旧名观音寺，元末兵燹。永乐中有璵禅师者即故址募缘构庵，为祝釐之所，赵尚书代作化缘诗。宣德五年僧清潭募建殿宇，正统五年请赐今额，进士、本州学正高邮刘镒撰碑记之，天顺二年住持道宽建天王殿，成化六年住持本祥建山门、丈室、廊庑，巍焉奂焉，实一郡之胜也。"
③ 参见嘉靖二十八年刊《隆庆志》卷一。

城废址,至嘉靖间吏目丁运开新街,殆尽。"其十余步,合今约 20 米,所开新街当即今风水街及皂君庙街、药王庙街。古台"倚城废址",当指其北与残存城墙相连,用于军事防御,极有可能营建于唐代于此置军城之际。而所残存城墙当大体在今风水街以北、三清观街以南,则原城之北垣当大体在此一线。而原城之西垣当在此线以南之延庆旧城西垣(今西大街西口以南约 50 米)一线,原城之东垣当在此线以南之延庆旧城东垣(今东顺城街)一线,原城之南垣当在延庆旧城南垣(今西大街西口以南约 50 米斜向东南,经由南门及灵照寺折向东北,连接南顺城街,与东顺城街相接)一线,略小于明初所置隆庆州城。其因于旧址,而古居庸县城规制当即如此。在延庆区城内原畜产品出口公司、原北京建设局驻延庆工地、宣传站,延庆城外王庄村、米家堡石场等地发现战国时期金属铸印窖藏及匽字刀币等。在妫水河南岸二中、南辛堡、南菜园、颖泽洲、西屯村等地发现数百座汉代墓葬,在大榆树镇北小泥河桥发现汉代货币窖藏,在大榆树镇杨户庄西北发现汉代遗址等①。均可为此地在战国秦汉时期已筑古居庸城提供佐证。

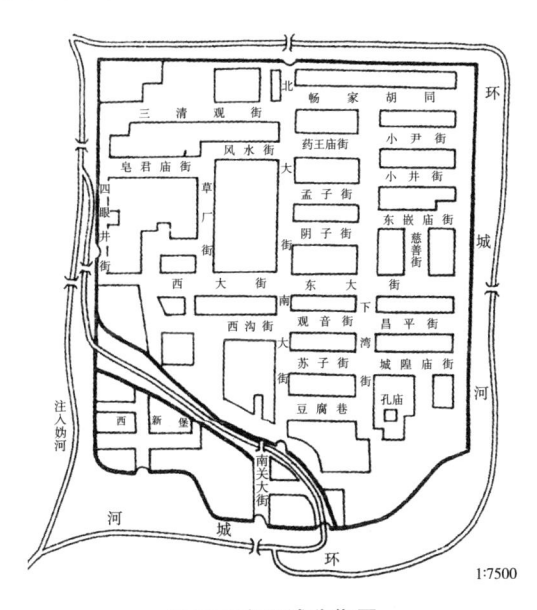

民国延庆县城分街图

(据新编《延庆县志》附民国时期延庆县城分街图)

---

① 盛会莲:《北京考古志》延庆卷。

在延庆区南约 10 公里西拨子村发现的西周中晚期青铜器窖藏中已可见到土著文化与燕及中原文化共存的因素，如三足铜鼎在形制上未做任何改变，却在口沿部位加铸了一周燕及中原文化地区特有的重环纹等。在原延庆县城西北 13 公里靳家堡乡玉皇庙村（今属延庆区张山营镇）东发现玉皇庙文化墓葬 400 座，时代从春秋早期至春秋晚期，墓向及死者头向绝大多数呈东向，另有少数呈西向、北向及南向。殉牲种类主要为马、牛、羊、狗四种，随葬器物中陶器均以土著的夹砂红陶罐为主，而以泥质灰陶器为辅；兵器均以直刃匕首式青铜短剑为主，工具皆以青铜削刀为主，并有富有特色的青铜锥（针）管具等，装饰品则均以写实动物纹（虎形和马形）等牌饰及各式青铜带钩为主。其中 19 座墓葬中出土含有燕及中原文化因素的青铜礼器和兵器。在一些晚期墓葬中发现以家猪下颌作祭牲的现象。其当属史书上记载的此一时期聚居于燕北的山戎人遗存[①]。而此一支系的活动范围当包括今延庆城区即古居庸城一带。

古居庸县城南有居庸关。《吕氏春秋·有始览》："何谓九塞？大汾、冥阨、荆阮、方城、殽、井陉、令疵、句注、居庸。"高诱注："居庸在上谷沮阳之东，通军都关也。"毕沅校："军都关，旧讹作居都关。《淮南》注作运都关。钱云：运乃军之讹。军都亦上谷县，在居庸之东。"又，《淮南子·坠形训》："何谓九塞？曰太汾、渑阨、荆阮、方城、殽阪、井陉、令疵、句注、居庸。"高诱注："居庸在上谷沮阳之东，通浑都关也。"《水经注·㶟余水》："㶟余水出上谷居庸关东（经文）。关在沮阳城东南六十里居庸界，故关名矣。更始使者入上谷，耿况迎之于居庸关。即是关矣。其水导源关山，南流历故关下。"其㶟余水，当依《后汉书·王霸传》李贤注引文作温余水，即今温榆河。源自今八达岭东青龙潭，称涧河。沮阳城在今河北怀来县大古城址，其东南六十里，正当今八达岭附近[②]。又，上引宋祁言唐妫州怀戎县（今怀来县北辛堡址）东南五十里有居庸塞，亦当在此。则古时居庸关当在今八达岭附近，北距居庸县城约三十里。而"居庸"很可能即属此一支山戎人族系之称的拟音字，含义已无从推考。战国时期，

[①] 宋大川主编《北京考古史》东周卷第三章《东周时期的玉皇庙文化》。
[②] 参见宋国玺、于秉银《居庸关考》。

此一族系主体外迁，又有燕人等迁入，混杂而居，并在此基础上兴筑城邑，即以"居庸"之名称之，后为上谷郡属县。

雊瞀县城

雊瞀县，西汉时期属上谷郡，见于《汉志下》。孟康曰："音句无。"东汉时期相沿，见于《后汉志五》。晋以后省废。《水经注·㶟水》："㶟水又东流，祁夷水注之。水出平舒县，东迳平舒县之故城南泽中。《史记》：赵孝成王十九年以汾门予燕，易平舒。徐广曰：平舒在代。王莽更名之曰平葆。后汉世祖建武七年封扬武将军马成为侯国。其水控引众泉，以成一川。《魏土地记》曰：代城西九十里有平舒城。西南五里，代水所出，东北流。言代水，非也。祁夷水又东北迳兰亭南，又东北迳石门关北。旧道出中山故关也。又东北流，水侧有故池。按《魏土地记》曰：代城西南三十里有代王鱼池。池西北有代王台，东去代城四十里。祁夷水又东北得飞狐口，即广野君所谓杜飞狐之口也。苏林据郦公之说，言在上党，即实非也。如淳言在代，是矣。晋建兴中，刘琨自代出飞狐口，奔于安次。即于此道也。《魏土地记》曰：代城南四十里有飞狐关。关水西北流迳南舍亭西，又迳句瑛亭西，西北注祁夷水。祁夷水又东北流迳代城西。卢植言：初筑此城，板干一夜自移于此，故代西南五十里大泽中，营城自护，结苇为九门，于是就以为治。城圆匝而不方，周四十七里，开九门。更名其故城曰东城。赵灭代。汉封孝文为代王。梅福上事曰：代谷者，谷中之地，恒山在其南，北塞在其北，上谷在东，代郡在西，是其地也。王莽更之曰厌狄亭。《魏土地记》曰：城内有二泉，一泉流出城西门，一泉流出城北门，二泉皆北注代水。祁夷水又东北，热水注之。水出绫罗泽，泽际有热水亭。其水东北流注祁夷水。又东北，谷水注之。水出昌平县故城南，又东北入祁夷水。祁夷水右会逆水。水导源将城东，西北流迳将城北，在代城东北十五里。疑即东代矣，而尚传将城之名。应劭曰：城徙西南，去故代五十里，故名代曰东城。或传书倒错，情用疑焉，而无以辨之。逆水又西注于祁夷之水。

逆之为名，以西流故也。祁夷水东北迳青牛渊。水自渊东注之。耆彦云：有潜龙出于兹浦，形类青牛焉，故渊潭受名矣。潭深不测，而水周多莲藕生焉。祁夷水又北迳一故城西，西去代城五十里。又疑是代之东城，而非所详也。又迳昌平郡东，魏太和中置，西南去故城六十里。又北，连水入焉。水出雊瞀县东，西北流迳雊瞀县故城南。又西迳广昌城南。《魏土地记》曰：代南二百里有广昌城，南通大岭，即实非也。《十三州记》曰：平舒城东九十里有广平城，疑是城也。寻其名状，忖理为非。又西迳王莽城南。又西，到刺山水注之。水出到刺山西。山甚层峻，未有升其巅者。《魏土地记》曰：代城东五十里有到刺山，山上有佳大黄也。其水北流，迳一故亭东，城北有石人，故世谓之石人城。西北注连水。又北迳当城县故城西。高祖十二年，周勃定代，斩陈豨于当城，即此处也。应劭曰：当桓都山作城，故曰当城也。又迳故代东，而西北流注祁夷水。祁夷水西有隋山，山上有神庙，谓之女郎祠，方俗所祠也。祁夷水又北迳桑乾故城东，而北流注于灅水。《地理志》曰：祁夷水出平舒县北，至桑乾入治，是也。灅水又东北迳石山水口。水出南山，北流迳空侯城东。《魏土地记》曰：代城东北九十里有空侯城者也。其水又东北流注灅水。"

其雊瞀县故城之所在具体方位，唐宋以来无确指。《读史方舆纪要》卷四十四：蔚州，"雊瞀城，在州东北百里。汉县，属上谷郡。读曰句无"。《清统志》卷四十："雊瞀故城，在蔚州东。"其蔚州置于唐代，在今河北蔚县址。另有定安县置于辽代，在今蔚县东北约30公里定安县村，明代省入蔚州。其灅水又称桑乾河，祁夷水即今壶流河。《清统志》卷三十九："壶流河，在蔚州北。……州志：壶流河在州北半里，自州西东流会滋泉，又东北会燰泉，又东迳城北，南通城濠。又东北会金河、七里河之水。又东北至州东北境入桑乾河。"又："金河，在蔚州东，即古倒刺山水也。……旧志：金河在蔚州东南七十里，发源小五台山，西北流入壶流河。其水映石如金，故名。又有乾河，在州东南三十里，源出太白山，流二里出口，散溉民田数十里，流会金河。""金波泉，在蔚州东二十里古代王城内，有二泉合流而北，名七里河，流入金河。"又："青牛渊，在蔚州东。……州志：有莲花池在州东北六十里，周一百五十步，中栽荷莲，盖即古青牛渊也。"其以古青牛渊在今莲花池,大体可信。而以今金河属古倒刺山水则似不确。依今所见此一地区诸水流势,今安定河之源临近古倒刺山(今河北涿鹿县西南倒拉嘴村),当即属古倒刺山水。今金河在其南,则当属古连水。二水相汇于今莲花池一带,又西北流入壶流河。而乾河则当属古逆水,原单独"西注于祁夷之水",后改汇入金河。

今蔚县东北约10公里代王城镇代王城村周围残存有代王城城址,平面大致呈椭圆形,南北长约3000米,东西长约2000米。城墙夯土修筑,基宽10~20米,残高1~10米。城内中部有一小城,平面近方形,边长约40米。时代判属东周至汉代。其所在方位与《水经注》所述代城相符。另在此代城东北约7公里今西合营镇横涧村东发现一处战国及辽金时期遗址,面积约10万平方米,文化层厚1米,暴露遗迹有灰坑,采集遗物有战国时期的夹砂和泥质灰陶绳纹罐、盆及素面豆,辽金时期的酱釉、白釉瓷碗、罐等残片[1]。其所在方位与《水经注》所述将城相当,或即属之。其东临乾河即古逆水,亦较为相合。

在壶流河东祁家皂乡陈家湾村东20米发现一处战国时期城址,平面呈长方形,东西长约200米,南北长约180米,城墙夯土修筑,基宽约3~5米,残高1~5米,采集遗物有夹砂和泥质灰陶绳纹板瓦、筒瓦、罐、盆、鬲及素面豆等残片。另在陈家湾村东北250米发现东周时期遗址,面积约8万平方米,暴露遗迹有灰坑,采集遗物有夹砂和泥质灰陶绳纹罐、盆等残片。在陈家湾遗址东南约5公里白乐镇四村南160米发现战国至汉代遗址,面积约20万平方米,采集遗物有泥质灰陶绳纹板瓦、罐、盆等残片,其南白乐镇二村南、东北常宁乡黄土梁村、祁家皂乡古守营村等发现汉代封土墓。其北白乐镇五村东南发现龙山文化及夏家店下层文化遗址,面积约24万平方米,在白乐镇前堡村、后堡村、尹家皂村、南柳枝村残存有明代城堡遗迹[2]。其二者均位于今金河即古连水之北,而陈家湾城址在西,与《水经注》所述广昌城(广平城)所在方位相当,且西距平舒城(今山西广灵县西十里)恰约九十里,当即属之。如此,白乐

---

[1] 国家文物局主编《中国文物地图集》河北分册。
[2] 国家文物局主编《中国文物地图集》河北分册。

镇四村遗址极有可能即为雊瞀县故城之所在。另在祁家皂乡北大坪村发现一处汉代遗址，面积约1万平方米，采集遗物有泥质灰陶素面罐、盆等残片。村东发现有汉代墓葬群。其所在方位与《水经注》所述王莽城相当，或即属之。

依《水经注》所述，在代城西南三十里有代王鱼池，其当在今蔚县西南壶流河水库一带。今在壶流河水库西岸下宫乡苏官堡村东发现一处战国至汉代遗址，面积约8万平方米。采集遗物有夹砂红褐陶绳纹盆和泥质灰陶绳纹罐、盆等残片。在暖泉镇北、西及趄坡村、太平庄发现汉代封土墓葬群。其与《水经注》所述兰亭所在方位大致相当，或即属之。今壶流河流经苏官堡村北，或由后世水流改移所致。另在壶流河水库东岸宋家庄乡吕家庄村西北发现一处战国至汉代遗址，面积约9万平方米，采集遗物有泥质灰陶绳纹罐、盆、甑及素面豆等残片。在吕家庄西北、崔家庄北、小寙村发现汉代封土墓葬群。其所在方位与《水经注》所述句瑓亭大体相当，或即属之。

又依上引《水经注》，连水与到刺山水汇合后，"又北迳当城县故城西。高祖十二年，周勃定代，斩陈豨于当城，即此处也。应劭曰：当桓都山作城，故曰当城也"。杨守敬以此当城"在今蔚州东北"。然在此一带并未发现相关遗迹。其斩陈豨于当城事见于《汉书·高帝纪》。韦昭曰："代郡县也。"《史记·高祖本纪》："樊哙别将兵定代，斩陈豨当城。"《索隐》："代之县名也。"《正义》："《括地志》云：当城在朔州定襄县界。《土地十三州记》云：当城在高柳东八十里。县当常山，故曰当城。"又，《汉志下》：代郡属当城县下，颜师古曰："阚骃云：当桓都城，故曰当城。"王先谦《汉书补注》案："据此，阚骃乃应劭之讹。桓都下夺山作二字。"则汉代当城县或并不在此。《水经注·㶟水》："（如浑水）又南流迳班氏县故城东，王莽之班副也。阚骃《十三州志》曰：班氏县在郡西南百里，北俗谓之去留城也。如浑水又东南流，注于㶟水。㶟水又东迳北平邑故城南。赵献侯十三年城平邑。《地理志》属代，王莽所谓平胡也。《十三州志》曰：城在高柳南八十里，北俗谓之丑寅城。㶟水又东迳沙陵南。魏金田之地也，事同曹武邺中定矣。㶟水又东迳狋氏县故城北，王莽更名之曰狋聚也。《十三州志》

曰：县在高柳南百三十里，俗谓之苦力干城矣。㶟水又东迳道人县故城南。《地理志》曰：王莽之道仁也。《地理风俗记》曰：初筑此城，有仙人游其地，故因以为城名矣。今城北有渊，潭而不流，故俗谓之为平湖也。《十三州志》曰：道人城在高柳东北八十里。所未详也。㶟水又东迳阳原县故城南。《地理志》曰：代郡之属县也，北俗谓之比郍州城。㶟水又东，阳原水注之。水出县东北泽中，北俗谓之太拔迥水。水自泽东南流，注于㶟水。又东迳东安阳县故城北。"又："（于延水）于大宁郡北右注雁门水。《山海经》曰：雁门之水出于雁门之山。雁出其间，在高柳北。高柳在代北。其山重峦叠巘，霞举云高，连山隐隐，东出辽塞。其水东南流迳高柳县故城北，旧代郡治。秦始皇二十五年虏赵王嘉，以为郡，王莽之所谓厌狄也。建武十九年，世祖封代相堪为侯国。昔牵招斩韩忠于此处。城在平城东南六七十里，于代为西北也。雁门水又东南流，屈迳一故城，背山面泽，北俗谓之叱险城。雁门水又东南流，屈而东北，积而为潭。其陂斜长而不方，东北可二十余里，广一十五里，蒹葭薆生焉。敦水注之。其水导源西北少咸之山南麓，东流迳参台县故城南。《地理风俗记》曰：道人城北五十里有参台乡，故县也。敦水又东，泌水注之，水出东阜下，西北流迳故城北，俗谓之和堆城。又北合敦水，乱流，东北注雁门水。"其雁门水大致循行今南洋河水道。平城在今山西大同市区，唐代于此置云州及云中县。《通典》卷一百七十九，云州云中县"有故高柳城"。《寰宇记》卷四十九：云州云中县，"高柳、武周、桑乾、东安阳、道人、且如、马城、平邑、阳原、昌平、参合、当城、柏山、永固，已上并汉旧县"。又引《入塞图》：平城"又直东行二百二十里至高柳城，又东行一百八十里至代郡城"。而比照《水经注》所述高柳城在平城东南六十七里，其"二百二"当属"六"或"七"之误。杨守敬以高柳城"在今大同县东南"[1]，当近于史实。如此，"道人城在高柳东北八十里"，当即在今阳高县东南古城镇址。而"当城在高柳东八十里"，当与之大致相当。杨守敬以当城"在今蔚州东北"，似不

---

[1] 《水经注疏》卷十三。

确。依今所见，桑乾河在古城镇南至河北阳原县南一带流势明显偏向东北，或有可能当城即在此一段桑乾河以东。由此推之，今传本"又北迳当城县故城西。高祖十二年，周勃定代，斩陈豨于当城，即此处也。应劭曰：当桓都山作城，故曰当城也"，当属窜误，而原当接于"道人城在高柳东北八十里"之下、"所未详也"之上。杨守敬按：（所未详也）"此四字衍文。上未言道人城在何地，则引《十三州志》正以为据，何得云未详？"① 实则"所未详也"，当就应劭曰"当桓都山作城"而言。在揣骨疃村东发现一处战国至汉代、辽代遗址，面积约 1 万平方米，采集遗物有战国至汉代泥质灰陶绳纹罐、盆及素面豆，辽代白釉瓷碗残片等。其南发现汉代封土墓葬群。或与之相关。其地东南距代城址约 50 公里，则由高柳城经此至"代郡城"恰合"一百八十里"。其地处桑乾河谷地。其斩陈豨事并见于《史记·樊哙传》：汉高祖十一年，樊哙"破（陈豨）别将胡人王黄军于代南，因击韩信军于参合。军所将卒斩韩信，破豨胡骑横谷，斩将军赵既，虏代丞相冯梁、守孙奋，大将王黄、将军、太仆解福等十人。与诸将共定代乡邑七十三"。《正义》："谷音欲。盖在代。"《韩信卢绾列传》："高祖十二年冬，樊哙军卒追斩豨于灵丘。"《正义》："蔚州是。"《绛侯周勃世家》："因复击豨灵丘，破之，斩豨，得豨丞相程纵、将军陈武、都尉高肆。定代郡九县。"《索隐》："《地理志》：县名，属代郡。"《正义》："灵丘故城在蔚州灵丘县东十里，汉县也。"《汉书》所述略同。其灵丘故城在今山西灵丘县东，北距今阳原县约 50 公里。当年战事当即在此二地之间进行，亦可表明古当城当在此一带。又，《清统志》卷三十九："横谷，在蔚州西北。汉高帝十一年，樊哙破陈豨地横谷，即此。"或此横谷即指古当城所在之桑乾河谷地，樊哙于此击败陈豨胡骑，继而追击陈豨于灵丘而斩之。依《水经注》所述，在此一带有灅水流经阳原县南。《清统志》卷三十九："阳原故城，在西宁县南。"其西宁县即今阳原县，而县南尚未发现相关遗迹。另有县城以东之东坊城堡乡西堡村西北发现一处战国至汉代遗址，面积约 3 万平方米，暴露

---

① 《水经注疏》卷十三。

遗迹有灰坑，采集遗物有夹砂和泥质灰陶绳纹罐、盆、甑及素面豆等残片。在阳原县城南关及北关一带发现汉代封土墓葬群，在东坊城堡乡三分沟村发现西汉时期墓葬群，西白马营村东北发现东汉时期封土墓。当均与古阳原县故城有关。此外，又有东安阳县故城在古灅水之南。《清统志》卷三十九："东安阳故城，在蔚州西北。"今阳原县东南浮图讲乡泥泉堡村西发现一处战国及辽代遗址，面积约 75 万平方米，采集遗物有战国时期的夹砂红褐陶，泥质灰陶绳纹鬲、罐，辽代的白釉瓷碗等残片。其东槽村东北发现一处东周时期遗址，面积约 15 万平方米。淤泥河村东北发现一处青铜时代至汉代遗址，面积约 8 万平方米，在淤泥河村东及平顶村东发现汉代封土墓，泥泉堡村南及开阳村东南发现东汉时期封土墓。或即属相关遗迹。而依上所推考，古当城县城当在古东安阳县故城西南，西北与古阳原县城隔灅水相望。

今宣化县付家堡乡付家堡村南发现一座战国时期古城址，平面呈长方形，南北长约 350 米，东西长约 300 米。城墙夯土筑成，残高 1~2 米。采集遗物有泥质灰陶绳纹罐、盆等残片。另在付家堡村西发现一处东周时期遗址，面积约 5 万平方米。其北临桑乾河；东临黑水沟，当即《水经注》所述之石山水；西南与代城址相距约 40 公里。当属空侯城址。

夷舆县城

夷舆县，西汉时期属上谷郡。《汉志下》：上谷郡属县"夷舆，莽曰朔调亭"。而在今西安地区所出土秦代封泥中见有"夷舆丞印"，则秦时或秦以前已置有夷舆县，西汉时期相沿，东汉以后省废。《水经注·灅水》："清夷水又西会牧牛山水。《魏土地记》曰：沮阳城东八十里有牧牛山，下有九十九泉，即沧河之上源也。山在县东北三十里，山上有道武皇帝庙。耆旧云：山下本有百泉竞发，有一神牛骏身，自山而降，下饮泉竭，故山得其名。今山下导九十九泉，积以成川，西南流，谷水与浮图沟水注之。水出夷舆县故城西南。王莽以为朔调亭也。其水俱西南流，注于沧水。又西南，右合地裂沟。古老云：昔时地裂，分此界间成沟壑。有小水，俗谓之分界水，南流入沧河。又西迳居庸县故城南。"其沧河即今妫水河，流经今北京延庆区东，又折向西南。牧牛山或以为即独山，亦称团山，在今延庆区东北。依《水经注》所述，夷舆故城当位于居庸故城北，临近沧河及牧牛山。《清统志》卷四十："夷舆故城，在延庆州东北。汉置县，属上谷郡，后汉省。《水经注》：谷水与浮图沟水出夷舆县故城西南。"大体可信①。

清代延庆州在明代称隆庆州，即今北京延庆区。明嘉靖二十八年刊《隆庆志》卷八："古城，在州城东北二十里。人烟辐辏，林木郁然。为妫川八景之一，其名古城烟树。"今延庆区东北约10公里旧县镇古城村东北台地上残存一古城址。其东临妫水河，西南临古城河。经1959年文物普查得知，城垣平面略呈椭圆形，东西长约237米，南北长约430米，周长约1434米，残存北垣及东垣。东垣残高5米，东垣北段有一豁口，可能为城门遗迹。后经2006年调查，城址地面上已见不到东垣遗迹。仅残存北垣长181米，最高处约10米。残垣西端断面处墙基宽约20米，顶端最宽处约3米；残垣东端断面处墙基宽约13米，顶端最宽处约5.5米。城墙为土筑，内夹有大量的沙、砖，似乎经过夯打，但可能因土质松散，层次较模糊。据当地村民讲，现古城村台地西、南两侧为城址的西、南墙所在。经测量，从现存北垣至台地南端距离为436米。从现存北垣走势和城址所在台地的四界情况来看，城址平面更近似长方形。在城址内曾出土有战国时期的铜剑、铜戈及陶器，并采集到汉代遗物及辽金元时期的黑瓷、白瓷残片。根据其所在地理方位及所见遗迹遗物，可判属西汉时期夷舆县城②。而比照《水经

---

① 《辽志五》：西京大同府所统"怀安县，本汉夷舆县地。历魏至隋，为突厥所据。唐克颉利，县遂废为怀荒镇。高勳镇燕，奏分归化州文德县置，初隶奉圣州，后来属。在州西北二百八十里。户三千"。《读史方舆纪要》卷十八："万全都指挥使司怀安卫，"怀安城，今卫城也，本汉上谷郡夷舆县地，唐末置怀安县，属新州，契丹属奉圣州。《辽志》云：自魏至隋皆为突厥所据，唐克突厥，废为怀荒镇。辽始析文德县置怀安县。误也。金亦曰怀安县，属大同府。元改属宣德府，中统三年改属隆兴路。明初废，寻改置今卫，筑城置戍。隆庆三年增筑，周九里有奇"。其怀安县在今河北怀安县东，以古夷舆县城在此，不确。
② 国家文物局主编《中国文物地图集》北京分册。周正义主编《北京地区汉代城址调查与研究》第二编第十一章《延庆县》，北京燕山出版社，2009。

注》所述，此城址西南所临古城河自西北流向东南，注于妫水河。若以其当谷水或浮图沟水，似与所述"其水俱西南流注于沧水"不合。就此一地区地势及妫水河流势来看，谷水与浮图沟水呈西南流势似不可能，如此则《水经注》原文似当作"其水俱东南流，注于沧水"。其谷水当出于山谷中，在此一地区顺山势流向东南。浮图沟水当与之相类。今古城河当属古谷水；而原浮图沟水当在谷水之南，今古城河上游有后河自西南流向东北，注入古城河，或即属古浮图沟水，原单独流向东南，注入沧河。而后改流如此。或以溪水属古谷水，然其流经古城村东，与《水经注》所述谷水流势不合，而似当属古沧河河道。

在古城址北侧葫芦沟墓地发掘东周时期玉皇庙文化墓葬153座，西汉时期瓮棺墓32座，晚于汉代的晚期墓葬2座，唐墓1座。在其西南约500米龙庆峡龟山东坡墓地发掘东周时期玉皇庙文化墓葬12座，汉墓9座，明清墓葬24座。在龟山东坡墓地西南约300米西梁垯墓地发掘东周时期玉皇庙文化墓葬41座，属战国末至西汉之际的燕文化墓葬5座，晚于唐代的墓葬1座。其属玉皇庙文化墓葬的上限在春秋中晚期，下限在战国早期，略晚于玉皇庙墓地。从埋葬制度和习俗及随葬器物特征等来看，二者基本相同，皆属冀北山地含直刃匕首式青铜短剑的文化遗存，亦即属史书所记"山戎"系统。同时，其相互间亦存有相异之处，如墓向和死者头向，玉皇庙墓地与葫芦沟墓地绝大多数墓葬都呈东向，但在西梁垯墓地却有一多半晚期墓葬变为北向等。而葫芦沟墓地还存在多种文化遗存在地层上相互打破或叠压关系，如玉皇庙文化墓葬间相互打破，西汉瓮棺墓、汉代灰坑、唐代墓葬分别打破玉皇庙文化墓葬等①。似可表明春秋时期在此一地区有山戎人长期居存。《史记·匈奴列传》：春秋时期，"燕北有东胡、山戎，各分散谿谷，自有君长，往往而聚者百有余戎，然莫能相一"。在此地所居者当即属山戎之一支系，而"夷舆"当即属此一族系所称之拟音字。战国以后，原居于此的部分山戎人或有外迁，而另有燕人等迁入，混杂而居，并在此基础上兴筑城邑，而沿用"夷舆"旧称。

---

① 宋大川主编《北京考古史》东周卷第三章《东周时期的玉皇庙文化》。

宁县城

宁县，西汉时期属上谷郡。《汉志下》：上谷郡属县"宁，西部都尉治。莽曰博康"。东汉时期相沿，见于《后汉志五》，作䗽。《后汉书·乌桓鲜卑列传》：建武二十五年（49年），因乌桓首领多内附，从班彪建议，复置乌桓校尉，"于是始复置校尉于上谷䗽城，开营府，并领鲜卑，赏赐质子，岁时互市焉"。李贤注："䗽城，县名。《前书》：䗽县作宁，《史记》䗽城亦作宁，宁、䗽两字通也。""安帝永初中，鲜卑大人燕荔阳诣阙朝贺，邓太后赐燕荔阳王印绶，赤车参驾，令止乌桓校尉所居䗽城下，通胡市，因筑南北两部质馆。鲜卑邑落百二十部，各遣入质。是后或降或畔，与匈奴、乌桓更相攻击。"又："广阳人阎柔，少没乌桓、鲜卑中，为其种人所归信。柔乃因鲜卑众，杀乌桓校尉邢举而代之。袁绍因宠慰柔，以安北边。及绍子尚败，奔蹋顿。时幽、冀吏人奔乌桓者十万余户，尚欲凭其兵力，复图中国。会曹操平河北，阎柔率鲜卑、乌桓归附，操即以柔为校尉。"《张奂传》：汉延熹九年（166年），"复拜（张）奂为护匈奴中郎将，以九卿秩督幽、并、凉三州及度辽、乌桓二营，兼察刺史，二千石能否，赏赐甚厚。匈奴、乌桓闻奂至，因相率还降，凡二十万口。奂但诛其首恶，余皆慰纳之。唯鲜卑出塞去"。李贤注："明帝永平八年，初置度辽将军，屯五原郡曼柏县。《汉官仪》曰：乌丸校尉屯上谷郡宁县。故曰二营。"其阎柔事迹并见于《三国志·魏书·乌丸鲜卑东夷传》："会太祖平河北，柔帅鲜卑、乌丸归附，遂因以柔为校尉，犹持汉使节，治广宁如旧。"其"广"字当是衍文①，则至建安年间宁县犹存，且仍为护乌桓校尉治所②。

《水经注·灅水》："雁门水又东迳大宁郡北。魏太和中置。有脩水注

---

① 参见黄盛璋《和林格尔汉墓壁画与历史地理问题》，《历史地理论集》，人民出版社，1982。
② 《后汉书·百官志五》："护乌桓校尉一人，比二千石。本注曰：主乌桓胡。"应劭《汉官仪》曰："拥节。长史一人，司马二人，皆六百石。并领鲜卑。客赐质子，岁时胡市焉。"

之，即《山海经》所谓脩水东流注于雁门水也。《地理志》有于延水，而无雁门、脩水之名，《山海经》有雁门之目，而无说于延河。自下亦通谓之于延水矣。水侧有桑林，故时人亦谓是水为藂桑河也。斯乃北土寡桑，至此见之，因以名焉。于延水又东迳罡城南。按《史记》，蔡泽，燕人也，谢病归相印，号罡成君，疑即泽所邑也。世名武罡城。于延水又东，左与宁川水合。水出西北，东南流迳小宁县故城西，东南流注于延水。又东迳小宁县故城南，《地理志》宁县也，西部都尉治，王莽之博康也。《魏土地记》曰：大宁城西二十里有小宁城。昔邑人班邱仲居水侧，卖药于宁，百余年，人以为寿，后地动宅坏，仲与里中数十家皆死，民人取仲尸，弃于延水中，收其药卖之。仲被裘，从而诘之，此人失怖，叩头求哀。仲曰：不恨汝，故使人知我耳。去矣。后为夫余王驿使来宁，北方人谓之谪仙也。于延水又东，黑城川水注之。"其雁门水即今东洋河。脩水又称于延水，古时流经宁县故城南。而宁县亦称小宁县，当为北魏时期所改。《通典》卷一百九十六：东汉初，"始复置（乌桓）校尉于上谷宁城。在今妫川郡怀戎县西北，俗名西土教城"。其怀戎县在今涿鹿县保岱城址。其班邱仲事迹见于《列仙传》。又，《寰宇记》卷七十一：妫州怀戎县，"小甯城，本大甯中。昔班（或作瑕）邱仲居于延水侧，常卖药于甯。百余年后地动宅坏，仲与里内数十家皆死，人有孔氏入取仲尸，弃于延水，收其药卖之。仲被裘，从而诘之。此人大恐怖，叩头求哀。仲曰：恨汝使人知我耳，吾去矣。遂为夫馀王驿使，后乘来至甯，北方人谓之谪仙"。其"大甯中"，当有讹误。依上下文意，似当原作"汉宁县"，即原文作"小甯城，本汉甯县"，或作"本汉甯城"。而后怀戎县迁至明清时期怀来县址，并于今涿鹿县置保安州。《读史方舆纪要》卷十七：保安州，"宁县城，在州西北"。所指地望略同于《通典》。《清统志》卷四十："宁县旧城，在宣化县西北。"而无确指。卷三十九："清水河，源出边外鸳鸯泊南，汇正北沟、东西沙沟诸水，流入张家口，南流迳万全县东，又南至宣化县西，入界河。即古宁川水也。"又："西沙河，在万全县西四十里洗马林堡百余步。源出塞外，东南流入洋河。每当汛涨时，比东沙河尤甚。本朝乾隆六年以后屡经相度筑隄，以资捍御。"而杨守敬则以宁县故城当在今万全县治，宁川水当在今万全县之西①。与《水经注》所述相比照，其西沙河（今称洗马林河）流势似与古宁川水大致相符，而以今万全县城址属古宁县则似不甚妥切。《清统志》卷四十："九王城，在怀安县旧万全左卫北五里。相传辽筑，遗址尚存。"其在今河北怀安县左卫镇尖台寨村北，属战国至汉代城址，平面呈长方形，东西长约1000米，南北长约750米。城墙夯土修筑，残高3米。采集遗物有泥质灰陶绳纹板瓦、瓮、罐、盆、甑及素面豆等残片。其西南约3公里左卫村北发现一座汉代城址，平面呈长方形，东西长约200米，南北长约250米。城墙夯土修筑，残高3米。采集遗物有泥质灰陶板瓦、筒瓦等残片。在尖台寨村南、下果园村东、刘家堡村东、乔子沟村东南发现汉代封土墓②。其北临东洋河，而就其所在地势来看，古时于延水极有可能流经城址以南，而宁川水则在其西流注于延水。如此，其所在地理方位正与《水经注》所述小宁县故城相符，当即属之。其九王城规模较大，且修筑年代较早，当即为西汉时期所置宁县城之所在，而用为西部都尉治所。东汉时期改为护乌桓校尉治所。其西南左卫村城址规模较小，修筑年代较晚，很可能为东汉时期止于"宁城下"之乌桓及鲜卑人所居。

今内蒙古和林格尔县新店子村西曾发现一座东汉时期壁画墓，在中、前室间甬道右壁及中室东壁绘有宁城幕府图，东西长318厘米（其中《宁城图》长159厘米），南北长129厘米。画面自中、前室甬道右壁右下方竖一大建鼓（植鼓），立有鼓吏及武官、甲士等。左边（即中室东壁）为宁城南门，画有城楼，旁题"宁城南门"。外城墙以粗红色线条绘出，平面略呈方形，西垣南段向内倾斜。四面城墙画作曲齿形，当是表示城堞（垛口）和凸出城墙外的墙台（敌台）。在西南角附近画一城楼，内题"西门"，应为宁城西门。在东南角附近画一城门，内题"宁城中门"，应为宁城东门，而无城楼。在外城墙内又有数条较细红线，当为内城墙及隔墙。与宁城南门相对的是一座三间单檐庑殿顶的大门，上题"幕府南门"，在廊檐下有四立柱，柱下为阶砌，门两翼各有一高一低错叠的五脊顶门阙。门内两边竖有建鼓，西边为一列长廊，向东与南门平行转为回廊，廊下为幕府第二道

---

① 《水经注疏》卷十三。
② 国家文物局主编《中国文物地图集》河北分册。

门亭,再下为门亭右侧回廊。门内正中为庑殿式的幕府正屋,屋檐下垂黄绿色幢幔,屋内正中为主人护乌桓校尉。在屋的西侧,为一略低的抱厦,屋檐下垂红色的幢幔。屋前阶砌下有众人在表演舞乐百戏,场内有众多文武官员及甲士等围观。为突出有关墓主人活动的场面,其幕府正屋等有错位,实则当坐北朝南。在幕府正屋后有门亭,左侧为四间庑舍。与之相应,门亭右侧当亦有四间庑舍,而未绘出。在幕府正屋以东有八间庑舍,其右端有门亭,题为"申□门",应为"東府門"。第二间题为"斋室"。与之相应,在幕府正屋以西亦当有相类建筑,而未绘出。在幕府南门右侧有一匚形廊院,北面廊庑分作两大间,有井有灶;正中有堂一间,东面有廊庑五间,中有门亭,题为"共官门",当为庖舍。在庖舍的西南廊庑之外有廊屋三间,内有马三匹,当为马厩。在庖舍以南画有一条较细红线,西端内折而与幕府南门相接,当为内城墙。另在幕府东、北庑舍外及外城墙西垣内均有较细红线,当亦属内城墙。在幕府南门左侧有较细红线画出的东西向内城垣,中有门亭,题为"营门",其又北折及东折,与外城墙东垣相接。内有房舍两处,分别题为"营曹"、"官(司)马舍"。在幕府北垣外有东西向的高台阶长廊,题为"库"。其东端有一座五脊重檐的楼,题为"仓"。另在幕府东垣外亦有三座五脊重檐的楼,或亦属"仓"。在"营门"以东又有较细红线画出的隔墙向东延伸,与外城墙东垣相接,中有门亭,题为"宁县寺门"。其北有房舍,题为"吏"。在外城东门内有一个四合大院落,中间为广场,四周廊庑环绕,题为"宁市中"①。其所绘图略有夸张,然大体写实,而带有示意性质。比照九王城址,其宁城外城北垣当长约1000米,而因西垣南段略向东倾斜,南垣当长约900米。"宁城南门"当位于南垣正中或略偏于西。外城东门题为"宁城中门",似当表明其当位于东垣正中位置;与之相应,外城"西门"当亦大体在西垣正中位置,两门之间连以东西向大道,并与南门所连通的南北向大道连接,呈丁字形。如此,宁城可分为南、北两半,各南北长约300米。北半部正中为幕府。"幕府南门"与"宁城南门"相对,并连以南北向大道,而南临东西向大道。其北为第二道

---

① 内蒙古文物工作队、内蒙古博物馆:《和林格尔发现一座重要的东汉壁画墓》,《文物》1974年第1期。罗哲文:《和林格尔汉墓壁画中所见的一些古建筑》,《文物》1974年第1期。

门亭，又北为幕府正屋，屋后为幕府北门。此间平面当略呈方形，南北及东西之长各在150～200米。或西汉时期西部都尉治所即在此间，至东汉初置护乌桓校尉，又向南扩建至"幕府南门"。其"幕府南门"内庭院平面当略呈长方形，南北长50米左右。如此，整座幕府平面当略呈长方形，南北长200～250米，东西长150～200米，四面筑有围墙。在"幕府南门"右侧有庖舍，包在围墙之内。而其西有马厩，则被隔于围墙之外，当另设门，以供马匹及其守护者出入。马厩之域当限于东西向大道以北、兵营围墙以南。其兵营围墙，东接幕府围墙西垣，西接外城西垣，当长300～350米。而"营门"设在幕府围墙东南角外，亦连以围墙，又折向北，再东折与外城东垣相接。内有"营曹"、"司马舍"、"库"、"仓"等。在兵营以东有"宁县寺"，即宁县治所。"宁县寺门"当亦南临东西向大道，临近"宁城中门"。其占地或南北长100～150米，东西长50～100米，亦筑有围墙。而"宁市"则在外城之南半部，东临"宁城中门"，南临"宁城南门"。其平面略呈方形，当规模较大，或在方圆百米左右。除官民贸易外，亦"岁时胡市"。在"宁市"周围及外城西南部当为官民居宅，约占全城之一半。

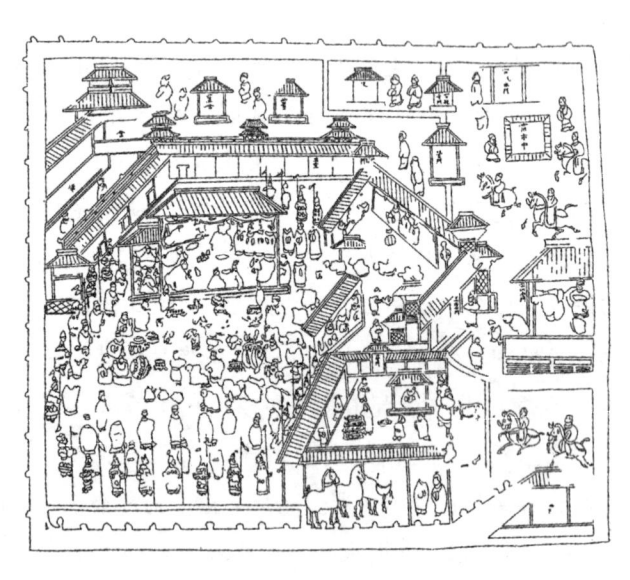

宁城图（局部）

（据《文物》1974年第1期附图）

依《水经注》所述，在宁县故城西有罡城。《清统志》卷四十："罡城，在怀安县东北，旧万全左卫北。"而未予确指。今万全县西南北沙城乡北沙城村西、西南及东南发现有东周时期遗址。在北沙城村东南岸庄屯村东发现一处东周至汉代遗址，面积约2500平方米，暴露遗迹有灰坑，采集遗物有夹砂和泥质灰陶绳纹罐、盆等残片。村西残存汉代封土墓，其西北老龙湾村亦残存多座汉代封土墓。其位于今东洋河与南洋河交汇处以北，与古冈（罡）城所在地理方位相当，或即属之。又，在古雁门水以南有北魏太和年间所置大宁郡城。《清统志》卷四十："大宁郡城，在怀安县北。"亦未予确指。今怀安县西沙城乡水闸屯村西发现一处战国至汉代遗址。村西北发现一处汉代遗址，面积约1.5万平方米。其南双屯堡村东北亦发现有汉代遗址。其位于今南洋河东南，与大宁郡城所在方位大致相当，或即属之。

昌平县城

（一）昌平城及其迁移

昌平县，西汉时期属上谷郡，《汉志下》：上谷郡属县"昌平，莽曰长昌"。又，《史记·惠景间侯者年表》：高后四年（前184年），封孝惠帝子刘太为昌平侯，"七年，太为吕王，国除"。《索隐》："县名，属上谷。"《汉书·外戚恩泽侯表》：昌平侯大，"以孝惠子侯"。高后元年"二月癸未封，七年为吕王"。又，《史记·齐悼惠王世家》："胶西王卬，齐悼惠王子，以昌平侯，文帝十六年为胶西王。"《正义》："《括地志》云：昌平故城在幽州东南六十里也。"而《惠景间侯者年表》作平昌侯。《索隐》："县名，属平原。"《汉书·高五王传》亦记为："胶西王卬以平昌侯立。"《汉书·王子侯表》：汉文帝四年（前176年）封齐悼惠王子刘卬为平昌侯，"十二年为胶西王"。当以其为平昌侯为是。《后汉书·耿弇列传》：耿弇父耿况在王莽篡政时为"朔调连率"即上谷郡守，耿弇从光武帝起兵，北征蓟城。

"会蓟中乱，光武遂南驰，官属各分散。弇走昌平就况，因说况使寇恂东约彭宠，各发突骑二千匹，步兵千人。弇与景丹、寇恂及渔阳兵合军而南，所过击斩王郎大将、九卿、校尉以下四百余级，得印绶百二十五，节二，斩首三万级，定涿郡、中山、钜鹿、清河、河间凡二十二县，遂及光武于广阿。"李贤注："昌平，县名，属上谷郡，今幽州县，故城在县东也。"《寇恂列传》："寇恂字子翼，上谷昌平人也，世为著姓。恂初为郡功曹，太守耿况甚重之。……乃遣恂到渔阳，结谋彭宠。恂还，至昌平，袭击邯郸使者，杀之，夺其军，遂与况子弇等俱南及光武于广阿。"又，《后汉书·卢芳传》：西汉末，卢芳起兵，后亡入匈奴。建武十六年（40 年），"芳复入居高柳，与闵堪兄林使使请降。乃立芳为代王，堪为代相，林为代太傅，赐缯二万匹，因使和集匈奴。……诏报芳朝明年正月。其冬，芳入朝，南及昌平，有诏止，令更朝明岁。芳自道还，忧恐，乃复背叛，与闵堪、闵林相攻连日。匈奴遣数百骑迎芳及妻子出塞"。李贤注："高柳，县名，故城在今云州定襄县。"又："昌平，县名，故城在今幽州昌平县东南。"《后汉志五》："广阳郡，高帝置，为燕国，昭帝更名为郡。世祖省并上谷，永元八年复。"属县"昌平，故属上谷"。另据《后汉书·光武帝纪》，省并广阳郡属上谷郡在建武十三年。《三国志·魏书·牵招传》："文帝践阼，拜招使持节护鲜卑校尉，屯昌平。"《乌丸鲜卑东夷传》："文帝践阼，田豫为乌丸校尉，持节并护鲜卑，屯昌平。"晋时昌平县属燕国，见于《晋志上》。而后省废，《魏志上》：燕郡军都县有"昌平城"。

《水经注·㶟水》："㶟水出雁门阴馆县，东北过代郡桑乾县南（经文）。……㶟水又东迳阳原县故城南。《地理志》曰：代郡之属县也。北俗谓之比郍州城。㶟水又东，阳原水注之。水出县东北泽中，北俗谓之太拔迴水。水自泽东南流，注于㶟水。又东迳东安阳县故城北。赵惠文王三年，主父封长子章为代安阳君。此即章封邑，王莽之竟安也。《地理风俗记》曰：五原有西安阳，故此加东也。㶟水又东迳昌平县，温水注之。水出南坟下，三源俱导，合而南流，东北注㶟水。㶟水又东迳昌平县故城北。王莽之长昌也。昔牵招为魏鲜卑校尉，屯此。㶟水又东北迳桑乾县故城西，又屈迳其城北。王莽更名之曰安德也。《魏土地记》曰：代城北九十里有桑乾城。城西渡桑乾水，去城十里有温汤，疗疾有验。经言出南，非也，盖误证矣。魏任城王彰以建安二十三年伐乌丸，入涿郡，逐北，遂至桑乾。正于此也。灅水又东流，祁夷水注之。水出平舒县，东迳平舒县之故城南泽中。《史记》：赵孝成王十九年以汾门予燕，易平舒。徐广曰：平舒在代。……《魏土地记》曰：代城西九十里有平舒城。西南五里，代水所出，东北流。言代水，非也。祁夷水又东北迳兰亭南，又东北迳石门关北。旧道出中山故关也。又东北流，水侧有故池。按《魏土地记》曰：代城西南三十里有代王鱼池。池西北有代王台，东去代城四十里。祁夷水又东北得飞狐口，即广野君所谓杜飞狐之口也。苏林据郦公之说，言在上党，即实非也。如淳言在代，是矣。晋建兴中，刘琨自代出飞狐口，奔于安次。即于此道也。《魏土地记》曰：代城南四十里有飞狐关。关水西北流迳南舍亭西，又迳句瓃亭西，西北注祁夷水。祁夷水又东北流迳代城西。……祁夷水又东北，热水注之。水出绫罗泽，泽际有热水亭。其水东北流注祁夷水。又东北，谷水注之。水出昌平县故城南，又东北入祁夷水。祁夷水右会逆水。……祁夷水东北迳青牛渊。水自渊东注之。耆谚云：有潜龙出于兹浦，形类青牛焉，故渊潭受名矣。潭渊不测，而水周多莲藕生焉。祁夷水又北迳一故城西，西去代城五十里。又疑是代之东城，而非所详也。又迳昌平郡东，魏太和中置，西南去故城六十里。又北，连水入焉。水出雓膂县东，西北流迳雓膂县故城南。……祁夷水又北迳桑乾故城东，而北流注于灅水。"赵一清曰："按《一统志》，昌平故城在蔚州北，魏太和中置。汉昌平县属上谷郡，今顺天府昌平州界是也。今蔚州乃汉代郡地，汉时桑乾为代郡治，不应上谷之县反在其西。昌平县是后魏所侨置，《水经注》以为即牵招所屯，非是。《地形志》：平昌郡领昌平县，天平中置，而失太和所置郡县事也。"杨守敬按："《后汉书》注、《通典》皆言汉昌平在今昌平州东南。北魏之昌平，各地志谓在今昌平州西十七里。而《水经注》则云：灅水又东迳昌平县故城北，以王莽之改、牵招之屯并系之，是以汉之昌平在此。又祁夷水亦言谷水出昌平故城南。是汉、魏之昌平皆在今蔚州北，与诸地志不应。故赵氏谓道元之误。考《魏书·鲜卑传》及田豫、牵招传，是时柯比能数犯塞，文帝以牵招为鲜卑校尉，屯昌平；又以田豫为乌桓校尉，并护鲜卑校尉，必当屯居庸关外，方能防御招怀，若在关内，则声援不及。此考之当日之形势，可以意决也。赵氏疑蔚州属代地，不应上谷之县反出其西。今按：上谷与代郡相接，昌平在桑乾之南，与上谷之雊瞀最近，未尝不可属上谷也。良由《地形志》过于简略，后人遂未详考，以致两汉、魏、晋之郡县竟与天平之徙置合而为一，今为详疏之。按：《地形志》：东燕州，太和中分恒州东部置燕州，孝昌中陷，天平中领流民寄治幽州军都城（误作宜都）。平昌郡，孝昌中陷，天平中置（平昌当作昌平）。昌平县，天平中置，有龙泉。所谓燕州者，即《漯水注》：漯水又东迳下洛县故城南（此下洛即《汉志》之下洛也），王莽之下忠也。魏燕州，广宁县，广宁郡治。《魏书·穆罴传》：太和十六年除燕州刺史，镇广宁。是也。然则太和所置之燕州，有广宁郡、广宁县。孝昌中陷于杜洛周、葛荣，此州、郡、县皆废。至天平中改为东燕州，移于今昌平州西，所谓寄治幽州军都城也。其昌平郡当与燕州同置于太和，即《漯水注》：祁夷水又迳昌平郡东，魏太和中置，西南去故城六十里。孝昌中陷，与州同废，天平中置，即与州同移于军都城也。其昌平县不云孝昌中陷者，已见州、郡，故省文也。即《漯水注》所云：漯水又东迳昌平县，温水注之。亦即太和中置，孝昌中陷者。当郦氏作注时，此州、郡、县皆未废，故皆不称故城。其漯水又东迳昌平故城北，此则汉之昌平，至魏尚存，故田豫、牵招皆屯此。此城之废，未明何时。余以为即在牵招之后。缘当魏时，云、代之间皆为乌丸、鲜卑所陷，两汉郡县大抵多（移）于关内。故《漯余水》所称又东迳昌平县故城南，即《晋志》之昌平所移徙也。魏太和复置昌平于漯侧，此县遂并入军都，故《地形志》军都在昌平城，即《魏土地记》所谓蓟城东北一百四十里有昌平城也。至天平中复置昌平于军都，亦因其地旧有昌平故城在迩也。《地形志》虽简略，合之《水经注》自了然。后儒未详考曹魏时云、代之荒废，亦曾覈《地形志》幽州所属郡县有孝昌中陷之文否耶？"又，杨守敬按："《地形志》：东燕州有昌平郡，云孝昌中陷，天平中置。在今昌平州，非此地。盖太和中置燕州于下洛，并置平昌郡以属之。至天平中复置东燕州，亦移置郡于东也。观所领有昌平县，郡仍当作昌平，今本《魏志》讹倒耳。此所云故城，谓前昌平县故城也。郡在故城东北六十里，则在今蔚州东北。"①

而《水经注·㶟余水》："（㶟余水）东流过军都县南，又东流过蓟县北（经文）。㶟余水故渎东迳军都县故城南，又东，重源潜发，积而为潭，谓之㶟余潭。又东流，易荆水注之。其水导源西北千蓼泉，亦曰丁蓼水。东南流迳郁山西，谓之易荆水。公孙瓒之败于鲍邱也，走保易荆，疑阻此水也。易荆水又东，左合虎眼泉。水出平川，东南流入易荆水。又东南与孤山之水合。水发川左，导源孤山，东南流入易荆水，谓之塔界水。又东迳蓟城，又东迳昌平县故城南，又谓之昌平水。《魏土地记》曰：蓟城东北一百四十里有昌平城。城西有昌平河。又东北注㶟余水。㶟余水又东南流，左合芹城水。水出北山，南迳芹城，又东南流注㶟余水。"②朱谋㙔笺曰："范晔《后汉书》：麹义攻公孙瓒，破之于鲍邱。瓒遂保易京，开置屯田。《续汉志》云：瓒所居易京故城在今幽州归义县南十八里。《魏志·瓒传》亦云：瓒军数败，乃走还易京固守。此云易荆正同，但字异耳。"赵一清曰："按《后汉书·公孙瓒传》注云：前汉易县属涿郡。《续汉志》曰：属河间。瓒所保易京故城在今幽州归义县南十八里。归义即易县，唐时更名，易京城在其南。若军都县，今昌平州二十里有军都山，太行之第八陉，汉立县于山南，居庸关在焉。其地古有水名易荆。安可以荆、京音同而遂以为伯珪所保之地乎？道元已著易京城于《易水》篇，此重录之，盖爱博之过也。"熊会贞按："《北齐书》，斛律羡附其父金传言：为幽州刺史，导高梁水北合易京，东会于潞。易京即注所指之水。盖易京、㶟余互受通称，㶟余、沽河合为潞河也。疑此本作易京，两荆字皆后人所改。不然，郦氏明载易京于《易水》篇，若荆与京异，郦氏何至误疑为瓒之所保？"③其"易荆"与"易京"当同属拟音字，含义已无从得知。其"虎眼泉"下，熊会贞按："《魏书·常景传》：遣别将破杜洛周于虎眼泉。《方舆纪要》谓虎眼泉在昌平州西八里旧城下，似误，当在州之西南。"其"昌平县故城"下，杨守敬按："此故城非《汉志》昌平之故城。《汉志》之故城在居庸关外，见《㶟水注》。此

---

① 《水经注疏》卷十三。
② 其㶟余水当即温余水，参见本书军都县城。
③ 《水经注疏》卷十四，熊会贞按："易荆水今名南沙河，出昌平州西南五十里龙泉寺。"

故城是《晋志》之昌平所移徙也。魏太和中复置昌平于灅侧，此县遂并入军都。故《地形志》：军都有昌平城。即《魏土地记》所谓蓟城东北一百四十里有昌平城也。至天平中复置昌平于军都，亦因其地旧有昌平故城在迩也。"①所论有理，然似不尽妥切。其卢芳时居高柳，当在今山西大同市东南，古灅水之北；而昌平县在古灅水之南，"南及昌平"，当即指此城。由此表明西汉至东汉初年所置昌平县即在此城，而据《后汉志》，昌平县改属广阳国，则当在汉和帝永平八年以前已迁移至蓟县东北昌平城址。三国魏时牵招"屯昌平"，当是据其旧城，而非昌平县。《旧唐志二》记幽州昌平县为"东汉县"。《寰宇记》卷四十九：云州云中县，"高柳、武周、桑乾、东安阳、道人、且如、马城、平邑、阳原、昌平、参合、当城、柏山、永固，已上并汉旧县"。当均循于古说，以西汉时期昌平县在桑乾水与祁夷水之间，至东汉时期方迁至易荆水侧。上引《后汉书》李贤注及《史记正义》以二者为一，不确。

《清统志》卷四十："昌平故城，在蔚州北。《水经注》：灅水迳昌平县故城北，王莽之长昌也。昔牵招为魏鲜卑校尉，屯此。又，祁夷水迳昌平郡东，魏太和中置，西南去故城六十里。按汉昌平县属上谷郡。《水经注》及《括地志》皆云昌平在军都东南，今顺天府昌平州界是也。今蔚州乃汉代郡地。汉时桑乾为代郡治，不应上谷之县反出其西。盖此昌平县在后魏天平中属平昌郡，谓即牵招所屯，恐非。"所辨理由似并不充分，而于此昌平城所在方位亦无确指。《明统志》卷二十一："代王城，在蔚州东二十里，汉为代县，文帝封代王时居此。"其城址即在今蔚县东北约 10 公里代王城村。又，《清统志》卷三十九："青牛渊，在蔚州东。……州志：有莲花池在州东北六十里，周一百五十步，中栽荷莲，盖即古青牛渊也。"而依《水经注》所述，在青牛渊北有魏太和年间所置昌平郡城。今壶流河西岸北洗冀乡莲花池村北 500 米发现一处汉代遗址，面积约 4 万平方米，采集遗物有泥质灰陶罐、盆等残片②。其所在方位与之大体相符，所属年代亦较接近，或即属之。在莲花池遗址西南约 30 公里涌泉庄乡宿鸦涧村东南 1000 米发现

---

① 《水经注疏》卷十四。
② 国家文物局主编《中国文物地图集》河北分册。

一处汉代遗址,面积约 4 万平方米,文化层厚 1 米,暴露遗迹有灰坑,采集遗物有泥质灰陶弦纹或素面罐、盆、壶等残片。其东北杨庄窠乡北双涧村、李家庄及南岭乡南石化村发现汉代墓葬群。另在宿鸦涧遗址南独树村东南 1500 米发现一处战国至汉代遗址,面积约 6 万平方米,文化层厚 1 米,暴露遗迹有灰坑,采集遗物有泥质灰陶绳纹板瓦、筒瓦、瓦当、罐、盆及素面豆等残片①。其所在北临古㶟水,西北与东安阳县城(今阳原县东南泥泉堡村一带)相邻,南临壶流河,东南与古代城相望,与《水经注》所述昌平县故城大体相合,当与之相关。此外,在桑乾河与壶流河交汇处西南,今阳原县南辛庄乡龙凤坡村东发现一处战国至汉代遗址,面积约 4 万平方米,采集遗物有夹砂红褐陶、夹砂和泥质灰陶素面或绳纹罐、盆、豆等残片。在龙凤坡村西发现新石器时期至青铜时代遗址,其南四十亩滩村发现东周时期遗址②。其所在南距代王城址约 40 公里。与《魏土地记》所述"代城北九十里有桑乾城"大体相合,或即与之相关。依《水经》所述,古㶟水原流经桑乾县城南。而《水经注》所述㶟水"又东北迳桑乾县故城西,又屈迳其城北",则当为魏晋以后水道迁移所致,并非"误证"。其昌平县城南隔祁夷水与代王城相望,北隔㶟水与代郡桑乾县城相望,西与代郡东安阳县城相接,东与上谷郡雊瞀县城相接,而使上谷郡与代郡呈犬牙交错之势。其地当原属代国,而后归赵国,又归燕国,燕置上谷郡即以此为西界。又,《史记·绛侯周勃世家》记"代郡九县",而《汉志》记代郡"县十八",则在秦汉之际代郡区划当有所调整,而将原属代郡之昌平县划归上谷郡。

《后汉书·光武帝纪》:建武十五年(39 年),"二月,徙雁门、代郡、上谷三郡民,置常山关、居庸关以东"。李贤注:"《前书》曰:代郡有常山关,上谷郡居庸县有关。时胡寇数犯边,故徙之。"又,《光武帝纪》:建武二十六年,"遣中郎将段郴授南单于玺绶,令入居云中,始置使匈奴中郎将,将兵卫护之。南单于遣子入侍,奉奏诣阙。于是云中、五原、朔方、北地、定襄、雁门、上谷、代八郡民归于本土。遣谒者分将施刑补理城郭。

---

① 国家文物局主编《中国文物地图集》河北分册。
② 国家文物局主编《中国文物地图集》河北分册。

发遣边民在中国者布还诸县，皆赐以装钱，转输给食"。李贤注："《东观记》曰：时城郭丘墟，扫地更为，上悔前徙之。"《南匈奴列传》：建武十三年，匈奴"遂寇河东，州郡不能禁。于是渐徙幽、并边人于常山关、居庸关已东"。李贤注："《前书》：代郡有常山关，上谷郡居庸县有关。"又，《南匈奴列传》：建武二十六年，"悉复缘边八郡"。其昌平县之徙置当在此之际，而后内迁居民复归本土，而昌平县仍留于徙置之地，后又归属广阳国。

依《水经注》，此昌平县城在易荆水之北。《旧唐志二》：幽州领县"昌平，后汉县，属广阳国，故城在今县东南。隋属涿郡"。以此昌平城属东汉以后昌平县，当承于古说。而上引《括地志》云："昌平故城在幽州东南六十里也。"比照上引李贤注，其"幽州"下当有"昌平县"三字。《读史方舆纪要》卷十一：昌平州，"昌平废县，今州治。本汉旧县，属上谷郡。后汉初寇恂至昌平，袭杀邯郸使者，夺其军。又，耿弇走昌平，就其父况。建武中，卢芳入朝，南及昌平。是也。寻改属广阳郡。三国魏黄初中拜田豫为乌桓校尉，持节并护鲜卑，屯昌平。晋仍为昌平县，属燕国。后魏废入军都县"。所述昌平县沿革及所在方位均有误。《清统志》卷八："昌平故城，在今昌平州东南。汉置县，三国魏文帝拜牵招使持节护鲜卑校尉，屯昌平。即此。后魏初省。《水经注》：《土地记》曰：蓟城东北一百四十里有昌平城。《魏书·地形志》：军都县有昌平城。《括地志》：昌平故城在今州东南六十里。"所述昌平县沿革有误，而对其所在具体方位未予确指。光绪十五年刊《顺天府志》卷二十八：昌平州东南"十六里东沙屯，十八里路家庄，二十里上东郭，下东郭，孟祖邨，梁家庄，宋郎务，于家新庄，白石邨，丰善邨，东新立屯，二十二里东郭半壁街，二十五里小沙河邨，阿苏卫，定福黄庄，朱家新庄，牛房圈，白家庄，史家庄，冷坑，窦家庄，旧有南站邨。栗园邨（据吴志，今无），南小口，西有古疑城（《一统志》：在州东南二十五里小口之西，相传辽萧后屯兵于此）。三十里七里渠，马连店，官牛房，二拨子，讲礼，三十五里尚信，汤山马房，三合庄，吕家庄，草厂，北郑家庄，旧有秦家庄（据吴志，今无）。三十八里南半壁店，四十里西三旗，东三旗，平西府，初名南郑家庄。八仙庄，曹碾，沙固堆，或曰沮阳故城近此（按《昌平吴志》云：沮阳故城在州东南四十里。《一统志》云：建置未详，或以为即汉县，误）。四十五里前蔺沟、西沙家庄，东沙家庄，东半截塔，一名雷家庄。西半截塔，谢家庄，亦名歇甲庄，声之近也。西小口，魏家窑，小羊家庄，上坡邮，东二旗，酸枣岭，清河小营，平房，五十里北戚家庄，贺家邮，霍家营，东小口，旧有大口邮，即大口故城（《昌平吴志》：大口故城在州东南五十里。《采访册》：大口邮，今无）。单家邮，蓝家庄，南太平庄，沟子头，大土沟，小土沟，后屯，南戚家庄，沙子营，黑泉邮，五十五里陈家营，鲁滩邮，小岭儿上，泗儿上，东小半壁店，卢家邮，黑泉马房，六十里立水桥，南狮子营，中滩邮。《括地志》云：昌平故城在今东南六十里，疑近此地。"其《括地志》所记为唐代昌平县（今昌平区西旧县村）而非明清昌平州（今昌平区）至汉魏昌平城的距离，则昌平故城显然不可能在今立水桥一带。其南小口西有古疑城，相传为辽代屯兵之所，亦不可能属昌平故城。另据光绪十二年刊《昌平州志》："昌平故城在沙河店迤东，上、下东郭二村之西。"其地今属百善镇，南临沙河水库，即北沙河与南沙河交汇处，在地表见有汉代陶片，并发现有汉代墓葬，尚未发现城墙遗迹①。其所在地理方位亦与相关记载不甚相符。另在八仙庄、沙固堆一带原存"沮阳故城"址。其"沙固堆"很可能即属古城墙遗迹。其沮阳城为秦汉时期上谷郡治，在今河北怀来县大古城址，北魏时期省废。又，《魏志上》：东燕州所领"上谷郡，天平中置。领县二，户九百四十二，口三千九十三。平舒，孝昌中陷，天平中置。居庸，孝昌中陷，天平中置"。其时东燕州及所领平昌郡、昌平县寄治于军都城，上谷郡当亦置于此境内。居庸县原在今北京延庆城区，孝昌中陷，迁置于此。古音居属鱼部见纽、庸属东部喻纽，沮属鱼部从纽、阳属阳部喻纽，二音相近，则"沮阳故城"当由"居庸故城"演变而来，亦即此城址当属东魏天平年间所置居庸县。其或为此时新筑，或相沿于旧城址。在东小口一带原存"大口故城"址②，西北距明清昌平旧城五十里，而距唐时期昌平

---

① 国家文物局主编《中国文物地图集》北京分册。
② 《析津志辑佚》属县："大口店，在京城西北四十里。旧有城，今为店，西有高丘鼎峙，曰三疙疸。车驾春秋往还，百官迎送于此。"则此城址在金元时期犹存遗迹。

县城即旧县村约30公里，恰与《括地志》所记"六十里"相当；而汉魏时期军都县城（今昌平区西南土城村）南距幽州蓟城（今北京西南）约九十里，则其西经军都县、南折至蓟城约一百四十里，亦与《魏土地记》所记相合。由此推之，"大口故城"当即为东汉魏晋时期昌平县城之所在，北魏时期昌平县省废。东魏天平年间所置上谷郡及平舒县很可能即寄治于原昌平城内。所谓"大口"、"小口"，似当指城墙豁口或城门遗迹。其北半截塔村发现有战国及西汉、东汉时期墓葬①，亦可表明此一地区在秦汉时期各方面基础较好。唯此地今南无易荆水相应，似与《水经注》所述不合，当由后世河流改道所致。

（二）易荆水

《析津志》："白浮泉源出（昌平）县东神山，流经本县东，入双塔河，为通惠河之源。百泉源出县东北，至南碾头与虎眼泉会流，入双塔河。一亩泉、马眼泉、南安泉，以上三泉俱出县西孟村社，经由双塔故城，合河入双塔河。沙涧泉出县常乐社，即榆河之上流也。冷泉源出青龙桥社金山口，与玉泉合，下流为清河。玉泉源出于青龙桥社玉泉山，与冷泉合流为清河。"②《元史·河渠志一》："世祖至元二十八年，都水监郭守敬奉诏兴举水利。因建言：疏凿通州至大都河，改引浑水溉田，于旧牐河踪迹导清水，上自昌平县白浮村引神山泉，西折南转，过双塔、榆河、一亩、玉泉诸水，至西水门入都城，南汇为积水潭，东南出文明门，东至通州高丽庄入白河。"又："双塔河，源出昌平县孟村一亩泉，经双塔店而东，至丰善村入榆河。"《明统志》卷一："清河，源自昌平县西南一亩泉，经燕丹村东南合榆河。官河，源出昌平州一亩泉，分为二流。一曰官河，流入宛平，合高梁河。一曰双塔河，经双塔店入榆河。榆河，源自昌平县南月儿湾，一名温渝河，下流为沙河，经顺义会白河。"又："虎眼泉，在昌平旧县西北城下，流至丰善村入榆河。""一亩泉，在昌平县西南新屯，广约一亩。"《读史方舆纪要》卷十一：昌平州，"榆河，在州南二十里，一名㶟余河。

---

① 北京市文物工作队：《北京昌平半截塔村东周和两汉墓》，《考古》1963年第3期。
② 转引自苏天钧《关于古代北京都邑的变迁与水源关系的探讨》，《环境变迁研究》第一辑。

《水经注》：源出居庸关，南流出关，谓之下口。水伏流十余里发为㶟余潭。志云：㶟余河源出军都山，至旧县西而伏，又南复出，谓之榆河。其发处为月儿湾。或名温榆河，即㶟余之讹也。今上流已涸，其下流为沙河，入宛平县北境，经顺义县会于白河。元致和元年，燕帖木儿御辽东之师，次于三河，闻上都兵入居庸，乃还军次榆河，既而战于榆河之北，败之，追奔至红桥，据之以拒上都之兵。红桥在州西南十二里，桥亡而名尚存。官河，在州西南二十里，源出一亩泉，分为二流。一曰官河，流入宛平县，合高梁河。一曰双塔河，在州西南三十里，经双塔店入榆河。志云：一亩泉在州西南新屯，广一亩许，因名。又，清河源亦出一亩泉，流入宛平县界，其下流皆汇于沙河"。又："虎眼泉，在州西八里旧城下，一作马眼泉，流经州东南丰善村入榆河。《河漕考》：大通河出白浮村神山诸泉，过双塔、榆河，会一亩泉、虎眼泉，至府城西会玉泉是也。"《清统志》卷七："温余河，自居庸关南流经昌平州西，又东南经顺义县西南，又东南至通州北入白河。一名㶟余河，亦曰榆河，俗名富河。……《昌平州志》：榆河在州南二十里，源出军都山，至旧县西而伏，又南复出，谓之榆河。其发源处为月儿湾。今上流已涸，其下流为沙河，南接宛平县界，至沙河店东南合南沙河，入通州界。《册说》：北沙河在昌平州南十八里，由居庸关南流，绕州西，会翠屏山泉而东南流，又东至州东南三岔口会南沙河。"又："南沙河，在昌平州南二十五里，即古易荆水也。《水经注》：易荆水导源西北，迳丁蓼泉，亦曰丁蓼泉水，东南流迳郁山西，谓之易荆水。又东，左合虎眼泉。又东南与孤山水合。水发川左，导源孤山，东南入易荆水，谓之塔界水。又东迳蓟城，又东迳昌平县故城南，谓之昌平水。又东北注㶟余水。《昌平山水记》：有水出州西南五十里龙泉寺，合西山诸泉，东南流迳沙河店南，为南沙河。双塔河，在昌平州西北三十里。《元史·河渠志》：双塔河，源出昌平县孟村一亩泉，迳双塔店而东，至丰善村入榆河。至元三年修治。"又："幢幢水，在昌平州西北虎峪山下，飞瀑如布，流二三里至鸰鸽岩，隐流不见。或云：今州治西，旧县西北城下虎眼泉是其复出处，流入榆河。后魏时常景遣别将破杜雏周于虎眼泉。即此。"

光绪十五年刊《顺天府志》卷三十七：榆河"迳昌平州西南旧县邨复

出，曰月儿湾。或曰：《水经注》：灢余水故渎东迳军都县故城南，又东，重源潜发，积而为潭，谓之灢余潭。即此。……东南迳畬奋屯汛西，外委驻此。水南直双塔邨，一水西北注之。水出桃峪窪，在州治西二十八里。《义仓图》谓之龙眼泉，东南流迳北马房南，又迳四家庄北，又迳亭子庄南、八沟邨北，又迳双塔邨入榆河。榆河又东南迳史家桥，又三里迳白水窪，又里许迳梅所屯北，又里许迳西闸，又里许迳东闸，又二里迳楼子庄北，又一里迳马市口南，又二里迳踩河北，又七里出北沙河桥。水至此被沙河名，对南支言，又曰北沙河（《昌平山水记》：榆河出月儿湾，下流为沙河。《畿辅唐志》：温余河今曰北沙河，在昌平州南十八里）。虎眼泉北来注之。《水经注》：虎眼泉水出平川。《畿辅安润志》谓之龙泉水，即幢幢水也。今考导源虎峪山东南，出如瀑布，然旋隐不见，虎眼泉是其复出。……《方舆纪要》云：一作马眼泉。其水南流迳大埝头邨东，左合暖泉水。水出旧县城东百余步，西南流入虎眼泉。虎眼泉又东南迳小埝头北（小埝头有二，此在红桥北，非四家庄西南小埝头），马池口西，楼子庄南，左合百泉水。水出昌平州治西南四里许，泉难枚举，大者曰原泉，澄流彻底；曰黄泉，沙流浑漫；曰响泉，厥声肖闸。合流入虎眼泉。虎眼泉又东南迳躝河邨，亦曰躝河。又南流入北沙河（据《昌平宋志》。按《宋志》有黄泉谷，在城东北二十里，当是黄泉导源处）。北沙河又东迳东沙屯南，又迳巩华城北，在州东南二十里，初名沙河店，明嘉靖十九年筑城更名。"又："北沙河又受白羊水。水导源白羊城西十五里钓明湖，出山潜伏，山水发时东流入北沙河。（据《昌平宋志》）。北沙河又东南五里迳三岔口，会南沙河（按《畿辅安澜志》：东流十里迳三岔口，与南沙河会。今验之《采访图册》，仅五里许）。南沙河导源宛平西山鳌鱼沟，东流入昌平境，右合黑龙潭水。水出宛平县西北虎峪。《蓟邱集》所谓玉斗潭，即此。亦南沙河一源也（《昌平宋志》：南沙河发源西山鳌鱼沟，东流迳龙泉寺前，又东合黑龙潭水。潭在太舟务西，即《蓟邱集》之玉斗潭也。东北流入南沙河）。东流一里，入昌平州治西南四十五里大州务之西北（据《畿辅舆图》），结而为潭，东北流数里迳后沙涧邨，左合岔河水。其水出州治西南三十里白虎涧，东南流入南沙河，又东流数里迳前沙涧邨，右合满井水。水出前沙涧邨南，东流入南沙河（据《昌平宋志》）。南沙河又东北五里迳长乐邨北，有南沙涧水西南来注之（按：长乐邨在治西南三十里，距前沙涧五里。《畿辅安澜志》：南沙西南自宛平县黑龙潭发源，东流一里，入州境之太州务村北，又东流四里迳屯尹（田）村北，又东流三里迳马房村北，又东流二里迳长乐村北，有南沙涧之水合之。《畿辅分图》：南沙河自宛平县黑龙潭东流一里，入昌平州南境之太州务北，又东北迳周家巷西北，又迳长乐村北，有南沙涧水西南迳苏家坨东合之）。水即俗称沙涧泉者是。《畿辅安澜志》谓古易荆水，亦名昌平河。非也（详上《北沙河为灅余水考》）。东北流迳苏家坨东入南沙河（《畿辅分图》：入南沙涧水，自西南迳苏家坨合之。按：岔河、满井，即沙涧泉支流）。南沙河又东八里迳大榆河邨南，曰大榆河。又迳小榆邨南，曰小榆河。《元史·英宗纪》：至治元年七月，通州榆邨水决。即此（《畿辅安澜志》：又东流八里迳大榆村、小榆村南。《昌平宋志》：大榆河，州城南二十三里。小榆河，三十里。按《义仓图》，榆讹玉）。又东四里迳沙河店南，出南沙河桥，即安济桥也（按：小榆邨距安济桥不及五里。《义仓图》与今《采访图说》并同；而《安澜志》云八里，误）。又东五里迳巩华城南之半壁店（据《义仓图》，参《采访册》。《昌平吴志》：半壁店距州二十六里）。又东屈北十里迳白各庄南，又八里迳城东南十五里之三岔口，与北沙河会（据《采访图说》）。水自此通称沙河。又东三里迳吕各庄北，又东里许迳上僧邨北，又东四里迳冷坑北，又东里许迳官牛房北，又东里许迳蔺沟邨东。……绛州营河、抱榆泉、龙泉寺水、汤山泉合流注之。……芹城水又南迳蔺沟邨西南注沙河（据《昌平宋志》）。沙河又东南四里迳土沟邨东，又八里迳南戚各庄东，又一里迳沙子营北，亦名沙子营河。……出界，入大兴县西北境，又东南迳海青庙，又六里迳燕丹邨之清河营西南，清河注之（按：清河营在安定门东南（北）二十五里）。清河出宛平治西北三十里之玉泉山，其源导自玉泉山西之双泉山。玉泉出清河之南，《义仓图》如是，目验良然。又有官河目。或曰：源出昌平州一亩泉，分为二。一为双塔水，即龙泉寺水；一曰官河。《固安陈志》谓之小清河。即此。然流可变迁，源有从出，今清河与龙泉寺水虽同归沙河，而其源则绝不相涉。……又东七里迳万寿山北，又东南八里迳圆明园北，又东五里许迳大兴县西北，又东迳清河营入沙河（据《参访图册》，参《义仓图》。《昌平宋志》：清河源发玉泉山，东北流迳清河桥，又东迳立水桥，又东北至沙子营村北入沙河）。"

　　相互比照，《昌平宋志》以灅余水（温余水）即今南沙河，易荆水即今北沙河。不确。而以灅余水（温余水）即今北沙河，大体可信，然亦有可商榷之处。古时温余水流经军都城南，而军都城址即在今双塔村北之土城村，则所谓双塔河即《义仓图》所称龙眼泉所流经河道当即属古温余水，而流经古城村东北之榆河为辽金以来所改迁者，二者在元代交汇于丰善村，明代又改为双塔店。所谓虎眼泉即《畿辅安澜志》所称龙泉水出自旧县西北，东南流至丰善村入北沙河，当属温余水支流；而与古时流注易荆水的虎眼泉之地理方位不同，二者不可混为一谈。今南沙河所在地理方位与古易荆水明显不合，当形成于明清时期，或部分河段沿用古易荆水河道，如《畿辅安澜志》以南沙涧水谓古易荆水等。而其南清河则极有可能即为古易荆水。《固安陈志》以此清河为小清河，有误。根据地质学研究，古永定河原从八宝山以西流向东北，经海淀、清河、沙子营等地，与温榆河相汇。该水道的古河床相砂砾层浅埋于地下，古河漫滩堆积层之上的草炭、古树、淤泥的碳十四测定年龄为距今20000～15000年，说明晚更新末期永定河已经由此流过，可能在全新世早期以来逐步放弃该水道，后来的清河占据了永定河的这条古河道①。而在永定河水南移后，其清河之水当另有来源。清河之称见于元代。"清"与"易荆"音相近，或即由"易荆"演变而来。依元明时期所记，清河有二源，一为昌平西南孟村一亩泉，一为青龙桥社金山口冷泉。而官河即郭守敬所修白浮堰亦流经一亩泉，以下依山势大致流经今京密引水渠河道。清河一亩泉水道当在今京密引水渠以东，顺地势自西北流向东南。从《顺天府志》所附《宛平县图》及《昌平州图》中可见，清河西南源自圆明园北流入，西北源在南沙河以南新立屯、上井村、辛店一带流入，经西二拨、潘家庄、二奇邨，至朱家房、娘娘店附近与西南源相汇，再向东流。原一亩泉流入清河之水当即循此西北源水道。此河

---

① 参见邢嘉明、李宝田《京津地区自然环境演变及其与人类活动的关系》，《环境变迁研究》第一辑。

道位于今北沙河即古温余水西南，似当属《水经注》所述孤山之水；唯二水相距较近，或古时孤山之水北段在此一亩泉水西北，南段沿用此水道流注易荆水。隋唐以后，孤山之水源断绝；而又有一亩泉形成，遂即以此为源。其孤山已无法指实。有虎眼泉水在其西。上引《析津志》载："沙涧泉出县常乐社，即榆河之上流也。"其常乐社即今常乐村，所在方位与《水经注》所述虎眼泉略合，古虎眼泉水很可能即由此一带向东南流入易荆水，辽金以后改流入温余河。而其西北有白羊水，"出山潜伏，山水发时，东北流入北沙河"。极有可能即为古之丁蓼水、易荆水之源，其东南流经二道河、白虎涧、太舟坞等地入清河河道。其河道在二道河西北一段呈南北向，东临尖山（尖山咀），或即《水经注》所述之郁山。古时当以此水为易荆水正源，元明以后改流入北沙河。而古时西南源很可能水流量小，故不为《水经注》所述。依《水经注》所述，易荆水流注温余水口以东有芹城水自北而南注入。《通典》卷一百七十八：燕州，"西南到芹城五里"。《寰宇记》卷七十一：燕州，"西南至沂河五里"。其沂河当即芹城水，而燕州城址在今昌平区兴寿镇西新城村，西距芹城水恰约五里。则古今芹城水注入口当无太大变化，即在今蔺沟村西南。如此，原易荆水当沿今清河水道东流至东小口附近即昌平县故城南，折向东北，在今蔺沟村以西汇入温榆河。今东小口以下清河水道当为隋唐以后所改迁。又依《水经注》，在昌平县故城以西有昌平河，当自北而南流入易荆水。

广宁县城

广宁县，西汉时期属上谷郡。《汉志下》：上谷郡属县"广宁，莽曰广康"。又，代郡属县且如下自注："于延水出塞外，东至宁入沽。"其"宁"，原当作"广宁"，"沽"原当作"治"①。东汉时期相沿，见于《后汉志五》。晋置广宁郡，治下洛县，见于《晋志上》。而不载广宁县，当省废。《水经

---

① 参见《汉书补注》卷二十八。

注·漯水》:"雁门水又东迳大宁郡北。魏太和中置。有脩水注之,即《山海经》所谓脩水东流注于雁门水也。《地理志》有于延水,而无雁门、脩水之名,《山海经》有雁门之目,而无说于延河。自下亦通谓之于延水矣。……于延水又东,左与宁川水合。水出西北,东南流迳小宁县故城西,东南流注于延水。又东迳小宁县故城南,《地理志》宁县也,西部都尉治,王莽之博康也。《魏土地记》曰:大宁城西二十里有小宁城。……于延水又东,黑城川水注之。水有三源,出黑土城西北,奇源合注,总为一川,东南迳黑土城西,又东南流迳大宁县西,而南入延河。延河又东迳大宁县故城南,《地理志》云广宁也,王莽曰广康矣。《魏土地记》曰:下洛城西北百三十里有大宁城。于延水又东南迳茹县故城北。……于延水又南迳且居县故城南,王莽之文居也。其水东南流,注于漯水。《地理志》曰:于延水东至广宁入治,非矣。"赵一清、戴震并依《汉志》改治作沽,以为于延水本入沽,郦氏必是驳入沽之讹,故反改治作沽。熊会贞按:"全、赵、戴皆未得郦氏之意。郦氏谓于延水迳广宁故城南,又迳茹县故城北,又迳鸣鸡山西,又迳且居故城南,而后注于漯水。是《汉志》当云于延水至且居入治,不当云至广宁入治,乃驳广宁二字,非驳治字也。今本《汉志》讹治为沽,又脱广字,赵、戴遂误会妄改,不知至广宁入沽,非。至广宁入治,亦非也。"①所论有理,颇得郦氏本意,然郦氏以汉广宁在北魏大宁城址,而不在于延水(今洋河)与漯水(即治水,又称桑乾河)汇合处附近,似亦与史实不合。

其大宁,见于《魏书·序纪》:晋咸和二年(327年),石勒遣石虎率骑五千来寇边部,代王纥那"御之于句注陉北,不利,迁于大宁"。二年后"出居于宇文部"。翳槐立为代王。咸康元年(335年),纥那复立,翳槐"出居于邺"。咸康三年,"石虎遣将李穆率骑五千纳烈帝(翳槐)于大宁,国人六千余落叛炀帝(纥那),炀帝出居于慕容部"。翳槐后筑盛乐新城并迁都。《太宗纪》:义熙九年(413年),"奚斤等破越勤倍泥部落于跋那山西,获马五万匹,牛二十万头,徙二万余家于大宁,计口受田。……置新

---

① 《水经注疏》卷十三。

民于大宁川，给农器，计口受田"。义熙十一年，"车驾北巡。五月丁亥，次于参合东，幸大宁。丁未，田于四岬山。六月戊午，幸去畿陂，观渔。辛酉，次于濡源，筑立蜉台。射白熊于颓牛山，获之。丁卯，幸赤城，亲见长老，问民疾苦，复租一年。南次石亭，幸上谷，问百年，访贤俊，复田租之半。壬申，幸涿鹿，登桥山，观温泉，使使者以太牢祠黄帝庙。至广宁，登历山，祭舜庙"。义熙十三年，"幸大宁、长川"。《世祖纪》：永嘉元年（424年），"东巡，幸大宁"。《外戚传》：太祖即位代王之际，贺讷"总摄东部为大人，迁居大宁，行其恩信，众多归之，俘于库仁"。魏帝巡行先至大宁，而后又至广宁，可表明北魏时期二城并存。《水经注·㶟水》："㶟水又东迳潘县故城北。……《魏土地记》曰：下洛城西南四十里有潘城，城西北三里有历山，山下有虞舜庙。……㶟水又东迳下洛县故城南，王莽之下忠也。魏燕州广宁县，广宁郡治。"则北魏时期广宁县当沿用汉下洛县城址（今涿鹿县东南六堡一带），与潘县（今涿鹿县西南保岱城址）相近，所述历山、虞舜庙等景观亦与《魏书》相同。依《魏书》所记，其下洛县改称广宁县当即在晋义熙年间。而大宁之称在咸和年间已出现，原广宁县废弃不久，城址犹存，若其沿用，当仍用旧称，而不可能改称大宁。如此，此大宁城当为此一时期新筑，而非沿用旧广宁城。义熙九年，"徙二万余家于大宁"，大宁城一带由此获得较大发展，原被废弃的宁县城当亦得以恢复。至太和年间遂立大宁郡，即以大宁城置大宁县，原宁县城置小宁县，并属之。至孝昌中陷落，故不为《魏志》所记。其大宁城，又见于《寰宇记》卷四十九引《冀州图经》：代郡城"又东北行一百七十里至大宁城，当涿郡怀戎县北三百里也"。隋唐之际怀戎县当沿用古潘县（今涿鹿县西南保岱城址），比照《魏土地记》所述"下洛城西北百三十里有大宁城"，其"当涿郡怀戎县北三百里也"，当为"北百里"或"北之百里"之讹。《读史方舆纪要》卷十七：保安州，"广宁城，州西北二百里"。其以广宁与大宁为一城，而以隋唐之际怀戎县在明清时期怀来县址，西距保安州（今涿鹿县）约百里，故推为保安州西北二百里。不确。《清统志》卷四十："广宁旧城，在宣化县西北。汉置县，属上谷郡，晋置广宁郡于下洛，省县入之。亦曰大宁。咸和二年代王纥那为石虎所败，徙都大宁以避之。《水经注》：延河东迳大宁县故城南。《地理志》云：广宁也。《魏土地记》：下洛城西北百三十里有大宁城。"亦以汉广宁县与北魏所置大宁县在同一城址。《清统志》卷三十九："清水河，源出边外鸳鸯泊南，汇正北沟、东西沙沟诸水，流入张家口，南流迳万全县东，又南至宣化县西，入界河，即古宁川水也。《魏书》：登国二年帝幸宁川，即此。《水经注》：宁川水出西北，东南流迳小宁县古城西，东南注于延水。按今清水河发源张家口外，二派分流。其东北有水自独石口外西南流合焉，南流入边，经张家口堡东北五里，又南至宣化县西界入洋河。旧志：与柳河川混而为一，误。泥河，在宣化县东十五里，自关子口西南流四十里与洋河合，即古黑城川水也。《水经注》：黑城川水有三源，出黑土城西北，奇源合流，总为一川，东南迳黑土城西，又东南流迳大宁县西，而南入延河。""柳河川，在宣化县北。源出龙门县属常峪口塞外，流四十里至宣化县，绕府城西北隅入洋河。《宣镇志》：今有柳沟在葛峪堡东三里，南流城河，居民利之。金大定七年幸柳河川。《明史》列传：常遇春拔开平，还次柳河川，以疾卒，即其地也。"其以清水河当古宁川、泥河当古黑城川水，与《水经注》所述流势不符，当有误。而旧志以清水河与柳河川混而为一，与今所见相异，或因古今水道变迁所致。又，《清统志》卷三十九："东沙河，在万全县东北一里许。上承大水泉、龙池泉诸水，夏秋汛溢湍激。本朝乾隆六年动帑筑堤。三十一年复经修整。""龙池泉，在万全县东南德胜关内，水清澈如鉴，南引入城，可资灌溉。""大水泉，在万全县西北膳房堡北三里。又，正南泉，在新开口堡南四十步。清水泉，在堡西南六十步。"其东沙河及龙池泉、大水泉流势大致与《水经注》所述黑城川水相符，当即属之。或今所见清水河之西沙沟水亦属之，而为三源之一。今崇礼县西高家营乡乌拉哈达村西南残存有大囫囵城址，平面略呈不规则六边形，东面长约200米，南北长约250米。城墙夯土修筑，残高6米。时代判属汉代及辽金时期①。其西临西沙沟水，所处地理方位似与黑土城相当，或即属之。而大宁城当在其南，南临于延水（洋河），西临黑城川水（东沙河，或东沙河与清水河之西沙沟水合

---

① 国家文物局主编《中国文物地图集》河北分册。

流)。依《魏土地记》所述，大宁城当在小宁城以东二十里。而小宁城即汉宁县城可判定在今怀安县左卫镇九王城址，则大宁城当在其东约10公里姚家坊及宁远堡一带①，正位于今宣化县西北。由代郡城（今蔚县东北代王城址）向东北行一百七十里，当隋唐之际怀戎县城北百里，古下洛城西一百三十里，亦大致在此。唯迄今尚未发现相关遗迹，或因存在时间较短之故。若汉广宁县城曾在此，经长时间发展，即使无残存城址，至少有墓葬等遗存。由此亦可表明郦氏之说有误，汉代广宁县城址需另加推考。

今崇礼县南约3公里头道营村西北侧高地上发现一座古城址，平面略呈长方形，东西长约530米，南北长约470米。城墙夯土修筑，南垣现存顶宽22米，底宽27米，残高9米。发掘区位于城址西南部，面积1800平方米。文化堆积层最厚4.3米左右，共分8层，其中7~8层为战国层，3~6层为西汉层，发现有房基、灰坑、窖穴、灰沟、灶等遗迹，出土有"匽"字刀币、"安阳"布币和圜钱，以及筒瓦和板瓦等遗物。发掘者判属西汉时期，而废弃的原因可能与火灾有关。其西南约10公里高家营乡地上村东北山梁上发现两座夯土台基址，其一位于山梁西北部，地表残存台体呈馒头状，东西残长10.5米，南北残长11米，残高4.15米，始建年代应早于汉代。另一座位于山梁东南部，现存台体平面近圆形，东西残长22米，南北残长19.5米，残高5.3米，始建年代为汉代②。另在头道营村西北约10公里红旗营乡东红旗营村西南发现一座古城址，平面略呈长方形，东西长约350米，南北长约300米。城墙夯土修筑，基宽7米，残高2~6米。采集遗物有汉代铁铧、铁斧和泥质灰陶罐、盆，辽金时期白釉瓷碗、盘等残片。东红旗营村南发现一处战国时期遗址，面积约12万平方米，文化层厚0.5米，采集遗物有泥质灰陶绳纹板瓦、筒瓦、罐、盆和夹砂红褐陶绳纹釜等残片。其南大地沟及场地乡三间房村东南发现汉代遗址。在东红旗营东南发现战国及汉代封土墓群，东红旗营村西北圆帽山、东红旗营村南五立面沟发现

---

① 《读史方舆纪要》卷十八：万全左卫，"宁远站堡，司（卫）东三十余里。永乐初设站于此，嘉靖四十一年为敌攻毁，万历六年改筑，周三里有奇。堡当张家口之冲。万历二十七年复于堡北刘平寺湾新置土墩一座，周回建瓮城，以翼往来行旅，恃以无患"。

② 樊书海：《崇礼县头道营西汉城址》，中国考古学会主编《中国考古学年鉴（2008）》，文物出版社，2009。任雪岩：《崇礼县地上村汉代夯筑遗址》，文物出版社，2009。

汉代封土墓，其南东双台、下双台以及场地乡三间房村东北北梁、三间房村西南脑胞梁、营盘地村西北喇嘛梁，营盘地村西南，地上村东北后梁，中山沟村西南，后中山村西南西梁、上新营子村北双河湾，白旗乡上窝铺村、高家营乡南地村及水晶屯村等地亦发现汉代封土墓[①]。其头道营城址规制与汉代一般县城相当，各方面基础较好，显示出一定程度的繁盛。而城址西临清水河东沟水，南距洋河约30公里，东南距洋河与桑乾河汇合处（今涿鹿县东南温泉屯附近）约40公里，与《汉志》所记于延水"东至广宁入治"大致相当，极有可能即为汉广宁县城之所在。或在汉代广宁县南部即以于延水为界，而在于延水之南原有茹县，于延水与㶟水（治水）汇合处东北原有且居县，均于东汉初年省废，故班固记为于延水"东至广宁入治"。依发掘者判断，此城当废弃于西汉末期。而红旗营城址规模略小，东临清水河正沟水，与头道营城址相距较近，二者所属墓地亦连为一片。由此推之，其红旗营城址当属东汉时期所移建之广宁县城，而沿用至东汉末。其所临清水河或原与柳河川水合流而注入于延水，《水经注》未记。

涿鹿县城

涿鹿县，西汉时期属上谷郡。《汉志下》：上谷郡属县"涿鹿，莽曰抪陆"。应劭曰："黄帝与蚩尤战于涿鹿之野。"《史记·五帝本纪》：黄帝"以与炎帝战于阪泉之野，三战，然后得其志。蚩尤作乱，不用帝命，于是黄帝乃征师诸侯，与蚩尤战于涿鹿之野，遂禽杀蚩尤。……合符釜山，而邑于涿鹿之阿"。《集解》："服虔曰：阪泉，地名。皇甫谧曰：在上谷。"《正义》："《括地志》云：阪泉，今名黄帝泉。在妫州怀戎县东五十六里。出五里至涿鹿东北，与涿水合。又有涿鹿故城在妫州东南五十里，本黄帝所都也。《晋太康地里志》云：涿鹿城东一里有阪泉，上有黄帝祠。"《后汉志五》上谷郡属县涿鹿下刘昭注："《帝王世纪》曰：黄帝所都，有蚩尤城、

---

① 国家文物局主编《中国文物地图集》河北分册。

阪泉地、黄帝祠。《世本》云：在彭城南。张晏曰：在上谷。于瓒案：《礼·五帝位》云：黄帝与赤帝战于阪泉之野，不在涿鹿，是伐蚩尤之地。"晋时属广宁郡，见于《晋志上》。《水经注·㶟水》："（㶟水）又东过涿鹿县北（经文）。涿水出涿鹿山，世谓之张公泉。东北流迳涿鹿县故城南，王莽所谓襫陆地。黄帝与蚩尤战于涿鹿之野，留其民于涿鹿之河①，即于是也。其水又东北与阪泉合。水导源县之东泉。《魏土地记》曰：下洛城东南六十里有涿鹿城。城东一里有阪泉，泉上有黄帝祠。《晋太康地理记》曰：阪泉，亦地名也。泉水东北流，与蚩尤泉会。水出蚩尤城。城无东面。《魏土地记》称涿鹿城东南六里有蚩尤城。泉水渊而不流，霖雨并则流注阪泉，乱流东北入涿水。涿水又东迳平原郡南，魏徙平原之民置此，故立侨郡，以统流杂。涿水又东北迳祚亭北，而东北入㶟水。亦云：涿水枝分入匈奴者，谓之涿邪水。地理潜显，难以究昭，非所知也。"其㶟水又称桑乾河，流经今河北涿鹿县（民国时期改称）南；而古涿鹿县城在其南，于北魏后期省废。

　　隋唐时期一度于此一地区置妫州及怀戎县。《寰宇记》卷七十一：妫州怀戎县，"涿鹿山，山下有涿鹿城，亦涿水出焉。羹颉山。黄帝祠，有泉湛而不流，即古阪泉也，今在城东二百步"。又："桥山，山有祠，黄帝葬此。"后又置新州及永兴县，见于《新唐志三》。辽代改置奉圣州。《辽志五》：奉圣州，"有两河会、温泉、龙门山、涿鹿山"。所统"永兴县，本汉涿鹿县地。黄帝与蚩尤战于此。户八千。矾山县，本汉军都县。山出白绿矾，故名。有矾山、桑乾河。在州南六十里。户三千"。时永兴县附郭奉圣州，古涿鹿城当在其境内。而后相沿，《明统志》卷五：保安州，"唐改涿鹿为永兴县，置新州。五代唐置团练使，总山后八军，国光初升威塞军。辽会同初改奉圣州、武定军。金大安初升德兴府。元初因之，至元初复改奉圣州，属宣德府，仍至元初以地震改保安州，领永兴一县。本朝初州县俱废，永乐中复置保安州，直隶京师。旧治南山下，景泰二年城雷家站，移州及卫治于此"。又："永兴废县，在保安州。本涿鹿之野，汉置涿鹿县，

---

① 此句从《永乐大典》本及明朱谋㙔笺本。杨守敬注疏本改为而邑于涿鹿之阿。

唐改曰永兴，辽属奉圣州，金改曰德兴县，元复永兴。本朝省入州。矾山废县，在州城南六十里。本汉军都县地，后置矾山县，辽金因之，元省入永兴。"《读史方舆纪要》卷十七：保安州，"永兴废县，州西南四十里。本汉之涿鹿县地，属上谷郡，后汉因之，晋属广宁郡，后废。唐末置永兴县，为新州治。五代晋没于契丹，新州仍治焉。金改曰德兴县。元复曰永兴，为保安州治。明初州、县俱废，永乐十二年置保安卫，十三年复置保安州，以县并入。《城邑考》：旧州城，永乐十三年修筑，景泰二年改筑新城于灢家站，移州及卫治焉。城周七里有奇。天顺九年、嘉靖四十三年皆加修治。其旧城在南山下，嘉靖四十五年复修筑，周四里有奇，设官驻守，谓之旧州城，与新城互为唇齿"。又："矾山城，州南九十里，本汉军都县地，唐置矾山县于此。《新唐书》：新州治永兴，兼领矾山、怀安、龙门三县是也。后没于契丹，仍曰矾山县，金因之，元省入永兴。今为矾山堡，周三里，万历七年设兵戍守。"依此，明初一度州、县俱废。而至永乐年间又先后置保安卫及保安州，当仍沿用旧州城址；至景泰二年（1451年）改筑新城于灢（雷）家站并迁州、卫治所，而后相沿，即今涿鹿县址。其旧州城在南山下，今涿鹿县西南保岱乡保岱村残存一座战国至汉代古城址，当属古潘县城，后为唐初妫州及怀戎县相沿①。另在保岱村内东北部残存一座古城址，平面近方形，边长约120米。城墙夯土修筑，基宽4米，顶部宽2米，残高1~3米。暴露遗物有砖瓦残片。时代判属明代。在保岱村南发现一处辽金时期冶铁遗址，面积约3500平方米。暴露遗物有铁渣、煤块和陶瓷残片。采集遗物有泥质灰陶素面瓮、罐、盆和白釉瓷碗等残片②。其极有可能即为唐末所置新州及永兴县城之所在，或为城址之一部分，而当相沿于原妫州及怀戎县址，沿用至元末明初。又，今涿鹿县东南矾山镇南关村北残存一座古城址，平面呈长方形，南北长约175米，东西长约160米。城墙夯土修筑，残高1~6米，采集遗物有泥质灰陶罐、盆等残片。时代判属汉代③。其西北距保岱城址约30公里，与《辽志》及《明统志》所述矾山县

---

① 参见本书潘县城。
② 国家文物局主编《中国文物地图集》河北分册。
③ 国家文物局主编《中国文物地图集》河北分册。

"在州南六十里"相符，当即属之。二者可互为印证。而《读史方舆纪要》记为"州南九十里"，则当是以明清时期保安州城计其里程。《明统志》卷五：保安州，"轩辕城，在州东南四十里。今名古城，其中有轩辕庙基"。又："涿鹿山，在州城西南九十里。一名独鹿山，涿水出焉。"而未记涿鹿城。《读史方舆纪要》卷十七：保安州，"涿鹿山，州西南九十里"。"涿鹿城，在州西南。汉县，属上谷郡。应劭曰：黄帝与蚩尤战于涿鹿之野，即此。《帝王世纪》云：黄帝所都也。汉置县，后汉因之。晋属广宁郡。义熙十一年魏主嗣如濡源，遂至上谷涿鹿、广宁是也。后魏亦属广宁郡，后废。《魏土地记》：下洛县东南六十里有涿鹿城。"又："轩辕城，在州东南四十里，相传黄帝所筑，今名古城。"其以明清时期所指涿鹿山确定古涿鹿城之地理方位。

《清统志》卷三十八："保安州城，周四里有奇，门四，濠广二丈二尺。明永乐十三年建，本朝乾隆四十六年修。"卷四十："永兴故城，今保安州治。本汉涿鹿县地，唐末置县，为新州治。辽神册元年平西北诸郡，回攻新、蔚、武、妫、儒五州，尽有其地，置西南面招讨使。明年晋复取之，会同元年石晋复割入辽，改为奉圣州。保大二年金遣完颜忠攻奉圣州，破辽兵于鸡鸣山，州降。元为保安州治。明初州、县俱废。永乐十二年于此置保安卫，十三年复置保安州，景泰二年移保安卫于雷家站，因谓州城为旧城，与新城互为唇齿。"又："新保安城，在怀来县西北七十里，即故保安卫也。其地本名雷家站，明景泰二年自保安州城移置保安卫于此，改筑新城，周七里有奇，门三。本朝康熙三十二年以卫并入怀来县，设怀来路参将驻此。雍正十年改设都司，辖礬山堡、怀来城二营。"以明清时期保安州城相沿于唐新州及辽奉圣州城址，似有误。《清统志》卷四十并载："礬山故城，在保安州东南六十里。"沿用辽金时期旧说，亦不确。《清统志》卷四十："涿鹿故城，在保安州南。《史记》：黄帝邑于涿鹿之阿。汉置涿鹿县，属上谷郡，晋属广宁郡，后魏省。《魏土地记》：下洛城东南六十里有涿鹿城。《括地志》：涿鹿故城在妫州东南五十里，本黄帝所都。旧志：今保安州东南四十里有土城遗址，制甚宏阔，中有黄帝庙。《明志》谓之轩辕城。即涿鹿城也。"卷三十九："涿鹿山，在保安州东南。《史记》：黄帝与蚩尤战于涿鹿之野。服虔曰：涿鹿，山名。《水经注》：涿水出涿鹿山。《括地志》：涿鹿山在妫州东南五十里。按《明统志》谓在保安州西南九十里，误。"其以轩辕城即涿鹿城，并辨明清时期所指涿鹿山方位之误，大体合于史实。清道光十五年刊《保安州志》卷二："矾山堡西南十里有七旗里泉，即阪泉也。东北流，合黑龙池、水头寺津及龙王塘池诸水，又东环堡城北，又东南入缙山河。黑龙池在堡西七里，水头寺津在西南四里，龙王塘池在堡西南三里，即蚩尤泉。"杨桂森《矾山考古记》：其于道光乙未年（1835年）"八月壬申，因公至怀来属矾山堡，寓泰山庙，询寺僧世雅以水道。癸酉至龙王堂村，村北有泉阔四丈余。水自泉旁东桑树下涌出。泉西北十步又一泉，甃石围六尺，水黑极深，渊而不流。二泉即蚩尤泉。父老言村近西南有堆阜，当是蚩尤城故基。从龙王堂村西五里至黑龙池，池广百步，泉极深，即古阪泉。父老言泉西北有古城，今仅四户，闻旧有三百六十余户焉。阪泉西南三里有七旗泉，东迳古城南，又东北会阪泉，又东南会蚩尤泉。又东北十五里平原郡（今蒋家营），又东北八里至祚亭（今万家窑子），入桑乾河，桑乾河与洋河合南流"①。

其所述景观与今所见略同。今矾山镇三堡村北残存一古城址，平面呈长方形，南北长约540米，东西长约500米。城墙夯土修筑，基宽约10米，现存顶宽约2.5米，残高3～10米。南垣和西垣有缺口3处，可能为城门遗迹。城内散布大量陶器残片和石斧、铜镞、刀币、铁镞等遗物，时代判属东周至汉代。其南四堡村、其东矾山村西及西梁、水磨村发现战国至汉代遗址。在其东北五堡村西北发现战国时期墓葬群，在五堡村北、三堡村南及矾山镇北发现汉代墓葬群。当即为古涿鹿城。另在矾山镇南龙王塘村西发现三座南北方向纵列小城堡，平面均呈长方形，北城东西长约114米、南北长约96米，中城东西长约90米、南北长约42米，南城南北长约100米、东西长约72米。城墙夯土修筑，残高8米，时代判属战国至汉代，传说为蚩尤寨址②。当即为古蚩尤城。二者均未经系统发掘，是否属更早一些时期修筑，无法判知，然在战国秦汉之际已并存于此则无问题。燕国于三堡城

---

① 据道光十五年刊《保安州志》卷三引。
② 国家文物局主编《中国文物地图集》河北分册。

址置涿鹿县，龙王塘城址当为其附属城堡，汉魏之际附会为蚩尤城。依《水经注》所述，其东北又有北魏时期侨置平原郡及祚亭。今怀来县桑园镇桑园村西北发现一处青铜时代、战国至汉代遗址，面积约5万平方米。其北张官营村发现一处战国时期遗址，面积约1万~6万平方米。其北万窑村发现一处新石器时代和东周时期遗址，面积约4万平方米①。当与古祚亭相关。如此，古时涿水当流经其西北，入桑乾河。

此涿鹿城虽尚不能明确判定属黄帝时期所修筑，但并不能否定在炎黄之世，黄帝族系曾长期聚居于此，而与炎帝、蚩尤族系先后征战。在古涿鹿城附近矾山镇蚜蚄口村、卧佛寺乡、辉耀镇、五堡镇等处均发现新石器时代及青铜时代遗址，即可表明这一点。而后，"迁徙往来无常处"，黄帝族系大部离开此地，而有小部分留居于此，亦完全有可能。《逸周书·史记》："武不止者亡。昔阪泉氏用兵无已，诛战不休，并兼无亲，文无所立，智士寒心，徙居至独鹿，诸侯叛之，阪泉以亡。"孔晁注："独鹿，西戎地名。徙都失亡，故亡也。"其独鹿，当即涿鹿。而阪泉氏当即指炎帝，因居阪泉而得氏称，于阪泉之地战败后又徙居独鹿。黄帝与炎帝的最后争战，"得其志"，当在涿鹿。《逸周书·尝麦解》："蚩尤乃逐帝，争于涿鹿之河（阿）"。最后被杀。又，《逸周书·王会解》：周初成周之会，"北方台正东高夷，嗛羊。嗛羊者，羊而四角。独鹿，邛邛。距虚，善走也。孤竹，距虚"。孔晁注："高夷，东北夷，高句丽。""独鹿，西方之戎也。邛邛，兽似距虚，负蹶而走也。""孤竹，东北夷。距虚，野兽驴骡之属。"依此，独（涿）鹿当与高夷、孤竹等相类，均属古国名，在商周之际居于高夷（今辽宁东部）与孤竹（今河北东部）之间，而后西迁至此。孔晁以其属"西方之戎"，似不确。《逸周书》等当是依后起之名指称其地。《古本竹书纪年》："燕人伐赵，围浊鹿。赵武灵王及代人救浊鹿，败燕师于勺梁。"其浊鹿，亦即涿鹿，则至迟在战国中期已营建此涿鹿城。

《汉书·律历志下》：黄帝"与炎帝之后战于阪泉，遂王天下"。《刑法志》："自黄帝有涿鹿之战以定火灾。"颜师古曰："郑氏曰：涿鹿在彭城南。

---

① 国家文物局主编《中国文物地图集》河北分册。

与炎帝战，炎帝火行，故云火灾。李奇曰：黄帝与炎帝战于阪泉，今言涿鹿，地有二名也。文颖曰：《国语》云：黄帝，炎帝弟也。炎帝号神农，火行也，后子孙暴虐，黄帝伐之，故言以定火灾。《律历志》云：与炎帝后战于阪泉。涿鹿在上谷，今见有阪泉地、黄帝祠。师古曰：文说是也。彭城者，上谷北别有彭城，非宋之彭城也。"《太平御览》卷一百五十五引《帝王世纪》曰："黄帝都涿鹿，于《周官》幽州之域，在汉为上谷。而《世本》云：涿鹿在彭城南。然则上谷本名彭城。今上谷有涿鹿县及蚩尤城、阪泉地，又有黄帝祠，皆黄帝战蚩尤之处也。或曰黄帝都有熊，今河南新郑是也。"其彭城，当如皇甫谧及颜师古所辨，在古涿鹿城北，不在宋地（今江苏徐州）。而《史记正义》引《舆地志》云："涿鹿本名彭城，黄帝初都，迁有熊也。"似亦不确。涿鹿与彭城当相别为二地。《水经注·㶟水》："㶟水又东迳无乡城北。《地理风俗记》曰：燕语呼毛为无，今改宜乡也。㶟水又东，温泉水注之。水上承温泉于桥山下。《魏土地记》曰：下洛城东南四十里有桥山。山下有温泉，泉上有祭堂。"其下洛城当在今涿鹿县东南五堡镇六堡村一带，其东温泉屯乡龙王堂村西北发现一座战国时期城址，平面近方形，边长约380米，当即为无乡城之所在①。古音无属鱼部明纽，彭属阳部并纽，可对转，则无乡当原称彭城，或在战国秦汉之际曾一度置彭（无）县或彭（无）城县，西汉中后期废县为乡。《世本》等所述"彭城"当即指此城而言。其南有桥山。而《水经注》亦记"下洛城东南六十里有涿鹿城"，则涿鹿城正在此无乡城南。《世本》所述"涿鹿在彭城南"，正指此而言。

且居县城

且居县，西汉时期属上谷郡。《汉志下》：上谷郡属县"且居，阳乐水出东，南入沽。莽曰久居"②。东汉时期省废。《水经注·㶟水》："于延水

---

① 国家文物局主编《中国文物地图集》河北分册。
② 参见校勘记。

又南迳县居县故城南，王莽之文居也。其水东南流，注于灅水。"《沽河》："沽水又东南与鹊谷水合。水有二源。南即阳乐水也，出且居县。《地理志》曰：水出县东。北流迳大翩山、小翩山北，历女祁县故城南。《地理志》曰：东部都尉治，王莽之祁县也。世谓之横水，又谓之阳田河。又东南迳一故亭，又东，左与候卤水合。水出西北山，东南流经候卤城北。城在居庸县西北二百里，故名云候卤，太和中更名御夷镇。又东南流注阳乐水。"其于延水即今洋河，而阳乐水当即今白河支流南河（红河）之西南支流。

《辽志三》：北安州，"兴化县，本汉且居县地"。其地在今承德市境，显然与之不相合。《明统志》卷五：万全都指挥使司，"古城，在宣府城东六十里，周围一里。元时筑，本朝重修"。《读史方舆纪要》卷十八：万全都指挥使司，"古城，司东六十里。城周一里。旧有此城，元时增筑之，明复修治，为戍守之所"。《清统志》卷四十："且居故城，在宣化县东。汉置县，属上谷郡，后汉省。《水经注》：于延水迳且居县故城南。旧志：且居故城，在卫东六十里。周一里，元时因旧址修筑，明时复修为戍守之所。"《水经注疏》卷十三："今宣化县东六十里。"其所记当同指一城。今怀来县王家楼乡麻峪口村西北残存一座汉代城址，平面呈长方形，东西长约100米，南北长约50米。城墙夯土修筑，残高2米。采集遗物有泥质灰陶罐、盆、瓮和夹砂红褐陶釜等残片。其南存瑞镇安营堡村东及东北发现战国时期遗址。其东草庙子乡陈家铺村发现战国及辽金时期遗址。在陈家铺村西南瓦窑沟发现汉代遗址，面积约4万平方米，暴露遗迹有残窑址，采集遗物有泥质灰陶绳纹板瓦、筒瓦和素面罐、盆等残片。其北杏材堡乡西洪站村西北发现汉代遗址，在西洪站村西南及西北杨家湾等地发现汉代墓葬群①。此城址所在地理方位及规制与《明统志》等所记相当。其南临洋河，东与南河之西南支流相近，均与《水经注》所述且居县故城相符，当即属之。

---

① 国家文物局主编《中国文物地图集》河北分册。

茹县城

茹县，西汉时期属上谷郡。《汉志下》：上谷郡属县"茹，莽曰谷武"。东汉时期省废。《水经注·灅水》："于延水又东南迳茹县故城北，王莽之谷武也，世谓之如口城。《魏土地记》曰：城在鸣鸡山西十里，南通大道，西达宁川。于延水又东南迳鸣鸡山西。《魏土地记》曰：下洛城东北三十里有延河，东流，北有鸣鸡山。《史记》曰：赵襄子杀代王于夏屋而并其土。襄子迎其姊于代。其姊，代之夫人也。至此，曰：代已亡矣，吾将何归乎？遂磨笄于山而自杀。代人怜之，为立祠焉，因名其山为磨笄山。每夜有野鸡群鸣于祠屋上，故亦谓之为鸣鸡山。《魏土地记》云：代城东南二十五里有马头山，其侧有钟乳穴。赵襄子既害代王，迎姊。姊，代夫人。夫人曰：以弟慢夫，非仁也；以夫怨弟，非义也。磨笄自刺而死，使者自杀。民怜之，为立神屋于山侧，因名之为磨笄之山。未详孰是。"其于延水即今洋河。鸣鸡山，又见于《魏书·高宗纪》：和平元年（460年），"五月癸酉，葬昭太后于广宁鸣鸡山"。《皇后列传》："葬于广宁磨笄山，俗谓之鸣鸡山。太后遗志也。依惠太后故事，别立寝庙，置守陵二百家，树碑颂德。"其广宁，即汉晋下洛城之改称，在今河北涿鹿县东南六堡村附近。而古音磨属歌部明纽、笄属脂部见纽，鸣属耕部明纽、鸡属支部见纽，二者音相近，则鸣鸡山当由磨笄山演变而来。依《魏土地记》等所述，另有以马头山为磨笄山之说，然以鸣鸡山称者当确指广宁磨笄山。《太平御览》卷四十五引《隋图经》曰："鸣鸡山，在怀戎县东北。本名磨笄山。"《通典》卷一百七十八：妫州怀戎县有"鸣鸡山，本名磨笄山"。《寰宇记》卷七十一：妫州怀戎县，"鸣鸡山，在县东北七十里，本名磨笄山"。隋唐之际怀戎县在今涿鹿县西南保岱城址，而后东移至清夷军城（今怀来县北辛堡址），辽代改称怀来县，置可汗州。《辽志五》：可汗州，"有温泉、版泉、磨笄山、鸡鸣山、乔山、历山"。均在原怀戎县境内，而误记于此。其磨笄山与鸡鸣山并列，当分指二山，而磨笄山当指在原怀戎县境内之磨笄山，亦称鸣鸡山；

而鸡鸣山当另有所指。又，唐末于原怀戎县址置新州及永兴县，辽代改置奉圣州，金代又改称德兴县，并置德兴府。《金志上》：德兴县"有鸡鸣山"。《金史·完颜忠传》：完颜忠本名迪古乃。天辅二年（1118年），"太祖驻军草泺，迪古乃取奉圣州，破其兵五千于鸡鸣山，奉圣州降"。其鸡鸣山，当与《辽志》所记相同。元代改为保安州。明初一度州、县俱废，后又复置保安州。《明统志》卷五：保安州，"磨笄山，在州城西北二十里。按《史记》，赵襄子姊为代王夫人。襄子既杀代王，迎其姊。夫人曰：代已亡矣，吾将何归？遂磨笄自杀。百姓怜之，为立庙，因以名山。又，唐太宗北伐，至此闻鸡鸣，故又名鸡鸣山"。则此地鸡鸣山之名当后起，且非鸣鸡山（磨笄山）。其以磨笄山为鸡鸣山，显然有误。《明志一》：保安州，"西北有磨笄山，亦曰鸡鸣山"。《读史方舆纪要》卷十七：保安州，"磨笄山，州西北二十里。……亦名鸡鸣山"。其保安州在今涿鹿县址。又，康熙五十年刊《宣化县志》卷二："鸡鸣山，在城东五十里。……八宝山，城东六十里。"二者当同指今所见之鸡鸣山，则《明统志》等所记"西北"当为"东北"之误。此鸡鸣山南鸡鸣驿村残存有明清时期鸡鸣驿城。《清统志》卷三十九："鸡鸣山，在宣化县东南，亦作鸣鸡山。"不确。

菇县城所在方位旧无确指。《读史方舆纪要》卷十七：保安州，"菇县城，在州西。汉县，属上谷郡，后汉省。《魏土地记》：鸡鸣山西十里有故菇县城，俗谓之如口城"。其鸡鸣山，当为鸣鸡山之误。《清统志》卷四十："菇县故城，在宣化县南。"二者均以今鸡鸣山为标识，而未予落实。今鸡鸣山东北施家营村西1200米发现一处汉代遗址，面积约1万平方米，采集遗物有泥质灰陶罐、盆残片。施家营村内字屹达发现一处辽金时期遗址，面积约2500平方米，发现有残窑址，采集有泥质灰陶素面盆、瓮、罐和白釉瓷碗残片。村南南瓦窑汉墓群占地2.5万平方米，村西南墓沟汉墓群占地2万平方米，均曾暴露有石板墓、砖室墓，地表散布绳纹墓砖。村东南1000米发现唐代封土墓[①]。而其东有八宝山，西南距隋唐之际怀戎县约30公里，正与《寰宇记》所述鸣鸡山"在县东北七十里"相符，则古之鸣鸡山（磨

---

① 国家文物局主编《中国文物地图集》河北分册。

笄山）当即指此山。又,《魏土地记》言"下洛城东北三十里有延河,东流,北有鸣鸡山"。则古时于延水河道当在今洋河以北,流经今八宝山南,而于今八宝山以西则流经今施家营村北。如此,今施家营村一带或即为古菇县城之所在,其隔于延水与鸣鸡山相望,相距十里。

女祁县城

女祁县,西汉时期属上谷郡。《汉志下》:上谷郡属县"女祁,东部都尉治。莽曰祁"。东汉时期省废。《水经注·沽河》:"沽河从塞外来（经文）。沽河出御夷镇西北九十里丹花岭下,东南流,大谷水注之。水发镇北大谷溪,西南流迳独石北界。石孤生,不因阿而自峙。又南,九源水注之。水导北川,左右翼注,八川共成一水,故有九源之称。其水南流至独石,注大谷水。大谷水又南迳独石西,又南迳御夷镇城西。魏太和中置,以捍北狄也。又东南,尖谷水注之。水源出镇城东北尖溪,西南流迳镇城东,西南流,注大谷水,乱流南注沽水。又南出峡,夹岸有二城,世谓之独固门,以其藉险凭固,易为依据,岩壁升耸,疏通若门,故得是名也。沽水又南,左合乾溪水,引北川,西南迳一故亭东,又西南注沽水。沽水又西南迳赤城东。赵建武年,并州刺史王霸为燕所败,退保此城。城在山阜之上,下枕深隍,溪水之名,藉以变称,故河有赤城之号矣。沽水又东南与鹊谷水合。水①有二源。南即阳乐水也。出且居县。《地理志》曰:水出县东。北流迳大翮山、小翮山北,历女祁县故城南。《地理志》曰:东部都尉治,王莽之祁县也。世谓之横水,又谓之阳田河。又东南迳一故亭,又东,左与候②卤水合。水出西北山,东南流迳候卤城北。城在居庸县西北二百里,故名云候卤,太和中更名御夷镇。又东南流注阳乐水。阳乐水又东南

---

① 《永乐大典》本及明朱谋㙔笺本无水字。
② 候,明朱谋㙔笺本作"旧"。

迳①傍狼山南，山石白②色特上，亭亭孤立，超出群山之表。又东南迳温泉东，泉在山曲之中。又迳赤城西，屈迳其城南，东南入赤城河。河水又东南，右③合高峰水。水出高峰戍东南，城在山上。其水西南流，又屈而东南入沽水。沽水又西南流，出山，迳渔阳县故城西。"杨守敬按："《一统志》：温泉神庙在赤城县西温泉上。明正统六年因旧重修，祀泉神，即此温泉也。"熊会贞按："阳乐水在赤城之南数十里，不能迳其西，盖有错简。此二句疑是叙候卤水文，当在上又东南流注阳乐水之上，缘候卤水在阳乐水北，故能迳赤城西，又迳赤城南也。"又，"右合高峰水"，熊会贞按："右当作左。赤城河东南流，而高峰水西南流，屈入之，则高峰水在左，乃左合也。今订。"④ 所辨有理。细读注文，字句上下似不够贯通，需结合今所见此一地区诸水流势进一步加以辨别。

唐宋以来，此一地区诸水称名多有改变。《明统志》卷五：万全都指挥使司，"东河，在赤城堡东，自独石、云州，东南流经古北口，为通州白河上源。西河，在赤城堡西，合温泉，东流分为二，一从西北入城，一从城南流合东河。南河，在鹞鹰堡南，自剪儿峪狗儿村合流至此，东南流入通州白河"。又："温泉，有二。一在宣府城西南顺圣废县东二里，下流半里渗入于地。一在赤城堡西十五里，冬夏皆可浴。""赤城汤，在宣府东一百四十里。水自龙门镇北乡赤城寺侧山根涌出，暴热而流，傍有一冷泉，浴之者可愈疾。"《清统志》卷三十九："沽河，源出边外，自独石口流入，流迳独石城西，又南迳赤城县东，又南至延庆州东北界，仍出边外。……《畿辅通志》：沽河在赤城县东。其源有二，皆自塞外流入。一曰独石水，由独石城为西河。一曰红山水，由红石山迳独石城东为东河。俱流至城南而合，又南迳龙门山下，名龙门川。又南迳云州堡东，又南迳县东门外，又南迳龙门所南，曰杨田河。又南与阳乐河合。又东南迳滴水崖堡南，亦曰白河。又南迳延庆州静安堡，又东至东河口。由边外达顺天府密云县之

---

① 《永乐大典》本及明朱谋㙔笺本有迳字；赵一清、戴震删，杨守敬从之。
② 《永乐大典》本及明朱谋㙔笺本无白字。
③ 此字从《永乐大典》本及明朱谋㙔笺本。
④ 《水经注疏》卷十四。

石塘岭关。此通州白河之上源也。汤泉河，在赤城县西。《明统志》：温泉在赤城西十五里。又，西河在赤城西，合温泉，东流分为二。一从西北入城，一从城南流合东河。又有赤城汤，在宣府镇城东一百四十里。自龙门镇北乡赤城寺侧山根涌出，暴热南流，旁有冷泉，随人浴之，皆可愈疾。《畿辅通志》：汤泉河，在赤城西，源出西山，东流至城西南合水泉河，又东合东河。水泉河，在赤城县西北五里，亦名城西河。源出赤城西北二堡子，南流入汤泉河。"又："阳乐河，在龙门县南，东流至赤城县界入沽河。……《畿辅通志》：今龙门县有龙门河，源出县西娘子山，东南流迳县南二里，又东迳鹦鹉堡西南，即《水经注》所云横水也。又有南河，源出县南狗儿村，东北流至堡西南七里合龙门河，即《水经注》所云旧卤水也。龙门、南河合而东迳堡南，统谓之南河，又东至赤城县界，合沽水，即《水经注》所云阳乐河，东南入赤城河者是也。"相互比照，今赤城县北约 30 公里猫峪乡猫峪村西南 500 米发现一座古城址，平面呈长方形，东西长约 100 米，南北长约 50 米。城墙夯土修筑，残高 1 米，采集遗物有战国至汉代的夹砂红褐陶绳纹釜和泥质灰陶绳纹罐、盆及素面豆等残片①。其西临今白河，与《水经注》所述大谷水"南迳御夷镇城西"相合，当即属北魏时期所置御夷镇城，而沿于旧址。如此，此段白河当原称大谷水，《明统志》称东河；而今马营河流经白河之西，于猫峪城址南与白河相汇，当即属古沽河之源。又，今赤城县赤城镇西南 1500 米南梁发现一处汉代遗址，面积约 6 万平方米。采集遗物有泥质灰陶瓮、罐、盆等残片。其西北四道沟村西南发现有汉代封土墓②。城址位于今白河以西，与《水经注》所述赤城方位相当，当即属之。如此，《水经注》所述温泉，当在今赤城县十五里，而非龙门镇北乡赤城寺侧山根涌出者。其"又东南迳温泉东"以下数句，熊会贞疑是叙候卤水文，似亦不尽相合。又，上述"阳乐水又东南迳傍狼山南"句，亦文意不通，当亦有错简。而今赤城县西有水泉河，《明统志》称西河，流势与"迳温泉东"之水相符，综而观之，其很可能即鹊谷水。由此推之，注文"沽文又东南与鹊谷水合，水有二源"下当接"傍狼山南，山石白色

---

① 国家文物局主编《中国文物地图集》河北分册。
② 国家文物局主编《中国文物地图集》河北分册。

特上,亭亭孤立,超出群山之表。又东南迳温泉东,泉在山曲之中。又迳赤城西,屈迳其城南,东南入赤城河。河水又东南,右合高峰水。水出高峰戍东南,城在山上。其水西南流,又屈而东南入沽水"。而今赤城县以南,白河以西无河与高峰水相应,白河以东有流经龙门所之水与之相应,则熊会贞改为"左合高峰水",或可从之。而"南即阳乐水也"以下文句当接于此下,至"阳乐水又东南迳",下有缺文,大致当为又东南迳某地,而入沽水。其阳乐水,《明统志》等以南河(今称红河)当之,大致与史实相符,而依《水经注》所述,阳乐水出于西南,东北流;候卤水出于西北,东南流,二水相合后又东流注沽水,则当以今龙门河属古候卤水为确。

依《水经注》所述,女祁县城在阳乐水之北。《辽志三》:"北安州,兴化军,上,刺史,本汉女祁县地,属上谷郡。"《辽志五》:归化州,"文德县,本汉女祁县地,元魏置"。不确。《清统志》卷四十:"女祁故城,在龙门县东……按《辽志》以文德县及中京北安州为女祁县地,皆非是。"《水经注疏》卷十四:"在今龙门县东。"其龙门县在今赤城县西南三岔口附近。今赤城县大海陀乡大海陀村西发现一处战国时期遗址,面积约7000平方米。采集遗物有泥质灰陶绳纹罐、盆等残片。其西水厂村周围发现一处古遗址,面积约70万平方米,采集遗物有战国时期的泥质灰陶绳纹罐、盆,辽金时期的白釉、黑釉瓷碗、罐、盘等残片①。其位于南河与龙门河交汇处西南,与《水经注》所述女祁县故城所在方位大致相符,且占地较大,所属年代亦相近,或即属之。另在其东北南河与龙门河交汇处以南,今赤城县雕鄂镇艾家沟村周围发现一处古遗址,面积约10万平方米,采集有夏家店文化陶器,战国时期的夹砂红褐陶绳纹釜和泥质灰陶绳纹罐、盆及素面豆等残片。则有可能为《水经注》所述之"故亭"。如此,今传本"又东南迳一故亭",原文当作"又东北迳一故亭",而依阳乐水流势,在与候卤水汇合前亦当为"东北"而非"东南"。而今赤城县龙关镇安家沟村西南发现一处战国时期遗址,面积约8万平方米,采集遗物有夹砂红褐陶绳纹釜和泥质灰陶绳纹罐、盆及素面豆等残片。其东北黑土沟村东北发现一处战国至汉代遗

---

① 国家文物局主编《中国文物地图集》河北分册。

址,面积约 7 万平方米。暴露遗迹有灰坑,采集遗物有夹砂红褐陶绳纹釜和泥质灰陶绳纹罐、盆等残片。尤家沟村北发现一处汉代遗址,面积约 4000 平方米,暴露遗迹有灰坑,采集遗物有泥质灰陶罐、瓮等残片①。其位于龙门水以南、龙门水与南河交汇处西北,与《水经注》所述候卤城所在方位大致相当,所属年代亦较吻合,或即属之。而至北魏太和年间改称御夷镇。另据上引述,其独石南之御夷镇或亦为"魏太和中置"。二者似不可并存,或改候卤城为御夷镇在先,于独石南置御夷镇城在后,而前者随之废弃。

下落县城

下落县,西汉时期属上谷郡。《汉志下》:上谷郡属县"下落,莽曰下忠"。东汉时期相沿,见于《后汉志五》。晋时改为下洛县,为广宁郡治所。《晋志上》:"广宁郡,故属上谷,太康中置郡,都尉居。"北魏时期改称广宁县。后期省废,不见于《魏志》。《水经注·㶟水》:"㶟水又东迳下洛县故城南,王莽之下忠也。魏燕州广宁县,广宁郡治。《魏土地记》曰:去平原五十里。城南二百步有尧庙。㶟水又东迳高邑亭北。又东迳三台北。㶟水又东迳无乡城北。《地理风俗记》曰:燕语呼毛为无,今改宜乡也。㶟水又东,温泉水注之。水上承温泉于桥山下。《魏土地记》曰:下洛城东南四十里有桥山。山下有温泉,泉上有祭堂。雕檐华宇,被于浦上,石池吐泉,汤汤其下,炎凉代序,是水灼焉无改,能治百疾,是使赴者若流。池水北流入于㶟水。㶟水又东,左得于延水口。"其㶟水又称桑乾河,于延水即今洋河,于今涿鹿县温泉屯东汇合。而下落县城之所在方位旧无确指。《读史方舆纪要》卷十八:保安州,"下洛城在州西"。《清统志》卷四十:"下洛故城,在保安州西。"其保安州即今涿鹿县,而比照潘县(今保岱城址)及协阳关城(今孙家寨城址),似不甚相合。又,今涿鹿县东南约 10 公里五堡镇五堡村西北发现一处青铜时代和战国时期遗址,面积约 6 万平方米。其

---

① 国家文物局主编《中国文物地图集》河北分册。

东南六堡村东北亦发现一处青铜时代和战国时期遗址，面积约 12 万平方米。二地均采集到夏家店下层文化的夹砂和泥质灰陶、灰褐陶绳纹鬲、罐、盆，战国时期夹砂红褐陶鼎、盆，泥质灰陶绳纹罐、盆及素面豆等残片。在六堡村北发现一处战国时期遗址，面积约 12 万平方米。在五堡村西及三堡村西南发现汉代墓葬群[①]。据《魏土地记》所述，"下洛城西南九十里有协阳关"，"下洛城西南四十里有潘城"，"下洛城东南六十里有涿鹿城"，与此一带地理方位大致相合，当属与下落县城之相关遗迹。唯其在今桑乾河南，略有不合，或因水道迁移所致，而古时㶟水当流经其南。

---

① 国家文物局主编《中国文物地图集》河北分册。

渔阳郡诸县城

渔阳郡之地于商周之际当属东胡族系，春秋战国时期，东胡族系东迁，又有山戎族系迁入。战国中晚期燕人北扩，置渔阳郡。秦汉时期相沿。至西汉末，领渔阳（郡治）、狐奴、路、雍奴、泉州、平谷、安乐、犀奚、犷平、要阳（都尉治）、白檀、滑盐等十二县。东汉时期有要阳、白檀、滑盐三县省废。魏晋之际，渔阳郡及渔阳县一度省废，并省废狐奴、平谷、犀奚、犷平等县。晋时复置渔阳郡及渔阳县，并复置狐奴县，属燕国，又以路、雍奴、泉州、安乐等县属燕国。前燕、前秦、后燕相继占领此地。后归北魏，而以渔阳郡治雍奴，渔阳、路县等属之，省废泉州县。

渔阳郡及渔阳县城

渔阳县，西汉时期为渔阳郡治所。《汉志下》："渔阳郡，秦置，莽曰通路。属幽州。户六万八千八百二，口二十六万四千一百一十六。县十二。"首县"渔阳，沽水出塞外，东南至泉州入海，行七百五十里。有铁官。莽曰得渔"。而据《史记·匈奴列传》，渔阳郡为战国时期燕国所置，其郡名当以其郡治所在渔阳县城称之。秦时相沿。《史记·陈涉世家》："二世元年七月，发闾左適戍渔阳，九百人屯大泽乡。"《索隐》："戍者，屯兵而守也。《地理志》：渔阳，县名，在渔阳郡也。"《正义》："《括地志》云：渔阳故城在檀州密云县南十八里，在渔水之阳也。"又，《绛侯周勃世家》：汉高祖十一年（前196年），燕王卢绾反，周勃出击，定"渔阳二十二县"。则在秦汉之际渔阳郡当置有二十二县，而后陆续有十县省废或迁出，至西汉末唯有十二县。东汉时期仍为郡治所。《后汉志五》："渔阳郡，秦置。雒阳东北二千里。九城，户六万八千四百五十六，口四十三万五千七百四十。渔阳，有铁。"《后汉书·光武帝纪》：西汉末光武帝率军北征王郎，"会上谷太守耿况、渔阳太守彭宠各遣其将吴汉、寇恂等将突骑来助击王郎"。李贤注："渔阳郡在渔水之阳，今幽州县。"魏晋之际，渔阳郡及渔阳县一度省废，《晋志》无载。北魏时期复置渔阳郡，治雍奴城。《魏志上》：渔阳郡领县"渔阳，二汉属，晋罢，后复。有渔阳城、□乐城、桃花山"。今北京怀柔区北房镇围里村1963年发现的北齐傅隆显墓中出土墓志："大齐武平二年岁次辛卯十一月乙巳朔十六日庚申，渔阳郡功曹二代郡正解褐平北将军幽州治中土垠、雍奴、路、渔阳四县令傅隆显铭。"则在北齐时期渔阳县犹存，其省废当在北周时期。

《水经注·沽河》："沽水又西南流，出山，迳渔阳县故城西，而南合七度水。水出北山黄颁谷，故亦谓之黄颁水，东南流，注于沽水。沽水又南，渔水注之。北出县东南平地，泉流西迳渔阳县故城南。应劭曰：在渔水之阳也。考诸地说则无闻，脉水寻川则有自。今城在斯水之阳，有符应说，渔阳之名当属此。秦发闾左戍渔阳，即是城也。渔水又西南入沽水。又南与螺山之水合。水出渔阳城南小山。《魏土地记》曰：城南五里有螺山。其水西南入沽水。沽水又南迳安乐县故城东。《晋书地道记》曰：晋封刘禅为公国。俗谓之西潞水也。（沽河）南过渔阳狐奴县北，西南与灅余水合为沽河（经文）①。沽水西南流迳狐奴山西，又南迳狐奴县故城西。"《鲍邱水》："鲍邱水从塞外来，南过渔阳县东（经文）。……鲍邱水又东南迳渔阳县故城东。渔阳郡治也，秦始皇二十二年置，王莽更名郡曰通潞，县曰得渔。"其沽河即今白河，鲍邱水即今潮河，而今白河及潮河分合流势已与古时不尽相同。汉魏时期鲍邱水当大致流经今潮河及潮白河水道，而沽河则于今密云区西南流经狐奴山（今顺义区东北）西。隋唐以后置密云县于今址；而另置渔阳县于今天津蓟县址，唐初属幽州，开元十八年又于此渔阳县分

---

① 此句经文依《永乐大典》本及明朱谋㙔笺本。

置蓟州①。《后汉书》李贤注"渔阳郡……今幽州县",当有误。而《后汉书·孝献帝纪》：兴平二年（195年）,"袁绍遣将麴义与公孙瓒战于鲍丘,瓒军大败"。李贤注："鲍丘,水名,出北塞中,南流经九庄岭东,俗谓之大榆河。又东南经渔阳县故城东,是瓒之战处。见《水经注》。"则当指汉魏时期渔阳城。《寰宇记》卷七十一：檀州密云县,"桃花山,《郡国志》云：桃花山在渔阳西北十五里"。其渔阳,亦当指原渔阳城。《明统志》卷一："渔阳城,在密云县西南。秦发闾左戍渔阳,即此。"万历《怀柔县志》："渔阳城,县东三十里,秦发闾左戍渔阳。"《读史方舆纪要》卷十一：顺天府密云县,"渔阳城,孔颖达云：在县南十八里。秦郡治此。二世发闾左戍渔阳,即此城也"。又,蓟州,"渔阳废县,今州治。汉置县,为渔阳郡治,后汉因之。晋郡、县俱废。隋末置渔阳县,唐初属幽州,武后时营州陷于契丹,寄治渔阳,神龙初县改属营州,开元四年复属幽州,十八年置蓟州治焉,自是州郡皆治此"。其以汉以后渔阳县郡治在今蓟县址,不确。《清统志》卷八："渔阳故城,在密云县西南三十里。《史记》：燕筑长城,自造阳至襄平,置上谷、渔阳、右北平、辽西、辽东郡。秦二世发闾左戍渔阳,即此。汉置渔阳县为郡治。三国魏郡、县俱废。晋复置。《晋书·燕王机传》：咸宁初,以渔阳郡益其国。《赵录》：石虎建武四年,有段辽渔阳太守马鲍降。而《晋志》不载,盖残阙也。后魏移郡治雍奴,以县属焉。北齐废。《括地志》：渔阳故城在密云县南十八里,渔水之阳。"光绪十五年刊《顺天府志》卷二十八：密云县西南"十八里王各庄（接怀柔界）。二十里台头庄,二十里两河庄,或曰庄之西南数里为渔阳故城。渔,《史记·赵世家》作貍。貍为渔之讹,张守节《史记正义》已云当作渔阳矣,而或且沿之,非也（《一统志》：渔阳故城在县西南。《赵录》：石虎建武四年,有段辽渔阳太守马鲍降,而《晋志》不载,盖残缺也。《方舆纪要》：孔颖达云：在县南十八里。秦郡治此,二世发闾左戍渔阳,即此城也。阎百诗曰：秦汉渔阳郡皆治渔阳。《新斠注汉志》：渔阳郡渔阳,在今密云县西南三十里。《史记正义》：故城在密云县南十八里。应劭曰：县在渔水之阳。按志

---

① 参见《旧唐志二》。

册据《史记·赵世家》称貍阳故城在密云县南。然考《史记正义》曰：燕无貍阳，疑貍字误，当作渔阳，故城在密云县南十八里，燕渔阳郡城也。赵东界至瀛州，则檀州在北，赵攻燕取渔阳城也。是张守节久以貍字为讹。其方隅里数，今依《新斠注汉志》）"。实则其时很可能是渔阳城与貍阳城并存，且均在今密云区西南①。而有关古渔阳城所在之具体方位虽未予指实，然历代相传，大体明确。

今怀柔区与密云区交界地带残存有土城子遗址，其位于怀柔区北房镇梨园庄村东约500米，当地人称"东城子地"；北房镇郑家庄北约1000米，当地人称"北城子地"；密云区十里堡镇统军庄村南约1000米，当地人称"南城子地"。遗址东南临今潮白河，西北临101国道及京承铁路。据当地村民讲，此地老人回忆早年尚有城垣可见，后来虽土垣被毁，但地面仍明显高出周围，直到二十世纪六十年代平整土地时整个被夷为平地。二十世纪五十年代文物普查得知，在南北一里许的地段中发现绳纹砖、粗绳纹陶片和外绳纹、内方格纹之板瓦残片。后经再次普查，确认城址平面呈长方形，东西长约497米，南北长约435米（或记为东西长约300米，南北长约200米），城已毁。1980年以来陆续发现战国至秦汉时期的仓、灶、猪圈、鸡、猪、狗等模型及日光镜、五铢钱等。1983年试掘，在距地表1米以下仍能发现夯土城墙基址和夹砂红陶片。2007年又进行实地踏查，整个遗址上遍布秦汉砖瓦碎片，只有少量夹砂红陶。在西北部边长200～300米的林木地带发现大量筒瓦、板瓦及绳纹砖。从筒瓦和板瓦的宽度和弧度看，这些建筑构件器形很大。筒瓦一般外部饰绳纹，内部为布纹。板瓦外为绳纹，内为素面，也有的内部有不规则的席纹。绳纹砖一般长28.5厘米、宽14厘米、厚5.5厘米。并有其他硬质灰陶。在遗址的南部、东部少见大型筒瓦、板瓦等，主要是残碎的陶片。但东部亦发现不少绳纹砖。另在东部发现一座东汉时期墓葬。通过对分布有秦汉砖瓦的地面进行实际测量，其大致范围是东西长约1142米，南北长约826米。在此遗址南约五里有一座小山，

---

① 参见本书安乐县城。

今称罗山。当即《魏土地记》所述之"螺山"。而其东北距旧密云县城约9公里，亦与《括地志》所述渔阳故城所在方位里程相合。凡此均可表明，此城当即属古渔阳城。唯因水道变迁，而与《水经注》所述似不甚相符①。因未进行钻探和发掘，其规制及布局无法准确判定。比照上谷郡沮阳城，古渔阳城或亦采用大城与小城连接之式，分别为郡治及县治所。北魏时期渔阳郡迁治雍奴，此地唯余渔阳县，或县治改置于大城，而将小城空出，故《魏志》于渔阳县下又记有"渔阳城"。《后汉书·五行志二》：汉安帝延光四年（125年），"秋七月乙丑，渔阳城门楼灾"。则原渔阳城门上当建有门楼。《魏志》又记渔阳县有桃花山，其并见于上引《郡国志》。《隋志中》记安乐郡密云县"有桃花山、螺山。有渔水"。当亦指此山。而不见于明清时期史志，今已难以指实。

《晋书·武帝纪》：泰始元年（265年），封皇弟"机为燕王"。《宣五王传》："清惠亭侯京字子佐，魏末以公子赐爵。年二十四薨，追赠射声校尉，以文帝子机字太玄为嗣。泰始元年封燕王，邑六千六百六十三户。机之国，咸宁初征为步兵校尉，以渔阳郡益其国，加待中之服。拜青州都督、镇东将军、假节，以北平、上谷、广宁郡一万三百三十七户增燕国为二万户。薨，无子，齐王冏表以子几嗣。后冏败，国除。"咸宁初以渔阳郡地增益燕国，则渔阳郡当同时省废，而渔阳县似亦不存。因《晋志》依太康年间所存郡国资料为准，故无载。另据《晋书·惠帝纪》及《齐王冏传》，齐王冏被杀于太安元年（302年），而后燕国废除，渔阳郡当又分出复置，领渔阳县等。《晋书·石勒载记》：晋太兴二年（319年），石季龙等上疏言："请依刘备在蜀、魏王在邺故事，以河内、魏、汲、顿丘、平原、清河、钜鹿、常山、中山、长乐、乐平十一郡，并前赵国、广平、阳平、章武、渤海、河间、上党、定襄、范阳、渔阳、武邑、燕国、乐陵十三郡，合二十四郡，户二十九万为赵国。"石勒随即称王。此二十四郡，见于《晋志》者有河内、魏、汲、顿丘、广平、阳平（属司州），平原、清河、钜鹿、常山、中

---

① 国家文物局主编《中国文物地图集》北京分册。周正义主编《北京地区汉代城址调查与研究》第二编第六章《怀柔区》。

山、赵国、章武、渤海、河间、乐陵（属冀州），上党、乐平（属并州），范阳、燕国（属幽州）。另记并州所统"新兴郡，魏置"。统九原、定襄、云中、广牧、晋昌五县，"惠帝改新兴为晋昌郡"。及永兴元年（304年），刘元海僭号于平阳，称汉，于是并州之地皆为元海所有。冀州所统"安平国，汉置"。统信都、下博、武邑、武遂、观津、扶柳、广宗及经县。而《魏志》记冀州所领"长乐郡，汉高帝置，为信都郡，景帝二年为广川国，明帝更名乐成，安帝改曰安平，晋改"。领扶柳、信都、下博等县。又："武邑郡，晋武帝置。"领武遂、武邑、灌津等县。其定襄郡极有可能为刘元海僭号后所改称。而长乐郡及武邑郡当为太康年间后改置，故不为《晋志》所记。渔阳郡当亦属此例，为燕王国除后重置。依《晋志》所记，燕国统蓟、安次、昌平、军都、广阳、潞、安乐、泉州、雍奴、狐奴十县。其中潞、安乐、泉州、雍奴、狐奴原属渔阳郡；而《魏志》记"渔阳郡，秦始皇置，真君七年并北平郡属焉"。所领雍奴、潞、渔阳三县原属渔阳郡，无终、土垠、徐无三县原属右北平郡。则重置后之渔阳郡当领有潞、安乐、泉州、雍奴、狐奴县，并于原渔阳城址复置渔阳县，以为渔阳郡治所，至北魏时期方迁郡治于雍奴城。《晋书·石季龙载记》：晋咸康四年（后赵建武四年，338年），石季龙率支雄等伐辽西鲜卑段辽。"季龙众次金台，支雄长驱入蓟，辽渔阳太守马鲍、代相张牧、北平相阳裕、上谷相侯龛等四十余城并率众降于季龙。支雄攻安次，斩其部大夫那楼奇。辽惧，弃令支，奔于密云山。辽左右长史刘群、卢谌、司马崔悦等封其府库，遣使请降。季龙遣将军郭太、麻秋等轻骑二万追辽，及之，战于密云，获其母妻，斩级三千。辽单马窜险，遣子乞特真送表及名马，季龙纳之。"其并见于《十六国春秋·后赵录》。渔阳城当包括在"四十余城"之内。依《晋志》，代郡统代、广昌、平舒、当城四县，北平郡统徐无、土垠、俊靡、无终四县，上谷郡统沮阳、居庸二县。其余诸城已无法推考。而《资治通鉴》卷九十六："赵王虎进屯金台，支雄长驱入蓟，段辽所署渔阳、上谷、代郡守相皆降，取四十余城。北平相阳裕帅其民数千家登燕山以自固。……阳裕诣军门降。……虎悦，即拜北平太守。"或北平郡属县不在此四十余城之内。如此，除晋咸宁初至太安初的二十余年间，渔阳城自战国晚期至东晋十六国时期用为渔阳郡治所前后达七百余年，而自战国晚期至南北朝时期用为渔阳县治所前后达八百余年。

狐奴县城

狐奴县，西汉时期属渔阳郡。《汉志下》：渔阳郡属县"狐奴，莽曰举符"。东汉时期相沿，见于《后汉志五》。又，《后汉书·彭宠传》：西汉末年，更始帝拜彭宠为偏将军，行渔阳太守事。"及光武镇慰河北，至蓟，以书招宠。……宠乃发步骑三千人，以吴汉行长史，及都尉严宣、护军盖延、狐奴令王梁，与上谷军合而南，及光武于广阿。"李贤注："狐奴，县名，属渔阳郡。"其并见于《王梁传》。《张堪传》：光武帝即位后，拜张堪为渔阳太守。"匈奴尝以万骑入渔阳，堪率数千骑奔击，大破之，郡界以静。乃于狐奴开稻田八千余顷，劝民耕种，以致殷富。百姓歌曰：桑无附枝，麦穗两岐。张君为政，乐不可支。视事八年，匈奴不敢犯塞。"《邓禹传》：汉章帝建初年间，上谷太守任兴欲诛赤沙乌桓，乌桓怨恨谋反。诏邓禹之子邓训"将黎阳营兵屯狐奴，以防其变。训抚接边民，为幽部所归"。李贤注："狐奴县，属渔阳郡也。"《三国志·魏书·明帝纪》：景初二年（238年），"省渔阳郡之狐奴县，复置安乐县"。晋时复置狐奴县，属燕国，见于《晋志上》。而《魏志》等无载，当已省废。《水经注·灅余水》："（灅余水）又北屈，东南至狐奴县西，入于沽河（经文）。昔彭宠使狐奴令王梁南助光武起兵，自是县矣。灅余水于县西南，东入沽河。故《地理志》曰：灅余水自军都县东至潞，南入沽。是也。"《沽河》："（沽河）南过渔阳狐奴县北，西南与灅余水合为沽河（经文）。沽水西南流迳狐奴山西，又南迳狐奴县故城西。渔阳太守张堪于县开稻田，教民种植，百姓得以殷富。童谣歌曰：桑无附枝，麦秀两岐。张君为政，乐不可支。视事八年，匈奴不敢犯塞。沽水又南，阳重沟水注之。水出狐奴山南，转迳狐奴城西。王莽之所谓举符也。侧城南注，右会沽水。沽水又南，灅余水注之。沽水又南，左会鲍邱水，世所谓东潞也。"《鲍邱水》："鲍邱水又西南历狐奴城东，又西南注于沽河，乱流而南。"其灅余水当为温余水①，即今温榆河，沽河即今白河，鲍邱水即今潮河。此三水均流经今北京顺义区，而其分合流势已与古时不尽相同。

南北朝以后，所置州郡县亦有变迁。《魏志上》："安州，皇兴二年置，治方城。天平中陷，元象中寄治幽州北界。"所领"安乐郡，延和元年置交州，真君二年罢州置。领县二，户一千一百六十六，口五千二百一十九。土垠，真君九年置。安市，二汉、晋属辽东，真君九年并当平属焉"②。《隋志中》："安乐郡，旧置安州，后周改为玄州。开皇十六年州徙，寻置檀州。统县二，户七千五百九十九。燕乐。……密云，后魏置密云郡，领白檀、要阳、密云三县。后齐废郡及二县入密云。又有旧安乐郡，领安市、土垠二县，后齐废土垠入安市，后周废安市入密云县。开皇初郡废。有长城。有桃花山、螺山。有渔水。"其密云县即在今北京密云区址，东魏元象中所寄治幽州北界之安乐郡及其所领土垠、安市二县当与之相近。《通典》卷一百七十八：顺义郡，"顺州，理宾义县，在范阳郡城。大唐天宝初置，寻又改为顺义、归化二郡。领县一：宾义。归化郡，东至渔阳郡二百十五里，南至范阳郡八十里，西至妫川郡二百里，北至密云郡七十里，东南到渔阳郡二百十里，西南到范阳郡八十里，西北到□□□□□里，东北到密云郡七十里，去西京二千七百里，去东京一千八百五十里，户八百七十七，口三千三百六十九。顺州之北境，理怀柔县。天宝初置归化郡，与顺义郡同领县一：怀柔。归德郡，东至密云郡八十里，南至范阳郡九十里，西至范阳郡昌平县五十里，北至山五里，东南到后魏废易京城四十里，西南到芹城五里，西北到乾河山五里，东北到宋城镇二十五里。去西京二千一百六十三里，去东京一千八百七十六里。户二千二百四十六，口一万一千五百九十一。燕州，秦上谷郡地，历代土地与范阳郡同。隋文帝时粟末靺鞨有厥稽部渠长率数千人举部落内附，处之柳城，燕郡之北。炀帝为置辽西郡，以取秦汉辽西之名也，统辽西、怀远、泸河三县。大唐为燕州，或为归德郡，领县一：辽西"。《旧唐志二》："顺州，下，贞观六年置，寄治营州南

---

① 参见本书军都县城。
② 《魏志上》：幽州渔阳郡领县"土垠，二汉、晋属右北平，后属，有北平城"。二者有别。

五柳城。天宝元年改为顺义郡，乾元元年复为顺州。"领县"宾义，郡所理，在幽州城内"。又："归顺州，开元四年置，为契丹松漠府弹汗州部落。天宝元年改为归化郡，乾元元年复为归顺州。"领县"怀柔，州所理也"。又："燕州，隋辽西郡，寄治于营州。武德元年改为燕州总管府，领辽西、泸河、怀远三县。其年废泸河县。六年自营州南迁，寄治于幽州城内。贞观元年废都督府，仍省怀远县。开元二十五年移治所于幽州北桃谷山。天宝元年改为归德郡，乾元元年复为燕州。"领县"辽西，州所治县也"。《新唐志七》述顺州及归顺州略同。而《新唐志三》记幽州幽都县，"望，本蓟县地。隋于营州之境汝罗故城置辽西郡，以处粟末靺鞨降人。武德元年曰燕州。六年自营州迁于幽州城中。……开元二十五年徙治幽州北桃谷山。天宝元年曰归德郡。……建中二年为朱滔所灭，因废为县"。即改为幽都县。《寰宇记》卷七十一："燕州，归德郡，今理辽西县。星分尾宿，秦为上谷郡地，历代土地所属与范阳同。《释名》云：燕，宛也，在涿鹿山南，宛宛然以为国都也。置在幽州，领靺鞨，本粟末靺鞨别种也。隋《北蕃风俗记》云：初开皇中粟末靺鞨与高丽战不胜，有厥稽部渠长突地稽者率忽使来部、窟突始部、悦稽蒙部、越羽部、步护赖部、破奚部、步步括刊部，凡八部胜兵数千人，自扶余城西北举部落向关内附，处之柳城，乃燕郡之北。炀帝大业八年为置辽西郡并辽西、怀远、滤（泸）河三县以统之，取秦汉辽西郡为名也。唐武德元年改为燕州总领府，领辽西、滤（泸）河、怀远三县。其年废滤（泸）河县。六年自营州南迁，寄治于幽州城内。贞观元年废都督府，仍省怀远县。开元二十五年移治所于幽州北桃谷山，天宝元年改为归德郡，乾元元年复为燕州。"所领"辽西县，四乡，隋大业八年置，属辽西郡，与郡同在汝罗故城之□，[至]十一年寄理柳城，唐武德元年郡为燕州，县属不改。六年燕州寄理幽州，县亦迁于今所置"。其"东至檀州八十里，南至幽州九十里，西至幽州昌平县五十里，北至大山五里，西南至沂（芹）河五里，东南至后魏废易京城四十里，西北至乾河山五里，东北至宋城镇二十五里"。所述与《通典》相同。据此，唐代先后有顺州（顺义郡）及宾义县、归顺州（归化郡）及怀柔县、燕州（归德郡）及辽西县寄治于幽州城内。而归顺州、燕州曾先后迁离幽州城。燕州及辽西县于武德六年（623年）迁于幽州城中，开元二十五年（737年）徙治幽州北桃谷山，建中二年（781年）为朱滔所灭，而后改为幽都县，又迁回幽州城内。其所徙燕州城址位于今昌平区兴寿镇西新城村北，东临桃峪口沟，北临京密引水渠，平面呈长方形，东西长约350米，南北长约250米。北垣于1958年修水渠时毁掉，残存东、西、南三面夯土城墙，而现只存一段长约100米的南垣，残高约1.5米，墙基宽约2米，顶部宽约1米①。其所在至密云郡（檀州）、范阳郡（幽州）等里程与《通典》及《寰宇记》所述相合；而"东南至后魏废易京城四十里"，恰在今顺义城区即辽金以来顺州城，然未记归顺州或归化郡及怀柔县，则所据资料当截止于归顺州迁此以前。又，《通典》所述归化郡至渔阳郡、范阳郡、妫川郡、密云郡等里程均与今顺义城区相合，唯"西北到"以下空缺待补，依所述"东南到后魏废易京城四十里"逆推，当补为"西北到归德郡四十里"。归化郡于乾元元年（758年）改称归顺州，而《通典》仍称归化郡，则其迁至今顺义城区当在天宝年间，而与归德郡并存，故需记述二者之间方位里程。《寰宇记》卷七十一："归顺州，今理怀柔县。其地乃燕之北境，燕太子丹使荆轲献地图，盖谓此地，即元顺州之北境，唐开元四年置，为契丹松漠府弹汗州部落，领怀柔一县。天宝元年改为归化郡，乾元元年复为归顺州。自禄山之乱，此地因陷入胡。""东至蓟州二百一十五里，南至幽州八十五里，西至妫州二百里，北至檀州七十五里。"与《通典》略同。当本于《元和郡县图志》（今传本此卷佚失）。据原顺义县城内所存唐大历五年试太子洗马郑宣力所撰开元寺碑文记，其时仍称归顺州。而据《新五代史·职方考》，后唐有幽州、檀州、顺州等，后晋时归入契丹。《辽志四》："顺州，归化军，中，刺史。秦上谷、汉范（渔）阳、北齐归德郡境。隋开皇中粟末靺鞨与高丽战不胜，厥稽部长突地稽率八部胜兵数千人，自扶余城西举落内附，置顺州以处之。唐武德初改燕州，会昌中改归顺州，唐末仍为顺州。有温榆河，白遂河，曹王山，曹操尝驻军于此；黍谷山，邹衍吹律之地。南有齐长城。城东北有华林、天柱二庄，辽建凉殿，春赏花，夏纳凉。初军曰归宁，后

---

① 国家文物局主编《中国文物地图集》北京分册。周正义主编《北京地区汉代城址调查与研究》第二编第一章《昌平区》。

更名。统县一：怀柔县，唐贞观六年置，治五柳城，改顺义县。开元四年置松漠府弹汗州。天宝元年改归化郡，乾元元年复今名。户五千。"其以燕州（相沿于辽西郡，原寄治柳城，后寄治幽州）相沿于顺州（原寄治五柳城，后寄治幽州），归顺州相沿于燕州，有误。以会昌中改称归顺州、以怀柔县原为顺州属县（宾义），似亦不确。而以其唐末称顺州，似当合于史实。

宋大中祥符元年（1008年），路振出使契丹，作《乘轺录》：十二月"十日自幽州北行至孙侯馆五十里。地平无丘陵。出北安门十里过高梁河，三十里过孤沟河，三十五里过长城。十一日自孙侯馆北行至顺州三十里。地平。二里过温渝河。顺州古城周约七里。十二日自顺州东北行至檀州八十里。路险，有丘陵。二十五里过白絮河。河源出太行山"①。此后四年有王曾（沂公）再出使契丹，作《王沂公行程录》：自幽州"出北门，过古长城、延芳淀，四十里至孙侯馆，改为望京馆，稍移故处。望楮谷山、五龙池，过温余河、大夏坡，坡西北即凉淀避暑之地。五十里至顺州。东北过白屿河，北望银冶山，又有黄罗螺盘、牛阑山，七十里至檀州"②。前者记幽州至顺州八十里、顺州至檀州八十里，后者记幽州至顺州九十里、顺州至檀州七十里，与《寰宇记》所记归顺州至幽州八十五里、归顺州至檀州七十五里略同，且所述温渝（温余）河东北距顺州二十八里，与今温榆河至顺州城区的距离略等；白絮河（白屿河）即今白河、牛阑山即今牛栏山等亦与今在顺义区所见相符。其当即相沿于唐代归顺州及怀柔县址，而改称顺州，则很可能是至唐末原寄治于幽州城内之顺州已不存。《金志上》："顺州，下，刺史，辽置归义军，户三万三千四百三十三。县二：温阳，旧名怀柔，明昌六年更。有螺山、潵水、兔耳山。"另一县为密云。其潵水即今白河。兔耳山亦作兔儿山，又称华山③，在今顺义区东南。怀柔县改称温阳县，当取其城位于温榆水北之义。《元志一》："顺州，下，唐初改燕州，

---

① 据〔法〕闵宣化著、冯承钧译《东蒙古辽代旧城探考记》附《乘轺录笺证》引，中华书局，2004。
② 据《契丹国志》卷二十四引。
③ 参见《清统志》卷七。

复为归德郡,复为顺州,复为归顺州,辽为归化军,宋为顺兴军。金仍为顺州,置温阳县。元废县存州。"其以顺州相沿于燕州,有误,而此顺州当相沿于归顺州。

元泰定年间知州梁宜撰《顺州公廨记》:"顺州在燕地幽州之域,汉为土垠县。览视州域,环关府地,位高元形,若磨盘然,下之则为平田,又数里复隆起如陟崇岸,谚呼为坎上,则复平田,四去皆然,顺以是得名也。两汉军都废城在州西三十里义店北,狐奴故城在今州东北二十五里狐奴山前。邓禹子训尝承诏将黎阳营兵屯此,与上谷太守任兴以防乌桓之变,垦稻田二千余顷。其上谷故郡今属昌平,俗名为新城,去西北四十里。土垠,晋宋为易京城。按后魏檀州置密云郡,兼置安州,废易京为安乐郡。今州北负郭,犹名安乐村。领安市、土垠二县。后齐废土垠入安市,后周改安为悬(玄),废安市入密云。隋开皇初徙悬(玄)州于渔阳郡,遂有长城、桃花山、螺山、渔水可考。顺州顺义郡,唐置范阳城内,领义宾县,天宝初分州之北境为归化郡,领怀柔县,即是城也,名归顺州,置刺史,李光业尝为之。亦为顺州,更理河南县,出何首乌传,今为村,在州东南二十五里。宋宣和初徽宗赐名顺兴郡,置团练使。契丹复顺州,置永清军。金因之,领司侯、司统、温阳、密云二县,祯祐二年十月六日城陷,赐荣禄大夫枢密副史王晦子明偕共下牛斗,并死之。圣元仍顺州,置节度使,领檀中一州,众平谷县,省温阳,近易节度为知州,而檀自州中州,改昌平县与平谷俱属大都路。"① 其以今顺州城区"汉为土垠县",有误。以"两汉军都废城在州西三十里义店北",亦不确。而以"狐奴故城在今州东北二十五里狐奴山前",则当承传于古,与史实相符。又,元集贤学士宋渤撰《白云观张道宽异授记》:"元大德中元逸真人张霞乡弟子道宽张姓者居顺狐奴山,道号白云,清苦炼形,施符水治病,能起人死。……宽本农家子,东安州人,服田力穑,孝养父母,婴疾几殆,中夜梦数伟人衣冠肃然,如古列仙状,而教之曰:时当有疫疠,吾授汝符咒,以救民厄。复授以咒果法,令疾者食之立愈。又曰:此去北山,可结庐修行。既寤,身疾顿去。

---

① 据康熙五十八年刊《顺义县志》卷四引。

居无何，疫兴，遂间出其法，试之，果验。宽由是惟以治疾救灾为念，久之，人果响应。寻依前梦，迹之狐奴山，遂卜居焉。俄而从之者弥众，凡踵门请谒者可计日令无恙。"其白云观即建于狐奴山。明初改顺州为顺义县，先属顺天府，后改属昌平州。清代相沿。

《明统志》卷一："狐奴城，在顺义县东北狐奴山，相传邓禹子训屯兵于此。"又："牛栏山，在顺义县北二十里。本朝改名顺义。呼奴山，在顺义县东北二十五里，亦名狐奴山。旧传汉邓禹子训与上谷太守任兴屯兵于此，以防匈奴乌桓。"《读史方舆纪要》卷十一：顺天府顺义县，"狐奴城，在县东北。汉县，属渔阳郡，后汉因之。张堪为渔阳太守，于狐奴开稻田八千余顷是也。晋仍为狐奴县，魏废。或曰：呼奴山有狐奴城，即故县云。呼奴山，县东北二十五里，亦名狐奴山。《水经注》：水不流曰奴。盖以山前潴泽名也。其北麓鸟道而上，约里许始渐开渐平。有小石城。其西南麓又有一城。相传后汉邓训与上谷太守任兴将兵屯狐奴，以拒乌桓。此城即训所筑。或曰汉狐奴县城也"。《清统志》卷八："狐奴故城，在顺义县东北三十里。汉置县。《后汉书》：张堪为渔阳太守，于狐奴开稻田八千余顷。三国魏景初二年省，晋仍置，后魏废。"又，《清统志》卷七："呼奴山，在顺义县东北二十五里，即古狐奴山也。其北麓鸟道而上，约里许渐阔渐平。山有小石城。其西南百步有汉狐奴县址。"光绪十五年刊《顺天府志》卷二十八：顺义县，东北"三十里上埝头邨、东乌鸡邨、西乌鸡邨、魏家店、北府邨。按：狐奴故城近此（《昌平山水记》：狐奴山西南百步有汉狐奴县故址。《新斠注汉志》：渔阳郡狐奴在顺州县东北二十里。《顺义黄志》：狐奴故城在县东北三十里狐奴山西麓）"。狐奴山位于今顺义区北小营镇与木林镇交界处，顺义通向密云的顺密路在山南经过，并在山的东脚下转向北。狐奴山西侧为北府村，东侧为木林镇魏家店村，再向东约1公里为大秦铁路。狐奴山分为两个小山包，南部的小山包呈东西走向，北部的小山包呈南北走向，两山相连呈J形。山的西南侧因采石呈断崖状。在北府村村西可以看出北府村处于一高台上，高出村西约2米。村西断面的土质十分坚硬，但看不出夯土痕迹，亦不见文化遗存。据当地村民讲，村里在打井时地表之下经常会发现鹅卵石，可能曾有河流经过。村中央一户村民的院内有一土台，是村中最高处，高出周围约 2 米。村中地势从前比现在要高很多，基本上与村中央那座土台相当。后经平整土地，地势降低，但现在仍高出村子四周约 2 米。而在没有平整土地之前，北府村的地势要高出四周约 4 米。当地俗称为城坡。经 1983 年文物普查，地表可见汉代砖瓦碎片，而未见城墙等相关遗迹。据称遗址面积近 50 万平方米，曾出土汉瓦、陶井圈、青铜器、五铢钱等汉代器物。另据村民介绍，在村西约 1 公里有一块农田被当地人称为"瓦地"，曾发现许多陶片和瓦，以及完整的陶罐。当即属古狐奴县城①。对此，还可以结合此一地区诸水道变迁来进一步求证。

元明善《顺州仪门记》："温榆水之阳有古城焉，曰顺州，隶大都路。地沃而民淳，国家罢兵百年，涵濡抚育，生殖日繁，蔚为饶郡。郡城据亢爽地，郡廨特当其亢，亢有故仪门址。至大四年，知州事梁君彦义始来，明年百废次第举，民用大和。乃谋诸监郡，将建岑楼于址，佥曰休哉，民皆子趋以献工。肇事于皇庆元年秋七月，毕工于二年夏六月。登其上，北望则红螺峻极，虽五十里外若接阑槛。东北曰黍谷，邹衍吹律之山也。潮、潞二水会于白潊，经城东而南注，吴船来集通元桥下。其西南则天都霄汉，舣棱金爵，隐然郁葱佳气之间。"② 其温榆水即温渝河，在顺州城之南。潮水当即今潮河，潞水当即今白河，二水相汇于顺州城北后称白潊水。

此州城当兴建于唐代，而后相沿。在城内东部原有开元寺，唐大历五年试太子洗马郑宣力所撰寺碑立于此。《明统志》卷一："白河自密云南至牛栏山与潮河合流，至通州入直沽。一名白遂河。"所述与《顺州仪门记》所记"潮、潞二水会于白潊，经城东面南注"相合，亦与《乘轺录》所记顺州东北行"二十五里过白絷河"及《王沂公行程录》所记顺州东北"过白屿河"、有"牛阑山"略合，由此表明古时沽河与鲍邱水汇合处当即在今顺义区北约二十五里牛栏山、狐奴山一线，《水经注》所述"沽水又南，左会鲍邱水"，"鲍邱水又西南历狐奴城东，又西南注于沽河"，当即指此而

---

① 国家文物局主编《中国文物地图册》北京分册。周正义主编《北京地区汉代城址调查与研究》第二编第九章《顺义区》。
② 据《日下旧闻考》卷一百三十八引。

言①。古时沽河南过狐奴城北，"西南流迳狐奴山西，又南迳狐奴县故城西"。又有阳重沟水出狐奴山南，"转迳狐奴城西"，"侧城南注，右会沽水"。又南与鲍邱水相汇。古狐奴城正在此二水相汇处以北。其狐奴，当属拟音字，为当地土著族系所称，并因此称其所临小山。以"水不流曰奴"释之，似不确。

《水经》记灅余水（温余水）"又北屈，东南至狐奴县西，入于沽河"。熊会贞按："此注灅余水于狐奴县西南入沽。又，《沽水》经：南过狐奴县北，西南与灅余水合。注云：沽水南迳狐奴城西，又南，灅余水注之。则灅余水入沽在狐奴西南，不在狐奴西。此经文西下脱南字，今增。"② 似不确。因偏离角度不大，"西"亦可指"西南"，则《水经》原文当无误。又，《水经注》记"沽水又南，灅余水注之"。在沽水"左会鲍邱水"之北。则古时沽水与灅余水相汇处当在狐奴城西，今顺义西北，故灅余水"北屈"。而上引《乘轺录》记孙侯馆北行"二里过温渝河"，《王沂公行程录》记"过温余河"而至顺州，《顺州仪门记》记"温榆水之阳有古城焉，曰顺州"。其已大致流经今温余河水道。由此推之，此段水道在隋唐以后当有迁徙。《水经注·灅余水》：灅余水"又东流，易荆水注之"。其易荆水当流经今清河水道③，灅余水与易荆水合流以下河段亦可称易荆水。《北齐书·斛律金传》：斛律金之子斛律羡于天统年间（565～569年）为幽州刺史，"又导高梁水北合易京，东会于潞，因以灌田，边储岁积，转漕用省，公私获利焉"。所述并见于《北史·斛律金传》。此"易京"与"易荆"音相同，同指易荆水。光绪十五年刊《顺天府志》卷二十八："北一里旧有安乐邨，

---

① 《清统志》卷七："白河，源出宣化府赤城县，自古北口西流入，迳密云县西，又南与潮河合。又南迳顺义县东，又南至通州东，为北运河。下流迳香河、武清诸县入天津之直沽归海。……周梦旸《水部备考》：密云河本白河上流，自牛栏山下与潮河会。初，蓟辽总督驻密云，从通州至牛栏山以车转饷，劳费特甚。明嘉靖中总督刘涛发卒于密云城西杨家庄筑塞新口，开通旧道，令白河与潮河合流至牛栏山，水势甚大，故通州漕运直抵密云城下。旧志：白河自宣府镇赤城堡东流出边，又东南入密县西北边城，东南经黄崖口堡及高家庄堡之南，又东至石塘城东北会白马关堡、冯家峪堡，稍流会水峪堡，经石塘城东而南，至县旧城北折而西，复南屈，经城西至县南十八里会潮河，乃西南流入怀柔县界，至牛栏山东会大水峪河，又南经县城东，凡六十里入通州界。"则白河与潮河汇合口北移至今密云区南当在明嘉靖年间以后。
② 《水经注疏》卷十四。
③ 参见本书昌平县城。

或曰即土垠县址也（《顺州公廨记》：土垠，晋、宋为易京城，后魏废易京，为安乐郡。今州北负郭有安乐村。《日下旧闻》：两汉属右北平郡，当在今丰润境，而县则汉渔阳狐奴地也。《顺义黄志》：土垠县旧地在北门外里许）。"又："西北六里旧有安乐庄，庄之东南一里为良牧署旧廨（《顺义黄志》：良牧署旧廨在县西北五里许，缭以城垣，有明嘉靖间翰林李蒙撰记，碑字半蚀，大意谓署为上林苑监设也。其地远接居庸，近临京都，为边竟（境）告警往来必经之处，给赏命署丞董其事，始于壬子秋，终于癸丑夏。《昌平山水记》：后魏安乐郡，隋开皇初废，今为安乐庄，永乐间拨给良牧署）。而庄则汉安乐县故城也（按：《昌平山水记》：安乐故城在县西北六里。县志乃谓西北六里有安乐庄，即故安乐郡城。郡乃县之误也。《一统志》云：安乐故城在县西南，汉置。北魏安乐郡城在今密云界。此自汉县，非后魏侨置。其辨县城甚晰，而西南疑系西北之讹）。"依上引《顺州公廨记》，新城"去西北四十里"。其新城当即今昌平区兴寿镇西新城村北燕州城址，而以为上谷郡城，有误；然与《通典》等所述"东南至后魏废易京城四十里"相合，可进一步表明古易京城址即在元代顺州城北门外。此易京城并见于《通典》及《寰宇记》等，当建于晋宋之际，因临近易京（易荆）水而得名。而土垠县当属东魏元象中寄治于幽州北界者，沿用古易京城址，并有安乐郡寄治于此。北齐废土垠入安市县，安乐郡当亦迁治安市县，此城废弃，因曾为安乐郡城而得称安乐村。元代"犹名安乐村"。所谓"北一里旧有安乐邨，或曰即土垠县址也"，当即指此而言。而"西北六里旧有安乐庄"，既不见于《顺州公廨记》等，亦不另记安乐郡城，极有可能属明清时期所迁徙者，即原"北一里旧有安乐邨"迁至西北六里安乐庄，以其属汉代安乐县城或东魏元象中所寄治之安乐郡城，均有误。

路县城

（一）路城

路县，西汉时期属渔阳郡。《汉志下》：渔阳郡属县"路，莽曰通路亭"。并于渔阳县自注:"沽水出塞外,东南至泉州入海,行七百五十里。"于上谷郡军都县下自注:"温余水,东至路,南入沽。"东汉时期相沿,见于《后汉志五》,改路县为潞县。《后汉书·光武帝纪》:建武元年(25年),"光武北击尤来、大枪、五幡于元氏,追至右北平,连破之。……贼入渔阳,乃遣吴汉率耿弇、陈俊、马武等十二将军追战于潞东,及平谷,大破灭之"。李贤注:"潞,县名,属渔阳郡,今幽州县也。有潞水,因以为名。萧该《音义》云:潞属上党。臣贤案:潞与渔阳相接,言上党潞者非也。"又,《光武帝纪》:建武二年,"渔阳太守彭宠反,攻幽州牧朱浮于蓟。……遣游击将军邓隆救朱浮,与彭宠战于潞,隆军败绩"。《彭宠传》:"秋,帝使游击将军邓隆救蓟。隆军潞南,浮军雍奴,遣吏奏状。帝读檄,怒谓使吏曰:'营相去百里,其势岂可得相及?比若还,北军必败矣。'宠果盛兵临河以拒隆,又别发轻骑三千袭其后,大破隆军。浮远,遂不能救,引而去。"《祭遵传》:建武四年,祭遵等讨伐彭宠,"遵受诏留屯良乡拒彭宠。因遣护军傅玄袭击宠将李豪于潞,大破之,斩首千余级。相拒岁余,数挫其锋,党与多降者。及宠死,遵进定其地"。《五行志二》:"建武中,渔阳太守彭宠被征。书至,明日潞县火。灾起城中,飞出城外,燔千余家,杀人。京房《易传》曰:'上不俭,下不节,盛火数起,燔宫室。'儒说火以明为德而主礼。时宠与幽州牧朱浮有隙,疑浮见浸潜,故意狐疑。其妻劝无应征,遂反叛攻浮,卒诛灭。"又,《刘虞公孙瓒列传》:汉末刘虞据幽州,后被公孙瓒取代。"刘虞从事渔阳鲜于辅等合率州兵,欲共报瓒。辅以燕国阎柔素有恩信,推为乌桓司马。柔招诱胡、汉数万人,与瓒所置渔阳太守邹丹战于潞北,斩丹等四千余级。乌桓峭王感虞恩德,率种人及鲜卑七千余骑,共辅南迎虞子和,与袁绍将麴义合兵十万,共攻瓒。兴平二年,破瓒于鲍丘,斩首二万余级。"李贤注:"鲍丘,水名也。又名路水,在今幽州渔阳县。"晋时潞县改属燕国,见于《晋志上》。后复属渔阳郡。《魏志上》:渔阳郡领县"潞,二汉属,晋属燕国,后属。真君七年并安乐、平谷属焉。有乐山神"。《水经注·沽河》:"沽水又南迳安乐县故城东。《晋书地道记》曰:晋封刘禅为公国。俗谓之西潞水也。(沽河)南过渔阳狐奴县北,西南与灅余水合为沽河（经文）①。沽水西南流迳狐奴山西，又南迳狐奴县故城西。……沽水又南，灅余水注之。沽水又南，左会鲍邱水，世所谓东潞也。沽水又南迳潞县。为有潞，名潞河也②。《魏土地记》曰：城西三十里有潞河也。"又，《鲍邱水》："鲍邱水又西南流。公孙瓒既害刘虞，乌丸思刘氏之德，迎其子和，合众十万，破瓒于是水之上，斩首一万。鲍邱水又西南历狐奴城东，又西南流注沽河，乱流而南。（鲍邱水）又南过潞县西（经文）。鲍邱水入潞，通得鲍邱之称矣。高梁水注之。……（高梁水）又东南流迳蓟县北，又东至潞县，注于鲍邱水。又南迳潞县故城西。王莽之通潞亭也。汉光武遣吴汉、耿弇等破铜马、五幡于潞东。谓是县也。屈而东南流，迳潞城南。世祖拜彭宠为渔阳太守，治此。宠叛，光武遣游击将军邓隆伐之，军于是水之南。光武策其必败，果为宠所破。遗壁故垒存焉。鲍邱水又东南入夏泽。泽南纡曲渚一十余里，北佩谦泽，眇望无垠也。"其沽河即今白河，鲍邱水即今潮河，灅余水即温余水（今作温榆河），而其分合流势已与今所见不尽相合③。依《汉志》及《水经》所述，汉代沽河当在路县附近与灅余水汇合后再流向东南，单独入海；而鲍邱水在流经路县西后亦流向东南，单独入海。鲍邱水当因流经路县而又得称路河，后又演为潞县及潞河。《水经注》言"为有潞（当指潞县），名潞河也"，当即指此而言。李贤注"有潞水，因以为名"，似不确。沽河与鲍邱水相汇当在魏晋以后，其相汇以下河段亦得通称潞河或鲍邱水，而沽水得称西潞水，鲍邱水得称东潞水。

《隋志中》：涿郡统县"潞，旧置渔阳郡，开皇初废"。其渔阳郡当置于北齐、北周之际。《通典》卷一百七十八：幽州领县"潞，汉旧县，有潞河"。《旧唐志二》：幽州领县"潞，后汉县，属渔阳郡，隋不改。武德二年于县置玄州，仍置临泃县，玄州领潞、临泃、渔阳、无终四县。贞观元年废玄州，省临泃、无终二县，以潞、渔阳属幽州"。又："崇州，武德五年分饶乐郡都督府置崇州、鲜州，处奚可汗部落，隶营州都督。旧领县一，户一百四十，口五百五十四。天宝户二百，口七百一十六。昌黎，贞观二

---

① 此句经文依《永乐大典》本及明朱谋㙔笺本。
② 从《永乐大典》及明朱谋㙔笺本。
③ 参见《清统志》卷七。

年置北黎州，寄治营州东北废杨师镇，八年改为崇州，置昌黎县。契丹陷营州，徙治于潞县之古潞城，为县。""鲜州，武德五年分饶乐郡都督府奚部落置，隶营州都督。万岁通天元年迁于青州安置，神龙初改隶幽州，天宝领县一，户一百七，口三百六十七。宾从，初置营州界，自青州还，寄治潞县之古潞城。"其以唐代潞县相沿于"后汉县"，或因为东汉时期所改称，似并无特殊含义。《新唐志》所述略同。《寰宇记》卷六十九：幽州，"潞县，东六十里，十乡。本汉旧县也，属渔阳郡。唐武德二年于此置玄州，仍置临沟县。玄州领潞、临沟、渔阳、无终四县。贞观元年废玄州，省临沟、无终二县，以潞、渔阳归幽州。沟河水，东自渔阳县界注入。潞河，一名沽河，一名鲍丘水，北自檀州密云县界流入。《水经注》云：鲍丘水东历夏泽。后魏《诸州记》云：城西三十里有潞河，源出北山，南流。谓此水也"。而于卷七十一并记崇州、鲜州等，与《旧唐志》略同。其时既有潞县，又有古潞城，二者自当相分。而潞县原当相沿于隋，亦即古潞城，于神龙初（元年为公元705年）崇州、鲜州等寄治于古潞城之前迁于新址。《旧唐志》及《寰宇记》所述当均据其迁新址以前资料，或《元和志》所述亦与此略同（今佚）。而《通典》所述或依据新资料，然未能写明。《辽志四》：南京析津府，"潞县，本汉旧县，属渔阳郡。唐武德二年置元州，贞观元年州废，复为县。有潞水。在京东六十里。户六千"。其潞县当相沿于唐代中后期所迁新址，而有关沿革仍沿用旧说。金代相沿，并升为通州，明初又省潞县入通州，于古潞城已不能辨识。《明统志》卷一：顺天府，"通路亭，在通州城东南，王莽置"。似并未指通路亭为古潞城。《日下旧闻考》卷一百八引《通州志》："古城在城东八里甘棠乡，周围四里，相传为前朝驻兵处，今观遗迹乃似邑墟，或曰即潞县。"并按："古城遗址今尚存，地名古城庄。"刘锡信《通州潞县故城考》："通州潞河东八里许有古城，周围四里，其遗址约高五六尺，东、西、北三面俱存，惟南面近官道，已成陆地。西北隅遗堞独高峻，尚丈余，疑当日之角楼瞭敌台之类，未可知也。考之州志曰：前代驻兵之所，或云古潞县，疑不能明也。岁在壬午，有人于古城北得一石，为唐景城主簿彭说权殡志铭。余于癸巳岁始购得之。志云：建中二年季弟长源迎神，葬于古渔阳城北采贵里之原。则又称此城为古渔阳城。予初益疑之。按《水经注》云：鲍邱水又南迳潞县故城西，王莽之通潞亭也。汉光武遣吴汉、耿弇等破铜马、五幡于潞东。谓是县也。屈而东南流，迳潞城南。世祖拜彭宠为渔阳太守，治此。宠叛，光武遣游击将军邓隆伐之，军于是水之南。鲍邱水即今潞河，过今州城东即屈而东南流。古城在潞河东，与《水经注》所谓南迳潞县故城西相合。余尝寻访其地，登古城废堞南望，河去城约三里。时当秋日，漕艘未尽南下，帆樯林立。盖河至此折而东流，正经古城之南。与《水经注》所谓屈而东南流迳潞城南正合，则古城为汉时潞县无疑也。潞水皆南流，惟至此折而东流，隆是以得军此水之南。非亲至其地者不知也。"① 所论可信。光绪十五年刊《顺天府志》卷二十七：通州东"八里古城，汉路县故城即此，《后汉郡国志》作潞。……按：城东八里，古人呼古城庄。据《水经注》及目前水道考之，其为潞县故城无疑"。其城址位于今潞城镇以西、古城村东北，平面略呈正方形，边长约500米，周长约2000米。1959年经调查确认其仅存北垣东端及西端各约50米长的墙体，其余城墙可能大部分毁于光绪年间大水。城墙为夯土修筑，夯层厚度在5～20厘米。二十世纪八十年代再次调查，已仅存北垣东端一段，长41米，墙体宽约18米，地表残存高度约4米。夯土层厚约0.1米，层次整齐，清晰可辨，夯窝密集成行，直径约0.11米。夯土内夹杂有夹砂红陶片。2007年又进行调查，发现一段早年修河道和公路时压在下面的北垣墙体，长79米，宽13米，高约2米，而城址地面上几乎已看不到任何遗迹②。

此城址所在地理方位明确。其西至今北京旧城约30公里。《资治通鉴》卷二百七十八：五代后唐长兴年间，赵德钧为卢龙节度使。"幽州东十里之外，人不敢樵牧。德钧于州东五十里城潞县而戍之，近州之民始得稼穑。"胡三省注："潞，汉古县，唐属幽州。《匈奴须知》：潞县东二里有潞河。自潞县西至燕六十里。"时潞县已迁至"州东五十里"今通州区址，在潞河以

---

① 据清乾隆四十八年刊《通州志》卷十引。
② 新编《通县志》，北京出版社，2003。国家文物局主编《中国文物地图集》北京分册。周正义主编《北京地区汉代城址调查与研究》第二编第十章第一节《潞城镇古城村址调查》。

西。而记为"六十里",当属计程误差①。《辽志》所记"在京东六十里",或本于《匈奴须知》。又,上引《寰宇记》所记潞县在幽州"东六十里"则当指原路城址,在潞水以东。唐幽州潞县尉王谏撰《唐瀛州景城县主簿彭君权殡志铭》:"有唐建中二年岁次辛酉十一月三日,瀛州景城县主簿彭说字巨源卒于官,明年十有一月季弟字长源迎神葬于古渔阳城北采贵里之原。"② 其"古渔阳城"当指北齐、北周至隋初之渔阳郡城③,可表明其时渔阳郡治即在原潞县城。北魏时期,"城西三十里有潞河",当是指潞河水道在此城以西三十里,而并非曾一度东迁。刘锡信《潞县治考》:"潞县旧治二汉时在今潞河东八里之故城,唐以后即治今州城,此俱证之近年所得唐石刻,可以为据,惟中间二三百年未审治何所。按《水经注》引《魏氏土地记》云:潞县城西三十里有潞河也。以此计之,元魏潞县治所当在潞河东三十里,约略在今通州、三河交界之地。今遗址绝无可考(古人里数较小,三十里在今仅二十余里)。盖是时尚未析三河县,元魏县治在适中之地,理或近之。不知何时徙治潞河西?疑当在齐、周设渔阳郡之时。今州城北十三级然灯佛塔穹窿高峻,颇为巨观,建自周宇文氏。当日建塔,必在郡邑城市之地,意潞县必已徙治于此矣。潞县既治河西,与县东境辽远,此唐初所以析置临泃县,既省之后,而后开元初复析置三河县,皆割潞之东境,此亦理势所必然也。"④ 其以北魏时期潞县治所在今通州与三河县交界地带,实属误解。而以古潞城为潞县治所当一直相沿至唐代初期,后又

---

① 许亢宗:《宣和乙巳奉使金国行程录》:"第五程,自燕山府八十里至潞县。……潞河在县东半里许。"崔文印《靖康稗史笺证》,中华书局,1988。《大金国志》卷四十引作"潞县东半里许有潞沙"。当有误。其所记潞县当亦在今通州区址,东临潞河。而"八十里"当亦属计程误差。
② 据乾隆四十八年刊《通州志》卷十引。
③ 刘锡信《通州潞县故城考》:"又按《后汉书·五行志》云:建武中渔阳太守彭宠被征书至,明日潞县火,灾起城中,飞出城外,燔千余家,杀人。时宠与幽州牧朱浮有隙,疑浮见浸潜,遂反叛攻浮,卒诛灭。即此征之,亦可见潞县为太守治所。宠初被征而郡城灾,为破灭之兆。若潞仍如西汉时为渔阳郡支县,远在数百里外,即偶尔遇灾,何以遂见为太守感应之兆。志虽无明文,可以互证也。但《后汉书·郡国志》渔阳郡所领县仍以渔阳县为首,或司马彪误沿班志旧文,未及更正。或东汉中叶渔阳郡仍归治故地,俱未可知。然观《三国志》所载刘虞从事鲜于辅、阎柔等,欲报公孙瓒,与瓒所置渔阳太守邹丹战于潞北,则似终东汉之世渔阳郡俱治潞县者,然则果司马彪编列失序也。"似不妥切。
④ 据乾隆四十八年刊《通州志》卷十引。

有崇州及昌黎县、鲜州及宾从县等一度寄治于此,至唐代中期最后废弃。

(二) 通州城

关于潞县治所何时迁至今通州址,史无明载。《读史方舆纪要》卷十一:通州,"废潞县,今州治。汉置县,属渔阳郡。后汉兴平二年刘虞从事鲜于辅等起兵报仇,破斩公孙瓒所置渔阳太守邹丹于潞北,即潞县北也。晋魏燕国,后魏属渔阳郡,隋属涿州,唐初为玄州治,寻属幽州,金为通州治,明洪武初省县入州。《城邑考》:州北三里有长城,相传秦将蒙恬所筑。五代唐赵德钧镇幽州,时契丹寇掠诸道,乃沿旧址城潞县而戍之。元初隳坏城郭,兵燹之后,祇编篱寨而已。明洪武元年燕山侯孙兴祖从大将军徐达定通州,督军士修之,始甃以砖石,周围九里十三步,高四丈六尺。在潞河之西,因以潞水为濠。又有新城在州西门外,景泰初所筑,周七里有奇。中有西、南二仓,盖国家岁入东南漕运四百万石折十之三贮于通仓,故为城以屏蔽之。万历二十二年增修"。其明代重筑通州旧城及增筑新城事并本于《名胜志》,至清乾隆三十年"重修新、旧城,合而为一。其旧城拆去西面,共为五门,各建重楼。旧城通运、迎薰、迎翠三门名,新城望帆云表、尺五瞻天二门名,俱仍其旧"①。其旧城平面呈不规则长方形,周长约5200米。后又拆除旧城西垣南部约600米,使新、旧城合为一城,周长约6400米。二十世纪五十至八十年代,城墙被陆续拆除。现仅存北垣近西端一段夯土及墙基和燃灯佛舍利塔北残垣长约300米,残高约6米②。其旧城东垣大致在今故城东路西侧一线,南垣大致在今顺城街南侧一线,西垣在今西海子西街及车站街一线,新城南垣大致在今玉带河西街一线,西垣当大致在今通惠路一线。

清乾隆年间于通州城南一里余出土唐莫州长丰县令李丕墓碑石。其铭记:"唐贞元三祀五月,故长丰宰李君丕卒于幽州潞县。……粤三年建子月葬于县之南三里潞水之右。讬一片之琬琰,纪平生之征献,俾山壑之变,风烈有遗,而为铭曰:屹然孤坟,长城之东,死生永隔,天地不同。吁嗟英灵,穷泉之中,悄悄原野,旦暮悲风。"刘锡信又作《州城考》:"唐文献

---

① 参见《日下旧闻考》卷一百八。
② 国家文物局主编《中国文物地图集》北京分册。

《重修通州新城记》云：通州，古渔阳地。相传胜国前无城，捍以篱寨。其有城自洪武初忠敏侯孙兴祖始。《州志》城池门，其说与此略同，予以为非也。按：通州自汉建为潞县，其故城遗址则在潞河东。《后汉书·五行志》所云潞县火，灾起城中，当即今河东之故城矣。其徙治河以西，虽年代莫考，然郦氏注《鲍邱水》谓南迳潞县故城西，既曰故城，则当元魏中叶已移治他所矣。近日州城南一里许土人掘得唐长丰令李丕石志云：葬于县之南三里。可知唐时潞县已治于此。惟里数不符者，疑唐时故城仅今城北一隅。迨后广其南面耳，今州署、学宫皆在北门内，此必沿之前代者。自北门内至得石志之所，计之约有三里余，里数适合。至后唐明宗时赵德钧镇幽州，苦契丹抄略，于州东五十里城潞县而戍之（见《通鉴》）。盖唐藩镇城在今都城西南，至潞适五十里也。疑城之增广即在此时欤？"①《日下旧闻考》卷一百八引《图经志书》："通州本《禹贡》冀州之域，春秋战国皆属燕，秦属渔阳郡，两汉本潞县及安乐县地，皆渔阳属邑。魏晋以降属幽州，后魏置潞郡，隋开皇初省入涿郡。唐武德二年于此置元州，领潞、临沟、无终等县。贞观元年省元州，后为潞县。后以水患徙治安乐故城，今州之东北即旧治地也。历五代皆因之。至金天德三年升为通州。元因之。领县二：曰潞，曰三河。隶大都路。洪武元年闰七月内附，并潞县入于州，仍以三县隶焉，属北平府。"其当记于明初，有所依据。依此，潞县迁治当在唐代初年。《清统志》卷七："潞县故城，在通州东。……州志：今州东八里甘棠乡有古城，周四里许，如县故墟。盖隋唐时潞县治。按：《水经注》引《土地记》：潞水在潞县城西三十里。《寰宇记》亦据其说。是潞县自唐以前虽尝迁改，而水在城西则不异。今潞水在州东，辽、金至明不闻迁改。惟《通鉴》载五代时赵德钧城潞县，其去州道里较《寰宇记》少十里，迁治盖在是时也。"似不尽确。《魏志上》："安州，皇兴二年置，治方城，天平中陷，元象中寄治幽州北界。"领密云、广阳、安乐三郡。其安乐郡领县"土垠，真君九年置。安市，二汉、晋属辽东，真君九年并当平属焉"。《隋志中》：安乐郡统县"密云，后魏置密云郡，领白檀、要阳、密云三县。后

---

① 据乾隆四十八年刊《通州志》卷十引。

齐废郡及二县入密云。又有旧安乐郡，领安市、土垠二县，后齐废土垠入安市，后周废安市入密云县。开皇初郡废。有长城"。其安乐郡及其所领土垠、安市二县于元象中当并寄治幽州北界，《隋志》所记"旧安乐郡，领安市、土垠二县"当即指此而言。其安乐郡及土垠县寄治于今顺义城区①，而安市县当与之相近。由今通州城之东北原为安乐故城推之，其极有可能即寄治于此。北齐废土垠入安市，安乐郡治当随之迁入安市县；而后周废安市县，安乐郡犹存，当仍在原安市县址。如此，所谓"安乐故城"当即指东魏及北齐、北周之际所置安市县城及安乐郡城，时与渔阳郡及潞县城并存。开皇初废安乐郡，此城亦随之废弃。唐初徙潞县治于此，当沿用旧城址。其"今州之东北"，当指明初重修旧城之东北部。唐李丕墓石碑出土于旧城南一里余，而记为"县之南三里"。依唐时一里合今约442.5米推计，合今约1327.5米，与清营造里（一里合今约576米）二里相近。由此推之，唐时潞县城南垣当在旧城南垣北约一里，即东门所连通之东大街（今新华东街）一线，而西垣当在旧城北大街（今北大街）一线，北垣及东垣当即在旧城北垣及东垣一线，方圆一里余。其时佑圣教寺及燃灯佛舍利塔尚在城外。此城当兴建于元象年间安市县寄治之际，是否因于原有城址已无法推知。至五代后唐时赵德钧"城潞县"很可能仍保持原有规制。金代升为通州，当有所拓展，其西垣或即在旧州城西垣北段，而将佑圣教寺等包围在内。至明初重筑州城，又向南拓展至旧州城南垣一线。

依李丕墓志所述，唐时潞县城西有"长城"。《北齐书·文宣帝纪》："先是，自西河总秦戍筑长城至于海，前后所筑东西凡三千余里，率十里一戍，其要害置州镇，凡二十五所。"天保八年，"于长城内筑重城，自库洛拔而东至于坞纥戍，凡四百余里"。其内长城呈西北—东南走向，中经今通州境内约三十余里，自顺义东至通州永顺地区西马庄西入通州境，过通惠河南行，沿明清通州故城南垣至南门东南，经窑厂、小街村东至张家湾城，越浑河（今凉水河），沿笥沟（今港沟河）长堤（依北齐长城为堤），再经漷县镇，由前化南出通州境入今武清区。清代初年，西马庄西及通州旧城

---

① 参见本书狐奴县城。

南尚存很长一段遗迹，称长城岗。现仅存窑厂村一段土岗，呈西北—东南走向，长约150米，基宽约15米，残高4米①。唐李丕墓正位于此段长城之东，潞水之西。其时潞水河道，当如《匈奴须知》所述，在"潞县东二里"。1983年梨园镇小街村东南300米北京市土桥砖瓦厂出土唐卢龙府折冲都尉孙如玉墓石碑，铭记："唐贞元十四年戊寅岁秋八月甲申日，故平州卢龙府折冲都尉、前潞县录事乐安孙公讳如玉享年七十有一，比无疚染，以贞元十四年二月四日忽奄，发引于潞县潞城乡临河里。……念陇釰锻缺，魂埋潞川。东有潞河通海，西有长城蓦山，南望朱雀林兼临河古戍，北有玄武垒至潞津古关。并是齐时所置，子孙相承，万世不朽，今人可听也。公嗣子文林郎、试左金吾卫兵曹参军敬新、次子敬超、敬芝等并尽礼，书于墓门。铭曰：临高原兮长岗川，孙公宅地兮茔其间，圹野萧条兮潞津南，冥冥寞寞兮秋月闲，儿女望兮哭号天，苏氏瞻痛兮双泪连。"② 其墓所在属"潞县潞城乡临河里"。东临潞河，西临北齐长城。北有玄武垒，有路通向潞河渡口关城。南有朱雀林及临河戍。均为北齐时期设置，依上引文，"率十里一戍"，玄武垒与临河戍之间当相距十里余，而"玄武"与"朱雀"之称，当为埋葬者随墓所起，并非北齐时命名。其"潞津古关"当临近潞县城。后又在此墓北约100米发现唐故处士公孙封之墓，墓志曰："公讳封，字封，其先黄帝之子公孙乔之后。……今为幽州潞人也。……大历十二年五月旬有七日终于其乡行漖里之别墅，春秋七十有一，不及中寿。悲夫！以大历十三年岁在戊午二月戊寅朔，七月甲申权厝于潞城南潞城乡之平原，

---

① 光绪十五年刊《顺天府志》卷二十七：通州，"西北二里贾家庄，三里岳家庄、小辛庄。庄西四里许有古长城遗址，俗呼长城岗，齐天保中筑。或曰秦蒙恬筑，非也。（《通州高志》：长城岗在城北二三里许，旧传秦蒙恬所筑长城，恐非。按：刘锡信《考古录》：州城西北四里有古长城遗址，迤北接顺义，南近通惠河北岸而止，逾河西南，间存一段，其址又变，而东西横亘，再南为州西门外，通京师大路掘断者，询之土人，亦云。又，唐李丕墓志石得诸城南。其铭曰：屹然孤坟，长城之东。可知长城自北绵亘而南，唐时城西南遗址尚存。其曰蒙恬筑，非也。《昌平山水记》：顺义县西南三十里有苇沟邨，邨东临泾余河渡，渡南有长城遗迹。《辽史》：顺州南有齐长城，齐天保中筑。沈括曰：幽州东北三十里有望京馆，东北稍北十里余，出古城北，即此。今通州长城，迤北接顺义境，即北齐天保中所筑长城矣……）"。
② 北京市通州区文化委员会、北京市通州区文学艺术界联合会编《通州文物志》第四章《古石刻》，文化艺术出版社，2006。

叶蓍龟礼也。铭曰：原莽莽兮堙孤茔，左潞水兮右长城。坟崔嵬兮柏丛植，孝感心兮存思力，公孙公宅地兮，与天兮终极。"二者墓地相近，所见景观亦大致相同。由此表明唐代中后期已迁潞县治于今通州区址，而其当相沿于北齐、北周之际的安市县及安乐郡城。

雍奴县城

雍奴县，西汉时期属渔阳郡，见于《汉志下》。又，《汉志下》右北平郡无终县下自注："浭水西至雍奴入海，过郡二，行六百五十里。"东汉时期相沿，见于《后汉志五》。《后汉书·寇恂传》：建武二年（26年），寇恂复拜颍川太守。"封恂雍奴侯，邑万户。……十二年卒，谥曰威侯。子损嗣。……损卒，子釐嗣，徙封商乡侯。"则雍奴县于寇恂、寇损二代为侯国。《后汉书·彭宠传》：更始帝以彭宠行渔阳太守事。建武二年春，"遂发兵反，拜署将帅，自将二万余人攻朱浮于蓟，分兵徇广阳、上谷、右北平。……秋，帝使游击将军邓隆救蓟。隆军潞南，浮军雍奴，遣吏奏状。帝读檄，怒谓使吏曰：'营相去百里，其势岂可得相及？比若还，北军必败矣。'宠果盛兵临河以拒隆，又别发轻骑三千袭其后，大破隆军。浮远，遂不能救，引而去"。《光武帝纪》："渔阳太守彭宠反，攻幽州牧朱浮于蓟。……遣游击将军邓隆救朱浮，与彭宠战于潞，隆军败绩。"而《太平御览》卷九十引《东观汉记》曰："上遣游击将军邓隆与幽州牧朱浮击彭宠，隆军潞，浮军雍奴，相去百余里。遣吏上奏言：'宠破在旦暮。'上读檄未竟，怒曰：'兵必败，比汝归可知。'吏还未至，隆军果为宠兵掩击破。浮军远，至不能救，以兵走幽州。咸曰上神。"① 所述略有不同。其时彭宠因

---

① 吴树平注："至不能救。此句聚珍本作'不敢救'。《后汉纪》卷四云：'浮远，不能救。'《四库全书考证》云：'按是时浮为幽州牧，彭宠攻浮于蓟，则宠为客，浮为主，非浮远至也。《范书》云：帝读檄，怒曰：营相去百里，其势岂得相及？宠果大破隆军，浮远，遂不能救。最得其实。本书至字疑衍。按：'至'字与'与不能救'三字作一句读，文义可通。《考证》以'至'字与上文连读，遂疑'至'字为衍文。"参见《东观汉记校注》，中华书局，2008。

进攻蓟城（今北京），南下至潞城（今通州古城镇），故邓隆率军至此，而朱浮则率军至雍奴附近。《资治通鉴》卷四十："帝遣游击将军邓隆助朱浮讨彭宠，隆军潞南，浮军雍奴，遣吏奏状。帝读檄，怒谓使吏曰：'营相去百里，其势岂可得相及？比若还，北军必败矣。'彭宠果遣轻兵击隆军，大破之。浮远，遂不能救。"胡三省注："潞、雍奴二县皆属渔阳郡。《水经》曰：鲍丘水过潞县南，曰潞河。邓隆军于是水之南，为彭宠所破。宋白曰：幽州武清县，本汉雍奴县。《水经注》云：雍奴，薮泽之名。四面有水曰雍，水不流曰奴。"所述当本于《后汉书》文。由此可知雍奴县城与潞县城相距较近，而"百里"或"百余里"当指邓隆军营与朱浮军营的距离，而非二县城的距离。《三国志·魏书·乐进传》，建安十年（205 年），乐进"从围邺，邺定，从击袁谭于南皮，先登，入谭东门。谭败，别攻雍奴，破之"。《张郃传》：张郃"又从击袁谭于渤海，别将军围雍奴，大破之"。晋时雍奴县属燕国，见于《晋志上》。北魏时期以雍奴县为渔阳郡治所。《魏志上》："渔阳郡，秦始皇置，真君七年并北平郡属焉。"首县"雍奴，二汉属，晋属燕国，后属。真君七年并泉州属。有泉州城、雍奴城"。其时雍奴县当另迁治，原雍奴城已空出。

《水经注·㶟水》："（㶟水）又东至渔阳雍奴县西入笥沟（经文）。汉光武建武二年，封颍川太守寇恂为雍奴侯。魏遣张郃、乐进围雍奴。即此城矣。笥沟，水之别名也。《魏土地记》曰：清泉河上承桑乾河，东流与潞河合。㶟水东入渔阳，所在枝分，故俗谚云：高梁无上源，清泉无下尾。盖以高梁微涓浅薄，裁足津通，凭藉涓流，方成川甽。清泉至潞，所在枝分，更为微津，散漫难寻故也。"①《沽河》："（沽河）又东南至雍奴县西笥沟（经文）。㶟水入焉，俗谓之合口也。又东，鲍丘水于县西北而东出焉。"②《鲍邱水》："（鲍邱水）又南过潞县西（经文）……（鲍邱水）又南迳潞县故城西。王莽之通潞亭也。汉光武遣吴汉、耿弇等破铜马、五幡于潞东。

---

① 其"水之别名也"，依《永乐大典》本及明朱谋㙔笺本。全祖校本增为"沽水"，赵一清、戴震增为"潞水"。杨守敬依后者增文。参见《水经注疏》卷十三。

② 其"笥沟"，依《永乐大典》本及明朱谋㙔本。赵一清据《名胜志》增作"入笥沟"，戴震增作"为笥沟"。熊会贞按："戴增是也。"参见《水经注疏》卷十四。

谓是县也。屈而东南流,迳潞城南。世祖拜彭宠为渔阳太守,治此。宠叛,光武遣游击将军邓隆伐之,军于是水之南。光武策其必败,果为宠所破。遗壁故垒存焉。鲍邱水又东南入夏泽。泽南纡曲渚一十余里,北佩谦泽,眇望无垠也。又南至雍奴县北,屈东入于海(经文)。鲍邱水自雍奴县故城西北,旧分笥沟水东出,今笥沟水断,众川东注,混成一渎,东迳其县北。又东与沟河合。……鲍邱水又东合泉州渠口。故渎水承滹沱水于泉州县,故以泉州为名。北迳泉州县东,又北迳雍奴县东。西去雍奴故城一百二十里。自滹沱北入,其下历水泽一百八十里,入鲍邱河,谓之泉州口。陈寿《魏志》曰:曹太祖以蹋顿扰边,将征之,从沟口凿渠迳雍奴、泉州以通海者也。今无水。鲍邱水又东,庚水注之。……鲍邱水又东,巨梁水注之。……自是水之南,南极滹沱,西至泉州、雍奴,东极于海,谓之雍奴薮。其泽野有九十九淀,枝流条分,往往迳通,非惟梁河、鲍邱归海者也。"其以彭宠时治潞城,似有误。而"遗壁故垒"当为邓隆所筑,位于鲍邱水之南,南北朝时期犹存。其"笥沟",近世多解为潞水(沽水)下游之别称,似与《水经注》所述水势不合;极有可能是指灅水所分之支流。《日下旧闻考》卷一百十二引《名胜志》:"(武清)县南八十里有三角淀,周回二百余里,即古雍奴水也。笥沟其别名耳。水自范瓮口、王家陀河及刘道口、鱼儿里诸水汇于大沽港,入于海。"并按:"三角淀即古雍奴水,今已淤成平陆。乾隆七年丈明,实止地百顷余,分给附近贫民耕种,与《名胜志》所载二百余里不符。当由今昔异形、渐淤则界址渐小耳。范瓮口在县南七十五里。王家陀今名王庆陀,在县南九十里。刘道口在县南六十里。鱼儿里今名鱼坝口,在县南八十里。大沽港属天津。"此三角淀或属古雍奴薮之一部分。而雍奴薮在古鲍邱水之南,滹沱河之北,西至泉州、雍奴,东极于海。据近世研究,春秋战国时期的渤海湾西岸海岸线大体上在今天津市区以东约20公里的白沙岭向南经泥沽、邓岭子、上沽林、歧口直到黄骅市东海滨的贾家堡贝壳堤。由此线向西至今北运河及南运河以东的海河平原上海拔4米的等高线,相当于今天津环城、宁河、宝坻、武清、静海、黄骅各区的一部分或大部分地区地势低洼,西汉中期至东汉中期曾遭遇海侵。或即属古雍奴薮的范围。此一时期笥沟流注于此,完全有可能,唯其流势似当由西而东，或偏于东南，而非由北而南。《说文解字》："笥，饭及衣之器也。从竹，司声。"段玉裁注："《礼记·曲礼》注曰：圆曰箪，方曰笥。《礼经·士冠礼》注曰：隋方曰箧。许曰：箪，笥也。又，匚部曰：匧，笥也。许浑言之，郑别言之也。"则笥属方形的竹编织器，用以盛放饭食衣物等。而依《水经注》所述，雍奴薮"有九十九淀，枝流条分，往往迳通"，其水系纵横呈网状，恰如竹笥。由此推之，此"雍奴"当属拟音字，而含义为笥，故流入雍奴薮之水可称笥沟。

隋时雍奴县属涿州，见于《隋志中》。唐代改称武清县。《旧唐志二》：幽州领县"武清，后汉雍奴县，属渔阳郡。历代不改。天宝元年改为武清"。其标注"后汉雍奴县"，当意在指明唐代武清县相沿于东汉时期雍奴县址，或与之相近。《新唐志三》：幽州领县"武清，上，本雍奴，天宝元年更名"。宋辽以后沿用。《寰宇记》卷六十九：幽州蓟县，"雍奴县故城，《郡国志》云：雍奴县，即汉执金吾寇恂侯雍奴。亦薮泽之名，四面有水曰雍，澄而不流曰奴"。又："武清县，东南一百五十里，十乡。本汉雍奴县也。《水经注》云：雍奴，薮泽之名，四面有水曰雍，水不流曰奴。《汉书·地理志》：雍奴县属渔阳郡。《魏志》：张郃从击袁谭于渤海，兵围雍奴，大破之。谓此邑也。唐天宝初改为武清县。"其所引《水经注》文，并见于《太平御览》等。杨守敬按："《御览》一百六十二引郦元注《水经》曰：雍奴，薮泽之名。四面有水曰雍，不流曰奴。《寰宇记》武清县下引注《水经》同。《辽志》武清县下引《水经》亦同。而注但有谓之雍奴薮句，下又似无脱文，与诸书所引不相应。盖旧图经引注此句，而抄变其辞，又释以四面有水曰雍，不流曰奴二语。而《御览》、《寰宇记》遂连引之。《辽志》又以《御览》、《寰宇记》为据也。观《寰宇记》，蓟县下又引《郡国志》：雍奴，薮泽之名，四面有水曰雍，澄而不流曰曰奴。亦非郦注全文。"[①] 所辨有理，可从。《水经注·滱水》有"水黑曰卢，不流曰奴"，或为其所本。其于蓟县下记有"雍奴县故城"，与武清县"本汉雍奴县"，似各有所指，相别为二城。《辽志四》：南京析津府所领"武清县，前汉雍奴

[①] 《水经注疏》卷十四。

县，属渔阳郡。《水经注》：雍奴者，薮泽之名。四面有水曰雍，不流曰奴。唐天宝初改武清。在京东南一百五十里，户一万"。以武清县相沿于西汉时期雍奴县址，又与《旧唐志》相异。明代改属通州。《读史方舆纪要》卷十一：通州武清县，"雍奴城，在县东。汉县也。后汉建武二年遣朱浮等讨彭宠，浮军雍奴。又，光武封寇恂为侯邑。《魏志》：张郃从击袁谭于勃海，围雍奴，大破之。《城邑考》：唐改雍奴为武清。其旧城距白河十七里，在今丘家庄南。明初因水患移今治，去旧城八里。旧无城，正德六年罹贼变，知县陈希文始筑土垣为固，嘉靖二十二年改筑土城，隆庆三年甃以砖石，即今城也"。《日下旧闻考》卷一百十二："臣等谨按：旧城在邱家庄之南，距县东十二里，今其地名旧县，有城隍庙。盖今之县城自明洪武初始迁，明以前县治即邱家庄南之故基也。"《清统志》卷八："雍奴故城，在武清县东。汉置县，后汉建武二年封寇恂为侯邑。晋以后皆仍旧名。唐始改曰武清。《寰宇记》：县在幽州东南一百五十里。县志：故城在今县东邱家庄南，东距白河七十里。明洪武初因水患迁于县西八里元卫帅府镇抚衙，即今治也。"其"七十里"，当为"十七里"之讹。光绪十五年刊《顺天府志》卷二十八：武清县，"治东三里东马房、七里邱各庄、八里狗塚邨、后屯、杨家疙疸，十二里旧县，以汉雍奴故城名（《方舆纪要》：雍奴故城在县东。汉县也。……《旧闻考》：旧城在邱家庄南，距县东十二里，今地名旧县。今之县城自明洪武初始迁。按：《旧唐书》：至德二载正月，李忠臣以步卒三千自雍奴为苇筏过海。所谓雍奴，即此旧县地）"。其时雍奴县已改称武清县，则其雍奴或指原雍奴城。明清时期武清县故城在今武清区（杨村）西北约20公里城关镇，平面呈正方形，边长1000米，东、西、南三面开门。城墙黄土夯筑，内外包砌青砖，现仅存北垣部分土墙。东、北、西三面护城河遗迹尚存①。

在明清武清县址东南泗村店乡旧县村有武清旧县城址。其所在现为一高出附近地面3米多的高地。平面呈长方形，南北长900米，东西长200余米。城垣破坏严重，仅存东南角一段夯土墙，长200余米，残高3.5米，厚

---

① 国家文物局主编《中国文物地图册》天津分册。

度不明，夯层厚 5～11 厘米。其余地方已被泛滥的河水冲刷殆尽。城址全被民房覆盖，地下文化层厚处近 2 米，包含遗物有唐代青瓷碗、三彩罐残片，辽代沟纹砖，元代龙泉窑、钧窑、磁州窑等瓷片，还出土四口明代铁钟。其当属唐代至明初武清县城。另在其北白古屯乡邱各庄东南 400 米有大台子城址，平面呈正方形，边长约 500 米，面积约 25 万平方米。城墙夯筑，地面部分已夷平，整座城址成为一略高于周围平地的土台。遗址东 50 米为一古河道。地表散布较多陶片和筒瓦、板瓦等建筑材料及夹云母红陶釜，泥质灰陶盆、罐等残片，并采集到四乳四虺纹铜镜一面。其当属东汉时期雍奴县城[①]。此城址南距武清旧县城约 1000 米，当即为《旧唐志》所记后汉雍奴县城，营建时间或在建安十年张郃、乐进围攻雍奴城之后，晋至唐初相沿。天宝元年迁于旧县址，改称武清县。而西汉时期雍奴县当另有所在。

　　《读史方舆纪要》卷十一：通州漷县，"州南四十五里，南至武清县七十里"。又："得仁务，县南二十五里。……晾鹰台，在县西南二十五里，高数丈，周一顷。元时游猎多驻于此。"清初省漷县入通州。《清统志》卷八："呼鹰台，在通州故漷县西南二十五里。元至大初所筑，亦名晾鹰台。高数丈，周一顷。元时游猎多驻于此。"光绪十五年刊《顺天府志》卷二十七：通州南"五十三里德仁务，旧有德仁务洞（《通州高志》：今无考），又有呼鹰台，亦名晾鹰台，元至大元年建"。经调查，此台实际上是辽代利用汉代城垣的东城门和瓮城改建的，地面散布有汉代绳纹砖和辽代沟纹砖等遗物。从东城门至东南城角距离为 200 多米，整座城的规制当作 500 米见方，当即属汉代雍奴县城。古泉州渠承滹沱河处在今天津东郊、海河北岸近军粮城处。从军粮城以北尽皆淀洼，"历水泽一百八十里入鲍邱河，谓之泉州口"。合今约一百三十里，当大致在今宝坻城南的潮白新河一线。而其"西去雍奴故城一百二十里"，合今八十多里，正是德仁务村[②]。另在此城址以东约 6 公里武清区高村镇兰城村南有一处战国秦汉时期遗址，面积约 20

[①] 国家文物局主编《中国文物地图集》天津分册。
[②] 韩嘉谷：《宝坻县秦代为战国右北平郡故城的调查和考证》，《天津市历史博物馆馆刊》1994 年第 4 期。其以德仁务古城址属东汉时期雍奴县城，而西汉时期雍奴县城在今武清区东北的大空城址。

万平方米，文化层最厚处2米。发现汉代水井两口，采集有战国及汉代瓦当、陶器残片等。后经调查发掘得知，遗址东西长700米，南北长600米，略高出周围平地。遗址的西面和南面有明显的土埂，经钻探证实皆为沙垄。遗址的四边和有迹象的地方均未发现夯土痕迹，文化层分布的边缘亦不规则，因此其不能肯定为城址。在遗址中部和东部，早期堆积层出土灰陶绳纹罐、豆、盆、甑和双兽纹、山字纹、饕餮纹半瓦当，明刀币等战国晚期遗物，并有"十年"、"廿五年"等纪年陶片多件。中期堆积层出土灰陶豆、盆、罐、绳纹筒瓦、板瓦，卷云纹瓦当及五铢钱等汉代遗物。晚期堆积层主要出土花边瓦、素面瓦、"大乐昌富"瓦当等遗物，约当汉魏之际。在兰城村东发现汉代墓葬群，经发掘的鲜于璜墓出土有故雁门太守鲜于君碑[①]。

据相关记载，汉代灅水即今永定河主流原当在泉州（今天津武清东南）一带入海，而另有支流即笥沟在雍奴县西北分流。至东汉后期，灅水主流改入笥沟。汉代灅水当大致流行今高梁河水道。今北京十里河以下至马驹桥还有明显的河床。而在留民营一带当顺今凤河向东南至堤上营，然后离凤河南流，经桐柏与下庄头间、陈辛庄及大官地之东，再东南至吴堤与草茨间南下入三角淀；或由牛房向东南，经大黑堡、临沟屯、小甸屯至丁辛庄南与前河道相会。另有一条汊流在东栲栳堡一带分出，向东经王各庄至南堤村再分为三支，一支向南经德仁务，至塄上村与其西南河道汇合；一支向东南经小务村至鲁城，再折向南，至牛镇，南汇西南河道；一支向东经永乐店南经大阳村至鲁城[②]。此汊流在古潞县以南，正与《水经注》所述"清泉至潞，所在枝分"相合，当即属古笥沟，而德仁务城址在其南，亦正与雍奴县故城所在方位相符。又从地形和沉积物来看，似乎在高梁水以东还有一条河道，因东田阳的况积物最丰富，拟名为"田阳水"。此水不见于记载，上游可追溯到马驹桥北7公里左右的北神树村以上。由北神树村西北向东南，经北神树、崔窑至水南村，过凉水河后再经南小营、东田阳、大松堡、柏福至栲栳堡入灅水故道。在北神树、崔窑、水南村一带有河影，现为

---

① 韩嘉谷、纪烈敏、张俊生：《天津市武清县兰城战国及汉代遗址》，中国考古学会编《中国考古学年鉴（1992）》，文物出版社，1994。国家文物局主编《中国文物地图集》天津分册。
② 参见孙承烈、宋力夫、李宝田、张修桂《灅水及其变迁》，《环境变迁研究》第一辑。

芦苇地。在东田阳、大松堡、柏福等地也有较厚的砂粒沉积。其在留民营以下当循行牛房南，至西栳栳堡和东栳栳堡的南面，东南折，经小海子东、半截河、堽上村等地，再折向南偏东，经大赵村、沙地至后屯，再东入北运河，即上述之西南河道。此"田阳水"东北距古潞城约三十里，当即属古沽河（潞河）。其流经德仁务城址西，正与《水经》所述沽河"东南至雍奴县西"相符。其又东南流至栳栳堡入灅水故道，当即入"笥沟"，则《水经》原文当为"入笥沟"。而后又从"笥沟"分出，循行西南河道。鲍邱水原单独流经潞城西，南北朝时期改于潞城北汇入沽河，又于雍奴县西北分笥沟水东出。后"笥沟水断"，有"众川东注，混成一渎，东迳其县北"。此城址西北距蓟城约 40 公里，唐宋之际当属蓟县辖区，上引《寰宇记》记蓟县有雍奴县故城，当即指此城址而言。又，《魏志》记雍奴县有"雍奴城"，当亦指此。依《水经》所述，并注文将有关雍奴城故事均系于此，其为雍奴县治当相沿于东汉末年。而上限当早至西汉时期。由其以东兰城遗址可见，此一地区在战国秦汉时期一直较为繁盛。据鲜于璜碑文所记，其死于汉安帝延光四年（125 年），终年八十一岁。汉桓帝延熹八年（165年）由其孙立碑，记有其上下八代十二人事迹，第一代祖鲜于弘约生于西汉昭帝时期。亦可表明在此期间雍奴县较为稳定①。另在今武清区东北后巷乡大宫城村有一古城址，平面略呈长方形，东西长 600 米，南北长 500 米，面积 30 万平方米。四面城墙皆局部保留有残段，宽 3 米，残高 1 米多，夯土筑成，夯层厚 0.08～0.12 米。夯土内含有战国时期陶片。城垣在战国聚落址上修筑。北垣和东垣中段可见到城门豁口。采集遗物有夹云母红陶釜，泥质灰陶盆、豆、绳纹罐等残片。或以为其当属西汉时期雍奴县城②。似亦有可能。而其当营建于战国时期，至西汉中期因遭海侵，西移雍奴县城于德仁务城址。

---

① 参见张传玺《从鲜于璜籍贯说到西汉雍奴故城》，《环境变迁研究》第一辑。其以兰城遗址为西汉雍奴县城之所在。
② 韩嘉谷：《宝坻、武清古遗址》，中国考古学会编《中国考古学年鉴（1993）》，文物出版社，1995。国家文物局主编《中国文物地图集》天津分册。

泉州县城

　　泉州县，西汉时期属渔阳郡。《汉志下》：渔阳郡属县"泉州，有盐官。莽曰泉调"。东汉时期相沿。《后汉志五》：渔阳郡属县"泉州，有铁"。《后汉书·酷吏列传》："阳球，字方正，渔阳泉州人也。家世大姓冠盖。"李贤注："泉州故城在今幽州雍奴县南也。"晋时改属燕国。《晋志上》：燕国统县"泉州，侯相"。北魏时省入雍奴县。《魏志上》：渔阳郡领县"雍奴，二汉属，晋属燕国，后属。真君七年并泉州属。有泉州城、雍奴城"。其泉州城当即原泉州县治所。

　　泉州县城临近古沽水及灅水。《汉志下》：渔阳郡属县"渔阳，沽水出塞外，东南至泉州入海，行七百五十里"。又，雁门郡属阴馆下自注："累头山，治水所出，东至泉州入海，过郡六，行千一百里。"《说文解字》："沽，水出渔阳塞外，东入海。"又："灅，水，出雁门阴馆累头山，东入海。从水，纍声。或曰治水也。"《水经注·沽河》："沽河从塞外来（经文）。……又东南至雍奴县西笥沟（经文）。灅水入焉，俗谓之合口也。又东，鲍邱水于县西北而东出焉。又东南至泉州县与清河合，东入于海。清河者，派河尾也（经文）。沽河又东南迳泉州县故城东。王莽之泉调也。沽水又东南合清河也。今无水。清、淇、漳、洹、滱、易、涞、濡、沽、虖池，同归于海，故经曰派河尾也。"①《灅水》："灅水出雁门阴馆县，东北过代郡桑乾县南（经文）。灅水出于累头山，一曰治水。……又东至渔阳雍奴县西入笥沟（经文）。汉光武建武二年封颍川太守寇恂为雍奴侯，魏遣张郃、乐进围雍奴。即此城矣。笥沟，水之别名也。《魏土地记》曰：清泉河上承桑乾河，东流与潞河合。灅水东入渔阳，所在枝分，故俗谚云：高梁无上源，清泉无下尾。盖以高梁微涓浅薄，裁足津通，凭藉涓流，方成川甽。清泉至潞，所在枝分，更为微津，散漫难寻故也。"其

---

① 《永乐大典》本及明朱谋㙔笺本均如此。赵一清据《名胜志》于"笥沟"上增"入"字，戴震于"笥沟"上增"为"字。熊会贞按："戴增是也。"参见《水经注疏》卷十四。

"笥沟,水之别名也",《永乐大典》本及明朱谋㙔笺本均如此。全祖望于"水"上增"沽"字,赵一清、戴震于"水"上增"潞"字。杨守敬按:"《沽水》经:西南与灅余水合为潞河,又东南至雍奴县西为笥沟。则沽水又名潞水,其下流为笥沟。此增沽字、潞字皆通。但下引《魏土地记》称清泉河东流与潞河合,则此作潞水,方与下相照。"又按:"清泉河即灅水,潞河即笥沟。《魏土地记》谓清泉河与潞河合,即经所谓灅水入笥沟也。"① 似理解有误。《说文解字》:"冎,分解也。从冎,从刀。"段玉裁注:"冎者,分解之貌。刀者,所以分解也。"今作"别"。则所谓"水之别",当指水流分枝。而依文意,笥沟似当指灅水分枝。对此,可以结合近世实地考察资料做进一步分析。

其灅水即今永定河在北魏以前故道从今衙门口开始,第一段北岸自衙门口村南,东经小井村南至马家堡北,南岸自卢沟桥镇北,东经丰台至新宫。岸线比较明晰,南北岸相距3~5公里,与今永定河宽度相仿佛。这一段位于砾石沉积带的古河床,现在依然是带状浅洼地。从大瓦窑一直往东延伸,经过小井村之南,再往东南汇入南苑大洼地。第二段北岸从马家堡向东南经房辛店至柴家务,南岸自新宫向东南经南苑,再沿凤河南堤向东至留民营。这一段河谷地貌形态至今仍然表现得非常清晰,两岸以微陡的斜坡向谷地倾斜,相对高差达2.5米。谷底平坦,宽约2~3公里。在南苑境内的一段是北京南部的沥水大洼地。这段故道的地势北高南低,坡度极为微小,然亦可见永定河离开灅水故道南徙以前最后一个时期的主流系偏在故道南侧。此段中有两条支流和灅水相合。一为洗马沟,发源于今广安门外莲花池,东南流经北京城西南至马家堡附近入凉水河,凉水河即古灅水改道后的残迹。一为高梁水,上源即今北京西直门外紫竹院湖泊的前身,水沿天然地势经今白石桥、高梁桥至德胜门水关,转向东南,穿过内城和外城向十里河村东南与灅水故道相合。现在十里河以下至马驹桥还有明显的河床。马驹桥以南,高梁水经杨秀店至朱脑村附近入灅水,也有不甚清晰的河流痕迹。此外,从地形和沉积物来看,似乎还有第三条支流,因东田阳的沉

---

① 参见《水经注疏》卷十三。

积物最丰富，拟名为"田阳水"。此水不见记载，但其上游可以追溯至马驹桥北 7 公里左右的北神树村以上。由北神树西北向东南，经北神树、崔窑至水南村，过凉水河后再经南小营、东田阳、大松堡、柏福至栲栳堡入潞水。在北神树、崔窑、水南村一带有河影，现为芦苇地。在东田阳、大松堡、柏福等地也有较厚的砂粒沉积。但接近地面的一层，应属于支流田阳水或凉水河泛滥的沉积。另有一支由后艮子西北，经后艮子、西田阳等地之水，于东田阳南而汇入田阳水，可能系高梁水由马驹桥分来的一股汊流。第三段即留民营、柴家务以下的河道，情况比较复杂，活动范围较广，地势显著低洼，汊流众多。但在众多汊流中仍有一条主流，由留民营经牛房南，至西栲栳堡和东栲栳堡的南面，东南折，经小海子东、半截河、堰上村等地，再折向南偏东，经大赵村、沙地至后屯，再东入笥沟。主流和汊流比较，河床沉积较厚也较粗。其存在于距今不远的历史时期，而在改流他徙后未再重流经过。除主流外，主要的汊流有三条，一条由留民营顺今凤河向东南至堤上营，然后离凤河南流，经桐柏与下庄头间、陈辛庄及大官地之东，再东南至吴堤与草茨间南入三角淀。此河在辽代曾经是潞水的主流，但在成为主流前可能原系一条汊流。一条由牛房向东南，经大黑堡、临沟屯、小甸屯至丁辛庄南与第一汊流相会。第三条汊流由东栲栳堡向东，经王各庄至南堤村再分为三支，一支向南经德仁务，至堰上村与主流汇合；一支向东南经小务村至鲁城，再折向南，至牛镇，南汇主流；一支向东经永乐店南经大阳村至鲁城。各地在地下 5 米以内都有粉细砂或中粗砂一二层，层厚不大，最深达到 3～5 米（南堤北）。最上的一层接近地面或者露出地面，中粗砂的沉积也较浅，例如王各庄、南堤村等地。可表明河流经常改道，且在较近的历史时期曾经有河流经过[1]。其以"笥沟"指古沽水（潞河）下游。而对诸水道的认定似亦与《水经注》等所述不尽相合。相互比照，汉代潞水当大致流行高梁河水道，流至朱脑村再循第三段主流水道至辛庄，循由牛房向东南经大黑堡、临沟屯、小甸屯至丁辛庄汊流水道，以

---

[1] 孙承烈、宋力夫、李宝田、张修桂：《潞水及其变迁》，《环境变迁研究》第一辑。

下大致循今凤河河道入海①。此当属《汉志》及《说文解字》所述河道。而辛庄以下，由东栲栳垡向东，经王各庄至南堤村的汊流则当属灅水之分枝笥沟，东汉中期，灅水主流改入此水道，即《水经》所述水道。东汉后期，灅水主流改迁至第一段及第二段主流河道，而于朱脑村一带当仍循行笥沟水道。而所谓"田阳水"则当属古沽水（潞水）河道，其流至今德仁务村西，"入笥沟"，又东南循第三段主流河道，经大赵村、沙地至后屯，以下大致循今北运河河道入海。南北朝时期，"笥沟水断"，灅水当于今德仁务村西汇入潞水，如《水经注》所述。宋辽时期，灅水又于朱脑村及留民营一带分出，循行由留民营顺今凤河向东南至堤上营，然后离凤河流经桐柏与下庄头间、陈辛庄及大官地之东，再东南至吴堤与草茨间南下入三角淀。另据相关研究，春秋战国时期的渤海湾西岸海岸线当大体上在今天津市区以东约20公里的白沙岭向南经泥沽、邓岭子、上沽林、歧口直到黄骅市东海滨的贾家堡的贝壳堤。而在西汉中期曾发生一次大海侵，"海水溢，西南出，浸数百里"。海岸内缩至今北运河及南运河以东的海河平原上海拔4米的等高线附近，从这条等高线东至白沙岭贝壳堤之间，相当于今天津环城、宁河、宝坻、武清、静海、黄骅各区的一部分或大部分地区均属浸没范围。约在东汉中期以后，被浸没地区的海水逐渐后退。至东汉末年，海陆形势基本上恢复到海侵以前的局面②。如此，在西汉中后期至东汉初期，沽水及

---

① 《清统志》卷七："凤河，源出南苑团河，东南流经废漷县西南，为新庄河，至东安县东北四十里凤窝村，为凤河；至武清县西北二十里，为潴水铺河；又绕武清之北，折而东，随地异名；至县南八十里为东沽港河，南入三角淀。旧时水甚深广，隆冬不冰，后淤塞，仅存河形，每遇积雨，弥漫为害。本朝雍正四年于高阁庄开渠，分凉水河至武清县之堠上村，浚凤河故道。由双口抵青沽港入淀，长一百三十里，河流遂通。乾隆五年、二十一年屡经接筑东堤，以防永定河尾闾东漫。三十二年，高宗纯皇帝圣驾自天津回跸，巡视凤河，特命开浚团河，俾源头无壅；其下游有断流处亦一律疏通，永资利导。按《元史·河渠志》：浑河本卢沟水，从大兴县流至东安州武清县，入漷界。此河即元时浑河故道也。明时浑河南注，夺琉璃河经流，下达霸州。其东流一道不复相通。土人遂以琉璃河为浑河，而以元时浑河为凤河。"清代凤河与永定河在天津县境鱼坝口、双口一带汇合，又会大清河、子牙河、北运河为三汊河，又会南运河入海。

② 参见李世瑜《古代渤海湾西部海岸遗迹及地下文物的初步调查研究》，《考古》1962年第12期；天津市文化局考古发掘队：《渤海湾西岸古文化遗址调查》，《考古》1965年第2期；谭其骧：《历史时期渤海湾西岸的大海侵》，《长水集》。

治水（灅水）当直接入海，如《汉志》及《说文解字》所述。其入海口当均在海河平原海拔 4 米等高线附近。东汉中期以后，海水逐渐退去，沽水河道亦相应延伸，与清河相汇，如《水经》所述。而灅水已改入笥沟。

依《水经注》所述，泉州县城在雍奴县南。唐初雍奴县当相沿于旧址，则上引李贤注所指相同。而后雍奴县改称武清县，治所亦略有南移，在今天津武清区旧县村址。明洪武初又因水患迁移至武清县城关镇址。《明统志》卷一："泉州城，在武清县东南四十里。汉置泉州县，属渔阳郡。"《读史方舆纪要》卷十一：通州武清县，"泉州城，县东南四十里。汉县，属渔阳郡，后汉因之，晋属燕国，北魏太平真君七年废入雍奴县。志云：县西南三十里有长城故址，延袤数百里。相传战国时燕所筑"。《清统志》卷八："泉州故城，在武清县东南，汉置，北魏废。县志：泉州故城在今县东南四十里。"光绪十五年刊《顺天府志》卷二十八：武清县东南"四十里小白厂、孔官屯、小蓝庄、大白驹厂、小白驹厂、小顿邨、陈官屯、筐港新庄、长屯、东靳庄、北靳庄、南靳庄，泉州故城遗址近此（《一统志》：泉州故城在县东南，汉置，北魏废入雍奴。《武清吴志》：在今东南四十里，遗址尚存"。又，武清县南"四十里东柳行、西柳行、马家营、柳行新庄、小营、晏庄、八里桥、鱼市庄、茨州、黄花新庄、三田庄。四十五里小杨庄、大王邨、前梁各庄、后梁各庄。五十里石各庄、李各庄、城上邨、西南庄、定子务、小王邨、东庄、北章庙、泗上邨、敖子嘴、东洲。五十五里艾蒲庄"。卷三十六：凤河入武清县境，"出杨店桥，在治东十里。又东南六里出程校尉桥，又东南十里出泗邨店桥，又五里出南宫桥，又二里迳南宫东，又八里出柳巷桥，在柳巷之东。又三里迳东洲东，又半里迳寺儿上西，又屈西南流五里迳土城东，又出城上桥，又里许迳艾甫庄西，水出艾甫庄桥"。其对于泉州故城址虽未予指实，但大体方位明确，当即指"土城"。而"五十里"是以水路计之，与陆路"四十里"相当。在 1921 年实测地图上亦曾有标记。城址位于今武清区西南黄庄乡城上村北 100 米，东北临今永定河。经 1963 年及 1964 年调查可知，其平面略呈方形，边长约 500 米，面积约 25 万平方米。南垣遗迹明显，残存高度约 1.2 米，其余三面城垣都已毁损，只有城基依稀可寻。钻探资料显示，埋在地下的城墙高度约为 1.75

米，宽约 17 米。另在距北垣 300 米处发现一段与北垣平行的墙垣，残高约 1 米。其土色与文化遗物都与上述城垣一致，属于同一时期遗存，可能是这座古城的一段外城残迹。据当地村民回忆，在二十世纪初，永定河改道，将东垣浸没。当时北垣还高约 4 米，南垣、西垣高约 7 米，而西南城角最高，约有 10 米。在南垣中间有一豁口即城门。现北垣尚存 100 多米长的残段，高约 2 米。城址南部有西周至战国时期文化堆积，被城墙打破。城墙夯土修筑，夯层厚约 10 厘米。在南垣夯土中出土有泥质灰陶的豆柄、盆沿和罐等器物碎片及夹砂红陶的釜、瓮、鬲足残片、布纹瓦片、绳纹砖块等，均属战国至西汉时期。有一汉代陶盆残片上印有"泉州"二字戳记。另在其东南约 13 公里双口镇西汉墓葬中亦发现一个带有"泉州"戳记的陶罐。均可表明此城址即为古泉州城之所在①。此城址东北临永定河，乃近世水道改迁所致。而清代东临凤河，亦属后世改迁水道。依上所述，宋辽以前古灅水河道当于堤上营南离凤河流经桐柏与下庄头（武清区城关镇西北二十五里）间、陈辛庄及大官地（城关镇西北十五里）之东，再东南至吴堤与草茨（城关镇西六里）间，南下入三角淀，当流经此城址以西。在东汉中期灅水入笥沟以前，此城所在地域当东临沽水（今北运河），西临灅水，南临二水汇合口，北临灅水所分笥沟，形成四面临水之势。《说文解字》："州，水中可尻者曰州。水周绕其旁，从重川。昔尧遭洪水，民尻水中高土，故曰九州。诗曰：在河之州。一曰：州，畤也。各畤其土而生也。州，古文州。""尻"从段玉裁校改。段玉裁注："此像前后左右皆水。"则其称州，或缘于此。又因州中多泉水，故名泉州。其城当兴筑于战国时期。在宝坻秦城遗址出土有石范印模"泉州丞印"，可为一佐证。而后一度繁盛，其北垣以北 300 米所发现的城墙或即扩筑而成，相沿至北魏时期。

---

① 郭振山：《泉州故城的初步考察》，《天津历史资料》（三），1978。韩嘉谷：《1979—1989 年天津文物考古新收获》，《文物考古工作十年》，文物出版社，1991。国家文物局主编《中国文物地图集》天津分册。

平谷县城

（一）平谷城及犎城

平谷县，西汉时期属渔阳郡，见于《汉志上》。东汉时期相沿，见于《后汉志五》。又，《后汉书·光武帝纪》：建武元年（25年），"光武北击尤来、大枪、五幡于元氏，追至右北平，连破之。……贼入渔阳，乃遣吴汉率耿弇、陈俊、马武等十二将军追战于潞东，及平谷，大破灭之"。李贤注："平谷，县，属渔阳郡，故城在今潞县北。"其事并载于《耿弇传》、《马武传》。晋时省废，不见于《晋志》。《魏志上》：渔阳郡领县"潞，二汉属，晋属燕国，后属。真君七年并安乐、平谷属焉"。则在北魏时一度复置，后又省入潞县。《金志上》：蓟州领县"平峪，大定二十七年以渔阳县大王镇升"。后改为平谷县，元代相沿，属大都路，明代属蓟州，清代改属顺天府①，即今北京平谷区。

《水经注·鲍邱水》：鲍邱水东迳雍奴县北，"又东与泃河合。水出右北平无终县西山白杨谷，西北流迳平谷县，屈西南流，独乐水入焉。水出北抱犊固，南迳平谷县故城东。后汉建武元年，光武遣十二将追大枪、五幡，及平谷，大破之是县也。其水南流入于泃。泃水又左合盘山水。水出山上，其山峻险，人迹罕交。去山三十许里，望山上水，可高二十余里，素湍皓然，颓波历溪，沿流而下，自西北转注于泃水。泃水又东南迳平谷县故城东南，与洳河合。水出北山，山在傂奚县故城东南。东南流迳博陆故城北，又屈迳其城东，世谓之平陆城，非也。汉武帝玺书封大司霍光为侯国。文颖曰：博大陆平，取其嘉名而无其县。食邑北海、河东。薛瓒曰：按渔阳有博陆城，谓此也。今其②居山之阳，处平陆之上，匝带川流，面据四水，文氏所谓无县目嘉美名也。洳水又东南流，迳平谷县故城西，而东

---

① 参见《清统志》卷六。
② 其，朱谋㙔笺：宋本作在。

南流注于沟河①。沟河又南迳鿖城东,而南合五百沟水。水出七山北,东迳平谷县之鿖城南,东入于沟河。沟河又东南迳临沟城北,屈而历其城东,侧城南出。《竹书纪年》:梁惠成王十六年,齐师及燕战于沟水,齐师遁。即是水也。沟水又南入鲍邱水。又东合泉州渠口故渎。下承滹沱水于泉州县,故以泉州为名。北迳泉州县东,又北迳雍奴县东,西去雍奴故城一百二十里。自滹沱北入,其下历水泽一百八十里,入鲍邱河,谓之泉州口。陈寿《魏志》曰:曹太祖以蹋顿扰边,将征之,从沟口凿渠,迳雍奴、泉州以通河海者也。今无水。"杨守敬按:平谷县故城"在今平谷县东北十二里"。又:"鿖城今谓之英城,在三河县西北三十里。"其"沟水又左合盘山水",明朱谋㙔笺本"又"下有"东"字,杨守敬按:"吴本增东字而朱沿之,明抄本、黄省曾本并无。沟水西流,不得称东。"熊会贞按:独乐水,"水在今平谷县东"。其"沟水又东南"下,熊会贞按:"亦当作西南。"②其所指定的平谷县故城及鿖城所在方位为近世较为流行的看法③,而相关水道亦随之比定,似不甚妥切。比照《水经注》所述历代有关记载,多有不合之处。除上引《后汉书》李贤注外,《通典》卷一百七十八载幽州潞县,"汉平谷县故城在今县北"。又,《寰宇记》卷六十九:幽州潞县,"平谷故城,汉县,在今县北"。《明统志》卷一:"平谷城,在通州北,汉旧县,属渔阳郡。"又:"洳河,源自密云县石蛾山,经三河县东南平谷故城入沟河。"

光绪十五年刊《顺天府志》卷三十八:"沟河从蓟州西流入平谷县竟(境),在治东北三十里,南流里许迳红石坎北,又西四里迳韩家庄南,又里许迳海子庄北,又里许迳洙水庄南,又里许迳胡家庄南,又西北三里迳独乐仓南(《义仓图》独作笃,今依《水经注》及《畿辅图说》),独乐河北来注之。独乐河,《平谷朱志》云在治东北二十里,与《义仓图》笃乐仓在治东北二十里正合。仓北三里曰北独乐邨。《畿辅图说》:沟河亦名南独乐河。盖土人以独乐水入沟水,故南北互称。其水自平谷文家庄(在城东

---

① 朱谋㙔笺本沟河上有渠字。
② 《水经注疏》卷十四。
③ 《清统志》卷八:"鿖城,在三河县西北。《水经注》:沟河南经鿖城东。旧志:今有英城,在县西北三十里,即鿖城之讹也。"又:"平谷故城,在今平谷县东北。……县志:古县城在今县东北十二里,名城子庄。"其地迄今尚未发现相关遗址。

北二十余里）南流，屈折二里迳四祖务庄西，又十里迳北独乐庄东，南入洵河。《水经·鲍邱水注》曰：洵河西北流迳平谷县，屈西南流，独乐水入焉。水出抱犊固，迳平谷故城东，南流入洵。今虽源难可考，而受独乐水与昔无异。《平谷朱志》又曰：独乐河或伏或见，断续无常，然则此水难以淤塞论，以伏流故，俗又谓之独漏河。《畿辅安澜志》谓旧有独乐河，合马庄河、逆流河、盘山诸水入之。不知马庄、逆流诸河在洵河南，独乐水则在其北，安能合诸水以入洵？此不考之甚者也。《蓟州张志》谓黄崖川又名独乐水，尤谬。"依《水经注》所述，独乐水于洵河在由西北折向西南处汇合，当在今马坊镇附近，而非独乐仓南。此水临近笃乐仓，又称独漏河，很可能是由笃乐或独漏演变而来。且其无定指，显系出于后世附会。《顺天府志》接述："洵河又西五里迳丰台庄南，又三里迳张家辛庄南。此上八里许时伏时见。又西二里迳沥津庄南，又西南七里迳桥头营南，又三里迳上纸庄寨东南，又西少南一里出马各庄桥，又西南一里马各庄河注之。……洵河又西南出杨各庄桥，又西三里迳寺渠庄南，在城西南二里，逆流河注之。……洵河又西南五里迳西高邨北，又四里出鹿各庄桥，迳东鹿各庄南，又一里迳南台头北，又一里出平谷西北竟（境）。"此段洵河在今平谷区南及西南部，呈西南流势。若以平谷县故城在今平谷区东北，显然与《水经注》所述"洵河又东南迳平谷县东南"不合，而熊会贞以"东南"当作"西南"则与水势相违。洵河在此一带又折向东南。《水经注》述"洵水又左合盘山水"，明朱谋㙔笺本作"洵水又东，左合盘山水"，所增"东"字虽有可能不是原文，却与实际相符，有助于理解其本意。《顺天府志》又接述洵河"又西过三河县东，与泃河合。洵河从平谷县入三河县东北竟（境），亦呼渠河。……其水迳青阳屯南，又西流与泃河合。水出怀柔县丫髻山，在治东南八十里，东南流，曰石河（详下。按：《三河陈志》以石河为另一河，非也）。又十里迳寅洞，其水西南即栲栳山。又五里迳王各庄西，又五里迳唐洞，出界。凡迳怀柔县竟（境）二十里。又南屈东迳三河县埝头邨东北，在县治东北四十里（据舆图），其水曲流五里出界，入平谷县竟（境），在治西北二十五里，迳牛儿峪庄西，又东南五里迳莲花潭庄西，又三里出城子庄东桥，又里许迳放光庄西，又里许迳太平庄西，又里许迳小辛寨庄西,又里许迳白各庄东,水出桥下,又二里迳大辛寨庄西,又三里迳岳各仓西北,有桥,又四里出周郔庄桥,曰周郔河,俗又呼错河,又屈西四里出界。凡迳平谷竟(境)十八里许(《三河陈志》:洳河即错河)。又西迳三河县东北之掘山头北(按:其水入三河竟(境),在泃河之北),又西五里迳唐回庄北,其西北为洳口镇,水至此始有洳河目,亦曰洳口(《畿辅安澜志》:洳河名曰洳口,俗又谓之错河)。《方舆纪要》所谓嘉靖中有俺答突犯,营于孤山洳口,即此。《畿辅安澜志》曰:泃河迳三河县东北,则有周郔河,合石河西来注之,即洳河也。今按:洳河上流曰石河,丫髻山之西南,峦叠涧通,石峨峙焉。西曰大石门,石河水源伏脉其中,故名。又曰周郔河者,随地易名,非二水也,难可言合。自出水至入泃,崖屈曲五十余里,何遽源流莫辨?《乂仓图》则以泃为洳,又讹洳为汝,尤谬。洳河合天井庄沟水。水出密云界坨头寺,入错河。洳河又合月池、古沟、马房沟诸水。月池在三河县胡家桥,有沟注洳。古沟出三河县治西北李家古沟,流迳赵家、丁家古沟,又迳阎各庄,后入洳。马房沟出三河县塔儿寺,东南流迳马房、小屯入洳(据《三河陈志》)。洳河自洳口镇东屈南,与泃河合(据采访图)"。此水流势及入泃之处与《水经注》所述洳河明显不合,而多与独乐水相符,当属古之独乐水,至明清时期始得称洳河。其又称错河,很可能是由独乐河演变而来(独乐与错之音相近)。今平谷区西北大兴庄镇北城子村东南残存一古城址,经二十世纪五十年代调查得知,城址南北长240米、东西长220米,在城址内外和北城子村周围散布很多夹砂红陶片与灰绳纹陶片,城址南面断崖发现烧土和灰坑,西边有烧陶窑址。而1980年再次调查,判定其东西长约250米,南北长约180米,城墙基为夯筑,残高2~3米,城址文化堆积层厚约2米,地层断面可见石铺道路及水道等,发现有残瓦和陶片,多属汉代遗存。调查者以此城址北部及东部临今洳河河道,当属博陆故城[①]。然似与《水经注》所述不甚相合。依上所

[①] 向群:《北京平谷县西柏店和唐庄子汉墓发掘简报》,《考古》1962年第5期。北京市平谷区文物局编《平谷文物志》第三章《古遗址》,民族出版社,2005。国家文物局主编《中国文物地图集》北京分册。

推考，此水属古之独乐水，则此城当属《水经注》所述之抱犊固①。

《顺天府志》又接述："泃河又西南屈曲流迳絾城庄东（按：絾，图志作央。《畿辅安澜志》依《一统志》作絿，谓三河县旧志：英城在城西北三十里。此即絾城之讹。以为元耶律英公城，更误。其说是也。又云：《水经注》误作絿，则非。按，《水经注》赵氏定本：泃河迳絾城东，《刊误》未之及，则各本不作絿，明甚。或以郦注又去平谷县絾城为疑，不知三河与平谷皆古潞县地，絾城昔为平谷竟，今则三河竟也）。顾现河注之。顾现河出良乡县西北三十里后窨子里龙王庙下，东南流，迳顾现、北石渠、絾城入泃（据《三河陈志》，参《采访图册》）。"其"良乡县"当为"三河县"之误。又，《顺天府志》卷二十八：三河县西北"二十七里棋盘庄，二十八里北石渠、荣家堡，二十九里大康庄、小康庄、石官营、荣家庄、杨家庄、王家庄，三十里絾城庄。《水经·鲍邱水注》所谓絾城，即此。絾或作英，谓为元耶律英公城，盖出附会云（《三河陈志》：英公城在县西北三十里，相传云耶律英公城。按：三河、平谷皆古潞县地。《水经注》所谓平谷之絾城，在今三河境，县志英公城之说，显出附会。余详《河渠志》。又按：采访册，英城庄在县西北二十四里）。佟家庄、小定福庄、立家庄、贾官营、康家湾、天辛庄、贾各庄、渠头庄、霸窨庄、老公庄、韩家庄、小塘庄、高庙、王各庄，三十一里小崔各庄、无平寺辛庄、窨里庄"。其絾城庄今作英城村，属平谷区马坊镇。在英城村北有一古城址，面积约 3 万平方米。1997 年发现西周、战国时期的陶片和汉瓦，还发现有辽金时期的残砖和瓷片等。现当地仍有东城里、西城里的俗称②。就所存遗迹遗物来看，其极有可能即属元耶律英公城，故得称英公城。而所谓絾城，似当属近世附会。其所在地理方位与《水经注》所述絾城并不相合，而更与平谷县故城相近，则元代英公城或即相沿于原平谷县城址。上引《明统志》所记泃河（今泃河）"经三河县东南平谷故城入泃河"，很可能即指此城址而言，原文或当

---

① 《说文解字》："固，四塞也。"又，《水经注·济水》：百脉水西北流迳阳邱县故城中，"其水西北出城，北迳黄中固。盖贼所屯，故固得名焉"。则固当属城堡。
② 北京市平谷区文物局编《平谷文物志》第三章《古遗址》。国家文物局主编《中国文物地图集》北京分册。

为"经三河县平谷故城东南入沟河"。其所在位于今通州区（唐宋以来潞县）东偏北（较之今平谷区一带更偏向北），唐宋以来所记平谷县故城在潞县北，当即指此而言。其地东临沟河折向东南处，而独乐水（今泃河）与沟河交汇处则在其东北，与《水经注》所述独乐水"南迳平谷县故城东"略有不合，或因古今水道变迁所致。

其顾（固）现河即今金鸡河，源于今顺义区龙湾屯镇，东北近今平谷区丫髻山，东南流经大故（顾）现、小故（顾）现、北石渠，于英城村东南汇入沟河，与《水经注》所述泃河流势相合，当即属古之泃河①，平谷县故城在其东。而在金鸡河南，今马坊镇河北村南台地上亦有一古城址，西临明清时期西马坊遗址（位于河北村西南），其东至公路，南至土坎，西至鱼塘，北至村内民房，面积约2.5万平方米，原有500米见方的城墙，后毁于战火。1983年调查，仅存东南部一段残墙，长38米，宽5.5米，高3米，墙体为夯筑，在城址内散落大量汉瓦残片。1997年在残墙南侧出土3件汉代陶罐②。其位于沟河以西，南临小河当即《水经注》所述之"五百沟水"。《说文解字》："洦，浅水也，从水，百声。"此"五百沟水"当即"五洦沟水"，指五条浅沟之水合为一水。其源于"七山北"。"七"当为"七"之讹。《说文解字》："七，变也，从到人，从七之属皆从七。"段玉裁注："变者，㚇也。凡变七当作七，教化当作化，许氏之字指也。今变七字尽作化，化行而七废矣。"又注："到者，今之倒字，人而倒，变七之意也。呼跨切，十七部。"又，《说文解字》："化，教化也，从七、人。七亦声。"段玉裁注："上七之而下从七谓之化。化，篆不入人部而入七部者，不主谓七于人者，主谓七人者也。今以化为变七字矣。"则"七山"当即"化山"。《明统志》卷一："华山，在三河县北三十里，一名兔儿山，上出花斑石。"又："骆驼港，在香河县北八里，源自三河县兔儿山，经县界入

---

① 《顺天府志》卷三十八于顾现河下接述"沟河又受张各庄沟水。水出苏家桥，山水地泉汇于乾渠，迳陈各庄，又东南迳马昌营、云峰寺、果各庄，又迳缺城入沟"。其流经金鸡河东北，于英城村北汇入沟河（今于果各庄又汇合马房沟水，与清代亦不同），当不属古之泃河。

② 北京市平谷区文物局编《平谷文物志》第三章《古遗址》。国家文物局主编《中国文物地图集》北京分册。

白河。"《读史方舆纪要》卷十一：顺天府三河县，"华山，县北三十里，一名兔儿山，即香河县骆驼港之源也。其地又有石城、青梁诸山口"。光绪十五年刊《顺天府志》卷二十：三河县，"城北十五里曰灵山。……又十五里曰栲栳山，亦名窠罗山，一名苛岚山，俗呼石城山。……又二十里曰清凉山，一名青龙山（《陈志》：北五十里），曰石城山（《畿辅唐志》：石城山在县北五十里）。又十里曰陀山，一名宝陀岭（《陈志》：即宝陀岭，城北六十里。按：《名胜志》、《畿辅唐志》皆作陀山。《水经注》：五百沟水出驼山北）。城东北五十里曰崛山（《陈志》）。城西北二十五里曰马鞍山，俗呼马家山（按，《陈志》：马鞍山在西北二十五里。《畿辅舆图》：鞍作家）。又五里曰狼山（《陈志》：西北三十里）。又五里曰圣水山（《陈志》：西北三十五里）。又五里曰石城山（按，《陈志》：即兔耳山旁小山，山在西北四十里，上有石城，故名）。又十里曰蟠龙山，初名旁立山（《陈志》：在西北五十里，旧名旁立山，建行宫后改名）。"又，卷三十八于张各庄沟水"又迳缺城入沟"后接述："沟河又南二里迳马房仓东，有二桥，一在北务邨东，一在大屯西，水出其下。又南五里，灵山泉水注之。灵山泉出灵山，在县治东北十五里，亦曰小河，西流迳塘迴庄南入沟。自出水至入沟处不及十里。《水经·鲍邱水注》曰：五百沟水出七山北，东迳平谷县之缺城南，东入于沟。以图说、志册考之，今灵山泉水似在古五百沟之南，然有无变迁，是一是二，难可臆断。《畿辅安澜志》乃云南迳缺城东，五百沟水、灵山泉水注之，恐未免牵混矣（《三河陈志》：小河在县北十五里，源出灵山，曲涧环流，西入泃河。又曰：灵山，县北十五里。《明一统志》：灵山之麓，三面有泉，清洌可爱。按：《三河陈志》引《水经注》：五百沟水出驼山。据知，七一作驼。《名胜志》曰：驼山，即香河县骆驼港之源，水绕驼山而出，故名）。"其以《水经注》所述"七山"，当为"驼山"，有误[①]。且此灵山水自东向西流，亦与《水经注》所述"五百沟水"流势不合。其华山，一名兔儿山，当在《顺天府志》所述三河县西北约四十里石城山一带，今犹称华山。其当由"化山"演变而来，亦即《水经注》所述

[①] 《明统志》卷一："驼山，在三河县北六十里，以形似名。"

"七山"。此山南今有渠水向东流入泃河，当即沿用古五百沟水河道（明清时期或已干涸，故不为志书所记。而《明统志》所记骆驼港南流入白河，或为后世所改河道）。如此，河北村城址当即为"平谷县之緥城"所在，为平谷县属县。其华山附近有石城，并见于《顺天府志》卷二十八：三河县西北"三十五里兔耳山庄，山有石城（《三河陈志》：石城在兔耳山周围，砌石为城，不知始于何年）"其地今属顺义区大孙各庄镇，迄今尚未发现相关遗迹。据《顺天府志》所述，此城址北面及东面有金鸡河（古洳河）流过，南临渠水（古五百沟水），"匝带川流"，与《水经注》所述博陆故城所在方位相符。其于山上筑城，正可谓"处平陆之上"[①]。而"面据四水"当指正面（南面）临有四条河流，或"五百沟水"中有四条浅沟水流经城南。如此，此石城很可能即为博陆故城之所在。《水经注》所述"今其居山之阳"，宋本作"今在居山之阳"[②]。依宋本，"居山"当属特指，指此城北所临之山。依《顺天府志》，其西北约十里有蟠龙山，初名旁立山，今称庞山。或即原称居山。而"旁立"与"博陆"音相近，则后因临近博陆城而得称博陆山，再演为旁立山。

（二）临泃城

泃河又东南流经临泃城北，屈而历其城东，侧城南出，南入鲍邱水。其临泃，不见于《汉志》、《后汉志》及《魏志》等。《资治通鉴》卷九十八：晋永和六年（350年），燕王慕容儁与慕容霸等分兵伐赵，"霸收安乐、北平兵粮，与儁会临渠"。胡三省注："临渠城临泃渠，泃水出右北平无终县西山，东南至雍奴县入鲍邱水。魏武征蹋顿，从泃口凿渠，迳雍奴、泉州以通河海者也。"其引《水经注》文，而以临渠城临近泃渠，似与临泃城相别为二，当有误。"渠"与"泃"音相近，而"临渠"当即"临泃"。《旧唐志二》：幽州潞县，"武德二年于县置玄州，仍置临泃县。玄州领潞、临泃、渔阳、无终四县。贞观元年废玄州，省临泃、无终二县，以潞、渔阳属幽州"。又，蓟州领县"三河，开元四年分潞县置，属幽州。十八年改

[①] 《说文解字》："陆，高平地。"
[②] 据明朱谋㙔笺本。

隶蓟州"。《新唐志三》：幽州路县，"武德二年自无终徙渔阳郡于此，置玄州，领潞、渔阳，并置临沟县。贞观元年州废，省临沟、无终，以潞、渔阳来属"。又，蓟州，"有府二：曰渔阳、临渠"。领县"三河，中，开元四年析潞置。北十二里有渠河塘。西北六十里有孤山陂，溉田三千顷"。其临沟县当相沿于临沟城址，而后又置临渠（沟）府。《寰宇记》卷七十：蓟州，"三河县，西六十里，三乡。唐开元四年分潞县置，属幽州，十八年改隶蓟州"。后入于辽。《辽志四》：蓟州，"三河县，本汉临朐县地，唐开元四年析潞州置，户三千"。校勘记："《考异》谓朐当作沟。《索隐》云：两汉志俱无临沟县。唐武德二年析潞县置临沟，贞观元年省。开元四年复析潞县置三河县，即临沟故地。"金元以后改属通州。《明统志》卷一："三河县，在（通）州东七十里。本汉临沟县地，唐析潞县地置三河县，属幽州，以地近七渡、鲍邱、临沟三水，故名。后隶蓟州，辽仍旧。金元俱隶通州，本朝因之。"

三河县城自五代后唐以来一直相沿于今河北三河市址，而此前三河县及临沟城址所在具体方位已不很清楚。《资治通鉴》卷二百七十八：五代后唐长兴三年（932年），卢龙节度使赵德钧"至是又于（幽）州东北百余里城三河县，以通蓟州运路。虏骑来争，德钧击却之。九月庚辰朔，奏城三河毕。边人赖之"。胡三省注："唐开元四年分潞县置三河县，属蓟州。《匈奴须知》：三河县西至燕一百七十里，蓟州西至三河县七十里。"其燕即幽州（今北京）。《读史方舆纪要》卷十一：顺天府，"通州，府东四十里，东至蓟州一百二十里。……孤山，州东四十里，四面平旷，一峰独秀，因名"。又："三河县，州东七十里，东至蓟州七十里。本潞县地，唐开元四年分潞县置三河县，以地近七渡、鲍邱、临沟三水而名，属幽州。十八年改属蓟州。金改隶通州。今编户三十五里。三河城，旧城在今县东三里泃河南，被水冲废。后唐长兴三年幽州帅赵德钧于幽州东北百余里城三河县，以通蓟州运路。契丹来争，击却之。边人恃以少安。《城邑考》：今城即赵德钧改置，城方六里，濠阔三丈，深半之。嘉靖二十九年俺答临城下，知县张仁增高五尺。四十二年辛爱夹城南掠，知县刘文彬又增高五尺云。临沟城，在县南，石赵所置，以临沟水而名。亦曰临渠城。晋永和六年燕慕容霸伐赵，出徒河，收乐安、北平兵粮，与其主隽会于临渠。即此城也。后魏废。唐武德二年置临沟县，属元州。贞观初省。《新唐书》：蓟州有临渠府，府兵所居也。时盖置于此。"《清统志》卷八："临沟故城，在三河县东南，石赵置，以临沟水为名。亦曰临渠城。……唐置临沟县。开元中改置三河县，以地近沟、泃、鲍邱三水而名。……《城邑考》：旧城在今县三里沟河南，被水冲废。今城即赵德钧所改置也。又，《新唐志》：蓟州有临沟府，府兵所居，盖亦置于临沟故城内。"光绪十五年刊《顺天府志》卷二十八：三河县，"治东二里东套，临沟故城近此，石赵所置也，临沟水，故名，亦曰临渠城，旧有临渠府。（按，《三河陈志》云：古城在县东三里，沟邑之旧城也。而《方舆纪要》云：在县南。又云：石赵所置，以临沟水而名，亦曰临渠城。晋永和六年，燕慕容霸伐赵，出徒何，收乐安、北平兵粮，与其主隽会于临渠。即此城也。后魏废。《一统志》曰：'《新唐志》：蓟州有临渠府。府兵所居，盖亦置于临渠故城内。'）五里二百户，六里沿儿口，亦名沿口庄，八里小营庄、黄土庄，十五里山下庄"。其临沟故城址位于今三河市东关黄土庄镇前沿村西 50 米，城墙大部分已平毁。经二十世纪七十年代调查确认，城址范围东至前沿村，南至三里庄附近，北至二百户村南，东西长约 800 米，南北长约 1500 米。沟河由城址北流入，红娘港由城址西流入，两河在城址的东北部汇合向东流去。城址南面红娘港南岸高台地上尚存一段长约 10 米的城墙断面，残高 1～2 米，夯土层清晰，每层厚约 6 厘米。红娘港南岸断面上暴露文化层厚 1～4 米，地面散布有粗细绳纹筒瓦、板瓦、器座、陶罐和瓷碗等残片，调查者认为其应属魏晋至宋代古城。另在前沿村南发现战国至汉代遗址，今三河市东北 4 公里、沟河东 500 米西小汪村西北发现夏家店下层文化遗存，在西小汪村西南发现一处汉代遗址。其北灵山乡城子村发现战国至汉代遗址及墓葬，小唐回村曾出土刀币约两千斤，大唐回村发现一座春秋战国之际燕国墓，双村东发现战国时期古墓群等①。因后世水患及河流迁移，此城址所在已与《水经注》所述不尽相合；但大体相符，判属古临沟城当合于史实。古城当在今所确定

---

① 廊坊地区行政公署文化局：《廊坊地区的历史遗存》，《廊坊地区文物普查资料汇编》，1979。国家文物局主编《中国文物地图集》河北分册。

的范围内，规模略小，原沟河流经城北，又南折而流经城东，故得称临沟。其位于古时蓟城（今北京）经通州、蓟州东出的交通要道上，故五代后唐时赵德钧再迁建三河县城于此，"以通蓟州运路"。因所迁建之三河县城临近古临沟城，故《辽志》及《明统志》等追记"本汉临沟县地"，或本于当地传闻。虽不见于正史，亦有可能合于史实。《水经注》引《竹书纪年》："梁惠成王十六年，齐师及燕战于沟水，齐师遁。"时值周显王十四年（前355年），燕文公七年。其时燕人当已迁都于蓟城，且具有相当实力。此后一段时间，为向东拓展而兴筑此城，完全有可能。在城址附近发现多处战国至汉代遗址及墓葬，亦可表明其属于此一时期。秦汉之际当于此设临沟县，属"渔阳二十二县"之一。至西汉中后期省废，故不为《汉志》所记。此城址后为唐初所置临沟县所沿用。而开元年间所置三河县则另有所在。

上引《寰宇记》及《匈奴须知》所记当属唐代三河县与幽州及蓟州间相距里程。《寰宇记》记三河县在蓟州"西六十里"，与《匈奴须知》记"蓟州西至三河县七十里"，略有误差，或因所据资料不同（亦不能排除为三河县改迁后新测数字）。而《匈奴须知》所记"三河县西至燕一百七十里"，与今三河市区西至今北京城区约一百一十里相差甚远，只能是指唐代三河县城西距幽州的里程。如此，唐代三河县城当在今三河市区东南五十里之地。而上引《新唐志》记三河县"西北六十里有孤山陂"，其孤山陂当临近今三河市孤山，亦可表明这一点。孤山陂可"溉田三千顷"，当面积广大。其"六十里"当指此陂东南缘至三河县城的距离，而孤山至三河县城的距离当远大于六十里。依《水经注》所述，沟水在流经临沟城后"又南入鲍邱水。又东合泉州渠口故渎"。其鲍邱水当大致流行今窝头河道，而今窝头河以北鲍邱河当形成于唐宋以后。今沟河于三河市折向东南，经宝坻区北流入蓟运河，亦为后世所改迁；原沟水当在临沟城南汇入鲍邱水。《清统志》卷九："渠口集，在香河县东二十五里。旧有土堡，今圮。"光绪十五年刊《顺天府志》卷二十七：香河县，"治东二十五里渠口镇（县册）。旧有土堡，今圮（据《一统志》）"。在渠口镇附近有渠口河（渠水）自北而南汇入窝头河，当即为原沟水河道及其"南入鲍邱水"河口。其位于香河县与宝坻县交界地带。据《顺天府志》卷十九，香河县东至宝坻县界三十里，东北至宝坻县界二十五里，西北至通州界十八里；通州东南至香河县界六十五里；蓟州西南至宝坻县界七十里。则其西北距今北京城区约一百五十里，东北距今蓟县约八十里，与《匈奴须知》所记三河县西北至燕、东北至蓟州里程相近。由此推之，唐代三河县城当即在此一带。其东有泉州渠口。《三国志·魏书·武帝纪》：汉建安十一年（206年），"公将征之，凿渠，自呼沲入泒水（泒音孤），名平虏渠；又从泃河口（泃音句）凿入潞河，名泉州渠，以通海"。其泃河口即泃河注入鲍邱水之河口，潞河即鲍邱水（因流经潞城而得称），则泉州渠口当临近泃河口。《旧唐书·食货志》："神龙三年，沧州刺史姜师度于蓟州之北涨水为沟，以备奚、契丹之寇。又约旧渠傍海穿漕，号平虏渠，以避海难运粮。"《新唐志三》：蓟州领县"渔阳，中。神龙元年隶营州，开元四年还隶幽州。有平虏渠傍海穿漕，以避海难。又其北涨水为沟，以拒契丹。皆神龙中沧州刺史姜师度开"①。其平虏渠当即循原平虏渠及泉州渠水道，而泉州渠口当大致在今宝坻区南盐关口一带②。如此，唐代三河县当因临近鲍邱水、泃水及平虏渠（泉州渠）而得称。

安乐县城

安乐县，西汉时期属渔阳郡，见于《汉志上》。东汉时期相沿，见于《后汉志五》。又，《后汉书·吴汉传》：西汉末，更始帝使韩鸿持节降河北，韩鸿召见吴汉，"甚悦之，遂承制拜为安乐令"。李贤注："安乐，县名，属渔阳郡，故城在今幽州潞县西北。"其幽州潞县当即在今北京通州区址。其并见于《后汉书·彭宠传》。《三国志·魏书·明帝纪》：景初二年（238

---

① 《新唐书·姜师度传》："神龙初，试为易州刺史，河北道巡察，兼支度营田使。好兴作，始厮沟于蓟门，以限奚、契丹。循魏武故迹，并海凿平虏渠，以通饷馈，罢海运，省功多。"
② 参见韩嘉谷《宝坻县秦城为战国右北平郡故城的调查和考证》，《天津市历史博物馆馆刊》1994年第4期。

年）六月，"省渔阳郡之狐奴县，复置安乐县"。则安乐县于汉魏之际曾一度省废。《三少帝纪》：陈留王咸熙元年（264年）三月丁亥，"封刘禅为安乐公"。《三国志·蜀书·后主传》："后主举家东迁，既至洛阳，策命之曰：惟景元五年三月丁亥，皇帝临轩，使太常嘉命刘禅为安乐县公。……食邑万户，赐绢万匹，奴婢百人，他物称是。子孙为三都尉封侯者五十余人。……公泰始七年薨于洛阳。"裴松之注："《蜀记》云：谥曰思公，子恂嗣。"[①]时刘禅当居于洛阳，而遥领安乐县。晋时安乐县改属燕国。《晋志上》，燕国属县"安乐，国相，蜀主刘禅封此县公"。《魏志上》：幽州渔阳郡领县"潞，二汉属，晋属燕国，后属。真君七年并安乐、平谷属焉。有乐山神"。又："渔阳，二汉属，晋罢，后复。有渔阳城、□乐城、桃花山。"其□乐城，或即为安乐城，当临近渔阳县。[②]《魏志上》并载安州领"安乐郡，延和元年置交州，真君二年罢州置"。领土垠、安乐二县。其安乐郡与此安乐县无相沿关系。

《水经注·灅余水》："灅余水又东南流，左合芹城水。水出北山，南迳芹城，又东南流注灅余水。灅余水又东南流迳安乐县故城西。更始使谒者韩鸿北徇，承制拜吴汉为安乐令，即此城也。（灅余水）又北屈，东南至狐奴县西，入于沽河（经文）。昔彭宠使狐奴令王梁南助光武起兵，自是县也。灅余水于县西南，东入沽河。故《地理志》曰：灅余水自军都县东至潞，南入沽。是也。"《沽河》："沽水又西南流，出山，迳渔阳县故城西，而南合七度水。水出北山黄颁谷，故亦谓之黄颁水，东南流，注于沽水。沽水又南，渔水注之。北出县东南平地，泉流西迳渔阳县故城南。应劭曰：在渔水之阳也。考诸地说则无闻，脉水寻川则有自。今城在斯水之阳，有符应说，渔阳之名当属此。秦发闾左戍渔阳，即是城也。渔水又西南入沽水。又南与螺山之水合。水出渔阳城南小山。《魏土地记》：城南五里有螺山。

---

① 魏封刘禅为安乐县公事并见于《华阳国志·刘后主志》。又，《华阳国志·汉中志》：上庸郡属"安乐县，咸熙元年为公国，封刘后主也"。其或据当地传闻所记，而与史实不符。
② 校勘记："□乐城。百衲本阙字作空格，南本墨钉，北、殿二本注阙字，汲、局二本作有。按有字已出上渔阳城上，不应重复。《水经注》卷十四《灅余水篇》、《沽河篇》皆见安乐县故城，并引《晋书地道记》：晋封刘禅安乐公，即此地。县在渔阳县东，地望相合，所阙当是安字。"可从。而依《水经注》所述，安乐城当在渔阳县西。

其水西南入沽水。沽水又南迳安乐县故城东。《晋书地道记》曰：晋封刘禅为公国。俗谓之西潞水也。（沽河）南过渔阳狐奴县北，西南与灅余水合为沽河（经文）①。沽水西南流迳狐奴山西，又南迳狐奴县故城西。"其灅余水当为温余水②，即今温榆河，与芹城水汇合于今昌平区东南蔺沟村附近；沽河即今白河，原西南流经渔阳城（今怀柔区梨园庄）西、螺山西、狐奴山（今顺义区东北）西、狐奴城西而与灅余水汇合，而后南流经潞城（今通州区潞城镇）西。依《水经注·灅余水》所述，安乐县故城当位于灅余水（温榆河）与芹城水汇合口至灅余水与沽河汇合口之间河段以东，而《沽河》则记其在沽河流经螺山西至狐奴山西之间河段以西，二者当各有所指。

隋唐以后，有关安乐县故城所在方位的记载，除上引《后汉书》李贤注外，还见于《通典》卷一百七十八：幽州潞县，"又有汉安乐县故城在西北"。《寰宇记》卷六十九：幽州潞县，"安乐故城，汉县，废城在今县西北"。《文献通考》卷三百十六：幽州潞县，"又汉乐安③县古城在西北"。《读史方舆纪要》卷十一：顺天府通州，"安乐城在州西北，亦汉渔阳郡属县，更始初吴汉为安乐令，即此。后汉仍属渔阳郡。曹魏景元四年灭蜀，封后主禅为安乐公。晋亦曰安乐县，属燕国。北魏太平真君十年废入潞县"。《清统志》卷八："安乐县故城，在通州境。汉置县，属渔阳郡，晋属燕国，北魏太平真君七年废入潞县。按安乐故城遗址虽不存，然《方舆纪要》既云北魏废入潞县，则在今通州境内可知也。太子贤《后汉书》注云：安乐故城在今幽州潞县西北。《寰宇记》：安乐故城在今潞县西北。《文献通考》亦载安乐故城于潞县下。《日下旧闻》独载于顺义卷内，则因《昌平山水记》后魏安乐郡故城一条牵连书之，以致误耳。考安乐本非因县为郡，郡自在今顺义县境，县自在今通州境，不得以名之相同而混郡、县为一也。"均未予指实。

元梁宜撰《顺州公廨记》："两汉军都废城在州西三十里义店北。"④ 其

---

① 此句经文依《永乐大典》本及明朱谋㙔笺本。
② 参见本书军都县城。
③ 乐安，当作安乐。
④ 据康熙五十八年刊《顺义县志》卷四引。

顺州，明清改称顺义县，即今顺义城区。光绪十五年刊《顺天府志》卷二十八：顺义县西"三十五里董各庄、义店邨、古城邨，或曰军都侨置故城即此（按：《昌平山水记》云：在县西三十里，盖军都之别徙者也。今考古城邨较顾说里数仅远五里）"。其义店即今泗上村，位于古城村东南约2公里处。以"两汉军都废城"或"军都之别徙者"在此，与相关记载多有不合。而其地在温榆河之东，今通州西北，正与《水经注》等所述安乐县故城所在方位相当。古城村位于今顺义区西南约15公里，属后沙峪镇。村西临温榆河和京承高速公路。据1959年文物普查资料，在古城村北约一里处有东西五六米土岗一道，岗之东有土方台一处，上长荒草。土岗之南至古城村地表分布碎陶片很多，方圆有四五里的面积略高出四周地表。后经1982年普查了解到当地曾出土过刀币、半两及五铢铜钱等。遗址面积近10万平方米，现存东西向土岗为原城之北垣，黄土夯筑，残长约100米，宽6~7米，高3~4米。后于2006年再次调查，古城所保存的一段东西向城墙长约122米，高3~6米不等，底部最宽处约17米，顶端宽3~4米。城墙南侧为一砖厂，西端为一工厂，北部与东部为农田。城墙北部地势低于南侧的砖厂。城墙的最东端为一土包。城墙最西端高出地面约5米，其顶部有一直径约2米、深约4米的坑，系近代烧砖所挖。此坑靠近底端的四壁上，夯土十分明显，夯土层高7~10厘米不等。夯窝也较明显，直径约5厘米。因坑内四壁均被大火烧过，夯土层被烧成红色，像一层一层大砖，夯土层次十分清晰。在城墙最西端断面的夯土层中发现许多绳纹灰瓦，在城墙两侧发现陶片。结合相关记载，此城址当即为安乐县故城之所在①。所论当合于史实。唯此城当属两汉时期安乐县城，故《水经注》述吴汉为安乐令于此。而于汉魏之际省废。至北魏时期又于此重置安乐县，太平真君七年（446年）并入潞县。而据城址中发现有战国时期燕国刀币等，其兴筑时间或可上推至战国时期，为燕国渔阳郡属县，而安乐之名当为燕人所命。《魏志》记潞县有"乐山神"，其是否原在此安乐县境内及与命名相关，已无从推考。

---

① 国家文物局主编《中国文物地图集》北京分册。周正义主编《北京地区汉代城址调查与研究》第二编第九章《顺义区》。

《水经注》又述安乐县故城在沽河流至螺山西至狐奴山西之间河段以西，并记为晋封刘禅之公国，当属另一城址，即为魏景初二年（238年）所置安乐县之所在，而后相沿至晋代。比照今地，似当在今怀柔城区。据万历《怀柔县志》等记述，怀柔县旧有土城甚大，西以龙王山为界，创自明洪武十四年（1381年），成化三年（1467年）重修，始易以砖石。岁久倾圮。弘治十五年（1502年）因城大民少，去其西半而城其东半焉。故县治偏于西。城周长约2100米，开南、东、西三门。现城墙已全部拆除。1959年冬至1960年春，在湖光南街北侧钻探出古墓葬70余座，并发掘东周墓23座、西汉墓21座和东汉墓9座。同时在墓地之南发现面积很大的古代遗址，其东西长度比原怀柔县城还长，而时代与已发掘的墓葬相同。在钻探中，曾于怀柔师范学校以南发现夯土，推测可能是城墙的基址。其东周墓分属春秋时期，战国早期、中期、晚期，墓主均系燕人。西汉墓应属西汉中期，出土大量五铢钱。东汉墓可分属东汉中期和晚期。在所发掘的东汉大型墓葬中发现一块方形铺地砖，上刻铭文："吾阳成北千无不为孝廉河东公府掾史五曹治。"1959年在怀柔县文教局出土弧背式匽字刀币，1970年在怀柔县城东北角及城内服装厂出土匽字刀币。1979年在怀柔县城西北角一土坑中发现窖藏战国刀币32斤。1977年在怀柔县公安局看守所南发现战国时期燕人墓，1985年在府前街6号发现战国时期燕人墓，1990年在府前西街怀柔一中院内发现战国中晚期燕人墓。1982年在修建怀柔水库环湖公路时发现汉代铸币遗址，南北长80米，东西长50米。其位于水库东侧龙山东坡之下，在施工中先后发现大量的木炭灰、烧熔的矿渣等堆积物，并发现砖瓦残片，断面的灰层清晰可见。1986年调查后确认为汉代铸钱作坊遗址。其北面依山，在高坡上有一段夯土城墙，墙体呈东西向，残高2米多，南北宽3米多。在此城墙以南大约40~50平方米的范围内都有冶炼的堆积物，清理出40余块五铢钱的范模，从灰层中找到一块带有金属熔珠的矿渣和一枚五铢铜钱。在冶炼作坊北端和东边发现绳纹大板瓦、筒瓦和带有篆书"千秋万岁"的大瓦当等。还发现汉代陶罐、陶盒残片。从出土的范模来看，大量的不带字的五铢钱阴文背模，中间倒火的印迹非常明显。另一种是带有"五铢"字样的阳模。这类范模不是直接铸钱用的，而是翻模用的，只有翻出阴纹模后才能再铸钱。由此表明，此处不但是铸钱作坊，而且是钱币范模产地。其处遗址现已被水库护坡和公路所覆盖，无遗迹可寻①。而就以上所述，此地在战国时期已形成较大的居民点，城的兴建当亦在此一时期，秦汉时期相沿。或以为古音吾与渔相通，则砖铭"吾阳"当即"渔阳"，而"吾阳成"当即"渔阳城"②。然其所在地理方位与相关记载不甚相符。或此城即以"吾阳"称之。又，《史记·赵世家》：赵悼襄王九年（前236年），"赵攻燕，取貍阳城"。《正义》："按：燕无貍阳，疑貍字误，当作渔阳，故城在檀州密云县南十八里，燕渔阳郡城也。按赵东界至瀛州，则檀州在北，赵攻燕取渔阳城也。"③ 时值燕王喜十九年。另据《六国年表》：燕王喜十二年，"赵拔我武遂、方城"。赵国攻拨此地，当有可能。古音吾属鱼部疑纽，貍属之部来纽，另有从里得声之字悝属之部溪纽，埋（薶）、霾属之部明纽，则吾与貍音相近，"吾阳"亦有可能属"貍阳"之假借，而此城原以"貍阳"称之。其临近渔阳郡城，秦汉之际当于此设貍阳县（或吾阳县），属"渔阳二十二县"之一。《汉书·武帝纪》：元狩五年（前118年），"罢半两钱，行五铢钱"。《食货志下》："有司言三铢钱轻，轻钱易作奸诈，乃更请郡国铸五铢钱，周郭其质，令不可得摩取鋊。……自造白金五铢钱后五岁，而赦吏民之坐盗铸金钱死者数十万人。……郡国铸钱，民多奸铸，钱多轻，而公卿请令京师铸官赤仄，一当五，赋官用非赤仄不得行。白金稍贱，民弗宝用，县官以令禁之，无益，岁余终废不行。是岁，（张）汤死而民不思。其后二岁，赤仄钱贱，民巧法用之。不便，又废。于是悉禁郡国毋铸钱，专令上林三官铸。钱既多，

---

① 北京市文物工作队：《北京怀柔城北东周两汉墓》，《考古》1962年第5期。北京市文物研究所编《北京考古四十年》。国家文物局主编《中国文物地图集》北京分册。高桂云：《怀柔县汉代铸钱遗址的发现》，《考古》1989年第2期。赵光林：《北京市发现一批古遗址和窖藏文物》，《考古》1989年第2期。
② 郭仁：《关于渔阳城的位置及其附近河道的复原》，《考古》1963年第1期。
③ 《战国策·燕策二》："明日又使燕攻阳城及貍。"鲍本注："燕地也。赵悼襄王九年攻燕取貍、阳城。正曰：据此策，则燕取之于齐者也。《大事记》引《正义》云：燕无貍阳，疑字误，当作渔阳。按此文两云阳城及貍，则《正义》亦未可据。"可备一说。然亦有可能二者各有所指。

而令天下非三官钱不得行，诸郡国前所铸钱皆废销之，输入其铜三官。而民之铸钱益少，计其费不能相当，唯真工大奸乃盗为之。"时在元鼎五年（前118年）。其铸钱作坊当兴起于此一时期。至西汉中后期，于此所置县省废，故不为《汉志》所记。而当世人以"吾阳城"称之。魏晋时期于此重置安乐县，故又得称安乐城。《魏志》所记渔阳县有"安乐城"当即指此而言。

在汉安乐县城西北有芹城。《通典》卷一百七十八：燕州，"归德郡，东至密云郡八十里，南至范阳郡九十里，西至范阳郡昌平县五十里，北至山五里，东南到后魏废易京城四十里，西南至芹城五里，西北至乾河山五里，东北到宋城镇二十五里"。《寰宇记》卷六十九：幽州昌平县，"芹城，《隋图经》云：昌平县有芹城"。《明统志》卷一：顺天府，"芹城在昌平县东北"。又："芹城水，源自昌平县界芹城下，西南流至蔺沟，入榆河。"《读史方舆纪要》卷十一：昌平州，"芹城水在州东北四十里。《水经注》：芹城水出北山，南迳芹城，东南注濕余水。志云：芹城在州东三十里，有桥，桥下即芹城水，今为戍守处。其水西南流至蔺沟，入榆河。杜佑曰：芹城在顺州西南五里。今顺义县，故顺州也。似误"。杜佑《通典》所述已见上引，其记芹城于燕州下，而非顺州下，此处所引有误。《清统志》卷八："芹城，在昌平州东三十里。《隋图经》：昌平县有芹城。"光绪十五年刊《顺天府志》卷二十八：昌平州东"三十里萧家邨，原名大西流。沙坨邨、小汤山邨、大柳树、芹城邨（《一统志》引《隋图经》：昌平县有芹城。《昌平山水记》：在州东三十里）、后象房。三十五里下苑邨、东新城邨、西新城邨、胡芦河邨、大富仁庄，亦名粉庄。黄泉峪、桃峪口"。其芹城邨，今作秦城村，位于兴寿镇西北约2公里，而在兴寿镇东约2公里西新城村北残存有燕州城址，与《通典》所记其方位里程略合。迄今尚未见有关遗迹遗物的报道。今兴寿镇有水东南流，至蔺沟村一带与高丽河汇合而后注入温余河，当即属古芹城水河道。芹城水当因流经古芹城而得名，则芹城之兴当在魏晋以前，或可早至秦汉之际。其位于上谷、渔阳二郡交界地带，很可能于此置芹城县，属"渔阳二十二县"之一。西汉中后期省废，故不见于《汉志》。

厗奚县城

厗奚县，西汉时期属渔阳郡。《汉志下》：渔阳郡属县"厗奚，莽曰敦德"。孟康曰："厗音题。字或作蹄。"东汉时期相沿，见于《后汉志五》，作傂奚。晋以后省废。《水经注·鲍邱水》：鲍邱水，俗谓之大榆河，"大榆河又东南出峡，迳安州旧渔阳郡之滑盐县南，左合县之北溪水。水出县北广长堑南，太和中掘此以防北狄。其水南流滑盐县故城东。王莽更名匡德也。汉明帝改曰盐田。右承治，世谓之斛盐城，西北去御夷镇二百里。南注鲍邱水。又南迳傂奚县故城东，王莽更之曰敦德也。鲍邱水又西南迳犷平县故城东"。杨守敬按："汪远孙云：孟康曰：字或作蹄。考厗当作虒。《御览》州郡部八引作虒奚，《续汉志》及《水经注》作傂。段玉裁曰：蹄当是蹏之讹，傂亦蹏之讹也。《广韵》、《集韵》皆无傂字，而《集韵》曰：虒奚，县名，音田黎切，然则傂者讹字。今据订。两汉县，属渔阳郡。《舆地广记》：汉后省。《地形志》：密云郡，皇始二年置，治提携城。又云：白檀，郡治。提携，即虒奚。是后魏密云郡白檀县治虒奚故城矣，在今密云县东北。"[①]《水经注》下又接述鲍邱水流经渔阳县故城、潞县故城，在雍奴县东北与沟河汇合。"沟水又东南迳平谷县故城东南，与泃河会。水出北山，山在傂奚县故城东南。东南流迳博陆故城北，又屈迳其城东。"其傂奚县下，杨守敬按："县详前。"博陆故城下，杨守敬按："城在今密云县东南。"以前后所述傂奚县故城为一，而为北魏时期密云郡治白檀县所沿用，不确。其鲍邱水即今潮河；而泃河当即今金鸡河，自今密云区东南流入今平谷区泃河。则《水经注》前后所述虒奚县故城当别为两地，各有所指。

《水经注》所述临近泃水之源北山之虒奚县故城当为东汉时期所迁治所，东魏元象年间安州密云郡及其属县亦寄治于此一地区。《魏志上》："安州，皇兴二年置，治方城。天平中陷，元象中寄治幽州北界。"所领"密云

[①]《水经注疏》卷十四。

郡，皇始二年置，治提携城。领县三，户二千二百三十一，口九千一十一。密云，真君九年并方城属焉。要阳，前汉属渔阳，后汉、晋罢，后复属。有桃花山。白檀，郡治"。并领广阳郡三县及安乐郡二县。北魏时期所置安州密云郡所领要阳县及白檀县，当均沿用西汉时期要阳县址及白檀县址，而密云县当与之相近。至元象中寄治幽州北界，密云郡治提携城，而要阳、白檀、密云三县各治其城。密云县当即在今北京密云区址。北齐废密云郡及白檀、要阳二县，密云县仍属安州。《隋志中》："安乐郡，旧置安州，后周改为玄州，开皇十六年州徙，寻置檀州。统县二，户七千五百九十九。燕乐，后魏置广阳郡，领大兴、方城、燕乐三县。后齐废郡，以大兴、方城入焉。大业初置安乐郡。有长城。有沽河。密云，后魏置密云郡，领白檀、要阳、密云三县。后齐废郡及二县入密云。又有旧安乐郡，领安市、土垠二县，后齐废土垠入安市，后周废安市入密云。开皇初郡废。有长城。有桃花山、螺山。有渔水。"燕乐县城原为安州治，后改玄（元）州，并徙治渔阳县，再置安乐郡。

《通典》卷一百七十八："密云郡，东至渔阳郡二百十七里，南至范阳郡潞县界五十五里，西至范阳郡昌平县界一百三十里，北至长城四十五里，东南到范（渔）阳郡三河县七十五里，西南到范阳郡昌平七十里，西北到长浓水镇四十五里，东北到长城障塞一百十里。去西京二千六百八十里，去东京一千八百四十五里。户六千一百三十八，口三万一千六百三十七。檀州，今理密云县。春秋及战国并为燕地，秦汉并属渔阳郡，后魏置密云郡，兼置安州，后周改安州为元州，隋徙玄州于渔阳（今渔阳郡），寻复于今郡置檀州。炀帝初置安乐郡，大唐为檀州，或为密云郡。领县二：密云，有潞水自塞外流入；燕乐，后魏置广阳郡，有长城。"《旧唐志二》："檀州，后汉傂奚县，属渔阳郡，隋置安乐郡，分幽州燕乐、密云二县隶之。武德元年改为檀州，天宝元年改为密云郡，乾元元年复为檀州。旧领县二，户一千七百三十七，口六千四百六十八。天宝户六千六十四，口三万二百四十六。在京师东北二千六百五十七里，至东都一千八百四十四里。密云，隋县，州所治。燕乐，隋县，后魏于县置广阳郡，后废。旧治白檀故城，长寿二年移治新城，即今治也。"《新唐志三》：檀州领县"密云，中，有隗山。燕乐，中，东北百八十五里有东军、北口二守捉。北口，长城口也"。其密云县即在今址，唐代迁为檀州治所。而标明"后汉傂奚县"，当意在表明其与前汉傂奚县别为二地。《寰宇记》卷七十一："檀州，密云郡，今理密云县。《禹贡》冀州之域，春秋及战国并为燕国北戎所居。《汉书·地理志》云：燕东有渔阳。秦并天下，渔阳郡不改。在汉领白檀等十二县，历魏晋如之。《汉书》云：将军李广弭节白檀。又，《魏书》云：曹公越北塞，历白檀，破乌丸于柳城。按，《续汉书》云：白檀县即右北平。今州是也。至后魏因置密云郡，兼置安州，取怀安之义也。后周改安州为玄州。《隋图经》云：开皇初徙玄州于渔阳，今渔阳郡是也。至十八年又割幽州燕乐、密云二县，于旧玄州置檀州，取汉白檀县为名。大业三年罢州为安乐郡。唐武德元年改为檀州。按《开元十道要略》云：以斯地为□燕之边陲，管障塞军五千。天宝元年改为密云郡。乾元元年复为檀州。""密云县，九乡，本汉傂（音狄溪切）奚县也。《汉书·地理志》：傂奚属渔阳郡。桃花山，《郡国志》云：桃花山在渔阳西北十五里。螺山水，亦名赤城河，即沽水也。东北塞外流入。桑溪，《水经注》云：三城水经伏凌山南，与石门水合，是水有桑溪之名，盖源出桑溪故也，右经鲍邱水。鲍邱水，《水经注》云'鲍邱水又东南，龙刍溪水注之'是也。燕乐县，东北七十五里，今四乡。本汉傂奚县地也，属渔阳郡。按：傂奚县，今密云县是也。后魏于此置广阳郡，有长城。隋改为长阳郡，后废。旧治白檀故城，唐长寿二年移治新城，即今治也。石门水，《水经注》云：石门水在燕乐县北与桑溪水合。"其傂奚县，当亦指东汉时期所迁址。所述桃花山、桑溪及石门水等，亦可表明当在今密云区附近。而以汉代白檀县城即在此一带，则有误。其白檀故城，当指东魏元象中寄治于幽州北界者，为密云郡属县，北齐时废入密云县。隋开皇十八年（598年）于此白檀故城"置檀州，取汉白檀县为名"。大业三年（607年）罢州为安乐郡，并迁燕乐县治此，至唐长寿二年（693年）方迁燕乐县于新城。檀州迁治密云县城或即在此之际。《辽志四》："檀州，武威军，下，刺史。本燕渔阳郡地，汉为白檀县。《魏书》：曹公历白檀，破乌丸于柳城。《续汉书》：白檀在右北平。元魏创密云郡，兼置安州。后周改为元州。隋开皇十八年割燕乐、密云二县置檀州。唐天宝元年改密云郡，乾元元年复为檀州。辽加今军号。有桑溪、鲍丘山（水）、桃花山、螺山。统县二：密云县，本汉白檀县，后汉以居犀奚。元魏置密云郡，领白檀、要阳、密云三县。高齐废郡及二县，来属。户五千。"另一县为行唐。其沿用《寰宇记》之说，以此地属西汉时白檀县，有误；然以此地属东汉时犀奚县则合于史实。《读史方舆纪要》卷十一：昌平州密云县，"白檀废县，在县南。汉置，以县有白檀山而名，后汉废。建安中曹操历白檀，破乌桓于柳城。即白檀故城也。后魏复置县，为密云郡治。北齐省入密云县。《唐志》：密云城内有威武，万岁通天元年置，本渔阳军，开元二十八年改曰威武。辽因，以武威为军号。又，今城即金元时檀州城也，明初改建县城，周九里有奇。万历四年于城东复筑新城，两端相连，周六里有奇，督臣统兵驻焉"。又："犀奚废县，在县东南，汉置犀奚县，属渔阳郡。犀音蹄，后汉曰傂奚县，晋废。魏收志：皇始二年置密云郡，初治提携城。即犀奚之讹也。宋白曰：檀州密云县即汉犀奚县旧治。"其大体因于旧说，而所谓"白檀废县"及"白檀山"则为明代以来附会①。以犀奚废县"在县东南"或据后世传说，然未予指实。以"提携"即"犀奚"之讹，亦颇有见地。而以北魏所置密云郡"初治"于此，则有误解。

《清统志》卷八："犀奚故城，在密云县东北口外，犷平城东北。汉置犀奚县，属渔阳郡。后汉曰傂奚。孟康曰：犀音题。字或作蹄。晋省。《魏书·地形志》：密云郡，皇始二年置。治提携城，即傂奚之讹也。又置白檀县为郡治。北齐郡、县俱废入密云。按旧志，据《旧唐志》：燕乐县，旧治白檀城，谓即古傂奚，后魏之白檀也。齐省县，因移燕乐治之。考《隋志》：燕乐县为安乐郡治，不言即后魏白檀。旧志疑无据。"其说当依照《水经注》所注推得，且以西汉与东汉时期犀奚县城为一，而又以《魏志》所述"提携城"即在于此，当有误。光绪十五年刊《顺天府志》卷二十八：密云县，"东南八里提辖庄，即八里庄也，相传为辽刘存规庄院。山沟，蔡家窑，二十里远西庄，三十里界牌，与怀柔分界处"。其提辖，当即由提携演变而来。今提辖庄位于密云区东南约4公里处，属河南寨镇，西北临潮

---

① 《明统志》卷一："白檀山，在密云县南二十五里。其山之阳古有白檀树，故名。魏曹操历白檀，破乌丸于柳城，即此。"

河,东南临人人山。经1959年文物普查,在提辖庄东北部发现较多绳纹砖和少量陶片。1983年在村北50米黄土台地上发现东汉时期遗址,面积约4000平方米,其地表1米以下文化堆积厚1米以上,有水井、墙基、灰坑等遗迹,出土有灰陶罐、盆、盘和绳纹砖残片。后又在村北发现汉唐墓群,面积约2000平方米。在汉墓中出土有陶制品及五铢钱等。另在台地东侧亦发现汉唐墓群。经2007年勘测,村北均发现汉代遗存,其中有大型板瓦残件,外为素面,内饰布纹,另外还发现陶器口沿、卷口、颈部以弦纹装饰,多属汉代中后期遗物。在沙土路东侧有一块台地甚为凸出,其高出地表6~7米,面积约100平方米。台地自西而东略有上升,其东北角更有一土台高出台地约1米。在台地上发现三种残砖,分别为粗绳纹、细绳纹和席纹。整个台地上散布大量的素面布纹灰陶片。迄今尚未发现城墙遗迹,因未进行系统勘查,其遗址范围亦难以确定。而根据其所在地理方位及称谓可判属汉代厗奚县城及后魏提携城之所在[1]。而据以上推考,此地当仅为东汉时期傂奚县所迁及东魏元象中密云郡寄治之所,北齐时废密云郡,此城亦随之而废。西汉时期厗奚县城不当在此。

另在今密云区东北约40公里高岭镇田庄村南300米存一古遗址,其位于田庄村东一条山间公路东侧的一块黄土台地上。北距古北口约7公里,东距潮河约8公里,东南约2公里处为京通铁路。遗址周围群山环绕,峰峦起伏,遗址北部、西部、南部皆为断崖,台地西部边沿呈不规则半圆形,东部线条平直,并与山岭相连,西北角有阶梯式道路通往平地。台地上现为农田,十分平坦,整个台地高出公路两侧地面达6~7米。二十世纪七十年代调查发现汉代房址、灶坑、木炭,出土有绳纹砖、席纹砖、灰陶盆、陶罐等,确定遗址南北长100米、东西长80米。后经2007年考察,测定台地东面长284米、西面长303米、南面长145米、北面长136米,周长约900米,地面上发现少量先秦及汉代早期遗物,未发现城墙遗迹。其地与《水经注》所述傂奚县故城方位大体相当,或可为寻找西汉早期傂奚县址提供线索[2]。而依《水经注》所述鲍邱水"又南迳傂奚县故城东,王莽更之曰敦

---

[1] 周正义主编《北京地区汉代城址调查与研究》第二编第七章《密云县》。
[2] 周正义主编《北京地区汉代城址调查与研究》第二编第七章《密云县》。

德也",此虒奚县城当沿用至西汉末年。

犷平县城

犷平县,西汉时期属渔阳郡。《汉志下》：渔阳郡属县"犷平,莽曰平犷"。服虔曰："犷音巩。"颜师古曰："音九永反。又音穬。"东汉时期相沿,见于《后汉志五》。《三国志·魏书·武帝纪》：建安十年（205年）,"故安赵犊、霍奴等杀幽州刺史、涿郡太守。三郡乌丸攻鲜于辅于犷平。秋八月,公征之,斩犊等,乃渡潞河救犷平,乌丸奔走出塞"。裴松之注："《续汉书·郡国志》曰：犷平,县名,属渔阳郡。"《资治通鉴》卷五十六所记略同。胡三省注："三郡乌桓,辽西蹋顿、辽西苏仆延、右北平乌延也。犷平县,属渔阳郡。服虔曰：犷音巩。师古曰：音九勇翻。又音矿。"晋以后省废。《水经注·鲍邱水》："（鲍邱水）又南迳虒奚县故城东。王莽更之曰敦德也。鲍邱水又西南迳犷平县故城东。王莽之所谓平犷也。又南合三城水。水出臼里山,西迳三城,谓之三城水。又迳香陉山。山上悉生藁本香,世故名焉。又西迳石窟南。窟内宽广,行者依焉。窟内有水,渊而不流,栖薄者取给焉。又西北迳伏凌山南,与石门水合。水出伏凌山,山高峻,严鄣寒深,阴崖积雪,凝冰夏结,事同《离骚》峨峨之咏,故世人因以名山也。其水西南流注之。是水有桑谷之名,盖沿出桑溪故也。又西南迳犷平城东南而右注鲍邱水。鲍邱水又东南迳渔阳县故城东。"其鲍邱水即今潮河。三城水又称桑溪,见于《寰宇记》卷七十一：檀州密云县,"桑溪,《水经注》云：三城水经伏凌山南,与石门水合。是水有桑溪之名,盖源出桑溪故也。右注鲍邱水"。又："燕乐县,东北七十五里。……石门水,《水经注》云：石门水在燕乐县北与桑溪水合。"其檀州密云县在今北京密云区址。则三城水又称桑溪,当即在此境。而石门水当在其东北燕乐县（今密云区燕落村）境。《辽志四》：檀州,"有桑溪、鲍丘山（水）、桃花山、螺山"。其桑溪所指当与《寰宇记》相同。可进一步表明桑溪在今密云区境。《明统志》卷一："香陉山,在密云县东北,上产藁本香,故名。……

雾灵山，在密云县东北一百里，山拥祥光如雾，每于六月六日现，土人如期候之。上多奇花，又名万花台。一名孟广蚵，下有广蚵水。"又："要水，亦名清水河，源自关外三川，经密云东北入潮河。后魏密云郡领要阳县，盖以此名。广蚵水，在密云县东北，源自蚵山下，南经县界东，流入潮河。""道人溪，在密云县东北石盘峪，源发龙门，流经县界入潮河。"其山川名称已有改变。《读史方舆纪要》卷十一：昌平州密云县，"雾灵山，县东北二百里，南距边四十里，一名万花台。《水经注》孟广硎山也。下有广硎水，自黑峪关入，西南流经墙子岭，西合清水河。其山高峻，有云雾蒙其上，四时不绝。山之左右峰峦攒列深松茂柏，内地之民多取材焉。元有雾灵山伐木官。其绝顶可瞰塞内"。又："要水，在县东北，亦曰清水。源出古北口外，自大、小黄崖口流入境，至县西北又东入于潮河。汉要阳县以此名。""道人溪，在县东北石盘峪。志云：源发龙门，流经县界入于潮河。"所述与《明统志》略同。《清统志》卷七："香陉山，在密云境，产蕙本香。""雾灵山，在密云县东北一百八十里，南距边四十里。本名伏凌山，后讹为雾灵。《水经注》：伏凌山甚高峻，严嶂寒深，阴崖积雪，凝冰夏结，故世人因以名山也。旧志：一名万花台。高峻为诸山之冠，山上尝有云雾蒙之，四时不绝。山之左右峰峦攒立深松茂柏，内地之民多取材焉。元有雾灵山伐木官。其绝顶可瞰塞内。"又："潮河，源出口外，自古北口注入密云县界，西南流，至县东南合白河。……《密云县志》：潮河源出古北口外，自古北口流入，至石匣城东会汤河及乾塔、清水诸河，折而西南会黄门子河，当县西南与白河交会。水流湍悍时作响如潮声。""乾塔河，在密云县东北一百四十里。源出口外，自黑峪关流入，西流迳古北城内，会清水河，又西南入潮河。""三城水，在密云县东北，自口外流入，又东南入潮河。《水经注》：三城水出白里西，迳犷平城，谓之三城水。又迳香陉山，又西迳石窟南，又西北迳伏凌山南，与石门水会，又西南迳犷平城东南，而右注鲍邱水。要水，在密云县东北八十里。源出古北口外，自墙子峪流入，西流会乾塔河入潮河。盖因后魏侨置要阳县而名，俗谓之清水河。"又："道人溪，在密云县东北石盘峪。发源龙门，流迳县西入潮河。按：《水经注》所谓道人溪在御夷镇东。此盖县境之小水，冠以旧名也。"

与今所见此一带地势相比照，其广蜘水，亦即乾塔河，当大致流行今安达木河道；要水亦即清水河，当大致流行今清水河（或称黄岩河）道；而《清统志》所述"三城水"似并未指实。

光绪十五年刊《顺天府志》卷三十七："潮河又东南七里，瓦山、白梁窪山夹之，河流一束，曰内对山口。又二里迳下会邨东，又二里迳南台北，又二里迳新庄南，又五里迳牧马峪东南，又四里迳城子庄北，乾塔河注之。……潮河又西南三里迳小漕邨西北，右合黑龙潭水。……潮河又西南三里迳五家会东南，又二里迳税局南，又三里余迳石匣城东南，又三里余迳其西南，石匣三溪水自西北来注之。……潮河又西南流七里，清水河自东南来注之。水源凡三。一出雾灵山翻水泉，西流五十余里，从大黄岩口入密云县竟（境），曰大清水河，在治东北一百十里，外委戍之（《密云丁志》：大黄岩口通骑，县东北百十里，在小黄岩口东北，外委戍之。大清水河由口北入边，西流注潮河）。又西流五里迳黄岩山北，又里许迳杨公堡西北，又西南里许迳石门水口东。一出塞外好地石湖，从大黄岩西南十里之小黄岩口入密云县竟（境），在治东北百里，曰小清水河（《密云丁志》：小黄岩口通骑，县东北百里，在石灰峪口东北有堡，小清水由口南入边，西流入大清水河）。西北流五里迳龙潭水口东，又三里迳河南营东，与大清水河合。又东五里迳北会南，又屈南折西三里迳北庄南，又里许迳煖山梁南，与南清水河合。其源出塞外黄龙潭，从墙子路关水口入密云县竟（境），在治东九十里，曰南清水河（《密云丁志》：墙子路关通连骑，县东九十里。在墙子路城东三里有堡，东南通蓟州将军关道。南清水河由关北入边，西北流注清水河）。西流里许迳堡北，又三里迳墙子路城北，都司以下官驻此。又西南流三里迳沙岭北，又屈折西北二里迳柏查山东，又里余迳草茨庄东，又三里迳双虎石西、鱼骨岭东，又三里迳后山东，又里余迳梯子峪西，又半里迳苍术会西，又一里迳西谷沟东，又二里迳石灰谷口西，又三里迳恶山西，又三里迳苇子谷西，又二里迳蜂儿山东，又三里迳南庄东，又二里迳煖山梁南，与二源之水会。《水经·濡水注》：要水三川并导，谓之大要水（详故道）。《方舆纪要》：要水亦曰清水。即此水也。又西少北三里余迳卢各庄北，又里许迳五峰山南，又六里迳田各庄北，又五里迳塔寺会,又三里迳金扇庄南,又里许迳波光谷北,又西南三里与道人溪合。水导源龙门山,在密云县治东北六十里(《密云丁志》:龙门山,县东北六十里,出道人溪,为白龙潭来源)。西北流迳龙潭沟西、青都山东,又三里迳马圈西,又二里迳青洞山东、分水石西,又六里迳雕崖沟西,又里许迳白龙潭山西,即石盆峪也。有龙潭,形肖石盆,周百步许,水鉴毫发,渊无底,故又谓之石盆峪水(《畿辅舆图》:石盆峪水,县东北五十里,有龙潭,状若石盆,周百步许,水清无底,西南流入潮河。《密云丁志》:白龙潭山,县东北六十里,即石盆峪,有龙潭,状有(肖)石盆,明戚继光诗碣尚存。按:石盆峪水西北流,《畿辅舆图》云西南流,非)。又西北流五里注清水河。清水河又西北流里许,迳化家店东南入潮河(据《密云丁志》,张图)。潮河又屈曲西南六里迳钓鱼台东。"其所述潮河流入古北口,于城子庄北有乾塔河汇入。与《明统志》所述广蚰水"流入潮河"略同,而《读史方舆纪要》及《清统志》均记为"会清水河,又西南入潮河"。下又述于化家店东南有清水河汇入。与《明统志》及《读史方舆纪要》所述略同,而《清统志》记为清水河"西流会乾塔河,入潮河"。所述互有异同,当因后世水道变迁所致。其并述清水河三源,大清水河与小清水河相汇于石门水口,二水又与南清水河相汇于煖山梁南。又述清水河与道人溪相汇于波光谷,而《明统志》等均记道人溪"入潮河"。由此推之,其道人溪所汇入清水河道很可能原为潮河所循行,并向东北经松树峪及城子庄东与潮河水道贯通,而乾塔河及清水河各自流入潮河。至明清之际,潮河于城子庄北及太师屯西一带形成新河道,而松树峪及城子庄东一段河道为乾塔河所循行,遂形成"会清水河,又西南入潮河"之势。至清末,又二水相分,呈现今所见景观。而清水河似可比定为古三城水。其大清水河出雾灵山翻水泉,而雾灵山当即古伏凌山,当属《水经注》所述之"石门水"。其与小清水河相汇处称"石门水口",当相沿于古,亦可表明此水原称"石门水"。而小清水河当即古"三城水","又西北迳伏凌山南,与石门水合"。其南清水河则当属三城水另一支流。上引《水经注》文"其水西南流注之",《永乐大典》本及明朱谋㙔笺本均作"水西南流注之"。赵一清增为"桑谷水",戴震增为"一水"。杨守敬按:"《初学记》八引《水经注》曰:三城水经伏凌山南，与石门水合，有桑谷之名，盖沿出桑溪故也。《寰宇记》引同。虽系节引，然明谓桑谷水即石门水。若增桑谷二字，增一字，则是别为一水矣，非也。今增其字。"似理解有误。比照上引《寰宇记》引文，桑谷水即桑溪当指三城水，而非石门水。又比照今所见此一地区诸水流势，其流注三城水（小清水河）者除石门水（大清水河）外，唯有南清水河，而水流之势偏向西北。由此推之，此水当即指南清水河，而原文作"西北流注之"。其称桑谷水，于燧山梁南流注三城水，可与三城水通称。故《寰宇记》径记石门水与桑溪水合。上引《寰宇记》："石门水，《水经注》云：石门水在燕乐县北与桑溪水合。"所引《水经注》文当结合当地实际有所变通，其燕乐县当指唐宋之际燕乐县城，在今密云区不老屯镇燕落村中，燕落即由燕乐演变而来。城址位于一高台上，平面呈长方形，西南隅残缺，周长2940米。墙体由黄沙土夯筑，尚保存有东、西、北三面部分城墙，残高6米余。设南、北二门，北门遗迹保存较好①。燕落村在今密云水库北岸，东距潮河约15公里，原三城水与石门水汇合于唐宋之际燕乐县北似不可能，则"燕乐县北"原文似当为"燕乐县东"②。

隋唐以后，有关犷平城所在具体方位的记述及推考少见。《清统志》卷八："犷平故城，在密云县东北。汉置县，属渔阳郡。后汉建安十年，乌丸攻鲜于辅于犷平，曹操渡潞河救之。《水经注》：鲍邱水西南迳犷平县故城东。是也。晋省。盖在潮河西，近古北口地。"未予指实。《史记·五帝本纪》："于是舜归而言于帝，请流共工于幽陵，以变北狄。"《集解》："马融曰：北裔也。"《正义》："《尚书》及《大戴礼》皆作幽州。《括地志》云：故龚城在檀州燕乐县界。故老传云舜流共工幽州，居此城。"其"幽陵"与"幽州"含义相同，当指一片区域，而非一定点，则以共工居此城显系附会。古音龚属东部见纽，与犷（音巩，属东部见纽；又音穬，属阳部见纽，与巩相通）相同或相近，龚城所在又与犷平城同属一地；由此推之，此所

---

① 国家文物局主编《中国文物地图集》北京分册。其以此城址属北魏至隋代燕乐城，似不确。
② 其所述或亦有可能转引自南北朝末期顾野王《舆地记》及隋初图经，而燕乐县是指元象中寄治幽州北界者，位于石门水与桑溪水汇合处以南。隋大业初移治白檀故城，唐长寿年间又移治今燕落村址。

谓"龚城"当即由"圹平城"演变而来，而《括地志》所记檀州燕乐县则当指其于隋唐之际所在地。依《水经注·濡水》及《魏志上》，燕乐县原在索头水东（今河北隆化县），为安州及广阳郡治所，东魏天平中陷落，元象中寄治幽州北界。《隋志中》："安乐郡，旧置安州，后周改为玄州，开皇十六年州徙，寻置檀州。统县二，户七千五百九十九。燕乐，后魏置广阳郡，领大兴、方城、燕乐三县。后齐废郡，以大兴、方城入焉。大业初置安乐郡。有长城，有沽河。密云，后魏置密云郡，领白檀、要阳、密云三县。后齐废郡及二县入密云。又有旧安乐郡，领安市、土垠二县，后齐废土垠入安市，后周废安市入密云县。开皇初郡废。有长城，有桃花山、螺山，有渔水。"其密云县即在今密云区址，而"旧安乐郡"即后魏寄治安乐郡当在今顺义区北，临近密云县，故后废入密云县。燕乐县原为安（玄）州治及广阳郡治，北齐废广阳郡；隋开皇十六年（596年）徙州治渔阳县，又于此置檀州，大业初置安乐郡。其地临近长城（北齐长城，与明长城大致为一线）、沽河。《旧唐志二》：檀州领县"燕乐，隋县，后魏于县置广阳郡，后废。旧治白檀故城，长寿二年移治新城，即今治也"。其白檀故城，当指东魏元象中寄治于幽州北界者，为密云郡属县，后废入密云县，又为燕乐县所沿用，故亦称"白檀故城"。隋置檀州，当亦因于此。唐长寿二年（693年）移燕乐县于今燕落村址，而后此城即以安乐城见称。《明统志》卷一："共城，在密云县东北五十里。《括地志》：故共城在檀州燕乐县界。乃舜流共工于幽州之地。""安乐城，在密云县东北五十里。后魏置安乐郡及县。"《读史方舆纪要》卷十一及《清统志》卷八等所述略同。光绪十五年刊《顺天府志》卷二十八：密云县东北"五十里于家台、套里、化家店、安乐庄，有故共城，舜流共工处也。庄又为魏安乐侨郡故城，故名（《方舆纪要》：即舜流共工之地，作龚城，在今县东北五十里。阎百诗《古文尚书疏证》：舜流共工于幽州，蔡传幽州止注北裔之地。当引《括地志》：故龚城在檀州燕乐县界，故老传云：舜流共工幽州，居此城。今镇远军密云县也。《密云丁志》：安乐庄相去数里有共工城。其为燕乐之讹可知。《薛志》谓此即安乐郡，误。按：《薛志》不误。《一统志》引《魏地形志》云：安州领安乐郡。又引志云：安乐侨郡故城在今县东北五十里）。黄土坎，或曰安市废县近此(《方舆纪要》：安市废县在县东北五十里，汉辽东属县，后魏侨治于此)。五十里旧有高岭屯、金沟屯、庄禾屯、部落屯(四邨据《密云薛志》，今无)。五十二里杨家庄，五十三里庄头，五十五里南永乐店、北永乐店、祖各庄、前兵马营、后兵马营，五十八里团山子，六十里后堡庄、半城子、太史庄，六十三里吴家会，六十五里上金扇、斗子谷、栗子谷，六十七里下河头，六十八里波光谷、下北庄、要亭庄"。其安乐庄，今在密云水库淹没区内，当在今永乐村西南。今密云区太师屯镇城子村残存一古城址，面积1000余平方米，坐北朝南，现尚存部分土城基址，墙体为夯筑，城垣形状不详。1960年以后在城址内发现过水井、房址和灶址，地表暴露有汉、唐、辽、明代的砖瓦，出土有铁锅、石香炉及陶瓷器等。其北高岭镇高岭村东600米发现墓葬群，面积约800平方米，分上、下两层，分别为汉代墓和唐代墓。在高岭村内发现唐代遗址，面积3000余平方米，在高岭村东200米发现唐代墓葬群。当即为隋唐之际燕乐县城之所在，而用为安乐郡治所。薛天培修《密云县志》(刊于雍正元年)以为属安乐郡，丁符九修《密云县志》(刊于光绪七年)以为属燕乐县，实则为一。而所谓"共城"当与之相近。① 其地位于永乐村东北约10公里，当属隋唐之际燕乐县界。今潮河流经城子村北，而古鲍邱水则当流经其东，并有三城水在今太师屯一带注入。由此推之，此城址很可能即为古犷平城之所在。隋唐之际误传为龚。或以今石匣村东南所存古城址属古犷平城。其位于永乐村东北，南临密云水库。现残存四面城垣，其中东垣和北垣保存较好，平面呈长方形，东西长约589米，南北长约375米。古城靠近中央有一条南北向土路，其与南垣及北垣相交处即为南门及北门。在遗址中除见有大量明清砖瓦外，还有少量汉代遗存，如筒瓦残片、粗绳纹残砖等。由此推断汉代犷平城或叠压于明清石匣城之下，而以今清水河及黄岩河比定古三城水②。其所在地理方位亦大致相当。而据明嘉靖四十五年陆泰撰《石匣营新建石城记》："石匣隶密云县，去县治六十里许。地形平衍，土脉隆厚。自成祖扩疆以来，民之居是者率狎于耕凿，守在四境，不城不隍，庞无夜吠，以

---

① 国家文物局主编《中国文物地图集》北京分册。
② 周正义主编《北京地区汉代城址调查与研究》第二编第七章《密云县》。

故。讦谟树画之吏相与安之,而未始议城事。至宏治甲子巡抚洪公忠阅势度形,以此地东西北距边不五六十里,去京百八十里,殆烽燧之交而边邑之藩篱也。值时方隆熙,刁斗不惊,故民获保无虞,万一敌骑奄至,将安所守乎?乃终维揆度,始建为土城,方四里余,内设仓场,名曰石匣营,俾民守之。然规模虽具,而为制卑薄,不堪守御。嘉靖戊申孙公巡抚基地,复少增高厚,列以垛口,添设游兵三千人,而统之以游击将军,专领营事。数十年来民获嘻嘻于乐业者,皆二公成城之功也。"至嘉靖四十五年又"增筑石城"①。似表明此城并非因于旧址而建。

要阳县城

要阳县,西汉时期属渔阳郡。《汉志下》:渔阳郡属县"要阳,都尉治。莽曰要术"。颜师古曰:"音一妙反。"东汉时期省废。《魏志上》:安州密云郡领县"要阳,前汉属渔阳,后汉、晋罢,后复属。有桃花山"。北魏复置要阳县,当因于汉要阳县址。东魏天平中安州陷落,要阳县于"元象中寄治幽州北界"。《水经注·濡水》:"(濡水)又东南流,右与要水合。水出塞外,三川并导,谓之大要水也。东南流迳要阳县故城东,本都尉治,王莽更之曰要术矣。要水又东南流迳白檀县,而东南流入于濡。"杨守敬按:"《方舆纪要》云:要水在密云县东北,亦曰清水源,出古北口外,自大、小黄崖口流至境,入潮河。非也。据注,要水入濡,不入沽,准以地望,当即今口外丰宁县东南之兴州河。"②可从。其濡水即今滦河,兴州河在今河北滦平县东北注入滦河。

兴州河因置兴州而得名。《金志上》:兴州统县"兴化,倚。辽旧县,皇统三年降兴化军置,隶大定府,承安五年建兴州于县,为倚郭。旧有白檀镇。宜兴,本兴化县白檀镇,泰和三年升为县来属"。《元志一》:兴州领县"宜兴,中,至元二年置"。《明统志》卷五:"宜兴废县,在云州堡东四

---

① 据民国三年刊《密云县志》卷七引。
② 《水经注疏》卷十四。

百五十里。金泰和初置，寻废。元至元初复置，属兴州。今废。"《读史方舆纪要》卷十八："宜兴城，在兴州西。《金志》：本兴化县之白檀镇，泰和三年置宜兴县，属兴州。元因之，致和初燕帖木儿以脱脱不花守古北口，与大都兵战于宜兴是也。明初县废。《一统志》：宜兴废县在云州堡东四百五十里。"《清统志》卷四十三："宜兴故城，在滦平县西北七十五里。金泰和三年置宜兴县，属兴州。元致和元年升为宜兴州，俗称小兴州。明初置宜兴守御千户所，永乐初废。今土人犹称其地为兴州，迤南三里为小城子即宜兴故城址也。"其小城子城址位于今河北滦平县东北约 10 公里兴洲镇小城子村，东临兴州河。或以为其当属汉时白檀县城①，然似与《水经注》所述地理方位不合。经初步调查得知，城址分内外两重。外城每边长约 500 米。西垣残存长 54 米，宽 8.7 米，高 3 米。黄土夯筑，夯窝及夯眼（俗称架杆眼）清晰可见。夯土中夹杂有大量粗细绳纹陶片、汉瓦、战国时期红陶片（俗称鱼骨盆）。城址内出土有战国空首布、燕刀币、秦半两、汉五铢钱及铁镬、铁锸等工具。在城垣基址下清理出战国时期瓮棺葬 1 座，遗址堆积层厚约 1 米，出土有双孔石刀、骨锥及蚌器、大量的夹砂红陶片等，具有夏家店上层文化特点。从叠压关系方面来看，战国时期墓葬打破遗址堆积，而城墙又叠压在墓葬之上，故可判定此城当修筑于西汉时期。而其东临兴州河即古要水，则可进一步推断属古要阳城。内城位于外城中间偏南，坐落在今村落内。城垣为夯土所筑，全城轮廓清晰可见，东西长 220 米，南北长 130 米，残高 3.5 米。城垣堆土中夹杂大量的素面灰陶片、辽代的残砖瓦，亦有少量的细绳纹陶片，还有陶纺轮、铁镞等。或以为此小城与外城属同一时代，为其内城；或以为此小城属辽金时期修筑或增补②。就所在地理方位及营建年代等判定其大城属秦汉时期要阳县城当合于史实③。依古时传统，以水北为阳；而此城在要水之西南，似不合此例。由此推之，"要阳"当属拟音字，为古时居存于此一地区土著族系之称。而"要水"或原

---

① 王仲荦：《北周地理志》卷十《河北下》，中华书局，1980。
② 承德地区行政公署文化局：《承德地区的古城址》，《承德地区文物普查报告》，1978。
③ 参见郑绍宗《承德市早期历史研究中的几个问题》，杜江主编《承德历史考古研究》，辽宁民族出版社，1995。

称"要阳水",而后简称要水。其小城很可能为北魏时期所筑,为要阳县治所,金元时期沿用为宜兴县城,并加以重修。此前置为白檀镇,当因其名而未因其址。

《读史方舆纪要》卷十一:昌平州密云县,"要阳废县,县东南六十里,汉县,渔阳都尉治此,后汉废。后魏复置要阳县,属密云郡,北齐废。《魏志》:县有桃花山,即今桃山,在蓟州西南,盖境相接也"。又:"要水,在县东北,亦曰清水,源出古北口外,自大、小黄崖口流入境,至县西北,又东入于潮河。汉要阳县以此名。"其以汉代要阳县及古要水在此一带,均不确。《清统志》卷八:"要阳废县,在密云县东南六十里。汉县在今古北口内。后魏时侨置于此,属密云郡,北齐废。"亦不确。其要阳废县当属东魏元象中寄治于幽州北界者。辽代置北安州,见于《辽志三》:"北安州,兴化军,上,刺史。本汉女祁县地,属上谷郡。晋为冯跋所据。唐为奚王府西省地。圣宗以汉户置北安州,属中京。统县一:利民县,本汉且居县地。"其所述沿革有误,然以沿革互不相同可知北安州与利民县别为二地,北安州无倚郭县,或于北安州曾一度置兴化县。《金志上》:"兴州,宁朔军节度使。本辽北安州兴化军,皇统三年降军置兴化县,承安五年升为兴州,置节度,军名宁朔,改利民寨为利民县,拨梅坚河徒门必罕、宁江、速马剌三猛安隶焉。贞祐二年四月侨置于密云县。户一万五千九百七十。县二。又有利民县,承安五年以利民寨升,泰和四年废。兴化,倚。辽旧县,皇统三年降兴化军置,隶大定府,承安五年建兴州于县,为倚郭。旧有白檀镇。"另一县为宜兴。《元志一》:"兴州,下,唐为奚地,金初为兴化军,隶北京,后为兴州,元中统三年属上都路。领二县。兴安,下,至元二年置。宜兴,中,至元二年置。"其宜兴县相沿于金代,而兴安县当因于金利民县址。《读史方舆纪要》卷十八:开平故卫,"兴州城,卫东二百里。本汉上谷郡女祁县地,东部都尉治此。后汉省。东晋末,北燕冯跋有其地,后并于拓拔魏。唐为奚王府西省地。辽置北安州,亦曰兴化军。女真将粘没喝败辽奚王于北安州,拔其城。即此。金改为兴州,兼置兴化县,为州治。又改军名曰宁朔军。元仍曰兴州,属上都路,以附郭兴化县省入。俗谓之大兴州。明洪武二年,常遇春追败故元也速于全宁,进次大兴州,败其守兵，遂进克开平是也。三年，以兴州隶北平府，四年州废，改立左右中前后五卫，永乐初移入内地。兴安城，在州西南。汉且居县地，属上谷郡，后汉废。辽置利民县，金废为利民寨，元置兴安县，属兴州。或曰：金末兴州尝寄治此，后又徙密云，俗因名为小兴州。志云：兴安废县，南去古北口一百三十里。《山水记》：大兴州直密云县曹家砦东北距古北口可三日程，小兴州直古北口外九十里而近耳"。其开平故卫在今内蒙古正蓝旗东北元上都址，则所述兴州城所在方位与《明统志》相同，并另记此城西南有兴安城。而《清统志》卷四十三："兴州故城，在滦平县西南。金承安五年置兴州，治兴化县，属北京路。元仍之，中统三年改属上都路，称大兴州。明洪武二年，常遇春进攻大兴，自新开岭进，下开平。三年以兴州属北平府，四年改置兴州左右中前后五卫，永乐初移卫入内地，故城遂废。今滦平县西南里许，基址尚存。"实有误。其城址在今滦平县滦河镇西南，当属辽代所置利民县，金代利民寨，元代所置兴安县。

白檀县城

（一）汉代白檀城

白檀县，置于西汉时期。《汉志下》：渔阳郡属县"白檀，洫水出北蛮夷"。颜师古曰："洫音呼鹉反。"其"洫水"，《水经注》引作"濡水"①，可从。即今滦河。又，《汉书·李广传》：汉武帝元朔元年（前128年）以

---

① 《水经注疏》卷十四："赵（一清）云：《汉志》渔阳郡白檀县下，洫水出北蛮夷。师古曰：洫音呼鹉反。洫水即濡水之缺画，此是六朝已后《汉书》传写之误，师古不知而缪音之。县字衍文，蛮下落夷字。而全（祖望）改濡作洫，反斥齐召南作濡之说。戴（震）亦引《汉志》作洫，以表异同。守敬按：《汉志》辽西肥如下，濡水南入海阳，不言濡水所出。渔阳白檀下，洫水出北蛮夷，即叙濡水所出，传抄误濡为洫耳。赖有郦氏引《汉志》此条作濡水，足征所见《汉志》不误。师古不考本志肥如下濡水即此水下流，又不考郦氏引白檀下文作濡水，而于肥如下濡音乃官反，于白檀下洫音呼鹉反，致成两水。不知自来地志无洫水之目，无怪王子安有指瑕之作也。赵尚知洫为六朝误字，全乃以洫为是，而以濡为误，是以不狂为狂也。戴亦为师古所惑。"

李广为右北平郡太守，告曰："将军其率师东辕，弥节白檀，以临右北平盛秋。"孟康曰："白檀，县名也，属右北平。"李奇曰："弥节，少安之貌。"颜师古曰："盛秋马肥，恐虏为寇，故令折冲御难也。"则白檀县当原属右北平郡，临近匈奴入侵通道，故特言之。而后白檀县划属渔阳郡。东汉时期省废。《三国志·魏书·武帝纪》：汉建安十二年（207年），曹操北征乌丸。"夏五月至无终。秋七月大水，傍海道不通，田畴请为乡（向）导，公从之。引军出卢龙塞，塞外道绝不通，乃堑山堙谷五百余里，经白檀，历平冈，涉鲜卑庭，东指柳城。未至二百里，虏乃知之。"后迎战而破乌丸。《田畴传》：田畴"随军次无终。时方夏水雨，而滨海洿下，泞滞不通。虏亦遮守蹊要，军不得进。太祖患之，以问畴。畴曰：'此道，秋夏每常有水，浅不通车马，深不载舟船，为难久矣。旧北平郡治在平冈，道出卢龙，达于柳城。自建武以来，陷坏断绝，垂二百载，而尚有微径可从。今虏将以大军当由无终，不得进而退，懈弛无备。若嘿回军，从卢龙口越白檀之险，出空虚之地，路近而便，掩其不备，蹋顿之首可不战而禽也。'太祖曰：'善。'乃引军还，而署大木表于水侧路旁曰：'方今暑夏，道路不通，且俟秋冬，乃复进军。'虏候骑见之，诚以为大军去也。太祖令畴将其众为乡（向）导，上徐无山，出卢龙，历平冈，登白狼堆，去柳城二百余里，虏乃惊觉。单于身自临陈，太祖与交战，遂大斩获，追奔逐北，至柳城。军还入塞，论功行封，封畴亭侯，邑五百户"。可知在西汉时期自白檀县城至平冈郡城之间有路相通，并向东可达柳城（今辽宁朝阳市南）。时曹操军驻无终（今河北蓟县），因"傍海道不通"，只好北上徐无山（今河北玉田县东北），出卢龙口（今河北遵化市东北潘家口），循滦河西北至白檀县，然后经由平冈城至柳城。《资治通鉴》卷六十五所述略同。胡三省注："白檀县属右北平郡。宋白曰：白檀故城在檀州燕乐县界。"其白檀故城，当指东魏元象中寄治幽州北界者①，而不在西汉时期白檀县址。

《魏志上》："安州，皇兴二年置，治方城。天平中陷，元象中寄治幽州北界。"所领"密云郡，皇始二年置。治提携城。领县三，户二千二百三十

---

① 参见本书犷平县城。

一,口九千一十一。密云,真君九年并方城属焉。要阳,前汉属渔阳,后汉、晋罢,后复属。有桃花山。白檀,郡治。广阳郡,延和元年置益州,真君二年改为郡。领县三,户二千八,口八千九百一十九。广兴,延和二年置,真君九年并恒山,属。燕乐,州郡治,延和九(元)年置,真君九年并永乐。方城,普泰元年置"。北魏时期重置白檀县,原当仍在西汉时期县城址,故因其名。而为密云郡治。至元象中寄治幽州北界,又迁至檀州燕乐县址。《辽志四》:"檀州,武威军,下,刺史。本燕渔阳郡地,汉为白檀县。《魏书》:曹公历白檀,破乌丸于柳城。《续汉书》:白檀在右北平。元魏创密云郡,兼置安州。后周改为元州。隋开皇十八年割燕乐、密云二县置檀州。唐天宝元年改密云郡,乾元元年复为檀州。辽加今军号。"所统"密云县,本汉白檀县,后汉以居犀奚。元魏置密云郡,领白檀、要阳、密云三县。高齐废郡及二县,来属"。所述地理沿革有误。《明统志》卷一:"白檀山,在密云县南二十五里。其山之阳古有白檀树,故名。魏曹操历白檀,破乌丸于柳城。即此。"其白檀山,当属后世附会。《读史方舆纪要》卷十一:昌平州密云县,"白檀废县,在县南。汉置,以县有白檀山而名,后汉废。建安中曹操历白檀,破乌桓于柳城。即白檀故城也。后魏复置县,为密云郡治。北齐省入密云县"。又:"白檀山,县南二十里。"均不确。

《水经注·濡水》:"濡河又东南,水流回曲,谓之曲河。镇东北三百里,入安州界。东南流迳渔阳白檀县故城。《地理志》曰:濡水出县北蛮中。汉景帝诏李广曰:将军其帅师东辕,弭节白檀者也。又东南流,右与要水合。水出塞外,三川并导,谓之大要水也。东南流迳要阳县故城东。本都尉治,王莽更之曰要术矣。要水又东南流迳白檀县,而东南流入于濡。濡水又东南,索头水注之。水北出索头川,南流迳广阳侨郡西。魏分右北平置,今安州治。又南流注于濡水。濡水又东南流,武列水入焉。其水三川派合。西源右为溪水,亦曰西藏水,东南流出溪,与蟠泉水合。泉发州东十五里,东流九十里,东注西藏水。西藏水又西南流,东藏水注之。水出东溪,一曰东藏水,西南流出谷,与中藏水合。水导中溪,南流出谷,南注东藏水,故目其川曰三藏川,水曰三藏水。东藏水又南,右入西藏水,乱流左会龙泉水。水出东山下,渊深不测。其水西南流注于三藏水。三藏水又西南流，与龙刍水合。西出于龙刍之溪，东流入三藏水。又东南流迳武列溪，谓之武列水。"其"汉景帝"，当为"汉武帝"之误。其白檀县故城，杨守敬按："前汉县属渔阳郡，后汉废，在今承德府西。后魏复置县于虒奚故城，见《鲍邱水》篇，非此地。"又："《地形志》：安州，皇兴二年置方城，天平中陷，元象中寄治幽州北界。密云郡，皇始二年置，治提携城。密云，真君九年并方城属焉。要阳，前汉属渔阳，后汉、晋罢，后复属。白檀，郡治。据此知密云、要阳、白檀等县，当郦氏时皆在今古北口外承德府之西。自杜洛周反上谷后，至元象中寄治幽州北界。"① 或以今河北滦平县东北小城子属汉代白檀县城②，然与《水经注》所述地理方位不相符；其东临兴州河即古要水，当属汉代要阳县城。又，今承德市西约20公里滦平县滦河镇西南喀喇河屯原残存一座古城址，东临滦河，北有伊逊河在滦河镇东北汇入滦河，南有牤牛河自西而东汇入滦河。清代多以其属金元时期兴州城，二十世纪五十年代尚保存一部分夯土城墙。1979年调查时还存有一段城墙，城址平面呈方形，每面不足一里。城内居民房前尚有残垣一段，长约6米，存高不足2米，夯土修筑，夯层15厘米左右。夯土中夹杂一些战国至秦汉时期的陶片和绳纹瓦片。在城址内亦发现绳纹瓦片、灰陶器片、鱼骨盆等物。在城址西北和正北黄土丘陵坡地上发现大型战国时期燕国贵族墓，西北丘陵发现战国时期明刀币和汉代墓葬，城址南面的馒头山对面山上有西汉时期烽燧遗址。据此推断，此城址时代为战国至西汉时期，而所处地理方位与白檀县城相当。与金之兴州、元之大兴州无关③。其说可从。此地北临汉长城。

经调查得知，今内蒙古、河北及辽宁境内残存三道长城，即今赤峰市以北之秦长城、赤峰市以南之燕长城及汉长城。在河北境内汉长城东接内蒙古宁城县大营子长城，西至承德市三道沟门，经三家乡、头沟乡，至隆化县中关乡、韩麻营、十八里汰，分西、南西路。西路经荆堂沟，越伊逊河，入蚂蚁吐川少府、牛录、白虎沟，在小滦河川自北南行经二道营、三

---

① 《水经注疏》卷十四。
② 王仲荦：《北周地理志》卷十《河北下》。
③ 郑绍宗：《承德市早期历史研究中的几个问题》，杜江主编《承德历史考古研究》。

道营、郭家屯、老东营小窝铺，西经丰宁县化吉营乡、凤山镇、北头营乡、黄旗乡、小坝子乡、波罗诺乡，入滦平县兴州乡，沿潮河川入虎什哈乡。波罗诺乡境内长城长 7 公里，呈东北—西南走向，西端在滦平县安纯门乡李栅子村西北四楞山，南路自十八里汰行至牌岔子沟，西经伊逊河入滦平县小营乡。滦平县境内长城呈西—东、南—北方向纵横交错分布于虎什哈乡、安纯门乡、滦平镇、大屯乡、张百湾乡、金沟屯乡、红旗乡、小营乡、周营子乡、西地乡、拉海沟乡、巴克什营乡。以西部的潮河川和东部的滦河川、伊逊河川较为集中，由墙体和列燧两部分组成。其虎什哈乡烽燧呈西—东走向，依次经官营子、北拐子、黄旗、炮台山、岗子。安纯门乡烽燧分两条分支，呈西—东走向者依次经小白旗、龙潭沟、后山尖、南山、杨树沟，呈北—南走向者依次经龙潭沟、大黑沟、北沟、东大梁、李栅子。滦平镇烽燧亦有两条分支，呈西南—东北走向者依次经平坊南梁、偏岭子、桃山梁、石头沟门、雕岩子、黄土梁，呈北—南走向者依次经石洞沟、正北沟、北杨树沟门、北马圈子、后山关、双庙、下河东梁、双栅子、东营、北李营、马圈子、四道梁尖。大屯乡烽燧亦有两条分支，呈西—东走向者依次经王家沟、窑上北山、锅底山、山嘴梁，呈北—南走向者北与丰宁县波罗诺乡长城相接，依次经小西沟、窝牛山、大崖头、下窝铺、大歪脖沟、四棱上、皇上山、大庙沟梁、小河梁、转山子、小城子南山、营坊西山、营坊北山。张百湾乡烽燧呈西南—东北走向，依次经头道沟梁、山前、王帽山、盘龙寺、周台子、北碇子。金沟屯乡烽燧呈南—北—东北走向，依次经曹家窝铺、柳台、下营、西大洼、金马沟、金沟屯、碾子沟、下店子、上店子。红旗乡烽燧东、西并列于伊逊河东、西两岸的山梁上。小营乡烽燧呈北—南走向，北接隆化县韩麻营乡烽燧，自北向南依次经白羊洼、三家、上哈叭沁、下哈叭沁、樱程沟门、郭家营、二道沟、炮台梁、小营、瓦房梁。周营子乡烽燧呈西北—东南走向，依次经大老虎沟、下洼子、周营子。西地乡烽燧呈北—南走向，依次经孙营、崔台、韩营、四泉庄、白庙。拉海沟乡烽燧呈北—南走向，依次经色树沟门、拉海沟门、大店子、长海沟。巴克什营乡烽燧呈北—南走向，依次经张家沟门、下三岔口、山神庙、巴克什营北、巴克什营南。烽燧为土石修筑，现多为土堆状，下大上小,一般边长8~12米,存高1~3米,间距1~3公里,时代多属西汉早期①。其走向呈西—东者,大致与长城墙体平行,当重在防守,亦兼及传递信息;而走向呈北—南者,向纵深延伸,当主要是传递信息,亦兼及防守。时渔阳郡都尉治要阳县(今滦平县小城子),北距波罗诺乡长城约5公里。白檀县城西北距波罗诺乡长城约30公里,北距小营乡烽燧约5公里。而右北平郡治无终县(今蓟县西),渔阳郡治渔阳县城(今怀柔区梨园庄),其呈北—南走向的烽燧当分别向各自郡城传递信息。此一地区临近滦河谷,为匈奴入侵必经之路。其烽燧密布,可见防守形势严峻,故汉武帝特命李广为右北平郡太守,以求"弥节白檀"。而后,或因要阳、白檀二地相近,可成一防御系统,故将白檀县划属渔阳郡,而右北平郡治所亦由无终县城迁至平刚县城。

(二) 北魏安州城

依《水经注》所述,在白檀县故城以东有北魏时期安州及广阳郡城。杨守敬按:"三藏水即今承德府东热河之上源,下流入滦河。"熊会贞按:"《地形志》:安州,皇兴二年置,治方城。天平中陷(钱氏《考异》谓孝昌中置),元象中寄治幽州北界。广阳郡,延和元年置益州,真君二年改为郡。又云:燕乐,州、郡治。又云:真君九年并方城入密云。又云:方城,普泰元年置。合观之,是后魏有方城县。延和元年置益州于方城,真君二年改州为广阳郡,真君九年并方城入密云,至皇兴二年置安州于方城故城,与广阳郡同治,即郦氏所云是也。在今承德府西北。及元象中置安州广阳郡于幽州北界,并置所领之燕乐县,故燕乐为州、郡治。其普泰元年所置之方城,亦故城陷后别置,非旧方城地,皆在今密云县境。"② 今河北隆化县东北约750米残存一古城址。其西临伊逊河,平面呈长方形,东垣长747米,西垣长720米,南垣长505米,北垣长566米,城墙宽约8米。东垣、南垣、北垣保存基本完好,东垣残高3~5.5米,两面坡度宽约25米。南垣

---

① 郑绍宗:《河北省战国秦汉时期古长城和城障遗址》,文物编辑委员会编《中国长城遗迹调查报告集》,文物出版社,1981。国家文物局主编《中国文物地图集》河北分册。
② 《水经注疏》卷十四。

最高处5.5米，两面坡度宽约27米。北垣与南垣相近。西垣仅在地面上呈现一条隆起地带，存高不足1米。东南城角及东北城角残存土台基址。东南城角台基略呈正方形，每面宽约20米，存高约8米，南垣及东垣残存有马面遗迹。在北门及南门外建有瓮城，城内中部和南、北门直对有左右宽约100米、长约600米的高起地带，主要交通干线及大型建筑都分布在此范围内。城址中出土有北魏残石像及莲花瓦当、布纹瓦，唐代铜弟子像，辽代建筑材料、陶瓷器、铁器及金元时期遗物。城垣全部为夯筑，夯层内夹杂有早期陶片，可表明并非一个时期形成，但在辽金时期曾经过较大规模重修。另在此城址北约750米鲍家营村西北残存一座小城，长165米、宽139米，残高2~6米，城内分布大量秦汉及北魏时期方格纹、绳纹板瓦及陶器、铁器等。在城址南10公里三道营东山发现北魏时期造像三件及汉代、北魏时期遗物，可能为一处佛寺遗址。在鲍家营村内发现金元时期瓷窑址，在城址西10公里少府河北岸发现金元时期摩崖造像，在城址附近发现大量辽金元时期墓葬等。今伊逊河当即《水经注》所述之索头水，则此城址所在与北魏安州及广阳郡城方位相合。而城址内又发现有早到北魏时期的文化堆积层，由此推断其当属北魏安州城。从城垣结构、营建特点及出土遗物等分析，时代主要为辽金元时期，当在北魏安州城址所重建，而属辽代北安州城，金代沿用为兴州[①]。所论可从，似不尽妥切。依《魏志》：密云郡置于皇始二年（396年），当治于密云县，太平真君九年（448年）并方城县属之，则方城县当置于此前，而此后省废，似不可能又在延和元年（432年）于方城县置益州，太平真君二年（441年）改置广阳郡。而皇兴二年（467年）置安州于方城故城，当有可能。广阳郡侨迁于此，当亦在此一期间。而普泰元年（531年）所置方城县，当非因于旧址。而依上所推考，其鲍家营小城址或即属太平真君九年并入密云县之方城县。

又，今承德市北头沟镇瓦房村北20米发现一座战国至汉代城址，平面呈长方形，东西长约230米，南北长约150米。城墙夯土修筑，残高3米。采集遗物有泥质灰陶绳纹罐、盆、瓮，板瓦、筒瓦、素面豆和夹砂红褐陶

[①] 郑绍宗、孙慧君：《隆化皇姑屯辽北安州及其附近遗迹调查简报》，《文物春秋》1991年第2期。

绳纹釜等残片。另还有铜镞、刀币等遗物。在瓦房村北500米高梁沟发现战国至汉代遗址，面积约1万平方米。其北玉带河北岸头道河子村发现汉代封土墓①。其西临三藏水。而三藏水口又临近密云山。《资治通鉴》卷九十六：晋咸康四年（338年）三月，赵王虎与燕王皝南北夹击段辽，燕王皝引兵攻掠令支以北诸城，大破段辽弟段兰所领兵。"段辽以其弟兰既败，不敢复战，帅妻子、宗族、豪大千余家，弃令支，奔密云山。"胡三省注："《水经注》：密云戍在御夷镇东南九十里，鲍丘水迳其西。唐檀州治密云县，西南去范阳二百里。又据《晋纪》云：辽奔于平岗。盖密云山在汉平冈县界。宋白曰：檀州密云县，本汉虒奚县，西至幽州百九十里，西至妫川二百五十里，东北至长城障塞百一十里，东南至蓟州百九十里。"《资治通鉴》卷九十六又记："十二月，段辽自密云山遣使求迎于赵；既而中悔，复遣使求迎于燕。赵王虎遣征东将军麻秋帅众三万迎之，敕秋曰：受降如受敌，不可轻也。以尚书左丞阳裕，辽之故臣，使为秋司马。燕王皝自帅诸将迎辽，辽密与燕谋覆赵军。皝遣慕容恪伏精骑七千于密云山，大败麻秋于三藏口，死者什六七。秋步走得免，阳裕为燕所执。"胡三省注："《水经注》：安州东有武列水，其水三川派合。西源曰西藏水，西南流，而东藏水注之。水出东溪，而南流出谷，与中藏水合。水导中溪，南流出谷，南注东藏水。东藏水又南右入西藏水。故目其川曰三藏川。魏收《地形志》曰：皇兴二年置安州，统密云等郡。隋废郡为密云县，唐为檀州治所。"其以密云山临近密云戍及汉平冈县界，当合于史实；而以其临近隋唐以后密云县城（即今密云区），则有误。《明统志》卷一："密云山，在密云县南一十五里，亦名横山。昔燕、赵伏兵于此，大获辽兵。"当属后世附会。王仲荦按："后魏密云县，据《水经·鲍丘水注》，当在西密云戍之东。西密云戍即今河北丰宁县大阁镇西北三十里之土城子，俗亦名西土城。则后魏密云县治当在今河北丰宁县大阁镇之东北。东魏天平中，安州陷。元象中复置安州，寄治幽州北界，密云县亦南移寄治渔阳郡渔阳县界内，即今北京密云县城关也。"② 则此城当即属北魏时期所置密云县，与方城、白檀及要阳县相邻。

---

① 国家文物局主编《中国文物地图集》河北分册。
② 王仲荦：《北周地理志》卷十《河北下》。

滑盐县城

　　滑盐县，西汉时期属渔阳郡。《汉志下》：渔阳郡属县"滑盐，莽曰匡德"。应劭曰："明帝改名盐。"东汉以后省废。《后汉志》无载。《水经注·鲍邱水》："鲍邱水出御夷北塞中，南流迳九庄岭东，俗谓之大榆河。又南迳镇东南九十里西密云戍西。又南，左合道人溪水。水出北川，南流迳孔山西，又历密云戍东，左合孟广𡶅水。水出𡶅下，𡶅甚嶒峻，峨峨冠众山之表。其水西迳孔山南。上有洞穴开明，故土俗以孔山流称。𡶅水又西南至密云戍东，西注道人水。乱流西南迳密云戍城南，右会大榆河。有东密云，故是城言西矣。大榆河又东南流，白杨泉水注之。北发白杨溪，望离，右注大榆河。又东南，龙刍溪水自坎注之。大榆河又东南出峡，迳安州旧渔阳郡之滑盐县南，左合县之北溪水。水出县北广长堑南，太和中掘此以防北狄。其水南流迳滑盐县故城东。王莽更名匡德也。汉明帝改曰盐田，右承治。世谓之斛盐城。西北去御夷镇二百里。南注鲍邱水。又南迳虒奚县故城东。"熊会贞按："注所云出峡，当是入今古北口长城。"又，赵一清按："《汉志》：渔阳郡滑盐县。应劭曰：明帝更名盐。似脱田字。"熊会贞按："《续汉志》无盐田县，盖明帝后旋废。"而"右承治"下，赵一清曰："何氏曰，承与丞通，盖盐官也。"似理解有误。古时无"盐田"一词，且亦无有关此地产盐的记载。其"滑盐"，当属原居于此地族系称名之拟音字，亦可单称"盐"，而含义不变，如"句吴"可单称"吴"、"於越"可单称"越"之例。则汉明帝时当改为盐县，而非盐田县。而"田"字当连接下文，作"田右承治"。《说文解字》："承，奉也，受也。"其"田右"当属当地土著首领或外来族系首领之名，奉命治理此县。而后不久即省废，故不见于《后汉志》。其仍以滑盐县称世。古音滑属物部匣纽，斛属屋部匣纽，二者相近，则所谓"斛盐城"当即由"滑盐城"演变而来，此亦可表明"滑盐"及"盐"当属拟音字。北魏后期于此置斛盐戍。《魏书·常景传》：北魏孝昌元年（525年），杜洛周反于燕州。"俄而安州石离、穴城、斛盐三戌兵反,结洛周,有众二万余落,自松岍赴贼。"其"冗城",当为"穴城"之讹①。《资治通鉴》卷一百五十一:"魏安州石离、穴城、斛盐三戌兵反,应杜洛周,众合二万,洛周自松岍赴之。"胡三省注:"《水经注》:大榆河出御夷镇北塞中,南流迳密云戌西,又南流迳孔山西,又历密云戌东,右合孟广硎水。硎水西迳孔山南,上有洞穴开明,故谓之孔山。大榆河又东南流,白杨泉水注之。水北发白杨溪望离石。大榆河又东南流出峡,迳安州旧渔阳郡之滑盐县南,世谓之斛盐城,西北去御夷镇二百里。岍,轻烟翻。或曰:岍,岫字之误也,读作陉。《唐志》:营州西北百里曰松陉岭。"其以斛盐戌与石离戌、穴城戌相近,而所据仅为《水经注》所述,且理解似亦不够准确。其引文"望离"下作"石",与《永乐大典》本等作"右"相异,或系抄误。

隋唐以后,有关滑盐县的记载少见。《新五代史·四夷附录第一》:契丹首领阿保机"谓诸部曰:'吾立九年,所得汉人多矣,吾欲自为一部以治汉城,可乎?'诸部许之。汉城在炭山东南滦河上,有盐铁之利,乃后魏滑盐县也。其地可植五谷,阿保机率汉人耕种,为治城郭邑屋廛市如幽州制度,汉人安之,不复思归。阿保机知众可用,用其妻述律策,使人告诸部大人曰:'我有盐池,诸部所食。然诸部知食盐之利,而不知盐有主人,可乎?当来犒我。'诸部以为然,共以牛酒会盐池,阿保机伏兵其旁,酒酣伏发,尽杀诸部大人,遂立,不复代"。汉代所置滑盐县在鲍邱水(今潮河)东北,北魏无滑盐县之设。其汉城在滦河上,而以为沿于滑盐县,显系附会。《读史方舆纪要》卷十一:蓟州平谷县,"滑盐废县,在县西北。汉县,属渔阳郡,后汉县废,明帝时谓之盐田,世谓之斛盐城,北魏时有斛盐戌。……《括地志》:滑盐地宜五谷,有盐池之利"。其所引《括地志》文不见于近世辑本;而与上引《新五代史》记述相类,似据此而论,则"宜五谷,有盐池之利",当指"汉城"而言。所指汉滑盐县在今平谷县西北,亦不确。崔迺犟撰《汉滑盐县考》以古北口"近边,潮河绕其西,又屈曲环抱其南,当与前汉滑盐县相近"②。似与《水经注》所述略合。对此,还可以就此一

---

① 参见校勘记。
② 据光绪十五年刊《顺天府志》卷三十五引。

地带山川水势做进一步推求。傅云龙撰《潮河上流考》："潮河出丰宁县治西北一百二十余里水泉子，在莺窝梁南、红石峦西，又南流十里迳四垒口西，又二十里迳赫山东，六十里迳西土城西，又十余里迳南沟门西，又十里迳赵家营西，又四十里迳大阁儿汛东，把总驻焉，又二十里余迳榆树林西，又十余里迳长阁儿东，又二十里迳窄儿岭东，又十余里迳朝云洞东，又二十里入滦平县西北界，距治一百六十余里。东南流二十里迳虎什哈东，又四十里迳虎头岭东北，又二十里迳大十盘西，又十里迳三岔口西，又十里迳傅家岩东，又十里迳古城川西，又迳古北口入密云县竟（境）。自发源至此，凡二百九十里有奇。此《畿辅舆图》之可按者。而丁符九《密云县志》云：潮河源出承德府丰宁县草碾沟南山下，东南流至喇嘛山，西南诸水右注之。至丰宁小土城，城根营水右辅之。南流迳白塔至大阁镇，镇西诸水右注之。东南流至苏武庙，复东流，庙西水注之。迳龙潭镇沟，迤朝阳洞，趋黑山嘴，环窄岭、辽东营，又北汇鞍匠屯十八盘水，南汇关门山庙儿沟水，始成巨流。至虎什哈营东，西流迳北甸，至吴家营，桃儿山阴诸水右注之。又东南流入阴山，马山夹之，河流一束，曰对外山口。又东南迳瓦房，缭曲往复，至马山西南隅复东南流，古城川、三岔口水合注之。又二里，由古北口入密云竟（境）。此出张鼎华手，叙合流较详，而惜无里数。互有异同，故并录存参。"① 据此，其以西源为潮河正源，与《水经注》所述鲍邱水相同。《清统志》卷四十三："土城子西北废城，在丰宁县西北一百五十里，城基周三里有余，地邻潮河，俗名西土城。于古无考。"城址位于土城镇土城村北，现仅存北城墙，残长约145米，残高2.5米，夯土修筑，属战国秦汉时期。比照《水经注》所述，其位于今河北丰宁县（大阁镇）西北约20公里。潮河正源之北，正当属西密云戍城。而城根营水（今多以此水为潮河正源）流经西土城东，南与西源水汇合，当属道人溪。古时有孟广蚋水西注道人溪，今已不易指实。潮河东南流经长阁，有庙西水（今称东河）自北而折向东南汇入，当属白杨泉水。依八卦方位，"离"属南，"望离"即流向南方。其下游又折向东南，故记为"右注大榆河"。潮

---

① 据光绪十五年刊《顺天府志》卷三十七引。

河又东南流经塔黄旗,有杨树沟水自北而南汇入,当属龙刍溪水。依八卦方位,"坎"属北,故记为"自坎注之"。潮河又东南流经黑山嘴镇,及宽沟、窄岭,北有十八盘水(哈汤川)来汇,南有庙儿沟水来汇,始成巨流,则"出峡"当正指此一地带。十八盘水当属北溪水,而滑盐县故城当在此水以西,南临今潮河。今丰宁县胡麻营乡河东村东北发现一处夏家店上层文化至战国时期遗址,面积约 5 万平方米,其东石人沟乡石人沟村发现夏家店上层文化遗址,后沟门村西及木匠营村西南发现战国时期遗址[①]。或即与之相关。其西北距西土城约八十里,与《水经注》所述"西北去御夷镇二百里"亦大致相合。其南距虒奚县故城(今密云区高岭镇田庄遗址)约 50 公里。而若以滑盐县故城址在古北口附近,其西北距御夷镇城(今河北赤城县北猫峪城址)已近三百里,而距虒奚县故城址仅约二十里,显然不甚合于情理。

---

① 国家文物局主编《中国文物地图集》河北分册。

右北平郡诸县城

右北平郡之地于商周之际居存有屠何、且略等古国。春秋时期屠何、且略等国东迁，又有无终等国迁此。战国时期燕人东扩，置右北平郡，治右北平城。秦代相沿，而迁郡治于无终县城。汉初因之，而后迁郡治于平刚县城，置无终、石成、廷陵、俊靡、薋（都尉治）、徐无、字、土垠、白狼、夕阳、昌城、骊成、广成、聚阳、平明等十六县。东汉时期迁郡治于土垠县城，平刚、石成、廷陵、薋、字、白狼、夕阳、昌城、骊成、广成、聚阳、平明等十二县省废。晋代改右北平郡为北平郡，以徐无县为郡治。前燕、前秦、后燕、北燕相继占据此地，后归北魏。此一时期，又有俊靡县省废，无终、徐无县等迁址，石成、白狼等县重置。

右北平郡及平刚县城

（一）卢龙塞及凡城

平刚县，西汉时期为右北平郡治所。《汉志下》："右北平郡，秦置，莽曰北顺。属幽州，户六万六千六百八十九，口三十二万七百八十。"首县平刚。东汉时期省废，而平刚城犹存。《三国志·魏书·武帝纪》：建安十二年（207年），曹操北征乌丸。"夏五月至无终。秋七月大水，傍海道不通，田畴请为乡（向）导，公从之。引军出卢龙塞，塞外道绝不通，乃堑山堙谷五百余里，经白檀，历平冈，涉鲜卑庭，东指柳城。未至二百里，虏乃知之。(袁)尚、(袁)熙与蹋顿、辽西单于楼班、右北平单于能臣抵之等将数万骑逆军。八月,登白狼山,卒与虏遇,众甚盛。公车重在后,被甲者少,左右皆惧。公登高,望虏陈不整,乃纵兵击之,使张辽为先锋,虏众大崩,斩蹋顿及名王已下,胡、汉降者二十余万口。"《田畴传》:"田畴字子泰,右北平无终人也。……随军次无终。时方夏水雨,而滨海洿下,泞滞不通,虏亦遮守蹊要,军不得进。太祖患之,以问畴。畴曰:'此道,秋夏每常有水,浅不通车马,深不载舟船,为难久矣。旧北平郡治在平冈,道出卢龙,达于柳城。自建武以来,陷坏断绝,垂二百载,而尚有微径可从。今虏将以大军当由无终,不得进而退,懈弛无备。若嘿回军,从卢龙口越白檀之险,出空虚之地,路近而便,掩其不备,蹋顿之首可不战而禽也。'太祖曰:'善。'乃引军还,而署大木表于水侧路傍曰:'方今暑夏,道路不通,且俟秋冬,乃复进军。'虏候骑见之,诚以为大军去也。太祖令畴将其众为乡(向)导,上徐无山,出卢龙,历平冈,登白狼堆,去柳城二百余里,虏乃惊觉。单于身自临陈,太祖与交战,遂大斩获,追奔逐北,至柳城。军还入塞,论功行封,封畴亭侯,邑五百户。"则平刚城与白檀城、卢龙口及柳城之间皆有通道。《晋书·慕容皝载记》:晋咸和九年(334年),慕容皝"遣其司马封弈攻鲜卑木堤于白狼,扬威淑虞攻乌丸悉罗侯于平堈,皆斩之"。咸康四年(338年),慕容皝与石季龙同讨段辽,"季龙至徐无,(段)辽奔密云山"。《晋成帝纪》记为"四年春二月,石季龙帅众七万,击段辽于辽西,辽奔于平岗"。《慕容皝载记》并记,石季龙又进击慕容皝,慕容皝遣子慕容恪出战。"恪乘胜追之,斩获三万余级,筑成凡城而还。段辽遣使诈降于季龙,请兵应接。季龙遣其将麻秋率众迎辽,恪伏精骑七千于密云山,大败之。"则密云山与平刚城相近。《魏志上》:营州,"昌黎郡,晋分辽东置,真君八年并冀阳属焉"。所属"冀阳郡,真君八年并昌黎,武定五年复。领县二,户八十九,口二百九十六。平刚、柳城"。其平刚县与柳城相近,当因其名而不因其旧址。

《水经注·濡水》:"濡水又东南迳卢龙塞。塞道自无终县东出,渡濡水,向林兰陉,东至青陉,卢龙之险,峻坂萦折,故有九崢之名矣。燕景昭元玺二年,遣将军步浑治卢龙塞道,焚山刊石,令通方轨,刻石岭上,以记事功，其铭尚存。而庾仲初注《扬都赋》，言卢龙山在平罡城北，殊为孟浪，远失事实。余按：卢龙东越青陉，至凡城二百许里。自凡城东北出，趣平罡故城可百八十里，向黄龙则五百里。田畴引军出卢龙塞，堑山堙谷五百余里，迳白檀，历平罡，登白狼，望柳城。平罡在卢龙东北远矣，而仲初言在南，非也。濡水又东南迳卢龙故城东，汉建安十二年，魏武征蹋顿所筑也。濡水又南，黄洛水注之。水北出卢龙山，南流入于濡。濡水又东南，洛水合焉。水出卢龙塞，西南流注濡水。又屈而流，左得润水，又会敖水，二水并自卢龙西注濡水。"则平刚城当在卢龙山之东北并凡城东北。其凡城营建于咸康四年，至前燕元玺二年（353 年），又整治卢龙塞道，以通达凡城及平刚城。《读史方舆纪要》卷十八：大宁卫，"平刚城，营州西南五百里。……《水经注》：自无终东出卢龙塞，又东至凡城，又东北趣平刚。此为正道。今自徐无转而西北，改经白檀，乃历平刚，所谓行兵无人之地也。自徐无至平刚路迂而险，自平刚至柳城则近而便矣。"又："凡城，在营州西南，慕容氏所置城也。"其营州即今辽宁朝阳市区，为古柳城即黄龙城之所在。而"向黄龙则五百里"，为自凡城起始之里程，则此说有误。而其以凡城在"营州西南"，似亦不确。

其濡水即今滦河。《魏志上》：平州北平郡昌新（新昌）县"有卢龙山"。《通典》卷一百七十八：平州卢龙县，"卢龙塞在城西北二百里"。其卢龙县相沿于新昌县址，即今河北卢龙县。《寰宇记》卷七十：平州，"西北至卢龙塞二百里"。所领卢龙县，"黄洛水。《水经注》：水出卢龙山，南流入于濡水"。又："卢龙道。《魏志》云：曹公北征乌丸，田畴自卢龙道引军出卢龙塞，堑山堙谷五百余里，迳白檀，历平冈，登白狼，望柳城。即此道也。一谓之卢龙塞，在今郡城西北二百里。"蓟州渔阳县，"东北至平州石城县界废卢龙戍二百里，戍据开皇长城置"。《明统志》卷五："卢龙镇，在平州西一百九里。其土色黑，山如龙形，故名。卢龙塞，魏曹操北征，田畴自卢龙引军出卢龙塞，堑山湮谷五百余里。即此。"《御制滦河濡水源考证》："至云濡水又东南迳卢龙塞，则为今之潘家口无疑。其云塞道自无终东出，渡濡水，向林兰陉，东至清陉。无终为今玉田，林兰陉盖今喜峰口，清陉即今冷口。即此以证，不特塞垣疆界了然，即田畴引曹操回军卢龙塞之处，亦可得其大概矣。"① 其以卢龙塞比定在今潘家口，当合于史实。而今滦河以西、河北迁西县三屯营村北发现有辽金时期遗址②，与《明统志》所记卢龙镇之地理方位相当，或即属之。其当置于辽金以前，极有可能即沿用曹操所筑卢龙城址。其以林兰陉比定在今喜峰口，亦大体可信，而以青陉比定在今冷口，似不妥切。

其黄洛水，当即今长河③。"水北出卢龙山"，则古卢龙山当指今迁西与宽城交界地带山岭，向西延至卢龙塞，向东当亦有延展。依《水经注》所述，青陉当在黄洛水以西，或临近黄洛水。《清统志》卷十九："青山口关，在迁安县西北一百二十里，西至喜峰口六十里。其南为青山营。"又："铁门关，在迁安县西北一百六十里。关外有大潭，即喜峰之水源。其西曰李家峪堡，接喜峰口，有把总驻守。其东曰董家口堡，接青山口。潘家口关，在迁安县西北一百八十里喜峰口西，有千总驻守。其西接龙井关。"又："喜峰口巡司，在迁安县西北一百七十里，西南去遵化州七十里。其东南五里为喜峰口城，周一里，置巡司。……其北一百二十里有松亭关，东北去旧大宁卫三百六十里。辽金时故关也。"其铁门关西距喜峰口十余里，向北分为二路，向西通向新甸子，向东通向碾子峪等地。董家口西距铁门关十余里，亦向北有路通向鲁家店、碾子峪等地。二者均有可能属古之青陉，兹暂定在铁门关，而《水经注》所述路线当向东经由碾子峪等地。其喜峰口经松亭关至旧大宁卫城（今内蒙古宁城县西约10公里）四百八十里。《读史方舆纪要》卷十八：大宁卫，"会州城，卫西南二百四十里，明初置。又二百四十里即遵化县之喜峰口也。志云：喜峰口北六十里为椴木谷砦，又六十里至富民城，松亭关在焉。其相近者曰宽河。自是而东北曰松山、曰会州，各六十里。由会州而东曰东庄，曰富峪驿，又东北至新城、大宁，

---

① 据《合校水经注》引。
② 国家文物局主编《中国文物地图集》河北分册。
③ 《读史方舆纪要》卷十七：永平府迁安县，"又有长河，合口外诸川，亦南入于滦河。志云：长河即《水经注》之黄雒水也"。《清统志》卷十八："长河，在迁安县西北九十里，源出口外，自董家口流入，迳青山营东，又南迳太平寨西二十里许，至稔子口入滦河。《水经注》：洛水出卢龙塞，西南流注濡水，即此。"其以长河当古洛水，似不确。

亦各六十里，共四百八十里"①。其所行路线（西线）与经由碾子峪路线（东线）至今宽城县北龙须门合而为一，则由铁门关即古青陉折向东北凡城的里程当大致相同。自喜峰口东北至会州城二百四十里。"卢龙东越青陉，至凡城二百许里"，当亦在会州城附近。《清统志》卷四十三："会州故城，在平泉州南二十里。本辽泽州地，元改置惠州，后讹为会州。明初筑会州城，置卫。永乐初废。《方舆纪要》：会州城在大宁卫西南二百四十里，又行二百四十里即喜峰口，谓此城也。今其故城高丈余，周三里有奇。蒙古称为察罕城，城中居民数百家，比屋鳞次，烟火相望。"其城址在今平泉县西南五十家子乡会州城村，平面略呈长方形，南北长约900米，东西长约800米，残高1~5米②。又，《清统志》卷四十三："凡城，在平泉州境内。"熊会贞按："当在州东南，近柳条边。"③ 而无确指。今平泉县南东水泉村南发现一座汉代城址，平面呈长方形，东西长约300米，南北长约100米，城墙夯土修筑，残高1米。采集遗物有泥质灰陶绳纹板瓦、筒瓦、罐及素面豆等残片。东水泉村北发现一处夏家店文化下层及上层遗址，面积约2万平方米。其北瀑河沿村北发现汉代遗址，瀑河沿村东发现战国时期墓葬群④。其西南与会州城隔瀑河相望，所在地理方位与凡城大体相当，所属年代亦大致相符，当即属之。而就所见遗迹遗物来看，此一地区开发较早，或在秦汉时期已筑有此城。前燕时期"筑戍凡城"，当属重修。又，《晋志上》：后燕慕容熙以并州刺史"镇凡城"，当亦在此。如此，"自凡城东北出，趣平罡故城可百八十里"。合今约一百五十里，则平刚城当大致在今平泉县北与内蒙古宁城县交界地带。而《水经注》所记洛水"出卢龙塞"，或有可能是指青山口。其当属古卢龙山之东缘，故亦得称卢龙塞。其地西南距今蓟县约100公里，左右连接明长城（当相沿于北齐长城），很可能为

---

① 《新唐志三》：蓟州，"又东北渡滦河。有古卢龙镇，又有斗陉镇。自古卢龙北经九荆岭、受米城、张洪隘、度石岭，至奚王帐六百里"。其奚王帐辽代沿用为中京大定府城，明初置大宁卫，即上称旧大宁古城。而卢龙镇当即在曹操所筑卢龙城址，北距喜峰口约一百里。则其所述路线与里程与《清统志》等略同。

② 国家文物局主编《中国文物地图集》河北分册。

③ 《水经注疏》卷十四。又，李文信《西汉右北平郡治平刚考》（载《社会科学战线》1983年第1期），以今桃林山口当古卢龙塞，以今辽宁凌源市南刀尔登遗址为凡城。

④ 国家文物局主编《中国文物地图集》河北分册。

《寰宇记》所记"废卢龙戍"之所在。

（二）平刚城

今内蒙古宁城县西南约60公里甸子乡黑城村残存一古城址，其南临河北平泉县界。此一地区地势高亢，岗峦起伏，但在高山河谷间、黑城村附近地面却很平坦。城址南有老哈河之源五十家子河流经城东，并有其支流黑里河自西向东汇入。因河水距城址很近，已有东南部分城墙被冲毁。城址中共有大、中、小三城，其间并有互相借用或打破的关系，当属不同时期，小城在黑城村西南，外罗城和黑城北墙外偏西处，称花城。其平面呈长方形，南北较长而东西稍短，方向为南偏西10度，现无南垣，是因后来修筑外罗城和黑城时被破坏或是借用；只有东、西、北三面城墙，而东、西两面城墙南段亦不存在，为外罗城和黑城的护城河所毁。依现存北垣计，东西长200米，依其南垣与外罗城和黑城北垣重合计，南北长约280米，而现存西垣北段长200米，东垣北段长120米。现城墙已颓坍，作岗状隆起。底部宽14米，顶宽6米，存高3.8米。城墙夯土修筑，为原生黄红色黏土，

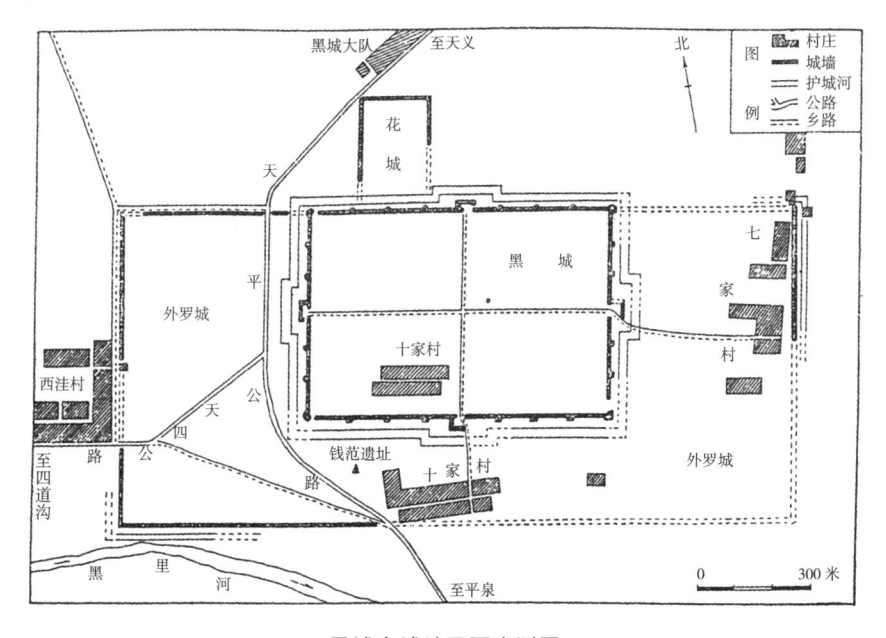

黑城古城址平面实测图

（据《考古》1982年第2期附图，其黑城大队即今黑城村）

不含任何遗物。未见城门遗迹，估计原当在南面设一门。地面散布遗物较少，采集有抹沟纹板瓦及细绳纹灰陶壶残片等。大城即外罗城平面呈长方形，东西长1800米，南北长800米，方向南偏西10度。城墙保存不好，有的地段只可看出形迹。西垣南段保存较好，墙虽颓坍，但仍作岗状隆起，墙外现是乡道。南垣西段较为明确，隆起墙基现宽10.7米，存高1.5米，墙基外部地面较平，15米处开始低洼，成壕沟状，应是护城河遗迹，有的地方已为黑里河水冲毁。东垣北段保存较好，直到东北城角，仍清晰可见，宽达15米，高出地表1.6米，城外亦有护城河遗迹。北垣可分三段，东部一段不够明晰；中间部分借用为黑城北垣，已压在墙基底部；西部一段存留墙基，城墙为夯土修筑，用土较纯，不含遗物。未见城门遗迹，估计当有南、北二门。在城内西南部十家村西发现王莽时期钱范作坊遗址，其北出土有"渔阳太守章"封泥，其南出土有"白狼之丞"封泥，其东出土有"卫多"封泥，其西出土有"部曲将印"铜印、"假司马印"铜币等。东南部七家村发现三口竖穴土井，附近出土有铁权、"宜官"石印及平头铜镞母范等。城址内还发现大量筒瓦、板瓦、"千秋万岁"瓦当、云卷纹瓦当、羊头纹瓦当以及明刀、半两、五铢、大布黄千、货泉、小泉直一等钱币。中城颜色灰黑，亦称黑城，位于外罗城内中后部，北垣与外罗城北垣、花城南垣处于同一线上。其平面亦呈长方形，东西长810米，南北长540米，方向为南偏西10度，城墙保存较好，唯西、北两面略有颓坍，东、南两壁仍然壁立如削。四面中部各设一门，门外接筑瓮城。城墙外侧筑有马面，四角并有角台。马面、角台均高出城墙之上。城墙外面四周围有护城河。城内有东西、南北两条道路，并在中心交叉，将城内分成四部分。在中心南部道路的左右两侧原有两个土台，称"大堂"、"二堂"。城内遗物，有战国至汉代的陶瓦片，也有辽金以来的铁镞、白瓷片、白釉铁锈花瓷片、钧窑瓷片，元代小铜权及明代小型印缠枝灵芝花纹条形砖等。调查者认为小城即花城应属于战国时期，是燕国在北部地区修筑的一座军事防御城堡。大城即外罗城大约历秦、西汉至新莽时期。其规模较大，出土遗物丰富，种类众多，可表明在当时政治、军事和经济中都占有重要地位，且其所处地理方位与平刚县城大致相当，当即属之。而中城即黑城当营建于辽代，而后为元、明两代沿用，即辽代劝农县、元代富峪驿、明代富峪卫①。其以大城属西汉时期右北平郡治平刚城，当合于史实。而右北平郡治所自无终城迁此当在西汉中期②，则此城兴建亦当在此一时期，而沿用至西汉末期。另在黑里河南今河北平泉县蒙和乌苏乡北五十家子村西发现汉代墓葬群。在老哈河西岸发现砖室木椁墓，出土有铜镜、铜桶形器、铜饰及铁剑等。在老哈河东岸正河东村西南发现夏家店文化时期石块垒砌的围墙基址，采集有夏家文化下层及上层陶器残片等。在老哈河西岸槐鹿沟村西南发现夏家店文化遗址。其西南又发现战国时期遗址，面积约2万平方米，文化层厚1米，采集遗物有夹砂红褐陶绳纹釜和泥质灰陶绳纹罐等残片③。当亦与之相关。由此表明此一地区在商周时期已得以开发，各方面基础较好，则战国时期燕国置右北平郡之际，很可能即置平刚县于此，而小城即属之。

《汉志下》辽西郡属县"新安平，夷水东入塞外"。其"夷水东入塞外"六字当属窜误④，而此城址所临老哈河自西南向东北流经塞（汉长城）外，汇入大辽水，正与"夷水东入塞外"相合，或即属之。且《汉志》所记右北平郡与辽西郡相连，自平刚至新安平约二百字，因错简而造成窜误亦极有可能。由此推之，其"夷水东入塞外"六字原当记于"平刚"之下，即《汉志》原文当为"平刚，夷水东入塞外"。

上引《晋书·慕容皝载记》，慕容恪击败麻秋于密云山。《资治通鉴》卷九十六记为："（慕容）皝遣慕容恪伏精骑七千于密云山，大败麻秋于三藏口，死者什六七。"其当本于《十六国春秋》等。《水经注·濡水》："濡水又东南流，武列水入焉。其水三川派合。西源右为溪水，亦曰西藏水，东南流出溪，与蟠泉水合。泉发州东十五里，东流九十里，东注西藏水。西藏水又西南流，东藏水注之。水出东溪，一曰东藏水，西南流出谷，与

---

① 张郁：《内蒙宁城县古城址的调查》，《考古通讯》1958年第4期。昭乌达盟文物工作站等：《辽宁宁城县黑城古城王莽钱范作坊遗址的发现》，《文物》1977年第12期。冯永谦、姜念思：《宁城县黑城古城址调查》，《考古》1982年第2期。李文信：《西汉右北平郡治平刚考》，《社会科学战线》1983年第1期。
② 参见本书无终县城。
③ 国家文物局主编《中国文物地图集》河北分册。
④ 参见本书新安平县城。

中藏水合。水导中溪，南流出谷，南注东藏水，故曰其川曰三藏川，水曰三藏水。东藏水又南，右入西藏水，乱流左会龙泉水。水出东山下，渊深不测。其水西南流注于三藏水。三藏水又西南流，与龙刍水合。西出于龙刍之溪，东流入三藏水。又东南流迳武列溪，谓之武列水。东南历石挺下。挺在层峦之上，孤石云举，临崖危峻，可高百余仞。牧守所经，命选练之士，弯张弧矢，无能届其崇标者。其水东合流入濡。濡水又东南，五渡水注之。水北出安乐县丁原山，南流迳其县故城西，本三会城也。其水南入五渡塘，于其川也，流纡曲溯，涉者频济，故川塘取名矣。又南流注于濡。濡水又与高石水合。水东出安乐县东山，西流历三会城南，西入五渡川，下注濡水。"其西藏水即今固都尔呼河（鹦鹉河），中藏水即今茅沟河，东藏水即今赛音河（玉带河，或以为汤泉北之水），三藏水即今武烈水之上源，下流入滦河。五渡水即今老牛河，高石水即今瀑河，亦南流入滦河①。今承德市东约30公里六沟镇东山嘴村东发现一座战国时期古城址，平面近椭圆形，东西长约130米，南北长约107米。城墙夯土修筑，残高3米。采集有泥质灰陶和夹砂灰陶绳纹罐、盆、瓮、板瓦、鬲等残片②。其西临老牛河，东临瀑河，与三会城所在地理方位相当，或即属之。又，《契丹国志》卷二十二《四京本末》："中京，承天太后建。……《契丹图志》云：奚地居上、东、燕三京之中，土肥人旷，西临马盂山六十里。其山南北一千里，东西八百里，连亘燕京西山，遂以其地建城，号曰中京。"卷二十四《王沂公行程录》：铁浆馆，"过石子岭，自此渐出山，七十里至富谷馆，居民多造车者，云渤海人。正东望马云山，山多禽兽林木，国主多于此打围。八十里至通天馆，二十里至中京大定府"。其铁浆馆在今平泉县北，中京大定府城址在今宁城县西约10公里，西南一百里为富谷馆，正当黑城遗址，则辽代当于此置富谷馆，而非劝农县。而马云山当即马盂山，偏指山之东麓。《清统志》卷四十三："永安山，在平泉州南一百九十里。汉名马盂山，地产铅砂，老河发源于此。《辽史·地理志》：中京大定府有马盂山。《元一统志》：马盂山在大宁县西六十里，中有一峰，形类马盂，故云。按：宋王曾

---

① 参见《水经注疏》卷十四。
② 国家文物局主编《中国文物地图集》河北分册。

《行程录》称富谷馆东望马云山，山多禽兽林木，国主多于此打围。马云与马盂，盖音之转，实一山也。欧阳修诗曰：马盂山西看落霞。亦指此。"又，《清史稿·地理志一》：承德府平泉州，"老哈河，古讬纥臣水，俗省曰老河，出喀喇沁右翼南百九十里永安山"。则前记有误。其山今称七老图山，位于内蒙古宁城及河北承德、隆化、平泉之地交界处，南北长达二百余里。鹦鹉河、茅沟河、玉带河皆发源于七老图山西麓，与此山支脉相夹并列南行七八十里后，在隆化县东南境的中关村附近先后相汇。七老图山的支脉亦终止于此，隔河与燕山北麓的群峰对峙，形成一片山间盆地，即古三藏口所在。而马云、马盂与密云语音相近，则此山当即为古密云山，与平刚城可互为印证①。汉代白檀县城可经由三会城而至平刚城。

　　金代改中京大定府为北京路大定府，元代改置大宁路，明初置北平行都指挥使司。《明志一》："北平行都指挥使司，本大宁都指挥使司，洪武二十年九月置，治大宁卫。二十一年七月更名。领卫十。永乐元年三月复故名，侨治保定府，而其地遂虚。"所领"大宁卫，元大宁路，治大定县，属辽阳行省。洪武十三年为府，属北平布政司，寻废。二十年八月置卫"，永乐元年省。又："新城卫，洪武二十年九月置，永乐元年废。距行都司六十里。"清代于今平泉县置平泉州。《清统志》卷四十三："大宁旧城，在平泉州东北一百八十里。即辽之中京大定府。"又："大宁新城，在平泉州北一百里。明洪武二十四年命冯胜等率师出松亭关，筑大宁、宽河、会州、富峪四城，留兵居守。所筑之大宁城即此。其曰新城者，以别于辽金之故城也。置新城卫，永乐初废。《明史·地理志》：大宁新城距行都司六十里。今其城在喀喇沁旗界，周十里，东西三里有奇，南北二里。蒙古称喀喇城，本朝嘉庆十五年设州判驻此。"《清史稿·地理志一》：承德府平泉州，"大宁城，东北八十里，州判驻"。其大宁城即大宁新城，明初置新城卫。《明史》记为"距行都司六十里"，《清统志》记为"在平泉州北一百里"，《清史稿》记为"东北八十里"，互有不同，而所指当均为今所见黑城遗址。又，《清统志》记其规制为"周十里，东西三里有奇，南北二里"，恰与今

---

① 李柏龄：《鲜卑段辽自保之密云山考》，杜江主编《承德历史考古研究》。

所见"黑城"东垣以西（包括外罗城北垣西段、西垣及南垣中西段）部分略等，则明初所筑新城当即在此范围之内。永乐初废，而今所见"黑城"则当重筑于清嘉庆年间设平泉州判驻此之际。

《大都东西馆马步站》："富民，百二十里宽河，一百里神山，一百里富峪。"①《明志一》："富峪卫，本富峪守御千户所，洪武二十二年二月置，二十四年五月改为卫，永乐元年二月徙置京师，直隶后军都督府。距行都司一百二十里。会州卫，洪武二十年九月置，永乐元年废。"又："宽河守御千户所，洪武二十二年二月置，永乐元年二月徙治遵化县，仍属大宁都司。"《清统志》卷四十三："富峪故城，在平泉州北。明初筑，置卫，永乐初废。"其城址在今平泉县北黄土梁子镇三家村南，平面呈长方形，南北长约500米，东西长约200米。又，《清统志》卷四十三："宽河故城，在平泉州南一百十里喜峰口外。明初筑，置卫，永乐初废。今其故城周四里，四门，无楼橹，土人称为宽城。"其即今宽城县城。相互比照可知，今宽城县在元代为宽河站，明初置宽河守御千户所。而明初会州城址沿用元代神山站，亦即辽代泽州神山县。明初富裕城当相沿于元代富峪站，而与辽代富谷馆不在一地。

无终县城

（一）无终城

无终县，西汉时期属右北平郡。《汉志下》：右北平郡属县"无终，故无终子国。浭水西至雍奴入海，过郡二，行六百五十里"。颜师古曰："浭音庚，即下所云入庚者，同一水也。"②又，《汉志下》：俊靡县，"灅水南

---

① 《析津志辑佚》。
② 《汉书补注》卷二十八王先谦案："无终，一作无穷。终、穷字通。《史记》：遂之代，北至无穷也。"其所引文见于《史记·赵世家》，为赵武灵王十九年事。而《战国策·赵策二》载赵武灵王曰："昔者先君襄主与代交地，城境封之，名曰无穷之门，所以昭后而期远也。"则此"无穷"当指"无穷之门"。又，古音终属冬部章纽，穷属冬部群纽，亦相差较大，似无法相通。

至无终东入庚"。另据《史记·项羽本纪》：汉王元年（前206年），项羽"徙燕王韩广为辽东王。燕将臧荼从楚救赵，因从入关，故立荼为燕王，都蓟。……臧荼之国，因逐韩广之辽东，广弗听，荼击杀广无终，并王其地"。《秦楚之际月表》记辽东王"都无终"。七个月后，"臧荼击广无终，灭之"。《汉书·异姓诸侯王表》所述略同。其辽东王属地当包括秦右北平郡、辽西郡及辽东郡。而后右北平郡等地一度归属燕王，后又归属中央。东汉时期相沿，见于《后汉志五》。又，《后汉书·吴汉传》：更始二年（24年），刘秀拜吴汉为大将军，"持节北发十郡突骑。更始幽州牧苗曾闻之，阴勒兵，敕诸郡不肯应调。汉乃将二十骑先驰至无终。曾以汉无备，出迎于路，汉即擒兵骑，收曾斩之，而夺其军。北州震骇，城邑莫不望风弭从"。李贤注："无终，本山戎国也。无终，山名，因为国号。汉为县名，属右北平，故城在今幽州渔阳县也。"《后汉书·耿弇传》：建武元年（25年），刘秀遣耿弇等追击尤来等，"追贼至潞东，及平谷。再战，斩首万三千余级，遂穷追于右北平无终、土垠之间，至俊靡而还"。李贤注："无终、土垠，并县名，属右北平郡。无终故城在今渔阳县，土垠故城在今平州西南。"《三国志·魏书·武帝纪》：建安十二年（207年），曹操北征乌丸，"夏五月至无终。秋七月大水，傍海道不通，田畴请为乡（向）导，公从之"。《田畴传》："田畴字子泰，右北平无终人也。"为幽州牧刘虞从事，后刘虞为公孙瓒所害，为报仇，"遂入徐无山中，营深险平敞地而居，躬耕以养父母。百姓归之，数年间至五千余家"。后投奔曹操，"随军次无终。时方夏水雨，而滨海洿下，泞滞不通，虏亦遮守蹊要，军不得进。……太祖令畴将其众为乡（向）导，上徐无山，出卢龙，历平冈，登白狼堆，去柳城二百余里，虏乃惊觉。单于身自临陈，太祖与交战，遂大斩获，追奔逐北，至柳城。军还入塞，论功行封，封畴亭侯，邑五百户"。裴松之注引《先贤行状》载太祖表论田畴功曰："文雅优备，忠武又著，和于抚下，慎于事上，量时度理，进退合义。幽州始扰，胡、汉交萃，荡析离居，靡所依怀。畴率宗人避难于无终山，北拒卢龙，南守要害，清静隐约，耕而后食，人民化从，咸共资奉。及袁绍父子威力加于朔野，远结乌丸，与为首尾，前后召畴，终不陷挠。后臣奉命，军次易县（水），畴长驱自到，陈讨胡之势，犹广武之建燕策，薛公之度淮南。又使部曲持臣露布，出诱胡众，汉民或因亡来，乌丸闻之震荡。王旅出塞，涂由山中九百余里，畴帅兵五百启导山谷，遂灭乌丸，荡平塞表。畴文武有效，节义可嘉，诚应宠赏，以旌其美。"其"无终山"，当泛指无终县附近之山，则徐无山临近无终县城。晋时改右北平郡为北平郡，无终县属之，见于《晋志上》。《晋书·慕容盛载记》：晋隆安三年（399年），慕容盛遣辅国将军李旱讨伐辽西太守李朗。"师次建安，召旱旋师。朗闻其家被诛也，拥三千余户以自固。及闻旱中路而还，谓有内变，不复为备，留其子养守令支，躬迎魏师于北平。旱候知之，袭克令支，遣广威孟广平率骑追朗，及于无终，斩之。"北魏时期北平郡并入渔阳郡。《魏志上》：渔阳郡领县"无终，二汉、晋属右北平，后属，有无终城，狼山"。其时无终县当另迁新址，而原无终城已空出。

无终之名初见于《左传·襄公四年》："无终子嘉父使孟乐如晋，因魏庄子纳虎豹之皮，以请和诸戎。"杜预注："无终，山戎国名。孟乐，其使臣。"又，《春秋·昭公元年》："晋荀吴帅师败狄于大卤。"杜预注："大卤，大原晋阳县。"《左传》："晋中行穆子败无终及群狄于大原。"杜预注："即大卤也。无终，山戎。"孔颖达疏："《释例·土地名》以北戎、山戎、无终三名为一。北平有无终县，大原即大原郡晋阳县是也。计无终在大原东北二千许里，远就大原来与晋战，不知其何故也。盖与诸戎近晋者相率而共来也。襄四年无终子遣使如晋，请和诸戎，则无终是其大者，故显言其国名也。"江永《春秋地理考实·襄公四年》："《汇纂》：秦置无终县，项羽封韩广为无终王，都无终，即今顺天府玉田县也。县西有古无终城。今按，顾炎武曰：无终之为今玉田，无可疑者。然此年无终子使孟乐如晋，因魏庄子纳虎豹之皮，以请和诸戎；昭元年晋中行穆子败无终及群狄于太原。《汉书·樊哙传》：击陈豨，破得綦毋卬、尹潘军于无终、广昌。则去玉田千有余里。岂无终之国先在云中、代郡之境，后始迁右北平与？按：顾氏此说是也。广昌即今之广昌县，汉属代郡，唐为蔚州飞狐县，明复改广昌，属大同府。蔚州，今改属直隶保定府易州，去玉田之无终远，而史合言之，盖旧无终之地近广昌也。晋自中行吴败狄之后渐扩代北之地，其后赵氏尽得代地，而无终之国乃在右北平。犹之昭十二年晋灭肥，为汉之真定肥累县，而辽西复有肥如县。应劭云：晋灭肥，肥子奔燕，燕封于此。无终亦此类耳。"所论有理，可从。其魏绛与诸戎会盟事并见于《国语·晋语七》："（晋悼）公誉达于戎。五年，诸戎来请服，使魏庄子盟之。"韦昭注："戎，诸戎，无终子之属。"或为杜预注文所本。其无终与广昌合言，并见于《史记·樊哙传》：汉高祖十一年（前196年），樊哙击陈豨，"破得其綦印、尹潘军于无终、广昌。破豨别将胡人王黄军于代南，因击韩信军于参合"。其广昌，即今河北涞源县。又，《史记·平津侯主父列传》：汉武帝元光年间，主父偃上书言九事。"是时赵人徐乐、齐人严安俱上书言世务，各一事。"《索隐》按："本姓庄，避明帝讳，后并改严也。安及徐乐并拜郎中。乐后为中大夫。"《汉书·徐乐传》："徐乐，燕无终人也。"[①] 由此似亦可表明，此无终当在燕、赵交界地带。其无终当属拟音字，为古山戎之一支。在无终国迁居右北平地后，原地犹存无终之名。有赵国三孔布"亡冬"币传世[②]，亦可为一佐证。或以无终子国原存于右北平地，而后迁居燕、赵交界地带[③]，似与史实不符。

《水经注·鲍邱水》："（鲍邱水）又东与泃河合。水出右北平无终县西山白杨谷，西北流迳平谷县，屈西南流，独乐水入焉。水出北抱犊固，南迳平谷县故城东。后汉建武元年，光武遣十二将追大枪、五幡，及平谷，大破之于是县也。其水南流入于泃。泃水又左合盘山水。水出山上。其山峻险，人迹罕交。去山三十许里望山上水，可高二十余里，素湍皓然，颓波历溪，沿流而下，自西北转注于泃水。……鲍邱水又东，庚（庚，明抄本作庾）水注之。水出右北平徐无县北塞中，而南流，历徐无山，得黑牛谷水，又得沙谷水，并西出山，东流注庚（庾）水。昔田子春避难居之，众至五千家。《开山图》曰：山出不灰之木，生火之石。按注云：其木色黑，似炭而无叶。有石赤色如丹，以二石相磨则火发，以然无灰之木，可以终身。今则无之。其水又迳徐无县故城东。王莽之北顺亭也。《魏土地记》曰：右北平城东北一百一

[①] 此从景祐本。或作"燕郡无终人也"，王念孙、王先谦都说燕是国名，郡字不当有。参见校勘记。
[②] 参见后晓荣《战国政区地理》第四章《赵国政区地理》。
[③] 参见韩嘉谷《试探无终》，《北京文博》2006年第1期。

十里有徐无城。其水又西南与周卢溪水合。水出徐无山，东南流注庚（庚，明抄本作庚）水。庚（庚，明抄本作庚）水又西南流，灅水注之。水出右北平俊靡县。王莽之俊麻也。东南流，世谓之车耒水。又东南流，与温泉水合。水出北山温溪，即温源也。养疾者不能澡其炎漂，以其过灼故也。《魏土地记》曰：徐无城东有温汤。即此也。其水南流百步，便伏流入于地下，水盛则通注灅水。又东南迳石门峡。山高嶃绝，壁立洞开，俗谓之石门口。汉中平四年，渔阳张纯反，杀右北平太守刘政、辽东太守阳纮。中平五年，遣中郎将孟益率公孙瓒讨纯，战于石门，大破之。灅水又东南流，谓之北黄水，又屈而为南黄水，又西南迳无终山。即帛仲理所合神丹处也。又于是山作金五千斤以救百姓。山有阳翁伯玉田，在县西北有阳公坛社，即阳公之故居也。《搜神记》曰：雍伯，洛阳人，至性笃孝，父母终殁，葬之于无终山。山高八十里，而上无水，雍伯置饮焉。有人就饮，与石一斗，令种之，玉生其田。北平徐氏有女，雍伯求之，要以白璧一双。媒者致命，伯至玉田，求得五双，徐氏妻之，遂即家焉。《阳氏谱叙》言：翁伯是周景王之孙，食采阳樊。春秋之末，爰宅无终，因阳樊而易氏焉。爱仁博施，天祚玉田。其碑文云：居于县北六十里翁同之山，后路徙于西山之下，阳公又迁居焉，而受玉田之赐。情不好宝，玉田自去，今犹谓之为玉田阳。干宝曰：于种石处四角作大石柱，各一丈，中央一顷之地名曰玉田。至今相传云：玉田之揭，起于此矣，而今不知所在。同于《谱叙》自去文矣。蓝水注之。水出北山，东流屈而南迳无终县故城东。故城，无终子国也。《春秋·襄公四年》：无终子嘉父使孟乐如晋，因魏绛纳虎豹之皮，请和诸戎。是也。故燕地矣。秦始皇二十二年灭燕，置右北平郡，治此。王莽之所谓北顺也。汉世李广为郡，出遇伏石，谓虎也，射之饮羽。即此处矣。《魏土地记》曰：右北平城西北百三十里有无终城。其水又南入灅水。灅水又西南入于庚（庚，明抄本作庚）〔庚〕水。《地理志》曰：灅水出俊靡县，南至无终东入庚（庚，一作庚，下同）水。庚水，世亦谓之为柘水也。南迳燕山下。悬岩之侧有石鼓，去地百余丈，望若数百石囷，有石梁贯之。鼓之东南有石人援桴，状同击势。耆旧言，燕山石鼓鸣则土有兵。庚水又南迳北平城西，而南入鲍邱水，谓之柘口。鲍邱水又东迳右北平郡故城南。《魏土地记》曰：蓟城东北三百里有右北平城。鲍邱水又东，巨梁水注之。水出土垠县北陈宫山,西南流迳观鸡山,谓之观鸡水。……其水又西南流,右合区落水。水出县北山,东南流入巨梁水。巨梁水又南迳土垠县故城西,左会寒渡水。水出县东北,西南流至县,右注梁河。梁河又南,洞于水注之。水出东北山,西南流迳土垠县故城东,西南流入巨梁水。又东南,右合五里水。水发北平城东北五里山,故世以五里名沟。一名田继泉。西流,南屈迳北平城东,东南流注巨梁河,乱流入于鲍邱水。"① 又,《濡水》:"濡水东南流迳乐安亭南,东与新河故渎合。渎自雍奴县承鲍邱水,东出,谓之盐关口。魏太祖征蹋顿,与洵口俱导也,世谓之新河矣。陈寿《魏志》云:以通河海也。新河又东北绝庚(庚,明抄本作庚)水,又东北出迳右北平,绝巨梁之水。"其"巨梁",《永乐大典》本及明朱谋㙔笺本作"洵渠"。赵一清按:"《一统志》引此作巨梁水,是。"② 此从之。其洵字或为巨字之声误,渠字或为梁字之形误。杨守敬以无终县在今天津蓟县址,"以今水道证之,西山当作北山,今洵河发源蓟州北黄崖口"。似理解有误。

依后世水道,其水发源于黄崖口,分为二支,一支西南流经盘山之北,一支东南流经盘山之东③。《水经注》述洵水出无终县西山白杨谷,"西北流迳平谷县,屈西南流"。当属流经盘山之北者,或古时此三支水各单独发源,此支即源于盘山之北白杨谷,而"西山"当指盘山以北诸山。后有盘山水流入洵水。杨守敬按:"盘山在今蓟州西北二十五里。《一统志》盘山水下称旧志云:今有沙河在州西,源出盘山,流经沙岭之麓,东南入沽河。盖明成化间盘山水发,始贯流而东南入沽河也。然则此水出盘山,本西北流注洵水,即郦氏所称之水矣。"似亦不确。此河道或即为古时源于黄崖口

---

① 引文中庚或庚字从《永乐大典》本。括号内字从明朱谋㙔笺本,其"一作庚,下同",从朱谋㙔。明抄本字从王国维校改,〔庚〕为王国维所标记。参见王国维《水经注校》卷十四,上海人民出版社,1984。
② 参见《水经注疏》卷十四。
③ 《读史方舆纪要》卷十一:蓟州,"洵水在州北四十里,一名广汉川,发源黄崖口。一支西南流经盘山之阴入平谷入洵河;一支东南流经盘山之阳,过三叉口,入宝坻县之白龙港。宋广川郡之名以此"。《日下旧闻考》卷一百十四:"臣等谨按:广汉川源出塞外,从州北之黄崖关入境,水分为二。一支西南流经盘山之阴为独乐河,平谷灵山泉水注之,入三河为洵水,过草桥河汇盘山左去之水,至三叉口入宝坻县之白龙港。一支东南流经蓟南五里桥,汇盘山右去之水,入潵流河。《方舆纪要》以东南流一支谓入宝坻县之白龙港,则仍是西南流一支之水矣。谨辨其讹于此。"

之水南流所循行。而盘山水另有所属。其庚水下，官本曰："按庚，原本及近刻并讹作庚，下同。《汉志》：右北平无终，浭水西至雍奴入海。俊靡，灅水南至无终东入庚。颜师古云：浭音庚，即下所云入庚者，同一水也。可证庚乃庚之讹，今改正。"王先谦案："朱讹，赵改。《刊误》曰：庚水当作庚水，即《汉志》右北平郡无终县之浭水也，俊靡县下作庚。庚、浭音同。"《濡水》所述庚水下，官本曰："按近刻讹作庚水。"王先谦案："朱讹，赵改。"① 杨守敬按："《大典》本作庚。"② 并均改为庚水。实则依今所见影印《永乐大典》本，除"庚水注之"、"东流注庚水"两句作"庚"外（而朱谋㙔笺本及明抄本皆作庚），其余均作"庚"。（其"入于庚水"，朱谋㙔笺本作"庚"，王国维改为"庚"，明抄本作"庚"；"东入庚水"，朱谋㙔笺本作"庚"，并注"一作庚"）。由此看来，似并不能完全排除所谓"庚水"原当作"庚水"之可能性。且郦氏于注文中引《汉志》所记灅水出俊靡县，"南至无终东入庚水"，而未加辨明，可表明《汉志》原文当即如此。又，郦氏注文中未引用《汉志》中有关"浭水"记述，似可表明其与"庚水"有别，并非"同一水"。而《汉书》在流传过程中或因抄误亦有作"庚水"者，如颜师古所见，并以庚与浭音同而指为一水。后世又依此而改《水经注》文。此水即今沽河，亦称州河，流经今蓟县东南。其上游水源，一为梨河，一为沙河，二者汇合于苍山镇。或《汉志》所述浭水即指此一水道，而以梨河为水源，另以沙河为庚水。而《水经注》则以庚水指此一水道，并以沙河为水源，略去梨河水道。其"浭水"唯《汉志》一见，或亦有可能属后世误改③。《说文解字》："灅，水，出右北平俊靡，

---

① 《合校水经注》卷十四。
② 《水经注疏》卷十四。杨守敬生前未见《永乐大典》本，所谓《大典》本均泥于戴震所改。参见段熙仲《水经注六论》。
③ 《说文解字》：更作叓，"改也，从攴，丙声"。又，叟作叜，作㪯，"老也，从又，灾。㪯，籀文从寸"。《说文通训定声》壮部：更，"又为叜之误字"。《礼记·乐记》：食三老五更于大学。注：皆老人能知三德五事者也。蔡邕《月令章句》：五更，庶老也。《孝经授神契》：五更，知五行更代之事者。非是。《独断》既曰更者，长也。又云更相代至五，能以善道改更已也。亦胸无定解，《汉书·礼乐志》五更注引蔡邕曰：当为叜。《礼记·文王世子》五更释文：蔡作叜。又，《列子》：黄帝宿于田更商邱开之舍。注：当作叜"。则有可能庚（庚）或臾误为叜，再误为更，又作浭。

东南入庚。"其"庚"字当属后世所改，而原作"庾"。其灅水，当即今淋河，东有温泉水。"灅水又东南流，谓之北黄水，又屈而为南黄水，又西南迳无终山。"而蓝水则极有可能即指上述源于黄崖口而东南流之水。依明朱谋㙔笺本，蓝水"水出北山，东屈而南流，迳无终县故城东"。正与此水流势相合。如此，古蓝水与灅水汇合处当在今蓟县南五里桥附近，而五里桥以上至淋河与沙河汇合口河段当属古灅水。古庚水当在此河段以南，并于五里桥以南与灅水汇合。其巨梁水即今还乡河。古庚水不由今蓟运河入海，而是西南流经今宝坻区北的三岔口南下，于柘口（今宝坻区南石桥附近）汇入鲍邱水。鲍邱水此一河段大致在今潮白新河一线。而曹操所开新河相当于今窝头河。其当西起今盐关口，经宝坻县城南，绝庚水后经右北平郡城北，右北平城介于盐关口东的鲍邱水与新河之间①。

《隋志中》："渔阳郡，开皇六年徙玄州于此，并立总管府。大业初府废。统县一，户三千九百二十五。无终，后齐置，后周又废徐无县入焉。大业初置渔阳郡。有长城。有燕山、无终山。有沟河、如河、庚水、灅水、滥水。有海。"其庚水，当属庾水之误。而滥水，当即《水经注》所述蓝水。《括地志》："幽州渔阳县，本北戎无终子国。"《通典》卷一百七十八：渔阳郡，"西至范阳郡二百十里"。又："蓟州，今理渔阳县。战国时属燕，秦置渔阳郡，二汉因之。隋文帝徙玄州于此，并立总管府。炀帝初废，置渔阳郡。大唐属幽州，开元十八年析幽州置蓟州，或为渔阳郡。领县三：渔阳，汉旧县，有鲍邱水，又名潞水。古北戎无终子国也，一名山戎，凡三名。七国时属燕，燕、后汉为右北平郡。三河。玉田。"依所述方位里程计，其蓟州渔阳县即今天津蓟县址。《旧唐志二》：蓟州领县"渔阳，后汉县，属渔阳国，秦右北平郡所治也。隋为渔阳县。武德元年属幽州，二年改属玄州，又分置无终县。贞观元年属幽州，省无终，神龙元年改属营州，开元四年还属幽州，十八年于县置蓟州，乃隶之。……玉田，汉无终县，属右北平郡。乾封二年于废无终县置，名无终，属幽州。万岁通天二

---

① 参见《清统志》卷七及卷四十五。又，韩嘉谷：《宝坻县秦城为战国右北平郡故城的调查和考证》，《天津市历史博物馆馆刊》1994年第4期。其以无终县城在今蓟县县城一带，蓝水相当于今黑水河。

年改为玉田县，神龙元年割属营州，开元四年还属幽州，八年又割属营州。十一年（当为十八年）又属蓟州"。《新唐志三》："蓟州渔阳郡，下，开元十八年析幽州置。"领县"渔阳，中，神龙元年隶营州，开元四年还隶幽州。……玉田，中，本无终，武德二年置，贞观元年省，乾封二年复置，万岁通天元年更名，神龙元年隶营州，开元四年还隶幽州，八年隶营州，十一年又隶幽州。有壕门、米亭、三谷、礓石、方公、白杨等七戍"。《清统志》卷八："无终故城，今蓟州治。……按《旧唐志》无无终而有渔阳县，云秦右北平郡治，隋为渔阳县。当是大业初移渔阳郡名于故无终，遂改县亦曰渔阳，《隋志》未及改耳。旧志皆以今玉田县为古无终，今考玉田乃唐初析置之无终，非汉县也。"所辨有理，可从。《日下旧闻考》卷一百四十四引《冥报拾遗》："唐幽州渔阳县无终戍城内有百许家。龙朔二年夏四月，戍城火，灾门楼及人家屋宇，并为煨烬。唯二精舍及浮屠并佛龛上纸帘簾篠等，但有佛像，俱不延燎。时人见者莫不嗟异。"此无终戍城当即为唐武德二年（619年）所分置无终县城，贞观元年（627年）省无终县，而置无终戍。龙朔二年（662年），"戍城火"。乾封二年（667年）又于"废无终县"置无终县，万岁通天二年（697年）改为玉田县，相沿至今。杨守敬《隋书地理志考证》："无终，本秦县。《地形志》：无终有无终城。是后魏有移徙也。《隋志》云：无终，后齐置。或齐复有迁徙欤？然无可考。"王仲荦按："《水经·鲍丘水注》：蓝水经无终县故城东。盖指汉无终故城。"① 实则极有可能是北齐时徙置无终县于今玉田县址；隋初又于原无终县址徙置玄州，而领无终县，二者各属一城；至隋末，改玄州为渔阳郡，并置渔阳县附郭，而省无终县。

隋唐时期渔阳县当因于原无终县址。《太平御览》卷四十五引《隋图经》曰："无终山，一名步阳山，又名翁同山。"引《神仙传》云："仙人白仲理者，辽东人也。隐居无终山中，合神丹。又于山中作金五千斤，以救百姓。即此山也。"又引《水经》云："翁伯周末避乱，适无终山。山前有泉水甚清，夏尝澡浴，得玉藻架一双于泉侧。"引《搜神记》云："无终

---

① 王仲荦：《北周地理志》卷十《河北下》。

山又有阳翁玉田。昔雍伯，洛阳人，父母终，葬于无终山。山高八十里，上无水，雍伯置饮。有人就饮，与石一升，令种之。后玉生得白璧五双，聘北平徐氏，遂家焉。"卷一百六十二引《图经》曰："蓟州渔阳郡，《禹贡》冀州之域，春秋及战国时属燕，秦时于此置渔阳郡，二汉因之。又曰：渔阳县，本北（戎）无终子国也。有无终山城。"秦汉时期渔阳郡置于古渔阳县址（今北京密云区西南梨园庄），隋唐时期渔阳郡（或改称蓟州）唯因其名而未因其地。而依文例，其"无终山城"，似不可断读为"无终山、城"；当连读，特指时已空出的早期无终县城。《寰宇记》卷七十：蓟州"西至幽州二百一十里"。又："渔阳县，三乡。本汉旧县。古北戎无终子国也。按：杜预注《左传》，山戎、北戎、无终，三名其实一也。其后晋灭山戎，即为晋境。七国时属燕，后以为右北平郡。唐武德二年置玄州，改属焉。贞观元年州废，还属幽州，开元中置蓟州于此。无终山，一名翁同山，又名阴山，在县西北四里。……又《神仙传》云：无终山有阳翁玉田。昔雍伯，洛阳人，父母终，葬于无终山。山上无水，雍伯汲水作义浆，行者皆饮。三年，有一人就饮，以石子一升遗之，使于高平好地有石处种之。有徐氏者，为右北平著姓，有女，人多求之，不许。雍伯试求，徐氏笑，以为狂，乃云：以白璧一双，当可为婚。雍伯至种石处，得五双白璧。徐氏大惊，即以女妻之。"另有《仙传拾遗》："阳翁伯者，卢龙人，事亲以孝，葬父母于无终山。"① 《日下旧闻考》卷一百十四引《盘山志》："翁同山，一名空同山，在蓟州城北五里，上有崔府君祠，又呼府君山。"依上所推考，古灅水"又西南迳无终山"，当即指无终山，而无终县在山南。又，"在县西北有阳公坛社"，其县当即指时无终县城。而葛洪撰《神仙传》、干宝撰《搜神记》等均在东晋时期，则至迟在魏晋之际无终县城已迁于此址，无终山当因临近无终县城而得称。而《太平御览》所引《水经》"翁伯周末避乱，适无终山。山前有泉水甚清，夏尝澡浴，得玉藻架一双于泉侧"当属《水经注》佚文，似当原接于"山有阳翁伯玉田"下，为郦道元概述之文，故亦称无终山。下引《阳氏谱叙》述翁伯"春秋之末，爰宅无终"。又

---

① 据《日下旧闻考》卷一百四十四。

引碑文云"居于县北六十里翁同之山，后路徙于西山之下，阳公又迁居焉，"即又迁于阳公坛社址。其翁同之山当即无终山，而"居于县北六十里"，显然与魏晋时期无终县即今蓟县不合，则此"县"极有可能属早期无终县城，位于无终山南（或偏南）六十里。此碑很可能立于汉魏之际，时无终县尚未迁至无终山南今址，故无终山亦不得称无终山，而称翁同之山。如此，无终县城迁于今蓟县址当在汉魏之际或稍后。至隋唐时期沿用为渔阳县城，并置蓟州。明初省渔阳郡入蓟州。光绪十五年刊《顺天府志》卷二十一："蓟州城，创始未详。旧唯土城，明洪武四年甃以砖石，周九里十三步，连女墙高三丈五尺，为堞二千四十。南濒沽水，北倚山源。城门三，东曰威远，西曰拱极，南曰平津，各有楼。正北无门，上有楼。"而后屡有修缮。其城就地势修筑，北高南低，平面呈马蹄形，东西最长处1100米，南北最长处1250米。现城墙大部分被毁，残存北垣、东垣及西垣部分墙段，残高4米。始建期的夯土纯净，含少量夏家店下层文化陶片。城内堆积最厚处达8米。出土有汉代镂孔铜熏炉，夹云母红陶釜，泥质灰陶罐、盆和绳纹砖等遗物①。城此规模较大，后世当有拓展。《日下旧闻考》卷一百十四："州治在城东北，仍辽金旧址，元至正间达噜噶齐拓而更新之。明初重建。"又："儒学在州治西北。"增记："州学在拱星街，洪武七年修整。"并按："蓟州学有金正隆元年翰林直学士施宜生撰渔阳重修宣圣庙学碑，字迹剥落难考。又有元大德十一年翰林承旨阎复代草加至圣位号制碑，明嘉靖二十七年户部郎中张拱碑，万历四年翰林成宪碑，本朝顺治七年庶吉士周体观碑，康熙四十年兵部尚书王宏祚碑。今俱存。"据明张拱《重修蓟州儒学文庙记略》："蓟州畿内名郡，州西北为儒学，左方为文庙，肇建于唐，迄于历世，或修或毁。洪武初复建之，间有修葺，久复渐敝。西平王君以东藩副宪提刑兹土，下车展谒，大惧诸所废失，弗称具瞻，注意经营，选材立陶，经始于丁未之秋，落成于戊申之夏。帑不加费，民不知劳，而成功可睹矣。"由此推之，魏晋时期无终县城当只占据此蓟州城内北部，隋唐时期渔阳县及蓟州沿用之，而后又向南扩筑。

---

① 国家文物局主编《中国文物地图集》天津分册。

汉魏时期无终县城当即《水经注》所述无终县故城,其位于古蓝水以西。上已推考古蓝水当大致沿黄崖关东南流水道流经今蓟县城区以西,则无终县故城亦当在今蓟县以西寻之。今蓟县西南约15公里许家台乡许家台村有南城子城址,其所在为一丘陵高地,从坡下夯筑坝墙构成边长150米的方形土台,南侧坝墙高约4米。城墙夯筑于台上,东、西、南三面毁坏较严重,北垣保留尚好,宽25米,残高2~3米,夯层厚0.2米,中间有城门。出土有夹云母陶釜、泥质灰陶盆、豆等器皿和筒瓦、板瓦等建筑材料,可判属战国时期所筑。另在许家台村东100米发现西周及战国时期遗址,其所在地势较周围高出约3米,面积约3000平方米,文化层厚2米。地表散布较多陶片。西周时期遗物有夹砂红褐陶绳纹罐、鬲,泥质灰陶绳纹盆、罐等残片,战国时期遗物有夹云母红陶釜、泥质灰陶豆等。在许家台乡张家园村东500米发现前向阳遗址,面积约1万平方米,文化层厚约1米,地面上散布较多商周及汉代陶片。在张家园村西北发现张家园遗址,面积约7000平方米,文化层厚1~1.5米。发掘出新石器时代陶器,商代房址及墓葬,西周时期房址等。在张家园南约4公里刘家坟发现西周时期居住遗址及墓葬。在许家台以南邦均乡前街村东南发现邦均遗址,面积约6万平方米,文化层厚1~1.5米,出土有西周时期水井及墓葬、战国时期墓葬等。在邦均乡后街村北发现汉代墓葬群。在邦均乡周于庄发现战国时期遗址,面积约2000平方米,文化层厚1米。在邦均乡西草场村北发现汉代墓葬群。在许家台西南白涧乡天平庄北发现战国时期遗址,面积约6000平方米,文化层厚1~2米。在白涧乡刘吉素村南发现汉代遗址,面积约6万平方米,文化层厚1米,并发现有墓葬。在白涧乡杜吉素村东北杨家套发现汉代遗址,面积约1万平方米,文化层厚1~1.5米。在白涧乡辛西村西北、五百户村北及三百户村北均发现汉代墓葬群[1]。由此可见此一地区在商周以来变化较大,发展进程呈现出非连续性。其在夏代属大坨头文化张家园下层类型;至商代中期因受到来自长城地带以花边鬲为代表的古文化影响,蜕变成为围坊三期文化;至西周时期又因渗入周文化因素,蜕变成为张家园上层文

---

[1] 国家文化局主编《中国文物地图集》天津分册。

化。前后发展一脉相承，当属此一时期土著居民遗存①。而后在春秋时期一度沉寂，未发现相关遗迹遗物。至战国时期又重新兴起，且一直延续到秦汉时期。其城址东北距无终山约四十里。依汉代一里合今约 417.53 米推计②，六十里合今约五十里，则所在方位里程与《水经注》所述相近或略合（其所述当依连通道路实际里程计之，或有折曲），当即属无终县故城。《魏志》所述"无终城"，《图经》所述"无终山城"，当均指此城而言。其地处丘陵之上，故以山城称之。而依今所见，似规模较小，或只为内城（无终国宫城），其外另有郭城。此城当兴筑于无终国东迁之际，而后燕国强大，无终国君臣服于燕王，而为燕国右北平郡属县。传世陶文印中有"无终市王勺"③。其"无终市"当即置于此城中。秦灭燕国后，迁右北平郡治此。故项羽徙封韩广为辽东王，即以此为王都。而依《阳氏谱叙》，翁伯于"春秋之末，爰宅无终"，或无终国东迁于春秋战国之际。翁伯初居于翁同山。后因无终城兴建而"路徙于西山之下"，以连通无终城，翁伯又迁于"阳公坛社"址。其有关种玉、得玉的传说，很可能是由发现埋于地下的早期玉器演变而来。在今蓟县南约 30 公里宝坻区牛道口遗址即发现有新石器时代的玉玦等④。

（二）右北平郡城

《读史方舆纪要》卷十一：通州宝坻县，"州东南百二十里，北至蓟州九十里"。又："秦城，县南十里。相传秦始皇并燕，筑城置戍。唐太宗征高丽，尝驻跸焉。"《日下旧闻考》卷一百十三引《蓟邱杂抄》："秦城，相传始皇所筑。李君虞诗惆怅秦城送独归者，盖即此地也。"光绪十五年刊《顺天府志》卷二十八：宝坻县东南"八里新务屯庄，庄之东南二里许有秦城。唐太宗征高丽，驻跸于此"。其城址位于今天津宝坻区石桥乡辛务屯村

---

① 参见韩嘉谷、纪烈敏《蓟县张家园遗址青铜文化遗存综述》，《考古》1993 年第 4 期。韩嘉谷：《试探无终》，《北京文博》2006 年第 1 期。其以为此一支文化当属商周时期无终子国遗存，无终国故地原在此一带，至春秋时期西迁至山西一带。
② 参见陈梦家《亩制与里制》，《考古》1966 年第 1 期。其推算东汉晚期一里合今约 433.56 米。
③ 参见后晓荣《战国政区地理》第七章《燕国政区地理》。
④ 天津市历史博物馆考古队、宝坻县文化馆：《天津宝坻县牛道口遗址调查发掘简报》，《考古》1991 年第 7 期。

南500米，西南临潮白新河。经1977年、1989年及1990年调查发掘，探明其平面呈不规则四边形，北垣长910米，中间呈磬折状，东段长462米，西段长448米；东垣长658米，保存较好，高5米余，顶部有土埂一道，高0.5米，宽0.5米，亦经夯筑，近似女墙；南垣全长820米，残存东段335米，西段地面部分已不存；西垣全长474米，保存部分墙基。北垣东段和南垣平行，均261度；东垣和西垣平行，均4度。四面城墙皆夯筑，结构基本一致，宽14～20米，残高4～5米，夯层厚0.1～0.2米，夯窝直径0.1～0.2米。城垣四面设门，皆位于城墙中部，今成为豁口。门口两侧墙上有建筑，门口外有类似瓮城的曲壁。其东门宽3米，北门宽3.4米。城址总面积近50万平方米。城内地势北高南低，高差1.6米。文化堆积层主要分布于北部。在城内中部偏西北高地发现两处建筑基址，南北相邻，南部基址东西长16.1米、南北宽7米，北部基址残存东西长12米、南北宽10.5米。二者出土同时期遗物，夯筑方法相同，应为同一组建筑物。筑城以前有战国早期和商周时期遗存。商周时期遗存和汉代遗物共存，未见原生地层。

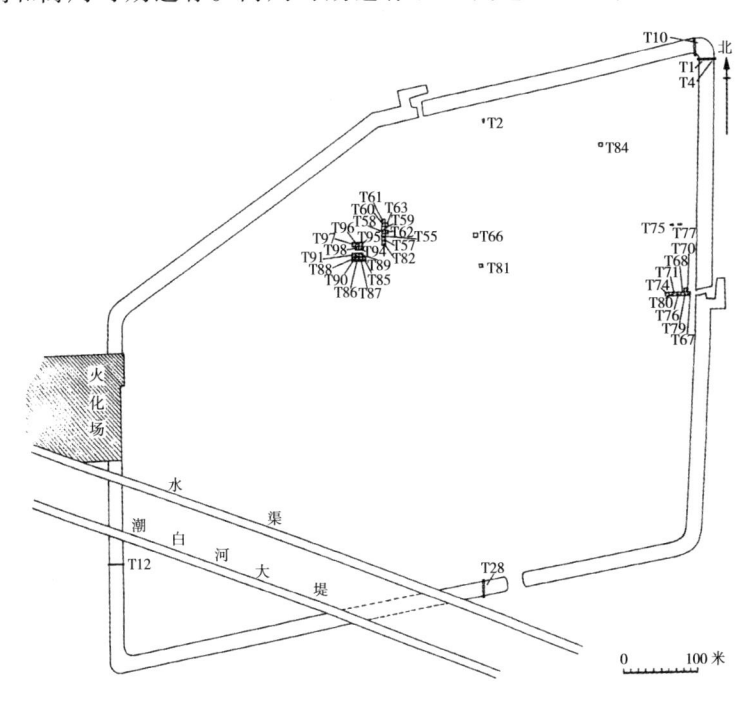

秦城遗址平面图

（据《考古学报》2001年第1期附图）

古城及其使用时期的堆积包括城墙、建筑基址和相关堆积，年代为战国晚期至秦。城址之上有西汉文化遗存，另有墓葬和瓮棺破坏建筑基址和战国时期的道路，表明此时城址已经废弃。西汉以后该古城被水淹没，形成池沼相地层。叠压在池沼相地层上的还有辽代遗存。出土有大量绳纹板瓦、筒瓦和饕餮纹、云山纹、虎纹、双鹿纹等半瓦当，陶片有夹云母红陶釜，泥质灰陶瓮、盆、罐、豆、甑、钵等。发现一枚方形鼻钮铜印章，阳文篆书"长启"二字；一枚方形塔形钮铜印章，阳文篆书"善"字；一件石质双面印母范，阴文反书，有田字格，一面刻"泉州丞印"，一面刻"范阳丞印"，具有秦印特征。根据城墙夯土中常见有灰陶绳纹罐残片和红陶釜口沿等战国遗物，其南垣及西垣夯土中出土的残明刀币直背、刀背磬折，是燕国地区最常见的刀币形式，可判知此城的建造应在赵灭中山和乐毅居齐以后至燕国灭亡以前这段时期，即公元前284～前221年，城内出土遗物也表现出战国晚期特点。在建筑基址中出土的"长启"印的鼻钮，穿孔和钮都较细小，为战国晚期私印的典型做法。此城规模较大，且所在地理方位与《水经注》所述右北平郡故城相合，当即属古北平郡城。秦国于秦王政二十一年（公元前226年）攻下燕之蓟都，二十二年设右北平郡，但直到二十五年才完全灭燕，极可能在此段尚未灭燕的战争时期，秦沿用此城作为右北平郡治，因此才有秦印范出土。所出印范分别为范阳和泉州二县的官印，也表明这里是铸颁县丞印信的机构所在地。至秦灭六国，才将右北平郡郡治迁至无终，而此城至西汉时期已被废弃①。其考古调查发掘工作较为深入，所获资料丰富，分析推论有理，结论大体可信。唯发掘者以今蓟县为秦汉时期无终县城之所在，而比照《魏土地记》曰"右北平城西北百三十里有无终城"，似不甚相合；而若以上述许家台村南城子城址属秦汉时期无终城，则基本相符，可互为印证。又，《魏土地记》曰："蓟城东北三百里有右北平城。"其蓟城即今北京，则于此城似亦不合；或其"东北"为"东南"之讹。

另在石桥乡辛务屯村西发现战国及汉代遗址，石桥乡歇马台村发现商

---

① 韩嘉谷：《宝坻县秦城为战国右北平郡故城的调查和考证》，《天津市历史博物馆馆刊》1994年第4期。天津市历史博物馆考古部、宝坻县文化馆：《宝坻秦城遗址试掘报告》，《考古学报》2001年第1期。

周及战国时期遗址，石桥乡石佛营村西南、田家庄东南发现春秋战国时期遗址，石桥乡郭庄村北、安家桥村东南发现战国时期遗址，在歇马台村西发现春秋战国及汉代墓葬等①。可表明此一地区在战国秦汉之际各方面基础较好，故燕国于此筑右北平城而置郡，并用以为郡称。据《汉志》所记，西汉时期泉州县（今天津武清西南）属渔阳郡，范阳县（今河北定兴县西南）属涿郡。而依《水经注》所述，"秦始皇二十二年，灭燕，置右北平郡，治此"。杨守敬改"二十二年"为"二十一年"，并按："《史记·始皇本纪》：二十一年，破燕太子军，取燕蓟城，燕王东收辽东而王之。二十五年，攻燕辽东，得燕王喜，皆非二十二年事。此所云灭燕，盖指取蓟城言，则当作二十一年。"而熊会贞于"治此"下按："即下文所云蓟城东北三百里有右北平城也。"均理解有误。联系《水经注·灅水》所述蓟城，"秦始皇二十三年，灭燕，以为广阳郡"。杨守敬改"二十三年"为"二十一年"。又，《水经注·鲍邱水》所述渔阳县，"渔阳郡治也，秦始皇二十二年置"。其"二十二年"当指右北平郡迁治无终县城的时间，而非灭燕的时间。此前一年当仍沿用燕右北平郡城。而"二十二年"后当已迁离此城。而之所以迁右北平郡治于无终县城，当是在此期间秦王对此一地郡县区划有所调整。原燕国右北平郡所辖地区当包括泉州、范阳县等在内，而秦王政二十二年将此二县等西南部区域划入渔阳郡；至秦王政二十三年设广阳郡，又将范阳县等划归广阳郡。汉初更名燕国。汉高祖六年从燕国分出涿郡，范阳县属之。如此，其石印范制成的时间似只有在秦王政二十一年之内。

西汉之初，右北平郡治当仍相沿于无终县城。《史记·韩长孺列传》：汉武帝元朔元年（前128年），"匈奴大入边，杀辽西太守，及入雁门，所杀略数千人。车骑将军卫青击之，出雁门。卫尉安国（韩安国字长孺）为材官将军，屯于渔阳。安国捕生虏，言匈奴远去。即上书言方田作时，请且罢军屯。罢军屯月余，匈奴大入上谷、渔阳。安国壁乃有七百余人，出与战，不胜，复入壁。匈奴虏略千余人及畜产而去。天子闻之，怒，使使责让安国。徙安国益东，屯右北平。是时匈奴虏言当入东方。安国始为御

---

① 国家文物局主编《中国文物地图集》天津分册。

史大夫及护军，后稍斥疏，下迁。而新幸壮将军卫青等有功，益贵。安国既疏远，默默也。将屯又为匈奴所欺，失亡多，甚自愧。幸得罢归，乃益东徙屯，意忽忽不乐。数月，病欧血死。安国以元朔二年中卒"。《正义》：渔阳，"幽州县"。又，右北平，"幽州渔阳县东南七十七里北平城，即汉右北平也"。《汉书·韩安国传》所述略同。《正义》以汉渔阳县即唐渔阳县（唐初属幽州，开元十八年属蓟州）①，有误。而其以"渔阳"指渔阳县，与之相应的"右北平"亦指右北平城，则当符合本义。西汉时期渔阳县城在今北京密云区西南梨园庄址（唐代属檀州）；而"右北平"当即指此城。其位于渔阳县城之东，故称"益东"即增益于东部地区。如此，此右北平城一度用为军屯之所。《史记·李将军列传》："匈奴入杀辽西太守，败韩将军，后韩将军徙右北平。于是天子乃召拜（李）广为右北平太守。……广居右北平，匈奴闻之，号曰汉之飞将军，避之数岁，不敢入右北平。广出猎，见草中石，以为虎而射之，中石没镞，视之石也。因复更射之，终不能复入石矣。广所居郡闻有虎，尝自射之。及居右北平射虎，虎腾伤广，广亦竟射杀之。"《汉书·李广传》："匈奴入辽西，杀太守，败韩将军。韩将军后徙居右北平，死。于是上乃召拜广为右北平太守。"汉武帝诏曰："将军其率师东辕，弥节白檀，以临右北平盛秋。"并述李广射石、虎诸事。孟康曰："白檀，县名也，属右北平。"李奇曰："弥节，少安之貌。"颜师古曰："盛秋马肥，恐虏为寇，故令折冲御难也。"其时右北平郡治当仍在无终县城，《水经注》述李广射石事于此，当有所本②。右北平郡迁治平冈

---

① 《后汉书·光武帝纪》所记"渔阳太守彭宠"下李贤注："渔阳郡在渔水之阳，今幽州县。"与此同，亦误。又，《光武帝纪》："光武北击尤来、大枪、五幡于元氏，追至右北平，连破之。"李贤注："北平县属中山国，今易州永乐县也。臣贤案：《东观记》、《续汉书》并无右字，此加右，误也。营州西南别有右北平郡故城，非此地。"其"右北平郡故城"当指平刚县。

② 赵一清曰："宋氏琬曰：汉右北平郡治平罡，后汉治土垠。《水经注》、《魏土地记》曰：蓟城东北三百里有右北平城。蓟城，今京师也。《括地志》：渔阳郡东南七十里有右北平城。当在今蓟州玉田县界，此后汉之右北平也。若平罡则在卢龙塞之东北三四百里，此前汉之右北平，而李广之所守此。射虎处，郦氏《水经注》言此石在玉田、无终之间，是以后汉之右北平为李广所治，与东越青陉之说自相矛盾。著书之难如此。"杨守敬按："梁玉绳曰：《黄氏日钞》：射石事每载不同，要皆相承之妄言。《西京杂记》五述广此事云：猎于冥山之阳。据《战国策》及《史记·苏秦传》，冥山在韩国，而右北平治平刚，在今塞外，即使广真有其事，亦非守右北平时也。"

当在此后，而白檀县亦随之划属渔阳郡。

此城之所以称右北平城，当是因其位于北平城之西（西南）。依《水经注》所述，古庚水南迳燕山下，"又南迳北平城西，而南入鲍邱水，谓之柘口"。又，五里水"发北平城东北五里山，故世以五里名沟。一名田继泉。西流，南屈迳北平城东，东南流注巨梁河，乱流，入于鲍邱水"。熊会贞按："《魏志·田畴传》：前汉之右北平郡治平冈。注上文，秦治无终。《续汉志》：后汉治土垠。秦与后汉似有二城。然《括地志》云渔阳郡东南七十里有北平城，以燕山为板筑。《一统志》谓即秦右北平郡治。且注引《魏土地记》，三言右北平城，皆指一地言。盖秦为无终县地，汉析置土垠，又为土垠县地。《地形志》：土垠有北平城。即此也。在今玉田县西北，燕山南。"其以秦与后汉郡城为一，并以右北平城即北平城，似不确。此北平城当即上引《晋书》所述李朗"迎魏师于北平"之北平城，"孟广平率骑追朗，及于无终，斩之"。其与无终县临近。《寰宇记》卷七十：蓟州渔阳县，"燕山，在县东南七十里。悬岩侧有石鼓，去地百余丈，望之若数百石囷，左右石梁贯之。鼓东南有石人援桴，状同击势。云燕山石鼓鸣则有兵"①。又："北平故城，《隋图经》云：渔阳有北平故城，即汉将军李广为郡守，出猎遇草中石，谓是伏虎，引弓射没羽。是此处。"《明统志》卷一："北平城，在蓟州。相传汉将李广出猎，暮遇石，谓是伏虎，射之没羽。即此。"《读史方舆纪要》卷十一：蓟州，"北平城，在州境。《括地志》：渔阳县东南七十里有北平城，倚燕山为板筑。西汉右北平治郡治平刚，或以为即此城也"。其所引《括地志》文与上引张守节《史记正义》文相类，而字句互有不同。《日下旧闻考》卷一百十七引《隋图经》："渔阳有北平故城。汉将军李广为郡守，出猎遇草中石，谓是伏虎，引弓射之，没羽。即是此处。"并按："北平故城遗址无考。燕山距（蓟）州东南五十五里，与遵化、玉田接壤。"以上皆以北平城在隋唐以后蓟州境内。而《清统志》卷四十五："北平城，在玉田县界。《水经》：鲍邱水东迳右北平郡故城南。《土地记》：蓟城东北三百里有右北平

---

① 《太平御览》卷四十五："《隋图经》曰：燕山在易县东南七十里，岩侧有石鼓，去地百余丈，望之若数百石囷，左右梁贯之。鼓东南有石人，援桴之状同击势，云燕山石鼓鸣则有兵。"二者所述略同，当同本于《隋图经》，而此"易"字当为"渔阳"之讹。

城。《括地志》：渔阳县东南七十里有北平城，以燕山为板筑。按此秦所置北平郡治也。"依其所引《括地志》文，当所指相同。而所引《水经注》文，则理解有误。光绪十五年刊《顺天府志》卷二十九：蓟州东南"七十里东迷王会、西迷王会、王福庄、安棋盘、前姚土河、后姚土河、娄庄子、鲁家庄，旧有北平故城，或曰近此数邨"。而未予指实。依今地理区划当属玉田县境。今玉田县西约5公里有兰泉河（亦称彩亭桥河）自西北向西南流入蓟运河，上有金代学士杨彩亭所建三孔石拱桥（彩亭桥）；而依此一带地势，古时亦有可能折向东南，流入双城河或还乡河，则当即属《水经注》所述之"五里河"，流经古北平城东。今在兰泉河西大安镇后螺山村东北200米一座相对高度约70米的小山顶上发现后螺山遗址，面积约1万平方米，地表散布大量砾石和陶器残片。陶器以夹砂褐陶居多，器表多饰绳纹，可辨器形有鬲、罐、盆等，属夏家店下层文化遗存。在后螺山村西北1000米、燕山余脉的南坡断面发现两座战国时期瓮棺墓。在大安镇峰山村东北500米一座相对高度约100米的小山顶上发现古城址，平面呈圆角方形，边长约50米，面积约2500平方米。城墙系用石块垒砌而成，内填充砾石，基宽3米左右，残高1~3米，采集遗物有泥质红陶罐、盆和白釉、黑釉、酱釉的瓷碗、罐、瓶等残片，属辽金时期。在峰山村北130米黄土高台地上发现墓葬群，面积约1.5万平方米。部分墓葬已被破坏，暴露有用石板垒成的墓棺及泥质红陶罐、泥质灰陶尊等残陶器，属夏家店下层文化时期。在大安镇小庞各庄村北约30米、燕山余脉山坡南的黄土台地发现瓮棺一套，由两件羼蚌末红陶盆和一件羼蚌末灰陶盆套接而成，长约75厘米，宽约30厘米。该墓附近曾发现过类似器物，可能是一处战国时期瓮棺墓群。在小庞各庄村西50米发现汉代墓葬群，面积约1.5万平方米，在大安镇大庞各庄村西北500米发现两座汉代砖室墓。在该村内曾发现一处古砖窑址，暴露有汉代绳纹砖。另在彩亭桥镇张土桥村南100米发现一处战国至汉代遗址，面积约1.5万平方米，文化层厚0.5米，采集遗物有泥质灰陶绳纹罐、盆和素面豆、夹砂褐陶釜等残片，在孤树镇姚辛庄子村北1000米发现战国至汉代遗址，面积约3000平方米[1]。可表明

---

[1] 国家文物局主编《中国文物地图集》河北分册。

此一地区在夏商时期已得以开发。其峰山石城的形制规模与辽西一带所发现的夏家店下层文化石城相类，或即属于此一时期。而在西周春秋时期似曾一度中断，至战国秦汉时期又有较大发展，虽迄今尚未发现相关遗迹，但北平城营建于此一区域当有可能，或即如《括地志》所述，其"倚燕山为板筑"。

其燕山，除上引《隋图经》记在渔阳县东南七十里外，又有《括地志》云："燕山在幽州渔阳县东南六十里。徐才宗《国都城记》云：周武王封召公奭于燕，地在燕山之野，故国取名焉。"① 而《明统志》卷一："燕山，在玉田县西北二十五里。自西山一带迤逦东来，延袤数百里，抵海岸。宋苏辙诗：'燕山如长蛇，千里限夷汉。首衔西山麓，尾挂东海岸。中间哆箕毕，末路牵一线。'"《读史方舆纪要》卷十一：蓟州玉田县，"燕山，县西北二十五里。志云：自西山一带迤逦东来，延袤数百里，抵海岸。苏辙诗：'燕山如长蛇，千里限夷汉。首衔西山麓，尾挂东海岸。中间哆箕毕，末路牵一线。'盖实录也。东晋咸康四年石虎攻段辽，辽将北平相阳裕登燕山以自固。即此。傍山，在县西北二十五里，四崖壁立，突兀嵯峨，有堡可以避兵。其相连者曰麻山。志云：麻山在县北十五里。又，县西北二十里有石鼓山"。《清统志》卷七："燕山，在蓟州东南五十五里。高千仞，陡绝不可攀，与遵化州及玉田县接界。《隋书·地理志》：无终县有燕山。"又，卷四十五："蜂山，在玉田县西三十里。又西十里有螺山，盘旋如螺，下有泉可资灌溉。乐台山，在玉田县西北十八里，蓝水源出此。燕山，在玉田县西北二十五里，接丰润县界。自西山一带迤逦东来，延袤数百里，抵海岸。为中外巨防。宋苏辙诗所谓首衔西山麓，尾挂东海岸者也。《晋书》：咸康四年石虎攻段辽，辽北平相阳裕登燕山以自固。即此。《水经注》：庚水迳燕山悬岩之侧，有石鼓，去地百余丈，望若数百石囷，有石梁贯之。鼓之东南，有石人援桴，状同击势。按：县志别载石鼓山在县西北二十五里。相传唐太宗东征，聚兵击石，声如鼓。故名。考其方向，即《水经注》所云石鼓也。《方舆路程考辨》两见之，误。今附注于此。庞山，在玉田县西

---

① 《史记·周本纪》正义引。

北二十五里，四崖壁立。亦名旁山。《名胜志》：旁山南即种玉山也，旁为石鼓。"似可表明唐宋以来燕山所指的范围有所扩大。依《括地志》所述，燕山在渔阳县东南六十里，似当包括今螺山、峰山等在内。而依《隋图经》所述，燕山在渔阳县东南七十里，且述悬岩侧有石鼓，与《水经注》略同，则古之燕山之东界当即今称石鼓山者，临近燕山口，东南距今玉田县约10公里。

石成县城

石成县，西汉时期属右北平郡，见于《汉志下》。东汉时期省废。十六国时期先后属前燕、后燕及北燕，又重置石城县，并置石城郡。《晋书·慕容熙载记》：晋元兴元年（402年），"（慕容）熙狩于北原，石城令高和杀司隶校尉张显，闭门距熙。熙率骑驰返，和众皆投杖，熙入诛之"。时都和龙城（今朝阳市区）。《魏书·世祖纪》：延和元年（432年），征讨北燕冯文通，临近和龙城，"文通石城太守李崇、建德太守王融十余郡来降"。而后地归北魏。《魏志上》：营州建德郡领县"石城，前汉属右北平，后废。真君八年并辽阳、路、大乐属焉。有白鹿山祠"。其辽阳、路、大乐等县当即为原石城郡属县。北齐时石城县省废，见于《隋志中》。

《水经注·大辽水》："（白狼水）又西北，石城川水注之。水出西南石城山，东流迳石城县故城南。《地理志》：右北平有石城县。北屈迳白鹿山西，即白狼山也。"杨守敬按："汉县，属右北平郡，后汉废。后魏复置，属建德郡，在今建昌县东南。"其建昌县在今辽宁凌源市区。又，《读史方舆纪要》卷十八：大宁卫，"石城故城，在营州西南百余里。汉县，属右北平郡，后汉省。慕容燕复置县并置石城郡治焉"。其营州在今朝阳市区。另亦有以此石城当在今建昌县西①。而于石城所在具体方位均未予指实。比照《水经注》，白狼水当即今大凌河，石城川水当即今渗津河，白狼山当即今大阳山，山下残存有白鹿山祠遗址②，则石城县故城当即在今渗津河流域。

---

① 王仲荦：《北周地理志》附录《魏书地形志营州所领郡县考证》。
② 参见本书白狼县城。

今喀左县南山嘴子镇黄家店村土城子屯西南100米残存一座战国至汉代古城址，平面呈长方形，长250米，宽200米。城墙夯土修筑，存高0.8米，宽5米。有一南门。城外有护城河，宽20米，深3米。城内文化层厚1.5米，采集有板瓦、筒瓦、瓦当、夹砂红陶、泥质灰陶器等残片。城址北临渗津河。另在城址西小黄家店屯东发现一处夏家店下层文化及战国时期遗址，在土城子屯东南亦发现一处夏家店下层文化遗存。在黄家店城址西、渗津河以北今凌源市四合当镇王家窝铺村小城子屯内残存一座辽金时期城址，平面呈长方形，南北长500米，东西长300米。城墙夯土修筑，墙基略高于地面。采集有辽金时期青砖、布纹板瓦、灰陶器、瓷器等残片[1]。在城址西南角出土有大金中都天宫院法师石经幢。在王家窝铺村西侧小城子地发现一处辽金时期遗址，面积约10万平方米。除此而外，在今渗津河西岸未发现其他城址及相关遗迹。相互比较，后者位于今渗津河北，与《水经注》所述石城县故城所在方位相合，然所属时代似不甚相符；而前者位于今渗津河南，与《水经注》所述石城县故城所在方位不合，而所属时代则大致相当。就今所见考古资料推测，似以黄家店土城子属石城县故城的可能性更大一些[2]。而今渗津河流经此城址北，当因后世水道变迁所致。就今所见此一地区呈南高北低之势，或古时石城川水当在此城址西南折向东，"东流经石城县故城南"，又"北屈迳白鹿山西"，东北流注白狼水。或以此城址当属"凡城"[3]。不确。

《后汉书·孝献帝纪》：建安十二年（207年），"秋八月，曹操大破乌桓于柳城，斩其蹋顿"。《乌桓鲜卑列传》："建安十二年，曹操自征乌桓，大破蹋顿于柳城，斩之，首虏二十余万人。"《三国志·魏书·武帝纪》：曹操北征乌丸，"引军出卢龙塞，塞外道绝不通，乃堑山堙谷五百余里，经白檀，历平冈，涉鲜卑庭，东指柳城。未至二百里，虏乃知之。（袁）尚、

---

[1] 国家文物局主编《中国文物地图集》辽宁分册，西安地图出版社，2009。
[2] 参见孙进己、王绵厚主编《东北历史地理》第一卷第三编第二章第三节《前汉的右北平郡》，黑龙江人民出版社，1989。王绵厚：《秦汉东北史》第二章第二节，辽宁人民出版社，1994。
[3] 刘新民：《白狼山与白狼城考》，孙进己等主编《中国考古集成》东北卷，北京出版社，1997。

（袁）熙与蹋顿、辽西单于楼班、右北平单于能臣抵之等将数万骑逆军。八月，登白狼山，卒与虏遇，众甚盛。公车重在后，被甲者少，左右皆惧。公登高，望虏陈不整，乃纵兵击之，使张辽为先锋，虏众大崩，斩蹋顿及名王已下，胡、汉降者二十余万口。……九月，公引兵自柳城还"。《乌丸鲜卑东夷传》："建安十一年，太祖自征蹋顿于柳城，潜军诡道，未至百余里，虏乃觉。尚与蹋顿将众逆战于凡城，兵马甚盛。太祖登高望虏陈，（柳）〔抑〕军未进，观其小动，乃击破其众，临陈斩蹋顿首，死者被野。"《资治通鉴》卷六十五："八月，（曹）操登白狼山，卒与虏遇，众甚盛。"胡三省注："《水经注》：白狼山在右北平石城县西。《乌丸传》：逆战于凡战。则白狼山盖在凡城。"似不确。依《水经注·濡水》："卢龙东越青陉，至凡城二百许里。自凡城东北出，趣平罡故城可百八十里，向黄龙则五百里。"其凡城当在今河北平泉县南东水泉村南①，东至白狼山二百余里。当年战事不可能发生在凡城。依诸书所述，战事当主要在白狼山北、柳城以南地带进行，而今渗津河北、白狼水西一带地势平坦开阔，数十万军士可纵横驰骋，其时石城正位于石城川水之北。由此推之，《魏书》所述"逆战于凡城"，当属"石城"之讹。

廷陵县城

廷陵县，西汉时期属右北平郡。《汉志下》：右北平郡属县"廷陵，莽曰铺武"。今辽宁凌源市安杖子城址出土有"廷陵丞印"封泥。东汉以后省废。《说文解字》："廷，朝中也。"段玉裁注："朝中者，中于朝也。古外朝、治朝、燕朝，皆不屋，在廷。故雨霑服失容则废。"又，《说文解字》："陵，大阜也。"则廷陵当指上部平整如朝中廷院的山陵。

《清统志》卷四十三："长寿山，在建昌县东北六十里，土城子西。山有元云峰真人康太真墓。又，距山西四百步许有玉京观旧址，有元至元二

---

① 参见本书平刚县城。

十四年李察撰利州长寿山玉京观地产碑。"其长寿山今称黄花山,在辽宁建平县西北。据李察所撰碑文,此山至迟在元代已称长寿山。其土城子位于今辽宁建平县东北万寿镇扎寨营子村东北约150米牤牛河西岸台地上,南为一季节性小河,西临叶柏寿通往太平庄的公路,四周比较开阔平坦。城址平面略呈长方形,南北长175米,东西长125米,北部现为土城子中学,学校的西墙及北墙即沿用原古城的西垣及北垣。南部为耕地。城垣轮廓基本清楚。现除北垣中段约有50米保存完好外,其余均夷为平地。其中南垣、西垣南段及西南角已被河水冲毁。城门痕迹已不明显。城墙为黄黏土夯筑,北垣中段尚存部分高约2米,宽5~6米。夯层清楚,从上至下共分五层,夯层厚度7~12厘米不等,城墙内含有夏家店下层文化灰陶绳纹加划纹陶片。城内地表散布汉代筒瓦、板瓦、花纹砖、残瓦当及陶片等,出土有燕刀币、布币,汉代五铢钱、铜镞、铁铧、铁釜等。其南扎寨营子村河东砖厂东台发现汉代墓葬群,面积约8万平方米,有长方形砖室墓及瓮棺墓,出土"长宜子孙"铜镜、灰陶罐、洗等。调查者根据所见遗迹遗物推断,此城当属西汉时期,未见东汉以后遗物。或属西汉时期右北平郡中不能确指的廷陵、资县、平明、聚阳四县之一[①]。此一地区在西汉时期属右北平郡,城址规模亦与县城相当,西北距资县(今建平县西胡素台城址)[②]、西南距平明县(今凌源市安杖子城址)较近[③],属廷陵县城并非没有可能。又,古音廷属耕部定纽,长属阳部定纽,寿属幽部禅纽,二音相近,则其所临长寿山或即由廷陵演变而来,或由廷陵演为长陵,再演为长山及长寿山。如此,此山当古称廷陵,而县城即以其命名。

俊靡县城

俊靡县,西汉时期属右北平郡。《汉志下》:右北平郡属县"俊靡,灅

[①] 李宇峰:《辽宁建平县两座西汉古城址调查》,《考古》1987年第2期。国家文物局主编《中国文物地图集》辽宁分册。
[②] 参见本书资县城。
[③] 参见本书平明县城。

水南至无终东入庚。莽曰俊麻"。东汉时期相沿，见于《后汉志五》。又，《说文解字》："灅，水，出右北平俊靡，东南入庚。从水，壘声。"段玉裁注："俊，各本作浚。今依二志作俊。右北平俊靡，二志同。今直隶顺天府遵化州州西北有俊靡故城是。"《后汉书·耿弇传》：更始二年（24年），光武遣耿弇等追尤来、大枪等，"追贼至潞东，及平谷，再战，斩首万三千余级。遂穷追于右北平无终、土垠之间，至俊靡而还"。李贤注："俊靡，县名，属右北平，故城在今渔阳县北。靡音麻。"其并见于《资治通鉴》卷四十，胡三省注引李贤注同此。晋时俊靡县属北平郡，见于《晋志上》。而后省废，不见于《魏志》。

《水经注·鲍邱水》："庚水又西南流，灅水注之。水出右北平俊靡县。王莽之俊麻也。东南流，世谓之车軬水。又东南流，与温泉水合。水出北山温溪，即温源也。养疾者不能澡其炎漂，以其过灼故也。《魏土地记》曰：徐无城东有温汤。即此也。其水南流百步，便伏流入于地下，水盛则通注灅水。又东南迳石门峡。山高崭绝，壁立洞开，俗谓之石门口。汉中平四年，渔阳张纯反，杀右北平太守刘政、辽东太守阳纮。中平五年，遣中郎将孟益率公孙瓒讨纯，战于石门，大破之。灅水又东南流，谓之北黄水，又屈而为南黄水，又西南迳无终山。……蓝水注之。水出北山，东流屈而南迳无终县故城东。……其水又南入灅水。灅水又西南入于庚水。《地理志》曰：灅水出俊靡县，南至无终东入庚水。"其庚水，此从《永乐大典》本及明朱谋㙔笺本，则《汉志》及《说文解字》之"庚"当属后世所误改，而原亦作"庚"。庚水当大致流行今沙河及州河水道①。近世多以今沙河属古灅水，不确。《清统志》卷四十五："金泉河，在（遵化）州西，源出马兰关外，西南流至蓟州东马伸桥入梨河。亦曰淋河。按《水经注》：蓝水出北山，东屈而南流经无终县故城，东南入灅水。疑即此。旧志谓淋河即梨河之讹，非是。"其以淋河属古蓝水，亦不确。今淋河东近温汤（今汤泉，在遵化西北四十里），西近无终山（今蓟县北），当属古灅水。如此，

---

① 参见本书无终县城及徐无县城。

俊靡县故城当在近今淋河之地寻之。

《读史方舆纪要》卷十一：蓟州丰润县，"俊靡废县，在县北。汉县，属古北平郡。靡音麻。后汉因之。建武中遣吴汉等击尤来、大枪贼，穷追至俊靡是也。晋属北平郡，后废。"《清统志》卷四十五："俊靡故城，在（遵化）州西北。汉置县，东晋后废。《后汉书》注：俊靡故城在渔阳县北。"二者所述与上所推考近古灅水之地均不相符，且与李贤注之唐渔阳县（今蓟县）北亦不合。又，《读史方舆纪要》卷十一：蓟州，"黄崖峪关，州北四十里。其北三十五里曰寻思峪，又北十五里为柞儿峪。又，车道峪堡在黄崖峪东。志曰：自车道峪黄崖口直北即元人之大兴州也。宽佃峪关，志云：黄崖峪东第六关也。自黄崖峪以东至遵化县之马兰关，凡十口，而宽田峪为要路"。遵化县，"马兰峪关，县西北七十余里，为守御要地，有城。关外六十七里曰牵马岭"。《清统志》卷九："黄崖关，在蓟州北四十里将军关东南，有上、下二营，设把总戍守。其北三十五里曰寻思峪，又北十五里为柞儿峪，皆有堡。又，车道峪堡在黄崖峪东。又东为青山岭口、古强峪口。"《清统志》卷四十六："马兰关，在（遵化）州西北七十里，有城，在关南十里。旧志：关外六十七里有牵马岭，与此相为犄角。"可表明在今蓟县、遵化与兴隆交界地带山势高低起伏，形成许多山口，或连通南北道路，如黄崖关口、马兰关口等；或流经关内外河流，如今淋河即源自天秤山南，南流经古强峪口等。其牵马岭（今作荞麦岭）在今兴隆县东北约8公里，有柳河源自天秤山北经此流向东北，注入滦河。在荞麦岭村西北发现新石器时代及青铜器时代遗址。在荞麦岭村东北约3公里平安堡镇土城头村东北残存一古城址，平面呈不规则长方形，东西长约170米，南北长约95米。北垣向北延伸，建有长约375米的翼墙。城墙夯土修筑，残高1~5米。采集遗物有泥质灰陶板瓦、筒瓦和素面罐、盆等残片。判属唐至元代。另在其东南平安堡镇水泉甸子村北发现战国时期遗址，面积约4000平方米，文化层厚0.4米，暴露遗迹有灰坑，采集遗物有夹砂红褐陶绳纹罐、盆等残片。在平安堡镇楚榆沟村苗家旺沟亦发现战国时期遗址，采集遗物有铁斧、铁锤、铁凿、铁镰和夹砂红褐陶绳纹釜等残片。在土城头村西南平安堡镇白茅甸子村西北发现战国时期墓葬群，面积约4万平方米，出土有青铜短剑、铜削刀等①。综合各方面情况，其土城头城址之上限或可提早至战国秦汉之际，而西临今柳河，南临今淋河即古灅水，且位于唐渔阳县（今蓟县）之北，极有可能即属古俊靡县城。当年耿弇等追击尤来于无终（今蓟县西南许家台村）、土垠（今玉田县亮甲店村）之间，当随即经今蓟县经黄崖关之路北上，"至俊靡而还"。其俊靡，当属拟音字，为古时在此一带聚集的土著居民称谓。今荞麦岭在明清时期称牵马岭，而"牵马"与"俊靡"音相近，很可能即由古时俊靡演变而来。则此山古时或称俊靡山，而今柳河或原称俊靡水。

夒县城

夒县，西汉时期属右北平郡。《汉志下》：右北平郡属县"夒，都尉治。莽曰哀睦"。颜师古曰："音才私反。"在今凌源安杖子城址中出土有"夒丞之印"封泥。东汉以后省废。《说文解字》："夒，草多貌。"其或因野草茂盛而得名，然难以就此判定所在具体方位。而为边郡都尉治所，自当临近边塞。今辽宁建平县西北老哈河东岸三家乡西胡素台村土城子屯东南残存一座汉代城址。其东临叶柏寿通往太平庄的公路，西临老哈河支流小河子，北有半拉山，东北有大黑山，东南有荷包山，远处群山环抱，城址四周平坦宽阔。城垣平面呈方形，方向正南北。边长300米，面积约9万平方米，城墙夯土修筑，轮廓尚依稀可辨，现仅存东垣一段，长10余米。城门不清。城址北面经河水多年冲刷，已形成高出河床约6米的断崖。从断崖剖面观察，古城下的灰土文化层厚3~4米，内含夏家店下层文化的罐式鼎鼎足，以及夏家店上层文化的陶器口沿、器耳等，可表明这一带有早于汉代的堆积。断崖暴露的城址北垣系黄褐色黏土夯成，现高约3.5米，夯层清晰，尚遗有圆形夹板插棍窝痕。城址地表及四周断崖处散布大量西汉时期的陶盆、罐、瓮、豆残片及筒瓦、板瓦等。在北垣附近出土一件圆瓦当，边轮已残，

---

① 国家文物局主编《中国文物地图集》河北分册。

当面中心圆孔凸出，双线圆形规范，四分扇面以三线界格区分，两侧引向边轮的一端均作卷云形。扇面内有"安乐未央"四字，阳文隶书，右环读，字体浑厚，笔划圆润流畅，瓦色青灰。当背似经削平加工，较平整。另外还出土有燕刀币、布币、汉半两钱、五铢钱和铜镜等。在土城子屯东发现汉代墓葬群，面积约10万平方米。根据所见遗迹遗物，此城当属西汉时期，而未见东汉及以后遗物。其地近右北平郡北部边塞，控扼郡治东北老哈河通道，经此北去，可直通匈奴左部腹地，当有可能即属骘县城[①]。所论有理，当大体合于史实。对此，还可以就此一地区考古资料做进一步分析。

在此城址北部及东北部残存汉长城遗迹。其由今河北丰宁、滦平、隆化转向东南，进入承德市，又转向东北，进入内蒙古宁城县，向东经黑里河、甸子乡转向北行，经热水、八里罕乡又转向东北，经存金沟、三座店、大城子、小城子，进入喀喇沁旗西桥乡，转向东，又折向东北，过老哈河进入建平县的昌隆永镇山根村，经奎德素乡土木营子村、那立奈村、张家营子镇姚家窝铺村、下七家村、七官营子村、勿心吐鲁村，至榆树林子镇侯家营子村，共发现列燧52座，全长55公里。其均为夯土修筑，为圆台形，上小下大，呈馒头状，一般高2~3米，底部直径12~18米，相距0.5~3公里。另在榆树林子镇炮手营子村东北、硃碌科乡东北老虎山上又发现一段长城，因山脊地形关系，为西南至东北走向。其结构与上述长城相同，应属同一道长城。在沈阳市东陵区陵前堡向东经抚顺市抚顺县、顺城区、东洲区、新宾县，直到吉林通化县西境发现汉代烽燧遗址70余座，在抚顺南部自北向南有刘山堡、鄂家沟、赵家堡子、拉古峪、东徐家村等亦发现汉代烽燧遗址。其结构亦与建平县境内列燧遗址相同。又，在列燧内张家营子镇张家营子村残存一座汉代城址，平面呈长方形，东西长150米，南北长140米，城墙夯土修筑，东垣和南垣较为完整，存高3米，塌宽15米。在榆树林子镇炮手营子村赵家店城子坡亦残存一座汉代城址，平面呈长方形，东西长130米，南北长120米，城墙夯土修筑，存高2~3米，塌

[①] 王锦厚：《西汉时期辽宁建置述论》，《东北地方史研究》1985年第1期。李宇峰：《辽宁建平县两座西汉古城址调查》，《考古》1987年第2期。

宽15~18米，仅存西垣和北垣。两城内均采集到绳纹、方格纹板瓦及陶片等①。其在沈阳、抚顺一带所发现的汉代烽燧遗址临近候城县（今沈阳市宫后里城址），当属辽东郡中部都尉（治所在上伯官城址）管辖②。与之相类，在建平县境内所发现的汉代烽燧，当即属右北平郡都尉管辖。而就所处地理方位及规模来看，唯有此城址最为符合，且其与渔阳郡都尉所治要阳县亦大体在同一线上。

汉代郡太守以下的军事组织有都尉、候、候长、燧长四级官吏，其治所分别称都尉府、候官、部、署。而都尉府与所在县城或分为二地，如居延汉简所记，居延都尉府即在破城子，不在居延城。张掖郡的两个部都尉各守塞四五百里，凡百里塞设一候官，由候统辖，与塞尉直属若干部；部有候长、候史，下辖数燧；燧有燧长，率卒数人。百里之塞，以甲渠候官为例，约有20部、80燧，则此候官所辖吏员约百人，卒员约三百人③。依此制，右北平郡北部边塞约五百里，可由一个都尉管辖。而百里置一候官，建平县境当亦如此，则列燧内张家营子城址和榆树林子城址中当有一座属此类，其后者规模较小，或即属之；而前者或当属都尉治所，与酇县城分为二城。

徐无县城

徐无县，西汉时期属右北平郡。《汉志下》：右北平郡属县"徐无，莽曰北顺亭"。东汉时期相沿，见于《后汉志五》。《三国志·魏书·田畴传》："田畴字子泰，右北平无终人也。好读书，善击剑。"为幽州牧刘虞从事。后刘虞为公孙瓒所害，田畴"率举宗族他附从数百人，扫地而盟曰：'君仇

---

① 国家文物局主编《中国文物地图集》辽宁分册。郑绍宗：《河北省战国秦汉时期古长城和城障遗址》，《中国长城遗迹调查报告集》。冯永谦：《东北燕秦汉长城的考古调查与研究》，辽宁省文物考古研究所编《辽宁考古文集》（二），科学出版社，2010。
② 参见本书候城县城。
③ 参见陈梦家《汉简考述》《汉简所见居延边塞与防御组织》，《汉简缀述》，中华书局，1980。

不报，吾不可以立于世。'遂入徐无山中，营深险平敞地而居，躬耕以养父母。百姓归之，数年间至五千余家。……畴常忿乌丸昔多贼杀其郡冠盖，有欲讨之意而力未能。建安十二年，太祖北征乌丸，未至，先遣使辟畴。……即举茂才，拜为蓨令。不之官，随军次无终。时方夏水雨，而滨海洿下，泞滞不通。虏亦遮守蹊要，军不得进。太祖患之，以问畴。畴曰：'此道，秋夏每常有水，浅不通车马，深不载舟船……而尚有微径可从。今虏将以大军当由无终，不得进而退，懈弛无备。若嘿回军，从卢龙口越白檀之险，出空虚之地，路近而便，掩其不备，蹋顿之首可不战而禽也。'太祖曰：'善。'乃引军还，而署大木表于水侧路傍曰：'方今暑夏，道路不通，且俟秋冬，乃复进军。'虏候骑见之，诚以为大军去也。太祖令畴将其众为乡（向）导，上徐无山，出卢龙，历平冈，登白狼堆，去柳城二百里，虏乃惊觉。单于身自临阵，太祖与交战，遂大斩获，追奔逐北，至柳城。军还入塞，论功行封，封畴亭侯，邑五百户。畴自以始为居难，率众遁逃，志义不立，反以为利，非本意也。固让。太祖知其至心，许而不夺。"后田畴随征荆州，"乃复以前爵封畴。畴上疏陈诚，以死自誓。太祖不听，欲引拜之，至于数四，终不受"。太祖令夏侯惇劝喻，"惇临去，乃抚畴背曰：'田君，主意殷勤，曾不能顾乎？'畴答曰：'是何言之过也！畴，负义逃窜之人耳，蒙恩全活，为幸多矣。岂可卖卢龙之塞，以易赏禄哉？纵国私畴，畴独不愧于心乎？将军雅知畴者，犹复如此，若必不得已，请愿效死刎首于前。'言未卒，涕泣横流。惇具答太祖。太祖喟然知不可屈，乃拜为议郎"。裴松之注引《先贤行状》载太祖表论田畴功曰："文雅优备，忠武又著，和于抚下，慎于事上，量时度理，进退合义。幽州始扰，胡、汉交萃，荡析离居，靡所依怀。畴率宗人避难于无终山，北拒卢龙，南守要害，清静隐约，耕而后食，人民化从，咸共资奉。及袁绍父子威力加于朔野，远结乌丸，与为首尾，前后召畴，终不陷挠。后臣奉命，军次易县（水），畴长驱自到，陈讨胡之势，犹广武之建燕策，薛公之度淮南。又使部曲持臣露布，出诱胡众，汉民或因亡来，乌丸闻之震荡。王旅出塞，塗由山中九百余里，畴帅兵五百启导山谷，遂灭乌丸，荡平塞表。畴文武有效，节义可嘉，诚应宠赏，以旌其美。"比照传文及表论上下文，其"无终山"当属

"徐无山"之误，或因撰文者不熟悉此一地区风情所致。后世以此为据，混徐无山与无终山为一①，不确。田畴字子泰，《后汉书·刘虞传》李贤注引《魏志》作"子春"，后世多从之。《资治通鉴》卷六十记田畴"遂入徐无山中"。胡三省注："徐无县属右北平郡，有徐无山。"又，卷六十五记曹操"令畴将其众为乡（向）导，上徐无山"。胡三省注："《史记正义》：徐无山在右北平徐无县西北。徐无山，即田畴所保聚处。"其所引《史记正义》文，不见于今传本。晋时改右北平郡为北平郡，以徐无县为郡治所，《晋志上》列徐无县为北平郡之首。《晋书·慕容皝载记》：晋咸康四年（338年），慕容皝请与石季龙同讨段辽，"季龙至徐无，辽奔密云山"。其并见于《资治通鉴》卷九十六。胡三省注："徐无县属北平郡。其地在唐蓟州玉田县界。"又，《资治通鉴》卷九十八：晋永和五年（349年），"燕王儁徙广宁、上谷二郡民于徐无"。胡三省注："徐无县，汉、晋属右北平郡，后周废入无终县，唐改无终为玉田县，属蓟州。"北魏时省北平郡入渔阳郡。《魏志上》：渔阳郡领县"徐无，二汉、晋属右北平，后属。有徐无城"。则北魏时期，原徐无县城已空出。胡三省不辨前、后二徐无城，不确。而以徐无县城在唐玉田县界当由北周废徐无县入无终县、唐改无终县为玉田县推得。

《水经注·鲍邱水》："鲍邱水又东，庚水注之。水出右北平徐无县北塞中，而南流，历徐无山，得黑牛谷水，又得沙谷水，并西出山，东流注庚水。昔田子春避难居之，众至五千家。《开山图》曰：山出不灰之木，生火之石。按注云：其木色黑，似炭而无叶。有石赤色如丹，以二石相磨则火发，以然无灰之木，可以终身。今则无之。其水又迳徐无县故城东。王莽之北顺亭也。《魏土地记》曰：右北平城东北一百一十里有徐无城。其水又西南与周卢溪水合。水出徐无山，东南流注庚水。庚水又西南流，灅水注之。水出右北平俊靡县。王莽之俊麻也。东南流……与温泉水合。水出北山温溪，即温源也。养疾者不能澡其炎漂，以其过灼故也。《魏土地记》曰：徐无城东有温汤。即此也。其水南流百步，便伏流入于地下，水盛则

---

① 参见光绪十五年刊《顺天府志》卷二十。

通注灅水。又东南迳石门峡。山高崭绝，壁立洞开，俗谓之石门口。汉中平四年，渔阳张纯反，杀右北平太守刘政、辽东太守阳纮。中平五年，遣中郎将孟益率公孙瓒讨纯，战于石门，大破之。灅水又东南流，谓之北黄水，又屈而为南黄水，又西南迳无终山。"① 其田子春，从《后汉书》李贤注文所改。而公孙瓒所战石门，依《后汉书·公孙瓒传》李贤注，当在营州柳城县石门山，非此地②。《明统志》卷一："徐无山，在玉田县东北二十里。后汉田畴避难于此。《开山图》云：山出不灰之木，生火之石。"又："无终山，在玉田县东北三十里。乃古无终子国。《搜神记》：阳雍伯性孝，父母没，葬无终山。"所述地望似与《水经注》不甚相合。又，《明统志》卷一："梨河，在遵化县西南。水出栾阳界，入县境，与汤池河合。""唐水，在平谷县东南三十里，源出徐无山。""沙谷水，出徐无山，与黑牛谷水俱东流，合唐水。""汤泉，在遵化县西北福泉寺山下，宽平约半亩，泉水沸出，温可浴，旁引为浴池。"其唐水，当即庚（或讹为唐）水。《读史方舆纪要》卷十一：蓟州玉田县，"庚水，县东北四十里。《水经注》：庚水出徐无县北塞中，南历徐无山，有黑牛谷水、沙谷水并西出山，东流注庚水。又有灅水，亦自徐无县西北，东南流，合于庚水。庚水下流合于梨河。盖即丰润县之浭水"。又："徐无山，县东北二十里。"遵化县："梨河，在县西南。源出县北山谷中。旧志云：出滦州界，流入县境。县西北有汤河，出鲇鱼口。又有清水河，出道沟峪。俱流合焉。经玉田县入宝坻县界，合于潮河。明建文三年，辽东兵围遵化，燕兵败之于清水寺桥。桥盖在清水河上。五里河，在县北五里。源自一片石谷口，流经沙坡峪，至县西南入于梨河。或谓之沙河。建文初，大宁帅刘贞引兵至沙河攻燕遵化。永乐二年，成祖北征三卫，还驻跸沙河，即五里河也。"《清统志》卷四十五："徐无山，在玉田县东北二十里。"又："梨河，在（遵化）州南十里。源出迁安县界芦儿岭，经州界西南流七十里，与诸水合。名曰合河，一名张子河，入蓟州界名沽河，即蓟州运河之上流也。自是复由宝坻县至小河口入玉田县境，南流入宁河县界。本朝乾隆二十八年修浚筑陧。鹿角河，在（遵化）

---

① 引文"庚文"，或作"庚水"，参见本书无终县城所辨。
② 参见《水经注疏》卷十四。

州西南七十里。其地洼下，向苦水患。明县令辛志登开渠泄之，遂成膏腴。清水河，在（遵化）州西六里。源出口外，自沙坡峪流入，经州西流会沙河。汤河，在（遵化）州西五十里。源出口外，自马兰关流入，南流至水门口，会沙河，入梨河。《水经注》：温泉水出北山溪，即温源也。其水南流百步，便伏流于地下，水盛则通注灅水。州志：又有魏家河，在州西北五十里。源出鲇鱼关外，南流合汤河。金泉河，在（遵化）州西。源出马兰关外，西南流至蓟州东马伸桥入梨河，亦曰淋河。按，《水经注》：蓝水出北山，东屈而南流经无终县故城，东南入灅水。疑即此。旧志谓淋河即梨河之讹，非是。兴龙口河，在（遵化）州西北十三里，天台水所汇流也，南流亦入梨河。冷觜头河，在（遵化）州西北二十五里。源出口外，自冷觜头口流入，经州西会沙河。沙河，源出（遵化）州北马蹄峪，南流至州城，东折而西，经南关又西会诸水，入水门口，归梨河。按：旧志谓沙河在州西，有十派，总名十河。一支自小寨峪，一支自千家峪，一支自白枣峪，一支自马蹄峪，一支自罗文峪。十派既不能悉数，而出罗文峪者，俗别称十河。各志亦有以十河、沙河分别者。且罗文峪在马蹄之西，今十河出罗文峪，云在州西犹可。若沙河出马蹄峪，绕州域东南流，云在州西亦不合。盖缘州北边墙，万山重叠，境内诸水皆源于此，而下流贯注，往往彼此互名，遂难条分支析耳。至旧志又以沙河为即古灅水。《水经注》：灅水出俊靡县，东南流，世谓之车軬水。又东南流，与温泉水合，又东南迳石门峡。考俊靡故城在今州治之西北，今沙河与温泉本（水）汇流入梨河，石门峡亦疑即今之水门口。其说似皆可据。惟沙河大势向西南行，与郦注东南流之说不甚相合，存以备考。十河，源出（遵化）州北甘家峪、罗文峪，二源汇合，西南流，与清水河合，下入水门口，归梨河。五里河，在（遵化）州北，出片石峪口，经州西南，流入水门口。"又："汤泉，在（遵化）州西北四十里福泉寺山下，宽平约半亩，泉水沸出，隆冬如汤，旁引为浴池。"又："福泉寺，在（遵化）州西北四十里，即汤泉寺。唐贞观二年建，明万历五年戚继光修。"其所述诸水道与今所见略同，唯在认定及与《水经注》所述水道比对上不尽一致。依相关记载，古无终山即在今天津蓟县北，则今流经其东北又折经其东南的淋河正与《水经注》所述之灅水在此一地带流势相同，当即属古灅水。而以今沙河属古灅水，今淋河属古蓝水，似不确。而今所见汤泉，有唐代所建福泉寺为证（今尚存），即为《水经注》所述之温溪（温汤）；然今所见汤河之源流水势似与《水经注》所述温泉水不甚相合，当属后世改迁所致。原温泉水当南流与淋河相汇。今沙河源出遵化市北马蹄峪，在此一带流势偏向西南，正与《水经注》所述之庚水相同，当即属古庚水；而所汇十派支流多偏向东南，与《水经注》所述黑牛谷水、沙谷水及周卢溪水相合，当即有属者（或今所见汤河上源即属古周卢溪水，原流经汤泉北，东南汇入古庚水）。而今所见梨河，当属原庚水（或浭水）另一源，未为《水经注》所记。如此，则古徐无山当即在今沙河诸水源出之地、今河北兴隆县与遵化市交界地带。而汉代徐无县城当与之相近。

《读史方舆纪要》卷十一：蓟州玉田县，"徐无城，在县东。汉县，属右北平郡，后汉因之。晋为北平郡治。咸康三年，后赵石虎攻段辽于令支，至徐无。后魏县属渔阳郡，后周废入无终县"。显然与《水经注》所述地理方位不相符。又，《清统志》卷四十五："徐无故城，在（遵化）州西。汉置县。《水经注》：庚水迳徐无县故城东。《土地记》：右北平城东北一百十里有徐无城。后周省入无终。后唐始置遵化县。《辽史·地理志》：遵化县，本唐平州买马监也。"亦未予以确指。《清统志》卷四十六："马兰关，在（遵化）州西北七十里，有城，在关南十里。旧志：关外六十七里有牵马岭，与此相为犄角。"其东有鲇鱼关，"在（遵化）州西北五十里凤凰山东十里，马兰关东第二关口也。下有营，在关南五里"。其马兰关堡城在今遵化市马兰峪镇马兰村北，原有东、西二石城，称东营、西营，相距约100米，以明长城墙体为北垣。西营城平面呈长方形，南北长约150米，东西长约100米。墙体石砌，底宽5米，残高约4米，东垣及南垣原有门，今已毁。东营城已无存[①]。其所在连通关口内外，并可通向东北鲇鱼关口，西临古灅水，东临温汤，与《水经注》所述徐无县故城地理方位大致相合，则汉代徐无县城极有可能即在此一带。又，传世战国时期燕国陶文中有"余

---

① 国家文物局主编《中国文物地图集》河北分册。

无都瑞"印文①，可表明此徐（余）无城当兴筑于战国时期。在今马兰峪镇东南魏进河村发现战国时期遗址，或可作为寻找古徐无城之一线索。今马兰峪镇西南距右北平城（今天津宝坻区南秦城遗址）约80公里②，则《魏土地记》所记"右北平城东北一百十里有徐无城"当为"二百一十里"之讹。当年曹操率军行此道受阻，听从田畴之计，回军"从卢龙口越白檀之险，出空虚之地"，"上徐无山，出卢龙，历平冈，登白狼堆"，当即由徐无城，沿鲇鱼关口北上徐无山，又沿山北㵲河河谷东行至卢龙口（今潘家口），再沿濡水（今滦河）河谷北行五百余里至白檀县，经白檀县东通平冈之路而达柳城。此一条路鲜为人知，故田畴称"卖卢龙塞"。

晋以后，徐无县城当有他迁。《隋志中》：渔阳郡统县"无终，后齐置，后周又废徐无县入焉"。其所在当在北齐无终县（今玉田县）境。《读史方舆纪要》卷十一：蓟州遵化县，"平安城，在县西南五十里。周五里。旧传唐太宗征辽遘疾，经此施愈，因名"。《清统志》卷四十五："平安城，在（遵化）州西南五十里。周围五里。有平安城铺，路出玉田县。《名胜志》：相传唐太宗征辽遘疾，经此旋愈，故名。"今遵化市平安城镇平安城村残存有古遗址，面积不详，文化层厚0.5米，采集遗物有泥质灰陶瓮、罐、盆等残片。时代判属唐代。另在平安城镇西四村北50米发现汉代遗址，在其东约5公里东新庄镇大马坊村亦发现汉代遗址，均采集到泥质灰陶瓮、罐、盆等遗物残片。在平安城镇北东戴庄村东北及京五营村北发现汉代墓葬群等③。就平安城及其附近所见遗迹遗物来看，所属时代似可提早至汉晋时期。其平安城镇西北距马兰峪镇约15公里，当在北魏时期徐无县境内，且位于上所推考之徐无山东南；西南距玉田县约20公里，当属唐代蓟州玉田县境（遵化县置于五代时期）。上引《史记正义》所记"徐无山在右北平徐无县西北"及胡三省注徐无县"在唐蓟州玉田县界"，极有可能即指此城而言。其废弃于后，至唐代仍可辨识；而原徐无县城因废弃较早，已渐被遗忘。明清以后又传为平安城。

---

① 参见后晓荣《战国政区地理》第七章《燕国政区地理》。
② 参见本书无终县城。
③ 国家文物局主编《中国文物地图集》河北分册。

字县城

字县，西汉时期属右北平郡。《汉志下》：右北平郡属县"字，榆水出东"。可知有榆水之源流经字县之东。东汉以后字县省废。《说文解字》："榆，白，枌。从木，俞声。"则榆水当因临近榆树而得名。又，《汉志下》：辽西郡属县"交黎，渝水首受塞外，南入海"。"临渝，渝水首受白狼，东入塞外。又有侯水，北入渝。"《说文解字》："渝，变汙也。从水，俞声。一曰渝水，在辽西临渝，东出塞。"《汉志下》记前一渝水"首受"并"入海"，为一完整河流，当即《水经注》所述之"白狼水"，亦即今大凌河①。记后一渝水"首受"，并记支流，当即今阳河及西洋河②。则榆水不可能属此二渝水之支流，而当单独起源并入海。

《明统志》卷二十五：辽东都指挥使司，"六州河，大宁、建州等六州之水合流，自广宁前屯东北七十里入境，南流至蛇山务入海"。《清统志》卷四十三："蒐济河，在建昌县东南，源出柏树山之毛头泊，南流迳都呼喀喇山，至高台堡门东十里入锦州府宁远州境，为六州河。"卷六十三："六州河，在宁远州西南。……《通志》：在州西南七十九里，俗呼六股河。源出边外，蒙古名遂济河。自高台堡东十里入境，为六州河，又南绕中后所城，东南流入海。"此水今称六股河，发源于今辽宁建昌县东北谷杖子乡北锥子山南，为此一地区仅次于大凌河及小凌河的较大河流，很可能即为古之榆水。

字县城所在方位，旧无确指。或以为当在今大凌河西源一带③。显然理解有误。今辽宁建昌县东北谷杖子乡安杖子村内残存一古城址，平面呈长方形，东西长200米，南北长250米。尚存东垣及南垣各一段。采集有战国时期的绳纹板瓦、夹砂灰陶绳纹罐、红陶绳纹釜，汉代的泥质灰陶素面豆，

---

① 参见本书交黎县城。
② 参见本书临渝县城。
③ 王绵厚：《西汉时期辽宁建置述论》，《东北地方史研究》1985年第1期。

辽代的布纹板瓦、青砖、白釉粗瓷碗等残片。在安杖子村北侧发现一处战国及汉代遗址，采集有绳纹板瓦和瓦当及陶器残片。在安杖子村南发现辽代城墙遗迹。另在其西南玲珑塔镇后杖子村出土有战国时期"左库"戈，其有铭文14字。并发现尖足布及明刀币①。此城址东临今六股河之源，与《汉志》所述字县有"榆水出东"相符，所属年代亦大致相合，当即属之。

土垠县城

土垠县，西汉时期属右北平郡，见于《汉志上》。《后汉书·耿弇传》：更始二年（24年），耿弇等受命追尤来、大枪等，"追贼至潞东，及平谷，再战，斩首万三千余级。遂穷追于右北平无终、土垠之间，至俊靡而还"。李贤注："无终、土垠并县名，属右北平郡。无终故城在今渔阳县。土垠故城在今平州西南。"东汉时期右北平郡迁治土垠，《后汉志五》列土垠为右北平郡首县。晋时改右北平郡为北平郡，并迁治徐无县，土垠县属之，见于《晋志上》。北魏时并北平郡入渔阳郡。《魏志上》：幽州渔阳郡领县"土垠，二汉、晋属右北平，后属。有北平城"。其土垠县当在北齐时省废。

《水经注·鲍邱水》："庚水又南迳北平城西，而南入鲍邱水，谓之柘口。鲍邱水又东迳右北平郡故城南。《魏土地记》曰：蓟城东北三百里有右北平城。鲍邱水又东，巨梁水注之。水出土垠县北陈宫山，西南流迳观鸡山，谓之观鸡水。水东有观鸡寺。寺内起大堂，甚高广，可容千僧，下悉结石为之，上加涂塈。基内疏通，枝经脉散。基侧室外，四出爨火，炎势内流，一堂尽温。盖以此土寒严，霜气肃猛，出家沙门，率皆贫薄，施主虑阙道业，故崇斯构，是以道者多栖讬焉。其水又西南流，右合区落水。水出县北山，东南流入巨梁水。巨梁水又南②迳土垠县故城西，左会寒渡

---

① 冯永谦、邓宝学：《建昌县文物普查的重要发现》，《辽宁文物》1980年第1期。国家文物局主编《中国文物地图集》辽宁分册。

② 南，明朱谋㙔笺本作西。

水。水出县东北，西南流至县，右注梁河。梁①河又南，涧于水注之。水出东北山，西南流迳土垠县故城东，西南流入巨梁水。又东南，右合五里水。水发北平城东北五里山，故世以五里名沟。一名田继泉。西流，南屈迳北平城东，东南流注巨梁河，乱流入于鲍邱水。"因后世水道变迁及相关记载缺失，诸水与今所见河道已难以一一比对。其庚水当大致流行今沽河（又称州河）河道，流经今天津蓟县东南。《明统志》卷一："陈宫山，在丰润县北，萦回数十里，东临还乡河，西接黄土岭。山南有峰，其色苍翠，名曰华山。"又："崖儿口山，在丰润县东北八十里。其山连列，东断为崖儿口，西为白霤口，有水自崖而入，故名。""浭水，在丰润县，一名还乡河。源自崖儿口，经县，西南过玉田县鸦鸿桥入梁河，至宝坻县草头湖入于海。"《名胜志》："陈宫山在（丰润）县北七十里。"又："观鸡寺在县北四十里。俗传峰顶有金鸡之瑞，故名。"《读史方舆纪要》卷十一：蓟州玉田县，"梨河，在县东二十里。自遵化县南流经县境，又南入宝坻县界。县东境诸水多流入焉。蓝水，在县西北二十里。出县北境三乐台山，西南流入州南白龙港。庚水，县东北四十里。《水经注》：庚水出徐无县北塞中，南历徐无山，有黑牛谷水、沙谷水并西出山，东流注庚水。又有灅水，亦自徐无县西北，东南流，合于庚水。庚水下流合于梨河。盖即丰润县之浭水"。又：丰润县，"陈宫山，县北七十里。萦回数十里，东临还乡河，西接黄土岭。山南有峰，其色苍翠，一名华山。崖儿口山，在县东北八十里。其山绵连而中断，东为崖儿口，西为白霤口，有路自崖而入，因名。浭水，在县北八十里。一名还乡河，或谓之云浭水。源自迁安县，历崖儿口，西南流经县境，入玉田县界，合于梨河。又，沙流河在县西四十里。源出县西北五十里之党峪山下，经西山口，又西南流，会于还乡河。元致和初，怀王袭位，上都兵自辽东入讨，撒敦等拒之于蓟州东沙流河是也"。又："县西北二十里又有梁家务，皆津途所经。鸦洪桥，在县西，与玉田县接界。《一统志》：还乡河至鸦洪桥合于梨河。"

《清统志》卷四十五："陈宫山，在丰润县北七十里。东西绵亘数十里，

---

① 《永乐大典》本无此字。

东临还乡河，西接黄土岭。山南有峰，曰华山。"又："崖儿口山，在丰润县东北八十里。众峰连亘，东断为崖儿口，有水自崖出，是为还乡河"。又："还乡河，源出迁安县西黄山，西南流经丰润县西五里，又西南经玉田县东南四十里，下流至宝坻县界，入蓟运河。即古巨梁水也。《水经注》：巨梁水出土垠县北陈宫山，西南流经观鸡山，谓之观鸡水。又西迳土垠县故城西，左会寒渡水。又南，涧于水注之。又东南，右合五里水，乱流，入于鲍邱水。《通志》：还乡河，亦名云溟水。源出迁安县黄山麓。一泉涌出，汇为方塘，澄碧中喷珠累累，西流成河，水势甚驶。至崖儿口，入丰润之东北界。又西流，纡经丰润城北。至张官屯，入玉田县之东南界。又西南至蛮子营，沙流河自北来入之。迳雅鸿桥，复折而南。至赵官屯分为二股，一西南至盛家庄入蓟运河，一南流迳丰台镇，至江潢口入蓟运河。明嘉靖四十五年诏浚丰润还乡河，转运太平等寨军饷，于北齐庄、张官屯、雅鸿桥设三闸以潴水。盖京东之巨浸也。然自雅鸿桥以下河窄流纡，每夏秋雨集，水潦迸入，辄有决溢之患。本朝雍正四年怡贤亲王于刘钦庄、王木匠庄河流湾曲处各开直河堤岸，由是数十里沮洳之地皆成膏壤。按：新旧志皆以还乡河为溟水。今考《水经注》：庚水出徐无北塞中，至北平入鲍邱水。盖即今蓟州之沽河也。还乡河在其南，与《水经注》巨梁水合。诸志舍巨梁而目为溟水，误。沙流河，在丰润县西四十里。源出县西北五十里党峪山下，南流经西山口，又西南流入还乡河。双城河，在玉田县东二十五里。源出县东北常山，旁无堤堰，每汛溢为害。明万历中尝浚渠引入还乡河。本朝嘉庆十六年重加挑浚。采亭桥河，在玉田县西二十里。源出三乐台山，西流会螺山寺泉，又西南入宝坻县蓟运河。其水清冽，而泥蓝于靛，亦名蓝水。《水经注》：蓝水出北山，东屈而南流迳无终县故城东。故城，无终子国也。"卷四十六："采亭桥，在玉田县西二十里，金学士杨绘建。采亭，其字也。雅鸿桥，在丰润县西四十三里，与玉田县接界。还乡河至此与梨水合。旧设管河县丞，本朝嘉庆十二年裁，改设主簿驻此。"又："观鸡寺，在丰润县北陈宫山。有金大安九年碑。"另据付云龙《还乡河上流考》：沙流河流经沙流河镇，至蛮子营南入还乡河。还乡河又西南流经鸦鸿桥等，"迳赵家庄北，双城河西北来注之。水出玉田县东北三十里常山，西南流五里余迳许家庄西，又南屈曲东五里出双桥铺桥，又折西南十里迳散水头东，又二里出丁家桥，又三里迳李家营西北，又二里迳李官屯西北，又四里出高邱桥，又六里迳钱家沟东，又五里迳孟钦庄西，又九里迳于蛮铺西。有二桥，水出其下。又五里迳孟二庄西，又南折东二十余里入还乡河。还乡河自此分为二，曰双岔口"①。所述互有异同。其陈宫山及观鸡寺位于今河北唐山丰润区北，有金大安年间所立碑可证。巨梁水并见于《隋志中》，在北平郡卢龙县境，与后世所述还乡河源自迁安县黄山，亦大体相合，然二者所流经水道似不尽相同。依《水经注》所述，巨梁水"东有观鸡寺"，则其当流经观鸡寺北，而后折向西南；与今所见还乡河流经丰润区北五里，显然不合。《宣政杂录》："徽宗北狩，经蓟县梁鱼务。务有还乡桥，石少主命名，人至今呼之。上曰：此乃乱世之主，后圣必能力伸此冤，令我回此桥。不食而去。"《燕山丛录》："浭水源出崖儿口，经丰润、玉田，由运河入海。凡水皆自西而东，此水独西，故俗谓之还乡河。宋徽宗过河桥，驻马回顾，悽然曰：过此渐近大漠，吾安得似此水还乡乎？不食而去。人谓其桥为思乡桥。"《丰润县志》："梁家务在县西北二十五里。有圣严寺，元至正年修。"② 则巨梁河改流此水道并改称还乡河当在五代时期，而此前水道当在其北。《明统志》记还乡河"西南过玉田县鸦鸿桥入梁河"。其"梁河"，《读史方舆纪要》引为"梨河"，并记"梨河"在玉田县东二十里。《清统志》亦记为"梨河"，并记"双城河"在玉田县东二十五里。则所谓"梨河"当即为今之双城河，而"梨河"当属"梁河"之误。由此推之，此"梁河"所行此段水道当即属"巨梁水"，五代以后上游水道迁移，而下游水道仍称旧名，亦可称为"梁河"。依明朱谋㙔笺本所述，古巨梁水当"又西迳土垠县故城西"，即流经此一段水道。依《明统志》所述，原梁河当在鸦（雅）鸿桥与还乡河相汇。而后又迁移至西南三岔口一带。《读史方舆纪要》记庚水在玉田县东北四十里，"下流合于梨河"；又记

---

① 据光绪十五年刊《顺天府志》卷三十八引。
② 转引自《日下旧闻考》卷一百四十四。《清统志》卷四十六："还乡桥，在玉田县西南一百里。旧志：宋徽宗北狩时经此，见河水西流，忽动还乡之思，因名。后因山水暴涨，石桥冲坏，故秋冬水涸，束草构木为桥，春夏设舟以渡。"其所述还乡桥所在方位，当有误。

沙流河在丰润县西四十里，"会于还乡河"。实则当同指沙流河。因误指玉田县为古无终县，故将《水经注》所述临近古无终县之庚水、灅水、蓝水等亦比附于此。而依《水经注》所述，原巨梁水当自东向西流经此一带。其沙流河上游当在巨梁水之北，属区落水，自西北向东南汇入巨梁水；而沙流河下游则当在巨梁水之南，属涧于水，另有源头，自东北向西南汇入巨梁水。五代以后，巨梁水上游水道南移，此二水方上下连通，形成沙流河。今沙流河与还乡河相汇于蛮子营一带，而古时涧于水当于鸦鸿桥一带与巨梁水相汇，即今还乡河自蛮子营至鸦鸿桥河段当原属涧于水。依《水经注》所述，古巨梁水流经土垠县城西，"左会寒渡水"，即东部有寒渡水汇入，今已无法指实。又有涧于水汇入。而后即折向东南，西有五里水汇入。其五里水当属今之彩亭桥河，原当亦折向东南。原巨梁水与鲍邱水汇合处似当在今芦台以北。《读史方舆纪要》与《清统志》以彩亭桥河属《水经注》所述蓝水，有误。

土垠县故城，除上引《后汉书》李贤注记为唐平州（今河北卢龙县）西南外，并见于《读史方舆纪要》卷十一：蓟州丰润县，"土垠废县，县西北六十里。汉县，属右北平郡，后汉为郡治，晋属北平郡，后魏属渔阳郡，后属安乐郡。魏收《志》：太平真君九年置土垠县。似废而复置也。旧志：土垠城在密云东百里陈宫山下。即此城矣。后齐废。《昌平记》：顺义城北一里又有废土垠县。疑后魏所改置。未考。今县有垠城铺，在县东十里，以旧县名也。垠音银"。其以古土垠县（北魏属渔阳郡）与北魏所置属安乐郡之土垠县混淆为一，有误。而所述在密云东之土垠城似当属北魏安乐郡之土垠县城①。东魏时期安州安乐郡等地陷落，又以此土垠县寄治于今顺义区北。《日下旧闻考》卷一百四十四引《名胜志》："南关城即古垠城，相传赵武灵王所筑。"《清统志》卷四十五："土垠故城，在丰润县东。汉置县，北齐废。《后汉书·耿弇传》注：土垠故城在今平州西南。《方舆纪要》：土垠废县在丰润县西北六十里。县志：南关城在县东十里，即土垠故城。"其

---

① 《清统志》卷七："陈宫山，在密云县东北一百八十里。山下有土垠县故址。又，相近有观鸡山。按：汉土垠县在今丰润县，陈宫、观鸡等山亦在其境。密云之土垠，乃后魏时侨置，后人误以为即汉县，因指无名之山而谓之陈宫、观鸡，非故迹也。"

土垠废县与南关城相距较远，当各有所本。近世多以南关城属土垠县城①。其西临还乡河，东临陡河（龙丰水），难以比附为洵于水（近世依其流势比附为龙鲜水）。另在今玉田县东约10公里亮甲店镇亮甲店村残存一古城址，平面呈长方形，东西长约200米，南北宽约150米。城垣夯土修筑，基部残宽3米，残高1~4米，夯层厚约13厘米。城垣外有护城河遗迹，残宽3米，残深1~2米，判属唐代。在玉田县西关及南关发现汉代遗址，在西关发现汉代墓群；在城址北约10公里大李庄乡大李庄村南及朱官屯村北发现战国时期遗址，大李庄乡大李庄村西、大黄庄村北及朱官村东发现汉代遗址，大李庄乡大李庄村北发现东汉墓群；在城址以东约5公里丰润区沙流河镇靳家屯村东、石佛寺村东及村南发现汉代遗址，靳家屯村东北发现汉代墓群等②。此城址所在恰东南距丰润区城区约30公里，且西临双城河（上所推考之巨梁水），东临沙流河（上所推考之洵于水），亦位于唐代平州（今卢龙县）之西南，极有可能即属古土垠县城。今所见此城时代偏晚、规模较小，当系北魏时期改筑所致；而就其周围所发现汉代遗址及墓葬来看，各方面基础较好，完全有可能兴筑于秦汉之际，且规模较大。又，据上所推考，古五里水当大致流行今彩亭桥河水道，古北平城当在此河道以西③，西临庚水（今州河），距此城址约20公里。当属北魏时期土垠县境，故《魏志》记土垠县有北平城。若以南关城属土垠县城，则似不会有北平城属之。

白狼县城

白狼县，西汉时期属右北平郡。《汉志下》：右北平郡属县"白狼，莽曰伏狄"。颜师古曰："有白狼山，故以名县。"东汉时期省废。《三国志·魏书·武帝纪》：建安十二年（前207年），曹操北征乌丸，"引军出卢龙

---

① 参见《水经注疏》卷十四。
② 国家文物局主编《中国文物地图集》河北分册。
③ 参见本书无终县城。

塞，塞外道绝不通，乃堑山堙谷五百余里，经白檀，历平冈，涉鲜卑庭，东指柳城。未至二百里，虏乃知之。（袁）尚、（袁）熙与蹋顿、辽西单于楼班、右北平单于能臣抵之等将数万骑逆军。八月，登白狼山，率与虏遇，众甚盛。公车重在后，被甲者少，左右皆惧。公登高，望虏陈不整，乃纵兵击之，使张辽为先锋，虏众大崩，斩蹋顿及名王已下，胡、汉降者二十余万口"。《田畴传》："太祖令（田）畴将其众为乡（向）导，上徐无山，出卢龙，历平冈，登白狼堆，去柳城二百余里，虏乃惊觉。单于身自临陈，太祖与交战，遂大斩获，追奔逐北，至柳城。"其白狼山（白狼堆）当临近白狼城。晋代有前燕、后燕及北燕国相继占领此一地区。《晋志上》：北燕高云以"并州刺史镇白狼"。其重置白狼县，当沿于旧址。北魏时期相沿。《魏志上》：营州，"建德郡，真君八年置，治白狼城"。领县"石城，前汉属右北平，后属。真君八年并辽阳、路、大乐属焉。有白鹿山祠。广都，真君八年并白狼、建德、望平属焉"。则太平真君八年（447年）并白狼县入广都县，又以白狼城为建德郡治。

《水经注·大辽水》："辽水右会白狼水。水出右北平白狼县东南，迳广成县，北流，西北屈迳广成县故城南，王莽之平虏也。俗谓之广都城。又西北，石城川水注之。水出西南石城山，东流迳石城县故城南。《地理志》：右北平有石城县。北屈迳白鹿山西，即北（白）狼山也。《魏书·国志》曰：辽西单于蹋顿尤强，为袁氏所厚，故袁尚归之，数入为害。公出卢龙，堑山堙谷五百余里。未至柳城二百里，尚与蹋顿将数万骑逆战。公登白狼山，望柳城，卒与虏遇，乘其不整，纵兵击之，虏众大崩，斩蹋顿，胡、汉降者二十万口。《英雄记》曰：曹操于是击马鞍，于马上作十片。即于此也。《博物志》曰：魏武于马上逢狮子，使格之，杀伤甚众。王乃自率常从健儿数百人击之。狮子哮呼奋越，左右咸惊。王忽见一物从林中出，如狸，超上王车轭上。狮子将至，此兽便跳上狮子头上，狮子即伏不敢起，于是遂杀之，得狮子而还。未至洛阳四十里，洛中鸡狗皆无鸣吠者。其水又东北入广城县，东注白狼水。白狼水北迳白狼县故城东，王莽更名伏狄。白狼水又东，方城川水注之。"可知白狼城当位于白狼水之西、石城川水及白狼山之北。

《隋志中》：辽西郡统县"柳城，后魏置营州于和龙城，领建德、冀阳、昌黎、辽东、乐浪、营丘等郡，龙城、大兴、永乐、带方、定荒、石城、广都、阳武、襄平、新昌、平刚、柳城、富平等县。后齐唯留建德、冀阳二郡，永乐、带方、龙城、大兴等县，其余并废。开皇元年唯留建德一郡，龙城一县，其余并废。寻又废郡，改县为龙山，十八年改为柳城，大业初置辽西郡"。北齐、北周之际建德郡治当已迁至龙城县，而白狼城犹存。《通典》卷一百七十八：营州柳城县有"白狼山"。《寰宇记》卷七十一：营州柳城县，"白狼山，《魏志》：曹公引军出卢龙塞，堑山堙谷五百余里，未至柳城二百里，袁尚、袁熙与蹋顿将数万骑逆军，操登白狼山，卒与虏遇。操登高望虏阵不整，纵兵击之，虏众大溃，斩蹋顿及名王已下，胡、汉降者二十余万口。《郡国志》云：白狼山，一曰鹿首山。魏武于此山逢狮子，使格之。狮子哮吼奋越，左右咸惊。王忽见一物从林出，如狸，超上王车轭上，狮子将至，此兽跳上狮子头上，狮子即伏不敢起。于是杀之，得狮子而反。未至洛阳四十里，鸡狗皆不鸣吠"。其白狼山，当与《水经注》所述相同。《读史方舆纪要》卷十八：大守卫，"白狼城，在营州西南"。又："白狼山，在营州西南。志云：近故凡城界。汉白狼县以此名。""白狼水，在故北（白）狼县东南。"其于白狼城、白狼山及白狼水均未予指实。《清统志》卷四十三："白狼城，在建昌县南。"又："巴颜济噜克山，在建昌县东南一百十里，汉名牛心山，为喀喇沁左翼贝子旗驻处。布祐图山，在建昌县属喀喇沁左翼东三十里，即古白狼山，汉名白鹿山。……《元一统志》：白狼山，在建州南二十五里。按元建州即今建昌县境，所云白狼山，即此山也。""大凌河，在朝阳县南，蒙古名傲穆楞。有三源，皆出建昌县境。一出县东南之土心塔，北流迳威逊图山，东北流迳锡喇哈达图山，又北至三台小营。一出县西南之水泉子，东流至县治南。一出县北之三官营，东南流至县治南。二源合而东流，至三台小营，三源始会，东北流入朝阳县境……折而东南流至九关台门，入锦州府义州界，亦名灵河，即古白狼水也。"卷四十四："白鹿山祠，在建昌县境，北魏建。《魏书·地理志》：建德郡石城县有白鹿山祠。祀白鹿山。今在喀喇沁左翼东境。"《清史稿·地理志一》：朝阳府领建昌县，"东南，巴颜济鲁克山。东有布祐图山，汉白狼山，白狼水出焉，今曰大凌河。南源出喀喇沁右（左）翼南土心塔，会中源克尔、东源牛录入朝阳"。其建昌县在今凌源市区，喀喇沁左翼贝子旗驻处在今喀左县南公营子乡。而于白狼城所在具体方位未予指实。以布祐图山为古白狼山，当在今建昌县北十道营子以东之五道岭①，在今大凌河以东，显然与《水经注》所述不合。而《清统志》所附《承德府图》却标明古白狼山在大凌河之西。其所引《元一统志》记白狼山"在建州南二十五里"②，当大致在今朝阳市南松岭北麓，亦与《水经注》所述不符，当非隋唐以前所称白狼山。其所述白鹿山祠在喀喇沁左翼东境，亦有误。

比照《水经注》所述，今渗津河（或作森机河、生机河、僧机图河）当即古石城川水。其发源于窟窿山，东流，在山嘴子处转为北流，流经大阳山西，东北注入大凌河。而大阳山主峰海拔高达881米，西接渗津河东岸，东麓有大西山和杨树沟，南连大面积丘陵地带，当即古白狼山。此大阳山东北距柳城（今朝阳市南袁台子遗址）约一百八十里，约合汉魏时尺度二百里，亦与相关记载相符。在大阳山东南坡悬崖下的平台发现一处古遗址，暴露遗迹有两道残石墙。墙基宽1.7米，遗址前部为两个对称的圆形建筑基础，两侧各有方形的房基址，后部有大型殿堂式基础。地表散布夏家店上层及魏晋、辽金时代遗物。当即属白鹿山祠遗址。在渗津河北约10公里、今喀左县南约10公里平房子镇黄道营子村东残存一座古城址，平面近方形，东西长211米，南北长189米。城墙夯土修筑。1961年调查时尚存城墙高1米，宽约5米，南部辟一城门。城垣外有护城壕，宽20米，深5米。1971年城墙被平整。现城址高出地面0.6米，文化层厚0.5～0.8米。上层遗存有北魏时期侈口鼓腹灰陶罐、网纹和水波纹灰陶罐；下层有汉代浅盘灰陶豆、粗绳纹砖、绳纹筒瓦、拍印菱格纹板瓦残片。城址内出土"千秋万岁"圆瓦当、"日光"铭文铜镜、铁刀、五铢钱等。在城址西北约300米发现汉代制陶窑址。城址周围发现汉代至北魏时期墓葬群。其东距大

---

① 参见金岳《汉代白狼县古城访查记》，孙进己等主编《中国考古集成》东北卷。
② 《清统志》卷四十三："建州故城，在朝阳县西。辽太祖置建州，治永霸县。州初在凌河之南，圣宗迁于河北。金因之，元以永霸县省入，明初废。今县境之黄河滩有废城址，周七里有奇。蒙古名喀喇城。"其城址在今朝阳市西南黄花滩村。

凌河即古白狼水约500米，当即属古白狼城①。调查者对此城址及相关遗迹辨识有理有据，当合于史实。

夕阳县城

夕阳县，西汉时期属右北平郡。《汉志下》：右北平郡属县"夕阳，有铁官。莽曰夕阴"。东汉时期省废，不见于《后汉志》。《晋书·慕容云载记》：后燕主慕容宝"为太子，（高）云以武艺给事侍东宫，拜侍御郎，袭败慕容会军。宝子之，赐姓慕容氏，封夕阳公"。《太平御览》卷一百二十五引《十六国春秋·后燕录》：晋义熙三年（407年）冯跋等结盟，"推夕阳公慕容云为主"，攻杀慕容熙。其夕阳公当即夕阳县公，当相沿于西汉时期夕阳县址。《清统志》卷十九："夕阳故城，在滦州西南。汉置县，属右北平郡，后汉省。后燕慕容宝封高云为夕阳公，即此。"其以夕阳故城在今河北滦县西南，似并无据。

《水经注·濡水》：沮水"又南，左合阳乐水。水出东北阳乐县。《地理风俗记》曰：阳乐，故燕地，辽西郡治，秦始皇二十二年置。《魏土地记》曰：海阳城西南有阳乐城"。杨守敬按："下文海阳城在濡水之西。若阳乐城在海阳城西南，则更远在濡水之西，而阳乐水入沮水，则在濡水之东，不合。然则西南为东南之误。"似有误解。其阳乐城西临沮水（今冷口沙河），当在今迁安市建昌营附近②，与海阳城（今滦南县北）相距较远，且方位亦不相合，则《魏土地记》所述"海阳城"当有讹误。依《十六国春秋》等所记，其时后燕国内有夕阳县，或当为"夕阳城"。今河北青龙县东南双山子镇双山子村南发现一处战国至汉代遗址，面积约1万平方米，文化层厚0.5米，采集遗物有泥质灰陶和夹砂褐陶板瓦、罐、瓮、盆残片等。其东瓦房村西南发现夏家店文化遗存。在双山子村西发现一处辽金时期遗址，

---

① 刘新民：《白狼山与白狼城考》，《辽宁省考古博物馆学会成立大会会刊》，1982。国家文物局主编《中国文物地图集》辽宁分册。
② 参见本书阳乐县城。

面积约 2000 平方米。文化层厚 0.5 米，采集遗物有泥质灰陶素面盆、罐、板瓦和白釉瓷碗残片等。其西西双山乡小佟杖子村南发现一处辽金时期矿冶遗址，面积不详，暴露遗迹有坑道和冶炼炉址，采集遗物有白釉、酱釉的瓷碗、罐、瓶残片等。其西南距建昌营 40 公里，所属年代亦大致相符。其西小佟杖子村发现辽金时期矿冶遗址，可表明此一地区矿产资源丰富，西汉时期于此置铁官亦有可能。由此推测其当属西汉时期夕阳县之所在，地处辽西郡与右北平郡交界地带。而《魏土地记》原文似当为"夕阳城西南有阳乐城"。

昌城县城

昌城县，西汉时期属右北平郡。《汉志下》：右北平郡属县"昌城，莽曰淑武"。东汉以后省废。《水经注·濡水》："新河又东北绝庚水。又东北迳右北平，绝巨梁之水。又东北迳昌城县故城北，王莽之淑武也。新河又东，分为二水，枝渎东南入海。新河自枝渠东出，合封大水，谓之交流口。"其新河为汉末曹操所开凿，上引鲍邱水，下合濡水，大致流行今河北唐山及滦县之南①。而庚水，依《永乐大典》本及明朱谋㙔笺本作庾水，当大致循行今州河水道。巨梁水当大致循行今双城河水道②，封大水当大致循行今陡河水道。则昌城县城当在今双城河与陡河之间。《清统志》卷十九："昌城故城，在滦州西南。汉置昌城县，属右北平郡，后汉废。"而无确指。

今唐山市丰润区韩城镇韩城村西南 2000 米发现一处战国至汉代遗址，面积约 140 万平方米，文化层厚 1 米，暴露遗迹有灰坑和水井，采集遗物有铁镢、铁锄、铜镞、铜刀币、贝壳和陶器残片，可辨器形有板瓦、筒瓦、瓦当、釜、罐、瓮、盆、豆等。其南池家村南发现一处战国至汉代遗址，

---

① 《清统志》卷十八："新河故道，自顺天府宝坻县迳遵化州丰润县流入，迳滦州南，又东至乐亭县入濡水。"
② 参见本书徐无县城。

面积约 2 万平方米，文化层厚 1 米，采集遗物有陶器残片。其南刘各庄村东发现一处战国至汉代遗址，面积约 8 万平方米，文化层厚 1 米，暴露遗迹有灰坑和墓葬，采集遗物有石斧及陶器板瓦残片等①。另在韩城镇以东、唐山市路北区贾各庄村发现战国至汉代墓葬群，在滨河路北段发现汉代砖室墓等，或与之相关。其西临双城河，东临陡河，与《水经注》所述昌城县故城所在地理方位大体相合，所属年代亦相符，当即属之。如此，"新河故道"当流经韩城遗址南。又，《清统志》卷十八："王家河，在滦州西一百二十里。源出曹家口社，南流至丰润县胥家庄，漫流入白场，达于海。"其流经韩城遗址东，原当即为新河"枝渎"河道。

骊成县城

骊成县，西汉时期属右北平郡。《汉志下》：右北平郡属县"骊成，大揭石山在县西南。莽曰揭石"。《汉书补注》："先谦曰：揭当为碣。依志例，成下当有《禹贡》二字。大字盖衍。《说文》作碣。云特立之石，东海有碣石山。《河水》注：'《书·禹贡》：夹右碣石入于河。《山海经》云：碣石之山，绳水出焉，东流注于河。河之入海，旧在碣石。今川流所导，非禹渎也。汉王璜云：往者天尝连雨，东北风，海水溢，西南出，侵数百里。故张折云：碣石在海中，盖沦于海水也。昔燕齐辽旷，分置营州。今城届海滨，海水北侵，城垂沦者半。王黄（璜）之言信而有征，碣石入海，非无证矣。'又，《禹贡山水泽地》篇：碣石山在辽西临渝县南水中。注云：大禹凿其石，夹右而纳河，秦皇、汉武皆尝登之。海水西侵，岁月逾甚，而苞其山，故言水中矣。先谦案：骊成故县地，说家皆失所在。《班志》辽西絫县下但有揭石水，不言有揭石山也。自《武纪》文颖注云碣石在絫县。絫县今罢，入临渝，碣石著海旁。始与班异。后之言碣石者不得骊成所在，皆从颖说矣。"其以班固所述"大揭石山"当本于《禹贡》，而"揭当为

---

① 国家文物局主编《中国文物地图集》河北分册。

碣","大字盖衍",并引《水经注》文,以此大揭石山与文颖所述碣石为一,似理解有误。

骊成县于东汉以后省废。其所在地理方位不见于记载。《水经注·濡水》:"濡水东南流迳乐安亭南,东与新河故渎合。渎自雍奴县承鲍邱水东出,谓之盐关口。魏太祖征蹋顿,与洵口俱导也。世谓之新河矣。……濡水又东南至絫县碣石山。文颖曰:碣石在辽西絫县,王莽之选武也。絫县并属临渝,王莽更临渝为凭德。《地理志》曰:大碣石山在右北平骊成县西南,王莽改曰碣石也。汉武帝亦尝登之,以望巨海,而勒其石于此。"其引《汉志》所述"大揭石山"及"揭石"为"大碣石山"及"碣石",或以为正,而以今传本为误①。然以此"大碣石山"与文颖所述絫县碣石混为一谈,实并无据。胡渭《禹贡锥指》卷十一:"山有名同而系之以大小者,如大别、小别,太华、少华,太室、少室之类是也(古书太、少与大、小通用)。骊成之山称大碣石,则必有小碣石在,盖即絫县海旁之石矣。郦道元即宗文颖以为碣石在絫县,又引骊成大碣石以证之,若以其山为跨二县之境也者。今按濡水从塞外来,东南迳令支故城东,又南迳孤竹城西,又东南迳牧城西,分为二水,北水枝出,世谓之小濡水,东迳乐安亭北,东南入海;濡水东南流迳乐安亭南,东与新河故渎合(新河即魏武征蹋顿时所开也),又东南至絫县碣石山,而南入于海。乐安亭者,盖即今乐亭县东北之乐安故城也(东晋于此置乐安县)。絫县在其南,骊成在其西。据濡水历亭南而东,又东南至碣石。则碣石在亭之东南,与骊成西南之大碣石相去阔绝,安得连为一山?郭璞注《山海经》曰:碣石在临渝,或云在骊成,盖两存之。愚谓在临渝者为是。或云:《汉志》其可违乎?曰:班氏所言,间有纰缪。西县之嶓冢,氐道之养水,武都之东汉水,其尤甚者也。他如安丰之大别,安陆之陪尾,寻阳之九江,居延之流沙,后人皆以为非而不从,岂独一骊成之碣石哉?……《山海经》曰:碣石之山,绳水出焉,西流注于河。此骊成之大碣石也。何以知之?絫县之碣石,在濡水之东,绳水苟出其山,势不得越濡水而西注于河也。"其并依欧阳忞《舆地广记》所

---

① 参见《水经注疏》卷十四。

记石城县属故骊成,以今滦州所领乐亭县"有古城在西南三十里,似即汉骊成治。兹所称石城,盖指此地;非临渝更名之石城,今为抚宁者也。然乐亭县境平衍无山,即以州南濒海之地为骊成地,而亦无山,唯县西南四十里有祥云、李家、桑坨三岛,迫近海滨,岂即所谓大碣石与?"① 其所引《山海经》文有误,"西流"当为"东流"。而以《汉志》所记"大揭石山"即《山海经》所记"碣石之山",与文颖等所述"碣石"有别,可谓卓识。然推考汉骊成县当在今乐亭县境,以班固所述为非,则不确。

《山海经·北次三经》:乾山"又北五百里曰伦山,伦水出焉,而东流注于河。有兽焉,其状如麋,其川在尾上,其名曰罴。又北五百里曰碣石之山,绳水出焉,而东流注于河。其中多蒲夷之鱼。其上有玉,其下多青碧"。"注于河"之水止于此。郭璞注:"《水经》曰:碣石山,今在辽西临渝县南水中。或曰在右北平骊成县,海边山。"则在魏晋之际,此"竭石之山"所在已不能明了。或依《水经》所述,以其在临渝县南水中。或说在原骊成县,为海边山。而二者当各有所指,并未混为一谈。又,《史记·苏秦列传》:苏秦说燕文侯,"南有碣石、雁门之饶"。《索隐》:"碣石山在常山九门县。《地理志》:大碣石山在右北平骊成县西南。"《正义》:"雁门山在代,燕西门。"《战国策·燕策一》并载此言。吴师道补曰:"《正义》云:碣石山在平州,燕东南;雁门山在代,燕西南。"则今传本《史记》当有脱误。此"碣石"与"雁门"对称,当指燕国东部边塞之山,而非《禹贡》所述之"碣石"。《盐铁论·险固》:"大夫曰:楚自巫山起方城,属巫黔,中设扞关以拒秦,秦包商洛崤函以御诸侯,韩阻宜阳伊阙、要成皋太行以安周郑,魏滨洛筑城、阻山带河以保晋国,赵结飞狐、句注、孟门以存荆代,燕塞碣石、绝邪谷、绕援辽,齐抚阿甄、关荣历、倚太山、负海河关梁者,邦国之固而山川社稷之宝也。"联系上下文可知,此碣石当指燕国边境守险之处,与苏秦所言碣石为一。又,古音援属寒部匣纽,渝属侯部喻纽,二者相近,则此"援"当指渝水,即今大凌河。而辽即大辽水,即今辽河。二水绕流燕之东境,以为界限。《旧唐志一》:平卢军节度使,

---

① 胡渭:《禹贡锥指》,邹逸麟整理。

"榆关守捉，在营州城西四百八十里，管兵三百人，马百匹"。《新唐志三》：平州有临渝关、碣石山。又，营州，"西四百八十里有渝关守捉城"。所领柳城县，"西北接奚，北接契丹，有东北镇医巫闾山祠。又东有碣石山"。时平州在今卢龙县，营州柳城县在今朝阳市，二地相接，然其临渝关、碣石山和渝关守捉城、碣石山当各有所指。许元宗《宣和乙巳奉使金国行程录》："第十四程，自营州一百里至润州。离州东行六十里至榆关，并无堡障，但存遗址，有居民十数家。登高回（四）望，东自碣石，西彻五台，幽州之地沃野千里。北限大山，重峦复岭，中有五关，居庸可以行大车，通转粮饷；松亭、金坡、古北口止通人马，不可行车。外有十八小路，尽兔径鸟道，止能通人，不可走马。山之南，地则五谷百果、良材美木无所不有。出关来才数十里，则山童水浊，皆瘠卤。弥望黄云白草，莫知亘极。……第十五程，自润州八十里至迁州。"其营州在今昌黎县，润州在今秦皇岛市西北，迁州在今山海关东。而榆关当在今抚宁县东，当即《新唐志》所记"渝关守捉城"，则《新唐志》所记营州"又东有碣石山"当亦与此所述"碣石"同指一山，在此一带，而"东"字当衍。《辽史·本祖本纪》：天赞二年（923年），"二月，如平州。甲子，以平州为卢龙军，置节度使。三月戊寅，军于箭笴山，讨叛奚胡损，获之，射以鬼箭。诛其党三百人，沉之狗河"。《逆臣列传》：保大二年（1122年），"金兵由居庸关入，回离保知北院，即箭笴山自立，号奚国皇帝"。后败。《辽志三》："迁州，兴善军，下，刺史。本汉阳乐县地。圣宗平大延琳，迁归州民置，来属。有箭笴山。"统迁民县。《明统志》卷五："阳河，在抚宁县东八里。源出口北列坨山，经其东南入于海。"《读史方舆纪要》卷十七：永平府抚宁县，"裂头山，县东北九十里。群山环绕，一峰高耸，顶有数尖，因名。亦名前裂头山。迤东有七峰相连，极东而尖出者为后裂头山。又，石门山，在县东北百里，东西环亘，蹊径阨塞，亦曰石门峡。相传汉公孙瓒败乌桓处。其西曰蕉果山，山前为傍水崖，内平外险。隆庆初北部黄台吉犯边，自此逸去，帅臣戚继光伏兵邀之，斩获无算"。又："黄崖山，县东北五十里，高十里，陡峻崎岖，山半有舍身崖，深三四十丈，石径仅可容足。又，茶盆山，在县东北百里，石门之北。峰高万仞，陵峦杳深。旧志曰：即箭笴岭也。五代唐同光二年契丹阿保机袭叛夷军于箭笴山。宋宣和五年辽臣奚回离保据箭笴山称夷帝，金人击平之。《辽史》：迁州有箭笴山是也。其南去苇子峪十余里，俗呼背牛顶，以山后有石如牛去。""阳河，县西一里。源出口外别陀山。一云县北三十五里有星星峪，即阳河之源也。口北群川多汇流于此，南流迳县西，又东南历紫荆山下，复南流而入于海。"《清统志》卷十八："箭笴山，在临渝县西北七十里。《辽史·地理志》：迁州有箭笴山。府志：今名茶盆山。凡边外之山盘礴内向者，茶盆为大。其峰万仞，林壑幽靓，自昔为胜游。今在苇子峪外半舍。东北为胜水岩，迤西其巅尤狭，置木梯以行，俗呼为背牛顶，此山后有石如牛，故名。"又："芙蓉山，在临榆县西北。旧名裂头山，有二。自挝角山东，高广倍出群山，而尖顶分三四者为前裂头山，中有水峪。其迤东十余里有七峰相连，极东而尖者为后裂头山，居边外。""阳河，亦曰洋河。在抚宁县西一里许。源出界岭口外列坨山，西南流入口。东有箭桿水，自箭桿岭口流入注之。又西南至台头营南，有黑岭水自青山口流入注之。又南至县西南，转东南流至紫荆山南入海。"其阳河流经汉临渝县城（今抚宁县西）东，当即古渝水。古音渝属侯部喻纽，绳属蒸部喻纽（或船纽），二者相近，则《山海经》所述绳水当亦指此水，而所出之山当即"碣石之山"，亦即今抚宁、青龙交界地带之祖山（老岭）及其南北延展余脉，向北可连亘至鞍子山，南麓山脚距海岸10余公里，可谓"海边山"。战国秦汉之际视为东北边塞。其山西南与《禹贡》所述"碣石"（今昌黎县西北）相近，山顶多裸露岩石，故亦得称碣石山，并为区别于《禹贡》所述碣石山（小碣石山）而称大碣石山。其山体广大，故为《山海经》所记。而小碣石山临近古河水水道，可用为标识，故为《禹贡》所记。依《水经注》所记，曹魏时期所开新河西起于今宝坻区东南，向东流经唐山市南，与濡水汇合于乐安亭（今乐亭县西北）南。其当大体循行古河水水道，即周定王五年（前602年）河徙以前，古河水当北流循行此水道，向东流经《禹贡》所述碣石南，而入于海。其最后受纳之水即为绳水，在《禹贡》所述碣石之东。而《禹贡》所述碣石之西有濡水。濡水原作澳水，古音澳属寒部泥纽，伦属文部来纽，二音相近，则澳水当即为《山海经》所述之伦水，为"入于河"之倒数第二水。

《辽志三》："榆州，高平军，下，刺史。本汉临渝县地，后隶右北平骊城县。"其榆州在今辽宁凌源市西，当属汉右北平郡境。而临渝县属辽西郡，则所述"本汉临渝县地"显然有误。而以"隶右北平骊城县"，或据后世传言，则骊成县当近于此。其东南今建昌县王宝营子乡城子沟村中后部发现一座古城址，以夯土修筑，平面略呈方形，每边长约160米，南北向。现北垣保存较好，存高1米。西垣因临水沟，遭到很大破坏。东垣已辟为村中的南北向街道，南垣为村民宅院所占，不够清晰。城中采集有矮灰陶豆柱、细绳纹陶盆和弦纹陶壶残片等，从遗物看，城址年代当属战国时期至汉代①。其东南约10公里碱厂乡东大杖子村发现一处大面积战国时期墓地，上限约在战国中期，已发现墓葬百余座，为土圹竖穴木椁墓，多封盖一层大鹅卵石，葬式一般为头东足西。在带有封石层的大墓M14中出土有鼎、豆、匜、盘、双联壶、带钩、削、耒、衔、斧、凿、钺、镞等青铜器20多件，椁内中部有柄部镶金的青铜短剑1把和戈2件。另在M4大墓中亦出土一把金柄青铜短剑。此墓地不仅年代较早、规格较高、分布面积较广，而且在墓地东部附近还有一处规模较大的汉代遗址，文化内涵也很丰富。文化层厚1.5米，采集有菱形、绳纹板瓦，卷云纹瓦当，泥质灰陶素面壶、罐、豆、盆等残片，或可为寻找汉代右北平郡治所提供线索②。其城子沟城址西南距今祖山约40公里，与《汉志》所述骊成县之地理方位大致相合，所属年代亦大体相符，或即属之。其与东大杖子墓地相距较远，二者似各有所属。而东大杖子墓地或与其附近汉代遗址联系当更为密切。发掘者推测其属右北平郡治城，似不妥切。依其所在地理方位，推测为骊成县之所在，当有可能。

---

① 冯永谦、邓宝学：《建昌县文物普查的重要发现》，《辽宁文物》1980年第1期。
② 国家文物局主编《中国文物地图集》辽宁分册。方殿春、万欣：《建昌县东大杖子战国墓地》，中国考古学会编《中国考古学年鉴（2001）》，文物出版社，2002。万殿春、万雄飞、白宝玉：《建昌县东大杖子战国墓群》，中国考古学会编《中国考古学年鉴（2003）》，文物出版社，2004。《建昌县东大杖子战国时期墓地》，中国考古学会编《中国考古学年鉴（2004）》，文物出版社，2005。华玉冰、徐韶钢、高振海：《建昌县东大杖子战国墓葬》，中国考古学会编《中国考古学年鉴（2012）》，文物出版社，2013。高振海：《建昌县东大杖子战国墓群36号墓》，中国考古学会编《中国考古学年鉴（2013）》，文物出版社，2014。

广成县城

广成县，西汉时期属右北平郡。《汉志下》：右北平郡属县"广成，莽曰平虏"。东汉时期省废。《晋书·慕容皝载记》：晋咸康年间，"（石）季龙又使石成入攻凡城，不克，进陷广城"。其广城当即广成，时在前燕国境内。《魏志上》：营州建德郡领县"广都，真君八年并白狼、建德、望平属焉。有金紫城"。《水经注·大辽水》："辽水右会白狼水。水出右北平白狼县东南，迳广成县，北流，西北屈迳广成县故城南，王莽之平虏也。俗谓之广都城。又西北，石城川水注之。水出西南石城山，东流迳石城县故城南。《地理志》：右北平有石城县。北屈迳白鹿山西，即北（白）狼山也。"杨守敬按："《后燕录》：慕容宝还龙城，次于广都。盖沿俗称置县，而后魏因之，故《地形志》建德郡有广德县。"则广都县当置于十六国时期，而沿于广成县故城址。北魏时期相沿，北齐时省废，见于《隋志中》。

依《水经注》所述，广成县故城当在白狼县（今辽宁喀左县黄道营子城址）东南，西南临近白狼水即今大凌河源。或以为即在今辽宁建昌县址[1]，然其地迄今未发现相关遗址。后在今喀左县南公营子乡小店村铁沟屯后城子发现一处遗址，为夯筑土城，城垣轮廓清楚，略呈方形，边长残存约200米。城址内发现大量汉代陶片。或以其所在方位与《水经注》所述广成县故城相合，当即属之[2]。而经进一步考察，确认在小店村铁沟屯西100米所存遗址面积约1.4万平方米，文化层厚0.3米，并无城墙遗迹。采集有夹砂红、灰陶、泥质红、灰陶片等，时代属战国时期。其西小店村东山屯亦发现一处战国时期遗址，面积约1400平方米。另在小店村东山屯及南山屯发现夏家店下层文化遗存[3]。则广成县城不可能在此。又，今建昌县东北巴什罕乡土城子村北残存一座战国至汉代城址，平面近方形，南北长

---

① 王仲荦：《北周地理志》附录《魏书地形志营州所统郡县考证》，中华书局，1980。
② 王绵厚：《秦汉东北史》第二章及第九章。
③ 国家文物局主编《中国文物地图集》辽宁分册。

150米，东西长160米。城墙夯土修筑，仅存南垣及北垣，存高0.5～1米。夯土层厚9～11厘米，内夹杂泥质灰陶绳纹罐，夹砂红陶绳纹釜，泥质红、灰陶豆等残片。采集有灰陶绳纹盆、瓮和菱形纹、绳纹板瓦等残片。在今建昌县东北石佛乡汤土沟村西北山上出土有铸"屯留"二字铭文铜戈等①。此城址位于今大凌河东源之东北，与《水经注》所述广成县故城地理方位相当，所属年代亦大致相符，有可能即属之②。对此，还可以结合相关记载来加以分析。

《资治通鉴》卷一百七：晋太元十五年（390年），"九月，北平人吴柱聚众千余，立沙门法长为天子，破北平郡，转寇广都，入白狼城。燕幽州牧高阳王隆方葬其夫人，郡县守宰皆会之，众闻柱反，请隆还城，遣大兵讨之。……遂留葬讫，遣广平太守、广都令先归，续遣安昌侯进将百余骑趋白狼城，柱众闻之，皆溃，穷捕，斩之"。胡三省注："白狼县，前汉属右北平郡，后汉、晋省。魏收《地形志》：后魏真君八年置建德郡，治白狼城，广都县属焉。燕时当属北平郡。"又："广平当作北平。"所述"广都令"可表明此一时期确已置广都县。其时北平郡治徐无县，吴柱等当东进广都城，又顺势循今老爷庙河谷地进入白狼城（老爷庙河西北距白狼城址约5公里，又北流至喀左县入大凌河）。《晋书·慕容宝载记》：隆安元年（397年），慕容宝与庶子慕容会相见于蓟城（今北京），欲杀之。"会闻之弥惧，奔于广都黄榆谷。……宝率数百骑驰如龙城，会率众追之，遣使请诛左右佞臣，并求太子，宝弗许。会围龙城，侍御郎高云夜率敢死士百余人袭会，败之。"《资治通鉴》卷一百九："夏四月癸酉，（慕容）宝宿广都黄榆谷。……甲戌，旦，（慕容）会立仗严备，乃引道。……行十余里，宝顾召群臣食，且议（慕容）农罪。会就坐，宝目卫军将军慕舆腾使斩会，伤其首，不能杀。会走赴其军，勒兵攻宝。宝帅数百骑驰二百里，晡时至

---

① 国家文物局主编《中国文物地图集》辽宁分册。冯永谦、邓宝学：《建昌县文物普查的重要发现》，《辽宁文物》1980年第1期。据此文所述，土城子城址平面呈长方形，南北长155米，南北长250米，城门在南面。城中有许多大型辽墓，称"阴城"。在平毁的南城墙下清理出5座分别用属于夏家店上层手制陶和战国时期羼滑石粉粒红陶锅以及大陶瓮等组合成的瓮棺，由此可表明此城当大约建于西汉时期。
② 参见王绵厚《西汉时期辽宁建置述论》，《东北地方史研究》1985年第1期。

龙城。会遣骑追至石城，不及。乙亥，会遣仇尼归攻龙城，宝夜遣兵袭击，破之。……丙子，顿兵城下。"高云败之。其黄榆谷，当即今老爷庙河谷地，南口在建昌县与喀左县交界地带，由此谷口西北行至白狼城，再循白狼水即今大凌河谷东北至龙城（今朝阳市区），正二百余里。而石城当在今喀左县黄家店城址，东临黄榆谷。《太平御览》卷一百二十五引《十六国春秋·后燕录》：晋隆安二年，慕容宝"南至黎阳城西，闻范阳王德称制，惧而退，乃还龙城，次于广都。兰汗又遣左将军苏超迎宝，具申款诚忠节无差，宝于是命发。汗遣弟难率五百骑逆宝至龙城，汗引宝入于外邸，杀之"。《资治通鉴》卷一百一十：慕容宝"以兰汗祀燕宗庙，所为似顺，意欲还龙城，不肯留冀州，乃北行。至建安，抵民张曹家。曹素武健，请为宝合众。（慕容）盛亦劝宝宜且驻留，察汗情状。宝乃遣宂从仆射李旱先往见汗，宝留顿石城。会汗遣左将军苏超奉迎，陈汗忠款。宝以汗燕王垂之舅，盛之妃父也，谓必无他，不待旱返，遂行。……丁亥，宝至索莫汗陉，去龙城四十里。城中皆喜。汗惶怖，欲自出请罪，兄弟共谏止之。汗乃遣弟加难帅五百骑出迎。……引宝入龙城外邸，弑之"。胡三省注："建安城，在令支之北，乙连之南。"此次慕容宝北还龙城，当仍循黄榆谷旧路，所宿地东属广都县，故《十六国春秋》记为"次于广都"；西属石城县，故《资治通鉴》据相关资料记为"留顿石城"。由此可进一步表明土城子城址属广成县故城，古时通道当自今建昌县（牤牛营子）折向北，至老爷庙河谷南口分出向东岔路至广成县城，其汤土沟等地所出遗物即在此沿线上。

聚阳县城

聚阳县，西汉时期属右北平郡。《汉志下》：右北平郡属县"聚阳，莽曰笃睦"。东汉以后省废。其所在地理方位不明。《春秋·僖公二十八年》："天王狩于河阳。"《穀梁传》："水北为阳，山南为阳。温，河阳也。"则聚阳之义或为聚水之北，或为聚山之阳。今辽宁凌源市西南刀尔登镇三道梁子村三道梁屯西侧发现一处古遗址，面积约12万平方米，采集有战国时期的板瓦、夹砂、泥质灰陶片等，及辽代布纹板瓦、陶瓷器残片等。其东南临窟窿山河，西南汇入青龙河。其西青龙河以西三道河子乡五道河子村北发现一处战国时期墓葬群，面积约1万平方米，出土有铜编钟、戈、剑、刀、曹、衔及动物形铜饰件等①。其地处西汉时期右北平郡境内，占地面积较大，所属年代亦与聚阳县大致相当，或即属之。而窟窿山河或古称聚水。

平明县城

平明县，西汉时期属右北平郡。《汉志下》：右北平郡属县"平明，莽曰平阳"。东汉以后省废。古今无考。今辽宁凌源市西南4公里安杖子村西残存一座古城址。其位于大凌河南岸九头山下的平坦台地上，东、西、南三面环山，北临大凌河，地势开阔。城址轮廓清晰，仅局部城垣略有破坏，平面呈不甚规整的南北向长方形，南北长150~328米，东西长200~230米。城址东北角有一近梯形小城，南北长128米，东西长80~116米。小城的西垣与大城的东垣南段在一条南北直线上，但二者中间有一段缺口，约8米长。此处大城东垣是否向东拐，由于地面受到破坏，已不可知。大城的城墙有的地段高出地面1米余，城垣上部现宽6米，底部宽9米，墙基深入地下0.5米。每层夯土厚约10厘米。因古城附近砖厂取土，北垣局部稍有破坏，西垣局部被洪水冲刷形成断崖。从断层上可以看到，在距地表1.5~2米的深处，瓮棺葬排列密集。东垣与南垣墙基保存尚完好，在北垣外断崖下发现夯土和石子路面的断层。城内的建筑基址，因平整土地，面貌全非，已无法了解。整个城址文化层堆积南部薄而北部厚。发掘夏家店上层文化房址10座、灰坑1座；战国时期房址1座、灰坑1座，出土有铅、铁器及货币等；西汉时期房址1座、灰坑6座，墓葬4座。未见晚于西汉时期的文化遗存。其小城地层较厚，然内涵比较单纯，从遗物来看皆属西汉时期。在西汉时期灰坑出土汉代封泥19方，分

---

① 国家文物局主编《中国文物地图集》辽宁分册。

别为右北太守、右美宫左、广城丞印、廷陵丞印、赟丞之印、当城丞印、昌城丞印、夕阳丞印、白狼之丞、泉州丞印、无终□□等。在西汉时期地层及墓葬中所发现的陶器口沿和器底刻有"石城"或"城"字（各1件）。发掘者据此推测安杖子古城址应为右北平郡之石城县①。另有学者认为当属字县②。似均不确。

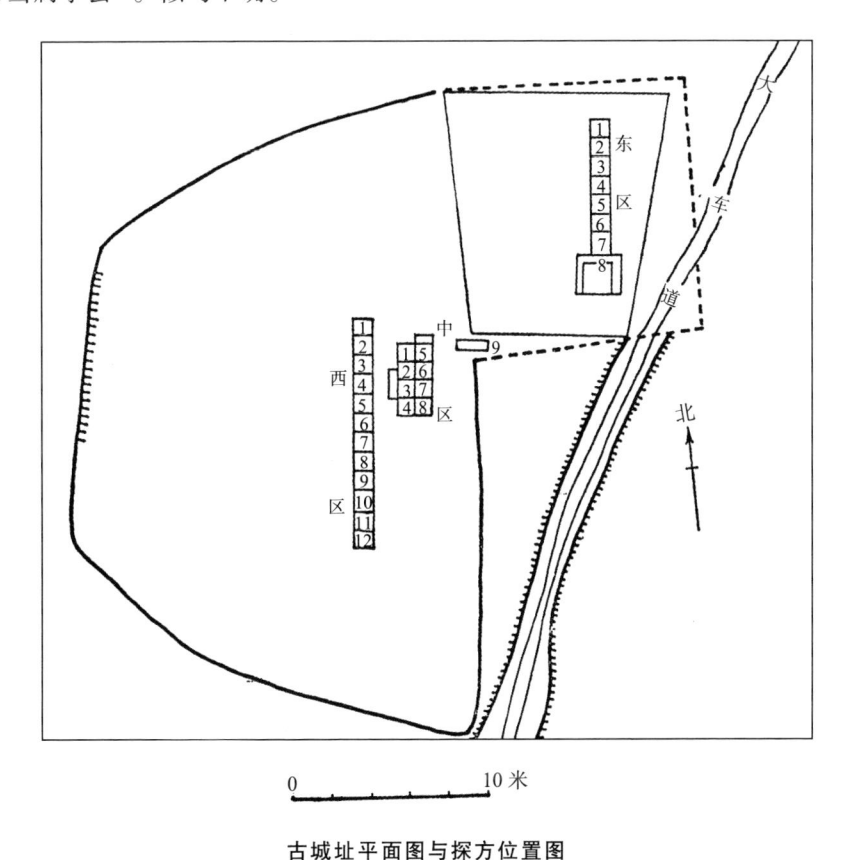

古城址平面图与探方位置图

（据《考古学报》1996 年第 2 期附图）

《水经注·大辽水》："辽水右会白狼水。水出右北平白狼县东南，迳广成县，北流，西北屈迳广成县故城南，王莽之平虏也，俗谓之广都城。又西北，石城川水注之。水出西南石城山，东流迳石城县故城南。《地理志》：

---

① 辽宁省文物考古研究所：《辽宁凌源安杖子古城址发掘报告》，《考古学报》1996 年第 2 期。
② 王绵厚：《西汉时期辽宁建置述论》，《东北地方史研究》1985 年第 1 期。

右北平有石城县。北屈迳白鹿山西，即北（白）狼山也。……其水又东北入广城县，东注白狼水。白狼山北迳白狼县故城东，王莽更名伏狄。白狼水又东，方城川水注之。水发源西南山下，东流，北屈迳一故城西，世谓之雀目城。东屈迳方城北，东入白狼水。白狼水又东北迳昌黎县故城西。"其白狼水即今大凌河，石城川水当即今渗津河，石城县故城当在今喀左县黄家店城址，白狼县故城当在今喀左县黄道营子村①。而方城川水当即指今大凌河西源之南支，则此城址所在地理方位正与方城相合，当即属之。又，古音方属阳部邦纽，平属耕部并纽、明属阳部明纽，同为唇音，相近。由此推之，其称方城，极有可能是由平明城演变而来，即此城原当为平明县城之所在。据上述考古资料，其当营建于战国中晚期，原属燕国所置右北平郡，秦汉时期相沿。城内所发现的陶器残片刻有"石城"等字，有可能是从外地流入，似不足于表明汉代石城县即在于此。

---

① 参见本书石城县城及白狼县城。

辽西郡诸县城

辽西郡之地于商周之际存有令支、孤竹、独鹿等古国。春秋时期齐桓公北伐，令支、孤竹等相继衰落，独鹿等西迁，又有屠何、且虑等迁入。战国中后期燕人东扩，于此置辽西郡。秦汉时期相沿，置有且虑（辽西郡治）、海阳、新安平、柳城（西部都尉治）、令支、肥如、宾徒、交黎（东部都尉治）、阳乐、狐苏、徒何、文成、临渝、絫县等十四县。东汉时期郡治迁至阳乐，又置扶黎县，并以扶黎、宾徒、徒河三县划归辽东属国，且虑、新安平、柳城、交黎、狐苏、文成、絫县等省废。晋代相沿，又省废令支、临渝、徒何三县。前燕、前秦、后燕、北燕先后占据此地。而后归于北魏，又有所增减。

辽西郡及且虑县城

且虑县，西汉时期为辽西郡治。《汉志下》："辽西郡，秦置。有小水四十八，并行三千四十六里。属幽州。户七万二千六百五十四，口三十五万二千三百二十五。县十四：且虑，有高庙，莽曰鉏虑。"又，《逸周书·王会解》附《伊尹朝献·商书》：正北有且略、豹胡等十三国。孔晁注："十三者，北狄之别名也。"古音虑属鱼部来纽，略属铎部来纽，则"且略"当即"且虑"，原属夏商时期北狄族系国名。而今传本《逸周书·王会解》记周初成周之会，"北方台正东：高夷，嗛羊。嗛羊者，羊而四角。独鹿，邛邛，距虚善走也。孤竹，距虚。不令支，玄貘。不屠何，青熊。东胡，黄黑。山戎，戎菽"。孔晁注："高夷，东北夷，高句骊。""独鹿，西方之戎也。邛邛，兽似距虚，负蟨而走也。""孤竹，东北夷。距虚，野兽驴骡之属。""不令支，皆东北夷。獂，白狐。玄獂则黑狐。""不屠何，亦东北夷也。""东胡，东北夷。""山戎，亦东北夷。戎菽，巨豆也。"比照正文及注文，其"不令支玄獂"之间当有脱文。而依其下接"不屠何"推之，原文当为"不令支，獂。且略（虑），玄獂"。注文"不令支"下当有"且略（虑）"二字，下接"皆东北夷"等，文理方顺。如此，在商周之际且略国犹存，仍与不屠何国相近。依《王会解》排序，二国在孤竹与不令支国以西，东胡及山戎以东。《墨子·非攻中》："虽北者且不一著何，其所以亡于燕代胡貉之间者，亦以攻战也。"孙诒让《闲诂》："《道藏》本如此，毕本作中山诸国。云：四字旧作且一不著何五字，一本如此。……诒让案：中山初灭于魏，后灭于赵，详《所染》篇。然此中山诸国四字乃后人臆改，实当作且不著何四字。旧本作且一，《道藏》本作且不一，并衍一字。且疑柤之借字。《国语·晋语》：献公田，见翟柤之氛。韦注云：翟柤，国名是也。……又，《王会》伊尹献令，正北有且略、豹胡。且略即此且及《左传》翟柤。豹胡亦即不屠何。豹、不，胡、何，并一声之转。"所辨有理，而以"且"当《国语》之翟柤，则似不甚妥切。依《国语·晋语一》，晋献公"乃伐翟柤，郄叔虎将乘城。……遂克之"。此翟柤当临近晋国，与《墨子》所述"燕代胡貉"之间不相符。其"且"既可为"且略"，则今传本"且"后之"一"，极有可能属与"略"或"虑"相类的缺笔字。《伊尹朝献·商书》中以"且略"、"豹胡"并列，《墨子》以"且一"、"不著何"并列，可表明二者属地相近。《管子·小匡》：齐桓公"中救晋公，禽狄王，败胡貉，破屠何，而骑寇始服"。尹知章注："屠何，东胡之先也。"且略国之亡，当亦在此之际，为春秋早期。而后其族属当他迁，重建且略城，汉代沿用为且虑县及辽西郡治。

东汉以后且虑县省废。《辽志三》：兴中府，"闾山县，本汉且虑县。开泰二年以罗家军置，隶中京，后属"。《读史方舆纪要》卷十八：大宁卫，"闾山城，在营州西。《辽志》：本汉之且虑县，辽西郡治此。后汉移治阳乐县，遂废。辽初置卢家军，开泰二年改置闾山县，隶大定府，后改属兴中府，金废"。北魏时期于今朝阳市置营州，辽代于此置兴中府。近世多据之推定古且虑城在此一带，而并无实证。今辽宁葫芦岛市台集屯镇附近发现古城址，其位于女儿河北岸，南距葫芦岛市区 47 公里，东距锦州市区 22 公里，共 4 座。在台集屯镇西北约 1000 米有小荒地山城，城墙沿山脊堆筑，呈东西向横长的口袋形，周长近 1500 米，有南、北二门，西侧窄，为水门兼马道，水门外是小水沟，东南角似有便门。其北垣、东垣呈外弧形，长约 800 米，东北角地势高敞，可俯视全城。城墙顶与城外高差大而陡直，东垣尤为明显，当是取城外土筑墙所致，墙顶宽处达 5 米余。南垣不明，似与其南方城北垣大致成一直线。城内采集有零星的夹砂红陶片，文化堆积不厚。地表多是汉代瓦砾，东北隅较多，似有汉代建筑。其南为小荒地方城，

台集屯小荒地古城址位置示意图
（据《考古学集刊》第 11 辑附图）

平面略呈方形，方向为南偏西 15 度。四面城墙清楚，北垣及西垣保存较好，北垣高出地面 1～3 米，似利用山城南垣西段为之。东垣及南垣颓废成垅状。西垣长 198 米，北垣长 221 米，东垣长 234 米，南垣长 237 米，周长约 990 米（或记为北垣长约 220 米，东垣长约 225 米，南垣长 240 米，西垣长 210 米，周长近 900 米）。南垣中部有豁口，宽约 5 米，为南门。城墙为平地起

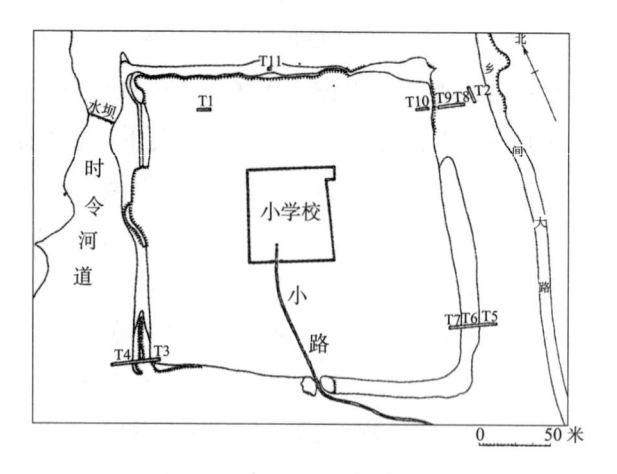

台集屯小荒地古城址位置实测图
（据《考古学集刊》第 11 辑附图）

建，不挖基槽，夯土板筑。采集有战国时期动物纹半瓦当及汉代"千秋万岁"圆瓦当、花纹砖、空心砖等。其东南小荒地村有战国至汉代遗址，多

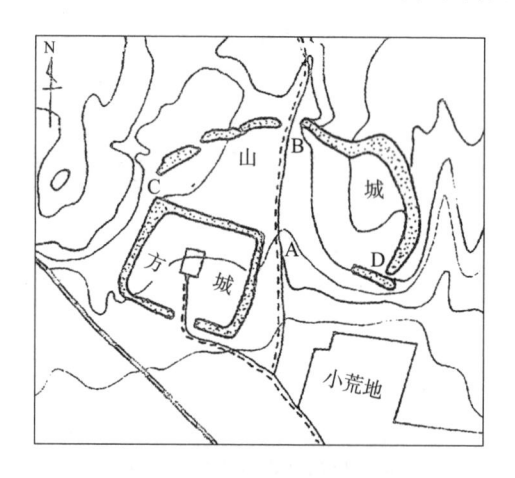

山城、方城位置示意图
A. 南门   B. 北门   C. 水门   D. 便门
（据《辽海文物学刊》1997 年第 2 期附图）

在距地表 2.5 米以下。小荒地方城东南约 1000 米有英房城，周围地势平坦，城址略高于地面，称"城子地"。城墙西南角被女儿河冲毁，断崖处露出夯土墙，存高 2.2 米。北垣东段因多年取土被挖成大坑，残存有部分坚硬的夯土堆。东垣在原农药厂院内，亦遭损坏。推测此城东西长约 320 米，南北长

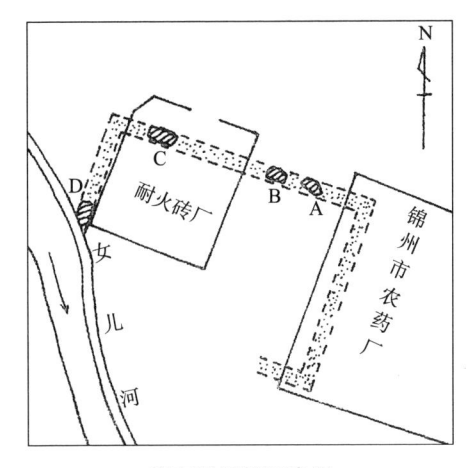

英房城平面示意图
（A、B、C、D处为夯土墙遗迹）
（据《辽海文物学刊》1997年第2期附图）
锦州市农药厂现为葫芦岛市凌云集团农药化工有限公司

约230米。城内外到处可见汉代瓦砾，采集有"千秋万岁"和云纹圆瓦当等。在台集屯镇北约1000米下浑酒沟村有"小城子"城址，平面略呈长方形，四面城墙已夷为耕地，仅能看出隆起的漫岗，东西长约100米，南北长

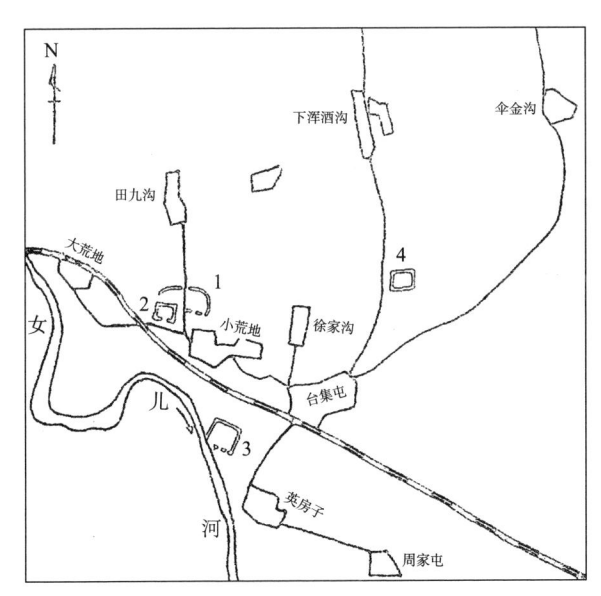

四座古城位置示意图
1. 山城　2. 方城　3. 英房城　4. 浑酒沟城
（据《辽海文物学刊》1997年第2期附图）

60余米。城内地面采集到零星汉瓦，未见其他遗物。另在台集屯火车站发现汉代砖室墓葬群。在小荒地村东北山脚下发现一方封泥，正面有凸起的边框，内为阳文篆书"临屯太守章"5字，在伞金沟村北断崖上发现2件青铜十字戟，年代不晚于战国中期。在台集屯出土一件铜耳环。在英房子村出土一件陶量，肩部横列4个乳钉，钤有一竖条铭文，阴文为"且虑都市王伏（司）锱"7个字。调查者认为此4座古城相距不远，年代接近，是一个功能完备的整体。其山城内外皆能采集到夏家店下层文化和凌河类型文化的陶片，而后者占大多数。辽西地区和赤峰地区属前者的山城很多，大部分是用石头砌筑。该山城系土筑，其周围有多处青铜短剑墓地，北三里田九沟村西有墓群，伴出有马具、虎、铃等青铜饰件。小荒地村二户民宅院内各出土一把青铜短剑，方城内也曾出土一种枕状器。据此推测山城是春秋至战国中期的遗构，属凌河类型的山城。其到西汉时期一直被沿用。而方城内早期遗存与辽西地区夏商时期文化有某些共性，中期遗存的年代大致应在魏营子类型之后至战国燕文化到达之前，晚期遗存属战国至秦汉时期。发现有战国秦汉时期井窖和大量瓦、陶、铜、铁器、货币等遗物，采集的动物纹瓦当等表明战国时期其已为重要城邑。根据城墙解剖资料，其始建年代当不早于战国晚期，而主要使用时期应在西汉时期。若以最晚遗物王莽时期发行的货泉为准，城址毁废年代当不能晚至东汉时期。伞金沟出土的战国时期十字戟，徐家沟战国晚期木椁墓中出土的漆器、夔龙回纹青铜矛、八连弧铜镜，特别是乔□的一方银质私人印章，反映了墓主人具有较高的社会地位。英房子村还出土有战国燕刀币700枚，尤其是战国时期的且虑陶量出土，可以证明此城已是当时的行政中心，有理由推测其为战国时期燕国辽西郡治且虑都邑之所在。英房城内文化内涵单纯，皆为汉代遗存。当属汉代所增建，为辽西郡治所。而浑洒沟城亦为汉代所增建，属附属城邑，或与商贸有关。其"临屯太守章"封泥出土在辽西郡城，是两郡级交往的实物证据，也是推考此古城址为辽西郡治所在地的有力佐证[①]。

[①] 锦州市博物馆：《辽宁锦西县台集屯徐家沟战国墓》，《考古》1983年第11期。锦州市文物管理委员会：《辽宁锦西县邰集屯发现战国刀币》，《考古学集刊》第2辑，中国社会科学出版社，1982。朱永刚、王立新：《锦西小荒地古城址》，中国考古学会编《中（转下页注）

此城址尚未经全面系统勘探发掘，规制不甚明了。而就今所见遗迹遗物来看，其属战国秦汉时期一处重要城邑似无大问题。所出土陶量铭文虽尚待进一步考证确认。然前二字与"且虑"相类似不可轻率否定，由此而判定此城址属古且虑城亦大体可信。依调查者所推定，其山城修筑在前，当为春秋时期且虑族系迁此时所营建。而就此一地区地势及南垣不明来看，似不能排除其南垣在方城南垣一线或将方城包围在内的可能性，如此，其平面当略呈圆形。而方城当为燕及汉时辽西郡治所，英房城当为且虑县治所。此外，或以为其当属古徒河城①，似不确。

《史记·高祖本纪》：汉高祖死后，惠帝"令郡国诸侯各立高祖庙，以岁时祠"。上引《汉志》记且虑县"有高庙"，可确切表明西汉时期辽西郡治当即在此。又，《越绝书》卷二："匠门外信七里东广平地者，吴王濞时宗庙也。太公、高祖在西，孝文在东，去县五里。永光四年，孝元帝时，贡大夫请罢之。"其匠门为吴城（今江苏苏州）东门，汉初刘濞就封为吴王，故建有高庙。由此高庙建于城外推之，其下浑酒沟村"小城子"，或即属汉初所建辽西郡高庙遗址。

海阳县城

海阳县，西汉时期属辽西郡。《汉志下》：辽西郡属县"海阳，龙鲜水东入封大水，封大水、缓虚水皆南入海。有盐官"。又，肥如县下注："玄水东入濡水，濡水南入海阳。"《史记·高祖功臣侯者年表》：汉高祖六年（前201年），封摇毋余为海阳侯，后传摇招攘、摇建、摇省。汉景帝中元

（接上页注①）国考古学年鉴（1994）》，文物出版社，1997。吉林大学考古学系、辽宁省文物考古研究所：《辽宁锦西市邰集屯小荒地秦汉古城址试掘简报》，《考古学集刊》第11辑，中国社会科学出版社，1997。王成生：《汉且虑县及相关陶铭考》，《辽海文物学刊》1997年第2期。国家文物局主编《中国文物地图集》辽宁分册。

① 王绵厚：《关于锦西台集屯三座古城的历史考察——兼论古代"屠何"与"徒河"》，《社会科学战线》1990年第2期。

六年（前144年），"侯省薨，无后，国除"。《汉书·高惠高后文功臣表》所述略同。而后为海阳县。东汉时期相沿，见于《后汉志五》。晋时亦相沿，见于《晋志上》。《魏志上》：平州辽西郡领县"海阳，二汉，晋属。有横山、新妇山、清水"。《水经注·濡水》："（濡水）又东南过海阳县西，南入于海（经文）。……濡水东南流迳乐安亭南，东与新河故渎合。渎自雍奴县承鲍邱水，东出，谓之盐关口。魏太祖征蹋顿，与沟口俱导也，世谓之新河矣。……新河又东，分为二水。枝渎东南入海。新河自枝渠东出，合封大水，谓之交流口。水出新安平县，西南流迳新安平县故城西，《地理志》辽西之属县也。又东南流，龙鲜水注之。水出县西北，世谓之马头水。二源俱导，南合一川，东流注封大水。《地理志》曰龙鲜水东入封大水者也。乱流南会新河，南注于海。《地理志》曰：封大水于海阳县南入海。新河又东出海阳县，与缓虚水会。水出新安平县东北，世谓之大笼川，东南流迳令支城西，西南与新河合，南流注于海。《地理志》曰：缓虚水与封大水皆南入海。新河又东与素河会，谓之白水口。水出令支县之蓝山，南合新河，又东南入海。新河又东至九𤄵口，枝分南注海。新河又东迳海阳县故城南，汉高祖六年封摇毋余为侯国。《魏土地记》曰：令支城南六十里有海阳城者也。新河又东，与清水会。水出海阳县，东南流迳海阳城东，又南合新河，又南流一十许里，西入九𤄵，注海。新河东绝清水，又东，木究水出焉，南入海。新河又东，左迆为北阳孤淀，淀水右绝新河，南注海。新河又东会于濡。濡水又东南至絫县碣石山。……濡水于此南入海，而不迳海阳县西也，盖经误证耳。"其濡水即今滦河，新河大致流行今滦县南，封大水、龙鲜水当即今陡河，缓虚水当即今沙河，素河当即今沂河，清水当即今清河[1]。因后世河道变迁，诸水古今流势不尽相同。

北齐时期省海阳县入肥如县，隋时又改肥如县为卢龙县。《隋志中》：北平郡卢龙县，"后齐省朝鲜入新昌，又省辽西郡并所领海阳县入肥如"。《通典》卷一百七十八：平州领有马城县，"西南到马城县一百八十里"。《旧唐志二》：平州马城县，"开元二十八年分卢龙县置"。《新唐志三》：平

---

[1] 参见《水经注疏》卷十四。

州马城县，"古海阳城也，开元二十八年置，以通水运。东北有千金冶城。东有茂乡镇城"①。《寰宇记》卷七十所述略同。《辽志四》：平州，"望都县，本汉海阳县，久废，太祖以定州望都县俘户置，有海阳山。县在州南三十里"。又，滦州，"马城县，本卢龙县地，唐开元二十八年析置县，以通水运。东北有千金冶，东有茂乡镇。辽割隶滦州，在州西南四十里"。依其所临千金冶城及茂乡镇城推之，当沿用唐开元年间所置马城县城址，而与平州相距较近，在滦州（今滦县）西南四十里。如此，上引《通典》等所述平州"西南到马城县一百八十里"当为"八十里"之误。而《辽志》不以其地有古海阳城，另指古海县在平州南三十里望都县，则与《新唐志》不同。《金志上》：平州海山县，"本汉海阳故城，辽以所俘望都县民置，故名望都。大定七年更名"。又，滦州有马城县。其沿用《辽志》说。元时马城县及海山县俱废。《明统志》卷五：永平府，"海阳城，在府城南三十里，本汉海阳县，后废。辽始徙定州望都县民居之，亦名望都县，金改为海山县，元省"。又："马城废县，在滦州城南二十里，唐置，契丹别隶滦州，金因之，元省入义丰县。"其沿用辽金旧说，而马城所在地理方位则不尽相同，或在金代又有迁移。《读史方舆纪要》卷十七：永平府卢龙县，"海阳城，府南三十里。汉置海阳县，属辽西郡，高祖封功臣摇扶余为海阳侯，即此。后汉亦曰海阳县。《魏土地记》：令支城南六十里有海阳城。晋及后魏仍属辽西郡，高齐废郡，又并海阳县入肥如。《新唐书》：马城县即古海阳城。误也。五代梁乾德初，契丹阿保机掠定州望都民居于此，因置望都县，金大定七年改曰海山县，元省。或曰：汉海阳城在今府东南百里，《辽志》误以为即望都县治也"。其沿用旧说，而以马城县即古海阳城为误。并列出汉代海阳城在永平府东南百里之新说。《清统志》卷十九："海阳故城，在滦州西南。汉置县，高祖六年封摇扶余为侯国。《魏氏土地记》：令支城南六十里有海阳城。"又："马城故城，在滦州南。《唐书·地理志》：平州

---

① 《清统志》卷十九："茂乡镇城，在滦州西七里。《唐书·地理志》：马城东有茂乡镇城。"又："千金冶，在滦州南。《汉书·地理志》：夕阳有铁官。《唐书·地理志》：马城东北有千金冶。《名胜志》：冶在滦州南二十里，即汉夕阳铁官也。"其所述茂乡镇城及千金冶所在地理方位不尽相同。而以千金冶属汉代夕阳县铁官，并无确据。

马城县，古海阳城也。开元二十八年置，以通水运。《通典》：平州西南到马城县一百八十里。《辽史·地理志》：马城县，辽割隶滦州，在州西南四十里。《宋史·地理志》：马城县，于宣和四年赐名安城。《元史·地理志》：至元四年省。州志：废县在州南二十里。又有古马县在州西南二十里古马社。按：《辽志》道里与《通典》不同，盖非唐古治也。"其采用《新唐志》说，而于古海阳城所在方位未予确指。光绪五年刊《永平府志》卷二十六："海阳县，汉初为侯国。《史记·功臣表》海阳侯摇毋余是也。后改为县，《汉书》言有龙鲜水、封大水、缓虚水，皆南入于海。旧志谓当属乐亭境。案，《魏书·地形志》：海阳下有横山、新妇山、清水。《水经注》又云清水出海阳县，东南流迳海阳城东。今乐亭无横山、新妇山，而清水又在县西。是魏海阳当非汉海阳，至唐于海阳县改马城县，金于海阳县改海山县，皆魏之海阳，惟《辽史》称海阳滨海，地多碱卤，则于今乐亭地为近。"其以汉海阳县与魏海阳县分为二城，汉海阳城当在今乐亭县地，魏海阳城当在金代海山县地，均于史无征。相互比照，当以《新唐志》说近于史实。

今滦县南约10公里马城乡马城村北发现东汉时期墓葬群；在滦县西南约10公里古马乡古马村南发现一处战国时期遗址，面积约1万平方米，采集遗物有陶器残片等，似可表明唐代马城县及辽金时期望都县城均不在此。另在今滦南县倴城镇南关村南发现一处战国时期遗址，面积约12万平方米，暴露遗迹有灰坑，采集遗物有陶器残片等。其北倴城镇北发现汉代墓葬群。其北倴城镇东北街村发现一座古城址，平面近方形，东西长368米，南北长353米。城墙夯土筑成，基宽约20米，顶残宽8米，残高4~8米。城内采集遗物有铜镞和泥质灰陶素面瓮、罐等残片。发现一通清乾隆三十六年所立石碑。据碑文记载，倴城始建于元代，得名于元将那颜倴盏。城址西北倴城镇西南大街中南部发现辽金时期墓葬群。城址东北倴城镇新立庄村西发现一处辽金时期遗址，面积约3万平方米，采集遗物有泥质灰陶素面瓮、罐和白釉、黑釉的瓷碗、罐等残片。在新立庄村西发现汉代墓葬群[1]。此倴

---

[1] 国家文物局主编《中国文物地图集》河北分册。

城址东北距滦县约 25 公里，与《辽志》等所述马城县所在地理方位相当，所属年代亦大致相当，当即属之。元代废弃，后或重修，因侪与马音相近，故演为侪城。而就所见遗迹遗物来看，其似并未沿用秦汉古城旧址。其南南关村遗址亦不太可能属古海阳城址。

此外，在今滦南县北大马庄乡小贾庄村西北 100 米发现一处汉代遗址，面积约 6 万平方米，暴露遗址有灰坑和墓葬，采集遗物有铜剑、铜带钩、铜镞、鎏金铜马饰、铜镜、铜戈，以及泥质灰陶素面罐、瓮等残片。在小贾庄村东北 100 米发现一处青铜时代及战国时期遗址，其位于高出附近地面约 8 米的岗地上，面积约 7000 平方米，文化层厚 1~2 米，暴露遗迹有灰坑和房址，采集有青铜时代遗物夹砂褐陶和泥质灰陶残片，属夏家店下层文化遗存。另采集有战国时期的铜鼎和泥质灰陶绳纹罐、盆等①。其北距古令支城（今迁安西）约六十里，西近陡河、沙河及沂河，东近清河，与《汉志》及《水经注》所述古海阳城所在地理方位相符，所属年代亦较相合，当即属之。而南距侪城址约 10 公里，与唐代马城县城相近。《新唐志》所述马城县为"古海阳城也"，当即指此而言。依《汉志》所述，"濡水南入海阳"。《水经》言濡水"东南过海阳县西，南入于海"。而《水经注》言清水"出海阳县，东南流经海阳城东，又南合新河"，注海。濡水"东南至絫县碣石山"，入海。则汉晋以来此一地区水道当有变迁。汉代濡水流势当如《汉志》及《水经》所述，流经海阳城西。至南北朝时期，濡水改流行《水经注》所述河道，而原濡水河道为清水所循行。《清统志》卷十八："清水河，在滦州南。……其水极清，入海二十里不涸。亦名清水河。秦汉以来为漕运故道，闸迹尚存。明永乐十八年以运艘遭风，罢。"唐代于古海阳城南置马城县，"以通水运"，当即循行此河道。

新安平县城

新安平县，西汉时期属辽西郡。《汉志下》：辽西郡属县"新安平，夷

---

① 国家文物局主编《中国文物地图集》河北分册。

水东入塞外"。王先谦《汉书补注》："《水经注》不载。入当为出之讹。"东汉时期省废，不见于《后汉志》。《水经注·濡水》："新河又东，分为二水。枝渎东南入海。新河自枝渠东出，合封大水，谓之交流口。水出新安平县，西南流迳新安平故城西，《地理志》辽西之属县也。又东南流，龙鲜水注之。水出县西北，世谓之马头水。二源俱导，南合一川，东流注封大水。《地理志》曰龙鲜水东入封大水者也。乱流南会新河，南注于海。《地理志》曰：封大水于海阳县南入海。新河又东出海阳县，与缓虚水会。水出新安平县东北，世谓之大笼川，东南流迳令支城西，西南流与新河合，南流注于海。《地理志》曰：缓虚水与封大水皆南入海。"其封大水、龙鲜水及缓虚水并见于《汉志》海阳县下注。又，《隋志中》：北平郡所统卢龙县有"龙鲜水、巨梁水"。《明统志》卷五：永平府，"鲜龙水，在府城东九十里。源出辽西新平县马山，东流入封大水"。其"鲜龙水"当即"龙鲜水"，"东九十里"当为"西九十里"之讹。而"新平县"当为"新安平县"，"马山"亦有误。《读史方舆纪要》卷十七：永平府滦州，"陡河，在州西百二十里。其上源曰馆河，自迁安县流入界，经偏山南流合众水，又西入丰润县界，合于庚水"。而不见有关龙鲜水等记载。《清统志》卷十八："官渠河，源出滦州西白云山南之水峪，曰帅家河。西南流经开平城东，又西南与陡河合，为官渠河。又南经丰润县东南界，又南复经州界入海。按《汉书·地理志》：海阳县，封大水南入海。《水经注》：封大水出新［安］平县，西南流迳新［安］平县故城南。又东南，龙鲜水注之，乱流南会新河，又南入于海。疑即此。陡河，在滦州西。源出迁安县馆山，亦名馆水。南流迳罗家岭，又迳偏山临水院，合黄花港，入牝牛桥，又名牝牛河。又西南会唐家河。至州西八十里双桥，合板桥水。又南迳石城西，为石溜河。又南迳唐山桥，名大河。又南与帅家河会，为官渠河。按《汉书·地理志》：海阳县有龙鲜水，东入封大水。《水经注》：龙鲜水出新［安］平县西北，世谓之马头山（水）。二源俱导，南合一川，东流注封大水。疑即此。旧志云：河旁地中产水火炭，可供爨，陶磁器者尤利之。今舆图，陡河自丰润县南入海，不合官渠河，与旧志不同。"其并以沙河为古缓虚水，而官渠河水流较小，似不足以当古之封大水。杨守敬按："今有陡河，上流二水会于丰润东,当即封大水、龙鲜水。"① 似较为妥切。其西源当即《读史方舆纪要》所记之"淀河"。而东源当即馆水,其东距永平府卢龙县约九十里,则《明统志》所记之"龙鲜水"当即指此水,《隋志》所记"龙鲜水"或亦如此,当均包括封大水在内。其流合之势与《水经注》大体相符,然亦有相异之处,当因后世水流变迁所致。

新安平县城所在具体方位,旧无确指。《辽志三》:中京大定府,"汉为新安平县,汉末步奚居之"。又,所统富庶县、恩州,"本汉新安平县地"。其地在今辽宁建平县境,与《水经注》所述不合。而《清统志》卷十九:"新安平故城,在滦州西。汉置新安平县,属辽西郡,后汉废。后赵石虎建武七年自海道袭燕安平,破之。《水经注》:封大水西南流迳新[安]平县故城西。《地理志》:辽西之属县也。按《辽志》:中京大定府,汉为新安平县,汉末步奚居之。旧志疑故县本在大定,汉末始南移海阳界,非是。盖《辽志》援古,多不足据也。"卷四十五:"土垠故城,在丰润县东。……县志:南关城在县东十里,即土垠故城。"而《读史方舆纪要》卷十一:顺天府丰润县,"今县有垠城铺,在县东十里,以旧县名也"。今唐山市丰润区东银城铺火车站南发现一处战国至汉代遗址,面积约10万平方米,文化层厚1米,采集遗物有灰陶罐、瓮、盆、豆、壶等残片。其东北刘家营乡魏庄子村西南发现一处汉代遗址,位于陡河东岸台地上,面积约1万平方米,文化层厚0.6米,暴露遗迹有夯土建筑基址,采集遗物有灰陶绳纹板瓦、筒瓦和素面罐、盆等残片。其北后刘家营村西北亦发现一处汉代遗址,位于陡河东岸台地上,面积约1万平方米,文化层厚1米,采集遗物有灰陶罐、瓮、盆和绳纹板瓦、筒瓦等残片。另在银城铺遗址东南陡河水库区清理出汉、唐、金、元时期墓葬87座,其中汉墓39座,出土有铜镜、铁釜和"大泉五十"、"五铢钱"等。明清时期或以此遗址属土垠故城,然与《水经注》等所述不合,而临近陡河,所属年代亦与新安平县城大体相符,当即属之。而今陡河流经其东,似与《水经注》所述封大水"西南流迳新安平故城西"不尽相合,当因后世水道变迁所致。依上所比照,以今馆河当古之封大水,

---

① 《水经注疏》卷十四。

其原当西南流经今银城铺以西，再折向东南。而今陡河西源当古之龙鲜水，在封大水以西流注封大水。另据上引《明统志》所述，龙鲜水在卢龙县西九十里，正指今馆水，或《汉志》及《水经注》所述龙鲜水亦即指此水，则《水经注》所述龙鲜水"出县西北"原文当作"出县东北"。如此，当以今陡河西源当古之封大水，其西南流经新安平县故城西；而以今馆水当古之龙鲜水，"出县东北"，"东流注封大水"。又，今陡河以北有滦河即古濡水，边塞更在其北，不可能有水流入塞，穿越濡水而至新安平县境，或自新安平县境穿越濡水而出塞，则今传本《汉志》自注"夷水东入塞外"当属窜误。《水经注》不载，似亦可表明郦道元所见《汉志》于新安平县下无此注文。

柳城县城

柳城县，西汉时期属辽西郡。《汉志下》：辽西郡属县"柳城，马首山在西南，参柳水北入海。西部都尉治"。东汉时期省废。《后汉书·孝献帝纪》：建安十二年（207年），"秋八月，曹操大破乌桓于柳城，斩其蹋顿"。李贤注："蹋顿，匈奴王号。柳城，县名，属辽西郡，今营州县。"又，《独行列传》："赵苞字威豪，甘陵东武城人。……迁辽西太守。抗厉威严，名振边俗。以到官明年，遣使迎母及妻子，垂当到郡，道经柳城，值鲜卑万余人入塞寇钞，苞母及妻子遂为所劫质，载以击郡。"李贤注："柳城县，属辽西郡，故城在今营州南。"其所述西汉时期辽西郡所属柳城县地理方位可信，而文中所述"道经柳城"则不当在此①。《晋书·慕容皝载记》：咸和九年（334年），"段辽遂寇徒河，（慕容）皝将张萌逆击，败之。辽弟兰与（慕容）翰寇柳城，都尉石琮击败之。旬余，兰、翰复围柳城，皝遣宁远慕容汗及封弈等救之。……汗性骁锐，遣千余骑为前锋而进，封弈止之，汗不从，为兰所败，死者太半。兰复攻柳城为飞梯、地道，围守二旬，石

---

① 参见本书阳乐县城。

琮躬勒将士出击，败之，斩首千五百级，兰乃遁归"。《资治通鉴》卷九十五："段辽遣兵袭徒河，不克。复遣其弟兰与慕容翰共攻柳城，柳城都尉石琮、城大慕舆埿并力拒守，兰等不克而退。辽怒，切责兰等，必令拔之。休息二旬，复益兵来攻。士皆重袍蒙楯，作飞梯，四面俱进，昼夜不息。琮、埿拒守弥固，杀伤千余人，卒不能拔。慕容皝遣慕容汗及司马封奕等共救之。皝戒汗曰：'贼气锐，勿与争锋。'汗性骁果，以千余骑为前锋，直进。封奕止之，汗不从。与兰遇于牛尾谷，汗兵大败，死者太半。奕整陈力战，故得不没。"胡三省注："柳城县，汉属辽西郡，晋省，唐为营州治所。"又："城大，犹城主也。一城之长，故曰城大。""牛尾谷，在柳城北。"《慕容皝载记》：咸康二年（336年），"段辽遣其将李咏夜袭武兴，遇雨，引还，都尉张萌追击，擒咏。段兰拥众数万屯于曲水亭，将攻柳城，宇文归入寇安晋，为兰声援。皝以步骑五万击之，师次柳城，兰、归皆遁。遣封奕率轻骑追击，败之，收其军实，馆谷二旬而还。谓诸将曰：'二虏耻无功而归，必复重至，宜于柳城左右设伏以待之。'遣封奕率骑潜于马兜山诸道。俄而辽骑果至，奕夹击，大败之，斩其将荣保"。可知至晋初柳城犹存，完好无缺，有都尉率兵镇守，而首领称城大，当系土著族系。而后，慕容皝"使阳裕、唐柱等筑龙城，构宫庙，改柳城为龙城县"。咸康七年，"皝迁都龙城"①。《太平御览》卷一百六十二引《十六国春秋·慕容皝传》曰："柳城之北、龙山之南，所谓福德之地也。可营制规模，筑龙城，构宫室，改柳城为龙城县，遂都之，改曰和龙宫。"柳城县遂废。《魏志上》："营州，治和龙城。太延二年为镇，真君五年改置。永安末陷，天平初复。"所领"昌黎郡，晋分辽东置，真君八年并冀阳属焉"。领县"龙城，真君八年并柳城、昌黎、棘城属焉。有尧祠、榆顿城、狼水。广兴，真君八年并徒河、永乐、燕昌属焉。有鸡鸣山、石城、大柳城"。又："冀阳郡，真君八年并昌黎，武定五年复。"领平刚、柳城二县。另据《晋书·慕容廆载记》等，其冀阳郡当置于晋建兴年间，而所领柳城县当另择新址，至太平真君八年（447年）并入龙城县，武定五年（547年）又复置。

---

① 《晋书·慕容皝载记》。《资治通鉴》卷九十六记为咸康七年筑龙城，咸康八年迁都。

《水经注·大辽水》:"(白狼水)又西北,石城川水注之。水出西南石城山,东流迳石城县故城南。《地理志》:右北平有石城县。北屈迳白鹿山西,即北(白)狼山也。《魏书·国志》曰:辽西单于蹋顿尤强,为袁氏所厚,故袁尚归之,数入为害。公出卢龙,堑山堙谷五百余里。未至柳城二百里,尚与蹋顿将数万骑逆战。公登白狼山,望柳城,卒与虏遇,乘其不整,纵兵击之,虏众大崩,斩蹋顿,胡、汉降者二十万口。《英雄记》曰:曹操于是击马鞍,于马上作十片。即于此也。……白狼水又东北,自鲁水注之。水导西北远山,东南注白狼水。白狼水又东北迳龙山西。燕慕容皝以柳城之北、龙山之南,福地也,使阳裕筑龙城,改柳城为龙城县。十二年,黑龙、白龙见于龙山,皝亲观龙,去二百步,祭以太牢,二龙交首嬉翔,解角而去。皝悦,大赦,号新宫曰和龙宫,立龙翔祠于山上。白狼水又北迳黄龙城东。《十三州志》曰:辽东属国都尉治,昌黎道,有黄龙亭者也。魏营州刺史治。《魏土地记》曰:黄龙城西南有白狼河,东北流,附城东北下。即是也。"其白狼水即今大凌河。而于古柳城,则唯在述及曹操登白狼山和慕容皝营筑龙城时带出,并未指实具体方位。

隋唐时期沿用北魏营州昌黎郡龙城县址置柳城县,而为营州或辽西郡治所。《隋志中》:辽西郡统县"柳城,后魏置营州于和龙城,领建德、冀阳、昌黎、辽东、乐浪、营丘等郡,龙城、大兴、永乐、带方、定荒、石城、广都、阳武、襄平、新昌、平刚、柳城、富平等县。后齐唯留建德、冀阳二郡,永乐、带方、龙城、大兴等县,其余并废。开皇元年唯留建德一郡,龙城一县;其余并废,寻又废郡,改县为龙山,十八年改为柳城。大业初置辽西郡"。其柳城县当指东魏武定年间所复置者,属冀阳郡,北齐时省废。《通典》卷一百七十八:营州柳城县,"秦并天下,属辽西郡,二汉及晋皆因之。慕容皝以柳城之北,龙山之南,所谓福德之地也,乃营制宫庙,改柳城为龙城,遂迁都龙城,号新宫曰和龙宫。……后燕慕容宝、北燕冯跋相继都之。……后魏置营州,后周武帝平齐,其地犹为高宝宁所据。隋文帝时讨平宝宁,复以其地为营州。炀帝初州废,置辽西郡。大唐复为营州,或为柳城郡"。《寰宇记》卷七十一所述略同,并记"柳城县,四乡,汉柳城地,属辽西郡。"又:"马首山,度辽之要路经此。"所指当与

《汉志》相同。《辽志三》："兴中府，本霸州彰武军，节度。古孤竹国。汉柳城县地。慕容皝以柳城之北、龙山之南，福德之地，乃筑龙城，构宫庙，改柳城为龙城县，遂迁都，号曰和龙宫。慕容垂复居焉，后为冯跋所灭。元魏取为辽西郡。隋平高保宁，置营州。炀帝废州置柳城郡。唐武德初改营州总管府，寻为都督府。万岁通天中陷李万荣，神龙初移府幽州，开元四年复治柳城，八年西徙渔阳，十年还柳城。后为奚所据。太祖平奚及俘燕民，将建城，命韩知方择其处。乃完葺柳城，号霸州彰武军，节度。统和中制置建、霸、宜、锦、白川等五州。寻落制置，隶积庆宫。后属兴圣宫。重熙十年升兴中府。"所统"兴中县，本汉柳城县地，太祖掠汉民居此，建霸城县。重熙中置府，更名"。其柳城，当指隋唐时期柳城县。又，中京大定府，"归化县，本汉柳城县地"。《辽志四》：南京析津府营州，"广宁县，汉柳城县，属辽西郡。东北与奚、契丹接境。万岁通天元年入契丹李万荣。神龙元年移幽州界，开元四年复旧地，辽改今名"。其归化县及广宁县当临近柳城县，而汉柳城县所在具体方位则未予指明。《读史方舆纪要》卷十八：大宁卫，"柳城废县，即营州治也。章怀太子贤曰：柳城故城在今营州南。……契丹置霸城县于此，为霸州治。重熙中改曰兴中县，金因之，元废。又，广宁废县，在柳城南。《辽志》云：此为汉柳城县，阿保机以定州俘户置营州邻海军于此，又置广宁县为州治，后移置于平州东南。寻废营州，以县属平州，金改为昌黎县，即今永平府属县云"。其以汉柳城县与北魏营州治和龙城为一，不确，且与所引李贤注亦不相合。清代沿用和龙城旧址置朝阳县，即今辽宁朝阳市区。近世多据相关记载，推考古柳城县当在其西南或南部，然具体方位则不甚明了。

今朝阳市西南约 12 公里柳城镇袁台子村北 1000 米发现一处战国至汉代遗址，东西长约 300 米，南北长约 200 米，面积约 6 万平方米，文化层厚 1.5 米。发现有房址、水井、粮仓、窖穴、窑场和灰坑等，出土有带"柳城"印记的绳纹和菱格纹的板瓦、"柳城"字样的陶柏、陶器，还有铜器、铁器、石器、骨器、琉璃器和货币等。在袁台子村东北 500 米发现一处战国至汉代、辽代遗址，面积约 1.5 万平方米，文化层厚 0.4 米，采集有战国至汉代泥质灰陶片及辽代青砖、瓷器等。在袁台子村北贾家窑屯东北 1000 米发现一处战国至汉代遗址,面积约18万平方米,文化层厚1~2米,暴露遗迹有灰坑,采集有泥质红、灰陶片及板瓦、筒瓦等。在十二台村北侧发现一处战国及辽代遗址,面积约7万平方米,文化层厚1.5米,采集有战国时期的绳纹灰陶板瓦、筒瓦及辽代青砖、瓷器等。柳城镇南林皋村石家店屯东北1500米发现一处战国至汉代遗址,面积2万平方米,文化层厚0.2米,采集有陶器残片。在袁台子村东北腰而营子村河坎上发现一处专门烧制"柳"字款和"柳城"字款的泥质灰陶绳纹板瓦的窑场遗址,发现有半成品瓦坯及烧成废品的陶拍等。在袁台子村东发现大面积墓葬群,分属春秋、战国、西汉时期及晋代。另在袁台子村内发现多座晋代墓葬等。在遗址范围内还采集到少量的属于夏家店上层文化系统的夹砂褐陶带外叠唇或方板耳的罐、钵类残片及燕饕餮纹半瓦当、鱼骨盆残片等,可表明其包含夏家店上层文化、战国燕文化和汉文化三种不同的文化遗存。而西汉遗存是其中主要的文化遗存。在遗址外发现属于夏家店上层文化系统的墓葬,并相间分布有燕国墓葬,而这两种墓葬都有被西汉墓打破的现象,同整个遗址的文化内涵是相吻合的,应是先后在此居存的居民所遗。因迄今尚未发现任何城墙遗迹,是否属古城址无法得出肯定的结论。但考虑到遗址内毕竟发现有带"柳"字款的板瓦残件,又在腰而营子村西南角沟崖处发现有烧制"柳城"款板瓦的窑址;其西临大凌河即古白狼水,北近朝阳市区即古龙城,与有关文献记载大体相符,故有理由推测西汉时期柳城故址当不会距此很远,应在今袁家台子—腰而营子附近一带。大凌河自西南蜿蜒而来,绕经大柏山西、北麓及遗址西北边缘,向东北流去。狭长的大凌河谷,为群山环抱,地势险要。由于大凌河长期冲刷,遗址西、北边堆积已有相当一部分被剥蚀。大柏山位于此遗址西南,当即《汉志》所记之"马首山"及《晋书》等所记之"马兜山"[①]。所论有理有据,当合于史实。因城址临近大凌河,大部分或部分毁于水患,是完全有可能的。

---

① 靳枫毅:《西汉柳城故址考辨》,《黑龙江文物丛刊》1982年第3期。高青山:《朝阳袁台子汉代遗址发掘报告》,《辽海文物学刊》1987年第1期。辽宁省博物馆文物队:《辽宁朝阳袁台子西汉墓1979年发掘简报》,《文物》1990年第2期。国家文物局主编《中国文物地图集》辽宁分册。

依今所见，古柳城当临近白狼水，而史书中似不见相关记载。上引《晋书》载："段兰拥众数万屯于曲水亭，将攻柳城。"《资治通鉴》卷九十五记为"（段）辽别遣段兰将步骑数万屯柳城西回水"。胡三省注："回水，《载记》作曲水。《水经注》：阳乐水出上谷且居县，东北流，迳女祁县，世谓之横水，又谓之阳曲水。又，濡河从塞外来，西北迳御夷镇，又东北迳孤山南，又东南，水流回曲，谓之曲河镇。又据《载记》，曲水当在好城西北。"又，《晋书·慕容皝载记》："后徙昌黎郡，筑好城于乙连东，使将军兰勃戍之，以逼乙连。又城曲水，以为勃援。乙连饥甚，段辽输之粟，兰勃要击获之。"《资治通鉴》卷九十五：咸康三年，"三月，慕容皝于乙连城东筑好城以逼乙连，留折冲将军兰勃守之。夏四月，段辽以车数千两输乙连粟，兰勃击而取之"。胡三省注："乙连城，段国之东境也，在曲水之西。"《读史方舆纪要》卷十八：大宁卫，"回水，在营州西南"。又："乙连城，在营州西南二百里，东晋初段国之东境。"所释均系依上下文意猜测，并无确证。今大凌河，《水经注》记为白狼水，实则当属《汉志》所记之"渝水"①。而古音渝属侯部喻纽，曲属屋部溪纽，二者相近，则此曲水当即由渝水演变而来。而回与曲形相近，古音回属微部匣纽，亦与曲、渝相近，亦有可能为二者之假借或曲字之形误。如此，曲水（回水）当即指今所见柳城址西临之大凌河，而曲水亭当置于此曲水之西，用为戍守。"城曲水"当即又重修此戍城。又，上引《魏志》记昌黎郡龙城县有"榆顿城"，或亦指此城。其"榆"通"渝"，而"顿"即"屯"。上引《汉志》记柳城县，"参柳水北入海"。陈澧云："今蒙古土默特左翼拿拉特河北流入泽中。大辽水以西唯此水入泽，当是参柳水也。"②其说可从，当即今孟克河，因源头在柳城县境，故记于此。

另在今朝阳市西北约20公里大庙镇卧佛沟村土城子屯北侧发现一座古城址，平面呈长方形，东西长130米，南北长95米。城墙夯土修筑，现存城基高于地表0.5米。南门一座，宽6米。城内采集有战国时期绳纹板瓦、罐、釜、瓮等残片，汉代素面灰陶瓮、壶、罐、盆、板瓦、筒瓦残片，及

---

① 《汉志下》：辽西郡属县"交黎，渝水首受塞外，南入海"。参见本书交黎县城。
② 据王先谦《汉书补证》卷二十八引。

辽代青砖、布纹板瓦、白瓷碗等。在土城子屯南 200 米发现一座汉代城址，平面近方形，东西长 80 米，南北长 70 米。城墙夯土修筑，存高 3 米，宽 5 米。有东、西二门。城内散布遗物有绳纹砖、布纹板瓦、筒瓦及泥质素面灰陶盆、瓮、罐、豆等残片。在土城子屯西 500 米发现一处汉代遗址，面积约 1.2 万平方米，文化层厚 0.2 米。其所在当属柳城县境，而城垣规模较小，或有可能为辽西郡西部都尉治所①。其北临汉长城，西北与右北平郡都尉治所（夐县）相应。

令支县城

（一）令支城

令支县，西汉时期属辽西郡。《汉志下》：辽西郡属县"令支，有孤竹城。莽曰令氏亭"。应劭曰："故伯夷国，今有孤竹城。"东汉时期相沿。《后汉志五》：辽西郡属县"令支，有孤竹城"。刘昭注："伯夷、叔齐本国。"晋时省废。《魏志上》：平州辽西郡领县"肥如，二汉、晋属。有孤竹山祠、碣石、武王祠、令支城、黄山、濡河。阳乐，二汉、晋属，真君七年并令支、含资属焉"。《水经注·濡水》："濡水从塞外来，东南过辽西令支县北（经文）。濡水出御夷镇东南……又东南流迳令支县故城东，王莽之令氏亭也。秦始皇二十二年分燕置辽西郡，令支隶焉。《魏土地记》曰：肥如城西十里有濡水，南流迳孤竹城西，左合玄水，世谓之小濡水，非也。水出肥如县东北玄溪。……玄水又西南迳孤竹城北，西入濡水。故《地理志》曰：玄水东入濡。盖自东而注也。《地理志》曰：令支有孤竹城。故孤竹国也。《史记》曰：孤竹君之二子伯夷、叔齐让国于此，而饿死于首阳。汉灵帝时，辽西太守廉翻梦人谓己曰：余孤竹君之子，伯夷之弟。辽海漂吾棺椁，闻君仁善，愿见藏覆。明日视之，水上有浮棺，吏嗤笑者皆无疾

---

① 汉代郡都尉或与所驻县城合治，或与所驻县城分治。参见陈梦家《汉简考述》，《汉简缀述》，中华书局，1980。

而死。于是改葬之。《晋书地道志》曰：辽西人见辽水有浮棺，欲破之。语曰：我孤竹君也，汝破我何为？因为立祠焉。祠在山上，城在山侧。肥如县南十二里，水之会也。又东南过海阳县西，南入于海（经文）。濡水自孤竹城东南，迳西乡北，瓠沟水注之。水出城东南，东流注濡水。……（缓虚水）东南流迳令支城西，西南流与新河合，南流注于海。《地理志》曰：缓虚水与封大水皆南入海。新河又东与素河会，谓之白水口。水出令支县之蓝山，南合新河，又东南入海。新河又东至九濄口，枝分南注海。新河又东迳海阳县故城南，汉高祖六年封摇毋余为侯国。《魏土地记》曰：令支城南六十里有海阳城者也。"其濡水即今滦河，玄水当即今白沟河，缓虚水即今沙河，素河即今泝水。新河则为汉末曹操所开凿，引自鲍邱水，东流合濡水。

　　令支及孤竹并为商周时期古国。《逸周书·王会解》：周初成周之会，北方台正东有"孤竹，距虚。不令支，玄貘"。孔晁注："孤竹，东北夷。距虚，野兽驴骡之属。""不令支，皆东北夷。貘，白狐。玄貘则黑狐。"其"不"，当属发声字。而"不令支"下当有脱文。正文"不令支"下当有"貘，且略（虑）"三字，注文"不令支"下当有"且略（虑）"二字。则不令支国以西当有且略（虑）国①。《国语·齐语》：齐桓公"遂北伐山戎，刜令支、斩孤竹而南归。海滨诸侯莫敢不来服"。韦昭注："二国，山戎之与也。刜，击也。斩，伐也。令支，今为县，属辽西。孤竹之城存焉。"《史记·齐太公世家》：齐桓公"北伐山戎、离枝、孤竹"。《集解》："《地理志》曰：令支县有孤竹城，疑离枝即令支也。令、离声相近。应劭曰：令音铃。铃、离声亦相近。《管子》亦作离字。"《索隐》："离枝音零支，又音令祗，又如字。离枝、孤竹，皆古国名。秦以离枝为县，故《地理志》：辽西令支县有孤竹城。《尔雅》曰：孤竹、北户、西王母、日下，谓之四荒也。"晋以后令支县省废。又，永嘉年间辽西公鲜卑段氏以令支为据点。咸康四年（338年），石虎率师伐段辽。《晋书·石季龙载记》："辽惧，弃令支，奔于密云山。……季龙入辽宫，论功封赏各有差。"而后归于后

---

① 参见本书且虑县城。

赵。太元十年（385年），后燕建节将军徐岩叛，"遂据令支"。《慕容垂载记》："慕容农攻克令支，斩徐岩兄弟。"而后归于后燕。义熙三年（407年），燕幽州刺史上庸公慕容懿以令支降魏，见于《魏书·徒何慕容廆列传》等。而后归于北魏。依上引《魏志》，肥如县有"令支城"，当指汉代令支县址，相沿于古令支国；而阳乐县（今迁安市东北）于太平真君七年（446年）有令支县并入，则当指十六国时期另置令支县在阳乐县附近，为段氏等所据。

隋唐之际，肥如县改称卢龙县。《通典》卷一百七十八："平州，今理卢龙县。殷时孤竹国，春秋山戎、肥子二国地也。今卢龙县有古孤竹城，伯夷、叔齐之国也。"又，卢龙县，"又有汉令支县城"。《寰宇记》卷七十：平州卢龙县，"令支城，汉县，属辽西郡，废城在今县界"。《辽志四》：平州，"安喜县，本汉令支县地，久废。太祖以定州安喜县俘户置，在州东北六十里，户五千"。辽代平州已在今卢龙县址，其安喜县"在州东北六十里"，临近古阳乐县城，似当属十六国时期令支县地。《金志上》：平州领县"迁安，本汉令支县故城，辽以所俘安喜县民置，因名安喜，大定七年更今名"。金代迁安县城已迁于今迁安市址。其以为"本汉令支县故城"，当有所本，而与《辽志》相异。《明统志》卷五：永平府，"迁安县，在府城西北四十里。汉为令支县，属辽西郡，东汉以后废。辽始于令支废城迁定州安喜县民于此置安喜县，金大定中改为迁安县，属平州。元至元初省入卢龙县，寻复置，本朝因之"。又："令支城，在卢龙县东。满（汉）旧县，属辽西郡，东汉末废。""安喜废县，在府城东北六十里。本汉令支县地，辽以安喜县俘户置此县。"其以辽安喜县置于"令支废城"，即在金迁安县址；而又记安喜废县"在府城东北六十里"，并由此衍生出令支县"在卢龙县东"。实则是两说并存。《读史方舆纪要》卷十七：永平府卢龙县，"令支城，在府东北。……旧志云：城盖在迁安县东也"。又："迁安县，府西北四十里。……汉肥如县地，辽侨置安喜县于故令支，金大定七年更置迁安县于此。元至元二年省入卢龙县，寻复置，属永平路。今城周五里。"仍为两说并存。而后又有多种附会。《清统志》卷十九："令支故城，在迁安县西。……县志：安喜故城，在县西北七十里。府志：安喜故城，在今县东北二十里。又，县东三十里万军山顶有土城三百余步，中有将台，或以为安喜故址。"其罗列众说，而主迁安说，唯未予指实。光绪五年刊《永平府志》卷二十六："令支县，在府东北。……旧志云：令支城在迁安县东。盖亦近之。"其仍循于旧说。由此可见，明清以来，两说并存，而均不能确指所在具体方位。依上所推考，此一地区在南北朝以前当存有两座令支城，汉代令支城在西，临近肥如县（今迁安市东南）；十六国时期令支城在东，临近阳乐县。如此，汉以前令支国及令支城自当在今迁安一带寻之。

今迁安市市区周围迄今尚未发现相关遗迹。而迁安市北迁安镇苏各庄东北发现一处战国至汉、辽金时期遗址，面积约6000平方米。其西新李庄村西北发现一处青铜时代及辽金时期遗址，面积约1万平方米。在苏各庄东北胡各庄村东北发现一处东周时期遗址，面积约2万平方米。胡各庄村北发现一处战国时期遗址，面积约1万平方米。其北烟台吴庄村北发现一处战国时期墓葬群，其北官立口村北发现一处青铜时代及辽金时期遗址，面积约10万平方米，文化层厚0.5米，采集遗物有青铜时代的夹砂褐陶绳纹鬲、盆、罐和泥质灰陶素面豆等，辽金时期的泥质灰陶素面罐、盆和白釉、黑釉的瓷碗、罐等残片。在迁安镇东南于家村西发现一处东汉时期墓葬群。另在滦河以西、迁安市西约6公里杨店子镇刘东庄西北发现一处战国至汉代遗址，面积约4万平方米，采集遗物有夹砂褐陶釜和泥质灰陶盆、罐等残片。其东孟庄村发现一处战国时期遗址。在刘东庄北杨店子镇杨店子村东发现一处战国至汉代遗址，面积约1万平方米。其北上午村发现一处战国时期遗址，面积约1万平方米。其北官寨村西发现一处青铜时代遗址，面积约3万平方米，在官寨村西南亦发现一处青铜时代遗址。其北小玄庄村西发现一处青铜时代遗址，面积约9万平方米，采集遗物有夹砂褐陶绳纹鬲、罐等残片以及战国时期的铜带钩。其北大玄庄村西亦发现青铜时代遗址。其北倪屯村西北发现一处青铜时代遗址，面积约20万平方米。在倪屯村东北亦发现一处青铜时代遗址，面积约2万平方米。在张富庄村东北发现一处青铜时代遗址，面积约3万平方米[①]。在此一地区虽未见相关城址，然商周时期

---

① 国家文物局主编《中国文物地图集》河北分册。

至汉代遗址密集，其中不乏如官立口遗址、刘东庄遗址、小玄庄遗址、倪屯遗址等面积在数万至数十万平方米，以及烟台吴庄战国时期墓葬群、于家村东汉墓葬群等，足以表明有存在古城古国之可能。而比照《水经注》所述，古濡水流经令支城北及东，则今滦河以西地带更有可能为古令支国及令支城之所在，或古令支国即在倪屯一带。其西有沙河即古缓虚水，西南有泝水即古素河，亦与《水经注》所述相合。而今滦河以东地带当亦为古令支国及汉令支县属地。金代迁安县城当邻近古令支城，而非沿用原城址。

（二）孤竹城

其地有古孤竹国，并见于《史记·封禅书》："齐桓公曰：寡人北伐山戎，过孤竹。"《正义》引《括地志》云："孤竹故城在平州卢龙县南一十里，殷时孤竹国也。"《周本纪》："伯夷、叔齐在孤竹，闻西伯善养老，盍往归之。"《集解》："应劭曰：在辽西令支。"《正义》引《括地志》云："孤竹故城在平州卢龙县南十二里，殷时诸侯孤竹国也，姓墨胎氏。"《伯夷列传》："其传曰：伯夷、叔齐，孤竹君之二子也。"《索隐》按："其传，盖《韩诗外传》及《吕氏春秋》也。其传云孤竹君，是殷汤三月丙寅日所封。相传至夷、齐之父，名初，字子朝。伯夷名允，字公信。叔齐名致，字公达。解者云夷、齐，谥也；伯、仲，又其长少之字。按《地理志》：孤竹城在辽西令支县。应劭云：伯夷之国也。其君姓墨胎氏。"《正义》："本前注丙寅作殷汤正月三日丙寅。《括地志》云：孤竹古城在卢龙县南十二里，殷时诸侯孤竹国也。"《寰宇记》卷七十：平州卢龙县，"孤竹城，在今县东。殷之诸侯，即伯夷、叔齐之国。又按：《县道记》云：孤竹城在肥如县南十二里。《史记》谓齐桓公伐山戎，北至孤竹。又，《隋图经》云：孤竹城，汉灵帝时辽西太守廉翻梦人曰：孤竹君之子，伯夷之弟，辽海漂吾棺。闻君仁善，愿见藏覆。明日水际见浮棺于津，收之，乃为改葬，吏人嗤笑者皆无疾而死。今改葬所尚存祠在山下极岩"。其《县道记》即贾耽撰《古今郡国县道四夷述》，所述"孤竹城在肥如县南十二里"，当本于《水经注》①。而隋唐之际卢

---

① 参见清王谟辑《汉唐地理书钞》，中华书局影印本，1961。其依《寰宇记》辑为"孤竹城在肥如城南二十里"，恐有抄误。

龙县当沿用古肥如县址①，则其所述当与《括地志》所述卢龙县南十二里相同②。而所述"孤竹城在今县东"，则可表明唐代后期卢龙县城又迁至古孤竹城西。

辽代卢龙县城迁至今卢龙县址，明代又置永平府。有关孤竹城所在地理方位的记述亦相应改变。《明统志》卷五：永平府，"孤竹国，在府城西一十五里。殷孤竹国君所封之地"。又："洞山，在府城西一十五里，其上产铁，有冶。双子山，在府城西北一十五里，山有孤竹长君之墓。""马鞭山，在府城西北二十里，山有孤竹少君墓。团子山，在府城西北二十五里，山有孤竹次君之墓。"又："孤竹三冢，俱在府城西北。双子山有孤竹长君之冢，团子山有孤竹次君之冢，马鞭山有孤竹少君之冢。传曰：国人立其中子，盖次君也。""伯夷叔齐庙，在旧府治西、漆河之滨。伯夷、叔齐，孤竹国君二子，宋封伯夷为清惠侯，叔齐为仁惠侯。元封伯夷为昭义清惠公，叔齐为崇让仁惠公。旧庙久废，本朝洪武九年于城东北隅重建，有司每岁春秋仲月祭焉。"又："肥如河，在府城东二十里，源出部落岭下，流至城西入漆河。""漆河，在府城西门外，源自口北入桃林口，南流至迁安县为青龙河，东流为漆河，与滦河合，入于海。""漆河桥，在府城西南一里，跨漆河。"其所述洞山、孤竹三冢（双子山、马鞭山、团子山）及伯夷叔齐庙等当均因于旧说。《读史方舆纪要》卷十七：永平府卢龙县，"孤竹城，府西十五里"。又："洞山，在府西十五里，山产铁，有铁冶在焉。《地志集略》：肥水之西、洞山之北，地称险固。是也。或以为即古孤竹山。《水经注》：孤竹祠在山上，城在山侧。今山阴即古孤竹城。志云：孤竹山在城西北二十里，其相近有双子山，孤竹长君墓在焉，一名长君山。又西有马鞭山，孤竹少君墓在焉，一名少君山。府西北二十五里又有团子山，孤竹次君墓在焉，一名次君山。皆洞山之支麓矣。"又："漆河，在府城西门外，源出塞外，土人呼为乌填河。南流入桃林口，名青龙河。经迁安县

---

① 参见本书肥如县城。
② 《清统志》卷十九："新昌故城，今卢龙县治。汉故新昌县属辽东郡，在今奉天府海城县界。后魏改置于此，为北平郡治。隋改曰卢龙，至今因之。"近世多从之，并由此推测古孤竹城在今卢龙县南。参见冯金忠《孤竹国研究的回顾与思考》，《文物春秋》2014年第3期。

东，东南流至城西为漆河，与滦河合流而入滦州境。自元以来滦河为害，与漆河俱溢者什之四矣。"其以洞山"或以为即古孤竹山"，"今山阴即古孤竹城"。又引志云："孤竹山在城西北二十里。"当属后出新说。

《清统志》卷十八："孤竹山，在卢龙县西。《水经注》：孤竹祠在山上，城在山侧。肥如县南十二里，水之会也。旧志：洞山，古孤竹山也。距城西十五里。山椒产金沙，半产银矿，底产铁冶。其巅有洞。孤竹国城在其阴。"又："团子山，在迁安县东南十八里，一峰独秀，望如覆钟。旧名覆釜山。《隋书·地理志》：卢龙县有覆舟山，疑即此。旧志：一名次君山，有孤竹次君墓。龙泉山，在迁安县南十五里，山腰有泉，甚清冽，乡人每于此祷雨，号曰圣泉。"又："滦河，自遵化州流入。……过（永平）府城西合漆水。""青龙河，源出口外。自桃林口流入，经迁安县东北界，又南经卢龙县西门外，为漆河，南合滦河，即古卢水也。"卷十九："孤竹城，在卢龙县南。《汉书·地理志》：令支县有孤竹城。《水经注》：元水西南迳孤竹故城北，孤竹国也。城在山侧，肥如县南十二里。按《水经注》，孤竹城在濡口之东，元水之南。旧志谓在县西十五里，转在滦河之西，盖后人所附会者也。"其一改旧说而所辨无据。又，《清统志》卷十九："清节庙，在卢龙县西二十里孤竹故城，祀伯夷、叔齐。旧庙久废。明洪武九年重建于府城内东北隅，景泰中复建于此。庙有清风台、揖逊堂。本朝康熙四年知府彭士圣修，大学士范文程有记。今有司每岁春秋致祭。乾隆十九年、四十五年、四十八年高宗纯皇帝恭诣盛京，清跸所经，有御制夷齐庙、孤竹城、揖逊堂、清风台、古松诸诗，并御制榜额曰：古之贤人。台曰：介石清流。"光绪五年刊《永平府志》卷二十六："孤竹城，府西十五里。《汉书·地理志》：令支县有孤竹城。《史记正义》引《括地志》云：孤竹古城在卢龙县南十二里。今城南已无其迹。而祠在府城西北二十里滦河之左、洞山之阴，夹河有孤竹君三冢。岂唐之卢龙治尚在其东北耶？又案：《辽史》云兴中府，本古孤竹国，汉时为柳城地。则又在今祠东北五百余里矣。《尔雅》作觚竹是北荒之总名，盖犹五岭以南言瓯、言越，本其国名，后乃概而称之耳。郭造卿曰：今有土筑块垣，不过千年物耳。宇内商周城，其存者有几哉？未可信以为孤竹之古城也。（城有石额曰：贤人旧里，容城杨忠愍公书。)"又卷二十七:"清风台,在府城西夷齐庙后,高据悬崖,滦水横经其下。(国朝倪承宽《游清风台记》云:永平郡西北二十里乃孤竹君旧封地,建夷齐庙,后为清风台。台下俯滦河,滦水经焉。河北小山如蛾眉,山前祠孤竹君。)"其亦以明代旧说有误。而依上引诸志书所述,伯夷叔齐庙,亦称夷齐庙,又称清节庙,当兴建于宋封伯夷为清惠侯、叔齐为仁惠侯之际,而极有可能是在北宋宣和年间一度收复卢龙县等之时。元代改封伯夷为昭义清惠公、叔齐为崇让仁惠公,庙当重修。至明初迁建于卢龙城内,景泰中复建于旧址。其所在方位,《明统志》记为"在旧府治西、漆河之滨",《清统志》记为"在卢龙县西二十里孤竹故城",庙后建有清风台,"滦水横经其下"。则其当即在今迁安市东南龙泉山北滦河由东西向折为南北向一段,以下与青龙河(漆河)汇合于卢龙县西南。由《明统志》所述可知,在明初已是如此。而《明统志》所记"漆河之滨"当亦无误,很可能在元以前漆河即在卢龙县北与肥如水(玄水)汇合而循此河道入滦河。

今迁安市东南约10公里野鸡坨镇小山东庄村北200米龙泉山东侧山脚下发现一处青铜时代遗址,面积约12万平方米,文化层厚0.5米,暴露遗迹有灰坑和墓葬,采集遗物有石斧和夹砂褐陶或灰陶绳纹鬲、盆、罐等残片。在小山东庄村北50米发现一处商周时期墓葬群,面积约6300平方米。出土有铜鼎、铜簋、铜戈、铜扣、陶鬲、陶罐及金器等。推测其墓葬年代为商代晚期至西周初期,下限不会晚于西周中期,具有较为显著的北方特点。其中一铜鼎盖内壁铭文为"乍尊彝",一铜簋器内底铭文为:"〔侯〕〔爵〕乍宝尊彝。"从铜器的器形、花纹及铭文等各方面观察,都呈现出殷代风格和西周前期特征,与中原地区已出土同类器物相近。其东隔滦河彭店子乡坨上村南发现一处青铜时代遗址,坨上村西北发现一处战国时期遗址。其东小邹庄西发现一处青铜时代遗址,小邹庄南及西北发现东周时期遗址。其南八里塔村东发现一处新石器时代及青铜时代遗址,面积约4万平方米。在八里塔村南发现一处新石器时代至汉代遗址,面积约54万平方米[①]。此小山东庄遗址北临古夷齐庙(今已不存),东距今卢龙县城约10公

[①] 唐山市文物管理处、迁安县文物管理所:《河北迁安县小山东庄西周时期墓葬》,《考古》1997年第4期。

里，与《清统志》所述孤竹故城"在卢龙县西二十里"大体相符；北距古肥如城（大致在今迁安市东余家洼一带）约 5 公里，与《水经注》所述孤竹城在"肥如县南十二里"大体相符；所属年代亦大致相当，当即属之①。如此，则古时濡水当流经其西，而玄水当循行今滦河东西向河道向西流经孤竹城北，汇入濡水。其墓葬当亦属孤竹君族系。而今滦河以东坨上村、小邹庄及八里塔村遗址似亦与孤竹国及孤竹城相关。其八里塔遗址或即属《水经注》所述"西乡"，如此则古时濡水当流经今八里塔村北。商周时期孤竹国当即以今小山东庄一带为中心，势力所及不会很大。春秋时期经齐桓公征伐，渐至衰落，故有肥如国复起于古孤竹国北。汉代孤竹国故地归属令支县。至汉末有辽西太守廉翻为孤竹君立祠，当即在今龙泉山上。而孤竹山当亦指此山。《寰宇记》所述"今改葬所尚存祠在山下极岩"，当亦在此一带。而所述孤竹城"在今县东"，当表明此一时期卢龙县城当已改迁至今小山庄遗址以西。宋时兴建伯夷叔齐庙当在孤竹城旧址，临近卢龙县城。至辽代迁卢龙县城于今卢龙县址，《明统志》记孤竹国在卢龙县西十五里，大体无误，然不甚确切。依上引郭造卿曰"今有土筑堄垣，不过千年物耳"，其当在"滦河之左，洞山之阴"，与旧时夷齐庙及孤竹君三冢隔滦河相望，今已不存。或在唐宋之际又另筑城于此，而后遂附会为古孤竹城。又，清代孤竹君祠又改建于洞山之北、滦河之北等地，亦不在旧址。

肥如县城

肥如县，西汉时期属辽西郡。《汉志下》：辽西郡属县"肥如，玄水东入濡水。濡水南入海阳。又有卢水，南入玄。莽曰肥而"。应劭曰："肥子奔燕，燕封于此也。"又，真定国属县"肥累，故肥子国"。《左传·昭公十二年》："秋八月壬午，灭肥，以肥子绵皋归。"杜预注："肥，白狄也。绵

---

① 参见本书肥如县城。

皋，其君名。钜鹿下曲阳县西南有肥累城。"时在周景王十五年（前530年）。则此前肥国当在今河北藁城市境①，为晋国所灭后北迁至肥如之地。战国秦汉之际即于此置肥如县。《史记·高祖功臣侯者年表》：汉高祖六年（前201年），封蔡寅为肥如侯，后传蔡成、蔡奴，汉景帝元年（前156年），"侯奴薨，无后，国除"。《汉书·高惠高后文功臣表》略同。东汉时期相沿，见于《后汉志五》。《后汉书·孝和孝殇帝纪》：永元九年（97年），"八月，鲜卑寇肥如，辽东太守祭参下狱死"。李贤注："肥如县，属辽西郡。《前书音义》曰：肥子奔燕，封于此。今平州也。"又注："《东观记》曰：鲜卑千余骑攻肥如城，杀略吏人，祭参坐沮败，下狱诛。"《乌桓鲜卑列传》："九年，辽东鲜卑攻肥如县，太守祭参坐沮败，下狱死。"李贤注："肥如县，故城在今平州也。"晋时相沿，见于《晋志上》。并记："惠帝之后，幽州没于石勒。""平州初置，以慕容廆为刺史，遂属永嘉之乱，廆为众所推。及其孙儁移都于蓟。其后慕容垂子宝又迁于和龙，自幽州至于庐溥镇以南地入于魏。慕容熙以幽州刺史镇令支，青州刺史镇新城，并州刺史镇凡城，营州刺史镇宿军，冀州刺史镇肥如。高云以幽、冀二州牧镇肥如，并州刺史镇白狼。后为冯跋所篡，跋僭号于和龙，是为后燕，卒灭于魏。"《晋书·慕容熙载记》：晋义熙元年（405年），"大城肥如及宿军，以仇尼倪为镇东大将军、营州刺史，镇宿军；上庸公懿为镇西将军、幽州刺史，镇令支；尚书刘木为镇南大将军、冀州刺史，镇肥如"。肥如城等得以扩筑。《魏书·世祖纪》：魏延和元年（432年），后燕冯崇等"以辽西内属"。而后归于北魏，即以肥如城为平州及辽西郡治所。《魏书·肃宗纪》：熙平二年（517年），七月，"城青、齐、兖、泾、平、营、肆七州所治东阳、历城、瑕丘、平凉、肥如、和龙、九原七城"。肥如城又一次得以整修。《魏志上》："平州，晋置，治肥如城。"所领辽西郡首县"肥如，二汉，晋属。有孤竹山祠、碣石、武王祠、令支城、黄

---

① 参见本书南深泽县城。又，《汉志上》泰山郡县肥成下，应劭曰："肥子国。"依此，古肥国当原在今山东肥城市。而《汉志下》甾川国属县剧下，应劭曰："故肥国，今肥亭是。"《后汉志四》：北海国属县"剧，有纪亭，古纪国"。相互比较，其"肥国"、"肥亭"当属"纪国"、"纪亭"之误。参见王先谦《汉书补注》卷二十八。

山、濡河"。并领阳乐、海阳二县。所领北平郡二县，"朝鲜，二汉、晋属乐浪，后罢。延和元年徙朝鲜民于肥如，复置，属焉。昌新，前汉属涿，后汉、晋属辽东，后属。有卢龙山"。其"昌新"，当作"新昌"。此二县均为延和元年侨置于原辽西郡内者。依文例，其侨置北平郡当治朝鲜县，而新昌县当临近卢龙山。

《水经注·濡水》："濡水又东南迳卢龙故城东。汉建安十二年魏武征蹋顿所筑也。濡水又南，黄洛水注之。水北出卢龙山，南流入于濡。濡水又东南，洛水合焉。水出卢龙塞，西南流注濡水。又屈而流，左得润水。又会敖水。二水并自卢龙西注濡水。又东南流迳令支县故城东，王莽之令氏亭也。秦始皇二十二年分燕置辽西郡，令支隶焉。《魏土地记》曰：肥如城西十里有濡水，南流迳孤竹城西，左合玄水，世谓之小濡水，非也。水出肥如县东北玄溪，西南流，迳其县东，东屈，南转，西回，迳肥如县故城南，俗又谓之肥如水，非也。故城肥子国。应劭曰：晋灭肥，肥子奔燕，燕封于此，故曰肥如也。汉高帝六年封蔡寅为侯国。西南流，右会卢水。水出县东北沮溪，南流，谓之大沮水。又南，左合阳乐水。水出东北阳乐县。《地理风俗记》曰：阳乐，故燕地。辽西郡治，秦始皇二十二年置。《魏土地记》曰：海阳城西南有阳乐城。其水又西南，入于沮水，谓之阳口。沮水又西南，小沮水注之。水发冷溪，世谓之冷池。又南得温泉水口。水出东北温溪，自溪西南流，入于小沮水。小沮水又南流，与大沮水合而为卢水也。桑钦说卢子之书言：晋既灭肥，迁其族于卢水。卢水有二渠，号小沮、大沮，合而入于玄水。卢水又南与温水合。水出肥如城北，西流注于玄水。《地理志》曰：卢水南入玄。玄水又西南迳孤竹城北，西入濡水。故《地理志》曰：玄水东入濡。盖自东而注也。……肥如县南十二里，水之会也。"其"合而入于玄水"以下数句似重复错乱，熊会贞拟订之曰："卢水有二渠，号小沮、小沮，合而南流，与温水会。水出肥如城北，西流注于卢水，卢水入于玄水。"[①] 可从。其濡水即今滦河，黄洛水当即今长河。

---

① 《水经注疏》卷十四。

而玄水当即今白沟河，卢水当即今青龙河①，温水当即今温河，小沮水当即今冷口沙河。因后世河道变迁，诸水古今流势已不尽相同。

北齐、北周至隋唐之际，此一地区郡县设置多有变化。《隋志中》："北平郡，旧置平州。"统县"卢龙，旧置北平郡，领新昌、朝鲜二县。后齐省朝鲜入新昌，又省辽西郡并所领海阳县入肥如。开皇六年又省肥如入新昌，十八年改名卢龙。大业初置北平郡。有长城，有关官。有临渝宫，有覆舟山，有碣石。有玄水、卢水、温水、闰水、龙鲜水、巨梁水。有海"。其玄水、卢水、温水、闰水等均见于《水经注》。《通典》卷一百七十八：平州领县"卢龙，汉肥如县。有碣石山，碣然而立在海旁，故名之。《晋太康地志》同（曰）：秦筑长城所起自碣石，在今高丽旧界，非此碣石也"。《旧唐志二》："平州，隋为北平郡，武德二年改为平州，领临渝、肥如二县。其年自临渝移治肥如，改为卢龙县。"领县"卢龙，后汉肥如县，属辽西郡，至隋不改。武德二年改为卢龙县，复开皇旧名"。《新唐志三》："平州北平郡，下，初治临渝，武德元年徙治卢龙。"领县"卢龙，中，本肥如，武德二年更名"。《寰宇记》卷七十："平州，北平郡，今理卢龙县。《禹贡》冀州之域，虞十二州为营州之境，《周官·职方》又在幽州之地。春秋时为山戎孤竹、白狄肥子二国地。《史记》：齐桓公北伐山戎，至孤竹。《尔雅》云：觚竹、北户、西王母、日下，谓之四荒。战国时地属燕。秦兼天下，为右北平及辽西二郡之地。汉因之，为辽西郡之肥如县。后汉末公孙度自号平州牧擅据，及子康，康子渊俱得辽东之地，东夷九种皆伏焉。晋属辽西郡，后魏亦然。隋开皇初为右北平郡，十年改为平州。炀帝即位，又废

---

① 参见《清统志》卷十八。其并按："此水（青龙河）源出桃林口北二百五十里蒙古哈拉沁界，山曰成格勒岱，水曰顾沁，即青龙上流也。府境入滦之水惟此颇大。旧志以在迁安者为青龙河，在卢龙者为漆河，遂谓青龙河入漆河，不知即一水也。新通志又辨此为元（玄）水，非卢水。《汉志》：卢水入元。似乎元大于卢，当为元水。然考《水经注》，元水又在卢水之东，上云元溪出元溪，下即云迳肥如县东，则其源之不远可知矣。大、小沮合为卢水，而大沮较长，与今青龙河、沙河水道皆合，其为卢水无疑。云入元者，或据水之上下言之，未必以此分大小也。"又："白沟河，在卢龙县东北。源出阳山之阴，绕城东北，西流入青龙河。……《明统志》有肥如河在府城东二十里，源出部落岭，下流至城西入漆河。今皆无可考。惟白沟河从县北入滦。旧志详考地理，谓《水经注》'元水迳肥如城南'，此水虽经县北，实在古肥如之南，知为元水无疑。府志称为大沮水，新志又以为阳乐水，皆非也。"

州复为郡。唐武德二年废郡为平州，领临渝、肥如二县。其年自临渝移治肥如，仍改肥如为卢龙县，更置抚宁县。七年省临渝、抚宁二县。天宝元年改为北平郡，乾元元年复为平州。"又："卢龙县，五乡。本汉肥如县也，属辽西郡。应劭曰：肥子奔燕，封于此。唐武德三年省临渝，移平州置此，仍改肥如县为卢龙县，复隋开皇之旧名。"其均以唐之卢龙县相沿于古肥如城址，与《隋志》不同，当有所本。而《辽志四》："平州，辽兴军，上，节度。商为孤竹国，春秋山戎国。秦为辽西、右北平二郡地，汉因之。汉末公孙度据有，传子康、孙渊，入魏。隋开皇中改平州，大业初复为郡。唐武德初改州，天宝元年仍为北平郡，后唐复为平州。太祖天赞二年取之，以定州俘户错置其地。"首县"卢龙县，本肥如国。春秋晋灭肥，肥子奔燕，受封于此。汉、晋属辽西郡。元魏为郡治，兼立平州。北齐属北平郡。隋开皇中省肥如入新昌，十八年改新昌曰卢龙，唐为平州，后因之。户七千"。则以唐之卢龙县相沿于后魏所侨置新昌县址，其说当本于《隋志》。《明统志》卷五：永平府，"卢龙县，附郭。古肥子国。汉为肥如县，属辽西郡。北齐属北平郡，又析置新昌县。隋开皇中省肥如入新昌，后为卢龙郡治。唐武德初移平州治此，改为卢龙县，辽金元俱仍旧，本朝因之"。所述与《辽志》略同。而后《读史方舆纪要》卷十七及《清统志》卷十九均循于此说，以今卢龙县城相沿于北魏时期所侨置新昌县址遂成定论。然多方推比，似并不合于史实。

依上引《魏志》，延和年间所侨置新昌县当临近卢龙山，又依上引《水经注》所述，黄洛水"水出卢龙山"，则其当在今迁安市西北，所侨置新昌县当亦在此一带，而不可能在今卢龙县址。又依《通典》、《旧唐志》、《新唐志》及《寰宇记》等均以唐代卢龙县相沿于古肥如城址，隋开皇年间似并未省废肥如县，而当为省新昌县入肥如县。由此推之，《隋志》所述"省肥如入新昌"，当为"省新昌入肥如"之误。至开皇十八年，改肥如为卢龙，而非"改新昌曰卢龙"。唐代与隋代相近，其沿革明了，故不受《隋志》误导。而辽代距隋代较远，又不能辨析，遂有此惑。又，《通典》卷一百七十八：平州卢龙县，"东南到临榆关一百八十里，西南到马城县一百八十里，西北到石城县一百四十里"。又："临闾关，今名临榆关，在县东一百八十里。"《寰宇记》卷七十：平州卢龙县，"东北至榆关守捉一百九十里"。又："西南至马城县一百八十里，西北至石城县一百四十里。"又："石城县，西一百四十里。""马城县，南一百七十二里。"其至马城县距离两说，当各有所本。《清统志》卷十八：永平府，"临渝县，在府东一百七十里"。卷十九："山海关，在临渝县东门。本在渝关地也。《隋书》：开皇三年城渝关。十八年汉王谅伐高丽，出临渝关。……按：《明统志》云：榆关在抚宁县东二十里，徐达移于东界，改名山海。新旧诸志皆从其说。今以《通典》临渝关在卢龙县东百八十里之数考之，乃知即今山海之地。盖辽金时以渝关为腹里地，故址渐湮。明初始修复之，非徒置也。其在县东二十里者乃驿递之所，取渝关为名耳。"隋唐时期渝关城址当依《明统志》所述为确，在今抚宁县东二十里，而非今山海关。卢龙县与之相距里程不一，当因卢龙县址变迁所致，亦可表明唐时卢龙县不在今卢龙县址。依《通典》所述，唐代卢龙县城当在今卢龙县西，当即相沿于古肥如城。而《寰宇记》所述又与《通典》不同，或卢龙县在唐代后期又一度迁至原卢龙县西南，故至榆关里程较原卢龙县增加，而至马城县（今滦县附近）里程较原卢龙县缩短。今卢龙县残存有明洪武年间在原辽代所建土城基础上扩建并包砌青砖的城墙，平面呈方形，周长近 4000 米。其中西垣全长 950 米，存高 6.5～8 米，顶宽 7 米。现存大、小西门。城门砖券拱洞，大西门外筑弧形瓮城[①]。

因隋唐时期卢龙县沿用古肥如城址，辽代方迁至今卢龙县址，故有关古肥如城所在地理方位的记载亦晚出。《明统志》卷五："肥如国，在卢龙县。春秋晋灭肥，肥子奔燕，受封于此。"尚不明确。《读史方舆纪要》卷十七，永平府卢龙县，"肥如城，府西北三十里"。其或因于传说，或依据所残存古城址，当大体合于史实。《清统志》卷十九："肥如故城，在卢龙县北。……旧志：肥如城在卢龙县西北三十里。"光绪五年刊《永平府志》卷二十六所述略同，而均无确指。其所在地当大致在今迁安市东南，迄今尚未发现相关城址遗迹。在今迁安市东南迁安镇余家洼村东 1000 米发现一

[①] 国家文物局主编《中国文物地图集》河北分册。

处战国至汉代遗址，面积约 1.6 万平方米。采集遗物有陶器残片等。其西蔡庄村西南发现唐代及金代墓葬群。在余家洼东南夏官镇永兴庄南发现战国至汉代遗址，面积约 1 万平方米。在永兴庄西南发现战国时期遗址，面积约 1.6 万平方米。其南夏官营镇回新庄西北发现一处青铜时代及辽金时期遗址，面积约 12 万平方米，文化层厚 0.5 米，采集遗物有青铜时代的石斧、石凿和夹砂与泥质灰陶的绳纹罐、盆等，辽金时期的褐釉瓷罐等残片。其西迁安镇沙河子村发现战国时期遗址。其西迁安镇卢沟堡村东发现一处东周时期遗址，面积约 1 万平方米。在卢沟堡村西发现一座唐代砖室墓①。此一地区古遗址密集，所属时代亦大致相合，西距今滦河约 5 公里，与《魏土地记》所述"肥如城西十里有濡水"亦颇相符，当即属古肥如国及肥如县遗存。如此，古时当有玄水流经其南。另在今青龙河以东、卢龙县北范庄村发现汉代遗址及蔡文墓，其北饮马河乡李仙河村发现一座汉代封土墓，雷店子乡汤池王庄村发现汉代墓葬群，面积约 22.5 万平方米②，或亦与之相关。

宾徒县城

宾徒县，西汉时期属辽西郡。今传本《汉志下》：辽西郡属县"宾從，莽曰勉武"。其宾從，当为宾徒之形误③。东汉时期改属辽东属国。《后汉志五》：辽东属国属县"宾徒，故属辽西"。魏晋时期属昌黎郡，见于《晋志上》。《晋书·武十三王列传》：永康元年（300 年），吴王晏与兄淮南王允共攻赵王伦，兵败，"伦乃贬为宾徒县王"。《慕容垂载记》：慕容垂投奔苻坚，"以为冠军将军，封宾都侯"。《资治通鉴》卷一百二记为"宾徒侯"。胡三省注："宾徒，汉县名，属辽西郡。"北魏时期省废。《辽志三》：中京大定府，"长兴县，本汉宾從县，以诸部人居之"。又："劝农县，本汉宾從

---

① 国家文物局主编《中国文物地图集》河北分册。
② 国家文物局主编《中国文物地图集》河北分册。
③ 参见王先谦《汉书补注》卷二十八。

县地,开泰二年析京民置。"其宾從,当为宾徒之讹。而地在今内蒙古宁城县境,已超出西汉时期辽西郡界,显然为误指。近世或以古宾徒县在今锦州市北①,或以其在今朝阳市东五佛村城址②,似均不妥切。宾徒县与徒河县原同属辽西郡,东汉后期又同划属辽东属国,则二者相近。而魏晋时期又同属昌黎郡,则宾徒县又与昌黎县(今五佛村城址)相近。由此推之,古宾徒县当在古徒河县(今凌海市南向阳堡城址)与古昌黎县之间适中地带。

今辽宁葫芦岛市绥中县北高台镇腰古城寨村崔家河沿屯北侧王宝河和六股河交汇处残存一古城址,地表遗迹早年被河水冲毁。现存城垣平面呈梯形,南垣长264米,北垣长210米,南北长206米,夯土墙基淤于地下。文化层厚1.3~1.7米。采集有汉代绳纹砖、板瓦、筒瓦和泥质灰陶瓮、釜、罐、盆、豆等残片,曾出土汉代铁铤、铜镞、"半两""五铢"钱以及辽代砖瓦和陶瓷器等。在腰古城寨村北龙湾山下亦发现汉代遗址,在龙湾山顶发现汉代墓葬群,地面暴露有封土堆及大量绳纹砖、锲形砖碎块等③。此城规模与秦汉时期县城相当,而所属不明。其所在属西汉时期辽西郡地,临近海滨。东汉时期边地内缩,其地当仍属汉朝。东距徒河县城、北距昌黎县城均百余里。晋时赵王伦贬吴王晏为宾徒县王,秦苻坚遥封慕容垂为宾徒侯,当亦择交通便利之地。由此推之,此城址很可能即属古宾徒县城。

交黎县城

交黎县,西汉时期属辽西郡。《汉志下》:辽西郡属县"交黎,渝水首受塞外,南入海。东部都尉治。莽曰禽虏"。应劭曰:"今昌黎。"王先谦《汉书补注》:"据应说,后汉为昌黎,而《续志》无交黎,亦无昌黎,惟辽东属国下云:昌辽,故天辽,属辽西。此志无天辽县。窃以为昌辽即昌黎,

---

① 参见王绵厚《西汉时期辽宁建置述论》,《东北地方史研究》1985年第1期。
② 参见韩宝兴《辽东属国考——兼论昌黎移地》,《辽海文物学刊》1992年第2期。
③ 国家文物局主编《中国文物地图集》辽宁分册。

辽、黎，双声变转。《后书》安纪作夫黎，《鲜卑传》作扶黎，夫、扶一字明，天乃夫之误，交黎改夫黎，又改昌黎，辽、黎一字，故《续志》云：昌辽，故夫辽，属辽西也。"其以交黎即《后汉志》所述昌辽，似不确。《后汉志》无交黎县，其当在东汉中后期以前省废。《后汉志五》："辽东属国，故邯乡，西部都尉，安帝时以为属国都尉，别领六城。雒阳东北三千二百六十里。"首县"昌辽，故天辽，属辽西"。刘昭注："何法盛《晋书》有青城山。"另有宾徒、徒河二县原属辽西郡，无虑、险渎、房县原属辽东郡。其天辽，当依王先谦所辨，为夫辽之误，而夫辽当即夫黎或扶黎。《后汉书·孝和帝纪》：永元十六年（106年），"复置辽东西部都尉官"。李贤注："西部都尉，安帝时以为属国都尉，在辽东郡昌黎城也。"《孝安帝纪》：元初二年（115年），"八月，辽东鲜卑围无虑县。九月，又攻夫犁营，杀县令"。李贤注："夫黎，县名，属辽东属国。"《乌桓鲜卑列传》："元初二年秋，辽东鲜卑围无虑县，州郡合兵固保清野，鲜卑无所得。复攻扶黎营，杀长吏。"李贤注："扶黎县，属辽东属国，故城在今营州东南。"其夫（扶）黎（辽）当原属辽西郡，汉和帝时划归辽东郡，置西部都尉，而后又改称昌辽。其置辽东属国当在此后不久。《三国志·魏书·三少帝纪》：正始五年（244年），"九月，鲜卑内附，置辽东属国，立昌黎县以居之"。其辽东属国当为重置，而昌黎县当沿用原交黎县址，用为属国都尉治所。《晋志上》：平州，"昌黎郡，汉属辽东属国都尉，魏置郡"。统领昌黎、宾徒二县。又："后汉末，公孙度自号平州牧。及其子康、康子文懿并擅据辽东，东夷九种皆服事焉。魏置东夷校尉，居襄平，而分辽东、昌黎、玄菟、带方、乐浪五郡为平州，后还合为幽州，及文懿灭后，有护东夷校尉，居襄平。咸宁二年十月，分昌黎、辽东、玄菟、带方、乐浪等郡国五置平州。""平州初置，以慕容廆为刺史，遂属永嘉之乱，廆为众所推。及其孙儁移都于蓟。其后慕容垂子宝又迁于和龙，自幽州至于庐溥镇以南地入于魏。"另据《三国志·魏书·公孙度传》：公孙度为辽东太守。初平元年（190年），"分辽东郡为辽西中辽郡，置太守。越海收东莱诸县，置营州刺史。自立为辽东侯、平州牧，追封父延为建义侯。立汉二祖庙，承制设坛于襄平城南，郊祀天地，藉田，治兵，乘鸾路，九旒，旄头羽骑"。建安九年（204年），公孙度死，公孙康嗣位，后传公孙渊（文懿）。魏景初二年（238年），司马懿讨灭公孙渊。其"辽西中辽郡"当即由原辽东属国及部分辽西郡地合并而置①，而恢复交黎县并改称昌黎县当亦在此之际。因以昌黎县为郡治所，后又改称昌黎郡。应劭以交黎县为"今昌黎"②，当即指此而言。曹魏代汉后，于此置东夷校尉。后灭公孙氏，又置护东夷校尉，皆统领昌黎等五郡。正始五年所置辽东属国，当以改昌黎郡而成，并以昌黎县为都尉治所。后又改为昌黎郡，晋代相沿。鲜卑人慕容廆以棘城为据点，受封为昌黎公，以裴嶷为昌黎太守③。后传慕容皝，咸康初一度"徙昌黎郡"，后又徙都龙城。"皝开地千余里，徙其部人五万余落于昌黎。"④ 慕容儁又迁都蓟城（今北京），再迁于邺城（今河北临漳西南）⑤。后燕慕容垂定都中山（今河北定州市），慕容盛又以龙城为都。时有昌黎尹张顺⑥。北燕冯跋时有昌黎尹孙伯仁等⑦。以此一时期国都所在郡城称尹之例，昌黎郡治当即在龙城，而其迁治很可能是在前燕迁都蓟城之际。而后北魏相沿。《魏志上》："营州，治和龙城。太延二年为镇，真君五年改置。永安末陷，天平初复。"所领"昌黎郡，晋分辽东置，真君八年并冀阳属焉"。领县"龙城，真君八年并柳城、昌黎、棘城属焉。有尧祠、榆顿城、狼水"。太平真君八年（447年）后昌黎县废弃。

《水经注·大辽水》："辽水右会白狼水。水出右北平白狼县东南。……白狼水又东北迳昌黎县故城西。《地理志》曰交黎也，东部都尉治，王莽之禽虏也。应劭曰：今昌黎也。高平川水注之。水出西北平川，东流迳倭城北，盖倭地人徙之。又东南迳乳楼城北，盖迳戎乡邑，兼夷称也。又东南

---

① 《资治通鉴》卷五十九记为"分辽东为辽西、中辽郡，各置太守"。似有误。其时辽西郡犹存。
② 《三国志·魏书·武帝纪》裴松之注引《世语》：兴平元年（194年），应劭为泰山郡太守，曹操父曹嵩为陶谦杀害。"劭惧，弃官赴袁绍。后太祖定冀州，劭时已死。"则应劭卒年当曹操定冀州（建安九年）以前。
③ 《晋书·慕容廆载记》。
④ 《晋书·慕容皝载记》。
⑤ 《晋书·慕容儁载记》。
⑥ 《晋书·慕容盛载记》。
⑦ 《晋书·冯跋载记》。

注白狼水……白狼水又东北迳龙山西。燕慕容皝以柳城之北、龙山之南，福地也，使阳裕筑龙城，改柳城为龙城县。十二年，黑龙、白龙见于龙山，皝亲观龙，去二百步，祭以太牢，二龙交首嬉翔，解角而去。皝悦，大赦，号新宫曰和龙宫。立龙翔祠于山上。白狼水又北迳黄龙城东。《十三州志》曰：辽东属国都尉治，昌黎道，有黄龙亭者也。魏营州刺史治。《魏土地记》曰：黄龙城西南有白狼河，东北流，附城东北下。即是也。又东北，滥真水出西北塞外，东南历重山，东南入白狼水。白狼水又东北出，东流，分为二水。右水疑即渝水也。《地理志》曰：渝水首受白狼水。西南巡山，迳一故城西，世以为河连城，疑是临渝县之故城，王莽曰凭德者矣。渝水南流，东屈与一水会，世名之曰檻伦水，盖戎方之变名耳。疑即《地理志》所谓侯水北入渝者也。《十三州志》曰：侯水南入渝。《地理志》盖言自北而南也。又西南流注于渝。渝水又东南迳一故城东，俗曰女罗城。又南迳营丘城西。营丘在齐，而名之于辽、燕之间者，盖燕、齐辽迥，侨分所在。其水东南入海。《地理志》曰：渝水自塞外南入海。一水东北出塞，为白狼水，又东南流至房县，注于辽。《魏土地记》曰：白狼水下入辽也。"赵一清按："《续志》无昌黎县，《晋志》以为魏置。《魏书·三少帝纪》：正始五年九月，鲜卑内附，置辽东属国，立昌黎县以居之。今以仲瑗之言考之，则东京已有是县，旋废而魏复立之。宋琬曰：《后汉志》作昌辽，或黎字之误，非也。《通鉴》注：昌黎，汉交黎县，属辽西郡，而后汉属辽东属国都尉，魏立昌黎县，后立昌黎郡。章怀《后汉书》注：夫黎县，属辽东属国。《寰宇记》：扶黎城在柳城县东。扶黎之名，不见史志，然必有据也。"杨守敬按："《汉志》交黎县，应劭曰今昌黎。《续汉志》昌辽为昌黎之误，顾亭林已言之。毕氏沅叙《赵书》又引《十三州志》以证之，其说不可易。齐次风引《鲜卑传》，谓后汉名扶黎，又改昌黎。赵氏又直以扶黎当昌黎，皆非也。其实扶黎是《续志》辽东属国之无虑。晋仍有昌黎县，属昌黎郡，后魏废。《方舆纪要》云：在营州东南。《括地志》：后汉省柳城入昌黎。慕容皝都龙城，本昌黎县地，相去数十里而近也。在今锦县东。"其分辨昌黎与扶黎为二城，具有启示性；然以扶黎比附为无虑，则似不确。又，其"昌黎道"下，赵一清改"黎"作"辽"。并按："《续志》：辽东属国，刘昭补注曰：故邯乡，西部都尉，安帝时以为属国都尉，别领六城。首曰昌辽，故天辽。而《前志》又无天辽之目。"全祖望、戴震所改同。杨守敬按："前汉之交黎，后汉改为昌黎，有应劭注为确证。《十三州志》亦作昌黎，则《续汉志》辽为误字无疑。全、赵、戴于前昌黎不改，而此改从误本《续汉志》，殊不可解。"① 所辨有理，而解说似不尽妥切。其《十三州志》所述"辽东属国都尉"当属魏时所置，所治昌黎道②，当在原交黎城址；而黄龙亭属之，至前燕慕容皝时扩建为龙城，一度用为国都，即在今朝阳市区。而白狼水当即指今大凌河。

　　唐宋以后，有关交黎城及夫黎城的记载不多见。《通典》卷一百七十八：营州柳城县，"有龙山……又有汉扶黎县故城在东南。其龙山即慕容皝祭龙所也"。《寰宇记》卷七十一：营州柳城县，"龙山，在郡东南。……扶黎故城，在今县东南。其地带龙山，即慕容祭龙之所"。又："交黎城，汉县也，属辽西郡，后汉改为昌黎县。"《辽志三》：潭州，"龙山县，本汉交黎县地，开泰二年以习家寨置"。《读史方舆纪要》卷十八：大宁卫，"昌黎城，在营州东南。汉置交黎县，属辽西郡，东部都尉治焉。后汉曰昌黎县，安帝置辽东属国都尉治此。魏正始五年鲜卑内附，置昌黎郡，晋因之，又为平州治。……《图经》：昌黎，南近大海也。《载记》：咸康中慕容皝都龙城，改昌黎太守为昌黎尹。又，皝破宇文归，徙其部人五万余落于昌黎。义熙五年冯跋即天王位于昌黎。盖燕移置昌黎郡于龙城也。后魏昌黎郡亦治龙城，省昌黎县入焉。《括地志》：后汉省柳城入昌黎。慕容皝都龙城，本昌黎县地，相去数十里而近也"。其不辨交黎与夫黎之别，似理解有误。而所引《括地志》文不见于今传本《史记正义》等。其所述昌黎，当指东汉时期以交黎县所改称者。由柳城县省入昌黎县、龙城本昌黎县地可知汉交黎县城与之相近。与《水经注》所述相比照，或以今朝阳市西南木头城子遗址及喀左县羊角沟遗址等属昌黎县故城，似多有不合。另在朝阳市东南约50公里羊山镇五佛洞村东南1000米发现一座古城址，平面呈长方形，

---

① 《水经注疏》卷十四。
② 《汉书·百官公卿表》："县令、长，皆秦官，掌治其县。……有蛮夷曰道。"

南北长130米，东西长70米，城墙夯土修筑，存高1.3米，宽7~8米。门位不详。城内文化层厚1米，采集有砖、板瓦、筒瓦和灰陶器等残片，时代判属魏晋时期①。其西距大凌河约20公里，与《水经注》等所述昌黎县故城地理方位大体相合，所属年代亦大致相当，当即属之。西汉时期，辽西郡唯东部北临长城，故西部都尉治所及东部都尉治所均设于此一地区，东部都尉当职守交黎县以东之地，东接辽东郡。

《北齐书·文宣帝纪》：天保四年（553年），"九月，契丹犯塞。壬午，帝北巡冀、定、幽、安，仍北讨契丹。冬十月丁酉，帝至平州，遂从西道趣长堑。诏司徒潘相乐率精骑五千自东道趣青山。辛丑，至白狼城。壬寅，经昌黎城。复诏安德王韩轨率精骑四千东趣，断契丹走路。癸卯，至阳师水，倍道兼行，掩袭契丹。甲辰，帝亲逾山岭，为士卒先，指麾奋击，大破之，虏获十万余口、杂畜数十万头。乐又于青山大破契丹别部。所虏生口皆分置诸州"。其白狼城，在今喀左县黄道营子村古城址。至昌黎城，行一日马程。诏韩轨"东趣"，则文宣帝当继续北行，又行一日马程，至阳师水。另据《旧唐志二》："师州，贞观三年置，领契丹室韦部落，隶营州都督。万岁通天元年迁于青州安置，神龙初改隶幽州都督。"领县"阳师，初，贞观置州于营州东北废阳师镇，故号师州"。其阳师镇当临近阳师水，在营州（今朝阳市区）东北。又依上引《水经注》所述，其东北有滥真水流注白狼水。依今所见此一地区诸水流势，滥真水当大致流经今牤牛河水道。而古音滥属谈部来纽，阳属阳部喻纽，同为舌头音；真属真部章纽，师属脂部山纽，可脂真对转。则"滥真"与"阳师"音相近，阳师水当即滥真水。由五佛洞城址向东北至今大凌河与牤牛河交汇处约50公里，与五佛洞城址西南至黄道营子城址距离大致相当，亦可表明古昌黎城当即在五

---

① 国家文物局主编《中国文物地图集》辽宁分册。另据韩宝兴所撰《辽东属国考——兼论昌黎移地》（载《辽海文物学刊》1992年第2期），此五佛村汉魏晋时期城址，南北长130米，东西宽150米，城墙为夯土修筑，现存高大部分可见1~1.5米，小部分已与地平，但城址基础仍保存于地下。在城址东北约500米发现两汉时期墓葬群，在城址西南约1500米发现鲜卑墓地。其以此城地属宾徒故城，而以汉昌黎县城当在今锦州附近，魏晋时期又迁至今喀左县羊角沟遗址，似有误。

佛洞一带。时契丹与北齐当以白狼水为界①。又，辽代谭州龙山县故城址即在今喀左县南白塔子镇南，城墙及城门遗迹犹存②。其东北距五佛洞村约40公里，与《辽志》所述此一地区"本汉交黎县地"亦较吻合，亦可为一佐证。

依《水经注》所引，其白狼水并见于《魏土地记》，而《魏志》所述"狼水"当亦指此白狼水，则南北朝时期即以白狼水称今之大凌河③，无可置疑。而依《汉志》，交黎县有"渝水首受塞外，南入海"。则其所临之水即今大凌河当称渝水（或以今西源为源）。又，《汉志》记辽西郡属"临渝，渝水首受白狼，东入塞外"。其临渝县当在今河北抚宁县西，而所临渝水当亦在此一带。二者并非同指一水。所谓"渝水首受白狼"，当指临渝县所临渝水自白狼县境流出④。《水经注》转述为"渝水首受白狼水"，并将今大凌河自北票市折向东南河段疑为渝水⑤，又将此水以东之河连城疑为临渝县之故城，明显有误。其河连城所在具体方位，旧无确指。今北镇市西南闾阳镇间一村东发现一处汉代遗址，南北长300米，东西长100米，地表散布灰陶罐、壶、碗残片和绳纹砖、瓦等。遗址南部发现汉代墓葬，村东100米发现汉代墓葬群。其与《水经注》所述河连城地理方位大致相当，

---

① 《魏书·契丹传》："契丹国，在库莫奚东，异种同类，俱窜于松漠之间。登国中，国军大破之，遂逃迸，与库莫奚异背。经数十年，稍滋蔓，有部落，于和龙之北数百里，多为寇盗。……太和三年，高句丽窃与蠕蠕谋，欲取地豆于以分之。契丹惧其侵轶，其莫弗贺勿于率其部落车三千乘、众万余口，驱徙杂畜，求入内附，止于白狼水东。"《隋书·北狄列传》："契丹之先，与库莫奚异种而同类，并为慕容氏所破，俱窜于松、漠之间。其后稍大，居黄龙之北数百里。……当后魏时，为高丽所侵，部落万余口求内附，止于白貔河。其后为突厥所逼，又以万家寄于高丽。开皇四年率诸莫贺弗来谒。"《新唐书·北狄列传》："契丹，本东胡种。……至元魏，自号曰契丹，地直京师东北五千里而赢，东距高丽，西奚，南营州，北靺鞨、室韦，阻冷陉山以自固。"又："奚亦东胡种，为匈奴所破，保乌丸山，汉曹操斩其帅蹋顿，盖其后也。元魏时自号库真奚，居鲜卑故地，直京师东北四千里。其地东北接契丹，西突厥，南白狼河，北霫。"其白貔河，当即白狼河。
② 国家文物局主编《中国文物地图集》辽宁分册。
③ 今大凌河流势与《水经注》所述白狼水及渝水大体相同；而并无分二水，另一水"下入辽"之势。则《水经注》所述白狼水"注于辽"，有误。又，《隋志中》：辽西郡柳城县"有渝水、白狼水"。其白狼水当即指今大凌河上段，而渝水当即指今大凌河下段。参见本书险渎县城。
④ 参见本书临渝县城。
⑤ 参见《水经注疏》卷十四。张博泉：《略论与白狼水有关的几个问题》，《社会科学战线》1981年第2期。王绵厚：《大凌河水系历史地理考辨——兼与张博泉同志商榷》，《社会科学战线》1982年第2期。

或即属之。而"河连"与"邯"音相近,则其很可能即"邯乡",亦可称邯城。其所在又位于今朝阳市区东南,与《后汉书》李贤注等所述扶黎县地理方位相合,当即属之。唯此遗址以南今无水流入大凌河,或因后世水道变迁所致。

阳乐县城

阳乐县,西汉时期属辽西郡,见于《汉志上》。东汉时期为辽西郡治,《后汉志五》:辽西郡属首县阳乐。《后汉书·孝安帝纪》:元初四年(117年),"鲜卑寇辽西,辽西郡兵与乌桓击破之"。李贤注:"辽西郡,故城在今平州东阳乐城是。"晋时相沿,见于《晋志上》。北魏时期为辽西郡属县。《魏志上》:平州辽西郡领县"阳乐,二汉、晋属,真君七年并令支、含资属焉。有武历山、覆舟山、林榆山、太真山"。《水经注·濡水》:"(玄水)西南流,右会卢水。水出县东北沮溪,南流,谓之大沮水。又南,左合阳乐水。水出东北阳乐县。《地理风俗记》曰:阳乐,故燕地。辽西郡治,秦始皇二十二年置。《魏土地记》曰:海阳城西南有阳乐城。其水又西南,入于沮水,谓之阳口。沮水又西南,小沮水注之。水发冷溪,世谓之冷池。又南得温泉水口。水出东北温溪,自溪西南流,入于小沮水。小沮水又南流,与大沮水合而为卢水也。"卢水又西流,注于玄水。文中"阳乐,故燕地",《永乐大典》本及明朱谋㙔笺本均作:"阳乐,故燕也。"清赵一清、戴震改为"故燕地",后多从之。又,王谟《汉唐地理书钞》辑《地理风俗记》文为"阳乐,故燕也"。则"辽西郡治,秦始皇二十二年置"当属郦道元所述。近世多从之,以为秦及西汉时期辽西郡治均在此①,不确。其辽西郡当始置于战国时期燕国,秦及西汉时期相沿,均在且虑县城②,东汉时期方迁至阳乐县。其玄水当即今白沟河。卢水又称沮水,当即今青龙河。小

---

① 参见王先谦《汉书补注》卷二十八。
② 参见本书辽西郡及且虑县城。

沮水当即今冷口沙河①。而阳乐水当在今青龙河以东，其所循行水道已不能指实。古阳乐县城当临近阳口。

阳乐县于北齐、北周之际省废。《通典》卷一百七十八：平州卢龙县，"汉辽西郡故城在今郡东"。其辽西郡故城当即指阳乐城，与李贤注相同。《寰宇记》卷七十：平州卢龙县，"辽西城，汉为郡于此，废城在今郡东"。可表明在唐宋之际阳乐城址犹存遗迹。明代改平州为永平府。《明统志》卷五：永平府，"辽西城，在府治东。西汉为郡治于此，隋省"。其"西汉"，似当为"两汉"之误。《读史方舆纪要》卷十七：永平府卢龙县，"辽西城，在府治东。杜佑曰：卢龙县东有辽西故城，汉郡治此，后废。按汉置辽西郡，治且虑。后魏辽西郡始治肥如。此或后魏置郡处也"。又，滦州，"阳乐城，在州东。汉置阳乐县，属辽西郡，后汉为郡治。《魏氏土地记》：海阳县西南有阳乐城。是也。或曰：阳乐在今大宁废卫境，后魏迁治于此，亦属辽西郡，东魏省入海阳县"。其似以辽西城（辽西郡城）与阳乐城相别为二，且以阳乐城在滦州（今滦县）东，与古说略异。

《清统志》卷十九："阳乐故城，在抚宁县西。汉置县，属辽西郡，后汉为郡治，晋因之，后魏仍属辽西郡，北齐省。《水经注》：'《地理风俗记》曰：阳乐，故燕也。辽西郡治，秦始皇二十二年置。《魏氏土地记》曰：海阳城西南有阳乐城。'《后汉书》注：阳乐故城在平州东。旧志：在今抚宁县西关外。按：阳乐，后汉时为辽西郡治。《赵苞传》：苞为辽西太守，迎母到郡，道经柳城。则阳乐故县应在柳城之东，今府东北口外。旧志：陡河西南百里有阳乐城是也。岂魏晋时移此城于肥如东界耶？"其抚宁县西说新出。又据《后汉书》推测汉代阳乐县当在"口外"，

---

① 参见《水经注疏》卷十四。《清统志》卷十八："沙河，在迁安县东三十五里，即古小沮水也。……《卢龙县志》：沮水源出境外都山东南龙王庙豹崖之三岔，又二十里合寺儿崖之温泉，又十里入冷口关，冬暖夏凉，谓之冷池。又南会暖河及白洋河，至峰山入青龙河。其暖河自刘家关西流经徐流营北，又西南入沙河，即《水经注》所谓温泉也。《方舆路程考》：沮水，今曰沙河。"其以沙河当古小沮水，青龙河当古卢水，黑崖子河（西注入青龙河）当古阳乐水，白沟河当古玄水。

似理解有误①。光绪五年刊《永平府志》卷二十六："阳乐县，秦置，汉因之，属辽西郡，后汉为郡治。《魏书》阳乐下有武历、覆舟、林榆、太真诸山。山名转易，多不可考。但言太平真君八年并令支属于此，而章怀太子云阳乐在今平州东，则知不出卢龙之境。《水经注》云：'阳乐水出东北阳乐县谿。《地理风俗记》曰：阳乐，故燕地。秦始皇二十二年置。《魏土地记》曰：海阳县西南有阳乐城。其水又西南入于沮水，谓之阳口。'或曰：阳乐在今大宁废卫境，后魏迁治于此，亦属辽西郡，东魏省入海阳县。《抚宁旧志》乃云：阳乐城在西关外。无据。案：旧府志谓白沟河为古阳乐水，在卢龙县东南十五里，源出阳山。洪稚存《直隶境众水归合表》谓阳乐水旧入海，今改合沽河。则去抚宁益远矣。俗称抚宁阳河为阳乐水，误。"其否定后出的抚宁县西说等，而以古阳乐城"不出卢龙之境"，然未指实其所在具体方位。

古阳乐城临近卢水（今青龙河）阳口，当在今河北迁安市东北一带寻之。今迁安市东北建昌营镇前窝子村北发现一处战国时期遗址，面积约14万平方米，文化层厚1米。前窝子村东北、东南及村南均发现战国时期遗址，采集有陶器残片等。在前窝子村北发现汉代墓葬群。其东南杨各庄镇代家沟村西发现一处战国时期，面积约3万平方米，文化层厚1米。采集有陶器残片等。其东南杨各庄镇东揣庄村北发现一处战国至汉代遗址，面积约2万平方米，文化层厚0.8米。在东揣庄村东亦发现一处战国至汉代遗址，面积约1万平方米。均采集有陶器残片。在东揣庄村东北发现汉代墓葬群。其南马家沟村东、其北鸡鸣庄村北各发现战国时期遗址，面积均约2万平方米，文化层厚1米。其西南青山院村西发现战国至汉代

---

① 《后汉书·独行列传》："赵苞字威豪，甘陵东武城人。……初仕州郡，举孝廉，再迁广陵令。视事三年，政教清明，郡表其状，迁辽西太守，抗厉威严，名振边俗。以到官明年，遣使迎母及妻子，垂当到郡，道经柳城，值鲜卑万余人入塞寇钞，苞母及妻子遂为所劫质，载以击郡。苞率步骑二万，与贼对陈。……苞即时进战，贼悉摧破，其母妻皆为所害。"李贤注：甘陵东武城，"今贝州武城县。"又："柳城，县属辽西郡，故城在今营州。"其东武城，在今河北武城县西北。又依《汉志》，除辽西郡外，勃海郡亦有柳县。二柳县于东汉时期并废。赵苞遣使迎母及妻子，自东武城至阳乐，可经由勃海郡柳城（今山东盐山县境）。其"道经柳城"，或即指此而言。亦有可能在阳乐附近另有柳城。以柳城在营州（今辽宁朝阳市境），而推测汉代阳乐城在其东，似不确。

遗址等①。此一地区战国秦汉时期遗迹密集，社会基础深厚。其前窝子遗址面积较大，所属年代大致相当；东临古卢水，地理方位大体与《水经注》所述古阳乐城相合。或即属之。其位于隋唐时期平州卢龙县（今迁安市东南余家洼村附近）东北，与李贤注等所述在平州东，亦较为相符。古时当有阳乐水流经阳乐县境。而《魏土地记》所言"海阳城西南有阳乐城"，或有讹误。其"海阳城"似当为"夕阳城"，在此阳乐城东北。

狐苏县城

狐苏县，西汉时期属辽西郡。《汉志下》：辽西郡属县"狐苏，唐就水至徒河入海"。王先谦《汉书补注》："《续志》：后汉省。"又："《寰宇记》：彭卢水，一名卢河水，即唐就水也。《后魏风土记》云：水至徒河入海，与地平，故曰平卢，讹为彭卢。陈澧云：今蒙古土默特右翼小凌河，东南流至锦县入海，疑即唐就水。"其说可从。依此，汉代狐苏县当在今小凌河流域。今辽宁朝阳市东南40公里东大屯乡松树嘴子村东北约500米残存一古城址，其位于小凌河北岸台地上，平面近方形，城墙不明显，平地凸起1米许，西南城角被河水冲毁。从断崖处可见西垣断面存高2米余，宽约3米，夯土层清晰，厚薄不一。东垣存长97米，南垣存长84米，西垣存长75米，北垣存长112米。南垣方向为南偏西22度。门址位置尚不清楚。城址内东北部原有一口大井，早年废弃，现形成一个大坑。城址内文化堆积厚约2米，包含有大量陶片及板瓦、筒瓦、瓦当等建筑材料及布币、刀币、半两钱、五铢钱等。城址西北约1.5公里俗称"大北楼"的小山顶上发现许多块大小不等的炼礁，有的泥坯、石头都经高温烧过，应为一处冶炼遗址。城址周围发现同一时期墓葬群。结合相关文献记载及考证，此城址当即属西汉时期狐苏县②。

---

① 国家文物局主编《中国文物地图集》河北分册。
② 杜守昌、张丽丹：《朝阳松树嘴子汉城址调查》，辽宁省考古研究所编《辽宁考古文集》（二），科学出版社，2010。

徒河县城

徒河县，西汉时期属辽西郡。《汉志下》：辽西郡属县"徒河，莽曰河福"。又，狐苏县下自注："唐就水至徒河入海。"东汉时期归辽东属国。《后汉志五》：辽东属国领县"徒河，故属辽西"。另据《逸周书·王会解》：北方台于孤竹、不令支国后有"不屠何，青熊。东胡，黄罴"。孔晁注："不屠何，亦东北夷也。"又："东胡，东北夷。"后附《伊尹朝献·商书》："正北空同、大夏、莎车、姑他、且略、豹胡、代翟、匈奴、楼烦、月氏、孅犁、其龙、东胡。"孔晁注："十三者，北狄之别名也。代翟在西北界，戎狄之间国名也。"《管子·小匡》：齐桓公"中救晋公，禽狄王，败胡貉，破屠何，而骑寇始服。北伐山戎，制泠支，斩孤竹，而九夷始听"。尹知章注："屠何，东胡之先也。"《墨子·非攻中》："虽北者且不一著何，其所以亡于燕代胡貊之间者，亦以攻战也。"孙诒让《间诂》："《道藏》本如此。毕本作中山诸国。云：四字旧作且一不著何五字，一本如此。……诒让案：中山初灭于魏，后灭于赵，详《所染》篇。然此中山诸国四字乃后人臆改，实当作且不著何四字。旧本作且一，《道藏》本作且不一，并衍一字。且疑柤之借字。《国语·晋语》：献公田，见翟柤之氛。韦注云：翟柤，国名是也。不著何，亦北胡国。《周书·王会》篇云：不屠何，青熊。孔晁注云：不屠何，亦东北夷也。《管子·小匡》篇：败胡貉，破屠何。尹注云：屠何，东胡之先也。刘恕《通鉴外纪》：周惠王三十三年，齐桓公救燕，破屠何。屠、著，声类同，不著何即不屠何也。又，《王会》伊尹献令：正北有且略、豹胡。且略即此且及《左传》翟柤。豹胡亦即不屠何。豹、不，胡、何，并一声之转。不屠何，汉为徒河县，属辽西郡，故城在今奉天锦州府锦县西北。柤，据《国语》为晋献公所灭，所在无考。"而"不"为发声字，不屠何即屠何，不令支即令支，其与孤竹、且略等同为商周时期北方古国名。原当临近令支、孤竹之地。春秋时期齐桓公"破屠何"，而后他迁，重建屠何城，后为汉代徒河县沿用。

魏晋以后，徒河县一度省废。《太平御览》卷一百二十一引《十六国春秋·前燕录》："慕容廆，字弈洛瓌，昌黎棘城人。……曾祖莫护跋于魏初率其诸部入居辽西，从司马宣王讨公孙渊，拜率义王，始建国于大棘城之北。……父涉归以全柳城勋进拜单于，迁邑辽东。……涉卒，弟耐立将谋杀廆，廆亡潜于辽东徐郁家。太康元年国人杀耐迎廆立之。太康十年又还于徒河之青山，元康四年定都大棘城，所谓紫蒙之邑也。"《晋书·慕容垂载记》：晋永和年间，"石季龙来伐，既还，犹有兼并之志，遣将邓恒率众数万屯于乐安，营攻取之备。（慕容）垂戍徒河，与恒相持，恒惮而不敢侵"。前燕及后燕时期当重置徒河县。后北魏占领此地。《魏志上》：营州昌黎郡领县"广兴，真君八年并徒河、永乐、燕昌属焉"。《隋志中》：辽西郡，后齐唯留龙城、大兴（即广兴，为避隋炀帝杨广讳而改）等县，"开皇元年唯留建德一郡，龙城一县，其余并废。寻又废郡，改县为龙山，十八年改为柳城，大业初置辽西郡"。唐代改辽西郡为营州。《通典》卷一百七十八："营州，今理柳城县。殷时为孤竹国地。汉徒河县之青山在郡城东百九十里。棘城即颛顼之墟，在郡城东南百七十里。"又："柳城，有龙山、鲜卑山（在县东南二百里，棘城之东。塞外亦有鲜卑山，在辽西之北一百里。未详孰是）、青山、石门山、白狼山、白狼水。又有汉扶黎县故城在东南。其龙山即慕容皝祭龙所也。有饶乐水，汉故徒河县城，和龙城。"其柳城县即在今辽宁朝阳市。《寰宇记》卷七十一：营州柳城县，"彭卢水，一名卢河水，即唐龙水也。《后魏舆地图风土记》云：水至徒河入海，与地平，故曰平卢，今语讹为彭卢水。徒河城，汉县。有废城在今郡东。北有山曰青山，在东北九十里。棘城即颛顼之墟也，在郡东南一百七十里"。其青山"在东北九十里"，依《通典》所述，当为"东百九十里"之讹。《辽志三》：中京大定府，"神水县，本汉徒河县地，开泰二年置"。兴中府安德州，"安德县，统和八年析霸城东南龙山、徒河境户置，初隶乾州，更属霸州，置州来属"。又："锦州，临海军，中，节度。本汉辽东无虑县，慕容皝置西乐县，太祖以汉俘建州。有大胡僧山、小胡僧山、大查牙山、小查牙山、陶河岛。"统领永乐县、安昌县及严州兴城县。《辽史·圣宗本纪》：统和八年（990年），于乾州置安德县。开泰二年（1013年），以"女河川为神水县"。《金志上》：大定府锦州领县"永乐，本慕容皝之西乐县地。安昌。神水，辽开泰二年置，皇统三年废为镇，大定二十九年复升为县。有土河"。《明统志》卷二十五：辽东都指挥使司，"广宁中屯卫，在都司城西北六百里。本汉之无虑县地，晋时为慕容氏所据，置西乐郡，隋唐以来地皆空虚，辽始建锦州临海军，金属大定府，元属大宁路，治永乐县。本朝洪武二十四年置卫，宣德三年于城南二十里松山堡置中左千户所属焉。广宁左屯卫，在故锦州城内，洪武二十四年置，宣德三年于城东四十里大凌河增置中左千户所属焉"。又："徒河城，在广宁中屯卫境内。虞舜之时已有此城，汉置徒河县。慕容廆析置神永（水）县，辽改徒河为安昌县，元并废。又有永乐、兴城二县，皆辽置，元省。"所述互有异同。其永乐县，辽代置为锦州治，金代相沿，明代置为广宁中屯卫，后又移广宁左屯卫于此城，清代置为锦州府，即今辽宁锦州市区。以其属慕容氏所置西乐县，或有可能；而以其本汉无虑县，显然不确。其神水县，《辽志》属大定府，《金志》属锦州，当同在一城址，或辽代后期已改属锦州，而《辽志》未记。《读史方舆纪要》卷三十七：广宁左屯卫，"神水城，在卫西北。……志云：城北有溜石山堡。金末蒙古将木华黎镇北京大定府，降将张致据锦州以叛。华黎以致地险兵精，欲设奇取之，遣兵急攻溜石山堡，而使别将屯永德西十里。致驰救溜石，永德军遣将断其归路，华黎驰至神水，与致遇，永德军亦至，致败走，锦州遂下"。又："小凌河，卫东南十五里。出废大宁卫界，南流经卫西南五里，有女儿河流合焉。河出卫西南五十里之女儿山，至此并流而东。"其女儿河当即《辽史》所述之"女河川"。今锦州西、女儿河东岸残存小荒地南城（今属葫芦岛市台集屯镇），营建于汉代以前，上部有辽金时期补筑遗迹，当即属辽金时期神水县城。而以其属汉代徒河县城，则有误①。《清统志》卷六十五："徒河旧城，在锦县西北。"或即指此而言。

其安昌县所因，《辽志》及《金志》均未述及。而《明统志》以"辽改徒河为安昌县"，当有所本。《清统志》卷六十五："安昌旧县，在锦县

---

① 参见王绵厚《关于锦西台集屯三座古城的历史考察——兼论古代"屠何"与"徒河"》，《社会科学战线》1990年第2期。其以台集屯古城属汉徒河县城，不确。

西。辽置，属锦州，金因之，元省。今城西九十里有古安昌县之永和邨，城基东有一塔，塔下有金大定间碑，即其故址。"其地在今葫芦岛市南票区暖池镇安昌岘村西山下，残存安昌岘塔及金天德四年（1152年）所立舍利塔碑，碑铭记述锦州安昌县人李三锡主持修缮塔及寺院事宜。未见城址及相关遗迹。而今锦州市东北凌海市白台子乡大王家窝堡村西南250米残存一古城址，平面呈方形，边长500米。城墙为夯土修筑，现存北垣一段长约60米，宽5米。文化层厚1.4米。采集有汉代外绳纹内格纹板瓦、绳纹筒瓦、泥质红及灰陶绳纹陶片，辽代沟纹砖、布纹板瓦等。其东小王家窝铺屯东北出土有战国时期灰陶绳纹罐，内装"一刀"圆钱及"阳安""平阳""襄平""差阴"等布币。在锦州市东凌海市南新庄子镇向阳堡村北200米亦残存一古城址，平面呈长方形，南北长536米，东西长455米。城墙为夯土修筑，残宽6~8米，残高0.3~0.6米。门址不详。采集有辽金时期青砖、布纹板瓦、滴水、瓦当、柱础石等建筑构件，以及灰陶盆、罐片，白、黑酱碗、罐、盘等瓷片。另在凌海市右卫镇东张村、西彭村、西网村等地发现汉代墓葬群。在锦州市凌河区国和街、女儿街发现汉代墓葬群，在解放路发现东晋时期墓葬，在安和街发现北魏时期墓葬群[1]。或与之相关。此二城址南北相距约15公里，均未经系统勘探发掘。前者据地面采集遗物判属汉代及辽代，而据城址以东所出战国时期货币等，似亦可上推至秦汉以前。后者据地面采集遗物判属辽金时期，而右卫镇一带汉代墓地与向阳堡城址相距较近，其墓主很可能即原居于此城，则此城之营建年代似亦在汉代或汉以前。此一地区西北距今朝阳市区约80公里，与《通典》所述"汉徒河县之青山在郡城东百九十里"，棘城"在郡城东南百七十里"大体相当。而相互比照，似以向阳堡城址属汉代徒河城更为妥切。其地临近海东西交通要道，故慕容垂"戍徒河"，与屯于乐安（今河北乐亭县境）的邓恒相持多年。今锦州市区以东之紫荆山、白云山等或即属古之青山。辽代又于此城址置安昌县。如此，大王家窝堡城址当属古棘城。上引《辽志》述

---

[1] 国家文物局主编《中国文物地图集》辽宁分册。

析霸城（今朝阳市区）东南、徒河境户置安德县（今朝阳市东南约30公里五十家子古城），其"徒河境"当即指此一地区，唯具体方位有偏，以神水县"本汉徒河县地"，而以锦州"本汉辽东无虑县"。向阳堡城址西近小凌河，即古唐就水①。亦与《汉志》所述"唐就水至徒河入海"相合。其东临大凌河，当即古渝水。《水经注·大辽水》："渝水又东南迳一故城东，俗曰女罗城。又南迳营丘城西。营丘在齐，而名之于辽、燕之间者，盖燕、齐辽迥，侨分所在。其水东南入海。"城址所在与此"女罗城"相当，而"女罗"与"徒河"音相近，则俗曰女罗城，或即由徒河城演变而来。另据《寰宇记》卷七十一：营州柳城县，"营丘城，《后魏舆地图记》云：舜分齐营州之域，燕西置营丘郡于其城内。《十六国春秋》：慕容廆东迁徒河县，置营［丘］郡北镇"。《太平御览》卷一百六十二引《后汉（魏）舆地记》曰："舜分齐营州之城，燕西（析）置营丘郡于其城内，今柳城县有营丘城。"其营丘城当在古渝水东。

文成县城

文成县，西汉时期属辽西郡。《汉志下》：辽西郡属县"文成，莽曰言房"。《汉书·司马相如传》：司马相如上《上林赋》云"文成颠歌"。文颖曰："文成，辽西县名也。其县人善歌。"东汉以后省废。《辽志三》："中京大定府，松山州，胜安军，下，刺史。开泰中置，统和八年省，复置，属中京。统县一：松山县，本汉文成县地。边松漠，商贾会冲。开泰二年置县，有松山川。"②《金志上》：北京路大定府，"大定，倚，辽县旧名。有土河、七金山、阴凉河"。又："松山，辽松山州胜安军松山县，开泰中置，

---

① 参见本书狐苏县城。
② 参见校勘记。其改"松江州"为"松山州"、"松江县"为"松山县"。并注："松山州，山原误江，据《百官志四》及《金史·地理志》改。松山县，山亦误江，据《纪》开泰二年二月及《金史·地理志》改。"可从。

旧置刺史。太祖天辅七年置观察使，皇统三年废州来属，承安三年隶高州，泰和四年复。有阴凉河、落马河。"元代复置松州，明初省废。《清统志》卷四十三："松山故城，在赤峰县境。辽置松山州，治松山县，属中京。金皇统三年废州，以县属大定府。元中统时复置松州，改属上都路，至元二年以松山县省入。明初废。今县境地名小乌朱穆沁有废城址，高四五尺，周四里，即故城遗址。"其地在今内蒙古赤峰市境，已超出汉代辽西郡界。而以汉文成县地在此，显然有误。

近世多于今六股河流域求之。或以今辽宁建昌县东巴什罕古城当之，或以今绥中县北崔家河沿古城寨城址当之[①]，似亦不确。《明统志》卷五：永平府，"五花城，在山海卫治西南。其城连环五座，故名。相传唐太宗征辽时所筑"。《读史方舆纪要》卷十七：永平府抚宁县，"五花城，县东百里，山海卫治西南。其城连环五座，若五花然。相传唐太宗征辽时筑。志云：县东有大人城，唐贞观十八年议伐辽，北输粟于营州，东输粟于古大人城是也。或以为城盖秦始皇所筑"。其地址位于今河北秦皇岛市东、山海关西南约5公里高建庄乡古城村东，现存南、北两座城址。北面一座平面呈长方形，南北长400米，东西长175米。城墙夯土修筑，残宽5米，残高1~6米。东北城角保存较好。南面一座保存较差，城墙遗迹基本不存，面积不详。城内采集遗物有泥质灰陶绳纹板瓦、筒瓦和素面罐、瓮等残片。时代判属汉代[②]。此城址属性不明[③]，因残存形状似五朵花而得称五花城。又有大人城之名，而"大人"二字竖写与"文"字相近。或隋唐之际，此城址中出土有石碑及陶器，上残存"文成"等字，被误识为"大人城"，故得此称。而此城址所在正属汉代辽西郡，所属年代亦相合，故很可能即属文成县城。

---

① 参见王绵厚《西汉时期辽宁建置述论》，《东北地方史研究》1985年第1期。
② 唐山地区文化局：《唐山地区的古城址》，《唐山地区文物普查报告》，1981。国家文物局主编《中国文物地图集》河北分册。
③ 参见孙进己、王绵厚主编《东北历史地理》第一卷第三编第二章第二节《前汉的辽西郡》。其以此城址当属西汉时期絫县，不确。

临渝县城

　　临渝县，西汉时期属辽西郡。《汉志下》：辽西郡属县"临渝，渝水首受白狼，东入塞外。又有侯水，北入渝。莽曰冯德"。东汉时期相沿。《说文解字》："渝，变污也，从水，俞声。一曰：渝水在辽西临俞，东出塞。"《后汉志五》辽西郡属县临渝下刘昭注："《山海经》曰：碣石之山，绳水出焉。其上有玉，其下多青碧。《水经》曰：在县南。郭璞曰：或曰在右北平骊成县，海边山也。"其所引《水经》文见于今传本《水经注》后附《禹贡山水泽地所在》："碣石山在辽西临渝县南水中也（经文）。大禹凿其石，夹右而纳河。秦始皇、汉武帝皆尝登之。海水西侵，岁月逾甚，而苞其山，故言水中矣。"又，《水经注·河水》："河水自枝津东北流，迳甲下邑北，世谓之仓子城。又东北流，入于海。《淮南子》曰：九折注于海，而流不绝者，昆仑之输也。《尚书·禹贡》曰：夹右碣石入于河。《山海经》曰：碣石之山，绳水出焉，东流注入于河。河之入海，旧在碣石。今川流所导，非禹渎也。周定王五年河徙故渎。故班固曰：商竭周移也。又以汉武帝元光三年河又徙东郡，更注渤海，是以汉司空掾王璜言曰：往者天尝连雨，东北风，海水溢，西南出，侵数百里。故张君云：碣石在海中，盖沦于海水也。昔燕、齐辽旷，分置营州。今城届海滨，海水北侵，城垂沦者半。王璜之言，信而有征，碣石入海，非无证矣。"《濡水》："濡水东南流迳乐安亭南，东与新河故渎合。渎自雍奴县承鲍邱水，东出，谓之盐关口。魏太祖征蹋顿，与沟口俱导也，世谓之新河矣。……新河又东会于濡。濡水又东南至絫县碣石山。文颖曰：碣石在辽西絫县，王莽之选武也。絫县并属临渝，王莽更临渝为凭德。《地理志》曰：大碣石山在右北平骊成县西南，王莽改曰碣石也。汉武帝亦尝登之，以望巨海，而勒其石于此。今枕海有石如埇道数十里，当山顶，有大石如柱形，往往而见，立于巨海之中，潮水大至则隐，及潮波退，不动不没，不知深浅，世名之天桥柱也。状若人造，要亦非人力所就。韦昭亦指此以为碣石也。《三齐略记》曰：始皇于海中作石桥，海神为之竖柱。始皇求与相见。神曰：我形丑，莫图我形，当与帝相见。乃入海四十里，见海神，左右莫动手，工人潜以脚画其状。神怒曰：帝负约，速去。始皇转马还，前脚犹立，后脚随崩，仅得登岸。画者溺死于海，众山之石皆倾注，今犹岌岌东趣，疑即是也。濡水于此南入海，而不迳海阳县西也，盖经误证耳。"又，《大辽水》："白狼水又东北出，东流，分为二水。右水疑即渝水也。《地理志》曰：渝水首受白狼水。西南巡山，迳一故城西，世以为河连城，疑是临渝县之故城，王莽曰凭德者矣。渝水南流，东屈与一水会，世名曰栯伦水，盖戎方之变名耳。疑即《地理志》所谓侯水北入渝者也。《十三州志》曰：侯水南入渝。《地理志》盖言自北而南也。又西南流注于渝。"熊会贞按："《汉志》渝水首受白狼，或因水源非一，故变出言受。然白狼指县而言，初不以为水名也。《汉志》本有此例。如无阳下，无水首受故且兰。叶榆下，贪水首受青蛉。定周下，周水首受毋敛。皆称县，与首受白狼同。又，增食下，驪水首受牂柯东界。毋椒下，桥水首受桥山。隽唐下，周水首受徼外。西随下，麋水西受徼外。亦指地言。郦氏因后世有白狼水之名，增出水字，恐非班意。"① 所辨有理，可从。《水经注》以白狼水（今大凌河）下游分为二水，右出者当古渝水，疑河连城为汉代临渝县城；又以碣石山在絫县，临于濡水（今滦河），时已入海。似均有违于史实。

（一）碣石山

碣石初见于《尚书·禹贡》："恒、卫既从，大陆既作，岛夷皮服，夹右碣石入于河。"《孔安国传》："碣石，海畔山。禹夹行此山之右西入河逆上。"又，《禹贡》："大行、恒山，至于碣石，入于海。"孔安国传："此二山连延，东北接碣石而入沧海。"《汉书·沟洫志》："于是禹以为河所从来者高，水湍悍，难以行平地，数为败，乃酾二渠以引其河，北载之高地，过洚水，至于大陆，播为九河，同为迎河，入于勃海。"颜师古曰："臣瓒以为《禹贡》夹右碣石入于河。则河入海乃在碣石也。武帝元光二年河移

---

① 《水经注疏》卷十四。

徙东郡，更注勃海。禹时不注也。"其九河当指在大陆泽以北为分流洪水所开河道，东流与海侵之水相迎，故称迎河（逆河），而入渤海，并非河水之尾。河水当于九河河段之北继续北流，东折，至碣石入海。《沟洫志》并记贾让奏言："昔大禹治水，山陵当路者毁之，故凿龙门、辟伊阙、析底柱、破碣石，堕断天地之性。"可进一步表明禹所治河水临近碣石山。所谓"破碣石"，当指破除因河水泛滥侵淹而埋塞在碣石山脚下的立石，以求水流通畅。《史记·秦始皇本纪》：秦始皇三十二年（前215年），"始皇之碣石，使燕人卢生求羡门、高誓，刻碣石门"。《集解》："徐广曰：一作盟。"又，《秦始皇本纪》：秦二世元年（前209年），"春，二世东行郡县，李斯从。到碣石，并海，南至会稽，而尽刻始皇所立刻石"。《汉书·武帝纪》：元封元年（前110年），"行自泰山，复东巡海上，至碣石。自辽西历北边九原，归于甘泉"。文颖曰："在辽西絫县。絫县今罢，属临榆。此石著海旁。"颜师古曰："碣，碣然特立之貌也。"其碣石当与《禹贡》所指相同。文颖注"此石著海旁"，与孔安国所释"海畔山"亦略同。又，《说文解字》："碣，特立之石。东海有碣石山。从石，曷声。"则似与上引《禹贡山水泽地所在》略同，而与孔安国传文互异。又，《魏书·高宗纪》：太安四年（458年）春正月，"东巡平州。庚午，至于辽西黄山宫。游宴数日，亲对高年，劳问疾苦。二月丙子，登碣石山，观沧海，大飨群臣于山下，班赏进爵各有差。改碣石山为乐游山，筑坛记行于海滨"。《魏志上》：平州辽西郡肥如县有"碣石"，当即指此碣石山。又，《北齐书·文宣帝纪》：天保三年（552年），北讨契丹，十月回师。"丁未至营州。丁巳登碣石山，临沧海。十一月己未，帝自平州，遂如晋阳。"其自丁未至丁巳共十二日，自丁巳至己未共二日，则所登碣石山当在平州，即魏帝所登之山，而后即由平州至晋阳；而并非在营州。此碣石山可"观沧海""临沧海"，似又恢复到秦汉之际景观。而之所以会如此变化当与两汉之际的海侵有关。

隋唐以后，此碣石山犹存。《隋志中》：北平郡卢龙县"有碣石"。《通典》卷一百七十八：平州卢龙县，"汉肥如县。有碣石山，碣然而立在海旁，故名之。《晋太康地志》同（曰）：秦筑长城所起自碣石，在今高丽旧界，非此碣石也"。《元和志》佚文：平州卢龙县，"碣石，在县南二十三里"①。《新唐志三》：平州石城县，"有临渝关，一名临闾关。有大海关。有碣石山"。《寰宇记》卷七十：平州卢龙县，"碣石山，《山海经》云：碣石之山，绳水出焉。在县南二十三里。碣然而立在海傍，故以为名。《晋太康地志》云：秦筑长城起自碣石，在今高丽旧界，非此碣石也"。又：石城县，"碣石。始皇使燕人卢生求羡门，刻碣石，汉武登之望海。当山有大石如石柱，号曰天桥柱，往往望而立于巨海之内，状如人造然，非人力所能成也"。《舆地广记》卷十二：平州石城县，"有《禹贡》碣石山，秦皇、汉武皆登之以望巨海。其石碣然立在海旁，故名之。《晋太康地志》云：秦筑长城，所起自碣石，在今高丽界，非此碣石也。有临渝关"。魏晋以来诸书所述碣石（碣石山），当均与《水经注》所述絫县碣石山相同。东汉时期因絫县并入临渝县，故记于临渝县。晋以后，临渝县并入肥如县，故《魏志》记于肥如县。隋时改肥如县为卢龙县，故《隋志》记于卢龙县，而隋末又于临渝镇（当即汉代临渝且址）重置临渝县，唐武德七年（624年）省入卢龙县，则此一期间当记于临渝县。《寰宇记》等所述碣石山"在县南二十三里"，当即本于此一期间临渝县图经，因临渝县省入卢龙县，故记于卢龙县下。而于县前未增加"临渝"二字，遂使人误以为是卢龙县南二十三里。《通典》记碣石山在卢龙县，与此相类。贞观十五年（641年）重置临渝县，《旧唐志》以为沿于故临渝县城，后又改称石城县，《新唐志》及《寰宇记》、《舆地广记》等遂将碣石山记于石城县下，而对其所在地理方位则不再指实。《舆地广记》并记石城县有故絫县及故骊成县，当本于《水经注》，而以此石城县相沿于汉代临渝县，临近絫县碣石山。

辽金时期，置昌黎县及抚宁县于今县址。《明统志》卷五：永平府，"抚宁县，在府城东八十里。本汉骊城县地，属右北平郡，东汉以后废。辽初置新安镇，属平州。金大定末升抚宁县，元至元初省入昌黎县，寻复置，省昌黎、海山入焉，后复析置昌黎县，本朝因之"。又："碣石山，在昌黎县西北二十里。《禹贡》注云：碣石在北平郡骊城县西南、河口之北，今平州之南也。郦道元言骊城县枕海有石，如甬道数十里，当山顶有大石如柱

---

① 据王应麟《通鉴地理通释》卷五。又，《清统志》卷十八引《括地志》文同此，而不见于今传本《史记正义》，或亦本于此。

石。韦昭以为碣石。旧在河口海滨，历世既久，为水所渐，沦入海，已去岸百余里矣。今碣石在平州东，离海三十里，远望其山，穹窿似冢，有石特出山顶，其形如柱，疑即《禹贡》冀州之碣石。"《读史方舆纪要》卷十七：永平府昌黎县，"碣石山，县西北二十里。山势穹窿，顶有巨石特出，因名。即《禹贡》导河入海处也。山之西为道者山，西南为凤凰山，置堡其上，险可避兵。志云：县北十五里仙台山即碣石之顶也。其后曰观音山，台前峰峦层列，曰锯齿山，南去县十里。迤东有岭，曰欢喜岭，以群峰蔽亏，登此可以四望也。台之东曰龙潭山，去县亦十五里，旧有石磴百余级，隆庆三年龙毁其半。其东为西五峰，又东曰东五峰，泉壑秀美。盖县境诸山，大抵皆碣石之支阜，四面环列得名者以数十计，其实皆一山也"。此碣石山在今昌黎县西北约十里，周围数十里，最高峰今称娘娘顶，海拔695米。依上引《水经注》所述，曹魏时期所开新河自今宝坻区境东流经唐山南，至乐亭县西北入濡水（今滦河）。其当大致循行古河水水道，则古时河水当由此继续东行，流经碣石山南，而东流入海。根据地质学研究，春秋战国以前，今唐山，天津宁河区南，老城区以东白沙岭、邓岭子贝壳堤为渤海海岸线，古河道正在此贝壳堤以内，而碣石山亦临近海岸线，故孔安国释为"海畔山"。而后河水改道，河道渐堙，低势犹显，故至曹魏时期又可开挖引水。西汉中后期至东汉后期，渤海湾西岸再遭遇大海侵，海水内侵至今京山铁路一线，碣石山或一度被海水包围[①]。《禹贡山水泽地所在》记"碣石山在辽西临渝县南水中"、《说文解字》记"东海有碣石山"，当即指此而言。东汉末年，海水渐退，海岸线又大体恢复原状。文颖言"此石著海旁"，当为记实。而曹操诗"东临碣石，以观沧海"，亦可表明这一点。南北朝时期，此一地区景观略同。而郦道元或因以临渝县在白狼水之域，或因对诸书所述理解有误，竟忽视于此，另寻求濡水入海处柱形石，实不妥切。

（二）临渝城

晋以后，临渝县省废而城犹存。《晋书·冯跋载记》：义熙十年（414

---

① 参见谭其骧《碣石考》《历史时期渤海湾西岸的大海侵》，《长水集》。

年），褚匡言："章武郡临海，船路甚通，出于辽西临渝，不为难也。"可表明临渝县城临近海岸。《隋书·北狄传》：突厥首领沙钵略统领北夷。"及高祖受禅，待之甚薄，北夷大怨。会营州刺史高宝宁作乱，沙钵略与之合军，攻陷临渝镇。"《炀帝纪》：大业十年（614年），"三月壬子，行幸涿郡。癸亥，次临渝宫"。《隋志中》：北平郡卢龙县"有关官，有临渝宫"。《旧唐志二》："平州，隋为北平郡。武德二年改为平州，领临渝、肥如二县。其年自临渝移治肥如，改为卢龙县，更置抚宁县。七年省临渝、抚宁二县。天宝元年改为北平郡，乾元元年复为平州。"领县"石城，汉县，属右北平。贞观十五年于故临渝县城置临渝，万岁通天二年改为石城，取旧名"。《新唐志三》：平州领县"石城，中，本临渝，武德七年省，贞观十五年复置，万岁通天二年更名"。《寰宇记》卷七十：平州，"石城县，西一百四十一里，二乡。汉旧县，取碣石立如城以名之，属右北平。唐贞观十五年于故临渝县城置临渝县，万岁通天二年改为石城，复汉旧名"。《舆地广记》卷十二：平州，"石城县，本临渝，二汉属辽西郡，晋省入阳乐。隋末复置，唐武德七年省。正（贞）观十五年复置，万岁通天二年更名。故絫县，汉属辽西郡。故骊成县，汉属右北平郡。东汉皆省焉"。《辽志四》：滦州，"石城县，汉置，属右北平郡，久废。唐贞观中于此置临渝县，万岁通天元年改石城县。在滦州南三十里，唐仪凤石刻在焉。今县又在其南五十里，辽徙置以就盐官"。其所记互有详略。依此，其石城县当相沿于汉代临渝县，置于隋末，称临渝县，武德七年省废。贞观十五年复置，万岁通天二年（697年）更名石城县。又，《通典》卷一百七十八：平州，"西北到石城县一百四十里"；蓟州，"东南到北平郡石城县一百八十五里"。与上引《寰宇记》所记略同，则唐代石城县当在今河北唐山市丰润区境。而《辽志》引仪凤（元年为676年）年间石刻记为"在滦州南三十里"，则贞观十五年所复置临渝县当在今滦县南，至万岁通天二年改称石城县后又移至今唐山市丰润区境。辽代又自今丰润区境移至今开平区，元代省废，明代沿置开平中屯卫，清代置开平营①。因辽代在唐临渝县城址存有仪凤石刻，故

---

① 参见《清统志》卷十九。

《辽志》径记之，而未述石城县又自此再迁今丰润区境事。其贞观十五年所复置临渝县，《旧唐志》等以为沿用"故临渝县城"，似不确。古临渝县城当南临碣石山。

《明统志》卷五：永平府，"抚宁县，在府城东八十里。本汉骊城县地，属右北平郡，东汉以后废。辽初置新安镇，属平州。金大定末升抚宁县，元至元初省入昌黎县，寻复置，省昌黎、海山入焉，后复析置昌黎县，本朝因之"。《读史方舆纪要》卷十七：永平府抚宁县，"临渝城，在县东北"。又："骊成废县，在县南。汉置县于此，后汉省县入临渝。"其临渝城、骊成废县所在，或均系依碣石山推得，然无确指。此外，又有以古阳乐城在抚宁县西门外之说，并无实据①。今抚宁县西南200米残存一古城址，平面呈长方形，南北长850米，东西长375米。城墙夯土修筑，遗迹基本不存。采集遗物有铁犁、铁剑、铁锄、铜镜、铜镞、五铢钱和陶器残片等。所属年代判为汉代。其南坟坨乡杨洛木村西发现汉代封土砖石墓。西南下庄乡下庄村北发现汉代小型砖墓群。在抚宁县北田各庄乡邴各庄村北发现一处战国时期遗址，面积约2万平方米，采集遗物有玉龙饰和陶器残片等。在邴各庄村东发现汉代墓葬群②。其城址西南距碣石山约15公里，与《寰宇记》等所记"（临渝）县南二十三里"大致相当，则当即属古临渝县城。西汉时期絫县城当在此碣石山西南约30公里汀流镇高常庄③，与此临渝县相邻，故东汉时期省絫县入临渝县。而后临渝县省废，至隋唐之际又于其旧址置临渝县。而贞观十五年所重置临渝县，当如《辽志》引仪凤石刻所记，在滦州南三十里，是因其名而未因其址。

古临渝县城当临近渝水，旧无确指。《明统志》卷五：永平府，"阳河，在抚宁县东八里，源出口北列坨山，流经县东，南入于海。渝河，在抚宁县东二十里，源出古瑞州，南流至连峰山，入于海"。《读史方舆纪要》卷十七：抚宁县，"渝河，县东二十里，源出塞外废瑞州境，东南流至连峰山西，一名狮子河，出菱、芡、蒲、鱼，为民利。亦名泥蒲河。又南入于

---

① 参见清光绪五年刊《永平府志》卷二十六。
② 国家文物局主编《中国文物地图集》河北分册。
③ 参见本书絫县城。

海"。又："阳河，县西一里，源出口外别（列）陀山。一云县北三十五里有星星峪，即阳河之源也。口北群川多汇流于此，南流迳县西，又东南历紫荆山下，复南流而入于海。"《清统志》卷十八："松流河，在抚宁县西南三十里，源出双顶山，北流经滑子山后入阳河。阳河，亦曰洋河。在抚宁县西一里许，源出界岭口外列坨山，西南流入口。东有箭桿水自箭桿岭口流入注之，又西南至台头营南，有黑岭水自青山口流入注之。又南至县西南，转东南流至紫荆山南入海。"又："渝河，在抚宁县东。……《明统志》：渝河在抚宁县东二十里。源出古阳州，南流至莲峰山，入于海。旧志：源出口外，迳县东北平台，又南迳桃儿峪，又南合驸马寨前水，亦曰狮子河，又曰蒲泥河，出菱、茨、蒲、鱼，为民利。按《汉志》、《水经注》：渝水源出白狼。白狼水即今口外之老哈河，去府界尚远，亦不闻有分流。《明统志》云：源出瑞州，在今宁远州界。今彼地之水，惟大凌河似之，然亦不近府境。至旧志所称狮子河，其流又甚微，不足以当古水。或疑即今之石河，亦与《汉志》不合。古今水道变迁，郦道元已不能明，所当阙疑。今以渝关及临渝县名皆由此，姑存诸说以备考。"其阳河、渝河等流势均形成于明清时期，而渝河源头已不甚明了。又依《明统志》，阳河原在抚宁县东八里，则于明清之际向西漂移至抚宁县西一里许。由此推之，或在辽金以前其极有可能与今渝河下游合为一水，而为古渝水，即以阳河之源为源头。《汉志》所述"渝水首受白狼"，当如熊会贞所辨，指白狼县（今辽宁建昌县境）而言，并非指白狼水。而"东入塞外"，与《说文解字》所述"东出塞"之义相同，指此渝水自塞外流入。又，《清统志》所述"松流河"当即今西洋河，其自西南流向东北，注入阳河，或即《汉志》所述之"侯水"。而《十三州志》所述"侯水南入渝"，是否即指此水，已不能明了。

絫县城

絫县，西汉时期属辽西郡。《汉志下》：辽西郡属县"絫，下官水南入海。又有揭石水、宾水，皆南入官。莽曰选武"。《汉书·武帝纪》：元封元年（前110年），"行自泰山，复东巡海上，至碣石。自辽西历北边九原，归于甘泉"。文颖曰："在辽西絫县。絫县今罢，属临榆。此石著海旁。"东汉以后省废。《水经注·濡水》："濡水又迳牧城南，分为二水。北水枝出，世谓之小濡水也。东迳乐安亭北，东南入海。濡水东南流迳乐安亭南，东与新河故渎合。……新河东绝清水，又东，朩究水出焉，南入海。新河又东，左迆为北阳孤淀，淀水右绝新河，南注海。新河又东会于濡。濡水又东南至絫县碣石山。文颖曰：碣石在辽西絫县，王莽之选武也。絫县并属临渝。"孙潜校曰："朩究水，《地理志》作下官水。"① 熊会贞按："《汉志》：絫县，下官水南入海。钱坫曰：今曰馆水，在昌黎县南二十五里。《水经注》作朩究水，以字形相乱。钱谓下官即朩究，是也。但以昌黎南之馆水当之则非。此注所指之水，注称水自新河出，盖在今滦州之南。"《明统志》卷五：永平府，"滦河，源自口北开平，东南流经迁安县界，至卢龙县合漆河，又南至乐亭县入于海"。又："定流河，在乐亭县西北，乃滦河下流，至岳婆港分为二，东曰葫芦，西曰定流，各入于海。"《清统志》卷十八："滦河，自遵化州流入，东南迳迁安县西，又东南迳卢龙县西，又南迳滦州东，又南迳乐亭县西，又南入海，即古濡水也。……旧志：滦河自开平界流七百里为九流河。……至分水岭入卢龙界，过（永平）府城西合漆水，又南四十五里入滦州界，经州东三里。又南五十里至岳婆巷，入乐亭县界。自此分为二支，一曰葫芦河，在县东北三十里，流经县东二十里，南流入海，谓之东滦河。一曰定流河，在县西北三十里，流迳县西十里，至县南四十里刘家墩入海。明景泰中东滦淤，而定流河遂独承滦水入海。海水青黑，而滦河水清碧，入海五十里不漓。亦曰绿洋沟，土人又名强河。"其定流河，亦作淀流河，今称汀流河，当即为《水经注》所述之新河所溢阳孤淀水。如此，南北朝时期，朩究水当在此定流河以西，而葫芦河水道当为濡水所流经（今称老滦河），又有支流在其东（或即今滦河水道）。

---

① 据王先谦《合校水经注》卷十四引。

而依《汉志》及《水经》，原濡水当流经海阳城西，大致循行今清河水道，则汉代下官水当即循行"木究水"河道。而揭石水、宾水原当南入官水，至南北朝时期已不能辨识，故不为《水经注》所记。又，《清统志》卷十八："新河故道，自顺天府宝坻县迳遵化州丰润县流入，迳滦州南，又东至乐亭县入濡水。……旧志：有潮河在滦州南一百三十里，海水荡潏，流延百余里，乃黑洋海口东派，北连曾家湾，流至济民场，东距蚕沙口二十里，亦名林裏，疑即新河余流。又，《乐亭县志》：有新河套，在县西二十五里，夹于清、滦之间，盖即古新河也。"杨守敬按："新河旧自今宝坻县东经丰润县、滦州，至乐亭县西北入滦河，久湮。"① 则新河当大致流经今乐亭县城北，与濡水（老滦河）汇合。而濡水河道由海阳城西迁移至老滦河，当在东汉末年。《水经注》于"新河又东会于濡"下接述"濡水又东南至絫县碣石山"。杨守敬按："郦氏不言过絫县故城，是已不知故城之所在矣。"② 因其误以此一带海中柱状石为古碣石山，故记于此。

隋唐以后，有关絫县的记载少见。《辽志三》："宜州，崇义军，上，节度，本辽西絫县地。东丹王每秋畋于此。兴宗以定州俘户建州。有坟山，松柏连亘百余里，禁樵采。凌河，累石为堤。隶积庆宫。"弘政县倚郭。金代改称义州，明代建义州卫。《明统志》卷二十五：辽东都指挥使司，"义州卫，在都司城西北五百四十里。本秦辽西郡絫县，东汉末为山戎所据，唐始建城，辽号宜州崇义军，金改为义州"。即今辽宁义县，显然与《汉志》所述地理方位不合，有误。而依《水经注》所述，古下官水当临近乐安亭。《晋书·石季龙载记》：晋咸康六年（340年）"季龙将讨慕容皝，令司、冀、青、徐、幽、并、雍兼复之家五丁取三，四丁取二，合邺城旧军满五十万，具船万艘，自河通海，运谷豆千一百万斛于安乐城，以备征军之调"。其"安乐城"，《资治通鉴》卷九十六作"乐安城"，胡三省即引《水经注》释之。永和元年（345年），石季龙"使征东将军邓恒将兵数万屯乐安，治攻具，为取燕之计"。《明统志》卷五：永平府有乐安镇，为

---

① 《水经注疏》卷十四。
② 《水经注疏》卷十四。

"七安"之一。《读史方舆纪要》卷十七：永平府卢龙县，"乐安城，在府东南。石赵筑城，置镇于此。胡氏曰：海阳县西有乐安城"。又，昌黎县，"絫县城，在县北"。其所述当依据《水经注》及胡三省注推得，而并未指实。

《清统志》卷十九："絫县故城，在昌黎县南。汉置县，属辽西郡，后汉省。"又："乐安故城，在乐亭县东北。"其乐亭县置于金代，相沿至今。光绪五年刊《永平府志》卷二十六："絫县，在昌黎县北。汉县，属辽西郡，后汉省入临榆。《汉书·地理志》注：絫县有碣石山，一作揭石水。《水经注》：濡水东南至絫县碣石山，似在今昌黎、抚宁之境。"又："乐安旧镇，在乐亭东北二里。石赵筑城，置镇于此（详纪事门）。《明一统志》云：永平古迹有七，此其一也。……近质水道，县中古迹，此为最确。今城东北二里有旧镇庄，俗作救阵，误。"其引《汉志》记絫县有碣石山，有误。而以旧镇庄为古乐安亭，似亦无据。今乐亭县城附近多辽金以来遗址，而未见汉晋时期遗迹。另在今乐亭县西北汀流河镇薛庄村西发现一处汉代遗址，面积约15万平方米，采集遗物有陶器残片等①。其位于老滦河（古濡水）之北、滦河（古濡水支流）之南，与《水经注》所述乐安亭所在地理方位相当，所属年代亦较相近，或即属之。又，今老滦河南，汀流河镇高常庄村西南发现一处战国时期遗址，面积约12万平方米，采集遗物有铜刀币和陶器残片等。其北土地庙村西发现一处汉代遗址，面积约5000平方米，采集遗物有陶器残片等。其西南陶庄乡周庄村发现一处汉代遗址，面积约8万平方米，采集遗物有陶器残片等。周庄村西南焦庄村西亦发现一处汉代遗址，面积约2万平方米。在焦庄村北发现汉代墓葬群②。其高常庄遗址面积较大，所属年代与絫县大体相当；而所在地理方位均在汉代下官水之东。相比之下，前者更有可能属古絫县城。其东北距《禹贡》所述碣石山（今昌黎县北）约30公里，西汉时期当在其属境，故文颖记碣石于絫县。东汉时期絫县省入临渝县，故《水经》等记碣石山于临渝县。依《汉

---

① 国家文物局主编《中国文物地图集》河北分册。
② 国家文物局主编《中国文物地图集》河北分册。

志》所述，又有揭石水、宾水南入下官水。此二水当在下官水（木究水）之东，其所循河道或部分为《水经注》所述北阳孤淀水及濡水所夺[1]。其揭石水当流经碣石山，而既记有揭石水，亦当记有碣石山，则今传本或有脱文。

---

[1] 《清统志》卷十八："潮河，在昌黎县东二十里。源出仙台顶后，东南流合饮马河，入海。一名马家河。县境群川之水皆会于此。按：《汉书·地理志》：絫县有下官水，南入海。又有碣石水、宾水，皆南入官。旧志云：官水疑即潮河，碣石水即急流河，宾水即饮马河也。"似不确。

辽东郡诸县城

辽东郡之地于商周之际属肃慎族系。而后肃慎族系东迁，又有东胡族系等占据。至战国中晚期，燕人东扩，击却东胡，而置辽东郡。秦汉时期相沿，置有襄平（郡治）、新昌、无虑（西部都尉治）、望平、房、候城（中部都尉治）、辽队、辽阳、险渎、居就、高显、安市、武次（东部都尉治）、平郭、西安平、文、番汗、沓氏等十八县。东汉时期，以无虑、房、险渎三县划归辽东属国，以候城、辽阳、高显三县划归玄菟郡，而辽东郡仍置无虑县及候城县，居就县及武次县省废。晋代又以望平县划归玄菟郡，无虑、房、候城、辽队、辽阳、险渎、平郭、番汗、沓氏县省废。东晋时期先后有前燕、前秦、后燕、北燕占领此一地区，而后归属高句丽及契丹等。

辽东郡及襄平县城

襄平县，西汉时期为辽东郡治所。《汉志下》："辽东郡，秦置，属幽州。户五万五千九百七十二，口二十七万二千五百三十九。"首县"襄平，有牧师官。莽曰昌平"。另据《史记·匈奴列传》："燕亦筑长城，自造阳至襄平，置上谷、渔阳、右北平、辽西、辽东郡以拒胡。"《索隐》："韦昭云：今辽东所理也。"《汉书·匈奴传》略同。颜师古曰："襄平即辽东所治也。"则在战国时期燕国已置襄平县并为辽东郡治所。东汉时期相沿。《后汉志五》："辽东郡，秦置，雒阳东北三千六百里，十一城，户六万四千一百五十八，口八万一千七百一十四。"首县襄平。《后汉书·袁绍传》：汉中平元年（188年），公孙度为辽东太守。"会襄平社生大石丈余，下有三小石为足，度以为己瑞。初平元年，乃分辽东为辽西中辽郡，并置太守，越海收东莱诸县，为营州刺史，自立为辽东侯、平州牧，追封父延为建义侯。立汉二祖庙，承制设坛于襄平城南，郊祀天地，藉田理兵，乘鸾辂，九旒，旄头羽骑。"李贤注："襄平县，属辽东郡。故城在今平州卢龙县西南。"《三国志·魏书·公孙度传》："公孙度字升济，本辽东襄平人也。度父延，避吏居玄菟，任度为郡吏。……同郡徐荣为董卓中郎将，荐度为辽东太守。度起玄菟小吏，为辽东郡所轻。先时，属国公孙昭守襄平令，召度子康为伍长。度到官，收昭，笞杀于襄平市。……初平元年，度知中国扰攘，语所亲吏柳毅、阳仪等曰：'汉祚将绝，当与诸卿图王耳。'时襄平延里社生大石，长丈余，下有三小石为之足。或谓度曰：'此汉宣帝冠石之祥，而里名与先君同。社主土地，明当有土地，而三公为辅也。'度益喜。……分辽东郡为辽西中辽郡，置太守。越海收东莱诸县，置营州刺史，自立为辽东侯、平州牧，追封父延为建义侯。立汉二祖庙，承制设坛墠于襄平城南，郊祀天地，藉田治兵，乘鸾路，九旒，旄头羽骑。"后传子公孙康、孙公孙渊。魏景初二年（238年）春，"遣太尉司马宣王征渊。六月，军至辽东。渊遣将军卑衍、杨祚等步骑数万屯辽隧，围堑二十余里。宣王军至，令衍逆战。宣王遣将军胡遵等击破之。宣王令军穿围，引兵东南向，而急东北，即趋襄平。衍等恐襄平无守，夜走。诸军进至首山，渊复遣衍等迎军殊死战。复击，大破之，遂进军造城下，为围堑。会霖雨三十余日，辽水暴长，运船自辽口径至城下。雨霁，起土山、脩橹，为发石连弩射城中。渊窘急。粮尽，人相食，死者甚多。将军杨祚等降。八月丙寅夜，大流星长数十丈，从首山东北坠襄平城东南。壬午，渊众溃，与其子脩将数百骑突围东南走，大兵急击之，当流星所坠处，斩渊父子。城破，斩相国以下首级以千数，传渊首洛阳，辽东、带方、乐浪、玄菟悉平。初，渊家数有怪，犬冠帻绛衣上屋，炊有小儿蒸死甑中。襄平北市生肉，长围各数尺，有头目口喙，无手足而动摇。占曰：有形不成，有体无声，其国灭亡。始度以中平六年据辽东，至渊三世，凡五十年而灭"。其司马懿率师攻襄平城事并见于《晋书·宣帝纪》："时有长星，色白，有芒鬣，自襄平城西南流于东北，坠于梁水，城中震慑。……文懿（公孙渊）攻南围突出，帝纵兵击败之，斩于梁水之上星坠之所。既入城，立两标以别新旧焉。男子年十五已上七千余人皆杀之，以为京观。伪公卿已下皆伏诛，戮其将军毕盛等二千余人。收户四万，口三十余万。"《资治通鉴》卷七十四："壬午，襄平溃，渊与子脩将数百骑突围东南走，大兵急击之，斩渊父子于梁水之上。"胡三省注："《水经注》：小辽水出玄菟高句丽县辽山，西南流迳襄平县，入大梁水。水出北塞外，西南流而入于辽水。"《晋志上》："后汉末，公孙度自号平州牧。及其子康、康子文懿并擅据辽东，东夷九种皆服事焉。魏置东夷校尉，居襄平，而分辽东、昌黎、玄菟、带方、乐浪五郡为平州，后还合为幽州。及文懿灭后，有护东夷校尉，居襄平。咸宁二年十月分昌黎、辽东、玄菟、带方、乐浪等郡国五置平州。"又，"辽东国，秦立为郡，汉光武以辽东等属青州，后还幽州。"首县"襄平，东夷校尉所居"。后归慕容氏。《晋书·慕容皝载记》：晋咸和九年（334年），"（慕容）皝自征辽东，克襄平。（慕容）仁所署居就令刘程以城降，新昌人张衡执县宰以降"。其地后归高句丽。北魏后期于营州境内侨置辽东郡及襄平县等，不在此①。

（一）小辽水及大梁水

《水经注·大辽水》："大辽水出塞外卫白平山，东南入塞，过辽东襄平县西（经文）。辽水亦言出砥石山，自塞外东流，直辽东之望平县西，王莽之长说也。屈而西南流，迳襄平县故城西。秦始皇二十五年灭燕，置辽东郡，治此。汉高帝八年封纪通为侯国，王莽之昌平也，故平州治。又南迳辽队县故城西，王莽更名之曰顺睦也。公孙渊遣将军毕衍拒司马懿于辽队，即是处也。辽水又南历县，有小辽水，其流注之也。"依《永乐大典》本，"即是处也"以下无"辽水又南历县，有小辽水，其流注之也"句。其纪通

---

① 《魏志上》：营州，"辽东郡，秦置，后罢，正光中复。治固都城"。首县"襄平，二汉、晋属，后罢，正光中复。有青山"。《读史方舆纪要》卷十八：大宁卫，"襄平城，在营州东南。后魏正光中侨置辽东郡于此，领襄平、新昌二县，高齐郡、县俱废"。

受封为襄平侯在临淮郡，不当在此①。又，《小辽水》："又玄菟高句丽县有辽山，小辽水所出。西南至辽队县，入于大辽水也（经文）。县，故高句丽胡之国也。汉武帝元封三年平右渠，置玄菟郡于此，王莽之下句丽。水出辽山，西南流迳辽阳县，与大梁水会。水出北塞外，西南流迳辽阳县，注辽水。故《地理志》曰：大梁水西南至辽阳入辽。《郡国志》曰：县故属辽东，后入玄菟。其水西南流，故谓之为东梁水也。小辽水又西南，迳襄平县，为淡渊。晋永嘉三年涸。小辽水又迳襄平县，入大梁水。司马宣王之平辽东也，斩公孙渊于斯水之上者也。"其"西南至辽队县，入于大辽水也"十二字，依《永乐大典》本，在"斯水之上者也"之后②。"小辽水又迳襄平县，入大梁水"，从《永乐大典》本及明朱谋㙔笺本。全祖望及赵一清刊本同。戴震改"辽队县"为"襄平县"、"大梁水"为"大辽水"。熊会贞按："柳佥不知原本此句，襄平乃辽队之误，入大梁乃入大辽之误，以为小辽尚未入大辽，故以经文西南至辽队十二字移于后，以明小辽至是方入大辽。不知上已言大梁水迳辽阳入小辽，此安得又反言小辽水迳襄平入大梁？其为舛误无疑。则此句当本作小辽水又迳辽队县入大辽水，以释经也。全、赵不觉注文之误，故为柳氏所惑。独怪戴明将注文改正，而复依柳移经，亦盍思注以释经，岂有注在前，经反在后乎？"似不妥切。

其大辽水即今辽河。小辽水即今浑河，流经沈阳市区南，西南流至海城市西入辽河。大梁水即今太子河，流经辽阳市西北汇合北沙河，又西南流至海城市西汇合浑河及辽河。而明以前大辽水（辽河）当大致循行今烂蒲河水道③。又，《明统志》卷二十五："浑河，一名小辽水。源出塞外，西南流至沈阳卫，合沙河。又西南流至都司城西北入太子河。"《读史方舆纪要》卷三十七：沈阳中卫，"浑河，卫南十里。自卫东北塞外流入境，又南入定辽卫界"。又："蒲河，卫北三十里。源出辉山，西流入浑河。又，沙河在卫东南，亦西流入浑河。又有夹河，在抚顺城南四十里。源出塞外分

---

① 参见《水经注疏》卷十四。
② 《水经注疏》卷十四："赵据柳佥抄本，移西南以下十二字经文另为一条，在本注之后。戴移同。守敬按：此当依朱本，在小辽水所出下，作为一条。盖注文连叙小辽入大辽也。"
③ 参见中国科学院《中国自然地理》编辑委员会编《中国自然地理·历史自然地理》第四章《历史时期的水系变迁》，科学出版社，1982。

水岭，亦西流至卫南，入于浑河。"《清统志》卷五十九："浑河，在承德县南十里，国语曰瑚努呼，源出边外，自兴京界内流入，至辽阳州西北会太子河，即古小辽水也。"又："沙河，（奉天）府境有五。一在承德县南四十里。源出王千户岭，至杨家湾合十里河入浑河。一在辽阳州南三十里。源出千山，西北流至船城南入太子河。""太子河，在辽阳州北十五里。国语曰塔思哈河，一名东梁河，源出吉林萨穆禅山，西南流至州西北合浑河，又西至海城县西北入辽河。""十里河，在辽阳州东北六十里。源出庙儿岭，西流合沙河入浑河。旧名稠柳河，河北为承德县界。"其沈阳卫即今沈阳市区，清代改置承德县，为奉天府治。定辽卫即今辽阳市区，清代改置辽阳州。则原沙河与浑河汇合处当在今沈阳市南，大致在今沙河由西北折向西南处；而后又西南流至今辽阳市西北与太子河相汇，其自沙河与浑河汇合处以下河段当属浑河。由此推之，古小辽水与大梁水汇合处当大致在今沙河与太子河汇合处，而小辽水当大致循行此一段沙河水道，上经今北沙河折曲处继续向东北与浑河上游相接。而今沙河上游当属小辽水一支流，由东南流向西北而入小辽水。原小辽水（浑河）此河段当在今沈阳市区南四十里即北沙河一线，明清之际，逐渐北移至今河道。《读史方舆纪要》及《清统志》所述似新说与旧说并存，故多有不合。其"夹河"，或即属此一时期所移故水道。古时小辽水当流经辽阳城南，再流经襄平城北，其与大梁水汇合处当在两城之间。故注文记为"西南流迳辽阳县，与大梁水会"。又记："小辽水又迳襄平县。入大梁水。"上引胡三省注文及《永乐大典》本、明朱谋㙔笺本等均如此，当无误。而辽队县城当临近大辽水，若改"襄平"为"辽队"、"大梁"为"大辽"，则显然与《晋书》（当本于南北朝以前诸史书）等所记斩公孙渊"于梁水之上"不合。其淡渊，并见于《宋书·五行志二》："晋怀帝永嘉三年五月，大旱，襄平县梁水淡渊竭，河、洛、江、汉皆可涉。"则此淡渊当在襄平县北，与大梁水连通。又，经文"西南至辽队县，入于大辽水也"十二字，依《永乐大典》本及柳金抄本，当在"斩公孙渊于斯水之上者也"之后，比较上下文，当是对的。而注文"辽水又南历县，有小辽水，其流注之也"原当在此经文下，为其注。所谓"历县"即指流经辽队县。而"辽水"当指"小辽水"，或原文即作

"小辽水"，后脱小字。此句下"有小辽水"，依文意，原文当作"有大辽水"，即指辽队县城西临大辽水，与《大辽水》注文相合。下接"其流注之也"，即指小辽水流注于大辽水①。《永乐大典》本"即是处也"以下无"辽水又南历县，有小辽水，其流注之也"句，亦可表明其原不在此，当属窜误。戴震删"辽水又南历县，有小辽水，其流注之也"十五字。熊会贞按："此有脱文错简也。赵改其为共，仍不可通。盖小辽水注辽水，不得称共流注。戴删此十五字，尤非。《汉志》：辽水西南至辽队入大辽水。《水经注》本之。此注提明一句，正与《小辽》篇相应，全书之例如此。戴氏因小辽入大辽，在辽队之北，而上已言辽水迳辽队故城西，此言又南历县，小辽水方注，地望既不合，又以误字不可理，遂率意删除耳。余谓此十五字当作'辽水又南历辽队县，有小辽水流注之'。而移于上故平州句下，则无不合矣。"似不确。

（二）襄平城与辽阳城

隋唐之际东征高丽。贞观年间攻占辽东城，"以其地为辽州"，见于《新唐书·东夷列传》。总章年间平高丽国，置安东都护府。"上元三年徙辽东郡故城，仪凤二年又徙新城。"见于《新唐志三》。并记营州有襄平守捉城。《新唐志七》：贾耽考方域道里之数，"营州东百八十里至燕郡城。又经汝罗守捉，渡辽水，至安东都护府五百里。府，故汉襄平城也。东南至平壤城八百里，西南至都里海口六百里，西至建安城三百里，故中（平）郭县也。南至鸭绿江北泊汋城七百里，故安平县也"。其以故襄平城在辽水以东，与《水经注》所述相合，而上引李贤注，以襄平县故城在平州卢龙县（今河北卢龙县）西南，显然有误。其地后归渤海，又入契丹。《辽志二》：东京辽阳府，"汤州，本汉襄平县地，渤海置州，故县五：灵峰、常丰、白石、均谷、嘉利，皆废。户五百。在京西北一百里"。并记贵德州贵德县，"本汉襄平县"；广州，"汉属襄平县"；同州东平县，"本汉襄平县地"。所指均在今辽阳市北百里之外，与《水经注》及贾耽所述不相符，亦有误。

---

① 《水经注疏》卷十四："辽水又南历县，有小辽水，其流注之也。"赵一清改"其"作"共"。

又,《辽志二》:东京辽阳府,"元魏太武遣使至其所居平壤城,辽东京本此。唐高宗平高丽,于此置安东都护府,后为渤海大氏所有。……神册四年葺辽阳故城,以渤海、汉户建东平郡,为防御州。天显三年迁东丹国民居之,升为南京。……辽河出东北山口为范河,西南流为大口,入于海。东梁河自东山西流,与浑河合为小口,会辽河入于海,又名太子河,亦曰大梁水。浑河在东梁、范河之间。……驻跸山,唐太宗征高丽,驻跸其巅数日,勒石纪功焉,俗称手山。山巅平石之上有掌指之状,泉出其中,取之不竭。……天显十三年改南京为东京,府曰辽阳"。首县"辽阳县,本渤海国金德县地。汉浿水县,高丽改为句丽县,渤海为常乐县"。其辽阳城而后相沿,明代用为辽东都指挥使司,清代改为辽阳州,即今辽宁辽阳市区。而所述沿革有误①。比照相关记载,其西临辽河(大辽水),北临大梁水及浑河(小辽水),西南临手山(首山),当即在古襄平城址。

明清时期,几经辨识,已将古襄平城所在方位大致确定在今辽阳市一带。《明统志》卷二十五:辽东都指挥使司,"定辽中卫,附郭。本汉襄平、辽阳二县及辽东郡治所,晋废。辽复置辽阳县,为东平郡附郭"。《读史方舆纪要》卷三十七:辽东都指挥使司,"辽阳城,今司治"。又:"襄平城,司北七十里。汉县,为辽东郡治,后汉及晋因之。亦谓之辽东城。慕容廆使其子翰镇辽东,即是城也。后魏亦为辽东郡治。隋大业八年渡辽水,围辽东城。唐贞观十八年亲征高丽,拔辽东城,以其城为辽州。仪凤初移安东都护府于辽东故城,明年复移新城。贾耽曰:自营州入安东道经汝罗守捉,渡辽水,至安东都护府五百里,故汉襄平城是也。"《清统志》卷六十:

---

① 《清统志》卷六十:"辽阳故城,今辽阳州治。……今州乃辽金之辽阳也。《辽志》云:本渤海金德县地。汉浿水县,高丽改为句丽县,渤海为常乐县。浿水在汉乐浪郡,今朝鲜界内。金德、常乐乃渤海中京显德府县名。皆不在此。又按《新唐书》渤海所建府州,无辽阳之名。而《辽志》谓之辽阳故城,《金志》直云渤海辽阳故城。疑唐中叶安东府废后,渤海置城于此,谓之辽阳,事或有之。然考《辽纪》,太祖三年幸辽东,神册三年幸辽阳故城,四年建东平郡,天显元年始拔渤海扶余城,进围辉罕城,降大諲譔,置东丹国。太宗三年迁东丹国民于东平郡。是渤海未平之先,辽阳之地早入契丹,初名辽东,复名辽阳。或即辽时命名,非由渤海也。《辽志》不考地理,遂谓东京即平壤城,亦即辉罕州,又即中京显德府,以相去各千余里之地合而为一,误甚。"所辨有理。其"辽阳故城"当属辽人误识,依其说而以此城相沿于汉代辽阳城,不确。

"襄平故城，在辽阳州北。……《方舆纪要》：在都司城北七十里。《通志》：相传今辽阳城西北隅，故定辽左、右、后三卫治即其地。"熊会贞等又以其"在今辽阳州西北七十里"①。近世则多以古襄平城即在今辽阳市区②。唯其形制规模尚不明了。

依《辽志》所述，其辽阳城沿用故城址。《辽志》并述其规制："城名天福，高三丈，有楼橹，幅员三十里。八门：东曰迎阳，东南曰韶阳。南曰龙原，西南曰显德，西曰大顺，西北曰大辽，北曰怀远，东北曰安远。宫城在东北隅，高三丈，具敌楼，南为三门，壮以楼观，四隅有角楼，相去各二里。宫墙北有让国皇帝御容殿。大内建二殿，不置宫嫔，唯以内省使副、判官守之。大东丹国新建南京碑铭在宫门之南。外城谓之汉城，分南、北市，中为看楼，晨集南市，夕集北市。街西有金德寺，大悲寺，附马寺，铁幡竿在焉。赵头陀寺。留守衙，户部司，军巡院，归化营军千余人，河、朔亡命，皆籍于此。"金元时期相沿，明初予以重修。《读史方舆纪要》卷三十七：辽东都指挥使司，"辽阳城，今司治。《辽志》：契丹神册四年葺辽阳故城，谓之铁凤城，以渤海汉户建东平郡，天显三年迁东丹国民居之，升为南京，名天福城。幅员三十里，有八门。其宫城在东北隅，南为三门，壮以楼观，四隅有角楼，相去各二里。外城谓之汉城。天显十年改曰东京辽阳府。金元皆因旧城。明朝洪武五年改建定辽城，周十八里有奇，门六。南面门二，左曰安定，右曰太和。东面门二，左曰平夷，右曰广顺。西面门一，曰肃靖。北面门一，曰镇远。十二年展筑东城一里。其北又附筑土城，以处东宁卫内附之众。永乐十四年复修筑北城，南北一里，东西四里，合于南城。司城共周二十四里有奇。北城之门三，东永智，西武靖，北无敌。自是每加修饰，万历庚申以后鞠为茂草矣。辽阳废县，在司城内"。

清代相沿，唯北面略有内缩。今城墙遗迹已大部分从地面上消失，西面及南面护城河犹存，其西垣即在今西顺城路一线，南垣即在今南顺城街一线，东垣即在今东顺城路一线，北垣即在今北顺城街一线。而明代北垣

---

① 《水经注疏》卷十四。
② 参见孙进己、王绵厚主编《东北历史地理》第一卷第三编第二章第一节《前汉的辽东郡》。

当在硝堡街一线；扩筑前南城北垣当在今东五道街一线，东垣当在今文圣路一线。今存南城北垣一段，高8.3米，城墙用砖包砌，出土有汉代绳纹砖、辽金布纹瓦、青白釉瓷片、窑具等。在明代辽阳城东北角（文圣路北段路东）城墙内外残存有高出地面的土台、土棱，夯土层排列整齐，出土有高句丽时期的泥质红陶瓦、板瓦，外饰绳纹和素面内为布纹和方格纹、莲瓣纹瓦当，火候高，硬度大。还有汉代的铜斗柄和一件有"大吉宜保牛犊"铭文的铜铃。在中华路东段金银库遗址地下9米发现2口战国至汉代陶井，4节绳纹陶井圈，每节口径75厘米，高35厘米。井内出土有铜弩机、悬刀残件、"明"刀币、"一化"圆钱、陶罐及高句丽莲瓣纹红瓦当3件。在辽阳老城西北四大庙小学院落内角地下9米发现战国至汉代陶井圈，井内出土有战国时期"一刀"、襄平布币和弦纹陶罐、筒瓦等。在南护城河外传染病院东侧发现胜严寺彦公禅师塔遗址，塔铭记彦公死后葬于辽阳老城南门外，金明昌元年（1190年）建塔刻铭。在城北三道壕发现西汉时期居住遗址，面积约1平方公里，文化层厚1.05~1.7米，出土有铁农具、铁车辖、铜钱、铜镞及陶器、砖瓦等。有一种陶器底部刻印"昌平"字样。在北郊三道壕、北园、棒台子、东台子、南台子及东南郊鹅房、东门里一带发现多座汉代至魏晋时期壁画墓①。结合《辽志》等记载可推知，辽代所葺辽阳故城外郭城南垣当与明清城重合，在今南顺城街一线；西垣当亦与明清城重合，在今西顺城路一线；而东北城角则当与明代城东北角重合，北垣当与明代增筑北城北垣重合，在今硝堡街一线；东垣当与明代初筑南城东垣重合，在今文圣路一线。而宫城在外郭城东北隅，平面呈方形，边长二里，其北垣、东垣与外郭城之北垣东段、东垣北段重合，西垣当在今中心路北段，南垣当在今东三道街一线。其让国皇帝御容殿当建于宫城南部（即宫墙北），中部及北部建"二殿"。《金志上》：东京路，"皇统四年二月立东京新宫，寝殿曰保宁，宴殿曰嘉惠，前后正门曰天华、曰乾贞。七月建宗庙。有孝宁宫。七年建御容殿"。当大体沿用辽时台基。辽代南面开三门。有《大东丹国新建南京碑铭》在宫门之南。《明统志》卷二十五："华

---

① 国家文物局主编《中国文物地图集》辽宁分册。

表柱,在都司城内鼓楼东,旧有石柱,湮没,有道观,久废为仓。昔丁令威家此,学道得仙,化鹤来归,止华表柱,以咮画表。云:'有鸟有鸟丁令威,去家千年今始归。城郭虽是人民非,何不学仙冢累累。'"此华表柱或即原宫门之南碑铭石①。又,《明统志》卷二十五:"蝎台,在故东京城东北隅。金大定中修城,役夫毁台取土及半,得石函,启之,中有块石,圆滑天成,摇撼作动物声,破之,二大蝎尾梢相勾不解,见风即死。"此蝎台当即在明代城东北城角附近,或属辽代以前宫殿台基。其外郭城设八门,"南曰龙原",当置于今中心路南向延伸线与南顺城街交汇处,其南近胜严寺彦公禅师塔遗址,可表明此一点。"西南曰显德",当置于今武圣路与南顺城街交汇处。"东南曰韶阳",当置于今东大街与文圣路交汇处。"东曰迎阳",当置于今中华大街与文圣路交汇处。"西曰大顺",当置于今西大街与西顺城路交汇处,即明清时期肃靖门。"西北曰大辽",当置于今中华大街与西顺城路交汇处。"北曰怀远",当置于今中心路向北延伸线与硝堡街交汇处。"东北曰安远",当置于今东兴路与硝堡街交汇处。其北门即怀远门与南门即龙原门所连通的大道贯通南北,此街以西有金德寺、大悲寺、附马寺、赵头陀寺、留守衙、户部司、军巡院、归化营等。而南市与北市极有可能是在外郭城东南部、宫城之南。"中为看楼",当在今东兴路与东二道街交汇处,北为北市,南为南市。如此,其外郭城当东西长约2000米,南北长约3000米,周长约1万米。依唐宋时期里制推计,周长约二十五里。与《辽志》所述"幅员三十里"相近。而就上引《三国志》记"襄平北市",《晋书》记司马懿攻入襄平城,"收户四万,口三十余万"等,汉代襄平城当已形成这一规制。其"北市"当相对于"南市"而言,则汉代襄平城已置南、北二市,而后一直相沿。另就考古发现来看,在城内东部金银库遗址、西部四大庙遗址均发现战国至汉代遗迹遗物,而所发现汉代至魏晋时期墓葬均在城外,亦可表明此一点。因尚未发现早期城墙遗迹,就今所见形制布局推测,或在战国时期先建有东北部小城,大致在辽代宫城范围内;

---

① 据《明代辽阳镇全图》,其鼓楼在今东兴路与东二道街交汇处,钟楼在今新华路与西二道街交汇处,而华表柱在钟楼以东,大致在今中心路与东二道街交汇处。与《明统志》所述不尽相同,或另有所属。

而后在汉代又扩筑西部及南部，并置北市与南市在东南部。

此一地区在商周之际已得以开发。《逸周书·王会解》：周初成周之会，四夷贡物者，"西面者正北方：稷慎，大麈。秽人，前兒。前兒，若弥猴，立行，声似小兒。良夷，在子。在子，□身人首，脂其腹炙之霍，则鸣曰在子"。孔晁注："稷慎，肃慎也。贡麈，似鹿。正北，内台北也。""秽，韩秽，东夷别种。""良夷，乐浪之夷也，贡奇兽。"又："北方台正东：高夷，嗛羊。嗛羊者，羊而四角。独鹿，邛邛，距虚善走也。孤竹，距虚。"孔晁注："高夷，东北夷，高句骊。""独鹿，西方之戎也。邛邛，兽似距虚，负蠶而走也。""孤竹，东北夷。距虚，野兽驴骡之属。"其排列之序当依照各自所在地理方位。西面即面向朝西者当属东方，自北而南有稷慎即肃慎、秽人、良夷等。而属北方者自东而西有高夷即高句骊、独鹿、孤竹等。其肃慎，并见于《左传·昭公九年》：周大夫詹桓伯言武王克商，"肃慎、燕、亳，吾北土也"。杜预注："肃慎，北夷，在玄菟北三千余里。"依此，肃慎当临近燕、亳之地，今易水流域。杜预注文似有误。《史记·货殖列传》："夫燕亦勃、碣之间一都会也。南通齐赵、东北边胡。……北邻乌桓、夫余，东绾秽貉、朝鲜、真番之利。"《后汉书·东夷列传》："及武王灭纣，肃慎来献石砮、楛矢。……康王之时，肃慎复至。"又："夫余国，在玄菟北千里，南与高句骊，东与挹娄，西与鲜卑接，北有弱水。……挹娄，古肃慎之国也。在夫余东北千余里，东滨大海，南与北沃沮接，不知其北所极。……高句骊，在辽东之东千里，南与朝鲜、濊貊，东与沃沮、北与夫余接。"《孔融传》：孔融言"昔肃慎不贡楛矢"。李贤注："《国语》曰：昔武王克商，通于九夷百蛮，于是肃慎氏贡楛矢、石砮，其长尺有咫。《肃慎国记》曰：肃慎氏，其地在夫余国北，东滨大海。《魏略》曰：挹娄，一名肃慎氏。《说文》曰：楛，木也，今辽左有楛木，状如荆，叶如榆也。"《三国志·魏书·三少帝纪》：陈留王景元三年（262年），"夏四月，辽东郡言肃慎国遣使重译入贡，献其国弓三十张，长三尺五寸；楛矢长一尺八寸；石弩三百枚，皮骨铁杂铠二十领，貂皮四百枚"。《通典》卷一百八十六："挹娄，魏时通焉。云即古肃慎之国也。周武王及成王时皆贡楛矢、石砮。尔后千余年，虽秦汉之盛，莫能致也。常道乡公景元末来贡献楛矢、石砮、弓甲、貂皮之属。其国在不咸山北，在夫余东北千余里，滨大海，南与北沃沮接，不知其北所极。"则汉魏之际，在辽东郡以东有高句骊，当大致在今新宾一带；南与朝鲜、濊貊（大致在今朝鲜国大同江流域）相接；北与夫余（大致在吉林、辽宁交界地带）相接；又北为挹娄，即古肃慎国。而依《王会解》所记排列之序，高夷即高句骊在孤竹（今河北卢龙县境）、独鹿之东，当与汉魏之际所在方位略同；又依孔晁注，秽人即韩秽，当即在濊貊之地；良夷即乐浪之夷，当即在汉代乐浪郡地。而肃慎国在秽人之北，二者相接，不可能在夫余之北，必当在高夷之南，即今辽宁东南部。《汉书·司马相如传》引《子虚赋》："且齐东陼钜海，南有琅邪，观乎成山，射乎之罘，浮勃澥，游孟诸，邪与肃慎为邻，右以汤谷为界。"郭璞曰："肃慎，国名，在海外也。"颜师古曰："邪读为左，谓东北接也。"其"海外"当指周代齐国北临渤海以外。又，《史记正义》："邪谓东北接之。"亦可表明这一点。其北迁至夫余国之北，当在东周以后，由此而一度中断与中原交往。而后有东胡人迁入。

新昌县城

新昌县，西汉时期属辽东郡，见于《汉志下》。东汉时期相沿，见于《后汉志五》。《后汉书·东夷列传》：建光元年（121年），句骊"与辽东鲜卑八千余人攻辽队，杀略吏人。（辽东太守）蔡讽等追击于新昌，战殁"。《资治通鉴》卷五十所述略同。胡三省注："新昌县，属辽东郡。"其当与辽队县相近。晋时属辽东国，见于《晋志上》。后归慕容氏。《晋书·慕容皝载记》：咸和九年（334年），"（慕容）皝自征辽东，克襄平。（慕容）仁所署居就令刘程以城降，新昌人张衡执县宰以降"。《资治通鉴》卷九十五：十一月，"慕容皝讨辽东，甲申至襄平。辽东人王岌密信请降。师进，入城，翟楷、庞鉴单骑走，居就、新昌等县皆降"。十二月，"慕容仁遣兵袭新昌，督护新兴王寓击走之，遂徙新昌入襄平"。胡三省注："居就、新昌，皆属辽东郡。"则新昌县亦与襄平县相近，而后省入襄平县。

新昌县城所在地理方位，后世无载。《辽志二》："铜州，广利军，刺史，渤海置。"所统"析木县，本汉望平县地，渤海为花山县。初隶东京，后来属"。《金志上》：澄州领县"临溟，镇一：新昌。析木，辽铜州广利军附郭析木县也，皇统三年废州来属。有沙河"。《明统志》卷二十五：辽东都指挥使司，"析木废县，在海州卫东南四十里。本汉望平县地，渤海置花山县。辽改曰析木，置铜州广利军，金属澄州。元省"。《读史方舆纪要》卷三十七：海州卫，"新昌城，在卫东"。又："析木城，卫东南四十里。汉望平县地，属辽东郡。后汉因之。晋改属玄菟郡。渤海置花山县，辽改曰析木，属辽阳府，寻置铜州，广利军治焉，金皇统三年州废，以县属澄州，元省。"《清统志》卷六十："新昌故城，在海城县东。……《金史·地理志》：临溟县有镇曰新昌，疑即汉时旧县也。析木故城，在海城县东南四十里。辽置县，属辽阳府，寻隶铜州广利军，属东京道。金皇统三年废州，以县属澄州，元省。今有土堡，周二里有奇，土人犹称析木城，即其遗址。按：《辽志》以析木本汉望平县地，而诸志从之。今考《水经注》：大辽水自塞外东流，直辽东之望平县西，屈而西南流，迳襄平县故城西。是汉之望平居襄平之北，其地当在今辽阳以北，近辽河之上流。析木在海城东南，相去转远。《辽志》之言非是。且《辽志》既以显州之山东县为望平县，而又以此为望平县，亦自相矛盾矣。"所辨有理，而于新昌县址则未予指实。今海城市东南20公里析木镇残存一座古城址，平面略呈方形，东西长322米，南北长364米。城墙夯土修筑，基宽约8米，残高约1米，城外有护城河遗迹。城址内高外低，西南角保存较好，城内发现汉代绳纹砖、板瓦及陶器残片。中心地区出土有冶铁渣，西南城角下发现钱币窖藏，出土有秦半两及汉半两钱。在城西北角残存金代建造的铁塔。此城址属辽金时期析木县城，无可置疑。而古时所属或以为文县，或以为安市县①，似均不确。其西北距汉辽队县城（今鞍山市南旧堡遗址）约40公里，东北距襄平城（今辽阳市区）约50公里，东北距居就县城（今辽阳市东南）约40公里，均较接近，则以其属汉代新昌县城，似更近于史实。其地西距大辽水较远，

---

① 刘景玉主编《鞍山地方史研究》第三章，辽宁民族出版社，1997。

故不为《水经注》所记。而金代仍于此置析木县，其所置新昌镇（属澄州临溟县）则不可能在此。

无虑县城

无虑县，西汉时期属辽东郡。《汉志下》：辽东郡属县"无虑，西部都尉治"。应劭曰："虑音闾。"颜师古曰："即所谓医巫闾。"东汉时期相沿。《后汉志五》：辽东郡有无虑县。刘昭注："案《本纪》，和帝永元十六年，郡复置西部都尉官。"又："辽东属国，故邯乡，西部都尉，安帝时以为属国都尉，别领六城。"首县昌辽，属县"无虑，有医无虑山"。《后汉书·孝和帝纪》：永元十六年（105年），"十二月，复置辽东西部都尉官"。李贤注："西部都尉，安帝时以为属国都尉，在辽东郡昌黎城也。"《孝安帝纪》：元初二年（115年），"八月，辽东鲜卑围无虑县。九月，又攻夫犁营，杀县令"。李贤注："属辽东郡。虑音闾。有医无闾山，因以为名焉。"《乌桓鲜卑列传》："元初二年秋，辽东鲜卑围无虑县，州郡合兵固保清野。鲜卑无所得。复攻扶黎营，杀长吏。"又，阳嘉元年（132年），"鲜卑后寇辽东属国，于是耿晔乃移屯辽东无虑城拒之"。其无虑县，当临近医无虑（闾）山，西汉时期为辽东郡西部都尉治所。东汉时期省废西部都尉，汉和帝时又复置，当仍在无虑县。李贤注以为当在昌黎城，似不确。汉安帝时以原辽西郡昌辽、宾徒、徒河三县及辽东郡无虑、险渎、房县三县为辽东属国，而辽东郡仍存无虑县，似表明原无虑县分为二城，一为无虑县治所，另一为西部都尉治所①。而后以无虑县城属辽东属国，以西部都尉治所属辽东郡，而改称无虑县，故有两无虑县并存②。阳嘉元年，乌桓校尉耿晔移屯辽东无虑城，当即属辽东郡属无虑县。晋以后二无虑县均省废。

医无虑山或作医无闾山、医巫闾山，初见于《周礼·地官·职方氏》，

---

① 汉代诸郡所置都尉，或与所驻县城合治，或与所驻县城分治，《汉志》多有记载。参见陈梦家《汉简考述》，《汉简缀述》。
② 《水经注疏》卷十四杨守敬按："其实扶黎是《续志》辽东属国之无虑。"不确。

属幽州。隋开皇十四年（594年）诏称北镇，"就山立祠"①。《通典》卷四十六："隋制，祀四镇。……北镇医无闾山。在东夷中，遥祀。"又："大唐武德贞观之制……北镇医无闾山于营州。"《新唐志三》：营州有巫闾守捉，柳城县"有东北镇医巫闾山祠"。《寰宇记》卷七十一：营州柳城县，"医巫闾山祠，在县东五十里"。其医巫闾山祠当立于巫闾山西侧，临近唐代巫闾守捉城，为遥祀之所。又，《辽志二》："显州，奉先军，上，节度。本渤海显德府地。世宗置，以奉显陵。显陵者，东丹人皇王墓也。人皇王性好读书，不喜射猎，购书数万卷，置医巫闾山绝顶，筑堂曰望海。山南去海一百三十里。大同元年世宗亲护人皇王灵驾归自汴京，以人皇王爱医巫闾山水奇秀，因葬焉。山形掩抱六重，于其中作影殿，制度宏丽。州在山东南，迁东京三百余户以实之。应历元年穆宗葬世宗于显陵西山，仍禁樵采。有十三山，有沙河。隶长宁、积庆二宫。"所统"奉先县，本汉无虑县，即医巫闾，幽州镇山。世宗析辽东长乐县民以为陵户，隶长宁宫。山东县，本汉望平县，穆宗割渤海永丰县民为陵户，隶积庆宫"。又："乾州，广德军，上，节度，本汉无虑县地，圣宗统和三年置，以奉景宗乾陵。"所统"奉陵县，本汉无虑县地，括诸落帐户，助营山陵"。《金志上》：北京路，"广宁府，散，下，镇宁军节度使。本辽显州奉先军，汉望平县地，天辅七年升为府，因军名置节度。天会八年改军名镇宁，天德二年隶咸平，后废军隶东京。泰和元年七月来属。户四万三千一百六十一，县三。旧有奉玄（先）县，天会八年改为锺香县。镇六、寨四。镇二：欢城、辽西"。领县"广宁，旧名山东县，大定二十九年更名，有辽世宗显陵。寨二：间城、兔儿窝。望平，大定二十九年升梁渔务置。镇二：梁渔务、山西店。间阳，辽乾州广德军，以奉乾陵，故奉陵县。天会八年废州更名来属。有凌河。有辽景宗乾陵。镇二：间阳、衡家。寨二：大斧山、北川"。《明统志》卷二十五：辽东都指挥使司，"广宁卫，在都司城西四百二十里。本汉辽东之无虑县，西部都尉治所。晋属平州，唐置巫闾守捉城，渤海为显德府地，（辽）置显州奉先军。金改为广宁府，领广宁、望平、间阳、锺秀四县。元

---

① 《隋书·礼仪志二》。

改府为路，本朝废州县，洪武二十三年置卫"。"医巫闾山，在广宁卫西五里。"又："乾州城，在广宁卫西南七里。本汉无虑县地，辽置乾州广德军。锺秀城，在广宁卫西南五里。本辽奉先县地，金置此县，属广宁府，元省入闾阳县，后置千户所，本朝省。闾阳城，在广宁卫西南五十五里，本汉无虑县地，辽置奉陵县，金改闾阳，元省县，置千户所，本朝置驿。"所述互有异同。综而论之，唐代所置巫闾守捉城不当在此。辽世宗时置显州，以奉显陵，奉先县附郭，记为"本汉无虑县"。穆宗时葬世宗于显陵西山，并置山东县，记为"本汉望平县"。圣宗时又置乾州，以奉乾陵，奉陵县附郭，记为"本汉无虑县地"。如此则显州与乾州相近。金代以显州置广宁府，改附郭县奉先县为锺秀县，后又省废。故《金志》记为"旧有奉玄（先）县"，而《明统志》记为"领广宁、望平、闾阳、锺秀四县"。其广宁县系山东县所改，后移为附郭县。《金志》记广宁府为"汉望平县地"，当即因《辽志》以山东县"本汉望平县"为说，显系误会。而其并记广宁县"有辽世宗显陵"，亦可表明金广宁府相沿于显州城址。明代置广宁卫，清代置广宁县，即今辽宁北镇市。今北镇市区残存有明清时期广宁城西北角一段砖墙及北垣一段夯土墙。西有北镇庙。北镇市区西南约3公里残存一座辽代城址，平面呈方形，边长500米。城墙为夯土修筑，现存北垣长100米，宽2米，高1.5米；东垣长200米，宽1.5米，高2米，当即属乾州城[①]。《清统志》卷六十五："无虑旧城，今广宁县治。汉置县，属辽东郡，为西部都尉治，后汉属辽东属国。元初二年辽东鲜卑围无虑。又，阳嘉初鲜卑寇辽东属国，耿夔遇屯无虑城以拒之。晋省。唐置巫闾守捉城。辽置显州奉先军，以奉显陵，治奉先县，兼领山东县。金大定二十九年改山东县曰广宁，为广宁府治。元省县入广宁府，明置卫。按，《金史》广宁府本辽显州，不言迁置，然《金志》谓所治之广宁县，本辽山东县。又《御塞行程录》言自广宁府东行三十里至显州。盖今县城即辽山东县，金为广宁

[①] 许元宗《宣和乙巳奉使金国行程录》："第二十二程，自刘家庄一百里至显州。……至此，山忽峭拔摩空，苍翠万仞，全类江左，乃医巫闾山也。成周之时，幽州以医巫闾作镇，其远如此。契丹兀欲葬于此山。离州七里别建乾州以奉陵寝，今尽为金人毁掘。"（据中华书局1988年出版《靖康稗史笺证》引）与《明统志》所记乾州城在广宁城"西南七里"可互为印证。其"兀欲"为辽世宗字号，以乾州为奉显陵而置，有误。

府及广宁县。其显州奉先县当在今县东南。又考渤海显德府在渤海上京之南吉林南境。《辽史》谓显州本显德府地，误。"其辨辽代显州本渤海所置显德府地，至确。而以山东县为其附郭县则有误。今北镇市东南中安镇二十里堡关村东侧残存一座金元时期城址，平面呈长方形，南北长 350 米，东西长 320 米，夯土修筑，现存城墙遗迹呈土岗状，周边原有护城河，现呈浅沟状①。当即属辽时山东县，金代迁至广宁府（显州）城。《御塞行程录》以此城为显州，当属误指。而迄今为止在此三县城址及其附近均未发现汉代遗迹，似可表明《辽志》所述"本汉无虑县""本汉无虑县地""本汉望平县"②，只是依据传说指示其大致方位，并非实指。

在北镇市南约 10 公里廖屯镇大亮甲村北 200 米发现一处汉代遗址，面积 14 万平方米，文化层厚 0.5 米，采集有绳纹砖，绳纹和菱格纹板瓦、筒瓦，泥质灰陶绳纹罐、釜，素面盆、盘、豆等。遗址北侧有夯土筑圆台形烽燧，现已成土堆。在大亮甲村西北无虑河东岸发现汉代墓葬群。在大亮甲遗址西北王屯村北发现北李屯汉代遗址，南北长 700 米，东西长 400 米，地表散布有灰陶罐、壶、盆残片和绳纹砖等建筑材料，在北李屯东南发现汉代墓葬。在大亮甲遗址西南黑鱼沟河西岸沈屯村东南发现一处汉代遗址，面积约 7 万平方米，文化层厚 0.6 米，在沈屯村东发现汉代墓葬。另在今黑山县西南段家乡蛇山子村北侧发现一处汉代遗址，面积约 3.6 万平方米，东西长 280 米，南北长 200 米，文化层厚 2~3 米。暴露遗迹有夹板土墙柱洞和灰坑。采集有圆形和半圆形瓦当、绳纹板瓦、筒瓦和封泥、陶拍、燕国刀币、泥质灰陶片等。从地形观察，此城址似有东、西两座城，西部小城位于东部大城外的西北角。在蛇山子村西北发现汉代墓葬群，有砖室墓、瓮棺墓、石室墓，出土燕国明刀币等③。近世多以大亮甲遗址属汉代无虑县④，另亦有以蛇山

---

① 国家文物局主编《中国文物地图集》辽宁分册。
② 《辽志二》：铜州析木县，"本汉望平县地"。此析木县在今海城东南，与山东县相近，亦可表明辽代山东县城当在二十里堡东城址，而非今北镇市区。
③ 国家文物局主编《中国文物地图集》辽宁分册。
④ 孙进己、王绵厚主编《东北历史地理》第一卷第三编第二章第一节《前汉的辽宁郡》。孙守道：《汉代辽东长城列燧遗迹考》，《辽海文物学刊》1992 年第 2 期。

子遗址属无虑县①。此两处遗址皆位于医巫闾山东侧，二者相距约15公里，很可能均与无虑县相关。其蛇山子遗址发现有城墙遗迹，经历时间较长，似当属西汉时期无虑县治所，西部小城或属原西部都尉城，或属东汉时期耿晔移屯无虑城时所增筑。而大亮甲遗址或为西汉时期所筑西部都尉城，属无虑县；或为东汉和帝时复置辽东郡西部都尉官所筑，至安帝时划属辽东属国，另置无虑县。元初年间鲜卑围无虑县，又攻扶黎营，当即在此。二地亦相近。其西南约10公里今闾阳镇间一村所发现的汉代遗址当即属扶黎县，原为邯乡②，而属无虑县。

望平县城

望平县，西汉时期属辽东郡。《汉志下》：辽东郡属县"望平，大辽水出塞外，南至安市入海，行千二百五十里。莽曰长说"。东汉时期相沿，见于《后汉志五》。晋代改属玄菟郡，见于《晋志上》。后地入高句丽。《水经注·大辽水》："辽水亦言出砥石山，自塞外东流，直辽东之望平县西，王莽之长说也。屈而西南流，迳襄平县故城西。"则古望平县城当位于大辽水（今辽河）东南折向西南河段以东，襄平城（今辽阳市区）以北。《辽志二》以显州山东县（今北镇市东南二十里堡）"本汉望平县"，及东京辽阳府析木县（今海城市东南）"本汉望平县地"③，显然有误。《金志上》：广宁府领县"望平，大定二十九年升梁渔务置"。《明统志》卷二十五："望平废县，在广宁卫东北一百五十里。汉置，久废。辽置山东县，金复汉名。元省入锺秀，后复置，本朝省。"《读史方舆纪要》卷三十七：广宁卫，"望平城，卫东北九十里。汉置县，属辽东郡。后汉因之，晋省。辽置山东县，属显州。金仍为望平县，元曰望平千户所，寻复为县，明初省"。其广宁卫

---

① 王成生：《从考古资料看西汉辽东等五郡郡治及都尉治的地望》，《辽宁考古文集》（二）。其以无虑县城当在蛇山子遗址。
② 参见本书交黎县城。
③ 参见本书无虑县城。

即今北镇市,所述望平城乃金元时期望平县,而并非沿用汉代旧址。近世杨守敬等以汉晋时期望平县城"在今铁岭县西"①,然不能指明其所在具体方位。

今铁岭市西南新台子镇新台堡村东、万泉河北岸邱台发现一处战国秦汉时期遗址,面积约9万平方米,文化堆积层约1.5米,最深的可达2米以上。耕土层以下为战国地层,厚达1米以上。发现有房址、院落、路面、垫石、窖穴、灰坑、灰沟等。出土有青铜直刃剑、盖弓帽、带钩、铜镞、铁钁、铁铲,泥质绳纹陶板瓦、筒瓦、半瓦当及大量战国晚期货币等。发掘者认为其使用年代的下限已到两汉之交,当为秦汉时期望平县城之所在②。亦有学者认为根据现有资料,邱台遗址废弃年代应在秦灭燕之际或汉初的兼并战争中,故不可能为望平县城,而当属一处军事要塞③。此城址所在已偏于今辽河由东南折向西南之西南段,且所属年代偏早,并未发现城墙遗迹,似不必急于做定论。另在其东北约15公里,今铁岭市南李千户乡张楼村西南2公里山上亦残存一座古城址,平面呈不规则方形,边长约500米。城墙沿山脊以土夯筑,存高约1.5米,基宽0.5~2米。门墙高15~20米,基宽15米,上宽5米。采集有红陶器耳、口沿,红方格纹瓦片等。所属年代在汉至唐之间④。此城址所在地理方位似更与《水经注》所述望平县城相符⑤,所属年代亦更相当;而规制筑法似与附近所发现的催阵堡山城、后营盘山城、青山山城等高句丽时期城址不同。或有可能即属古望平县城。

---

① 参见《水经注疏》卷十四。
② 铁岭市文物管理办公室:《辽宁铁岭市邱台遗址试掘简报》,《考古》1991年第2期。
③ 裴耀军:《辽北地区燕秦汉时期遗存的发现与研究》,《辽宁考古文集》(二)。
④ 国家文物局主编《中国文物地图集》辽宁分册。
⑤ 今辽河由东南折向西南拐弯处大致在铁岭市北平顶堡镇,而古时拐弯处则当大体在其西南镇西堡一带。据相关记载,明代以前,铁岭以西的辽河本来流经曾盛堡北,清乾隆年间在下塔子分成南、北二支,一支流经堡南,不久此支渐淤,干流南移。再往下三面船山附近的辽河也有小段摆动。三面船山本"临辽河,三面皆可泊船"。现在山体则离辽河数里。以上几段河流摆动留下的古河床,都有遗迹可寻。参见中国科学院《中国自然地理》编辑委员会编《中国自然地理·历史自然地理》第四章《历史时期的水系变迁》;孙守道《汉代辽东长城列燧遗迹考》,《辽海文物学刊》1992年第2期。

房县城

房县，西汉时期属辽东郡，见于《汉志下》。东汉时期相沿，汉安帝时划属辽东属国，见于《后汉志五》。晋以后省废。《水经注·大辽水》："（大辽水）又东南过房县西（经文）。《地理志》：房，故辽东之属县也。辽水右会白狼水。……一水东北出塞，为白狼水。又东南流至房县，注于辽。《魏土地记》曰：白狼水下入辽也。"杨守敬按："以今水道证之，东南当作西南。"又以房县"在今海城县西南"，而未指实。

《清统志》卷六十五："房县旧城，在广宁县东南。汉置县，属辽东郡，后汉属辽东属国，晋省。按《水经》：大辽水自襄平县又东南过房县西。今考后汉分置辽东属国，别领六城，其昌黎、宾从、徒河三县皆旧属辽西，无虑虽属辽东，亦在辽水之西，不应房县独在辽水之东。如果在辽水之东，则去辽东郡治甚近，且与安市、平郭接壤，何以独析隶属国耶！盖房与险渎皆辽水西滨河海之地。《水经》西字乃东字之讹。旧志以房县入海城古迹，恐误。"所辨无据；而以房县当与险渎、无虑二县同在辽水以西，理由似亦不够充分。近年来或有指今盘山县清水镇一带所发现的汉代遗址属房县址①，当有误。古房县城当依《水经》所述，在大辽水之东。

今海城市西南20公里感王镇东上夹河村东芦屯西、新开河北岸发现一处汉代遗址。其西南距太子河约15公里。遗址东高西低，高者超出地面1米，东西长约1000米，南北长约500米，文化层厚约2.5米，所见遗迹遗物有灰坑、红烧土、少量的灰滑石红灰陶片和大量的灰色绳纹砖、大板瓦、绳纹瓦、布纹瓦、陶器残片及王莽时期货币，并曾在新开河地下发现青铜短剑一把，在上夹河村东南发现汉代墓葬群。或以其可能属辽队城址，似不确。古时大辽水当循行今烂蒲河水道，流经牛庄附近；而"白狼水"当

---

① 王绵厚：《西汉时期辽宁建置述论》，《东北地方史研究》1985年第1期。其并以感王镇遗址属辽队城址。

循行明时路河水道，亦在此一带入大辽水①。则此遗址正位于大辽水之东，临近"白狼水"入口，与《水经注》所述房县之地理方位相符，当即属之。

候城县城

候城县，西汉时期属辽东郡。《汉志下》：辽东郡属县"候城，中部都尉治"。东汉初期相沿，《后汉志五》：辽东郡属县有候城。又，玄菟郡属县"候城，故属辽东"。刘昭注："《东观书》：安帝即位之年，分三县来属。"另二县为高显、辽阳。三县当相互邻近。而二候城县城当亦临近，原同属辽东郡候城县，一为县治所，一为中部都尉治所。《后汉书·陈禅传》：汉安帝时，陈禅入拜谏议大夫。永宁元年（120年），"左转为玄菟候城障尉……会北匈奴入辽东，追拜禅辽东太守。胡惮其威疆，退还数百里"。李贤注："候城县在辽东。"《三国志·魏书·乌丸鲜卑东夷传》："至殇、安之间，句丽王宫数寇辽东，更属玄菟。辽东太守蔡风、玄菟太守姚光以宫为二郡害，兴师伐之。宫诈降请和，二郡不进。宫密遣军攻玄菟，焚烧候城，入辽隧，杀吏民。后宫复犯辽东，蔡风轻将吏士追讨之，军败没。"时在建光元年（121年）。《后汉书·东夷列传》：句丽王入寇，"建光元年春，幽州刺史冯焕、玄菟太守姚光、辽东太守蔡讽等将兵出塞击之，捕斩濊貊渠帅，获兵马财物。（句骊王）宫乃遣嗣子遂成将二千余人逆光等，遣使诈降。光等信之，遂成因据险厄以遮大军，而潜遣三千人攻玄菟、辽东，焚城郭，杀伤二千余人。于是发广阳、渔阳、右北平、涿郡、属国三千余骑同救之，而貊人已去。夏，复与辽东鲜卑八千余人攻辽队，杀略吏人。蔡讽等追击于新昌，战殁，功曹耿耗、兵曹掾龙端、兵马掾公孙酺以身扞讽，俱没于陈，死者百余人"。其二者所述互有异同。《魏书》记前次"攻玄菟，焚烧候城，入辽隧"，后次"犯辽东"。而《后汉书》记春"攻玄菟、辽东，焚城郭"，夏"攻辽队"，"追击于新昌"。其辽队县城（当在今鞍山市

---

① 参见本书险渎县城。

南旧堡遗址）与新昌县城（当在今海城市东南析木城址）相距较近①，则句丽王师"入辽隧"当在后次，而前次唯"攻玄菟，焚烧候城"。《后汉书》记为"焚城郭"②。所谓"候城"似当泛指边塞障城③，而非特指候城县城。魏晋以后，辽东郡及玄菟郡所属候城县俱省废。

　　候城县所在地理方位，史无明载。其称候城，当因原为候官治所④，临近边塞。后置为县，并为辽东郡中部都尉治，相对于西部都尉治无虑县（今北镇市南大亮甲遗址）、东部都尉治武次县（今凤城市南刘家堡遗址），当大致在辽东边塞中部。其所在与高显、辽阳二县相近。而依《水经注》等记述，辽阳县城当在今沈阳市南魏家楼子城址，则当相去不远。《辽志二》：咸州，"地在汉候城县北，渤海龙泉府南"。金元时期沿置咸平府，在今开原、铁岭之间。依此说，汉代候城县当在今铁岭一带，似过于偏北。近世则多于今沈阳、抚顺之间求之。二十世纪七十年代先后在沈阳故宫东路院内和沈河公安分局院内发现战国至汉魏时期遗址，从地层堆积和出土遗物看两处为同一遗存。沈阳故宫东路院内遗址发现夯土台基一处，南北长10米，东西长8米，残高约3米。同一文化层发现有砖筑水井一口。汉代文化层出土有"千秋万岁"瓦当及筒瓦、板瓦等，其下发现有战国时期的绳纹大板瓦，出土大量战国至汉魏时期陶器残片以及"一化""半两"

---

① 参见本书辽队县城及新昌县城。
② 《资治通鉴》卷五十："建光元年春，'幽州刺史巴郡冯焕、玄菟太守姚光、辽东太守蔡讽等将兵击高句骊，高句丽王宫遣子遂成诈降而袭玄菟、辽东，杀伤二千余人'。又：'夏四月，高句丽复与鲜卑入寇辽东，蔡讽追击于新昌，战殁，功曹掾龙端、兵马掾公孙酺以身扞讽，俱没于阵。'"
③ 《汉书·武帝纪》："太初三年秋，匈奴入定襄、云中，杀略数千人，行坏光禄诸亭障。"颜师古曰："汉制，每塞要处别筑为城，置人镇守，谓之候城，此即障也。"
④ 《汉志下》：敦煌郡属县"敦煌，中部都尉治步广，候官"。《汉书补注》：王先谦曰："步广，地名。候官，与县、道同，不为县、道，则别立候官以领之。《续志》张掖属国有候官，后总云凉州刺史部县、道、候官九十八，是其明证也。"结合近世出土汉简可知，汉代郡太守以下的军事组织有都尉、候、候长、隧长四级官吏，其治所即府署分别称都尉府、候官、部、署。"候官"、"城官"之官犹官署、官governmental之官，不作官长解。故至都尉府曰诣府，至候官曰诣官。候官就其属于都尉府以下一级组织，表示管辖若干部候即候长的机构；就其为首长"候"所在治所，亦称为"候城"或"障"，故障亦称为障城。其都尉秩比二千石，候秩比六百石。都尉治所与其所驻县城或不在一地。如《汉志下》居延县下注"都尉治"，而今所考定居延都尉府在居延城西南约25公里破城子。参见陈梦家《汉简考述》《汉简所见居延边塞与防御组织》，《汉简缀述》。

"五铢"等铜钱，上为辽金元文化层。沈河公安分局院内遗址发现由15节陶制井圈套接而成的水井一口，开口于汉魏文化层，井深6米。汉代文化层底部还发现有一盛满铜钱的陶罐，钱文为"一化"。九十年代又在沈河区宫后里"东亚商业广场"（现"兴隆大家庭"）施工现场发现一处古城墙遗址。其东起沈阳区铜行胡同，西至正阳街，北起沈河区中央路（中街），南至沈阳故宫红墙北侧。由所开探沟可见，第一层为现代扰土，厚1~3米。第二层为明清文化层，厚1~1.5米。第三层为辽金元文化层，厚约1米。第四层为汉魏文化层，该层大部分被夯土墙打破，土质呈黄褐色，内含汉魏时期陶器残片、绳纹瓦、五铢铜钱等。其主体部分是夯土墙，厚1.5~2米，残高2.3米。包含战国至汉魏时期遗物。第五层为战国文化层，厚约20厘米，土质较硬，呈红褐色，包含战国时期板瓦、筒瓦和日用陶器残片以及铜箭镞及木质箭柄等遗物。所发现的夯土墙共有三道。内侧一道南距沈阳故宫红墙21米，宽8.5米，残高约1.75米，直接建在河沙土上，不见基槽痕迹。中道是在其北侧加宽7米而修成，残高为2.3米。外侧一道又在中道北侧加宽7米而成，残存最高约2米。另在探沟东侧53米处，由施工单位所挖建筑坑的东壁上发现一处宽约3.5米的夯土墙剖面。其两侧均被现代堆积打破，经实测和墙下堆积可知为夯土墙向东的延伸。这一发现与沈阳故宫大政殿前和沈河公安分局院内发现的"城内"文化遗迹是相符合的，即该城址的东城墙应在沈河公安分局以东。在探沟以西约120米处，由施工单位所挖建筑坑的南壁上发现一道夯土墙的剖面，宽3.3米，残高近2米。夯土墙西侧被后期堆积打破，从发现遗物和实测可知其当属夯土墙西段，亦接近城址西北角。在城墙北边发现当年的护城河遗迹，从另一角度证明所发现的夯土墙为城址的北垣。其东西长约173米（即东、西两段相加）。而探沟剖面中所发现的大量带有火烧草拌泥瓦片，当属墙上建筑倒塌后留下的。如此，这里应当接近北门的位置。依北门位于北垣中间计，则北门以东之北垣当与北门以西略等（120米），全长当在240米左右。而沈阳故宫院内和沈河公安分局院内两处遗址仅相隔一条现代道路（沈阳路），其出土遗物亦表明两处遗址实为一处。由此可推测此城址的南城墙当在沈河公安分局门前的盛京路，其南北距离应接近300米，而宫后里古城址的周长约为1100米。此外，在沈阳旧城的东、南、西三面均发现有战国至汉魏时期的墓葬，如新光机械厂和热闹路的战国陶制礼器墓、大东区滨河路汉墓与小河沿汉墓、沈河区大南与小南汉魏墓群以及五爱市场汉墓群、大西门外的沈州花园汉墓群等。由此表明城址当始建于战国时期，经三次修筑，沿用至汉魏之际，即属古候城。辽金时期为沈州城沿用，明代置沈阳中卫城。宫后里城墙遗址与沈阳中卫城内的东西街正好重合①。

又，今沈阳市东约15公里东陵区上伯官屯残存一座古城址，其南临沈抚故道及今沈抚高速公路，北临浑河支流二道河子，东临浑河支流牤牛河，再东便与抚顺刘尔屯接壤。经调查得知，尽管城址破坏较为严重，但形制尚可辨清。其平面略呈长方形，因河水长年冲刷，城址的东侧和北侧城墙已基本不见，墙基尚存。现存南侧墙址残长326米，东侧墙址残长537米，周长约2500米。可辨别有三门或四门。城址内分布有东西和南北两条相交呈十字形古街道，东西向街道应为古时"官道"，现为沈抚公路便道。从道路和村内自然格局来看，此城址原当有东、西二门，而在城址南墙中部与南北街相通的出入处当为南门遗址。因河水冲刷破坏，现已无法认定是否有北门址。现存南门址至城墙址西端为200米，东门址即东西向"官道"的东端至南侧城墙址为370米。现城址内地面明显高于城外，东北段被河水冲刷破坏，形成高5~6米的断崖，在断崖上可见大量的两汉及魏晋时期的文化遗存。城址的西部和南城墙虽然早已夷为平地，但城墙下部的夯土基础仍然可见，局部可见残垣断壁。城内外高差约1.5米。城址内现为村民住宅。城址内汉代文化堆积层厚约1.5米，土质呈灰黑色，内含大量绳纹筒瓦、板瓦，绳纹砖等建筑材料和生活器具残片。在一件细泥灰陶量口沿残片上面阴刻篆书"廿六"字样。在城址周围发现大批墓葬，上可早到西汉时期，下可晚至魏晋时期。调查者认为其当属东汉末年玄菟郡所迁郡城②。另有学者以为其当属候城县城③。玄菟郡初治沃沮城（今朝鲜国境内），汉

---

① 刘长江：《沈阳宫后里遗址及相关发现》，《辽宁考古文集》（二）。
② 佟俊岩：《沈阳上伯官汉墓清理报告》，《辽海文物学刊》1991年第2期。佟俊岩：《沈阳上伯官城址和墓葬的调查及其研究》，《辽宁考古文集》（二）。另有王绵厚等主此说。
③ 王成生：《从考古资料看西汉辽东等五郡郡治及都尉治的地望》，《辽宁考古文集》（二）。另有李文信等主此说。

昭帝始元五年（前82年）迁至高句骊县城（今新宾县永陵南）①。史书中不见有关玄菟郡治再迁的记载②，则以上伯官城址属玄菟郡城，当有误。而依上所推考，汉代当有两座候城并存且相近，极有可能即指此宫后里城址及上伯官城址。其南临辽阳县城，东近高句骊县城，所处地理位置亦大体相当。在此范围内，除此二城外，似无更合适者。如此，其宫后里城址规模较小，营建时间在前，当属初置者，先为候官治所，后置候城县；又于上伯官地另筑城，用为中部都尉治所，规模较大。汉安帝时将候城及辽阳、高显三县划归玄菟郡，其上伯官城址在东，自当划出，而为候城县。陈禅"左转为玄菟候城障尉"，当即在此。其由朝中谏议大夫（秩六百石）而降为外职，故称"左转"（时候城障尉秩当亦为六百石）。而宫后里城址在西，当仍为辽东郡属候城县，北与望平县（今铁岭市南）相连。

辽队县城

辽队县，西汉时期属辽东郡。《汉志下》：辽东郡属县"辽隊，莽曰顺睦"。颜师古曰："隊音遂。"又，玄菟郡高句丽县下注："辽山，辽水所出，西南至辽队入大辽水。"东汉时期相沿。《后汉书·东夷列传》：汉安帝建光元年（121年），句丽"复与辽东鲜卑八千余人攻辽队，杀略吏人。蔡讽等追击于新昌，战殁"。李贤注："县名，属辽东郡也。"而后省废，不见于

---

① 参见本书高显县城。
② 《汉志下》：玄菟郡首县"高句骊，辽山，辽水所出"。《后汉书·东夷列传》："武帝灭朝鲜，以沃沮地为玄菟郡。后为夷貊所侵，徙郡于高句骊西北。……至昭帝始元五年……玄菟复徙居句骊"。《后汉志五》："辽东郡，秦置，雒阳东北三千六百里。"首县襄平。又："玄菟郡，武帝置，雒阳东北四千里。"首县"高句骊，辽山，辽水出"。《三国志·魏书·乌丸鲜卑东夷传》："汉武帝元封二年伐朝鲜，杀（卫）满孙右渠，分其地为四郡，以沃沮城为玄菟郡。后为夷貊所侵，徙郡句丽西北，今所谓玄菟故府是也。"《吴书·吴主传》裴松之注引《吴书》曰："初，张弥、许晏等俱到襄平，官属从者四百许人。（公孙）渊欲图弥、晏，先分其人众，置辽东诸县，以中使秦旦、张群、杜德、黄疆等及吏兵六十人，置玄菟郡。玄菟郡在辽东北，相去二百里。太守王赞领户二百，兼重可三四百人。"依《后汉志》所述，辽东郡治襄平城（今辽阳市区）至玄菟郡治高句丽城为四百里，而《吴书》记为"相去二百里"，或因所循路径不同所致，似不能由此即推定其又迁新址。

《后汉志》。《三国志·魏书·明帝纪》：景初元年（237年），"遣幽州刺史毋丘俭率诸军及鲜卑、乌丸屯辽东南界，玺书征公孙渊。渊发兵反，俭进军讨之，会连雨十日，辽水大涨，诏俭引军还。……二年春正月，诏太尉司马宣王帅众讨辽东"。《公孙度传》：魏明帝以公孙度之孙公孙渊为辽东太守。"景初元年，乃遣幽州刺史毋丘俭等赍玺书征渊。渊遂发兵，逆于辽隧，与俭等战。俭等不利而还。……二年春，遣太尉司马宣王征渊。六月，军至辽东。渊遣将军卑衍、杨祚等步骑数万屯辽隧，围堑二十余里。宣王军至，令衍逆战。宣王遣将军胡遵等击破之。宣王令军穿围，引兵东南向，而急东北，即趋襄平。衍等恐襄平无守，夜走。诸军进至首山，渊复遣衍等迎军殊死战。复击，大破之，遂进军造城下，为围堑。"《资治通鉴》卷七十三及七十四所述略同。胡三省注："辽隧县，二汉属辽东郡，《晋志》无其地，盖在辽水东岸。《水经注》：玄菟郡高句丽县有辽山，小辽水所出，西南至辽隧县，入于大辽水。"则辽队县城当临近襄平城（今辽阳市区）及首山①。

《水经注·大辽水》："（大辽水）迳襄平县故城西。秦始皇二十五年灭燕，置辽东郡，治此。汉高帝八年封纪通为侯国，王莽之昌平也，故平州治。又南迳辽队县故城西，王莽更名之曰顺睦也。公孙渊遣将军毕衍拒司马懿于辽队，即是处也。辽水又南历县，有小辽水，其流注之也。"依《永乐大典》本，"即是处也"以下无"辽水又南历县，有小辽水，其流注之也"。《小辽水》："又玄菟高句丽县有辽山，小辽水所出（经文）。县，故高句丽胡之国也。……小辽水又西南，迳襄平县，为淡渊。晋永嘉三年涸。小辽水又迳襄平县，入大梁水。司马宣王之平辽东也，斩公孙渊于斯水之上者也。西南至辽队县，入于大辽水也（经文）。"此引文依《永乐大典》本。而上引"辽水又南历县，有小辽水，其流注之也"句当原在经文"西南至辽队县，入于大辽水也"之下，为其注文。"有小辽水"当作"有大辽

---

① 《明统志》卷二十五：辽东都指挥使司，"首山，在都司城西南十五里，连海州卫界。山顶平石之上有掌指之状，泉出其中，挹之不竭。晋司马懿围公孙渊于襄平，有星从首山坠城东南，即此"。

水"①。如此，古辽队县城当在大辽水（今辽河）以东，襄平县城（今辽阳市区）西南。《辽志二》：东京辽阳府，"仙乡县，本汉辽队县，渤海为永丰县。《神仙传》云：仙人白仲理能炼神丹、点黄金，以救百姓"。《明统志》卷二十五：辽东都指挥使司，"辽隧废县，在海州卫西六十里。汉置，公孙渊裨将拒司马懿于此。渤海为永丰县，辽改曰仙乡，因仙人白仲理能炼丹、点黄金，以救百姓，故名"。《清统志》卷六十："辽队故城，在海城县西。"近世多据之以古辽队城址在今海城市西北高坨子村，或海城西南上夹河村，或海城西四方台老墙头（今属大石河市）②。似均不确。且其地亦均未发现辽金时期古城址，则辽代仙乡县城似并非在此。辽代置海州于今海城市区，仙乡县不可能越此而置于海城以西。

依《汉志》，辽水当特指出于辽山之小辽水。又，《说文解字》："隊，从高隊也。"隊今作墜。可与遂（隧）、汭通假。《左传·闵公二年》："虢公败犬戎于渭汭。"服虔注本作"败犬戎于渭隊"③。《说文解字》："汭，水相入貌。"又："一曰小水入大水也。"④ 则"辽隊"当与"渭隊"同例，指流入辽水之小水，或辽队县城临近此小水注入辽水之地。今鞍山市南5公里杨柳河（又称鞍山河）北岸东鞍山镇旧堡村西南高台地上发现一处汉代遗址，面积约7万平方米，文化层厚2米余，可辨认出有建筑基址、灰坑、居住面、窖藏等。采集有绳纹砖，细绳纹板瓦、筒瓦、瓦当、陶瓮、罐、盆、盘、瓶、壶、豆、鼎及半两、五铢钱等。遗址周围一带，南至杨柳河的河漫滩，西至马驿屯，北至陶官屯，都发现有绳纹砖、瓦、陶器残片。而外围东至大孤山镇、唐家房，南至汤岗子东南大屯，西至宁远屯、双楼台，北至鞍山市铁西区陶官屯、铁东区长甸铺等地均发现汉代墓葬。其当属汉代一处重要邑落，而多推断为新昌县址⑤。似不确。其东北距今辽阳市区约

---

① 参见本书襄平县城。
② 孙进己、王绵厚主编《东北历史地理》第一卷第三编第二章第一节《前汉的辽东郡》。刘景玉主编《鞍山地方史研究》第三章。
③ 参见朱骏声《说文通训定声》履部。
④ 据《康熙字典》水部。
⑤ 参见孙进己、王绵厚主编《东北历史地理》第一卷第三编第二章第一节《前汉的辽东郡》。刘景玉主编《鞍山地方史研究》第三章。国家文物局主编《中国文物地图集》辽宁分册。

30 公里，临近首山；而杨柳河入浑河口距此约 20 公里。所在地理方位与《水经注》所述辽队县故城大体相合，当即属之。如此，古时辽水（小辽水）当流经辽队县城西北，西南注入大辽水。

辽阳县城

辽阳县，西汉时期属辽东郡。《汉志下》：辽东郡属县"辽阳，大梁水西南至辽阳入辽。莽曰辽阴"。《山海经·海内东经》后附文："潦水出卫皋东，东南注勃海。入潦阳。"其潦与辽互通，潦水即辽水（大辽水），潦阳即辽阳。"入潦阳"当指其流经辽阳县境。东汉时期划属玄菟郡。《后汉志五》：玄菟郡属县"辽阳，故属辽东"。刘昭注："《东观书》：安帝即位之年，分三县来属。"另二县分别为候城及高显县，三县当临近。晋以后省废，《晋志》无载。《水经注·小辽水》："水（小辽水）出辽山，西南流迳辽阳县，与大梁水会。水出北塞外，西南流迳辽阳县，注辽水。故《地理志》曰：大梁水西南至辽阳入辽。《郡国志》曰：县故属辽东，后入玄菟。其水西南流，故谓之为东梁水也。小辽水又西南，迳襄平县，为淡渊。"①其小辽水即今浑河，大梁水即今太子河。辽阳县城当临近二水相汇处，其西南为襄平县（今辽阳市区）。《读史方舆纪要》卷三十七：辽东都指挥使司，"辽阳废县，在司城内。汉县，属辽东郡，后汉安帝初改属元菟郡，晋废。《辽志》云：辽阳县，汉浿水县也，高丽改为句丽县，渤海为常乐县，辽为辽阳县。按：浿水县，汉属乐浪郡，《辽志》误也。金元俱为辽阳县，明初废"。《清统志》卷六十："辽阳故城，今辽阳州治。……又按：辽阳本汉县名，属辽东郡，后汉安帝初改属元菟郡，晋废。其旧址久堙。以《汉志》及《水经注》考之，其地当在今州西北界，承德、辽阳之间，梁水、浑河交会之处。今州乃辽金之辽阳也。"而杨守敬以其"即今辽阳州治"②，不确。

---

① 其"西南流迳辽阳县注辽水"句从杨守敬订改。明《永乐大典》本及朱谋㙔笺本作"西南流迳至辽水"。参见《水经注疏》卷十四及本书襄平县城。
② 《水经注疏》卷十四。

汉辽阳县城所在地理方位，旧无确指。近世或以为其当在今辽中县茨榆坨偏堡子遗址①，然迄今未见城墙及相关遗迹。另在今沈阳市南苏家屯区沙河铺镇魏家楼村西北残存一座古城址，平面略呈方形，南北长 105 米，东西长 101 米。城墙夯土修筑，墙基宽 3～5 米，存高 3 米。城内文化层厚 1.8 米，下层发现有战国和西汉早期的绳纹灰陶片，上层出土有西汉时期绳纹板瓦和筒瓦，往上至地表发现有汉代绳纹砖瓦、灰陶片、辽金板瓦、筒瓦，采集有"千秋万岁"圆瓦当、灰绳纹筒瓦片、骨印章等。在魏家楼村东发现有大面积汉代墓葬群②，或以为当属高显县城③。似不确。此城址位于今辽阳市东北，与《水经注》所述汉代辽阳县城地理方位大体相合，当即属之。其北临北沙河（沙河），原当为小辽水所循行水道④。而原小辽水当流经其南，故得称辽阳。两汉之际或略有北移，而流经此城北，王莽时期改称辽阴，或缘于此。《水经注》唯记小辽水流经辽阳县，而未分南北。

险渎县城

险渎县，西汉时期属辽东郡。《汉志下》辽东郡属险渎县下注："应劭曰：'朝鲜王满都也。依水险，故曰险渎。'臣瓒曰：'王险城在乐浪郡浿水之东。此自是险渎也。'颜师古曰：瓒说是也。"东汉时期相沿，汉安帝时划属辽东属国，见于《后汉志五》。刘昭注："《史记》曰：王险，卫满所都。"另据《史记·朝鲜列传》："朝鲜王满者，故燕人也。自始全燕时尝略属真番、朝鲜，为置吏，筑鄣塞。秦灭燕，属辽东外徼。汉兴，为其远难守，复修辽东故塞，至浿水为界，属燕。燕王卢绾反，入匈奴，满亡命，聚党千余人，魋结蛮夷服而东走出塞，渡浿水，居秦故空地上下鄣，稍役属真番、朝鲜蛮夷及故燕、齐亡命者王之，都王险。"《集解》："徐广曰：

---

① 参见孙进己、王绵厚主编《东北历史地理》第一卷第三编第二章第一节《前汉的辽东郡》。
② 国家文物局主编《中国文物地图集》辽宁分册。
③ 参见孙进己、王绵厚主编《东北历史地理》第一卷第三编第二章第一节《前汉的辽东郡》。
④ 参见本书襄平县城。

昌黎有险渎县也。"《索隐》:"韦昭云:古邑名。徐广曰:昌黎有险渎县。应劭注《地理志》:辽东险渎县,朝鲜王旧部。臣瓒云:王险城在乐浪郡浿水之东也。"《汉书·朝鲜传》所述略同。又,《后汉书·东夷列传》:"陈涉起兵,天下崩溃,燕人卫满避地朝鲜,因王其国。"则战国秦汉之际燕人卫满当居于险渎城。汉初卢绾反叛,卫满东走至朝鲜,又居王险城。晋时险渎县省废,不见于《晋志》。而依徐广所述,前燕、后燕及北燕居此时期当又重置险渎县于旧址,属昌黎郡(统领地域当大致与辽东属国相同)。《晋书·慕容皝载记》:咸和八年(333年),慕容皝即位,其弟慕容仁"劝(慕容昭)举兵废皝,皝杀昭,遣使按检仁之虚实,遇仁于险渎。仁知事发,杀皝使,东归平郭"。《资治通鉴》卷九十五:"闰月,(慕容)仁举兵而西。或以仁、昭之谋告皝,皝未之信,遣使按验,仁兵已至黄水,知事露,杀死者,还据平郭,皝赐昭死。"胡三省注:"黄水即潢水,在棘城东北,距唐营州四百里。据《载记》,黄水当在汉辽东郡险渎县。"则险渎县城当临近黄水。南北朝时期省废。

《辽志二》:"集州,怀众军,下,刺史。古陴离郡地,汉属险渎县,高丽为霜岩县,渤海置州。"所统"奉集县,渤海置"。《明统志》卷二十五:辽东都指挥使司,"奉集废县,在抚顺千户所南八十里。古陴离郡地。汉为险渎县,高丽为霜岩县,渤海改为奉集县,置集州,金属贵德州"。其奉集县当在今抚顺市南,位于辽东郡治襄平城以东,不可能为险渎县属地。《读史方舆纪要》卷三十七:广宁卫,"险渎城,在卫东南。汉县,属辽东郡。应劭曰:县依水险,故曰险渎。后汉属辽东属国。金(晋)废"。《清统志》卷六十五:"险渎旧城,在广宁县东南。汉置县,属辽东郡。应劭曰:县依水险,故曰险渎。后汉属辽东属国,晋省。按:《辽史》以集州为汉险渎县,非是。以《后汉书》考之,当在今广宁东南海滨之地。"

今辽宁台安县东南约11公里新开河镇孙城子村东头城子岗发现一座古城址,东距辽河4公里,西至柳河1公里。遗址西高东低,东西长230米,南北长250米,文化层最深达2.5米。后经实地调查确认,地表上已看不出城址的轮廓,无法测量。但城址所在的土岗明显高于四周地表,土岗高出地表1.5~2.5米。西边界南北长80余米,北界东西长50余米,西北角最高约 2.5 米。出土有燕刀币、秦半两、汉五铢及晋咸康元宝等铜钱，铁制的铧、镢、刀、镞及陶器残片。地面上散布有绳纹砖残块。在遗址西北白城子、西南孙城子、南面唐家坟、东坨子、王家坟、沙岗等地均发现有汉代墓葬群。结合相关记载推测此城址可能即属古险渎县城①。所论大体可信。而以今辽河当古黄水②，似不尽妥切。

依应劭注，险渎之地"依水险"。《说文解字》："险，阻难也。"又："沟，水渎。广四尺，深四尺。""渎，沟也。从水，賣声。一曰邑中沟。"段玉裁注："谓井间广四尺、深四尺者也。"又："不必井间，亦不必广四尺，深四尺也。按渎之言窦也。凡水所行之孔曰渎，小大皆得称渎。《释水》曰：注浍曰渎。又曰：江、河、淮、济为四渎。《水经注》谓古时所行，今久移者曰故渎。"则其地当因水流不畅而得险。《辽志二》：辽州统辽滨县、安定县及祺州（庆云县），"有辽河、羊肠河、锥子河、蛇山、狼山、黑山、中子山"。其辽滨县在今新民县东北③，安定县很可能在今新民县西南。《明统志》卷二十五：辽东都指挥使司，"珠子河，源出广宁卫东北一百里白云山，南流入于辽河"。《读史方舆纪要》卷三十七：广宁卫，"路河，卫东四十里。上流为羊肠河，源出白云山，经镇武堡高桥铺入镰刀湖，又东合潮河，流入于三岔河，中间有沙岭，地形高阜多沙。河易淤，自盘山驿以东九十里，每霖雨，河水泛滥，军马策应尝虞艰阻。正统中于沿河筑堤岸为长广道，河水通行。初起海州东昌堡南十四里布花堡，西至广宁城北，凡二百里。后由广宁东制胜堡至东昌，凡百七十里。自海运废，河道遂阻塞。志云：路河以缘路浚河而名。辽地多泥淖。路河浚可以外御敌骑，内泄潴水达于海。嘉靖末尝因旧迹浚河筑堤，行旅称便。久之，堤日颓，河日淤，敌得乘隙以入，而内水无所泄，潴为洿地，不可耕，久雨则行旅断绝矣"。《清统志》卷六十四："羊肠河，在广宁县东。《辽史·地理

---

① 孙进己、王绵厚主编《东北历史地理》第一卷第三编第二章第一节《前汉的辽东郡》。刘景玉主编《鞍山地方史研究》第三章。方天新：《辽宁台安县孙城子汉代城址调查》，《辽宁考古文集》（二）。
② 张博泉：《略论与白狼水有关的几个问题》，《社会科学战线》1981 年第 2 期。
③ 《明统志》卷二十五："辽滨废县，在沈阳卫西北一百八十里。……辽为辽州始平军，治辽滨县，金贞祐兵乱时废。"

志》：辽州有羊肠河……通志：羊肠河在县东四十五里。源出边外白石道沟，由白土厂边门东入境，东南流七十里至蛇山下平野散漫。"又："珠子河，在广宁县东北四十里……通志：今白土厂东惟羊肠河从边外来。珠子河故道湮没。询之土人，云山水盛时有河，旱则水涸，或呼为锥子河。《辽史》：辽州有锥子河，疑即此。"可知明清以来此一地区诸水流势变化较大。其广宁卫城即今北镇市区，东有羊肠河南流，与西沙河、东沙河及饶阳河汇合而入海。明以前当大致循行路河水道，向东南汇入三岔河（辽河、浑河及太子河汇合以下河段，在今海城市西约 20 公里）。其盘山驿城即在今北镇市东南高山子镇姜家街城址，平面呈长方形，南北长 400 米，东西长 250 米。东昌堡城址在今海城市西四镇八家村北，平面近方形，南北长 143 米，东西长 140 米①。明时所筑堤道当即在此间连线，而路河当在堤道以北，大体沿用古时河床，今台安县及孙城子城址正在此域之内。《资治通鉴》所述"黄水"当即指此水道。又，《水经注·大辽水》："（大辽水）又东南过房县西（经文）。《地理志》：房，故辽东之属县也。辽水右会白狼水。……白狼水又北迳黄龙城东。《十三州志》曰：辽东属国都尉治，昌黎道，有黄龙亭者也。魏营州刺史治。《魏土地记》曰：黄龙城西南有白狼河，东北流，附城东北下。即是也。又东北，滥真水出西北塞外，东南历重山，东南入白狼水。白狼水又东北出，东流，分为二水。右水疑即渝水也。……一水东北出塞，为白狼水，又东南流至房县，注于辽。《魏土地记》曰：白狼水下入辽也。"杨守敬等无释，而于《水经注图》中标绘白狼水（今大凌河）流经黄龙城（今朝阳市区）后汇合滥真水（今牤牛河），右水循今大凌河水道入海。左水分出，东北流经九官台门至清河门之边墙外，又东南流经广宁城（今北镇市区）西与西沙河相连接，南流至西沙河口向东流经东沙河口及南沙河口，东入辽河②。所指似与路河水道略同，唯自九官台门至清河门之间并无相应水道。或《魏土地记》及《水经注》所述白狼河左水即指黄水（路河），而不明其源，误以为白狼水所分。明以前大辽水大致循行烂蒲河水道。明初分出两支，以后东支日渐淤浅，西支成

---

① 国家文物局主编《中国文物地图集》辽宁分册。
② 杨守敬、熊会贞编绘《水经注图》，光绪三十一年观海堂刊本。

为主河道,并不断西移,形成今日所见辽河水道①,古时大辽水入海口当在今营口附近,而古黄水入大辽水口当在房县(今海城西南)附近。唐宋以后黄水下游枝分,泥沙淤积,形成大片沼泽地带。辽时显州(今北镇)东有兔儿涡。许元宗《宣和乙巳奉使金国行程录》:"第二十三程,自显州九十里至兔儿涡。第二十四程,自兔儿涡六十里至梁鱼务。离兔儿涡东行,即地势卑下,尽皆崔苻沮洳积水。是日,凡三十八次渡水,多被溺。有河名曰辽河。"② 可表明此一点。

居就县城

居就县,西汉时期属辽东郡。《汉志下》:辽东郡属县"居就,室伪山,室伪水所出,北至襄平入梁也"。东汉时期省废。晋时复置,属辽东国,见于《晋志上》。《晋书·慕容皝载记》:晋咸和九年(334年),慕容皝征讨慕容仁,"克襄平。仁所署居就令刘程以城降,新昌人张衡执县宰以降"。《资治通鉴》卷九十五:"居就、新昌等县皆降。"胡三省注:"居就、新昌,皆属辽东郡。"南北朝以后省废。其地当临近汉晋时期襄平县(今辽阳市区)及新昌县(今海城东南析木城)。《辽志二》:东京辽阳府,"鹤野县,本汉居就县地,渤海为鸡山县"。金代相沿。《明统志》卷二十五:辽东都指挥使司,"鹤野废县,在都司城西八十里。汉为居就县地,渤海为鸡山县,辽改曰鹤野。金属辽阳府,元省入辽阳县"。依此,古居就城当在今辽阳市西。《读史方舆纪要》卷三十七:海州卫,"居就城,在卫东北,汉县,属辽东郡,后汉省,晋复置"。其海州卫即今海城市。《清统志》卷五十九:"汤河,在辽阳州东南五十二里。源出分水岭,北流入太子河。又,达喇河,在州东南八十里。源出海城县黑山,东北流入汤河。按《汉志》:居就县,室伪山,室伪水所出,北流至襄平入梁水。分水岭疑即室伪山,汤河

---

① 参见中国科学院《中国自然地理》编辑委员会编《中国自然地理·历史自然地理》第四章《历史时期的水系变迁》。

② 据《靖康稗史笺证》本引。

疑即室伪水也。"卷六十："居就故城，在辽阳州西南。"其二者所指当大致在一地，而未指示具体方位。其达喇河即今汤河西支，东北汇入汤河后于今辽阳市区东汇入太子河，与《汉志》所述室伪水"北至襄平入梁"相符。则古居就城当与之相近。在今汤河东支与西支汇合处、辽阳市东南约40公里河栏镇亮甲村西侧台地上残存一座古城址，平面呈长方形，长80米，宽40米，文化层厚2~4米。因汤河水冲刷，遗址仅存东半部，高出周围1.5米。发现有汉代筒瓦、板瓦、陶片、铁甲片、"五铢"钱及铜顶针等。其城址西临汤河即古室伪水，与《汉志》所述居就县城所在地理方位相合，当即属之[①]。所论可信。其南二道河子村北汤河水库边发现有战国时期石棺墓，出土有青铜短剑、斧凿、滑石斧、镞、范、陶罐、壶、豆等。二道河村西南侧发现有青铜时代遗址，面积约4万平方米。发现有灰坑、灶址及土坑墓，出土有夹砂云母陶壶、罐残片等。当与之相关，则此一地区在战国以前已有土著族系居存，为居就城营建及置县奠定基础。而依今所见，或今汤河西支即达喇河古称室伪水；东支临近居就城，原称居就水，居就城当因临近居就水而得名。其室伪、居就当均属拟音字，含义已不可考。

高显县城

高显县，西汉时期属辽东郡，见于《汉志下》。东汉时期相沿，汉安帝时改属玄菟郡。《后汉志五》：玄菟郡属县"高显，故属辽东"。刘昭注："《东观书》：安帝即位之年，分三县来属。"另二县为候城、辽阳。此三县当相近。晋时相沿，见于《晋志上》。晋时玄菟郡领高句丽、望平、高显三县。则高显县与望平县（今铁岭市南）亦相距不远。南北朝以后省废。其所在地理方位，史无明载。近世多于今开原、铁岭间寻之，或推定在沈阳

---

① 王绵厚：《西汉时期辽宁建置述论》，《东北地方史研究》1985年第1期。国家文物局主编《中国文物地图集》辽宁分册。

市南魏家楼子城址①，似均不确。

今抚顺市区劳动公园内残存一座古城址。其北距浑河 170 余米，所在地为一东北走向狭长山冈，高出地面 4 余米。经勘测得知，城址平面略呈长方形，南北向，南、北各有一门，宽 7 米。南垣残长 146 米，北垣残长 150 米，东垣残长 285 米，西垣残长 291 米。墙基底宽约 7 米，多有断缺。城墙建在基岩上，系土筑稍加夯实而成。城内发现砖筑居住址。城址遍布汉代绳纹板瓦、筒瓦、云纹瓦当残片，东汉五铢钱、云雷纹铜镜及东汉陶器残片等。汉代文化堆积层达 40 厘米。在城址以东的挖掘机厂、东洲，城址以西的新华书店、石油一厂等地发现东汉砖室墓。调查者推断其当属汉末玄菟郡所迁城址②。而所谓汉末玄菟郡址再迁，史书中并无相关记载，当有误。此城址西有上伯官城址及宫后里城址，西南有魏家楼子城址，相互联系较为密切。其魏家楼子城址临近古辽水，与《水经注》所述辽阳县城地理方位大体相合，当即属之③。其上伯官城址与宫后里城址东西相近，而《后汉志》并记辽东郡与玄菟郡有候城县，且注明玄菟郡所属候城县"故属辽东"，则二者当原属一地，而后相分，判定其分别属之，似较为合适④。如此，劳动公园城址似只能推测为属高显县城。因此城址破坏较为严重，亦未进行系统发掘，营建年代尚不能确定。另在城址北约 5 公里北关社区发现古遗址，面积约 10 万平方米，采集有多种石器及陶器，属青铜时代望花文化类型遗存。遗址内发现汉代烽燧台址。其西河北乡老虎沟、二道沟等地亦发现青铜时代望花文化类型遗址，上有战国至汉代烽燧台址⑤。可表明在商周时期此一地区已得到开发，至战国时期成为燕国在辽东之地的重要据点，则此城修筑于战国晚期并置为高显县当有可能。而"高显"当属拟音字，为当地土著居民称名。其西距候城县城（宫后里城址）约 40 公里，至西汉时期又在二城之间营建上伯官城，用为中部都尉治所，亦在情理之中。

---

① 参见王绵厚《西汉时期辽宁建置述论》，《东北地方史研究》1985 年第 1 期；《秦汉东北史》第二章第二节。
② 徐家国：《汉玄菟郡三迁址辨析》，《中国考古集成》东北卷。
③ 参见本书辽阳县城。
④ 参见本书候城县城。
⑤ 国家文物局主编《中国文物地图集》辽宁分册。

安市县城

　　安市县，西汉时期属辽东郡，见于《汉志下》。又，望平县下注："大辽水出塞外，南至安市入海。"东汉时期相沿，见于《后汉志五》。晋时属辽东国，见于《晋志上》。《水经注·大辽水》："（大辽水）又东南过房县西（经文）。……又东过安市县西，南入于海（经文）。《十三州志》曰：大辽水自塞外，西南至安市，入于海。"其地后属高丽，再属渤海，又归于辽。

　　《辽志二》：东京辽阳府，"铁州，建武军，刺史。本汉安市县，高丽为安市城。唐太宗攻之不下，薛仁贵白衣登城，即此。渤海置州，故县四：位城、河端、苍山、龙珍，皆废。户一千。在京西南六十里。统县一：汤池县"。金时归属盖州。《金志上》：盖州领县"汤池，辽铁州建武军汤池县"。明代于盖州城置卫。《明统志》卷二十五：辽东都指挥使司，"安市废县，在盖州卫东北七十里。汉置，唐太宗征高丽，攻之不下，薛仁贵白衣登城，即此。渤海置铁州，金改为汤池县，属盖州，元省"。《读史方舆纪要》卷三十七：辽东都指挥使司，"盖州卫，司南二百四十里"。又："安市城，卫东北七十里。汉安市县，属辽东郡，后汉及晋因之。高丽亦曰安市城。唐贞观十九年征高丽，攻安市城，不克，引还。咸亨三年高丽余众复叛，遣将高侃击之，败之于安市城。渤海改置铁州，领位城、河瑞、苍山、龙珍四县。辽仍为铁州，亦曰建武军，改置汤池县。金州废，以县属盖州，元省，今为汤池砦堡。《辽志》：铁州城在东京西南百六十里。"《清统志》卷六十："安市故城，在盖平县东北。……《通志》：今有汤池堡，在县东北六十里，即故汤池县也。按，《辽志》：铁州本勃海置也，在汉为安市，未有城。高丽乃置城。唐薛仁贵征高丽，白衣登城，即此。金时盖州所统有汤池县，即辽铁州，高丽安市城，汉故县也。今考汤池堡去安市废县仅十里耳，良是。"民国十九年刊《盖平县志》卷一："铁州，汉安市县地，距城六十里，即今汤池。汤池堡，在城东北六十里，周围一百二十步。即古之安市县，西汉置，晋废。高句丽为安市城，在汤池后街尚存土城旧址。"辽代所置铁州汤池县当即在清盖平县东北汤池堡，则今传本《辽志》所记在东京城（今辽阳市区）"西南六十里"，或略合之。而以辽铁州汤池县相沿于汉代及高丽安市城，当亦有所本。

今大石桥市汤池镇北汤池村内残存一座辽代城址，其位于今大清河西岸一块较高的台地上，平面略呈长方形，分内、外二城。外城南北长500米、东西长300米，内城南北长70米、东西长50米。城墙夯土修筑，现残存一段城墙长40米，宽2.5米，高0.6~2米。城内散布有大量陶器口沿、环耳、器底，征集有完整的灰陶罐、宋代铜钱数枚，并发现有带"铁州"二字石刻一方。城址以东约5公里周家镇于家堡村打铁炉沟屯发现一处古代炼铁遗址，出土有汉代及辽代遗物。在打铁炉沟屯东有一座裂缝山，因古时采铁矿时挖开一道深沟，如山顶裂开一条大缝，故而得名。其当即为金代王寂所撰《鸭江行部志》所记铁州之东"铁岭"。在汤池城址以东约3公里英守沟村北残存一座汉代城址。其在二十世纪六十年代初尚可辨识出轮廓，平面略呈方形，每边长约200米。城址内遍布灰色陶片和瓦片，有一块陶片表面划刻一条鱼纹。北半部有东、西并列的高台建筑，周围堆满灰色绳纹板瓦、弦纹板瓦、筒瓦及印有"长乐"字样的瓦当等。城址周围发现有汉代墓葬群。或以其当属汉安市县城，亦有以其为汉代平郭县附属城堡。在周家镇东金村东海龙川山上残存一座高句丽时期山城，其建在海龙川高峰西南的山脊上，呈不规则形，周长4000余米，基宽3米，存高1米，总面积约150余平方米。城墙以石砌筑，分开东、西、南、北四门。在城西、西北隅各设一座瞭望台，东南部城墙处有一座高大的人工土堆。或以为其当属高句丽时期安市城[1]。此外，在今海城市东南约7公里、八里镇英城子村东山上残存一座古城址，平面呈方形，周长约4000米。城墙沿山脊以土修筑，有东、西、南、北四门。城内西北部有石筑圆形基址3处、水井1眼。东南角外有一座人工小土山。出土有汉唐时期灰绳纹砖、方格纹瓦、兽头圆瓦当、铁刀、铁剑、铁铧、铁锄及明刀、五铢、开元通宝等。亦有

---

[1] 崔艳茹、冯永谦、崔德文：《营口市文物志》第三章《城址》，辽宁民族出版社，1996。

以其属汉唐时期安市城者①。综而论之，以汤池堡城址属辽代汤池县城，当无可置疑。其未沿用古安市县城址，然当与之相近。

隋唐时期，安市城犹存。《资治通鉴》卷一百九十八：贞观十九年（645年），唐太宗率师征高丽，攻克辽东城（今辽阳市区）及白岩城等。六月，"丁未，车驾发辽东。丙辰，至安市城，进兵攻之。丁巳，高丽北部耨萨延寿、惠真帅高丽、靺鞨兵十五万救安市。……至安市城东南八里，依山而陈。……上夜召文武计事，命李世勣将步骑万五千陈于西岭；长孙无忌将精兵万一千为奇兵，自山北出于狭谷以冲其后；上自将步骑四千，挟鼓角，偃旗帜，登北山上；敕诸军闻鼓角齐出奋击。因命有司张受降幕于朝堂之侧。戊午，延寿等独见李世勣布陈，勒兵欲战。上望见无忌军尘起，命作鼓角，举旗帜，诸军鼓譟并进，延寿等大惧，欲分兵御之，而其陈已乱。会有雷电，龙门人薛仁贵著奇服，大呼陷陈，所向无敌。高丽兵披靡，大军乘之，高丽兵大溃，斩首二万余级。上望见仁贵，召拜游击将军。仁贵，安都之六世孙，名礼，以字行。延寿等将余众依山自固，上命诸军围之，长孙无忌悉撤桥梁，断其归路。己未，延寿、惠真帅其众三万六千八百人请降，入军门，膝行而前，拜伏请命。……更名所幸山曰驻驆山。秋七月辛未，上徙营安市城东岭。……八月甲辰，候骑获莫离支谍者高竹离，反接诣军门。……丙午，徙营于安市城南。……上之克白岩也，谓李世勣曰：'吾闻安市城险而兵精，其城主材勇，莫离支之乱，城守不服，莫离支击之不能下，因而与之。建安兵弱而粮少，若出其不意，攻之必克。公可先攻建安，建安下，则安市在吾腹中，此兵法所谓城有所不攻者也。'对曰：'建安在南，安市在北，吾军粮皆在辽东。今逾安市而攻建安，若贼断吾运道，将若之何？不如先攻安市，安市下，则鼓行而取建安耳。'上曰：'以公为将，安得不用公策。勿误吾军！'世勣遂攻安市。安市人望见上旗盖，辄乘城鼓噪。上怒，世勣请克城之日，男女皆坑之。安市人闻之，益坚守，攻久不下。……江夏王道宗督众筑土山于城东南隅，浸逼其城，城中亦增高其城以拒之。士卒分番交战，日六七合，冲车炮石，

---

① 刘景玉主编《鞍山地方史研究》第三章。国家文物局主编《中国文物地图集》辽宁分册。

环其楼堞，城中随立木栅以塞其缺。道宗伤足，上亲为之针。筑山昼夜不息，凡六旬，用功五十万，山顶去城数丈，下临城中，道宗使果毅傅伏爱将兵屯山顶以备敌。山颓，压城，城崩。会伏爱私离所部，高丽数百人从城缺出战，遂夺据土山，堑而守之。上怒，斩伏爱以徇，命诸将攻之。三日不能克。……上以辽左早寒，草枯水冻，士马难久留，且粮食将尽，癸未，敕班师。先拔辽、盖二州户口渡辽，乃耀兵于安市城下而旋，城中皆屏迹不出。城主登城拜辞，上嘉其固守，赐缣百匹，以励事君。命李世勣、江夏王道宗将步骑四万为殿。乙酉，至辽东。丙戌，渡辽水。"胡三省注："安市，汉古县，辽东郡，《旧书·薛仁贵传》作安地城。"又：驻跸山，"据旧史，其山本名六山"。《新唐书·东夷列传》：唐太宗率师征高丽，"次安市，于是高丽北部傉萨高延寿、南部傉萨高惠真引兵及靺鞨众十五万来援。……帝夜召诸将，使李勣率步骑万五千陈西岭当贼，长孙无忌、牛进达精兵万人出虏背狭谷，帝以骑四千偃帜趋虏北山上"。大破之。"因号所幸山为驻跸山，图破阵状，勒石纪功。"又："帝与勣议所攻，帝曰：'吾闻安市地险而众悍，莫离支击不能下，因与之。建安恃险绝，粟多而士少，若出其不意攻之，不相救矣。建安得，则安市在吾腹中。'勣曰：'不然。积粮辽东，而西击建安，贼将梗我归路，不如先攻安市。'帝曰：'善。'遂攻之，未能下。……江夏王道宗筑距闉攻东南，虏增陴以守。勣攻其西，撞车所坏，随辄串栅为楼。……道宗以树枚裹土积之，距闉成，迫城不数丈，果毅都尉傅伏爱守之，自高而排其城，城且颓，伏爱私去所部，虏兵得自颓城出，据而堑断之，积火紫盾固守。帝怒，斩伏爱。敕诸将击之，三日不克。有诏班师，拔辽、盖二州之人以归。"由此可知，安市城当在辽东城西南。自六月丁未从辽东城出发，丙辰至安市城，共十日，或途中有停留。而班师自安市城起为癸未，至辽东城为乙酉，共两日，当属正常行程。其安市城与建安城相近，"西击建安"，当亦包括西击安市城。而"建安在南，安市在北"。又，安市城西有"西岭"，北临"北山"及"峡谷"，东南有人工堆筑的土山。海龙川山城东北距今辽阳市区约80公里，与《资治通鉴》所述两日程大体相符；南与建安城（今盖州市北高丽城）相距约40公里，较为相近；城外山谷及东南土山等亦与安市城相合。另在其南赤山山城内龙潭寺内发现清代残石碑，碑文有"唐贞观十九年太宗因盖苏文弑君虐民，又阻新罗入贡，不奉诏命，遂亲征高丽，驻跸此山……建，因班师而名，曰凯捷寺"①。亦可表明当年征战当发生在此一地区。而英城子城址东北距今辽阳市区约40公里，南与建安城相距约80公里，且北面城墙外地势开阔，无狭谷可寻。城东南角有一小山岗与修筑城墙的山脊相连，但在接近城墙约100米处，山冈下凹而低平。所称人工修筑的土山应是东城墙及其上建筑物坍塌后的遗存土，并非人工所堆的土山遗存②。以其属高句丽时期安市城，多有不合。则以前者判属高句丽所建安市城，似更接近于史实。《辽志》所记安市城，当即指此而言③。其未相沿于汉代安市县城址，然亦当与之相近，由此以其西英守沟城址判属汉代安市县城址，乃顺理成章④。古时大辽水（辽河）入海口当大致在今营口附近，当流经此城址西南。

武次县城

武次县，西汉时期属辽东郡。《汉志下》：辽东郡属县"武次，东部都尉治。莽曰桓次"。《史记·朝鲜列传》：朝鲜王满传子至孙右渠。"元封二年，汉使涉何谯谕右渠，终不肯奉诏。何去至界上，临浿水，使御刺杀送何者朝鲜裨王长，即渡，驰入塞，遂归报天子曰：杀朝鲜将。上为其名美，即不诘，拜何为辽东东部都尉。朝鲜怨何，发兵袭攻，杀何。"《正义》："《地理志》云：辽东郡武次县，东部都尉所理也。"《汉书·朝鲜传》所述略同。《武帝纪》："朝鲜王攻杀辽东都尉，乃募天下死罪击朝鲜。"时辽东郡东部都尉治武次城，朝鲜王都王险城在浿水（今朝鲜国大同江）南，塞

---

① 崔艳茹、冯永谦、崔德文：《营口市文物志》第三章。
② 参见营口市博物馆《关于安市城址的考察与研究》，《北方文物》2000年第2期。其以今海城东南析木城址属汉代安市城，不确。
③ 《辽志二》：东京辽阳府，"驻跸山，唐太宗征高丽，驻跸其巅数日，勒石纪功焉，俗称手山。山巅平石之上有掌指之状，泉出其中，取之不竭"。以今辽阳市西南首山为驻跸山，有误。《读史方舆纪要》卷三十七：盖州卫，"驻跸山，在卫东。唐史本名六山，在安市城外。……或曰：卫东分水岭诸山即太宗驻跸处也"。
④ 参见孙进己、王绵厚主编《东北历史地理》第一卷第三编第二章第一节《前汉的辽东郡》。

即长城此段大致在今朝鲜国大宁江及昌城江一线，向西北跨鸭绿江而经由宽甸及本溪南部①。武次县城当在此线以西。东汉时期省废。《晋书·慕容皝载记》：晋咸和九年（334年），慕容皝征讨慕容仁，"克襄平。仁所署居就令刘程以城降，新昌人张衡执县宰以降。于是斩仁所置守宰，分徙辽东大姓于棘城，置和阳、武次、西乐三县而归"。其所置武次县，当相沿于西汉时期旧址。时辽东郡国东界大体在汉代长城一线，襄平城即今辽阳市区，居就县城在今辽阳市东南亮甲城址，新昌县城在今海城市东南析木城址。则武次县等当在其以东，而后地入高句丽。

《读史方舆纪要》卷三十七：辽东都指挥使司，"司东北有武次城，亦汉县，属辽东郡，东部都尉治此。后汉废"。其辽东都指挥使司即今辽阳市区，所指似不甚确切。近世多指向东南。今辽宁凤城市南8公里凤山乡利民村刘家堡发现一处汉代遗址。其南临二龙河，东有二龙山及凤凰山。经初步考察确定，原存有土筑城墙，因年久破坏已很难辨出其形状，唯西垣略存土垅长100余米。根据散落的陶片、瓦片的分布范围推测，其平面略呈方形，边长约400米，面积约16万平方米。遗址西南部发现有坚硬的红烧土块和散布的红烧土，附近出土有铁镢和战国刀币，可能为窑址或冶炼遗址。在城址南部边缘出土有战国刀币，共约30公斤。城址中还出土有卷云纹圆瓦当及空心砖等。城外东北部发现有西汉时期瓮罐儿童墓葬地。1995年发掘出一组有回廊的建筑遗址，同时发现一条深1.5米、宽4米的壕沟，出土泥质灰陶罐、陶盆、陶豆、绳纹或菱形纹瓦、卷云纹瓦当、斜方格纹及"米"字纹灰空心砖块等。调查者结合相关记载及研究，认为其即属武次县城②。当大体合于史实。此城址在上所推考的武次县城所在范围之内，规模较大，所属年代亦大致相当，故不应轻易否定。其东临今凤城经丹东通向朝鲜国平壤城的大道，交通方便，是都尉治所之必备条件之一。当年朝鲜王发兵袭攻武次城，杀都尉涉何，当即在此。

---

① 参见冯永谦《东北古代长城考辨》，《东北亚历史与文化》，辽沈书社，1991。
② 崔玉宽：《凤城市文物志》第二章《历史遗址》，辽宁民族出版社，1996。国家文物局主编《中国文物地图集》辽宁分册。冯永谦、崔玉宽：《凤城刘家堡子西汉遗址发掘报告——兼论汉代东部都尉武次县址之地望》，《辽宁考古文集》（二）。

平郭县城

　　平郭县，西汉时期属辽东郡。《汉志下》：辽东郡属县"平郭，有铁官、盐官"。东汉时期相沿。《后汉志五》：辽东郡属县"平郭，有铁"。三国时属魏。《三国志·魏书·公孙度传》：魏文帝封辽东太守公孙恭为平郭侯。晋时省废而城存，地归慕容氏。《资治通鉴》卷九十一：晋太兴四年（321年），慕容廆受封为辽东公，以其子慕容仁"镇平郭"。胡三省注："平郭县，汉属辽东郡，晋省。《唐新书》曰：高丽建安城，古平郭县也。"卷九十五：晋咸康二年（336年），慕容皝讨伐慕容仁。正月"壬午，皝帅其弟军师将军（慕容）评等自昌黎东践冰而进，凡三百余里至历林口，舍辎重，轻兵趣平郭。去城七里，候骑以告仁，仁狼狈出战。张英之俘二使也，仁恨不穷追。及皝至，仁以为皝复遣偏师轻出寇抄，不知皝自来，谓左右曰：'今兹当不使其匹马得返矣！'乙未，仁悉众陈于城之西北。慕容军帅所部降于皝，仁众沮动，皝从而纵击，大破之。仁走，其帐下皆叛，遂擒之"。胡三省注："历林口，海浦之口。"后归高句丽国。《资治通鉴》卷一百二十三：宋元嘉十四年（437年），北燕王冯弘兵败至辽东，"高丽处之平郭，寻徙北丰。弘素侮高丽，政刑赏罚，犹如其国。高丽乃夺其侍人，取其太子王仁为质。弘怨高丽，遣使上表求迎，上遣使者王白驹等迎之，并令高丽资遣。高丽王不欲使弘南来，遣将孙漱、高仇等杀弘于北丰，并其子孙十余人"。

　　高句丽时期于平郭城地营筑建安城，至唐时犹存。《新唐志七》：贾耽考方域道里之数，安东都护府（故襄平城）"西至建安城三百里，故中（平）郭县也"。《资治通鉴》卷一百九十七：唐贞观十九年（645年），唐太宗率师征高丽，"营州都督张俭将胡兵为前锋，进渡辽水，趋建安城，破高丽兵，斩首数千级"。胡三省注："自辽东城西行三百里至建安城，汉平郭县地。"《辽志二》："辰州，奉国军，节度。本高丽盖牟城。唐太宗会李世勣攻破盖牟城，即此。渤海改为盖州，又改辰州，以辰韩得名。井邑骈列，最为冲会。辽徙其民于祖州，初曰长平军。户二千。隶东京留守司。"

统建安一县。《金志上》："盖州，奉国军节度使，下。本高丽盖葛牟城，辽辰州。明昌四年罢曷苏馆，建辰州辽海军节度使。六年以与陈同音，更取盖葛牟为名。"领汤池、建安、秀岩、熊岳四县。其以辽代建安县相沿于古盖牟城，有误①。而辰州或属迁置，金代改称盖州，元代省建安县入州，明代沿置盖州卫。《读史方舆纪要》卷三十七：盖州卫，"建安城，在卫东南。汉平郭县地，高丽置建安城于此。唐贞观十八年伐高丽，张俭进渡辽水，趣建安城。又，李世勣言：建安在南，安市在北，安市先下，然后向建安。二城盖相近也。仪凤初徙熊津都督府于建安故城，其百济户口先徙徐、兖等州者皆置建安。旧志：自辽东城西南行三百里至建安城。辽置建安县，盖循故名耳，非即旧城也"。清代改置盖平县，即今盖州市。

今盖州市北约 7 公里青石岭镇高丽城村南残存一座高句丽时代山城。城址位于山上，依山势而建，平面呈不规则长方形，周长约 5000 米。城墙以石砌筑，存高 1.65~1.7 米，基宽 4.25~4.5 米，顶宽 1.5~2.3 米。城东、北、西各有一门，西侧另有一水门。四角有瞭望台。筑有长 70 米、宽 30~35 米的南北向土堤（拦水坝）。城内有五处水源，口径 0.4~0.6 米，长年不涸。城中央高处有堆石，散布有红瓦片。城内出土有石臼、铁马镫、铁镞等。其东北距今辽阳市区约二百八十里，与贾耽所记唐安东都护府"西至建安城三百里"大体相当；所属年代亦较吻合；东北约 30 公里有高句丽时期所建安市城（今海龙川山城），亦与李世勣言"建安在南，安市在北"相符。当即属古建安城②。

《辽志二》：东京辽阳府，"兴辽县，本汉平郭县地，渤海改为长宁县。唐元和中渤海王大仁秀南定新罗，北略诸部，开置郡邑，遂定今名。户一千"。其兴辽县当临近今辽阳市区③，与贾耽所述平郭城所在地理方位不相符，有误。《读史方舆纪要》卷三十七：盖州卫，"平郭城，在卫南。汉县，属辽东郡。后汉因之，晋省县而城存"。又："历林口，盖在卫西北，昔时

---

① 《新唐志七》：贾耽考方域道里之数，"自都护府东北经古盖牟、新城，又经渤海长岭府，千五百里至渤海王城"。依此，古盖牟城当在唐安东都护府（今辽阳市区）东北。
② 参见崔艳如、冯永谦、崔德文《营口市文物志》第三章《城址》。
③ 《清统志》卷六十："兴辽废县，在辽阳州西南。《辽史·地理志》：本汉平郭县地，渤海改为长宁县，辽曰兴辽县，属辽阳府。金废。"

滨海要口也。"《清统志》卷六十："平郭故城,在盖平县南。"而均未确指。民国十九年刊《盖平县志》卷一："城池。明洪武五年指挥吴玉因旧土城,以砖石筑之。九年展筑南面城,周围七里三步,高一丈五尺,厚六尺许,分开三门,南曰广恩,东曰顺清,西曰宁海,阙北门。清乾隆四十三年重修。以西门逼近海岸,地多碱卤,村落零星,彼时不知讲求水产,鱼盐未兴,交通更闭寥寥,遂填闭之。自清光绪季年,距城八里许,俄人建筑铁路,通行汽车,而西门复启。护城之濠仍行淤塞,从未浚修,唯西、南两面时通流水,东、北双方必待阴雨河涨,而城之四周始见河流环绕汪洋矣。"全城平面呈方形。今城墙多圮塌,北垣东段和东垣大部分残存遗迹。经实测,周长3260米,基宽8.5米,上宽7.75米,最高处为10.5米。在明代城墙的夯土层中发现大量的汉代大板瓦、筒瓦及陶器残片。在盖州镇周围的城关乡门屯村、路西村、自治村、麻麦庄村、农民村(丁屯)、路东村、繁荣村、新华村等地都发现大量的汉代墓葬群及战国至汉代遗址。可表明在明代城址下存有汉城。1981年在钟鼓楼西南200米路南一民宅院内曾发现汉代的地下排水道。发掘者由此推测汉代城墙南垣当在明代盖州卫南城墙与今钟鼓楼之间,东西长约800米,南北长约600米。联系到其东北今大石桥市周家镇于家堡村打铁炉沟屯发现汉代铁矿山、采矿道、铁渣堆、炼铁小窑等及临近建安城(今青石岭乡高丽城山城),或当属古平郭城,而打铁炉沟屯以西英守沟城址当属平郭县铁官治所。另在今盖州市南熊岳镇西南九垅地乡厢红旗村西姜家岗屯发现一座汉代城址,或当属平郭盐官治所。其东北熊岳河北岸陈屯乡和平村西偏北处温泉村亦发现一座汉代城址,其或属东汉时期海浸姜家岗汉城后平郭县盐官东迁之城①。此城址北近高句丽时期所筑建安城,所在地理方位与史书所记平郭城基本相合,判定其属汉晋时期平郭城当无太大问题②。而此城址尚未经系统发掘,早期规制无法确知。所谓东西长约800米、南北长约600米的形制或形成于辽金时期。参照此一地区所发现的汉代古城,平郭城的规模当小于此。而以英守沟城址(汉代安市县城)属平郭县铁官治所,以姜家岗城址(汉代文县城)及温泉

---

① 国家文物局主编《中国文物地图集》辽宁分册。
② 参见孙进己、王绵厚主编《东北历史地理》第一卷第三编第二章第一节《前汉的辽东郡》。

村城址属平郭县盐官治所，似不妥切。今盖州市区南有大清河流经，又折向西北入海。其"历林口"或即指此而言，则今大清河或古称历林水。又，今盖州市区东南农民村发现辽代遗址，面积约1万平方米，文化层厚0.5～1米，散布有残花纹砖、沟纹砖、布纹板瓦、筒瓦、兽面纹瓦当等。其西张瓦房村北发现金元明时期遗址，面积约35万平方米，散布有金元时期布纹瓦片、白釉黑花瓷片、明代青花瓷片等①。当属此一时期辰州（盖州）城遗存，可为寻求辽金时期辰州城提供线索。

西安平县城

西安平县，西汉时期属辽东郡。《汉志下》：辽东郡属县"西安平，莽曰北安平"。又，玄菟郡属县"西盖马，马訾水西北入盐难水，西南至西安平入海"。东汉时期相沿。《后汉志五》：辽东郡有西安平县。刘昭注："《魏氏春秋》曰：县北有小水，南流入海。句骊别种，因名之小水貊。"《后汉书·东夷列传》："句骊一名貊，有别种，依小水为居，因名曰小水貊。出好弓，所谓貊弓是也。……质、桓之间，复犯辽东西安平，杀带方令，掠得乐浪太守妻子。"李贤注："《郡国志》：西安平、带方县，并属辽东郡。"《三国志·魏书·东夷传》并记之。又记："正始三年，（句丽王）宫寇西安平。其五年，为幽州刺史毋丘俭所破。"《吴书·吴主传》裴松之注引《吴书》曰：吴嘉禾年间，"遣使者谢宏、中书陈恂拜（句骊王）宫为单于，加赐衣物珍宝。恂等到安平口，先遣校尉陈奉前见宫，而宫受魏幽州刺史讽旨，令以吴使自效。奉闻之，倒还。宫遣主簿笮咨、带固等出安平，与宏相见"。时句骊都丸都城（今吉林集安市北），东临鸭绿江即古马訾水，其水西南流至西安平县附近入海，称安平口。晋时相沿，属辽东国，见于《晋志上》。后归慕容氏。《资治通鉴》卷九十六：晋咸康七年（341年），"赵横海将军王华帅舟师自海道袭燕安平，破之"。胡三省注："此辽东郡之

---

① 国家文物局主编《中国文物地图集》辽宁分册。

西安平也。"后又归高句丽。

《通典》卷一百八十六："马訾水，一名鸭绿水。水源出东北靺鞨白山，水色似鸭头，故俗名之。去辽东五百里，经国内城南，又西与一水合，即盐难水也。二水合流，西南至安平城入海。高丽之中，此水最大，波澜清澈，所经津济皆贮大船。其国恃此为天堑，水阔三百步，在平壤城西北四百五十里，辽水东南四百八十里。"《新唐志七》：贾耽考方域道里之数，安东都护府"南至鸭渌江北泊汋城七百里，故安平县也"。时安东都护城治辽东城（今辽阳市区），所述"七百里"当依实际行程，与上述"五百里"略同。《读史方舆纪要》卷三十七：盖州卫，"西安平城，亦在卫东南。汉县，属辽东郡，后汉及晋因之"。其盖州卫即今盖州市，所言当在今鸭绿江口，而未指实。《清统志》卷六十："西安平故城，在辽阳州城东。汉置县，属辽东郡，后汉因之。《吴志》：孙权遣谢宏、陆恂拜句丽王宫为单于，恂等到安平口。即安平县海口也。晋咸康七年，石虎将王华帅舟师自海道袭燕安平，破之。亦即此。后入高丽，为泊汋城。《唐书·地理志》：安东府南至鸭绿江北泊汋城七百里，故安平县也。"亦未指实。

今丹东市东北约15公里九连城镇叆河上尖村西残存一座古城址。其东隔鸭绿江与朝鲜国相望；西临叆河自北向南流，汇入鸭绿江，形成三角洲；南距鸭绿江入海口约50公里。城址所在为一北高南低的台地，城墙夯土修筑，有基石，南北向，偏西20度。平面略呈方形，南北长约600米，东西长约500米。1961年调查时还可见到略高出地面的土脊，东垣残长约400米，高约0.5米；西垣残长约260米，高约0.7米；北垣除西北角被水冲毁外，残长约400米；南垣破坏严重，已无遗迹。城基为自然石块砌成，宽约10米，城基距地表约为1米。今多夷为平地，仅东北、西南两城角尚较明显，最高处不足1米。未发现城门遗迹。城内西北角发现高出地面1.5米的方形土台，边长100米，布满汉、高句丽、辽金时期瓦砾和陶片，当是官署所在。在城址西部剖面可看到第一层为农耕土；第二层为黑褐土，厚约80厘米，堆积有大量的高句丽时期绳纹红板瓦、筒瓦片、残莲花瓦当等，发现有人工修砌的石墙及黑烧土，可能为一居住址；第三层为黄褐土，厚约1米，出土有汉代细绳纹灰陶片、绳纹板瓦片、木炭屑等。在城址东南发现西汉时期积石墓及石板墓。城内地表上散布大量的汉代及高句丽时期陶瓦片，尤以城北土崖下更多。在城外东面地表上有少量金、元、明时期的瓦、瓷片，并发现西汉时期五铢钱、铁铧等。1976年发现一件汉代圆瓦当，面径存12.5厘米，上有铭文"安平乐未央"五字，隶书，左环读，有双线界格，中间为一凸起圆圈。1981年又出土一件大型陶器口沿，上刻"安平城"字样的书体字。调查者结合相关记载推定此城址当即属汉代西安平县城，高句丽时期为泊汋城，并据圆瓦当铭文推测其在汉晋时期当称安平县，"西"字疑属衍误①。所论大体可信。而以其原当称安平县，似不确。依此一时期通例，西汉时期在此一地区很可能存有两座安平城，后以西部安平城置县，称西安平县，而城仍可称安平城。至王莽时期，东部安平城已废，又相对于涿郡安平县（今河北安平县），改称北安平县。又，以此城为高句丽国泊汋城所沿用，似亦不确。

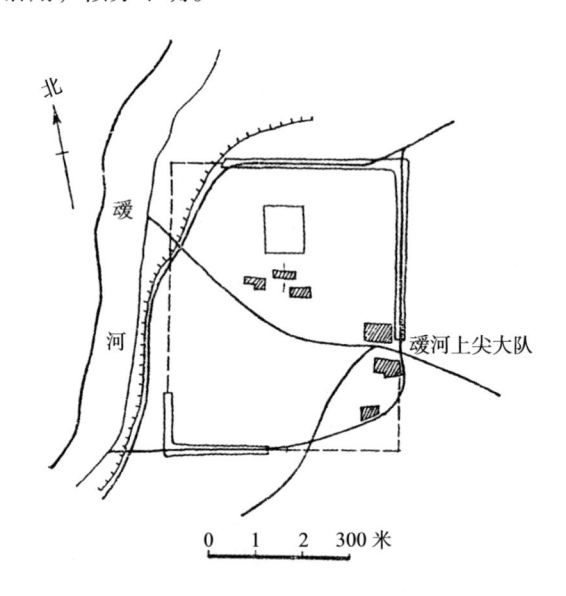

汉安平县遗址平面图

（据《考古》1980年第6期附图，其叆河上尖大队即今上尖村）

---

① 曹汛：《叆河尖古城和汉安平瓦当》，《考古》1980年第6期。王金波：《丹东市叆河尖汉城址的初步探索》，《辽宁省考古博物馆学会成立大会会刊》，1982。王连春：《丹东最早的城池——论汉代西安平和武次的方位问题》，《丹东史志》1987年合订本。国家文物局主编《中国文物地图集》辽宁分册。

《旧唐书·薛万彻传》：唐贞观二十二年（648年），"万彻又为青丘道行军大总管，率甲士三万自莱州泛海伐高丽，入鸭绿水，百余里至泊汋城，高丽震惧，多弃城而遁。泊汋城主所夫孙率步骑万余人拒战，万彻遣右卫将军裴行方领步卒为支军继进，万彻及诸军乘之，贼大溃。追奔百余里，于阵斩所夫孙，进兵围泊汋城。其城因山设险，阻鸭绿水以为固，攻之未拔。高丽遣将高文率乌骨、安地诸城兵三万余人来援，分置两阵。万彻分军以当之，锋刃才接而贼大溃"。《新唐书·薛万彻传》："贞观二十二年，以青丘道行军总管帅师三万伐高丽，次鸭渌水，以奇兵袭大行城，与高丽步骑万余战，斩房将所夫孙。房皆震恐，遂傅泊汋城。房众三万来援，击走之，拔其城。"其泊汋城南距鸭绿江口百余里，当与西安平城临近。而"因山设险"，则显然与此城址所在地势不相符。今宽甸县东南虎山镇虎山村南残存一处高句丽时期遗址。其位于鸭绿江边虎山南麓，南隔瑷河与上尖城址相望。山下有高句丽时期大型蓄水井。井为圆形，内径4.4米，井壁用53层楔形石砌筑，深11.25米，井周边为石砌平台，呈扇形，半径14米。井内出土有独木舟、木浆、木槽、木桶、灰陶罐、双横耳大陶罐等。在虎山顶上呈环形分布高句丽时期的楔形石筑墙体20余段，共50余米，保存好的墙段高1.75米，宽3.5米。出土高句丽时期铁器有铁甲片、铁镞、铁斧、铁镰、铁穿等。或以为即属高句丽时期的泊汋城[1]。当合于史实。而所述"大行城"在南，极有可能即指上尖城址（西安平县址），为高句丽所改称。而汉魏之际所称"小水"，当指今瑷河。或"泊汋城"亦由此而得称，古音"小"与"汋"音相近，当属拟音字，而"泊"为发声字。

文县城

文县，西汉时期属辽东郡。《汉志下》：辽东郡属县"文，莽曰文亭"。东汉时期相沿，见于《后汉志五》，作汶县。三国时属魏。《三国志·魏

---

[1] 国家文物局主编《中国文物地图集》辽宁分册。

书·三少帝纪》：正始元年（240年），"以辽东汶、北丰县民流徙渡海，规齐郡之西安、临淄、昌国县界为新汶、南丰县，以居流民"。晋时属辽东国，见于《晋志上》。后归慕容氏，《资治通鉴》卷九十五：晋咸和八年（333年），慕容仁据平郭城谋反，慕容皝"遣军祭酒封奕慰抚辽东。以高诩为广武将军，将兵五千与庶弟建武将军幼、稚，广威将军军，宁远将军汗，司马辽东佟寿共讨仁。与仁战于汶城北，皝兵大败，幼、稚、军皆为仁所获。寿尝为仁司马，遂降于仁。前大农孙机等举辽东城以应仁，封奕不得入，与汗俱还。东夷校尉封抽、护军平原乙逸、辽东相太原韩矫皆弃城走，于是仁尽有辽东之地"。胡三省注："汶，汉古县，属辽东郡。《前书》作文。"其文县城当与平郭县城（今盖州市区）相距较近。时高诩为玄菟太守，率师征讨当自北而南，"战于汶城北"，则其当在平郭城北。然战事多变，亦有可能由平郭城附近向南追杀至"汶城北"，方战而胜之，则其当在平郭城以南。《读史方舆纪要》卷三十七：盖州卫，"文城，在卫西。汉置文县，属辽东郡，后汉改曰汶县，晋因之。咸和八年慕容皝遣将攻其弟仁于平郭，败于汶城之北。胡氏曰：汶城在平郭之西"。其所在旧无确指。今营口市东约25公里大石桥市永安镇进步村西南发现一座汉代城址，东西长约200米，南北长约100米，面积约2万平方米。散布有汉代布纹瓦、绳纹砖等。早年于地下1米处发现一段长5.3米，宽1.3米的砖墙，下为夯土墙。或以为即属汉代文县城。然其规模较小，且南距平郭县城、东距安市县城均较近，似不妥切。民国十九年刊《盖平县志》卷一："古城，在城南六十里，周围八十五步。今废无考。"其城址在今盖州市熊岳镇东南陈屯乡和平村西北温泉村，南临熊岳河，东西长约400米，南北长约300米，文化层厚1米。发现有战国至汉代砖、瓦及陶器残片等。在周围的和平村、背阴寨村、东达营村等地发现有汉代墓葬群。其西南约5公里熊岳河南岸九垄地镇镶红旗村西姜家岗屯亦发现一座汉代城址，面积约50万平方米，平面略呈方形，边长约200米，现仅可见南垣东段和东垣南段为明显高于地表的一条土岗，其余部分已夷为平地，城墙基部被沙土掩埋。城址中散布大量夹砂陶片、泥质粗绳纹陶片。其东九垄地村发现大面积汉墓群，出土有五铢钱、铜带钩、银杯、绿松石串珠及带有"永和五年"

字样的文字砖等①。此二座城址相距较近，当互有关联。或汉代文县城原在温泉村城址，而后又迁至姜家岗城址。而今熊岳河当称文水，后改汶水。

文县城当临近北丰县城。北丰县又见于《魏书·海夷冯跋列传》：太延二年（436年），魏世祖遣师征讨北燕王冯文通（宏），冯文通奔辽东，"高丽乃处之于平郭，寻徙北丰。文通素侮高丽，政刑赏罚，犹如其国。高丽乃夺其侍人，质任王仁。文通忿怨之，谋将南奔。世祖又征文通于高丽，高丽乃杀之于北丰，子孙同时死者十余人"。其"谋将南奔"即逃亡于南朝，当因所居北丰县临近渡海口，有此一可能性。《读史方舆纪要》卷三十七：沈阳中卫，"北丰城，在卫西北。后汉末公孙度据辽东，置城于此，谓之丰城。司马懿伐辽东，丰人南徙青、齐，其留者曰北丰。宋元嘉十五年，北燕主冯宏奔高丽，至辽东，高丽处之平郭，既而徙之北丰。寻杀之。胡氏曰：慕容翰议以偏师从北道攻高丽，即北丰道云"。以北丰县城当在今沈阳市西北，不确。今瓦房店市北太阳街道王店村陈屯西发现一座汉代城址，平面呈方形，边长约80米，文化层厚0.1~0.2米。城墙仅可辨认出东墙基痕迹，长约100米，宽约10米，已在其上填土增高修成土坝。城内散布大量陶器残片、绳纹砖瓦、烧土、木炭、兽骨，出土有铁镢、铁釜等。附近发现有汉魏晋时期瓮棺墓、瓦棺墓、石板墓、石棺墓及砖室墓等。其北距汶城约30公里，南近辽东半岛渡口，或即属北丰县城②。而南所临今复州河在古时或称丰水。

番汗县城

番汗县，西汉时期属辽东郡。《汉志下》：辽东郡属县"番汗，沛水出塞外，西南入海"。应劭曰："汗水出塞外，西南入海。番音盘。"颜师古曰："沛音普盖反。汗音寒。"《汉书补注》："王鸣盛曰：南监本无应下十二字，则番音盘，似班自音矣。非是。朱一新曰：汪本无沛下九字。应

---

① 国家文物局主编《中国文物地图集》辽宁分册。
② 王绵厚：《秦汉东北史》第二章第二节。其以此城址当属文县，不确。

注汗水作沛水。汪远孙云：九字乃注语，毛本误入正文。又重出应注，惟沛作汗是也。颜注又为沛字作音，殊不可解。案，《说文》：'沛水出辽东番汗塞外，西南入海。从水，市声。'大徐本《说文》：沛音普盖反。《玉篇》：'沛，溥盖切。水出辽东塞外。'宋重修《广韵》十四泰：'沛，普盖切。水名，出辽东。'音与颜同。则此志沛水非误字，亦非衍文也。应注云云，盖别申一义，以释番汗所由得名，与班注不相蒙。先谦曰：《续志》：后汉因。《纪要》：汉元封三年置真番郡。《茂陵书》云：郡治霅，昭帝时并入乐浪。霅县，志不载。徐广云：辽东郡有番汗县。故城疑即真番也。陈澧云：今朝鲜国博川城，大定江西南入海，盖沛水也。马訾水不出塞外，此水出塞外，必更在马訾水之东。马訾水至西安平入海。西安平属辽东。今鸭绿江入海处为汉辽东地，大定江距鸭绿江入海处不远，亦当为辽东地，又其水西南入海，故知为沛水也。"其大定江今称大宁江，古称博川江。以其属古沛水，当合于史实。古音沛属月部滂纽，番属寒部（歌部）滂纽，二者相近，则番汗之"番"当取之于此沛水，或可作番水。而"汗"则似当指此水以东之清川江（或作青川江），作汗水。古番汗县地处此二水之间，故取二水之名而称"番汗"。应劭注文"别申一义"，当如此①。而古番汗县城当即在今朝鲜国境内博川邑东之博陵城址②。

其徐广注文见于今传本《史记·朝鲜列传》："朝鲜王满者，故燕人也。自始全燕时尝略属真番、朝鲜，为置吏，筑鄣塞。秦灭燕，属辽东外徼。汉兴，为其远难守，复修辽东故塞，至浿水为界，属燕。燕王卢绾反，入匈奴，满亡命，聚党千余人，魋结蛮夷服而东走出塞，渡浿水，居秦故空地上下鄣，稍役属真番、朝鲜蛮夷及故燕、齐亡命者王之，都王险。"《集

---

① 参见〔朝鲜〕李丙焘著、周一良译：《真番郡考》，《禹贡半月刊》第 2 卷第 7 期、第 10 期，1934 年。其以浿水为清川江，沛水当博川江（今大宁江），因之谓番汗县当在博川郡附近。博川之博，番汗之番，沛水之沛，三字音皆甚相近，并推考真番郡当在今大同江以南。文中并引稻叶岩吉《汉四郡问题之考察》所论，以浿水为大同江、以沛水为清川江。

② 参见孙进己、王绵厚主编《东北历史地理》第一卷第三编第二章第一节《前汉的辽东郡》。此外，近世杨守敬《前汉地理图》，吴承志《汉书地理志水道图说补正》等以今东辽河当沛水，推考番汗城在今昌图县境；汪士铎《汉志释地略》等以今复州河为沛水，推考今复州为番汗城址；吕调阳《汉地理志详释》以番汗即今界蕃城，在浑河与苏子河会合口之东等。均不确。

解》："徐广曰：一作莫。辽东有番汗县。番音普寒反。"《索隐》："徐氏据《地理志》而知也。番音潘，又音盘。汗音寒。"则真番，一作真莫。古音莫属铎部明纽，番属寒部（歌部）滂纽，二者相近互通。而以真番之番与番汗之番相同（或相近），指为一地，则不确。《索隐》："如淳曰：燕尝略二国以属己也。应劭曰：玄菟本真番国。"其以"略属真番、朝鲜"者为燕国，似理解有误。联系上下文，当为故燕人卫满，原居险渎城（今台安孙城子）①，"全燕时"即燕国东扩至辽东之际，迁至辽东以东，与真番、朝鲜二国相近，而使之臣服。时朝鲜国都王险城（今朝鲜国平壤市南），而真番国，依应劭说，当在汉武帝所置玄菟郡境内。《三国志·魏书·乌丸鲜卑东夷传》裴松之注引《魏略》曰："昔箕子之后朝鲜侯，见周衰，燕自尊为王，欲东略地，朝鲜侯亦自称为王，欲兴兵逆击燕以尊周室。其大夫礼谏之，乃止。使礼西说燕，燕止之，不攻。后子孙稍骄虐，燕乃遣将秦开攻其西方，取地二千余里，至满番汗为界，朝鲜遂弱。及秦并天下，使蒙恬筑长城，到辽东。时朝鲜王否立，畏秦袭之，略服属秦，不肯朝会。否死，其子准立。二十余年而陈、项起，天下乱，燕、齐、赵民愁苦，稍稍亡往准，准乃置之于西方。及汉以卢绾为燕王，朝鲜与燕界于浿水。及绾反，入匈奴，燕人卫满亡命，为胡服，东渡浿水，诣准降，说准求居西界，收中国亡命为朝鲜藩屏。准信宠之，拜为博士，赐以圭，封之百里，令守西边。满诱亡党，众稍多，乃诈遣人告准，言汉兵十道至，求入宿卫，遂还攻准。准与满战，不敌也。"王满遂占领王险城。其所述秦开"取地二千余里，至满番汗为界"，当即指卫满迁至辽东以东之地，时番汗为卫满属地。"秦灭燕，属辽东外徼。"属地依旧，或略有调整，东至浿水（今大同江）。汉初，卢绾为燕王，卫满属之，燕国与朝鲜国以浿水为界。后卢绾反叛，卫满侍机东渡浿水，以王险城为都。

《史记·匈奴列传》："其后燕有贤将秦开，为质于胡，胡甚信之。归而袭破走胡，东胡却千余里。与荆轲刺秦王秦武阳者，开之孙也。燕亦筑长城，自造阳至襄平，置上谷、渔阳、右北平、辽西、辽东郡以拒胡。……

---

① 参见本书险渎县城。

后秦灭六国，而始皇帝使蒙恬将十万之众北击胡，悉收河南地，因河为塞，筑四十四县城临河，徙適戍以充之。而通直道，自九原至云阳，因边山险壍谿谷可缮者治之，起临洮至辽东万余里。"《晋志上》：平州乐浪郡统县"遂成，秦筑长城之所起"。《通典》卷一百七十八：平州卢龙县，"汉肥如县，有碣石山，碣然而立在海旁，故名之。《晋太康地志》同（曰）：秦筑长城所起自碣石，在今高丽旧界，非此碣石也"。则秦时所筑长城东起点当在遂成碣石（今朝鲜国平壤城西南大同江入海口）。而据考古调查资料，燕长城与秦长城东段大致重合，约从今辽宁桓川县东南经太平哨及宽甸县的下露河乡过鸭绿江，与今朝鲜国境内长城相接。1984年朝鲜学者在大宁江左岸发现一道古长城，总长120公里。其大体可分为上、中、下三段。上段为昌城江段，由鸭绿江岸至丰林里。中段为大宁江段，由丰林里起，因香积山阻挡，向东转弯，至博川郡的中南里。下段为沿海段，从云田郡的西三里，至定州郡海边的新峰里。博川郡在大宁江及此段长城之东。博陵城在博川邑以东，西距大宁江长城600米，是由最高点不超过76米的丘陵棱线围起来的城邑，只有东、西两面较为开阔处筑城防御。周长约3500米，分内城和外城，高度加上丘陵的倾斜面有十余米。城内水源丰富，有历代的瓦片、陶片和瓷片。其东门附近的城墙地层已被扰乱，出土有高丽时期的瓦。南门址地层未被扰乱，城基部分出土有高丽时期的青瓷和瓦。此地南北朝时期归属高句丽，高句丽灭亡后又有其遗民建立高丽国，而于此城置博陵郡，故称博陵城。其西南坛山里曾出土燕国兽面纹半瓦当，德城里曾发现汉墓及早期遗址①。其沿海段长城未将博陵城等包罗在内，似可表明战国晚期番汗城尚不属燕国，而属卫满，故记为"至满番汗为界"。后秦筑长城向南延伸至大同江入海口，而将博陵城等包罗在内，番汗城始归之，汉代相沿而置为番汗县，所谓"至浿水为界"当即指此而言。东汉时期相沿，见于《后汉志五》。魏晋以后省废。

---

① 参见〔朝鲜〕孙永钟著、顾禹宁译：《关于大宁江畔的古长城》，《历史科学》1987年第2期，《博物馆研究》1990年第1期；孙永钟著、南宇明译：《关于大宁江长城的调查报告》，《朝鲜考古研究》1987年第2号，《博物馆研究》1990年第4期。著者以大宁江长城及博陵城等属高丽时期，不确。王成生：《从考古资料看西汉辽东等五郡郡治及都尉治的地望》，《辽宁考古文集》（二）。其以博陵城属武次县故址，不确。

沓氏县城

沓氏县，西汉时期属辽东郡。《汉志下》：辽东郡属县沓氏。应劭曰："氏水也。音长答反。"颜师古曰："凡言氏者，皆谓因之而立名。"东汉时期相沿，见于《后汉志》。又，《说文解字》："沓，语多沓沓也，从水从曰。辽东有沓县。"则亦作沓县。《三国志·魏书·三少帝纪》：魏景初三年（239年），"以辽东东沓县吏民渡海居齐郡界，以故纵城为新沓县以居徙民"。此前，公孙渊为辽东太守。《公孙度传》："渊遣使南通孙权，往来赂遗。权遣使张弥、许晏等赍金玉珍宝，立渊为燕王。渊亦恐权远不可恃，且贪货物，诱致其使，悉斩送弥、晏等首。"裴松之注引《魏略》载公孙渊上表曰："臣前遣校尉宿舒、郎中令孙综，甘言厚礼，以诱吴贼。幸赖天道福助大魏，使此贼虏暗然迷惑，违戾群下，不从众谏，承信臣言，远遣船使，多将士卒，来致封拜。臣之所执，得如本志，虽忧罪衅，私怀幸甚。贼众本号万人，舒、综伺察，可七八千人，到沓津。伪使者张弥、许晏与中郎将万泰、校尉裴潜将吏兵四百余人，赍文书命服什物，下到臣郡。泰、潜别赍致遗货物，欲因市马。军将贺达、虞咨领余众在船所。臣本欲须凉节乃取弥等，而弥等人兵众多，见臣不便承受吴命，意有猜疑。惧其先作，变态妄生，即进兵围取，斩弥、晏、泰、潜等首级。其吏从兵众，皆士伍小人，给使东西，不得自由，面缚乞降，不忍诛杀，辄听纳受，徙充边城。别遣将韩起等率将三军，驰行至沓。使领长史柳远设宾主礼诱请达、咨，三军潜伏以待其下，又驱群马货物，欲与交市。达、咨怀疑不下，使诸市买者五六百人下，欲交市。起等金鼓始震，锋矢乱发，斩首三百余级，被创赴水没溺者可二百余人，其散走山谷、来归降及藏窜饥饿死者，不在数中。"其事并载于《吴书·吴主传》。孙权得知后，欲发兵征讨公孙渊，群臣切谏乃止。《陆瑁传》：陆瑁言"且沓渚去渊，道里尚远，今到其岸，兵势三分，使强者进取，次当守船，又次运粮，行人虽多，难得悉用"。《资治通鉴》卷七十二所述略同。胡三省注："辽东郡有沓氏县，西南临海渚。"

又,《三国志·魏书·蒋济传》裴松之注引《汉晋春秋》载蒋济言:"然沓渚之间,去渊尚远,若大军相持,事不速决,则权之浅规,或能轻兵掩袭,未可测也。"晋以后省废。

沓氏县城所在地理方位,史无明载。《新唐志七》载贾耽考方域道里之数:安东都护府(故汉襄平城)"西南至都里海口六百里,西至建安城三百里,故中(平)郭县也"。又:"登州东北海行,过大谢岛、龟歆岛、末岛、乌湖岛三百里。北渡乌湖海,至马石山东之都里镇二百里。东傍海壖,过青泥浦、桃花浦、杏花浦、石人汪、橐驼湾、乌骨江八百里。乃南傍海壖,过乌牧岛、贝江口、椒岛,得新罗西北之长口镇。"都,古音属鱼部端纽。(《唐韵》:当孤切。《集韵》:东徒切)。沓,古音属缉部定纽(上引应劭注为长答反,《广韵》《集韵》:达合切)。二者相近。则"都里"之称极有可能是由"沓氏"演变而来,里即里邑。都里镇当即相沿于原沓氏县城,而"都里海口"当即指"沓津"。唐时安东都护府即汉代襄平城在今辽阳市区,其西至建安城(今盖州市北高丽城)三百里。"都里海口"当在建安城南三百里。《明统志》卷二十五:辽东都指挥使司,"沓渚,水名。辽东有沓氏邑"。而未指示其所在具体方位。《读史方舆纪要》卷三十七:辽东都指挥使司,"金州卫,司南六百里,南至大海百二十里"。又:"沓氏城,在卫东南。汉县,属辽东郡,后汉因之,晋废。志云:辽河旁有沓渚,汉沓氏县因以为名。非也。县西南临海渚,谓之沓渚。三国吴嘉禾二年谋讨公孙渊。陆瑁曰:沓渚至渊,道里尚远。盖泛海至辽,沓渚,其登涉之所也。魏景初三年以辽东沓县吏民渡海居齐郡界,立新沓县,即沓渚之民矣。"其辽东都指挥使司在今辽阳市区,金州卫即今大连市金州区。而唐时一里合今约442.5米,明清时期一里合今约576米①,则唐时六百里合今约五百二十里,"都里海口"当在今金州区北。以沓氏城在金州卫东南,不甚确切。《清统志》卷六十:"沓氏故城,在辽阳州界。汉置县,属辽东郡,后汉因之,晋省。按《吴志》:嘉禾初孙权欲征公孙渊,陆瑁谏曰:沓渚去渊,道里尚远。《通志》云:沓渚在辽阳。《汉书》:辽东郡有沓氏也。时公孙渊居襄

---

① 参见陈梦家《里制与亩制》,《考古》1966年第5期。

平，吴师航海辽东，登自沓渚。考襄平实铁岭故地。辽阳西北至承德，承德西北至铁岭，道里数百，故云远耳。"其以襄平城在铁岭（今铁岭市）、承德（今沈阳市）一带，沓渚在辽阳辽河旁，沓氏故城在辽阳州界，并误。而沓渚当指海渚即临海岛屿。依上引应劭及颜师古所释，"沓氏"当因临沓水而得氏，并以之称所筑城邑，后置为沓氏县①。沓氏县城当临近沓水河道，"沓渚"当临近沓水入海口即"沓津"。

近世多以沓氏县城当在今大连一带，先后有牧羊城址、大岭屯城址及张店城址等说。牧羊城址位于旅顺口区铁山街道刁家村西南侧丘陵地带，平面呈长方形，南北长133米，东西长82米。城墙基为石砌，上部为夯土，存高约3米，北有一门，存宽约12米。出土有青铜时代石斧、石刀、石镞、石纺轮、夹砂褐陶片；战国时期至汉代灰陶罐、豆、盆残片，残花纹方砖，板瓦，筒瓦，"长乐"、"未央"、双马纹半瓦当，铜镞、铜带钩、铜镦、铁刀、明刀、明字圆钱，"一刀"、"半两"、"五铢"、"大泉五十"等铜钱。附近尹家村、刁家村、刘家村等地发现许多战国至汉代的石墓、土坑墓、瓮棺墓、贝墓和砖室墓。大岭屯城址位于金州区东大李家镇大岭村东平地，平面略呈方形，东西长约156米，南北长约154米，城墙夯土修筑，已坍塌为土坡，出土有汉代石斧，红褐板瓦片，绳纹灰陶罐、豆残片，铜钱等。其北华家屯镇杨家店村西北亦发现一座汉代城址，平面呈方形，边长约150米，城墙夯土修筑，仅存墙基痕迹，南有一门。城内西北角出土有花纹砖、陶罐、盆残片。张店城址位于普兰店市北约5公里铁西街道张家店村东北500米平地上，平面呈长方形，南北长340米，东西长240米，城墙夯土修筑，残存墙基痕迹略高于地面，城内出土有"临秽丞印"封泥、铜镞、铜印、"安阳布"和"五铢钱"、"千秋万岁"瓦当、绳纹大瓦等。在城址南约1500米南海甸子出土2件马蹄金，底部都有"上"字圆印，含金量均为98%。在城址周围姜屯、陈茔、驿城堡乔家屯、西北山发现大面积汉代墓地。相比之下，张店城址规模较大，出土文物规格较高，西南滨临普兰店

---

① 汉代以某氏名县之例多见。如《汉志上》：上党郡属县"涅氏，涅水也"。颜师古曰："涅水出焉，故以名县也。"

湾，与相关记载大体吻合，当即属古沓氏县城①。所论可信。而据上所推考，古沓氏县城后为都里镇所沿用。此城址正位于今金州区北约 40 公里，与之相合。又，此城址南距登州蓬莱县（今山东蓬莱市）约五百里②，东距今叆河入鸭绿江口约八百里③，均与贾耽所考方域道里之数相合。可进一步为此说提供佐证，而牧羊城及大岭屯城则明显不合。在张店城址以东有小河南流，至普兰店市区附近折向西南，入于普兰店湾④，或即属沓水。而今普兰店湾内簸箕岛，或即属沓渚，沓津置于普兰店湾，当主要用于同山东半岛居民航海交流。经多年发展，设施完备，可供大批船只停泊。故吴国水师北上，必向此地。而沓氏城南临沓津，商贸交易之业发达，设有"诸市"，以供"交市"。其北约 25 公里有北丰县城（瓦房店市陈屯城址）⑤。又北约 30 公里有文县城（盖州市温泉城址），可直达襄平城，陆路交通便利，故韩起等率将三军，"驰行至沓"。其牧羊城在其西南，大岭屯城在其东南，互为掎角之势，当属卫城。

---

① 孙进己、王绵厚主编《东北历史地理》第一卷第三编第二章第一节《前汉的辽东郡》。钟有江：《汉代沓氏县探讨》，《金州博物馆馆刊》1990 年第 1 期。刘俊勇：《辽东沓水县、文县县治考订》，《博物馆研究》1993 年第 3 期。国家文物局主编《中国文物地图集》辽宁分册。
② 《元和志》卷十一：登州，"正北微东至大海北岸都里镇五百二十里"。《寰宇记》卷二十：登州，"正北微东至海北岸都里镇五百三十里"。又，蓬莱县，"乌湖戍，在县北海中二百六十里，置乌湖岛上。唐贞观二十年为伐东夷，当要路，遂置为镇，至永徽元年废。大谢戍，在县北海中三十里，周回百二十步。亦唐太宗征高丽时，与乌湖戍同时置"。其所述登州北至都里镇里程与贾耽考方域道里之数略同。依唐时里制推计，登州（今山东蓬莱市）北行五百余里当即在此附近。
③ 上引贾耽考方域道里之数，其"乌骨江"当即指今叆河，流经今丹东市北汇入鸭绿江。而今普兰店市区东行约 30 公里即达海岸，"东傍海壖"即向东沿海边路行八百里即可达叆河入鸭绿江口。而后南折至长口镇。
④ 《清统志》卷五十九："小沙河，在宁海县北半里。源出大黑山，西流入海。又，龙凤口河，在县北四十里，源出双山，西流入海。"其龙凤口河或即指此小河。
⑤ 参见本书文县城。

图书在版编目(CIP)数据

燕地古城考 / 曲英杰著. -- 北京：社会科学文献出版社, 2018.11
（中国社会科学院老年学者文库）
ISBN 978 - 7 - 5201 - 3543 - 6

Ⅰ.①燕… Ⅱ.①曲… Ⅲ.①古城遗址（考古）- 研究 - 中国 Ⅳ.①K878.34

中国版本图书馆 CIP 数据核字（2018）第 220803 号

中国社会科学院老年学者文库

燕地古城考

著　　者 / 曲英杰

出 版 人 / 谢寿光
项目统筹 / 宋月华　胡百涛
责任编辑 / 胡百涛

出　　版 / 社会科学文献出版社·人文分社（010）59367215
　　　　　 地址：北京市北三环中路甲 29 号院华龙大厦　邮编：100029
　　　　　 网址：www.ssap.com.cn
发　　行 / 市场营销中心（010）59367081　59367018
印　　装 / 三河市东方印刷有限公司

规　　格 / 开　本：787mm × 1092mm　1/16
　　　　　 印　张：40.25　字　数：617 千字
版　　次 / 2018 年 11 月第 1 版　2018 年 11 月第 1 次印刷
书　　号 / ISBN 978 - 7 - 5201 - 3543 - 6
定　　价 / 288.00 元

本书如有印装质量问题，请与读者服务中心（010 - 59367028）联系

▲ 版权所有 翻印必究